China's general History

读史明鉴　察古知今

中国通史

中国上下五千年

主编◎任宪宝

中国商业出版社

图书在版编目（CIP）数据

中国通史：全2册 / 任宪宝主编. --北京：中国商业出版社，2017.4

ISBN 978-7-5044-9125-1

Ⅰ. ①中… Ⅱ. ①任… Ⅲ. ①中国历史－高等学校－教材 Ⅳ. ①K20

中国版本图书馆CIP数据核字（2015）第224581号

责任编辑：姜丽君

中国商业出版社出版发行

010-63180647　www.c-cbook.com

（100053　北京广安门内报国寺1号）

新华书店总店北京发行所经销

三河市天润建兴印务有限公司

*

710×1000毫米　1/16开　52印张　1060千字

2017年5月第1版　2019年5月第2次印刷

定价：108.00元（上下册）

*　*　*　*

（如有印装质量问题可更换）

前　言

我们伟大祖国有着非常悠久的历史，按照传统说法，从传说中的黄帝到现在，大约有四千多年的历史，因此，通常称为“上下五千年”。源远流长的中华文明，一脉相承，五千年的历史，世事沧桑。

《中国通史》，其灵魂在于“通”，不仅有着古往今来的“纵通”，也包含了经济文化政治风貌等各领域的“横通”。人类创造历史，历史又影响着后代人，我们一边承继先前世代已形成的传统，一边通过自已的实践改变旧的环境，从而使历史的中国一步步发展演变为现今的中国，使历史的中华文明一步步发展演变为现今的中华文明。

中华文明走过了漫长的历程，它是全体中国人民共同创造的精神财富，是中华民族智慧的结晶，同时又是团结和凝聚各族人民的精神纽带。五千年的历史沧桑、朝代更迭、物换星移、涌现出多少咤叱风云的历史人物和惊天动地的历史事件，从人文始祖到三皇五帝、从秦皇汉武到唐宗宋祖，悠悠历史千载事，说不尽，道不完。

本书在梳理中华民族发展历史的同时，有重点、有针对性地考察和研究了中国历史上对后世影响至深的人和事。按照传统的划分方法，中国历史的发展阶段几乎都是以中央王朝的盛衰兴替为标志，形成所谓“王朝体系”。本书分上下两册，共计十八章，上至上古，下至中华人民共和国成立，将中国历史发展演变过程有针对性地进行了编辑，力图为读者送上一份历史盛宴。

读史明鉴，察古知今。为此，我们精心编选了这套丛书。全书共分为四册，编者以时间为经，以事件和人物为纬，穿针引线，纵横交织，从盘古开天辟地的传说开始，将中华上下五千年历史文化的精髓一一展现，为读者提供了了解历史的捷径。翔实的历史片段，弥足珍贵的图片，加之细腻的笔法，简洁的语言和亲切的文风，清晰地勾勒出历史事件的来龙去脉和历史人物的真伪善恶，也使得此书成为名副其实的掌上历史博物馆。

历史是一个国家成长的见证，通过本书，我们可以更加了解自己的祖国，全面了解祖国的历史，我们才能更好地把握今天，创造明天。希望读者可以静下心来翻阅本书，犹如轻轻叩开历史之门，穿越时空的隧道。从传说中的女娲补天，到秦始皇统一中国，再到民主制取代封建帝制，中华民族历经磨难、生生不息发展到今天。不管岁月怎样流逝，那镌刻于历史长卷中的重大事件和历史人物都值得我们铭记。

目录
CONTENS

上　篇

下 篇

中国通史——上篇

第一章　上　古

盘古开天辟地

人类的祖先究竟是从哪里来的？相信很多人都非常好奇。对于这个问题，并没有文字记载。只有流传下来的神话和传说。

徐整《三五历》中载：“天地混沌如鸡子，盘古生其中。一万八千岁，天地开辟，阳清为天，阴浊为地，盘古在其中。一日九变，神于天，圣于地，天日高一丈，地日厚一丈，盘古日长一丈，如此万八千岁，天数极高，地数极深，盘古极长。”这就是盘古开天辟地的神话。盘古开天辟地，原意应指盘古大陆后来的大陆漂移形成现今全球七大洲的过程。

盘古开天辟地

神话毕竟只是神话，现在谁也不会相信真有这样的事。但是人们喜欢这个神话，一谈起历史，常常说从“盘古开天地”起。这是因为它象征着人类征服自然的伟大气魄和丰富的创造力。

那么，人类历史究竟应该从哪儿说起呢？后来，科学发达了，人们从地下发掘出来的化石，证明人类最早的祖先是一种从古猿转变而来的猿人。

我国科学工作者在祖国各地先后发掘了许多猿人的遗骨和遗物的化石，可以看到我们祖国境内最早的原始人，已经有一百万年以上的历史。像云南发现的元谋猿人，大约有一百七十万年的历史；陕西出土的蓝田猿人，大约有八十万年的历史；拿有名的北京猿人来说，也有四五十万年的历史了。

这里，我们就从北京猿人说起。北京猿人生活在周口店一带。那时候，中国北方的气候比现在温和湿润。山上山下，生长着树林、灌木和丰茂的野草。凶猛的虎、豹、狼、熊等野兽，出没在树林和山野中。那里还生长着大象、犀（音 xī）牛和梅花鹿。

猿人的力气比不上这些凶猛的野兽，但是他们和任何动物根本不同的地方，就是猿人能够制造和使用工具。这种工具十分简单：一种是木棒；一种是石头。木棒，树林里多的是，但它是经过人砍削的；石头呢，是经过人工砸打过的，虽然很粗糙，但毕竟是人制造的工具。

他们就是用这种简单的工具来采集野果、挖植物的根茎吃。他们还用木棒、石器来同野兽做斗争，猎取食物。

但是，这种工具毕竟太简陋了，他们获取的食物是很有限的，靠单个人的力量，没法生活下去，只好过着群居的生活，共同劳动、共同对付猛兽的侵袭。这种人群就叫原始人群。

几十万年过去了，猿人在艰苦的斗争中进化了。在北京周口店龙骨山的山顶洞穴里，发现另一种原始人的遗迹。这种原始人的样子，已经和现代人没有什么两样。我们把他们叫作“山顶洞人”。

山顶洞人的劳动工具有了很大的改进，他们不但能够把石头砸成石斧、石锤，而且还把野兽的骨头磨制成骨针。别看这一枚小小的骨针，在那时候，人们能磨制骨针可不是一件简单的事。有了骨针，人们可以把兽皮缝成衣服，不像北京猿人时期那样赤身裸体。

山顶洞人过的也是群居生活。但他们的群居生活已经按照血统关系固定下来。一个集体的成员都是共同祖先生下来的，也就是同一氏族的人。这样，人类社会就进入了氏族公社时期了。

女娲造人

关于人类祖先的传说，还流传着一个女娲造人的神话。盘古开天辟地的传说只讲述了天地是怎么起源的，但是那个时候只有盘古一个人，后来世界上怎么会有许许多多的人呢？女娲造人的故事回答了这个问题。

据说盘古去世以后，天地间一直是空荡荡的，一个人也没有，又过了许多许多年，才出现了人类的另一个始祖——女娲。

女娲造人

女娲一个人生活在天地间，非常寂寞。她想，如果能有其他的人和她一起生活该有多好。于是，她就用水和了一大堆泥土，捏起泥人来。她捏好一个泥人，往地上一放，然后朝泥人吹一口气，这个泥人就变成一个会跑会跳会说会笑的活人了。女娲高兴极了，她一会儿捏个男的一会儿捏个女的，不一会儿，她的身边就有了一大堆人。他们成群结队的围在女娲周围，吵嚷跳跃。

女娲就这样不停地捏呀捏呀，她觉得太累了，想歇一会儿。但和好的泥土还很多，女娲有些着急，就随手从地上拾起一根树枝，向泥土抽去，谁知道她这一抽，那些溅起来的泥土也都变成了一个个大大小小的活人。这些被女娲造出来的人们共同劳动、共同生活，慢慢地繁衍着子孙后代。

那时候人们都认为天是圆的地是方的，天之所以能覆盖在地上，是因为地上有四根柱子支撑着它。但是，时间长了，这四根柱子经过风吹雨淋都磨损了，快要支撑不住天了。地上出现了很多裂缝，不断地冒出烈火来；天上也出现了不少漏洞，雨水不断地从漏洞中倾泻下来。

突然有一天，整个大地上不是燃起熊熊大火就是汪洋一片，许多凶猛的野兽都跑出来伤害人们，女娲看见人类的处境这样危险，非常着急。她从深山中采来红、黄、蓝、白、黑五种颜色的彩石，又点燃一堆堆的芦柴火开始冶炼，她用炼好的彩石修补天上的漏洞，把天上的漏洞一个一个都修好了。但是，支撑蓝天的柱子已经腐坏，快支持不住了。于是，女娲又从大海里抓了一只很大很大的乌龟，砍下了它的四条腿，用来替换已经腐坏的柱子。后来，女娲又杀死了威胁人类生活的凶猛野兽，人们又能安安稳稳地生活了。地上的树木和花草也重新长了出来。

女娲补天的故事虽然十分荒诞，但它反映了上古时代人类的生活状况。据考古证明，人类历史上曾经有过一个母系氏族公社时期。在那个时候，妇女是氏族公社的首领，在生产和生活中起着重要作用，男子只是外出打猎，生活游荡不定。神话故事把女娲说成是人类的祖先，正是母系氏族公社的反映。

三皇和五帝

在很久很久以前，中华文明就开始了其辉煌的篇章，这个时代就是“三皇五帝”时代。正史说法中，三皇指伏羲氏、女娲氏、神农氏；五帝指黄帝、颛顼（音 zhuānxū）、帝喾（音 kù）、唐尧、虞舜。三皇五帝这个词只是泛指夏以前的中华先民历史。

三皇五帝

当然，三皇时代不只有伏羲氏、女娲氏、神农氏，传说中还有燧人氏，有巢氏，祝融氏，共工氏，等等。她们有各式各样惊天动地的大威能，带领我们华人一直雄踞地球生物链的顶端。

三皇伏羲始作八卦、造书契、取牺牲以供庖厨、制嫁娶之礼、味百药、制九针、发明陶埙、创制历法、发明农业、作瑟三十六弦、继天而王、设立官员等，是中华民族的人文始祖神农“制耒耜、种五谷”开创原始农业，中华先民从此走向用自己的双手劳动生产食物的崭新阶段；黄帝中华民族始祖，人文初祖，中国远古时期部落联盟首领。他播百谷草木，大力发展生产，创造文字，始制衣冠，建造舟车，发明指南车，定算数，制音律，创医学等。三皇和五帝：三皇的说法很多，最为流行的两种是：①天皇、地皇、人皇；②伏羲、神农、黄帝。无论哪一种说法，都指的是远古时代有卓越贡献的部落首领。五帝一般是指黄帝、颛顼、帝喾、尧、舜，这五人都是黄帝族的族长。三皇和五帝都是我国古代重要的领袖。有关他们的传说见诸于各种古代文献，但不同的文献中有不完全相同的记载。

母系氏族社会

距今约十至二三万年的旧石器时代中、晚期，远古社会由原始人群阶段进入母系氏族社会。母系氏族社会是氏族社会的初期，主要以母系血缘为纽带，也就是母权制，是建立在母系血缘关系上的社会组织。

母系氏族社会，劳动产品平均分配，并且实行原始共产制。早期的母系氏族有自己的语言、名称。同一氏族有共同的血缘，崇拜共同的祖先。氏族成员生前共同生活，死后葬于共同的氏族墓地。随着原始农业及家畜饲养的出现，作为其发明者的妇女在生产和经济生活中、在社会上受到尊敬，取得了主导地位和支配地位。

母系氏族社会时期，以母系血缘关系为纽带。在早期，婚姻形式主要是群婚。在那个时候，实行外婚制，即夫妻分居在各自的母系氏族中，婚姻生活采取丈夫走访妻子的形式，子女从母居，属母方氏族，世系和财产继承从母系计。到了母系氏族繁荣期，由于对偶婚的出现和逐步巩固，丈夫迁到妻方氏族从妻居。

母系氏族社会处在旧石器时代中期，迄今为止，考古发现的旧石器时代中期主要人类化石和文化遗存有：陕西大荔人、山西襄汾丁村人、山西阳高许家窑人、广东曲江马坝人、贵州桐梓人、湖北长阳人、北京周口店新洞人，以及辽宁喀左鸽子洞等文化遗存。

旧石器时代晚期重要的人类化石和文化遗存有：山西朔县峙峪人、北京周口店山顶洞人、辽宁建平人、广西柳江人，以及宁夏灵武水洞沟、河南安阳小南海、河北阳原虎头梁等文化遗存。

随着生产力的逐步提高，原始人群居社会逐渐过渡为母系氏族社会，而血缘内婚制向氏族外婚制的转化是社会性质变革的关键因素。

原始人群以血缘关系为纽带，但是经过几代繁衍之后，由于人口不断增长，引起食物来源匮乏，生活受到影响，因而必然分裂出新的血缘家族。新的血缘家族依然施行内部的血缘婚。内婚制虽然能保持原始人群的相对稳定，但婚配的男女之间血缘关系太近，致使繁育的后代易患先天性疾病，或体质不良，智力低下，与自然界抗衡的能力因而减弱。诚如《左传》所言："男女同姓，其生不蕃。"内婚制在人类历史上延续的时间甚长，这正是原始人群阶段生产力发展缓慢的症结所在。

母系氏族社会的初期，生产力水平仍然十分低下。自然界为人类提供生活的资源，同时也使他们面临严峻的环境。氏族是人类向自然界谋求生存的依靠。人类的生产活动——采集、狩猎和捕鱼依然必须集体进行，否则就不能有效地抵御野兽、饥饿和疾病的威胁。他们还没有私有财产观念，"共同劳动，平均分配"是氏族的宗旨。

母系氏族社会里有简单的不稳定分工，主要是按性别和年龄区分。青壮年男子外出狩猎、捕鱼。妇女则从事采集果实，看守住所，加工食物，缝制衣服，管理杂务，养护老幼等公益劳动。因为当时的采集经济比渔猎经济收获稳定，成为氏族成员生活资料的重要来源，所以是维系氏族生活的基本保证。由于妇女在生育上的特殊作用，以及氏族成员的世系均按母系计算，更使妇女在氏族中具有崇高的威望，居于主导的地位。中国古代关于女娲氏炼石补天，积灰止水的传说，生动地反映了母系氏族社会受人尊敬的妇女领袖带领先民与自然界进行艰苦卓绝斗争的情景，歌颂了妇女在社会活动中的重要作用。

考古发现揭示了母系氏族社会初期人类活动的遗迹。山顶洞人过着母系氏族社会的生活。他们居住在北京周口店龙骨山山顶东北部，海拔 170 米的一个天然山洞里，因而被称为山顶洞人。洞长约 12 米，宽约 8 米，面积为 90 多平方米，可容数十人生活。洞里自然分成"上室"和"下室"。上室在洞口处，是他们的公共居室。下室在洞的深处，是他们的公共墓室。

山顶洞人已经掌握了更为先进的制造石器的技术，那就是钻孔技术。考古发现，山顶洞人使用的劳动工具中有骨针，装饰品中有钻孔的小石珠、砾石和青鱼上眼骨等。山顶洞人除在居住地区附近采集和渔猎外，活动范围又有所扩大。他们获取的食物中有海蚶，这说明山顶洞人的足迹已达渤海湾一带，与大自然的斗争能力有所提高。

在母系氏族社会，生产资料，如土地，归集体所有。人们共同劳动，平均享用所获的产品。氏族长平时和氏族成员一样地参加劳动，没有什么特权。

如果氏族长不称职，可以被罢免，另选贤能。氏族的财产属集体所有，按母系传递，即由祖母传给母亲，母亲传给女儿。但是财产绝不能转移至外氏族。

母系氏族社会盛行图腾信仰。原始人类认为某种动、植物与氏族有一定的血缘关系，并且是他们的祖先。图腾既以氏族始祖的形象出现，因而是伴随着母系氏族以及族外婚制产生的。

在我国云南境内，纳西族人居多，纳西族多以虎作为氏族的图腾。土司崇拜虎为根。土司认为，虎是一种特殊的神，一般人是看不见的，虎的骨头大，是土司的根。既然图腾是母系氏族的骨肉，当然被列为禁杀之列。谁打死了虎，不能自行处理，必须像抬死人似的，把虎抬进土司府。土司家如丧考妣，向老虎磕头。打死了虎的猎人要受到鞭笞，轻者痛打三十大板，重者罚款，有的还要坐水牢。对虎的崇拜还有：土司以虎为姓，当地以虎为地名，以虎头或虎为标志，等等。

当然，除了老虎之外，纳西族还有其他的图腾。在当地达巴口述的《创世纪》中，就有其他的图腾遗迹。其中有这样一段叙述："热那甫的女儿多，不愿把车红吉吉美嫁给他，又想出了一个办法，把他的女儿化了装，有的变成了老虎、有的变成了豹子、有的变成了猴子、有的变成蛇，各种野兽都有了，叫从的吕一去捉，捉住哪个哪个就嫁给他。"这些女儿，就是由同一个氏族分衍下来的女儿氏族，化装的野兽就是氏族的图腾标志。他们之间不能通婚，但是可以与从的吕一所在的氏族通婚。

旧石器时代

旧石器时代，从距今约 250 万年前开始，延续到距今 1 万年左右止，是以使用打制石器为标志的人类物质文化发展阶段。地质时代属于上新世晚期更新世，其时期划分一般采用三分法，即旧石器时代早期、中期和晚期，大体上分别相当于人类体质进化的能人和直立人阶段、早期智人阶段、晚期智人阶段。旧石器时代的文化在世界范围内分布广泛。由于地域和时代不同，以及发展的不平衡性，各

旧石器时代山顶洞人的生活

地区的文化面貌存在着相当大的差异。

迄今为止，经过考古工作者的努力，在中国已经发现了许多旧石器时代的遗址，积累了比较丰富的旧石器考古材料，初步建立起了中国旧石器时代文化发展的框架。中国旧石器时代早期文化分布已很普遍。距今100万年前的旧石器文化有西侯度文化、元谋人石器、匼河文化、蓝田人文化以及东谷坨文化。

距今100万年以后的旧石器时代文化遗址更多，在北方以周口店第1地点的北京人文化为代表；在南方以贵州黔西观音洞的观音洞文化为代表。总起来看，中国旧石器时代早期文化基本上是类似于奥杜韦文化的类型，似乎没有西方的阿舍利手斧文化。但有的学者认为，在这一时期，中国旧石器文化和西方阿舍利文化之间可能存在着交流。

中国旧石器时代中期文化可以山西襄汾发现的丁村文化为代表。另外比较重要的有周口店第15地点文化和山西阳高许家窑人文化。中国的旧石器时代中期文化，基本上保持了早期文化的类型和加工技术。即使类型稍有变化，技术稍有进步，也都是缓慢的。一个明显的特点是修理石核技术（如勒瓦娄哇技术）没有得到什么发展。

旧石器时代晚期的遗址数量增多，文化遗物更加丰富，技术有明显进步，文化类型也更加多样。在华北、华南及其他地区，都存在时代相近但技术传统不同的文化类型。在华北，有继承前一个时期的小石器传统，其重要代表有萨拉乌苏遗址、峙峪文化、小南海遗址、山顶洞遗址等；有石叶文化类型，以宁夏回族自治区灵武县的水洞沟文化为代表，它与西方同期文化有较多的相似处；还有20世纪70年代后发现的典型细石器工艺，如山西沁水的下川文化、河北阳原虎头梁遗址的虎头梁文化等。在东北地区，属于这一时期的重要遗址有辽宁海城小孤山遗址和黑龙江哈尔滨阎家岗遗址等；在南方，这一时期出现了几个区域性文化，如以四川省汉源县富林遗址命名的富林文化类型，以重庆市铜梁县张二塘遗址为代表的铜梁文化类型，以及最初在贵州省兴义市猫猫洞遗址发现的猫猫洞文化类型。另外，在西藏、新疆和青海地区也发现了一些属于这一时期或稍晚的旧石器文化地点。总起来看，这一时期文化的主要特点是，除少数地点外，石叶工艺和骨角器生产不是很发达。

中石器时代

中石器时代是指旧石器时代和新石器时代之间的人类物质文化发展过渡性阶段，开始于约距今1.2万年，结束的年代在世界各地很不一致。这个时期，攫取性经济高涨，并且向生产性经济转化。地质时代属于全新世。

中石器时代，更新世最后一次冰期已经消退，气候由严寒转为比较温暖。经济生活仍然基本上是渔猎和采集。因原来适应寒冷气候的大型动物消失，人们面对现生的动物群，改以猎取中小型野兽为主，其中大宗的猎物是鹿类。狗已成为家畜，在欧洲和西亚的一些地方，可能已开始驯养猪或山羊。随着人们采集活动经验的积累，在西亚一些地区，采集目标逐渐集中于大麦、小麦等野生禾稼，这可看作是农业起源的前奏。人们还从水域获取更多的鱼、贝类，以丰富食源。此时继续使用直接打制的大型石器，而占主体地位、间接打制的细石器工艺更为成熟，出现用细石片镶嵌在骨木柄上的箭、刀等进步的复合工具。镖、锥等骨器也较为精良实用。弓箭的普遍使用，使狩猎效率大为提高。总之，整个渔猎采集经济相比于旧石器时代有了长足进步。人们除依旧利用自然洞穴栖息外，还有了季节性的窝棚居址。埋葬死者的习俗比旧石器时代更加复杂。

关于中石器时代的考古研究相对较为薄弱，有待进一步探寻。迄今为止，也有一些比较重要的考古发现，如陕西省大荔县沙苑的30余处地点，或直接称为沙苑文化。但也有人认为这里的遗存文化性质尚难确定。中国中石器文化也以发达的细石器为特征，它继承了中国旧石器时代晚期细石器工艺的传统，存在船底形、楔形和圆锥形石核，并多从这些石核上剥离下规则的长条形石叶，镶嵌成刀刃直接使用。在岭南地区，除细石器传统的遗存外，还在众多洞穴遗址中，与现生动物群遗骸伴出打制的大型石器、局部磨制的切割器和穿孔的砾石等。因年代早又无陶器共存，有些学者认为它们也属于中石器文化的遗存。

中石器时代的工具

对于中石器时代的划分没有统一的标准，学者们也是意见不一。许多学者从年代、环境、动植物群、经济、技术、文化特征、地层关系等方面论述，坚持在世界大多数地区应当划分出中石器时代。也有的学者认为中石器时代并无普遍性意义，或另划续旧石器时代、先新石器时代、前陶新石器时代等，而不接受中石器时代的概念。

中国发现的中石器时代遗存，已知有陕西大荔沙苑（中石器到新石器早期）、河南许昌灵井（中石器时代早期）和山西沁水下川（旧石器晚期到中石器时代）等。欧洲从公元前10000—4000年属于中石器时代，以英国和德国北市的阿齐尔文化为代表。

新石器时代

新石器时代的年代大约从1.8万年前开始，结束时间从距今5000多年至2000多年不等。在考古学上是石器时代的最后一个阶段，是以使用磨制石器为标志的人类物质文化发展阶段。这一名称是英国考古学家卢伯克于1865年首先提出的。地质年代上已进入全新世，继旧石器时代之后，或经过中石器时代的过渡而发展起来，属于石器时代的后期。中国新石器时代的主要特征是早期陶器、彩陶、玉器、卜骨和石器等。

中国新石器时代文化

新时期时代的考古文化遗址有很多，按照各地出土遗址测定的年代划分如下：

新石器时代工具

彭头山文化（前7500年－前6100年）

彭头山遗址位于湖南省澧县澧阳平原中部，距今约8200－7800年。主要文化堆积为彭头山文化时期遗存，是长江流域最早的新石器时代文化，位于长江中游，湖南西北部。

裴李岗文化（前7000年－前5000年）

裴李岗遗址位于新郑县城西北约8公里的裴李岗村西，面积2万平方米。1977年—1979年先后4次发掘，揭露面积2 700多平方米。发掘墓葬114座、陶窑1座、灰坑10多个。

后李文化（前6500年－前5500年）

后李文化遗址位于山东省淄博市临淄区齐陵街道后李官村西北约500米处、淄河东岸的二级台阶上，它地处沂泰山系北侧山前冲积扇和鲁北平原，距临淄区辛店城区约12公里，西北距临淄齐国故城约2.5公里。已发现的8处后李文化遗址，均分布于泰沂山系北麓的前平原地带，后李文化遗址主要有房址、灰坑和灰沟等。出土遗物以陶器为主。临淄中国古车博物馆位于临淄区齐陵镇后李官庄，坐落在后李文化遗址上，是当代中国首家最系统、最完整、以车马遗址与文物陈列融为一体的古车博物馆。

兴隆洼文化（前6200年－前5400年）

兴隆沟遗址位于内蒙古赤峰市敖汉旗兴隆洼林西县白音长汗，地处大凌河支流牤牛河上游左岸。位于内蒙古与辽宁交界处。

磁山文化（前6000年－前5500年）

磁山文化遗址位于河北武安市西南20公里磁山村东南台地上，北靠红山，南临洺河，占地近14万平方米，现已列为全国重点文物保护单位。

大地湾文化（前5800年－前5400年）

大地湾文化遗址位于天水市秦安县东北五营张邵店村，距天水市102公里。

新乐文化（前5500年－前4800年）

新乐文化遗址位于皇姑区黄河大街新开河北岸，于1973年首次发掘，母系氏族公社繁荣时期的村落遗址，占地面积17.8万平方米，布局和半坡文化相似。

赵宝沟文化（前5400年－前4500年）

赵宝沟文化遗址位于内蒙古赤峰市敖汉旗赵宝沟小山，半地穴房址，考古发现有几何形刻划纹，灵神物纹，钵、罐、尊等。

北辛文化（前5300年－前4100年）

北辛文化遗址位于滕州官桥镇北辛村北，薛河旁的高地处。是7000年前一个氏族部落的聚居地。

河姆渡文化（前5000年－前4500年）

河姆渡文化遗址位于浙江省余姚市河姆渡镇，总面积约4万平方米，文化堆积厚度4米左右，叠压着4个文化层。

大溪文化（前5000年－前3000年）

大溪文化遗址位于瞿塘峡东口，大宁河宽谷岸旁的大溪镇，是我国长江流域古文明的发祥地之一。它是我国新石器时代母系社会的重要遗迹。1959和1975年曾3次发掘。

马家浜文化（前5000年－前3000年）

马家浜文化遗址在距嘉兴市区7.5公里的秀城区城南街道马家浜村，于1959年春发现。

仰韶文化（前5000年－前3000年）

仰韶文化遗址，位于三门峡市渑池县城北9公里处的仰韶村。1921年经中国政府批准，瑞典地质学家安特生和我国考古学家袁复礼一起进行了首次发掘。发掘范围分布于河南、陕西及山西。

红山文化（前4700年－前2900年）

红山文化遗址位于内蒙古赤峰红山后巴林右旗那斯台，出土文物有之字纹筒形罐、彩陶、女神像，大型柳叶状石耜，玉龙等，积石墓。

大汶口文化（前4100年－前2600年）

大汶口文化遗址位于泰山南麓泰安市郊区大汶口镇，大汶河东西贯穿，将其分为南北两片。遗址总面积80余万平方米，文化层堆积2~3米。

良渚文化（前3400年－前2250年）

良渚文化遗址位于浙江余杭县良渚、安溪、长命三个乡，靠近公路两边。发现于1936年，是新石器时代晚期人类聚居的地方。出土的陶器质地以夹细沙的灰黑陶和泥质灰胎黑皮陶为主，器表的装饰多素面，打磨光亮，少数有精细的刻花和镂孔纹饰，或施彩绘；常见的有鼎、豆、壶、簋、盘、杯、瓮等。玉器发现的也很多，有璧、琮、璜、坠、环、珠等，雕琢精细，大部分出土于墓葬中。

马家窑文化（前3100年－前2700年）

马家窑文化遗址位于甘肃省临洮县的马家窑村，所以叫马家窑文化。马家窑文化是仰韶文化向西发展的一种地方类型，出现于距今5700多年的新石器时代晚期。

屈家岭文化（前3100年－前2700年）

屈家岭文化遗址于湖北京山屈家岭。于1955－1957年发现，分布于中国湖北省、湖南、江西北部，以及河南省南部。属于新石器时代文化。

龙山文化（前3000年－前2000年）

泛指中国黄河中、下游地区约新石器时代晚期的一类文化遗存。铜石并用时代的文化，因发现于山东章丘龙山镇而得名。

宝墩文化（前2800年－前2000年）

遗址在在青白江破土而出。遗址范围分布于川西平原上，到目前为止包括宝墩、双河、芒城、鱼郫县古城等。

石家河文化（前2500年－前2000年）

由邓家湾、土城、肖家屋脊等数十处遗址组成的遗址群位于湖北天门石家河。其中邓家湾遗址发现了铜块和炼铜原料孔雀石，标志着冶铜业的出现。琢玉工艺崛起，特色鲜明，玉器有人面雕像、兽面雕像、玉蝉、玉鸟、玦、璜形器等，都属于小型玉器。邓家湾遗址的个别地段，集中出土了大批小型陶塑，有的一座坑中竟达数千件之多。所塑有鸟、鸡、猪、狗、羊、虎、象、猴、龟、鳖以及抱鱼跪坐的人物等。这些陶塑可能供原始巫术、祭祀活动之用，邓家湾似为专门产地，通过交换输往各地。

富河文化（前4000年－前3000年）

新石器时代首先发掘地位于巴林左旗富河沟门。现已发掘出的遗址有：富河沟门、金龟山和南杨家营子三处。发现早期卜骨及伴随而来的大量动物骨骼。

人是社会动物，过着群居生活，彼此关系密切，无论是在生活中、生产中，还是交往中，都要进行思想交流，表达一定的意思：或者在生产中传授经验、协调动作，或者男女之间表达爱慕、交流感情，或者与外人的交往中需要交涉事务、表明意图，或者在狩猎、战斗中需要奋勇搏杀、呐喊呼叫等，都需要有一定的音节来表达，于是就产生了语言。但是，语言受时间和空间的局限，会很快消失，因此就产生了能够记录语言的文字。这其中尤以生产上的需要最为迫切，因为生产是人们生存的基础，也是原始社会人们每日生活中最重要的内容。特别是当原始农业发明、发展之后，人们在生产劳动中的关系更为密切，思想交流更为频繁，对语言和文字的需求也更加迫切，使之得到更快的发展。可以说语言文字是生产劳动的产物。同样，绘画、舞蹈、音乐、雕刻等原始艺术的产生也都是和生产劳动密切相关的，它们的起源，最初都是为了促进捕捞渔猎和农业生产的丰饶服务的。

新石器时代的文化艺术萌芽包括语言、记号、文字、绘画、雕塑、音乐、舞蹈等项。这是人猿相揖别的里程碑，也是人类迈向原始文明历史进程中的重要标志。

绘画是最古老的艺术之一，因为在欧洲的旧石器时代晚期的洞穴中就发现过许多绘画，其色彩和线条都具有相当的水平。在中国至目前为止尚未发现这么早的绘画，但在各地的新石器时代中早期的遗址中已经发现了一些原始绘画作品。原始绘画的种类甚多，如按绘画对象分有陶画、木画、石画、壁画、地画、岩画等，也有学者将绘在陶器、木器、石器等器物上的绘画统称为装饰画，而将原始绘画分为装饰画、岩画和地画三类。

雕塑实际上可分为雕刻和陶塑：雕刻是以坚硬的雕刻工具在各种材料上进行加工；陶塑是用陶土捏塑成各种造型，其中有时也会使用雕刻手法。

以材料区分，雕刻可分为木雕、陶雕、骨雕、牙雕、蚌雕、石雕和玉雕等。

从民族学材料看，木雕是很丰富的，如神像、生产工具、木制器皿以及乐器上都有雕刻或完全用木材雕成的。但是因为木材容易腐朽而难以保存下来，故出土的文物中很少见到木雕作品。目前发现的木雕最早的当属辽宁省沈阳市新乐遗址出土的距今7300年的鸟形木雕。在一根椴树木棒的顶端雕出了一只鸟，尖嘴，有翅膀，鸟身上刻有菱形花纹，通长约40、残宽4.5厘米，这是目前我国发现年代最早的以禽鸟为题材的木雕作品。在浙江省余姚市河姆渡遗址也发现了木雕蝶形器等建筑构件，还出土了2件木雕鱼。

音乐包括声乐和器乐。声乐起源很早，最初是为了协调劳动时的动作和减轻疲劳而发出的呼喊声，演变为带有一定音调和节奏的劳动号子，逐渐再发展为歌词与曲调相结合的歌曲，最初全靠人声歌唱，没有乐器伴奏。早在西汉的《淮南子·道应训》中就指出："今夫举大木者，前呼'邪许'，后亦应之，此举重劝力之歌也。"鲁迅先生也指出过："我们祖先的原始人，原是连话也不会说的，为了共同劳动，必须发表意见，才渐渐地练出复杂的声音来。假如那时大家抬木头，都觉得吃力了，却想不到发表。其中有一个叫道'杭育杭育'，那么这就是创作……倘若用什么记号留存下来，这就是文学；他当然就是作家，也就是文学家，是'杭育杭育'派。"(99) 普列汉诺夫在《唯物主义历史观》中也说："原始人在劳动时总是伴着歌唱。音调和歌词完全是次要的。主要是节奏。歌的节奏恰恰再现着工作的节奏，一音乐起源于劳动。视工作之为一人所做或为一群人所做，歌也分为独唱或合唱的。"音乐（或者说歌唱）起源于劳动，而当时的劳动主要是狩猎、采集和农耕。最早的歌谣也是咏唱生产劳动内容的，推想原始的歌曲应该是非常简单的短句，如赵晔《吴越春秋·勾践阴谋外传》中记录了一首据说是黄帝时期的歌谣《弹歌》，歌词就极为简短，每句只有两个字，共有四个短句："断竹，续竹。飞土，逐肉。"

意思是砍下竹子，作成弹弓，射出弹丸，逐杀禽鸟。反映的是狩猎劳动的具体情形，而狩猎的产生又早于农业生产，因而《弹歌》有可能是最古老的歌谣。许多少数民族在出猎时往往要祭祀山神保佑他们能猎取到更多的猎物，其间要诵经唱歌。推测上述的《弹歌》也可能是在出猎前祭祀时所唱的歌谣，与原始宗教有一定关系，但归根结底还是为生产劳动服务的。相传为帝尧时代的《击壤歌》是四字一句：

"日出而作，日入而息。凿井而饮，耕田而食。帝力於我何有哉。"

反映的是农耕生活，句子有长短，结构复杂一些，其时代肯定要晚得多了。

这些歌谣当初都是用一定的曲调来歌唱，可惜没有流传下来。同时它们都是后人的文字记载，是否就是当时的原貌也是值得怀疑的。

目前能够了解原始音乐的材料只有各地出土的一些乐器。

器乐的出现是比歌唱要晚得多，但至少在新石器时代就已产生了。乐器的发明也是与生产劳动有密切关系的。人们在打击石块，制造石器，或是砍凿木头制作木器时，都会发出声响，有一定的节奏，会启发人们用不同节奏和力度去敲打，以发出悦耳的声响。《尚书·益稷》：“击石拊石，百兽率舞。”就是描写击打石块发出有节奏的声响来伴舞的。黎族妇女会利用舂米时木杵和木臼发出有节奏的音响，而跳一种舂米舞；高山族的杵臼舞所用的乐器就是实用的杵臼；畲族人死后，“少年群集而歌，劈木相击为节”。（《枕碧楼偶存稿十二卷》第二卷《畲民考》）即用木头敲打出有节奏的音响。可以说这些原始生产工具就是原始的打击乐器，后来才在此基础上发展成鼓、磬等乐器。

目前在考古发掘中，已知出土的原始乐器，主要有两大类：打击乐器和吹奏乐器。

打击乐器 主要有陶钟、石磬、木鼓和陶鼓以及摇响器等。

吹奏乐器的起源可能与狩猎活动时引诱禽兽的拟声工具及口哨有关，以后才逐渐演变成专门用来演奏的乐器。目前已发现的原始社会吹奏乐器有号角、埙、哨、笛等数种。

中国新石器时代的社会性质

中国新石器时代属于原始氏族社会后期，包括了母权制和父权制两个阶段。目前出土的大量考古实物资料，特别是墓葬材料，有助于了解当时的社会结构。

氏族公共墓地是原始聚落的重要组成部分，一般都位于居住地附近，埋葬集中，排列有序，反映出在氏族制下血缘纽带的支配作用。这种现象贯穿于整个新石器时代。葬制比较复杂，单人葬是最常见的一种葬法，延续的时间也最长。至于合葬墓，根据不同的情况，性质上也有所区别，如仰韶文化的多人集体合葬（包括二次葬），显然代表了母系氏族的葬制，即同一墓穴中包括母亲及其子女，但不包括丈夫在内。至于像大汶口文化等的成年男女合葬墓，结合当时的社会生产水平综合考察，一般被认为是过渡到父权制的夫妻（妾）合葬墓。

总之，考古学资料表明，中国新石器时代经历了氏族社会的繁荣和瓦解阶段。至于从母权制到父权制的具体转变过程，以及这种过渡在地域间有无不平衡现象等，都有待于今后继续探索。

光辉灿烂的河姆渡文化

河姆渡遗址是我国新石器时代的一处重要聚落遗址。它是1973年夏天当地农民兴修水利时发现的，总面积约4万平方米，自下而上叠压着4个文化层，根据C14测定；第四文化层距今约7000年；第三文化层距今约6500年，第二文化层距今约5600年；第一文化层距今约5000年。1973年和1977年冬季进行过两次考古发掘，合计面积2 630平方米，出土生产工具、生活器具、原始艺术品等文物6 700余件，还发现了丰富的栽培稻谷和大面积的木建筑遗迹、捕猎的野生动物和家畜的骨骸、采集的植物果实等遗存。丰富的出土文物充分展现了我国南方氏族社会历史时期的繁荣景象，为研究远古时代的农业、建筑、制陶、纺织、艺术和东方文明的起源提供了极其珍贵的实物资料，命名为河姆渡文化。

像河姆渡遗址这样历史悠久、文物埋藏全面又丰富的遗址在世界考古史上也是十分罕见的。1982年，国务院公布其为全国重点文物保护单位；1986年，被编入中学历史教科书；2001年，被《考古》杂志列入《中国二十世纪百项重大考古大发现》名录。1993年5月12日，河姆渡遗址博物馆落成开放，江泽民同志题写了馆名。

一、重要遗存

1. 稻谷

河姆渡遗址两次考古发掘中，在第四文化层上部发现了大面积的稻谷、稻秆、稻叶和木屑、苇编构成的稻谷堆积层，平均堆积厚度20—50厘米，最厚处超过100厘米。刚出土时稻谷外形完好，色泽金黄，少数稻谷连外壳的隆脉、稃毛及芸尖仍清晰可辨。经农史学家多次抽样鉴定认为是人工栽培的水稻，是一个类粳、类籼及中间型等各种粒型的亚洲栽培稻属杂合群体。河姆渡遗址出土的稻谷数量之多、保存之完好，在世界考古史上是绝无仅有的。它不仅为研究我国稻作农业的起源提供了珍贵的实物资料，而且纠正了我国栽培水稻是从印度阿萨姆传递过来的传统说法，有力地证明我国也是世界上最早栽培水稻的国家。

2. 木构建筑遗迹

河姆渡遗址两次考古发掘，在第二三四文化层都发现了木建筑遗迹，尤以第四文化层最为密集和壮观，总数在千件以上。主要木构件有木桩、圆木、长方形木材、带丫叉的柱子和地板。

考古学家和古建筑专家对遗迹和木构件分析后认为，河姆渡的房屋是以一排排桩木为支架，上面架设大小梁承托地板，构成高于地面的架空基座，再于其上立柱、架梁、盖顶的干栏式建筑。在垂直相交的构件节点上，使用榫卯结构技术。把我国出现榫卯木作技术的时间从金属时代向前推了3 000多年。

河姆渡遗址发掘中共发现29排木桩，分析至少有6栋以上建筑。根据木桩的排列与走向分析，当时的房屋呈西北——东南走向。从单体看，当时普遍采用连间长房子形式，其中最长一栋房屋面宽达23米以上，进深7米，房屋后檐还有宽1米左右的走廊。这栋房子可能是一个家族的住宅，房子的门开在山墙上，朝向为南偏东5°—10°。它在冬天能够最大限度利用阳光取暖，夏季则起到遮阳避光的作用，因而被现代人所继承。河姆渡时期的房屋建筑布局合理、设计科学、充分利用了自然地理条件，使之有利人类的生活和居住。

河姆渡遗址模拟的干栏式建筑发掘现场

除建筑外，在遗址第二文化层还发现了迄今为止最早的水井遗迹。水井构筑于直径约6米的锅形水坑底部，用边长2米的四排木桩围成一个方形井壁，再在井口套上一个方木框作为围护。水坑四周还设有圆形栅栏，大概作护岸之用。河姆渡文化时期，居址周围河沼遍布，但水体与海水相通，致使盐分升高、苦卤而不堪饮用。所以水井的出现是人类为提高生活质量所作的努力、是人类本质所使然。

3. 人体遗骸

河姆渡遗址考古发掘没有发现氏族公共墓地，只发现了27座零星墓葬。较完整的骨架仅13具。1978年3月，第二次考古发掘结束后，人类学家韩康信、潘其风先生曾到发掘现场，对他们的年龄、性别、体形、人种做出鉴定。其中未成年的儿童9具，成年人4具，编号M23，M17的头骨保存比较完整。

（1）年龄。M23出自第三文化层，头骨硕大，前额接近阔额型，颧骨宽而外突，下颌厚大，男性特征明显。根据现代人头骨愈合和臼齿磨蚀度推算，年龄在30岁左右；M17头骨前额膨突，枕外隆凸缺乏，下颌枝内翻，尖形颏，特征显示为未成年女性，年龄约13—15岁。

（2）身高。按照遗骸主要骨骼长度，用我国现代人身长特征，换算出身高。M23，身高为169—170厘米；M17身高为152—157厘米。

（3）人种。M23颧骨较高和宽，铲形门齿，与新石器时代黄河流域居民相同。M17而鼻骨低平、凹形鼻梁、低矮的眼眶，与我国南方新石器时代居民更为接近，应为南方蒙古人种。

二、主要器物

1. 陶器

河姆渡遗址是我国新石器时代遗址考古中陶器出土最多、复原率最高的遗址之一，两次考古发掘，出土的陶片有40万件之多，完整的和可复原的陶器占总出土器物的1/6左右，已获得完整器和复原器1 221件。出土陶器中最具特色的是早期的夹碳黑陶，这是河姆渡先民有意识地在陶土中掺和了炭末，主要是为了减少陶土黏性，提高成品率。陶器的种类很多，主要有釜、罐、盆、盘、钵、豆、盉、甑、鼎等，按使用功能可以分为炊煮器、饮食器、储存器、汲水器。较为特殊的有灶和盉两种。陶灶形似簸箕，内壁有3个乳钉状足，为安放釜而设置。陶灶发明后，解决了木结构建筑内煮炊防火问题，是后世南方居民一直使用的缸灶的前身。

陶盉形似酒壶，前有冲天管状嘴，后为喇吹口，中间以扁平半耳环联结。器壁内外打磨光滑，制作精细，今天看仍有很高的艺术欣赏价值。多数专家认为这是一种酒器。

2. 石器

河姆渡遗址石器的数量和种类都不算丰富，共出土874件。按功能分，主要是生产工具和装饰品两大类。生产工具有斧、锛、凿三种，器形较小，磨制不精，尚留有不少打击和琢制的痕迹。大多属于砍伐树木和加工木构件的工具，有的可作为农具和加工骨、木的工具。其他的石器还有砺石和马鞍形石块、石球，后二种可能是谷物和硬壳果实的脱壳工具。

3. 骨器

出土的骨器有3 000多件，是河姆渡先民的重要生产工具，按使用功能分为骨耜、骨箭头、骨凿、骨锥、骨针、骨哨、骨镰、骨鱼镖、管状针等，以骨耜最具特色。

骨耜取材于大、中型哺乳类动物的肩胛骨。耜的外形基本保持了原骨的自然形状，上端厚而窄，下端刃部薄而宽。骨面正中有一道竖向浅槽，下端呈圆舌形，其两侧有两个平行的长方孔，上端有一横穿方銎。是为绑扎竖向木柄而设计的。这种制作方法为河姆渡文化遗址所特有。骨耜通体光滑，有的刃部因长久与土壤磨擦而残缺或形成双叉、三叉式。这是一种很具特色的农业生产工具。遗址出土的骨耜有170件之多，与数量巨大的稻谷堆积物相对应，说明河姆渡农业已从采集进入到耜耕生产阶段。

4. 木器

共300多件，大多出土于第四文化层，说明距今7000年前，木器已被广泛用于生产和生活的各个方面，木器制作技术已达到相当高的水平。最为重要的木器是纺织工具和木桨。纺织工具有木（陶）纺轮、齿状器、木机刀、卷布棍、圆木棒、尖头小棒、木（骨）匕等。纺织专家认为是踞织机的零件。有了纺织，说明河姆渡先民已脱离茹毛饮血的野蛮生活，进入了初具文明的历史阶段。

木桨共8件，采用整块木料加工制作而成，柄部为圆形，桨叶呈柳叶形。有桨必有船，早在7000年前，河姆渡先民就划桨行舟，用于捕捞和与邻近氏族之间的交通往来。

5. 原始艺术品

河姆渡遗址出土的原始艺术品不仅数量大，而且题材广，造型独特，内容丰富多彩。主要表现在象牙雕刻、陶器纹饰上面，尤其是一些象牙雕刻器，线条流畅，造型美观，令人叹为观止。

（1）象牙雕刻艺术。蝶形器8件，以扁平的象牙片磨制而成，因形同平展的蝴蝶而命名。其中最引人注目的是一件“双鸟朝阳”纹象牙蝶形器，长16.6厘米，宽5.9厘米，厚1.1厘米，上半部残缺，底端也稍残。正面中间阴刻5个大小不等的同心圆，外圆上端刻有熊熊的火焰纹，象征太阳的光芒，两侧各有一只引昂勾喙鸷鸟拥载太阳，器物边缘还锥刻羽状纹。整件器物图像布局严谨、雕刻技术娴熟、形象逼真传神、寓意耐人寻味，是河姆渡原始艺术的精品。

鸟形圆雕4件。其中有一件完整器长15.8厘米，宽3.4厘米，厚0.8厘米，柄端雕出俯首的鸟头，圆目勾喙，似鹰类猛禽，中间为鸟身和翅膀，背面平整，阴刻短直线和斜线组成的图案，两侧也有斜线和弯月形短线，羽毛感强烈。腹部较厚，有横向突脊，其上有透孔，作穿绳佩挂之用。尾部扁长，略成圆弧。这些精致的艺术品虽是氏族的共同财产，但只有氏族首领才有权利使用。

（2）陶器刻画作品。刻画于陶器口沿和腹部，内容包括太阳、月亮、花草树木、鱼鸟虫兽等，画面简洁舒展，风格朴实而又生机盎然，既反映了河姆渡先民热爱生活、热爱大自然的美好情感，也折射出先民期望风调雨顺、农业丰收的内心世界。代表作品有鱼藻纹陶盆、稻穗纹陶盆、猪纹陶钵、五叶纹陶块等。这些带有刻画艺术的陶器，出土时基本完整，即使是碎片，也是原地压碎，可以拼复完整，说明河姆渡先民对它们特别珍重，应是祭祀用品，推测原始宗教意识已在先民中萌芽。

（3）人体装饰品。有璜、管、珠、环、饼等。珠、环等饰品大多用玉和莹石制成，在阳光下闪烁着淡绿的光彩，晶莹美丽。还有一些以兽类的獠牙或犬牙、鱼类的脊椎骨制成的装饰品。

三、河姆渡文化的分布

1981年，河姆渡遗址发掘以后，浙江省文物考古研究所对河姆渡文化的分布范围开展了调查，近年来在基本建设中也发现了一些重要遗址，至今在宁绍平原共发现河姆渡文化遗址 49 处，其中以姚江两岸最密集，共有 31 处。近几年考古发掘的重要遗址有余姚市丈亭镇鲻山遗址、三七市镇田螺山遗址、宁波市江北区傅家遗址。这三处遗址位于河姆渡以北 10 公里之内，文化内涵和河姆渡遗址一致，仅有少量文物是首次发现的，如田螺山遗址发现了北方遗址经常出土的高达 90 厘米的深腹罐，这是南北文化交流还是自己创造发明的，引起了考古界的争论。不管怎样，这些遗址的发现发掘，丰富了河姆渡文化内涵，说明河姆渡遗址并不是孤立的，早在 7000 年前我们的祖先就在宁波这块富饶的土地上劳动生息，为中华民族的形成和发展做出了重大的贡献。

父系氏族社会

约 5500 年—4000 年前，母系氏族社会为父系氏族社会所取代，我国远古人类进人了父系氏族社会，从此，男权的时代开始了。后期仰韶文化、黄河下游的大汶口文化、山东的龙山文化、长江中游的大溪文化和下游的良渚文化等均属于父系氏族社会文化的代表。

父系氏族社会是一种新的社会文化体系，也是人类历史发生的最深刻的变革之一。这种变革是同当时生产力的发展相适应的。由于农业和手工业的进一步发展，男子在生产中的地位和作用越来越大，社会中心自然发生偏移，因此，从母系氏族社会发展到父系氏族社会，是社会生产力发展的必然要求。

父系氏族出现在农业出现以后

在父系氏族社会中，男性的财产权和社会地位高于女性，家庭婚姻关系也由母系氏族社会的“从妻居”改变为“从夫居”，子女自然不再属于母系氏族的成员而成为父系氏族的成员，成为父亲财产的继承者。在父系氏族社会中，随着社会生产力的发展和劳动成果的有所剩余，一些人能够占有他人的劳动成果，并利用已占有的劳动财富役使他人，于是，贫富现象出现，私有财产开始萌芽。贫富悬殊的变化是阶级产生的基础，到父系氏族社会的后期，氏族社会开始走向瓦解，阶级社会开始出现。

男子在农业、畜牧业和手工业等主要的生产部门中逐渐占据主导的地位，于是母权制自然过渡为父权制。父系氏族公社逐渐形成了。从此，以父权为中心的个体家庭成为与氏族对抗的力量，原始社会逐渐趋于解体。男子依靠经济上的优势，在社会生产和生活中占据了统治地位。

父系氏族社会私有制的产生和父权制的建立

在距今5000年左右，遍布中国大陆的氏族部落，先后进入了父系氏族社会。相当于这一历史时期的文化遗存，主要有黄河流域的大汶口中、晚期文化，龙山文化，马家窑文化的马厂类型；长江流域的屈家岭文化，良渚文化；以及珠江流域的石峡文化等。

父系氏族社会仍延续母系氏族社会的生产资料公有制。父系氏族社会按男方血统计算世系，则是与母系氏族社会的本质区别。在父系氏族社会里，男子成为社会和家庭的主宰，财产由确定生父的亲子继承，妇女沦为男子的附庸。

生产的发展和私有制的出现，是促使母系氏族社会向父系氏族社会转化的关键因素。父系氏族社会和母系氏族社会是前后衔接的两个发展阶段。农业、畜牧业的迅速发展，以轮制陶器为代表的手工业技术水平的提高，是母系氏族社会过渡为父系氏族社会的物质基础。

黄河流域的氏族部落使用石、骨、蚌、木等多种质料的农业生产工具。河北邯郸涧沟遗址出土穿孔蚌锄和扁平长方形的石铲。河南陕县庙底沟遗址曾发现双齿木耒的痕迹。长江流域则流行石制的农业生产工具，有石耜、石锄、石犁等。这些进步的耕耘工具，提高了开垦土地的能力。各地收割工具的种类很多，有石刀、陶刀、石镰和蚌镰等。收割工具的广泛使用，表明农作物的收获量有较大的增加。

农业的发达促进了家畜饲养业的发展。饲养的家畜有猪、狗、牛、羊等，尤以猪的数量最多。邯郸涧沟的一个灰坑中就有21个猪头骨。河南陕县庙底沟遗址，26个龙山文化灰坑中发现的家畜骨骼比168个仰韶文化灰坑中的家畜骨骼还多。家畜饲养业的发展，使北方草原地区出现了游牧部落。

制陶业技术的进步最为显著。在过去慢轮修整陶器的基础上又发明了快轮的新技术。不仅制造的陶器形状规则，厚薄均匀，而且大大提高了劳动生产率。窑室扩大，可以容纳更多的陶器，火膛加深，火口缩小，支火道和窑箅孔眼增加，使热力能够充分利用。人们已经掌握了封窑技术，因而烧制出大量的灰色陶器。

随着农业和畜牧业的发展，渔猎在社会经济中所占的比重有所下降。此外，因为耕地不断扩大，狩猎的范围日趋缩小，收获也就更少了。于是，男子就逐渐参加农业劳动。农具的改进，尤其是犁耕的出现，增加了劳动强度，使男子在生产中日益发挥起了更大的作用，最终成为农业生产的主力军。男子全力投入农业劳动，使农业生产发生了巨大的变革。男子身强力壮，既没有生育的负担，又无家务之累。他们改进种植技术，创造新的工具，使农业生产较母系氏族社会时期有了更快的发展。畜牧业是北方游牧部落经济生产的主要部门。男子在参加畜牧业生产之后，也很自然地居于主导地位。

制陶业生产程序多，工艺复杂，尤其是采用新技术以后，逐渐发展成颇具规模的独立手工业生产部门。从事制陶业的劳动者也脱离了农业生产日益专业化。制陶业技术性强，体力消耗又大，已非妇女力所能及，一般都由男子承担。制陶业是父系氏族社会最重要的手工业部门，从而确立了男子在手工业生产中的主导地位。

男女社会分工的变化，使妇女在社会经济生活中处于从属地位。除生儿育女之外，妇女仅从事纺织、炊煮等烦琐的家务劳动。

大汶口文化墓葬中，男女随葬品的差别十分清楚。男性以农业生产工具和木作工具居多，女性则主要是纺轮。

经济地位决定社会地位。男子是经济生产的中坚，成为社会财富的主要创造者，因而他们在财产的分配上就具有较前为大的发言权。但是，在母系氏族制度下，子女的世系按女方计算，男子无子女可言。他们不论投入多么巨大的劳动，创造多少财富，也仍由母系成员继承。所以，男子必须确认自己的子女，并改变世系的女性血缘传统，最终按男性世系，将财产传给自己的亲生儿子。男女在生产中所处地位的变化，直接引发了男系与女系财产继承权的矛盾，乃是导致父权制取代母权制的社会原因。

私有制的产生加速了母系氏族社会过渡到父系氏族社会的历史进程。

在原始人群和母系氏族社会的初期，社会生产力极端低下，人们必须集体协作，才能勉强维持最低的生活水平。当时，没有剩余产品，亦无私有观念。人们过着生产资料公有，集体劳动，平均分配产品的生活。自母系氏族社会的繁盛时期开始，农业、畜牧业、制陶业、纺织业的产生，以及缝纫、皮革加工业的发展，使人类的生活条件大为改善。人们劳动所获的产品，除维持自身基本的生活需求之外，已略有剩余。当时属于个人私有的物品，已不限于简单的生产工具和一般的装饰品，而是包括粮食、牲畜等。剩余产品开始属于母系氏族或亲族集体所有，但是随着对偶婚逐渐向比较稳定的一夫一妻制婚姻转化，剩余产品最终成为家庭的私有财产。此外，氏族、部落的首领也利用职权，将集体的剩余产品占为已有。可见，剩余产品是私有制出现的物质基础。

大汶口墓群的随葬品，贫富差异也非常明显。有的随葬品十分简陋，甚至一无所有。而某些大墓，不仅使用木质葬具，随葬大量的陶器和石、骨器，还有精致的玉器和象牙器。

用猪头或猪下颌骨等随葬的墓，在大汶口墓群中有 49 座，约占 133 座墓总数的 37%。13 号墓，随葬猪头多达 14 个。猪作为饲养的家畜，本是氏族或亲族的集体财产，既用于随葬，显然已被私人所占有。

私有制的产生，使男子面临的问题不仅限于氏族或亲族的财产继承权，属于他个人的私有财产，也涉及继承权的问题。鉴于男子在生产劳动中发挥起了日渐重要的作用，属于他们的私有财产也就愈益增多，所以男子迫切需要改变以女性计算世系的传统观念，以确保财产由父系亲子继承。

父系制取代母系制首先是通过婚姻制度的变革逐步实现的。

在母系氏族社会的繁荣时期，婚姻形态已由群婚转化为对偶婚。男子主动到女方家过婚配生活，这种形式或可称之为从妻居。因为配偶关系不固定，男方可以另寻女伴，女方亦可别觅新郎。男子为博得女子的欢喜，常送些生活用品、装饰物等。此外，也往往为女方亲族进行服务性的劳动，以示对女方的酬谢。

到母系氏族社会的晚期，由于男子在生产中的作用增大，社会地位日益提高，他们迫切需要与婚配的女子保持长久稳定的关系，以确认自己的亲生子女。于是，他们千方百计地改变从妻居的不利处境。采取的形式主要有两种：一种是武力抢婚；另一种则是交换婚。

武力抢婚，首先开端于氏族或部落的首领以及勇敢善战的武士。他们利用部落间发生战争的机会，掠夺敌对部落的妇女，作为自己的妻子。以后，男子们纷纷效法，不仅从敌对部落掠夺妇女，而且对传统通婚的氏族，也采取抢妻的手段，以改变从妻居的处境。于是，抢婚逐渐发展成为某些部落的一种婚姻形态。我国许多少数民族曾流行抢婚习俗，甚至到近代仍遗风不绝。交换婚又有互送女子为妻，以及支付实物等不同形式。

互送女子的交换婚，早在母系氏族社会初期即已存在。通婚的两个氏族，甲氏族的女子必为乙氏族男子之妻，反之，乙氏族的女子亦必为甲氏族男子之妻。这种交换婚，是甲乙氏族彼此以一群姐妹与一群妻子的互换，并未改变男方从妻居的处境。即使到对偶婚阶段，因婚配的男女双方关系不稳定，婚姻形态仍保留一定程度的群婚性质。男方到女方居处过婚配生活的局面也未变化。但是到母系氏族社会向父系氏族社会过渡阶段的交换婚，则有根本的改变。男子随着经济地位的提高，不愿意到女方居住，也不愿意再为女方从事服务性的劳动，为了换取妻子来男方居住，而又不减少女方的劳动力，于是，男子就以本氏族的一个女子交换通婚氏族的女子为妻。交换来的妻子必须从夫而居。这样的交换，对通婚的氏族双方均无不利之处。

在云南少数民族中，最原始的支付妻子身价的形态是人换人，这种形态广泛流行于佤族社会里。佤族两个氏族根据姑舅表婚的原则，双方实行人换人的交换婚姻。用双方互相交换的形式代替对妻子身价的支付。如果一方，无论是舅方或姑方没有可通婚的对象，便等到下一代再偿还，因此就产生了赊欠的现象。这种赊欠最终以一家的女儿偿还而完结。

用生产、生活用具和家畜等实物作为支付妻子身价的习俗，在云南许多少数民族中曾长期延续。独龙族很早就用从外族输入的铁锅、铁三角架、猪等实物作为支付妻子身价的手段。各个民族根据不同的社会经济水平，对妻子的身价逐步取得共识。沧源佤族，经济发展水平较高，他们依据所娶妻子的体力强弱进行议价，低者值三头牛，高则十余头牛。怒江的傈僳族和怒族也多根据女子的体力和面貌议价。

云南某些少数民族地区，至近代，生产力还很低下。男子为娶妻，虽尽其所有，仍不能一次支付其妻的身价，只能分期支付。贡山四区木千旺、孔登和学娃登等地的独龙族通常是分两批支付妻子的身价。在付完第一批身价后，男方可以将妻接到家中小住，但不超过 10 天。只有在全部付完身价后，男方才有权将妻正式娶来。沧源的佤族以人换人支付妻子身价的做法，逐渐被支付实物所取代。如果婚前无力付完妻子的身价，则婚后继续付。自己这一代付不完，由子孙继续付。许多少数民族为限制妻子与丈夫离婚，对提出离婚要求的妻子索取身价。例如，碧江的怒族规定，妻子必须加倍退还身价方可离婚。已经失去财产而且本身已成为男子私有财产的妇女，自然无力退还身价。这就使妇女实际丧失了离婚的权利。

以力役支付妻子的身价，也是交换婚的一种形式。西盟佤族的男子，在婚前到妻子的父母家进行一定时间的劳动。婚后，夫妻每月还要帮助女方的父母劳动数天，实质上这是男子为了补偿由于女子出嫁到男家失去劳动人手的一种方式。男子还会把婚后所生的一个女儿嫁给自己兄弟的一个儿子。父系家庭就是通过上述途径逐步建立起来的。

一夫一妻制家庭，是父系制战胜母系制的产物。妇女从夫居住，因而失去了原氏族的依托。男子是生产的主持者，并掌握了经济大权。女子陷于烦琐的家务，被排斥于社会生产之外，从此失去了昔日崇高的地位，成为丈夫的奴婢和生儿育女的工具。在父权的支配下，妻子必须履行生儿育女的义务。不育子女的妻子随时可以为丈夫所遗弃。因为儿子要继承父亲的财产，所以有无子嗣，便成为决定妇女命运的头等大事。在父系氏族社会出现了象征男子生殖器的陶祖和石祖。陕西、山西等地的龙山文化遗址中多有发现。已婚妇女对陶祖或石祖顶礼膜拜，祈祷自己能生儿育女，子孙绵延不绝。

与一夫一妻制婚姻相对应的生活单位是一夫一妻制家庭。一夫一妻制家庭由一对夫妻和若干子女组成。一夫一妻制家庭建立在父权的基础上。家庭成员之间关系并不平等，丈夫居于绝对的统治地位。他不但掌握经济大权，也具有对妻子和子女的控制权。“父”的古文为“父”。《说文解字》释曰：“巨也，家长率教者从手举杖。”所谓“教”，即是说对家庭拥有绝对的支配地位和统治权利。手中所举之杖，正是家庭权力的标志。《礼记·表记》云：“母，亲而不尊。”在父权的统治下，母亲虽是子女最亲近的人，但在父权的淫威下，失去了母系氏族社会时期的尊贵地位。妻子必须严守贞操，以确保子女的父系血统。丈夫却可以在外任意寻欢作乐，妻子无权干涉。亲生儿子是家庭财产的直接继承者。一夫一妻制婚姻远较对偶婚巩固，夫妻关系稳定，家庭也不易破裂。一夫一妻制家庭建立在丈夫奴役妻子的基础上。阶级对立最早萌芽于一夫一妻制家庭之中。家内奴隶制是阶级矛盾的初期形态。婚姻制度的变化和一夫一妻制家庭的出现，使丧葬制度也发生了重大的变革。女子从原来的娶夫变为出嫁。居住方式也自过去的男子从妻居，变为妻子从夫居。所以妻子已属于夫方氏族，亦成为夫方氏族的成员。因而夫妻非同氏族成员不能埋葬一处的障碍已被解除，夫妻合葬合法化。大汶口、柳湾等氏族墓地都出现了年龄相若的男女合葬墓。这是社会已进入父权制阶段的重要标志。

大汶口墓群以男女分别单人葬为主，但有 8 座双人合葬墓。经过性别鉴定的 4 座，都是一对年岁相当的成年男女。其共同特点是，人骨排列皆男左女右。其中 35 号墓，成年女性右侧还有一个小女孩，年约四五岁，被成年女性用右臂搂住。1 号墓，男性遗体放于墓穴正中，女性则在正穴扩出的一个小长方坑中。两人显然处于不平等的地位。

1，13，35 号三座墓，随葬品的放置多数偏于男性的一侧。13 号墓男性身边有石铲、骨鱼标和骨匕，佩一对象牙琮。女性仅手中握有獐牙，别无所有；1 号墓女性颈部有一个小玉管，右肢旁放一对龟甲，其他随葬品集中于男性的左侧；111 号墓，女性随葬品多一些，但是纺轮、骨针、骨锥、石磨棒等家务劳动工具，都在女性脚下。上述现象清楚表明，成年男女合葬墓的主体是男性，女性处于从属地位。

柳湾墓地也发现多座成年男女合葬墓，与大汶口墓群的男女合葬墓类似。成年男女合葬墓中的尸体都是一次埋葬。因为在一般情况下，男女不可能同时死去，所以是在男子死去时，把女子作为殉葬者处理的。不论男女之间是夫妻关系，抑或是主仆关系，男尊女卑的局面显而易见。

父权制的确立，表明远古社会已自母系氏族社会过渡到父系氏族社会。在父系氏族社会，世系计算，财产继承，都按父系血缘确定。

父系氏族是以父系血缘为纽带组成的社会集团。氏族成员，包括同一个男性始祖所生的子孙及其配偶。妻子虽然与丈夫非同一血统，但仍属丈夫所在氏族的正式成员。这是父系氏族与母系氏族的重要区别。每个氏族都有一定的地域。氏族成员共同占有，并集体耕种土地。随着私有制的产生，个体家庭虽然已经开始积蓄粮食、牲畜等私有财产，但是对于集体劳动所获的产品，基本上还是平均分配。氏族的财产由集体继承。氏族成员彼此有互相救助的义务。男女择偶均实行族外婚。每个氏族都有自己的公共墓地。

云南的西盟佤族长期延续父系氏族制度。已有学者对此进行过深入的调查与研究。西盟佤族的父系氏族通常以祖先姓名或地名命名，以此反映父系氏族成员之间共同的血缘关系。例如，大马散的永欧氏族中的“欧”和亚木氏族的“亚木”就是祖先的名。斯库氏族的“斯库”是地名。阿芒氏族的“阿芒”则是祖先的职务。

西盟佤族传说的共同祖先是阿依俄或格耒旦。马散、岳宋部落所属的各氏族普遍供奉阿依俄；翁戞科氏族则供奉格耒旦。历史上氏族不断分裂的现象，反映了许多父系氏族之间具有较近的血缘关系。

佤族氏族内有许多一夫一妻制个体家庭，由夫妻及子女组成。少数家庭还包括养子。这种个体家庭一般都居住在竹木结构草顶的干栏式楼房内。楼上有主火塘和鬼火塘。主火塘是家庭成员休息的地方。鬼火塘是供奉死者的灵魂及其他各种精灵的地方。

个体家庭多在不同程度上由共同砍烧的氏族公地连接起来。个体家庭之间在婚姻、丧葬、建筑房屋等活动中仍保持互助的传统习俗，向事主赠送粮食、酒、酸牛肉和建筑材料。

个体家庭内部还保持分饭的习俗。主妇把煮熟的饭放在一个木盒里，并由她分给围蹲在火塘四周的每个家庭成员一份，吃完仍需由主妇盛，其他的家庭成员自己不能盛饭。在举行重大的宗教祭祀和婚丧活动时，从牺牲品的分配上，可以看出氏族成员的关系和地位。牛头归主人，牛大腿、牛尾巴分给同氏族的成员或主人的兄弟，前腿或牛颈分给岳父或舅父和姑父，每人一块，牛肠、牛肚煮熟后集体分吃。

根据氏族外婚的原则，同氏族的男女之间不得婚配。通婚的氏族，则组成部落。西盟佤族即实行父系氏族外婚，一般是两个毗邻而居的氏族互相通婚。佤族以交换婚为常见。在央冷调查的40对夫妻中，有半数就是氏族外的交换婚，即兄弟的子女同姊妹的子女互相通婚。央冷还有一夫多妻的现象，包括同时娶姊妹为妻。但是一妻多夫的现象却不存在。这正反映了男子在婚姻上的特权。

佤族另一种婚姻形式是转房。如妻死，丈夫可以续娶妻之姊妹。夫死，妻则转嫁给丈夫的兄弟。如果不转嫁给丈夫的兄弟及其从兄弟，则必须赔偿一定的身价。所以，妻在转嫁还是赔偿身价二者之间，多选择转嫁。因为她无力赔偿身价，而转嫁之后，其身价可由续娶她的男子承担。

此外，还有一种抄婚的形式。同已订婚或已婚女子私通，都要冒被抄家的风险。而已订婚或已婚的男子则因获得财物上的补偿而得到满足。这种习惯法的产生，正是基于保护男子财产的目的。日益发展的父权，使女子在家庭中的地位低下，已沦为男子的私有财产。

佤族的婚姻形式虽多，但是都要遵守氏族外婚这个基本原则。对违反这个原则的人要进行严厉的惩罚，被本氏族抄家，开除出氏族，并驱逐出村社。氏族外婚甚至笼罩着神秘的宗教色彩，如久旱不雨、狂风肆虐、雷电击人等一系列的天灾，都可以归罪于同氏族内的通婚。如果同氏族的人发生性关系，也要举行祭祀赎罪。

许多氏族还保存公共墓地。

佤族认为人死后还同生人一样生活，因此将死者生前所使用的生产工具和生活用品以及粮食等食物作为随葬品放在棺中。他们还认为人死后，其灵魂会依附于某种物体上。例如，大马撒人在死者入葬后的第三天下午，由巫师将麻布放在坟墓上，如有小虫爬进即捉住，然后放入竹筒内封紧，或用一撮土代替，供于主火塘旁，认为死者灵魂能保佑家族成员。

随着生产的发展，人口不断增长，氏族又逐渐分离出许多父系家族。父系家族由同一父亲所生的几代人及其个体家庭组成，此外还包括掠夺来的奴隶等人员。父系家族人口不多，并未脱离原氏族。它是父系氏族的基本生产和消费单位，并逐渐发展成为独立的经济实体，与氏族集体共有制产生日益尖锐的矛盾。氏族组织日趋松散，共同的经济活动，如集体耕作，也被父系家族所取代。但是，互相救助，共同的宗教信仰，氏族外婚，以及共同的氏族墓地等传统习俗仍延续了下来。

父系大家族的残余现象，直至近代，在一些少数民族中仍有保留。海南岛黎族的合亩制即是实例。

“合亩”，黎语称“纹茂”，意为有血缘关系的集体。也有称“翁堂沃工”或“翁堂打”的。意为“大家做工”或“大家的田”，即是共耕之意。合亩一般由几户或十几户个体家庭组成。从历史发展上分析，它最初可能由同一父系血缘的人所组成。以后不同血缘的人也逐渐渗杂进来。合亩都有亩头，黎语称“俄布笼”，意为家长。由辈份最长，能领导生产，懂得各种宗教仪式，并且有妻子，威望高的男性老人担任。亩头负责领导全合亩的生产和产品分配。就保留原始成份较多的一种合亩形式来看，其成员大致包括三四代以上同祖后裔的血缘亲属。耕地、耕牛全为合亩共有或多为合亩共有。亩头和各户亩众共同参加劳动，产品按户平均分配。在不少合亩中还保留有这样一种风俗：每年稻谷收割完毕，合亩要留下一定数量的稻谷作为集体聚餐之用。到来年插秧完毕，即用这种稻谷酿酒煮饭，全合亩的男女老幼都齐集一堂共同聚餐。

内蒙古自治区额尔古纳旗以狩猎为主要经济部门的鄂温克人中也有父系家族的形式存在，当地人称之为“乌力楞”。每个父权制氏族包括若干“乌力楞”，而每个“乌力楞”又包括若干个体家庭。这种“乌力楞”在早期本是一种父系血缘组织，后来已演变为由同一父亲所生的若干代子孙及其妻子为主，再加上与他们有亲戚关系的人组成。“乌力楞”的首领叫“新玛玛楞”，是家族长。由狩猎经验丰富，有办事能力，威望高的老年男性担任。他负责组织“乌力楞”的生产和产品分配。狩猎在“新玛玛楞”的统一指挥下，由全“乌力楞”的猎手共同进行。分配方法大致有两种：如猎获的野兽是熊，则由猎获者将其煮熟由全“乌力楞”的人共同聚食，但猎获到其他野兽，兽肉则按“乌力楞”中个体家庭的户数平均分配，各家自行实用。前者当是以父系家族为经济生活单位时流传下来的习俗的延续。

母系制转化为父系制，是一个相当长的历史阶段，其间充满错综复杂的矛盾和激烈的斗争。在这场社会大变革中，妇女是失败者，她们蒙受了巨大的损失。无论是在世系计算，财产继承，还是在婚姻关系诸方面，妇女都失去了昔日崇高的社会地位。导致这一变革的根本原因，是男子取代妇女成为经济生产的主要承担者。随着私有制的产生，男子更是把持了家庭的经济大权。所谓“财大气粗”，古来有之。男子主宰社会和家庭，妇女则处于被歧视、受奴役的地位。广大妇女不甘心屈辱的命运，她们奋起斗争，以各种手段进行顽强的反抗。

母系制向父系制的过渡，始于婚姻关系的改变。妇女与父系制的斗争，也主要表现在婚姻形态方面。这种斗争的遗迹，仍长久残留在许多少数民族的婚俗中。

“不落夫家”，是母系制向父系制的过渡时期，妇女们斗争所采用的一种重要形式。所谓“不落夫家”，就是新娘在婚后相当长的一段时间里住在娘家，而不在夫家久住。不落夫家的时间，长短不等。少者二三年，长者竟达七八年以上。在此期间，逢年过节，或农事大忙时，由其丈夫的母亲或姊妹亲自接她回去住几天，便又转返娘家。直至该女子怀孕后，快要生育时，才到夫家居住。妇女在娘家期间，仍可参加男女之间的社会活动。父系制时期，从妻居改为从夫居。丈夫在家中主宰一切，妇女变为丈夫的奴隶。妻方的家族也减少了一个劳动力。这对于妇女及其家族都十分不利。失去自己娘家的依托，又无力与夫家直接抗争，于是就采取不落夫家的手段。男子为了缓和矛盾，最初也被迫接受不落夫家的做法。

清人汪森《粤西丛载蛮习》记载说："怀远之夸，有瑶、侗、壮三种，又有伶、狚、苗三种，其情不甚相远。……凡娶妻不由媒妁，男与女答歌通宵已即去，非有身不肯为其家妇，至五年、十年不归。"明人王任性《桂海续志》说："（瑶）新娶入门，不即合，其妻有数邻女相随，夫亦浼数男相随，答歌通宵，至晚而散，返父母家。遇正月旦、三月三、八月中，出与人歌，私通及有娠，乃归夫家。已后再不如作女子时歌唱也。"广西南丹县瑶族女子在嫁后一年内，大部分时间均住在娘家，只有在农忙季节和夫家有婚丧喜庆之事时，由夫家派人去接，才回夫家住几天，事后又回娘家。婚后期满一年，方才返回夫家居住。连南瑶族自治县的瑶族女子在不落夫家期间，如患重病，娘家必须把她背至夫家。如病故，一切丧葬费用，概由夫家负责。习惯认为，嫁出去的女，生是娘家人，死是夫家鬼。广西隆林自治县的壮族妇女，在不落夫家时，倒像是娘家的主人，自由自在，不仅可以参加歌圩及一切社交活动，能够与男青年谈情说爱，而且还有一定的经济自主权。娘家需拨出一小块土地给她耕种，收获全由她自己支配。小部分作零用钱，大部分储蓄起来，留作日后到夫家去的费用。

许多少数民族的女子在出嫁时，有"哭婚"的习俗。女子在出嫁前十分痛苦，表示不愿意离开父母，也不愿去夫家生活。这实际上是对从夫居的控诉。壮族女子在出嫁前 10 天左右，其女友白天帮她做新鞋，缝制新衣，赶作新被，晚上在一起编唱"哭嫁歌"。这种"哭婚"的习俗，在云南的哈尼族也有流传。新娘在离别朝夕相处的双亲时，声泪俱下，痛哭流涕。一般是出嫁前三天就要开始哭婚，而且越哭得伤心越受人称赞。

男子为了达到迫使妻子从夫居的目的，采取各种强硬措施。除抢婚之外，还出现了一种戴"假壳"的奇特风俗。新中国成立前，贵州省安顺市扁担山布依族就曾流行戴"假壳"的习俗。布依族男女青年多在十几岁就订婚。结婚当天，新娘在伴娘陪同下，只在丈夫的邻居家借住一宿，第二天即返回娘家居住，夫妻并未同居。当地俗称之为"坐母家"或"不落夫家"。妻子"不落夫家"，一般为 2—5 年，长者可达十几年，依双方的年龄和感情关系而定。新娘只在农忙季节，受婆嫂的邀请，才到夫家住几天，并参加零星劳动。

但此期间，夫妻仍不同居。

举行戴“假壳”仪式，有固定的日期。一般只在每年八九月至次年四月进行。已婚少女在此期间，终日凉恐不安，如临大敌。熬过这一段时间，就放松戒备，犹如未婚少女，继续过着自由寻找异性，谈情说爱，无拘无束的生活。到来年同一时期，又须再次戒备，应付男方新的挑战。由此可见，只举行结婚仪式的夫妻，并未过正式的婚姻生活。只有在妻子戴上“假壳”之后，她才从娘家迁居夫家，与其夫共同组成家庭，生儿育女，成为名符其实的夫妇。因此，戴“假壳”，是妇女离开娘家，长居夫家的标志。妇女一旦戴上“假壳”，也就被父权制的枷锁束缚，沦为丈夫的家庭奴隶。布依族已婚女子“不落夫家”，反抗戴“假壳”，是她们留恋母居制，反对父居制，维护母系传统的一种斗争方式。而男子则利用戴“假壳”，迫使妻子离开娘家。这也是强行实施父权制的一种手段。

“招郎入赘”是母系制向父系制转变期间婚姻制度的一种过渡形态。“招郎入赘”表面仍是从妻居。但与母系氏族社会繁荣时期的从妻居，又有本质的不同。从各地瑶族所保留的不同的招赘方式，可以看出父系制曲折发展的端倪。云南省金平县太阳寨的瑶族，除了女方无劳动力，男子必须终身上门外，只要男子不愿继续过招赘生活，就可用交纳礼银的办法来缩短上门的期限，或将亲生子女留一个给岳父母顶替礼银。

确保子女的父系血统，是父权制与母权制斗争的焦点。因为子女具有父亲的血统，才能使父系的血缘关系得以延续，财产亦不致落入他人之手。四川盐源县某些普米族地区，流行一种审新娘的仪式。其目的就是为了确认新娘所孕子女是否具有丈夫的血统。

普米族的婚礼，仪式繁复。即男方迎娶新娘，需多次方可完成。男方接一次，女方逃一次。有的婚礼延续时间长达一二十年之久，故称“三回九转”。头几次迎娶，新娘由女伴陪住，夫妻不能同房。然后女方逃回娘家。到第四次接回新娘后，新郎则必须设法与妻子同宿，并尽力挽留她多住些时日。新娘则力图逃回娘家。因为她一旦受孕，娘家就不能留女儿在家分娩，她在娘家居住的权利即行终止，必须移住夫家。女子在逃回娘家期间，可以自由结交异性，但不得发生性关系。新娘怀孕后，男子将其接回，并组织一群老年妇女，围审新娘。众人席地而坐，把新娘围在当中，要她交待 13 岁穿裙子以后，与哪些男子同居过。审问时，如新娘不老实交代，就要进行体罚，直至新娘老实交代。

某些少数民族的父系制以十分巧妙的方式取代了母系制。云南西双版纳州景洪县的基诺族就是如此。一种方法是冒名顶替。新中国成立前，基诺族已属父系制，其长老都是男性长者，但在隆重的祭祖仪式和重大节日的祭祠和唱词中，却必须以左米尤卡，即村寨的老祖母或女长老相称。父系制下的男性长老沿用女性长老的名称，显然当年在母系制下氏族首领曾属女性。否则，父系制时代以男子为尊的氏族长老绝不会尊卑颠倒，屈尊冒女子之名。这说明，男子们在取代母系制时甚至连传统的名称也不必改，只要达到目的即可。男巫取代女巫的地位也是如此。新中国成立前，基诺族早已没有女巫。但在有的仪式中，男巫却装扮成女巫，叫作“尤卡”，即祖母。这也形象地说明，男巫取代女巫，同样玩弄了冒名顶替的把戏。

另一种方法是假借神鬼的意旨。为了贬低母系祖先的地位，人们制造了神化的父系英雄人物，使父系祖先的崇拜居于主导地位。母系祖先原本由来已久。男子们在取代母系制时，并未抹煞这一事实，但是却又塑造了一些神奇的父系英雄，极力尊崇父系的祭祀，从而使母系祖先黯然失色，如阿西、阿哈这两个胞族都有自己的神刀，据说这神刀不必实际砍杀，只要刀一出鞘，刀刃所向，敌人自死，而且它还主雨主晴。这刀只能由男子掌管、祭祀，显然是为父系制取代母系制而创造的一种法宝。通过它，男子取得对原始宗教的控制权和祖先鬼神代言人的地位。

基诺族有关农业的祭祀大权也掌握在男子手里，如在叫谷魂的仪式中，男家长背着公鸡在田间叫谷魂。回家后，要独自在仓库内杀鸡祭祀，然后把鸡吃掉。妇女不得参与其事。男子猎获的兽头肉，被认为是尊贵之物，要连夜剔光煮熟，并呼唤男子去吃，但绝不允许成年妇女参加。这种歧视妇女的禁忌，也被说成是“鬼神”的意旨。祭大龙——“洛毛竜”的那天，村社长老和父系家长要到村外杀猪祭鬼，回寨的路上则发出凌厉的叫声，让妇女赶快躲藏回避。不然，就会开罪鬼神，农业遭灾，狩猎不吉。这种宗教仪式中歧视妇女的习俗，也是父系制的产物。

冒名顶替和假借鬼神，以其迂回曲折的方式，在父系制取代母系制的斗争中，巧妙地发挥了重大的作用，避免了激烈的冲突。但这是以妇女受压抑、被歧视为代价的。

尽管母系制与父系制进行了长期顽强的抗争，却无法阻挡历史发展的潮流。经过反复较量，父系制最终确立了统治地位。父系制代替母系制虽然残酷无情，但毕竟是在促进社会生产力发展的前提下完成的，因而具有进步意义。

仰韶文化

仰韶文化是距今约 5000—7000 年中国新石器时代的一种文化，它的持续时间大约在公元前5000—3000年。1921年首次在河南省三门峡市渑池县仰韶村发现。主要分布于黄河中下游一带，以河南西部、陕西渭河流域和山西西南的狭长地带为中心，东至河北中部，南达汉水中上游，西及甘肃洮河流域，北抵内蒙古河套地区。已发掘出近百处文化遗址，出土的文物均反映出较同一的文化特征。生产工具以较发达的磨制石器为主，常见的有刀、斧、锛、凿、箭头、纺织用的石纺轮等。骨器也相当精致。有较发达的农业，作物为粟和黍。饲养的家畜主要是猪，并有狗。也从事狩猎、捕鱼和采集。各种水器、甑、灶、鼎、碗、杯、盆、罐、瓮等日用陶器以细泥红陶和夹砂红褐陶为主，主要呈红色，多用手制法，用泥条盘成器形，然后将器壁拍平制造。红陶器上常有彩绘的几何形图案或动物形花纹，是仰韶文化的最明显特征，故也称彩陶文化。选址一般在河流两岸经长期侵蚀而形成的阶地上，或在两河汇流处较高而平坦的地方，这里土地肥美，有利于农业、畜牧，取水和交通也很方便，如临潼姜寨的村落遗址，约有100多座房屋，分为5组围成一圈，四周有濠沟环绕，反映出当时有较严密的氏族公社制度。仰韶文化属于母系氏族公社制繁荣时期的文化。早期盛行集体合葬和同性合葬，几百人埋在一个公共墓地，排列有序。各墓规模和随葬品差别很小，但女子随葬品略多于男子。

仰韶文化距今大约7000年左右，是我国新石器时代彩陶最丰盛繁华的时期。它位于黄河中游地区，遍及河南、山西、陕西、甘肃、河北、宁夏等地。

仰韶文化的制陶工艺相当成熟，器物规整精美，多为细泥红陶和夹砂红陶，灰陶与黑陶较为少见。其装饰以彩绘为主，于器物上绘精美彩色花纹，反映出当时人们生活的部分内容及艺术创作的聪明才智。另外还有磨光、拍印等装饰手法。造型的种类有杯、钵、碗、盆、罐、瓮、盂、瓶、甑、釜、灶、鼎、器盖和器座等，最为突出的是双耳尖底瓶，线条流畅、匀称，极具艺术美感。

陕西蓝田出土的“中华第一砖”距今已有5000年

由于时间跨度与分布地域的不同，仰韶文化必须分类加以区别，主要有半坡类型和庙底沟类型。

仰韶文化是一个以农业为主的文化，其村落或大或小，比较大的村落的房屋有一定的布局，周围有一条围沟，村落外有墓地和窑场。村落内的房屋主要有圆形或方形两种，早期的房屋以圆形单间为多，后期以方形多间为多。房屋的墙壁是泥做的，有用草混在里面的，也有用木头做骨架的。墙的外部多被裹草后点燃烧过，来加强其坚固度和耐水性。

马家窑文化半山类型（土地纹罐）

仰韶文化的农耕石器包括石斧、石铲、磨盘等，除此之外还有骨器。除农耕外仰韶文化的人显然还进行渔猎。在出土的文物中有骨制的鱼钩、鱼叉、箭头等。仰韶文化前期的陶器多是手制的，中期开始出现轮制的。一些陶器上留有布和编织物印下来的纹路，由此可见仰韶文化有编织和织布的手工业。在发掘的动物骨头中除猎取的野生动物外还有大量狗和猪的骨格，羊比较少。

对仰韶文化墓地的发掘为对它的认识做出了许多贡献。墓地的随葬品和下葬的方式为当时的生活方式、信仰、生活条件带来了许多启发。

对于仰韶文化的内部分类、时间上的分类以及各个遗址之间的相互关系在学术界还有争论。对仰韶文化的社会结构也还有不同的看法。今天大多数学者认为它主要是一个父系社会，早期的母系社会的论点现在只有比较少的人支持了。仰韶文化向人们展示了中国母系氏族制度繁荣至衰落时期的社会结构和文化成就。

当时瑞典的安特生在河南省三门峡市渑池县仰韶村参与发掘仰韶文化遗址后认为仰韶文化来自西方的论点，但是后来他自己又加以否定。现在一般认为陕西地区的仰韶文化是继老官台文化之后发展起来的，按时代顺序可以分为半坡类型、庙底类型和半坡晚期类型三个不同的发展阶段。河南龙山文化被看作是它的继承文化。

仰韶文化遗址位于河南省三门峡市渑池县仰韶村，距县城 9 公里。遗址北依韶峰，三面环水，风光宜人，山水秀美，土地肥沃，是我们祖先狩猎、渔牧、定居的理想场所。遗址从东北到西南长 900 余米，从西北到东南宽 300 余米，总面积约 30 万平方米。文化层厚度 2—4 米，这种现象说明我们的祖先在此长久地过着定居生活。

仰韶村遗址被发现后，引起了考古学界的高度重视，为了进一步了解该遗址的文化内涵、来龙去脉，新中国成立后，对该遗址的发掘与研究工作，又先后进行了两次。

1951 年 6 月，中国科学院考古所河南调查团夏鼐等专家学者对河南省三门峡市渑池县仰韶村遗址进行了第一次发掘，发现有红底黑彩、深红彩的陶罐、碗、小口尖底瓶，以及龙山时期的磨光黑陶、压印方格纹灰陶，带流陶杯和绳纹灰陶鬲等。第一次的发掘研究工作是在 1980 年 10 月— 11 月和 1981 年 3—4 月进行的，由河南省文物研究所同渑池县文化馆共同主持发掘，这次发掘进一步澄清了仰韶村古文化遗址的内涵，证实了该遗址含有仰韶和龙山两个考古学文化、四个不同发展阶段的地层叠压关系。第一期文化，属仰韶文化庙底沟类型；第二期文化属豫西、晋南和关中东部地区仰韶文化的晚期遗存；第三期文化属河南龙山文化的庙底沟类型；第四期文化为河南龙山文化的三里桥类型。仰韶村遗址经过新中国成立后的二次发掘，获得了大量的遗迹、遗物，从而为研究我国社会发展史提供了丰富的实物资料。

仰韶文化是黄河流域影响最大的一种原始文化，它纵横 2000 里，绵延数千年，在世界范围内来说，也是首屈一指的。汉族的前身“华夏族”，最早就发迹于黄河流域，而仰韶文化遗址中诸多考古发现，如陶器制造、纺织做衣、绘画雕塑、文字、历法、宫室营建等，同文献记载中炎帝黄帝、时代的创造发明相吻合。

大汶口文化

原始社会的解体：大汶口文化的兴起（约公元前 4300 – 前 2500 年）。大汶口文化是新中国成立后发现的我国黄河下游新石器晚期文化的一部分。大汶口文化作为一个新的文化类型被认识，始于 1959 年对山东省泰安地区大汶口遗址的发掘。遗址横跨大汶河的南北两岸，当时的发掘地点在南岸宁阳县的堡头村西一带，所以也曾用过“宁阳堡头”的名称。随着调查、发掘和研究工作的开展，我们对这个文化的认识，逐步地丰富起来。

在山东地区，已经做过初步发掘或清理的重要遗址，除了大汶口以外，还有安丘县景芝镇、滕县岗上村、曲阜县西夏侯、莒县陵阳河、邹县野店、日照县东海峪、临沂县大范庄以及胶县的北三里河。这些地点都在黄河和胶济铁路以南的地区。但是据山东省博物馆和有关文化部门的调查，胶东半岛和黄河以北地区，也都有这个文化的踪迹。

另外，广泛地分布于江苏北部地区以邳县刘林，新沂县花厅村为代表的一类新石器晚期文化遗存，虽然也具有一定的地方特色，但就其基本特征来看，大家都认为它们和大汶口文化应当属于同一个文化系统。

由于工作的限制，我们现在还难于确切地划出大汶口文化的完整分布范围。但是，上述的一些地点和地区，却已经为我们展示了一个广大的地理区域。它告诉我们，在大汶口文化时代，居住在这个广大区域的原始氏族部落居民之间，存在着十分密切的社会经济文化联系，因而在物质文化遗存的内涵及面貌上，表现出基本上的一致。

大汶口文化遗址发掘现场

现有的大汶口文化材料，按其发展序列，大体可以分成四段。四段材料的连续性和阶段性，都相当清楚。

第一段，陶器器形比较简单，有鼎、罐、壶、钵、豆、喇叭形三足器等。鼎的形制比较多样，是加上了三足的大口罐（釜）、敛口罐和钵。喇叭形三足器，有细长的空心柄，放置起来有点头重脚轻。相当于这一段的有野店早期兖州王因和刘林的材料。

第二段，出现了背壶、实足鬶、筒形杯、盉、尊等新的器类。盛行罐形鼎和大镂孔高圈足豆，背壶以椭圆腹为其特征。可以野店中期和大汶口前期为代表。

第三段，大镂孔豆消失，出现了空足鬶，盛行宽肩壶、高柄杯、宽肩背壶，有白陶和黑陶出现。以大汶口墓地、曲阜西夏侯、野店晚期为代表。

第四段，大量出现轮制器，陶色以灰黑为主，背壶显著变形，有的成为垂胆式。出现了精美的蛋壳黑陶高柄杯。鬶的颈子变粗变高。以大范庄为代表，可视为大汶口文化的末期。

汶口文化和山东龙山文化是先后相承的两个文化。野店遗址的层位材料证明，大汶口文化早于山东龙山文化。两个文化的共有的代表性器物——鬶和蛋壳墨陶杯，一脉相承，吻合无间，其渊源关系十分清楚。但是，大汶口文化毕竟处于发展的早期阶段，因而具有更原始的性质，如制陶以手制为主，前期多红陶，后期才出现轮制。而山东龙山文化则正处于轮制陶器时期，主要是灰黑陶。可见，两个文化既有联系，又有区别，不能混为一谈。至于把大汶口文化当成龙山文化的晚期，更是颠倒先后的错误。

大汶口文化同中原地区的原始文化，也互有影响。

在大汶口文化的彩陶中，有少量的彩陶盆、彩陶钵，绘有美丽的花瓣纹、器形和纹样，接近于仰韶文化庙底沟类型的风格，在大汶口、野店和刘林等遗址都有发现。这种彩陶，大体出现在现有大汶口文化四段材料第一段的后期和第二段的前期。同时，在河南西部偃师县滑城的早期河南龙山文化遗址里，发现有同大汶口文化晚期完全相同的背壶、高柄杯等典型遗物，从而证明了两个地区原始文化之间存在着明显的相互交往。从这些迹象判断，现在的大汶口文化材料，可能相当于中原地区仰韶文化的中晚期，但是它的后期还要延续得更晚些。

以上纵横上下的相互关系的初步明确，就使我们进一步探索大汶口文化的社会经济状况，有了一个比较可靠的相对年代的根据。

依靠战天斗地的辛勤劳动，大汶口文化的原始农业不断取得新进展，较之仰韶文化，这个文化的生产工具有了明显的进步。穿孔石斧，扁而薄的石铲，细琢精磨，有良好的合乎使用的刃口，这是砍伐树木、清除树根杂草、开垦耕作的主要工具。还有用鹿角制成的短柄鹤嘴锄，一端可以刨地松土，一端可以打碎土块。收割禾穗的工具有石刀、骨镰和蚌镰。大汶口 87 号墓出土的一件骨镰，形制已经十分成熟。收获的粮食，在石磨盘上用石磨棒压碎。胶县北三里河的一个大汶口文化窖穴，曾发现多达 1.2 立方米的腐朽粮食堆积（《考古》1977 年 4 期），可以看出当时粮食的贮藏情况。

农业的发展，使人们获得了比较稳定的食物来源，创造了定居生活、社会分工和生产进一步发展的物质条件，正像马克思所说，农业劳动，“是使其他一切劳动部门所以能够独立化的自然基础。”（《剩余价值学说史》第一卷）

伴随着农业的发展，以养猪为主的家畜饲养业发展起来。各地大汶口文化遗址发现的人类的最早驯养的动物骨胳，有猪、狗、羊、牛、鸡等，而以猪骨为多。大汶口的 125 座有随葬品的墓，1/3 以上有猪骨随葬，有的用半只猪架、有的用下颌骨，最多的是完整的猪头，有 43 座墓出土了 96 个猪头，最多的一座有 14 个猪头。可以看出养猪的普遍和与人们生活的密切关系。鉴定材料证明，大汶口墓群的猪骨，母畜占有很大比例，重视畜养母畜，正是家畜大量繁殖的重要标志。在家畜中，猪的特点是繁殖快、耐粗饲，一头母畜一年可以繁殖七八头甚至十几头，只要稍加看管，就可以发展起来。猪的饲养，提供了丰富的可靠肉食来源，对改善人们生活、促进农业发展都有积极的作用。

刘林遗址曾出土一件猪牙刻的猪头像，曲阜尼山大汶口文化遗址发现过一件陶猪，维妙维肖，这是家畜饲养在当时造型艺术中的生动反映。

在农业、家畜饲养业发展的基础上，制陶、制骨、制石、纺织等传统的原始手工业取得了长足进步，并出现了酿酒、玉器、象牙雕刻工艺，标志着大汶口文化手工业发展达到新的高度，显示出生产的日益多样化，生产技术不断地得到改进和提高。

陶器是当时发展较快的手工业部门。大汶口 117 座墓出土陶器 1 015 件，西夏侯的 11 座墓出土了 601 件，用陶量之多，突出地反映了大汶口文化制陶业的发达兴旺。

三足、把手、圈足、流口的广泛应用，增强了陶器的适用性，但也使陶器制作进一步复杂化。

这个时期制陶业的巨大进步主要有三点：

第一，由手制发展到轮制。这是手工制陶的一项重大技术革新。西夏侯和大汶口后期，都发现过小件轮制器。大范庄出土的 100 多件黑陶壶，底部一般都有轮制割离时留下的偏心螺旋纹，表明已广泛使用了快轮成型制坯法，采用这种新的技术制作陶器，器形规则，器壁厚薄均匀，质量有很大提高，特别是劳动生产率有很大的提高。

第二，白陶的出现，是用料方面的一项重要突破。大汶口后期墓出土白陶器 160 多件，都是这个文化的典型遗物，证明确是这个文化自己的产品。

第三，轻巧优美的蛋壳黑陶制品在末期盛行，代表着这个时期制陶工艺最出色的成就。大范庄出土的一些精品，是我国原始社会晚期优秀陶器遗产中的艺术珍品。

大汶口文化和各个生产领域里的出色成就，生动地反映了人们改造自然的能动作用有了明显的提高，社会分工正在扩大，生产的广度和深度都达到了前所未有的水平。随着劳动生产率的提高，社会财富在迅速增加；劳动部门的增加和新的工艺技术的出现，促进了手工业脱离农业向专业化、独立化的方向发展。很显然，制作精美的蛋壳陶器，雕刻象牙，加工玉器，没有长期实践经验的积累，是难以掌握的。

马克思说："工艺学会揭示出人对自然的能动关系，人的生活的直接生产过程，以及人的社会生活条件和由此产生的精神观念的直接生产过程。"（《资本论》第一卷）大汶口文化各类精致的手工制品，不仅直接揭示了当时工艺技术所取得的成就，更重要的是，它意味着原始社会正在进入一个新的阶段。

龙山文化

龙山文化泛指中国黄河中、下游地区约当新石器时代晚期的一类文化遗存。铜石并用时代的文化，因发现于山东章丘龙山镇而得名，距今约4350—3950年。分布于黄河中下游的山东、河南、山西、陕西等省。大汶口文化出现的快轮制陶技术在这一时期得到普遍采用，磨光的黑陶数量更多，质量更精，烧出了薄如蛋壳的器物，表面光亮如漆，是中国制陶史上的鼎峰时期。

1928年的春天，考古学家吴金鼎在山东省章丘市龙山镇发现了举世闻名的城子崖遗址。他在城子崖台地的西面断层上，发掘出了与石器、骨器共存的薄胎而带黑色光泽的陶片。这引起了当时的中央研究院历史语言研究所考古组专家的高度重视。在此之后，考古学家们先后对城子崖遗址进行了多次发掘，取得了一批以精美的磨光黑陶为显著特征的文化遗存。根据这些发现，考古学家于是把这种以黑陶为主要特征的文化遗存命名为“龙山文化”。

城子崖遗址博物馆

自龙山遗址发现以来，考古学家分别在河南、陕西、山西、湖北等地发现了这一时期的文化遗存。但因其文化面貌不尽相同，所以又分别命名为河南龙山文化、陕西龙山文化、湖北石家河文化、山西陶寺类型龙山文化，通称之为龙山时代文化。这一时期文化的最显著的特征便是城址的发现，如在山东地区，除城子崖龙山城址之外，还有寿光边线王城址，阳谷、东阿、茌平三县发现的八座城址，临淄田旺村城址等。在河南则发现有淮阳平粮台城址、登封王城岗城址、郾城郝家台城址、辉县孟庄城址等。

龙山文化处于中国新石器时代晚期，这个时期陕西地区的农业和畜牧业较仰韶文化有了很大的发展，生产工具的数量及种类均大为增长，快轮制陶技术比较普遍，大大提高了生产效率。同时，占卜等巫术活动亦较为盛行。从社会形态看，当时已经进入了父权制社会，私有财产已经出现，开始跨入阶级社会的门槛。

大部分龙山文化遗址，分布在山东半岛；而陕西、山西、河南、河北、辽东半岛、江苏、湖北等地区，也有类似遗址的发现。这个文化以许多薄、硬、光、黑的陶器，尤其是蛋壳黑陶最具特色，所以也叫它“黑陶文化”。

龙山文化除陶器外，还有大量的石器、骨器和蚌器等。他们以农业为主而兼营狩猎、打鱼、蓄养牲畜。已有骨卜的习惯。且可能已经出现了铜器。

历史上夏、商、周的文化渊源，都可能与龙山文化有相当的联系。

1949 年以后，大量的发掘和研究表明，原先的所谓龙山文化，其文化系统和来源并不单一，不能把它视为只是一个考古学文化。现在，根据几个地区不同的文化面貌，分别给予文化名称，以资区别。一般的分法是：

①山东龙山文化，或称典型龙山文化，即最初由龙山镇定名的那种遗存。其分布以山东地区为主。上承大汶口文化，下续是岳石文化，放射性碳素断代并经校正，年代约当公元前 2500—前 2000 年。

②庙底沟二期文化。主要分布在豫西地区。由仰韶文化发展而来，属于中原地区早期阶段的龙山文化，放射性碳素断代并经校正，约前 2900—前 2800 年。

③河南龙山文化。主要分布在豫西、豫北和豫东一带。上承庙底沟二期文化或相当这个时期的遗存，发展为中原地区中国文明初期的青铜文化，放射性碳素断代并经校正，约前 2600—前 2000 年。一般还分为王湾三期、后冈二期和造律台 3 个类型。

④陕西龙山文化，或称客省庄二期文化。主要分布在陕西泾、渭流域。放射性碳素断代并经校正，约前 2300—前 2000 年。

⑤龙山文化陶寺类型，以新发现的山西襄汾陶寺遗址为代表，主要分布在晋西南地区。放射性碳素断代并经校正，约前 2500—前 1900 年。目前这些文化暂多冠省名加以区别，今后通过深入对比研究，有条件的当以代表性的遗址地名单独定名。至于 20 世纪 30 年代所称的杭州湾区龙山文化，已经另行命名为良渚文化。

中原地区早期龙山文化的陶器以灰色为主，多为手制，口沿部分一般都经过慢轮修整，部分器物如罐类还采用器身、器底分别制成后再接合的“接底法”成型新工艺。灰陶的烧成温度约为 840℃。

早期龙山文化陶器的杯、敞口盆、折沿盆、敛口罐、尖底瓶等器形还保留、继承了仰韶文化的某些因素，而双耳盆、三耳盆、深腹盆、筒形罐。这一时期陶器的纹饰以篮纹为主，有些陶器又在篮纹上面饰以数道甚至通身饰以若干道附加堆纹，主要用来加固器身。

晚期龙山文化的陶器以灰陶器为主，红陶已占有一定比例，黑陶器数量有所增加。灰陶和红陶的烧成温度均达 1 000℃。仍以手制为主，但轮制技术革新得到了进一步发展，部分陶器已采用模制成型。主要器形有杯、盘、碗、盆、罐、鼎、甑、器盖、器座及新出现的鬲等。纹饰以绳纹、篮纹为最普遍，还见少量方格纹。

山东龙山文化是继承大汶口文化的因素而发展起来的，主要分布在山东、江苏北部和辽东半岛等处，时代距今4 000多年。

山东龙山文化的陶器在制法上有了很大的进步，普遍使用轮制技术。因而器形相当规整，器壁厚薄十分均匀，产量和质量都有很大提高，山东龙山文化陶器以黑陶为主，灰陶不多，还有少量红陶、黄陶和白陶。黑陶的烧成温度达1 000℃，红陶950℃，白陶800—900℃。黑陶有细泥、泥质、夹砂三种。细泥乌黑发亮，学者们称为“蛋壳黑陶”。

蛋壳黑陶是山东龙山文化最有代表性的陶器，反映了当时高度发展的制陶业的水平。以素面或磨光的最多，纹饰较少，主要有弦纹、划纹和镂孔等几种。器形较多，主要有：碗、盆、罐、瓮、豆、单耳杯、高柄杯、鼎等。还有鬲。山东龙山文化鬼脸式鼎腿、圆环状鼎足最有特色，为其他文化所罕见。

黑陶是陶胎较薄，胎骨紧密，漆黑光亮的黑色陶器。它在龙山文化陶器中制作最为精美。黑陶在烧制时采用了封窑烟董的渗炭方法，器表呈现出深黑色光泽。它表面磨光，朴素无华，纹饰仅有少数弦纹、划纹或镂孔。黑、薄、光、纽为黑陶的四大特点。其中有一种薄胎黑陶，漆黑乌亮，薄如蛋壳，称蛋壳陶，代表着这一类型陶器的杰出成就。

大溪文化

大溪文化是从城背溪文化发展而来的。经放射性碳素断代并经校正，年代约为公元前4400年—前3300年。

位于三峡库区巫山县境内的遗址，是中国大溪文化最早的发现地，也是大溪文化的命名地。

与大溪遗址出土文物具有相同特征的文化遗存分布在长江中、上游一带，东起鄂中南、西至川东，南抵洞庭湖北岸，北达汉水中游。考古学家将这些具有相同特征的有别于其他文化特征的考古学文化命名为大溪文化。

大溪遗址

在大溪遗址墓葬中，死者均埋在氏族公共墓地，头向一般为正南，早期以仰身直肢葬为主，同时也有俯身葬和侧身葬。绝大多数墓有随葬品，女性墓一般较男性丰富，最多有30余件，有的石镯、镶牙镯，出土时还佩带在死者臂骨上。在几座墓里还发现整条鱼骨和龟甲，以鱼随葬的现象在中国新石器文化中尚属少见。另外，还有以狗为牺牲的。早晚两期墓葬所反映的社会性质有很大的差异。专家们初步认为，大溪文化分为连续两个阶段，早期为母系氏族公社的繁荣阶段，晚期为父系氏族公社的萌芽阶段。

大溪文化居民以稻作农业为主。在房屋建筑遗迹的红烧土块中，经常发现稻草、稻壳印痕。红花套遗址的稻壳印痕经鉴定为粳稻。除饲养猪、狗外，从大溪、三元宫、丁家岗遗址的发现看，鸡、牛、羊可 能也已成为家禽家畜。同时，渔猎、采集等辅助经济仍占一定比重。特别在大溪有些地段的文化层内，夹杂较多的鱼骨渣和兽骨，包括鱼、龟、鳖、蚌、螺等水生动物以及野猪、鹿、虎、豹、犀、象等的遗骸。

大溪文化的陶器以红陶为主，普遍涂红衣，有些因扣烧而外表为红色，器内为灰、黑。盛行圆形、长方形、新月形等戳印纹，一般成组印在圈足部位。有少量彩陶，多为红陶黑彩，常见的是索纹、横人字、形纹、条带纹和旋涡纹。主要器形 有釜、斜沿罐、小口直领罐、壶、盆、钵、豆、簋、圈 足盘、圈足碗、筒形瓶、曲腹杯、器座、器盖等。

大溪文化彩陶

石器中两侧磨刃对称的圭形石凿颇具特色。有很少的穿孔石铲和斜双肩石锛。偶见长达三四十厘米的巨型石斧。同时，有相当数量的石锄和椭圆形石片切割器等打制石器。另有大量的实心陶球和空心裹放泥粒的陶响球。大溪文化流行红烧土房屋并较多使用竹材建房。葬式复杂多样，跪屈式、蹲屈式的仰身屈肢葬是该文化的特殊葬俗。

良渚文化

良渚文化是一支分布在太湖流域的古文化。

考古研究表明，在良渚新石器至玉枭文化时期，农业已率先进入犁耕稻作时代，手工业趋于专业化，琢玉工业尤为发达，大型玉礼器的出现揭开了中国礼制社会的序幕，贵族大墓与平民小墓的分野显示出社会分化的加剧，刻画在出土器物上的“原始文字”被认为是中国成熟文字出现的前奏。

良渚文化发展分为石器时期、玉器时期、陶器时期。玉器是良渚先民所创造的物质文化和精神文化的精髓。良渚文化玉器，达到了中国史前文化之高峰，其数量之众多、品种之丰富、雕琢之精湛，在同时期中国乃至环太平洋拥有玉传统的部族中，独占鳌头。而其深含的历史文化底蕴，更是给世人带来了无限的遐想。文字是文明社会的一个重要标志。在良渚文化的一些陶器、玉器上已出现了为数不少的单个或成组具有表意功能的刻画符号，学者们称之为“原始文字”。

良渚文化时期，稻作生产已相当发达，从出土的大量三角形石犁等农具看，良渚人已摆脱一铲一锹的耜耕而率先迈入了连续耕作的犁耕阶段，从而为当时社会的繁荣奠定了雄厚的物质基础。良渚文化以黑陶著称，胎质细腻、造型规整，器种变化多样，用途分明，尤其是鼎、豆、壶的组合，构成了富有良渚文化特色的器物群。

良渚文化遗址

良渚文化时期的城址发掘是中华文明探源工程的一项课题，它关系到国家的起源。新石器时代良渚墙的发现让人更加确信中华文明至少诞生于距今 5300 年—4300 年之前。良渚文化一向被誉为“文明的曙光”。在中国史前文明的各大遗址中，良渚遗址的规模最大，水平最高。考古人员 2007 年 11 月 29 日在杭州宣布，一座 290 多万平方米的 5000 年前的古城在良渚遗址的核心区域被发现。北京大学教授严文明等考古学家指出，这是长江中下游地区首次发现的同时代中国最大的良渚文化时期的城址，也是起今所发现的，可称为“中华第一城。”良渚古城的发现，改变了良渚文化文明曙光初露的原有认识，标志着 5000 年前的良渚文化时期已经进入了成熟的史前文明发展阶段。分布于余杭境内的“良渚遗址群”，是良渚文化的中心。国家文物局相关人士指出：良渚遗址群将成为实证中华五千年文明史的圣地。

元谋猿人

170 万年以前，云南元谋一带，榛莽丛生，葱葱郁郁，是一片亚热带的草原和森林，爪蹄兽、最后枝角鹿等第 3 纪残存动物在这里出没。再晚一些，则有桑氏鬣狗、云南马、山西轴鹿等早更新世的动物。它们大多数都是食草类野兽。为了生存，元谋人使用石器捕猎它们。元谋上那蚌村附近的早更新世地层中，元谋盆地内暴露的695米厚，共4段28层的河湖相沉积地层里，在第4段第22层，发现了两枚上内侧门齿化石。用古地磁测定法检测，这两枚牙齿属于170万年前的一个男性青年。它确证了中国人的历史起源和存在。和这两枚牙齿化石同时从褐色黏土层中出土的，还有7件元谋人制造和使用的脉石英石核与刮削器。中华文明就这样开始萌动了。

涿鹿之战

在距今大约4千年以前，我国黄河、长江流域一带居住着许多氏族和部落。其中最强大的是以黄帝和炎帝为首的两个部落。

以黄帝为首的部落，居住在我国西北方的姬水附近，后来搬到涿鹿（今河北省涿鹿、怀来一带），开始发展畜牧业和农业，定居下来。而炎帝的部落则居住在我国西北方的姜水附近。

涿鹿之战

据传说，黄帝部落与炎帝部落世代通婚，但为了部族之间的利益冲突，炎帝和黄帝之间展开了一场大战，最后炎帝因为力量不足而告败。

炎帝被黄帝打败之后，便带领他的部落向东发展。这时，炎帝碰到了一个很凶悍的敌人蚩尤。蚩尤是九黎族的首领，传说他有81个兄弟，全都长着猛兽的身体，铜头铁额，凶猛无比。他们还经常制造各种各样的兵器，侵扰别的部落。

有一次，蚩尤侵占了炎帝的地方，炎帝起兵抵抗，但他不是蚩尤的对手，被蚩尤杀得一败涂地。炎帝没法子，逃到涿鹿请黄帝帮助。黄帝早就想除去这个各部落的祸害，就联合各部落人马，在涿鹿的田野上和蚩尤展开了一场大决战。

黄帝平时驯养了熊、罴、虎等野兽，在打仗的时候，就把这些猛兽放出来助战（有人认为，传说中的六种野兽实际上是以野兽命名的六个氏族）。蚩尤的军队虽然凶猛，但是遇到这一群凶猛野兽，也抵挡不住，纷纷败逃。这时，蚩尤张开大口，喷吐烟雾，顿时浓雾弥天，天昏地暗，黄帝的军队迷失了方向。聪明的黄帝利用北斗星的原理，制造了一辆“指南车”。他在车前立了一个小人，不管怎样转动，小人的一只手总是指向南方。黄帝的军队依靠着这辆“指南车”，杀出重围，打败了蚩尤的军队。

黄帝打败了蚩尤的部落后，受到许多部落的拥护。他趁势南下，进入了中原地区。黄帝部落和炎帝部落再次结成联盟，并逐渐融合了黄河、长江两河流域的各氏族部落，共同发展农业生产，定居稳定下来。各个氏族部落交错而居，相互通婚，形成了共同的文化。在长时间的共同生活和相互交流的过程中，新的民族出现了，就是后来的华夏族。因此，后来的中华儿女都称自己是“炎黄”子孙。

神农尝百草

远古的时候，人们吃野草，喝生水，食用树上的野果，吃地上爬行的小虫子，所以常常生病、中毒或是受伤。神农教人类怎样播种五谷，用自己的劳动，保有足够的生活资料。

神农是慈爱的天神，他长的是牛头、人身，力大无穷，他常常帮助穷苦人家耕种，像牛一样，辛辛苦苦为人类服务。人类跟神农学会了种地，有了足够的粮食，从此不愁挨饿。

可是，不少人吃饱饭之后，常常会生病。有的人患了病，很长时间也不好，只能挺到死亡为止。

这类事情被神农知道之后，他感到很焦急，他不相信巫医问卜，但他也没有治疗疾病的办法。于是，他便与不少人商讨，怎样才能把人们患的疾病治好，使他们摆脱疾病的困扰。他想了很多办法，如火烤水浇、日晒、冷冻等，虽然能使某些疾患的症状有所缓解，但效果却不理想。

有一天，神农来到山西太原金冈一带，品尝草木，发现草木有酸、甜、苦、辣等各种味道。他就将带有苦味的草，给咳嗽不止的人吃，这个人的咳嗽立刻减轻了不少；把带有酸味的草，给肚子疼的人吃，这个人的肚子就不疼了。

神农尝百草

神医尝百草是十分辛苦的事，不仅要爬山走路寻找草木，而且品尝草药还有生命危险。神农为了寻找药品，曾经在一天当中中毒 70 次，神农被毒得死去活来，痛苦万分。可是凭着他的强壮的体力，又坚强地站起来了，继续品尝更多的草木。大地上的草木品种多得很，数也数不清，神农为了加强品尝草木的速度，使用了一种工具，叫“神鞭”，也叫“赭鞭”，用来鞭打各种各样的草木，这些草木经过赭鞭一打，它们有毒无毒，或苦或甜，或寒或热，各种药性都自然地显露出来。神农就根据这些草木的不同赋性，给人类治病。他在成阳山上，曾经使用神鞭，发现了不少疗效显著的草药，如甘草可以治疗咳嗽、大黄可以治疗便秘、黄莲可以消肿，等等。所以对成阳山，后人管它叫神农原，也叫药草山。

人类在世界上生活，所患的疾病很多，而神农所发现的草木有治病功效的不多，他为了治疗更多的疾病，便不停地去品尝更多的草木。一次，他在品尝一种攀援在石缝中开小黄花的藤状植物时，把花和茎吃到肚子里以后，没有多久，就感到肚子钻心地痛，好像肠子断裂了一样，痛得他死去活来，满地打滚。最后神农没能顶得住，被这种草所毒死。神农虽然被毒死，却用他的生命，发现了一种含有剧毒的草，人们给它起名叫断肠草。

燧人氏钻木取火

在远古蛮荒时期，人们不知道有火，也不知道用火。到了黑夜，四处一片漆黑，野兽的吼叫声此起彼伏，人们蜷缩在一起，又冷又怕。由于没有火，人们只能吃生的食物，经常生病，寿命也很短。

天上有个大神叫伏羲，他看到人间生活得这样艰难，心里很难过，他想让人们知道火的用处。于是伏羲大展神通，在山林中降下一场雷雨。随着“咔”的一声，雷电劈在树木上，树木燃烧起来，很快就变成了熊熊大火。人们被雷电和大火吓着了，到处奔逃。不久，雷雨停了，夜幕降临，雨后的大地更加湿冷。逃散的人们又聚到了一起，他们惊恐地看着燃烧的树木。这时候有个年轻人发现，原来经常在周围出现的野兽的号叫声没有了，他想：“难道野兽怕这个发亮的东西吗？”于是，他勇敢地走到火边，他发现身上好暖和呀。他兴奋地招呼大家：“快来呀，这火一点不可怕，它给我们带来了光明和温暖！”这时候，人们又发现不远处烧死的野兽，发出了阵阵香味。人们聚到火边，分吃烧过的野兽肉，觉得自己从没有吃过这样的美味。人们感到了火的可贵，他们捡来树枝，点燃火，保留起来。每天都有人轮流守着火种，不让它熄灭。可是有一天，值守的人睡着了，火燃尽了树枝，熄灭了。人们又重新陷入了黑暗和寒冷之中，痛苦极了。

燧人氏钻木取火

大神伏羲在天上看到了这一切，他来到最先发现火的用处的那个年轻人的梦里，告诉他："在遥远的西方有个遂明国，那里有火种，你可以去那里把火种取回来。"年轻人醒了，想起梦里大神说的话，决心到遂明国去寻找火种。

年轻人翻过高山，涉过大河，穿过森林，历尽艰辛，终于来到了遂明国。可是这里没有阳光，不分昼夜，四处一片黑暗，根本没有火。年轻人非常失望，就坐在一棵叫"遂木"的大树下休息。突然，年轻人眼前有亮光一闪，又一闪，把周围照得很明亮。年轻人立刻站起来，四处寻找光源。这时候他发现就在遂木树上，有几只大鸟正在用短而硬的喙啄树上的虫子。只要它们一啄，树上就闪出明亮的火花。年轻人看到这种情景，脑子里灵光一闪。他立刻折了一些遂木的树枝，用小树枝去钻大树枝，树枝上果然闪出火光，可是却着不起火来。年轻人不灰心，他找来各种树枝，耐心地用不同的树枝进行摩擦。终于，树枝上冒烟了，然后出火了。年轻人高兴地流下了眼泪。

年轻人回到了家乡，为人们带来了永远不会熄灭的火种——钻木取火的办法，从此人们再也不用生活在寒冷和恐惧中了。人们被这个年轻人的勇气和智慧折服，推举他做首领，并称他为"燧人"，也就是取火者的意思。

商丘市城西南 2 公里的燧皇陵，相传就是燧人氏的葬地，其冢高约 7 米，周围松柏环绕。冢前有中国历史博物馆馆长俞伟超先生的手书碑刻及后世刻的石像，是人们为纪念燧人氏而立的。

有巢氏筑木为巢

史书上说：上古时人类少而禽兽多，人类居住在地面上，经常遭受禽兽的攻击，每时每刻都存在着伤亡危险。在恶劣环境的逼迫下，部分人类开始往北迁徙。他们来到今山西和陕西一带，受鼠类动物的启发，在黄土高原的山坡上打洞，人居住在里面，用石头或树枝挡住洞口，这样就安全了许多。但是北方气候寒冷，许多人宁愿留在危险的南方，也不肯往北迁移。这时候有巢氏出现了。传说他出生在九嶷山以南的苍梧，曾经游过仙山，得仙人指点而有了超人的智慧。他受鸟类在树上筑巢的启发，最先发明了"巢居"。他指导人们用树枝和藤条在高大的树干上建造房屋，房屋的四壁和屋顶都用树枝遮挡得严严实实，既挡风避雨，又可防止禽兽的攻击，人们从此不用再过那种担惊受怕的日子了。

人们非常感激这位发明巢居的人，便推选他为当地的部落酋长，尊称他为有巢氏。有巢氏被推选为部落酋长后，为大家办了许多好事，名声很快传遍中华大地。各部落的人都认为他德高望重，有圣王的才能，一致推选他为总首领，尊称他为"巢皇"，也就是部落联盟总部的大酋长。

仓颉造字

相传，仓颉“始作书契，以代结绳”。在此以前，人们结绳记事，即大事打一大结，小事打一小结，相连的事打一连环结。后又发展到用刀子在木竹上刻以符号作为记事。随着历史的发展，文明渐进，事情繁杂，名物繁多，用结和刻木的方法，远不能满足需要，于是就有了创造文字的迫切要求。黄帝时是上古发明创造较多的时期，那时不仅发明了养蚕，还发明了舟、车、弓弩、镜子和煮饭的锅与甑等，在这些发明创造影响下，仓颉也决心创造出一种文字来。

传说仓颉，四目重瞳，非常聪明，有一年，仓颉到南方巡狩，登上一座阳虚之山（今陕西省雒南县），临于玄扈洛汭之水，忽然看见一只大龟，龟背上面有许多青色花纹。仓颉看了觉得稀奇，就取来细细研究。他看来看去，发现龟背上的花纹竟是有意义可通的。他想花纹既能表示意义，如果定下一个规则，岂不是人人都可用来传达心意，记载事情吗？

仓颉造字

仓颉日思夜想，到处观察，看尽了天上星宿的分布情况、地上山川脉络的样子、鸟兽虫鱼的痕迹、草木器具的形状，描摹绘写，造出种种不同的符号，并且定下了每个符号所代表的意义。他按自己的心意用符号拼凑成几段，拿给人看，经他解说，倒也看得明白，仓颉把这种符号叫作“字”。

第二章 夏 朝

约前 2070 年—约前 1600 年，中国第一个世袭王朝，他的建立开始了我国历史上的“家天下”。

夏朝的诞生

夏启是大禹的儿子。传说舜年老后禅位于治水成功的禹。禹在涂山（今河南西部会稽山）娶涂山氏（可能是当时的一个部落或方国）长女为妻，生子启。

伯益是和禹同时代的人，传说他曾帮助禹治水，并“作井”（发明挖井）、“作占岁”（发明占卜），还负责管理过山林川泽。但是，伯益辅佐禹的时间很短，没有取得天下民众的拥护。禹年老后，按照传统的禅让制，把部落联盟首领的职位传授给伯益，而不传授给启，但“以启为吏”，给了启很高的职位。后来，禹东巡至会稽而去世。这时，启已经拥有相当大的实力，许多诸侯都反对伯益而拥护启。伯益发觉，拘囚了启。后来启设法摆脱拘囚，率领部下攻击伯益，并杀掉了他，即传说中的“益干启法，启杀之”。启遂继位，做了部落联盟首领，结束了禅让制。启继位后，建立了世袭王权，都阳城（今河南登封东）。因启的部落名夏后氏，故史称夏朝。

夏启——创建了中国第一个奴隶制国家

夏朝建立后，不少部落对启不服。于是“启有钧台之享”，在钧台（今河南禹县）召开部落大会。还“征西河”征伐反叛自己的西河部落。反叛启的最大的势力是有扈氏。传说中的有扈氏是夏启的庶兄。

《史记·夏本纪》：“有扈氏不服，启伐之，大战于甘。”甘是在有扈氏境内南郊的一个地方。在讨伐有扈氏之前，夏启在甘这个地方誓师，列举有扈氏的罪状，说：他蔑视国家大法，懈怠所掌管的政事，我执行天的意旨，兴兵剿灭他。同时告诫士兵，如果战车左边的士兵不努力射箭，战车右边的士兵不用戈矛奋力刺杀，驾车的士兵不控制好战车，就都是不服从我的命令，我就要在神位面前惩罚你们，贬你们为奴隶，或者杀死你们。如果都努力英勇，我就在神位面前赏赐你们。这次战争规模很大，战斗也很激烈。最后有扈氏被启击败，夏启君临天下。

尧舜禅让

传说黄帝以后，在黄河流域的部落联盟出观了尧、舜、禹三个著名的领袖。关于他们“禅让”的故事，古书有不少的记载。

尧 帝

尧，号陶唐氏，是帝喾的儿子、黄帝的五世孙，居住在西部平阳（今山西省临汾县一带）。尧当上部落联盟的首领，和大家一样住茅草屋，吃糙米饭，煮野菜作汤，夏天披件粗麻衣，冬天只加块鹿皮御寒，衣服、鞋子不到破烂不堪绝不更换。老百姓拥护他，如爱“父母日月”一般。

尧在位七十年后，年纪大了。他的儿子丹朱很粗野，好闹事。有人推荐丹朱继位，尧不同意。后来尧又召开部落联盟议事会议，讨论继承人的人选问题。大家都推举虞舜，说他是个德才兼备、很能干的人物。尧很高兴，把自己的两个女儿娥皇、女英嫁给舜，并考验了三年才将帝位禅让给舜。

舜 帝

舜，号有虞氏，传说是颛顼的七世孙，距黄帝九世，生于诸冯（在今山东省境内）。舜接位后，亲自耕田、打鱼、制陶，深受大家爱戴。他通过部落联盟会议，让八元管土地，八恺管教化，契管民事，伯益管山林川泽，伯夷管祭祀，皋陶作刑，完善了社会管理制度。他也仿照尧的样子召开继位人选会议，民主讨论。大家推举禹来做继承人。舜到晚年身体不好，依旧到南方各地去巡视，竟病死在去苍梧（今湖南境内）的途中。舜死后，禹做了部落联盟的首领。

尧舜“禅让”的历史传说，反映了原始公社的民主制度。禅让的方式是和平、民主地推选，不是个人权利的转移。体现了“以人为本，任人为贤”

的思想。有利于部落联盟的团结，协调社会生产关系。

大禹治水

世界许多古老的民族，如古巴比伦人、犹太人、古埃及人等中间，都流传着远古洪荒时期有关洪水的神话。在这些神话中，人类往往是在神或上帝的帮助下，战胜了滔天的洪水，才得以生存、繁衍下来，中国也不例外。

群臣和四方部落的首领（“四岳”）都向尧推荐鲧，说鲧可以治理洪水。尧却不这么认为，他说：“鲧这个人，刚愎自用，不听命令，又和族人关系紧张，不适合干此大事。”但四方部落首领都坚持要鲧来干，说：“我们比较过了，没有比鲧更贤明的人，您还是试着用一下。”尧不得已，听从了四方部落首领之言，派鲧去治水。可是，鲧领导治水九年不成功。因为他不顾五常（金、木、水、火、土）之性，对性趋下的水采取堵和埋的办法，哪里有水害，他就指挥在哪里树起屏障，堵塞水流。结果越堵越糟。治水九年，水害仍然不断。尧到晚年，求得了舜作为继承人。舜登基之后，摄行天子之政，到天下四方去巡行。他发现鲧治水多年，全无功效，因此大怒，乃杀鲧于羽山。又一种传说认为，鲧为治水，到天上去偷了天帝的一种叫“息壤”的东西到下界。“息壤”可以生长。如果哪里被水淹没，在那里放上一点，那里就会长出平地。天帝发现息壤被盗，大怒，下令杀鲧于羽山。鲧化为黄熊，入于羽渊。还有一种传说认为，鲧在治理洪水之时，听从了鸱龟（实际应是两个以鸱、龟为图腾的部落）的计划，使人相曳、相连接筑堤坝以挡洪水，因而遭到失败。而鲧被杀于羽山之后，尸体三年不腐，剖之，则禹从鲧腹中诞生出来，即“鲧复（同腹）生禹”。

鲧治水失败被杀之后，舜帝求治理洪水之人。四方部落首领又共同推荐鲧的儿子禹。舜同意了，让禹继承父亲的事业，并勉励禹说：“如（同汝）平水土，维是勉之。”禹接受了这个重任。舜同时命契、后稷、皋陶诸人帮助禹去治水。

禹为人，敏捷勤奋，憨直而不强硬，仁而可亲，言而有信。他以身作则，勤勤恳恳，有章有节，行必中法度，深得民众拥戴。

大禹治水

禹受命治水之后，立刻和协助他的伯益、后稷

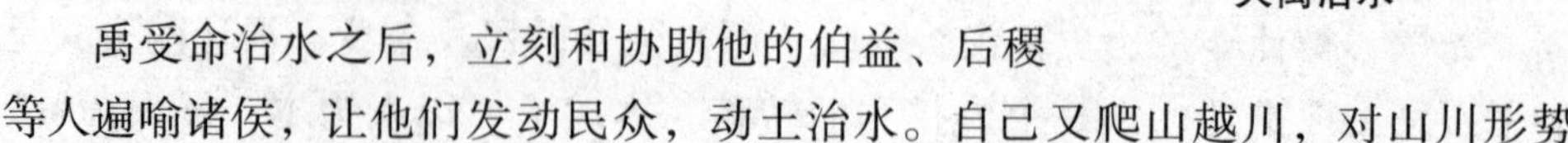

等人遍喻诸侯，让他们发动民众，动土治水。自己又爬山越川，对山川形势

反复观察测量，把天下的高山大川进行分类，并立下木桩作出标记。禹为父亲鲧治水不成被杀而感到伤心，因而治水之时，劳身焦思，辛苦备尝。居外治水 13 年，三过家门而不敢入。他自己节衣缩食，十分朴素勤俭，却敬于鬼神之事，祭祀丰洁。他住在简陋低矮的茅房之中，把大部分的费用都用于开辟引水的沟洫。在陆地上奔忙时坐车，在水中巡视时乘船。遇到泥沼，就乘木板橇，在山上奔走则乘檋（qiáo）。一切都按规矩办事，顺从天地四时之宜。他吸取了鲧治水失败的教训，而改用疏导的办法，“掘地而注之海”，开辟引水河道，把水引到海里去。他“左准绳，右规矩”，量度山川湖海。率民众“开九州，通九道，陂九泽，度九山”，终于控制住了洪水。在洪水消退，田野重现之后，禹又让伯益发给百姓稻种，让他们在卑湿的地方种植；让后稷发给百姓难得的食物。食物不够，就在诸侯之间均调有余以补不足。他又走遍天下，行相地之所宜，规定各方土贡。自冀州始，划天下为九州。“东渐于海，西被于流沙，朔、南暨，声教讫于四海”。于是，帝舜赐禹以玄圭，以告成功于天下，天下大治。禹治水取得了完全的成功。而禹也因治水之功，受到了天下百姓的拥戴。在帝舜之后，被推举为部落首领（“帝”）。

有关洪荒时期的大禹治水之传说，实际上是远古时代人类和自然界做艰苦斗争的反映。在使用耒、耜等木石工具的原始社会，生产力极度低下，任何大一点的自然灾害都是他们难以应付的。有关洪水泛滥的神话，必然是远古时期的水灾给古人留下的深刻而长久的记忆。与洪水的斗争，正是远古时期，人类筚路蓝缕、开拓世界，创造文明的一个伟大的写照。

太康失国与少康中兴

启在巩固了统治之后，不久便生病死去。他的儿子太康继位为夏王。相传太康即位之后，将国都迁到斟鄩（今在河南巩县）。太康是个“盘于游田，不恤民事”的人。他安于现状，整天去打猎游玩，对朝政、国家大事根本不管。时间一长，又嫌在都城附近打猎游乐已不足尽兴，又跨过洛水以南去打猎，并且越游越远，以至外出一百天都没有返回都城。本来太康这样只知盘游而不恤民事，人民就有怨恨之言，诸侯、方国也开始产生离心，此次他跨过洛水去行猎，长时间不返国都，就给地处黄河以北的有穷国方伯后羿造成了进攻的机会。

相传有穷是居住于今河南东北的一个方国，方伯后羿是尧时以善射著称的羿的后代。尧时的羿是东夷各部落中的一个较大的氏族首领，在禹时羿受封在鉏（今在河南濮阳西南）。羿在东夷各部落中仍有很高的威信，所以在有的古书中又称后羿作“夷羿”。后羿的箭法也很好，百发百中，箭无虚发。而他也就是仗恃自己的射箭技术高，长久以来对夏王朝就有野心。启死之后，太康继位。后羿看到时机来了，便乘太康外出，拥兵攻打，占据了夏都，并以重兵把守洛水不让太康返回。昏愦的太康在洛水南打猎尽兴而归时，想渡过洛水回朝已不可能了。只好与随同其出猎的少数兵员，暂住洛水以南，同时派人向各方国诸侯求援，可此时众方国诸侯已置太康于不顾了。太康在无可奈何中，向东方流落，最后找到一处地方修筑城池住扎下来。此地后来就被称作太康，到秦汉之季，这里又称作阳夏（今在河南太康）。太康不能返国，史称“太康失国”，他在阳夏居住了下去，约十年后病死。

后羿将太康逼得向东流亡之后，便“自鉏迁于穷石，因夏民以代夏政”了。史称“后羿代夏”。虽然后羿取太康而代之，但因夏族自大禹以来，在众多方国、诸侯之中有很高的威望，后羿并没有完全得到他们的拥护。后羿掌管了夏朝的政事后，没有作巩固政权的打算，而自恃射术过人，武力强大，不理民事，也整日沉溺于田猎游乐之中。把政事交给寒浞处理。寒浞便诱使后羿以打猎为乐，不理国事，且乘机挑拨离间，制造混乱，培植自己的势力。几年后，寒浞趁一次后羿外出行猎，煽动族众将后羿杀死，寒浞夺取了大权，并且占有后羿的妻妾，霸占了后羿的财产，自称为王。

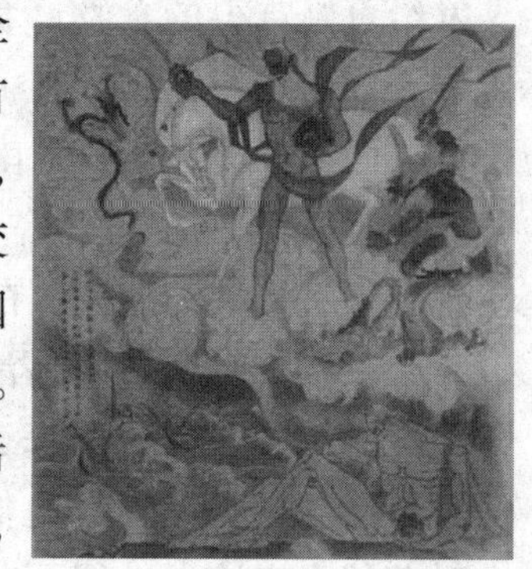
太康失国

太康失国以后，其兄弟仲康也和他一起逃往外地，不久死去。仲康的儿子相投奔姒部落的斟灌氏，寒浞派浇攻杀相后又灭掉斟灌氏及同姓斟寻氏。这时相妻缗已经怀孕，从墙洞中逃归母家有仍氏（今在山东济宁），生下相的遗腹子少康。少康长大，当了有仍氏的“牧正”，管理畜牧。寒浞的儿子浇听说相的儿子少康已经成人，便派椒去有仍氏抓少康，少康逃奔有虞氏（今在河南虞城），当了有虞氏的“庖正”，管理膳食。有虞氏的首领很看重少康，把两个女儿嫁给他，分给他一成之田，一旅之众，使之站住了脚。

这时，夏的旧臣伯靡逃居于有鬲（今约在山东德州），他从有鬲氏收抚斟灌氏和斟寻氏的逃散人众，准备推翻寒浞。少康和伯靡相互配合，派亲信女艾刺探浇的情报，然后，少康亲自率大军灭浇于过。同时，伯靡也统领斟灌、斟寻之师攻杀寒浞。后羿和寒浞约40年的统治结束了。

伯靡和夏后氏拥少康继位夏王。各地诸侯、方伯得知少康又回到了夏邑，恢复了夏禹的业绩，奉祀夏的先祖及天帝，重建了夏朝，又都纷纷带着贡品来朝贺。

夏朝从禹传子开始到太康时被后羿夺取政权后，又经历了三代人，约40年的时间，少康重建了夏王朝并使其统治得以巩固，进入了相对稳定国势向上的时期。所以后世史家称之为“少康中兴”。

夏桀亡国

夏朝传至十四世孔甲时，开始衰落。孔甲“好方鬼神，事淫乱”，以致诸侯方国纷纷背叛他，史称孔甲乱夏。《国语·周语》说：“孔甲乱夏，四世而陨。”孔甲之后四世是履癸，即历史上有名的暴君夏桀。

夏朝最后一个君主桀的名字叫履癸，“桀”是后人给他起的谥号。他是一个文武全才天子，传说他赤手空拳可以搏斗虎豹，又能把弯曲的金属钩用手拉直。但他不会治理国家，而且性格暴虐。他甚至发明了一种酷刑，称为“炮烙”。就是在铜柱上涂抹膏油，下面燃烧炭火，命令犯人赤足在铜柱上走过，一旦犯人滑下去就掉到火炭上被活活烧死。

大臣关龙逢劝阻桀不要施行暴政和酷刑。桀对他说：“你只知道别人的危险在眼前，却不知道自己的危险也在眼前。”于是将关龙逢用炮烙处死，这倒使得关龙逢成为中国历史上第一个留下名字的忠臣和直臣。

桀的王后妹喜喜欢听绸缎撕裂时发出的声音，桀就命宫女在她身旁不停地撕绸缎。据传，桀的富有和奢侈也是空前的：肉可以堆积得像山一样，用来装酒的池塘可以行驶船只。有莘部落的首领伊尹警告桀这样下去可能会亡国。桀大怒反驳：“人民有君主，犹如天空有太阳。太阳亡，我才亡。”于是全国人民诅咒他：“这个太阳什么时候才会灭亡，我们宁愿跟你同归于尽。”

夏桀在位时，穷奢极欲。《史记·殷本纪》说桀“为虐政淫荒”，《吕氏春秋》说桀“暴戾顽贪”。夏桀弃礼义，淫妇女。据记载，桀遍收倡优、侏儒、狎徒等入宫，做那些稀奇古怪的游戏；桀还广求美女，积之于后宫，以供自己淫乐。为了满足自己的奢望，耗费大量的粮食酿酒，并蓄酒为池，在池中行船。大臣关龙逢进谏，夏桀不但不听，反而杀了他。还传说夏桀有女乐三万人，都穿非常华丽的衣服。夏桀还宠爱妹喜，并让人创作淫荡的音乐，日夜同妹喜和宫女饮酒取乐，事事听妹喜之言。妹喜喜爱听撕裂丝织品的声音，桀就不断地撕裂丝织品，以使妹喜快乐。《竹书纪年》说：“桀筑倾宫，饰瑶台，作琼室，产玉门。”还说桀毫不顾念民众的生死，“殚百姓之财”。同时，夏桀还屠杀下民像割草一样随意，并且赋敛无度，民众无法再生活下去了。民众恨透了夏桀，

夏桀牛饮失政

人人声讨夏桀，纷纷造夏桀的反，夏王朝内部阶级矛盾很尖锐。

夏桀时，夏王朝与周围部落、方国之间的关系也很紧张。夏桀不顾国力衰微，为掠夺财富和奴隶，屡次发兵征伐周边小国。掠夺战争给被侵扰的国家带来灾难，也使夏朝民众不堪负担。史载："桀不务德而武伤百姓，百姓弗堪。"

夏王朝内部混乱，大小臣僚背叛夏桀的很多，各部落方国也痛恨桀，纷纷反抗。夏王朝岌岌可危，但夏桀竟说：天上有太阳，就好像我统治万民一样，太阳有灭亡的时候吗？太阳灭亡了我才灭亡呢！人们痛恨地对太阳说："太阳啊！你什么时候灭亡，我愿意和你一块灭亡。"

就在夏王朝内忧外患加剧的时候，临近夏王朝东部边界的商族，在首领汤的领导下，逐渐强盛起来。不久，商汤起兵灭夏，鸣条一战，夏桀全军覆没。夏桀逃跑，死于南巢，夏王朝灭亡。

夏王朝从启到桀，共传十六世，历时约430年。

商汤灭夏

从契传到汤，共传了十四世。汤早期活动的主要地区是现在的河南濮阳县，时间约在公元前十六世纪。商族原是臣服于夏的方国，但汤时夏桀暴虐无道，商族在汤的领导下却乘机壮大起来。与夏桀暴虐统治相对照的是，商汤的仁德之政。《淮南子·修务训》说汤"轻赋薄敛，以宽民氓。布德施惠，以振困穷。吊死问疾，以养孤孀"。以致"百姓亲附，政令流行"。在与周围部族关系问题上，商汤力图取得各方国和部落的拥护和支持。《史记·夏本纪》载："汤修德，诸侯皆归商。"《墨子·非命篇》还说汤时"诸侯与之，贤士归之"。夏桀看出商汤对夏王朝的威胁，于是就把商汤召来，把他囚在夏台（监狱名，又叫钧台，在今河南禹县南），不久又放了汤。

商朝的创始者：商汤

汤任用伊尹和仲虺为左右相，准备兴兵灭夏。商族活动的中心地区是亳（今河南商丘北），汤采用伊尹的计策，首先拓展自己的势力，逐个攻灭夏的属国，最后取夏桀而代之。离亳最近的是葛国（今河南宁陵北），汤先以助祭为名，送牲畜给葛国，又派人为葛伯耕田。葛伯杀了为助耕的人送饭的童子，汤以此为借口，出兵攻葛，灭了葛国。接着，汤又大举兴兵，连灭韦、顾、昆吾等夏桀的属国，"十一征而无敌于天下"，使夏桀失去了依靠力量。

为观察夏桀的反应，汤又采取伊尹的计策，停止对夏桀的贡纳。夏桀大怒，下令“起九夷之师”攻打商族。汤见“九夷”还服从夏桀的命令，便暂时又恢复对夏桀的贡纳，继续积蓄力量。第二年，汤又停止贡纳夏桀。夏桀又大怒，在有仍地区召集属国，举行盟誓大会，准备联合各属国，一起讨伐商国。但“九夷”中的有缗氏带头叛夏，使夏桀更加孤立。汤和伊尹看到“九夷之师不起”，遂正式起兵灭夏。

汤发兵攻夏前，聚集兵士誓师。汤说：“并不是我敢发动叛乱，是因为夏桀的罪恶实在太多。我敬畏上帝，夏桀有罪，上帝命我惩罚他，我不敢不去征讨。现在，希望你们跟随我执行上帝的意志，一起去惩罚夏桀。跟随我勇敢作战的，我将大大地赏赐。不听从我的话的，我就严厉惩治你们和你们的家属。”

汤起兵后，夏桀率兵迎战，但一触即溃，“未接刃而桀走”。商汤率大军追击。双方在鸣条（今山西境内）又大战，夏桀的军队再次溃退，夏桀大败而逃。汤率大军继续追击。夏桀逃到南巢（今山西中条山），最后死在山中。夏王朝灭亡。

夏王朝灭亡后，商汤继位，建立了商王朝。

许由躲尧

许由，字武仲，生于公元前2155年，卒年不详。他是尧舜时代的人，以淡泊名利而著称。那已经是很久远的事情了，用今天的历史术语来讲，是我国的上古时期，传说中的尧帝当政的时代。尧帝即位后励精图治，一番整饬之后，朝堂焕然一新，人民也有了生活劳作的定则，于是上下安睦，各得其宜。天下安定了，可尧帝也老了。他知道自己终会死去，所以，他决定把帝位禅让给一个真正的有德之人，让他接班来治理天下。一天，尧帝因为继承人的事情而纠结，不知不觉就走到附近的阳城槐里，在这里，他听说了有一个人叫“许由”。据说此人道德高尚，安于清贫，邪席不坐，邪食不吃。尧帝一听，眼前一亮，觉得真是“踏破铁鞋无觅处，得来全不费功夫”，这不正是他苦苦寻觅的接班人嘛！于是，他打听到许由的住址之后，便一刻不停地前去拜访。见到许由后，尧帝开门见山，说想把王位传给许由。

许　由

想不到许由一口回绝了，他告诉尧帝："你治理天下已经治理得这么好了，那么，我还要天下干什么？我代替你，难道就图个名吗？名实相比，实是主人，而名是宾客，难道我就为了这个宾客而接受王位吗？我看还是算了吧。"见尧帝说不出话来，许由开始卖弄广博的知识："一个小小的鸟在森林里面，即使有无数的林木让它栖息，它能筑巢的地方也只是一根树枝；一只小小的鼹鼠在河里饮水，即使有一条大河让它畅饮，它也顶多喝满它的小肚子而已。您还是回去吧，我要天下做什么呢？即使厨师不做饭了，祭祀的人也不会代替他办席的！"尧帝见许由这个人非常固执，以为许由坚决拒绝的态度只是源于高人的谦虚，于是对许由更加敬重。但他一时间也拿许由没办法，只得先回去，打算第二天再来拜访。可是许由是何等人也，他早就看出了尧帝的决心，于是脚底抹油——干脆连夜跑到今天的河南登封附近的箕山中隐居起来，让尧帝想见他一面都难。不过，隐居后的许由名声大振，人们纷纷传颂他的谦让。过了一阵子，尧帝始终觉得心中不安，大有"许由不出，天下不定"的想法，于是便派人去劝说许由，说他实在不愿意做王也可以，还可以做自己的助手，当九州长。尧帝派的手下去请许由时，许由正打算去饮牛。还没听使者说完，许由便把饮牛用的瓢往牛角上一挂，扭头便朝山下跑了。使者目瞪口呆，愣了一会儿才紧追过去。许由以百米冲刺的速度跑到河边，洗起了耳朵，此举吸引了许多人的目光。许由的朋友巢父恰巧隐居在附近，这时正牵着一头小牛来饮水，便问许由在干什么。许由就把整件事情告诉他，并且说："我听了这样不干净的话，怎能不赶快洗洗我清白的耳朵呢！"巢父冷笑，说了一段非常经典的话："您如果躲在人迹罕至的深山老林里，与世隔绝，谁能找见你？我看你是故意在俗世浮游，想让人家找见，然后又拒绝出任，从而博得名誉。你这不是作秀是什么！喝了你这种伪君子洗耳朵的水，我的牛肯定会拉肚子的！"说完，他牵起小牛，径自走向河上游去了。一席话说得许由羞愧万分，真想找个地缝儿钻进去。这时，看热闹的人渐渐散去，紧跟着他跑下山的使者也来到他面前。许由对气喘吁吁的使者说："我可以在尧帝的治理下做一个快乐本分的农民，却做不了国王也做不了其他的官员，因此，请他不要再来找我了。"使者将许由的原话讲给尧帝，尧帝知道了许由意志坚决，只好就由他去了，打消了将天下禅让给他的念头。被儒生推崇的"禅让"在中国历史上的确存在。这种政治制度所以存在，必然有它的道理。原始社会因为物质条件差，尧担任部落联盟的首领，名义上称"帝"，但是生活却非常清苦，工作又十分繁忙。当时尧住的是茅草房，上面的茅草零乱摊放，没有经过整理和剪削；房屋的椽子是从山里采来的树干，弯曲不平，没有经过砍削和刨光。尧吃的主食是粗米和小米，副食是野菜和豆叶烧成的羹。冬天他披着一张幼鹿的皮，夏天穿一件粗布衣服。尧整天为部落联盟中的事东跑西颠。

东夷族

东夷是华夏民族对东方各族的统称。这些民族大概的活动范围是现在的河南、河北、山西、山东、江苏等地。随着夏、商、周三代的强盛，不断地向东夷族居住地区扩张，东夷族也逐渐融合为华夏族的一部分。东夷族居民擅长射箭、造船，在历史上曾经有过三次大迁移。他们或许曾迁徙到今天的中国东北、朝鲜等地。当代朝鲜和韩国的学者认为，东夷族的一支或许就是现代朝鲜人的祖先，因此，朝鲜半岛应该有五千年以上的历史，但因缺乏直接证据，中国和日本的学者并不予以承认。

关龙逄

关龙逄

关龙逄，陕县人，夏朝末年人，夏桀时大臣，因忠谏而被桀所杀。

对于夏桀的暴行，作为夏朝的大夫，贤臣关龙逄实在看不下去。据档案馆文献史料记载：关龙逄也称豢龙，是古代豢龙部族的后代。他多次向夏桀进谏，要他关心百姓与国家，但夏桀根本听不进去。经过长期思考之后，关龙逄决定以献黄图进谏。所谓黄图就是一种地图，关龙逄想借此说明形势危急，夏桀应多关心朝政。关龙逄献了黄图，故意立而不去。夏桀看到关龙逄的样子，心里很不耐烦，就说：“你还有什么惑众的妖言要说?”关龙逄怒目而视。夏桀早就对絮絮叨叨、净说难听话的关龙逄厌恶极了，什么也不问便把黄图烧毁，接着喊来兵士把关龙逄囚禁起来，不久就杀了。

另据《韩诗外传》记载，夏桀时，建造的酒池中可以运船；堆起的酒糟足有十里长，池中之酒可供牛饮者三千人。关龙逄向夏桀进谏说：古代的君王，讲究仁义，爱民节财，因此国家长治久安。如今国王您如此挥霍财物，杀人无度，您若不改变，上天会降下灾祸，那时定会有不测的结果。他恳请国王改变这种情况。说毕，立于朝廷不肯离去。夏桀大怒，命人把他囚而杀之。关龙逄因忠谏被杀，在夏王朝内外引起很大不满，很多人都不敢直言进谏，只想远远离去。

另一说法为，夏王桀让关龙逄陪他在瑶台观看炮烙之刑。夏桀问：“观看这种刑罚快乐吗?”龙答:“快乐!”桀反问:“观看酷刑为何不悲伤?”龙逢答:“天下人认为最苦的恰恰是君认为最乐的,我是君的臣,为何不高兴呢?”桀说:“现在我听你说,说得对我就改正,说得不对我就对你施加酷刑。”龙逢说:“我看君头上悬着危石,脚下踏着春冰,头顶危石无不被石覆压,脚踏春冰无不下陷。”桀笑道:“你是说国家灭亡,我要同国家一起灭亡。你只知我要灭亡,却不知你现在就要灭亡吗?”桀对龙逢施以炮烙之刑,关龙逢赴火而死,葬在今灵宝市孟村村西。

唐朝时,人们为关龙逢树碑,碑上刻:“夏直谏臣关公之墓。”清代诗人许鹏扶写诗赞颂:“肝胆空披死谏君,黄河曲里有孤坟,末绵夏祚终余恨,但殒微躯岂足云。吊古三杯田横酒,诔芳一部屈原文,慎无说坏天王圣,知是忠魂不忍闻。”民国诗人初元方亦写下《关龙逢墓》一首:“死谏开先第一人,千秋从此解批鳞,空言盛世能旌善,坯土何曾表直臣。”

不管关龙逢被杀的原因如何,有一点是肯定的,即夏桀杀了关龙逢后,更加肆无忌惮。而商民族日益兴盛起来,一举灭了夏朝,夏桀和妹喜一同逃奔到安徽南巢(今安徽巢湖)死于亭山。

后人十分怀念有史以来第一位因进谏而遭杀戮的忠臣,亦将他和被纣王剖心而死的比干一同纪念。修建了“双忠祠”。到了明代中期,著名文学家,号称“十才子”之一的李梦阳,撰文写了碑文。李梦阳在碑文中对这两位以死谏君的忠臣表现了无限的哀思和深深的敬仰。因为李梦阳文章写得好,字也写得好,《双忠祠碑》堪称一绝;再加上两位忠臣品德高尚,故人们称此为长垣“三绝”,直到清代还有人赋诗赞颂,诗曰:“劲草堂前古柏垂,双忠遗留使人悲。欲知直节匡前代,更读中原三绝碑。”

夏代的部族

夏王朝是姒姓为主体的多部族国家。《史记·夏本纪》云:“太史公曰:禹为姒姓,其后分封,用国为姓,故有夏后氏、有扈氏、有男氏、斟寻氏、彤城氏、褒氏、费氏、杞氏、缯氏、辛氏、冥氏、斟戈氏。”

与夏王朝关系密切的异族,主要是分布于黄河下游以及淮河流域的东夷和淮夷。《后汉书·东夷传》云:“夷有九种;曰畎夷、于夷、方夷、黄夷、白夷、赤夷、玄夷、风夷、阳夷。”统称之为“九夷。”夷人对夏王朝叛服不定,在很大程度上取决于夏王朝国势的盛衰。《后汉书·西羌传》云:“王政脩则宾服,德教失则寇乱。昔夏后氏太康失国,四夷背叛。”

夏朝前期，因国内局势动荡，无暇外顾，夷人势力迅速强大。东夷首领后羿甚至利用太康失国之机，把持夏的朝政，最终取而代之。少康中兴，重振国威，才使夷人处于臣服的地位。《古本竹书纪年辑校》云：“少康即位，方夷来宾，献其乐舞。”“后泄二十一年，命畎夷、白夷、赤夷、玄夷、风夷、繇（同由）是服从”。《后汉书》卷一百十五《东夷传》注引《竹书纪年》云：“后发即位，元年，诸夷宾于王门，诸夷入舞。”

政权结构

有关夏朝国家政权的资料甚少，虽属管中窥豹，但据此仍可知夏朝已具备国家的基本特征。

国王是夏朝的最高统治者，集军政大权于一身。其下属的军队、官吏和监狱等，是维系国家政权的支柱。

夏朝军队的组织形式，在启讨伐有扈氏时，于甘地誓师所作的誓词中，可略见端倪。《史记·夏本纪》云：“将战，作《甘誓》，乃召六卿申之。启曰：‘嗟！六事之人，予誓告汝：有扈氏威侮五行，怠弃三正，天用剿绝其命。今予维共行天之罚。左不攻于左，右不攻于右，汝不共命。御非其马之政，汝不共命。用命，赏于祖；不用命，僇于社，子则帑僇女。’遂灭有扈氏。天下咸朝。”这段话的意思是说，启在战争开始之前，召集臣属，声讨有扈氏的罪行，并告诫将士，要忠于职守。立功者赏，违命者严惩不贷。启灭有扈氏之后，诸侯皆臣服。誓词中提及的六卿、六事之人、左、右、御等，皆军队将士的称谓。

“六卿”，《史记·夏本纪》集解引孔安国曰：“天子六军，其将皆命卿也。”

“六事之人”，集解引孔安国曰：“各有军事，故曰六事。”“左”“右”，集解引郑玄曰：“左，车左。右，车右。”“御”，集解引孔安国曰：“御以正马为政也。”

车战是夏代的主要战斗形式。蔡沈《书经集传音释·甘誓》云：“古者车战之法，甲士三人，一居左以主射，一居右以主击刺，御者居中，以主马之驰驱也。”此种由左、右、御三人组合而成的车战形式，一直延续至商、周时期。

正，是夏代掌管具体事务的官吏之通称。见诸文献的有车正、牧正、庖正等，分别为管理车辆、畜牧和膳食的官吏。《左传·定公元年》云：“薛之皇祖奚仲居薛，以为夏车正。”

据《左传·哀公元年》记载，少康曾为有仍氏牧正。后“逃奔有虞，为之庖正。”

夏朝设置太史令。太史令终古以谏桀无效而奔商闻名于世。

夏朝有掌管天地四时的官吏。《史记·夏本纪》集解引孔安国云；“羲氏、和氏，掌天地四时之官。”

夏王还临时委任臣属执行专门的使命，犹如后世之钦差大臣。《史记·夏本纪》云：“帝中康时，羲、和湎淫，废时乱日。胤往征之，作胤征。”集解引孔安国曰：“胤国之君受王命往征之。”郑玄曰：“胤，臣名也。”夏朝已制定刑罚。《左传·昭公六年》云：“夏有乱政，而作禹刑。”《史记·夏本纪》所载《甘誓》，对军队的刑罚有具体阐述。“用命，赏于祖。”集解引孔安国曰：“天子亲征，必载迁庙之祖主行。有功即赏祖主前，示不专也。”“不用命，僇于社”。集解引孔安国曰：“又载社主，谓之社事。奔北，则僇之社主前。社主阴，阴主杀也。”“子则帑僇女”。集解引孔安国曰：“非但止身，辱及女子，言耻累也。”

夏代有监狱。《史记·夏本纪》云，桀“乃召汤而囚之夏台，已而释之”。索引曰：“狱名。”

爵命等级制度

夏代的爵命等级一般说法有公、侯、伯、子、男五等，因无实据，难以窥其详。

商代也有公、侯、伯、子、男，而分为三等：一等为公、侯，他们是商族或亲族，直属于商王朝；二等为伯，是商远方的首领，周族曾为商的西伯，统辖 210 个小国；三等为子、男，在侯、伯之下，并分别隶属于各侯、伯，也有一些是直属于商王朝的。商代虽有等级之分，但制度并不健全，故王国维考证认为：“自殷以前，天子诸侯，君臣之分未定也，故当夏后之世，而殷之王亥、王恒、累叶称王，汤未放桀之时亦已称王；当商之末，而周之文、武亦称王。盖诸侯之于天子，犹后世诸侯之盟主，未有君臣之分也。”也就是说，夏商的社会组织结构仍然带有部落联盟时期的某些特点，组织还比较松散。但以宗亲关系远近来划分等级，已经成为当时的固有观念。所谓的“宗”，是指具有血缘关系的本族后代；所谓的“亲”，是指具有婚姻关系的其他部落贵族。宗亲制直接影响着西周的爵命等级制度的形成。

西周实行分封制，制定了尊卑高下的等级。在这种制度下，天子为第一等，诸侯为第二等，卿大夫为第三等。诸侯由于功勋大小和受封土地的多少，又分为公、侯、伯、子、男五个不同的爵位。卿大夫又分为天子卿大夫、大国卿大夫、列国卿大夫、小国卿大夫。诸侯、卿大夫又统分为九等，称为“九命”。即上公九命为伯，王三公八命，侯伯七命，王卿六命，子男五命，王大夫四命，公伯国卿三命，侯伯国大夫两命，士一命。这种等级表明周王室与诸侯国、天子与诸侯卿大夫之间的关系是中央政权与地方政权、上级与下级的隶属关系。

爵命等级是和政治、经济利益相结合的。周代规定，凡四命以上都有“国家、宫室、车旗、衣服、礼仪”，规模大小及物品多少，要“各以其命致为节”。三命以下则没有“国家”，只有与自己命数相同的“宫室、车旗、衣服、礼仪”。

从爵命等级制度来看，在西周已经形成“王臣公，公臣大夫，大夫臣士”的政治等级阶梯，根据这个等级，他们又分别享有不同的经济权益。因此，不同等级标志着不同的政治权力和经济利益，在一定程度上也给人以向上进取的机会。

爵命等级制度又是与一定的奖惩制度相结合的。周穆王时，“诸侯有不睦者，甫侯言于王，作修刑辟”，制定了“五刑之属三千”。但这种刑罚是建立在公开的不平等的原则之上的，对不同等级的人实行宽严不同的刑罚待遇，有许多人拥有不同程度的豁免权；更何况在王权专制下，王可以凭个人好恶而行赏施罚，并没有固定的标准作为依据，因此就使爵命等级的进步作用大部分被抵消在“君臣朝廷尊卑贵贱之序”中，成为“由各种社会地位构成的多级的阶梯”。

九鼎之尊

大禹在巡视期间，看到多数部落首领对他毕恭毕敬，可是也有的部落首领并不把他这个领袖放在眼里。

一次，禹在涂山开部落首领大会，会上各部落用自己贡献出的铜铸成了九个大鼎，九个大鼎象征九州。每个鼎上铸着各州的地理出产、珍禽异兽，然后将九鼎运至宫中，号称是镇国之宝。各部落首领定期向禹王进贡时，都要向九鼎致礼，这就是“九鼎之尊”的典故。拥有九鼎的禹王，当然也就成了九州大地的主人。这九个鼎流传下来也就成了封建国家政权的象征。同时，铸鼎的故事告诉我们，大禹时代手工业和冶炼技术已得到了发展。

夏禹开始在部落联盟中拥有无上的权力，九鼎的铸成，使他有机会把这种权力强化和神圣化，使它更加巩固，以便把各部落统一在一起。

夏朝帝王世系谱

夏朝（约前2146年—前1675年），始于夏禹，终于桀，共17帝。夏时，开始出现私有制，氏族社会的禅让制度走到了尽头，被世袭制取代。社会由原始社会进化到奴隶制社会。夏朝姒姓。夏代末年，夏王室内政不修，外患不断，阶级矛盾日趋尖锐。商汤看到伐桀的时机已经成熟，乃以「天命」为号召，要求大家奋力进攻，以执行上天的意志。鸣条之战，启在位29年。夏朝君主于古籍中被称为后、夏后、夏后氏，亦有称之为帝者。自启至桀凡十三代，十六传，历五百年（一说四百七十二年），是为后人所推算。如夏代的开始从夏禹算起，自禹至履癸（桀），则共十四代、十七王，前后经过了五百余年。

1. 禹（前2070年—2061年）

在位10年。姓姒，名文命，鲧的儿子。是黄帝的玄孙。由于治水立了大功，被尊称为“大禹”。他的父亲治水不成而被杀，禹接替治水的工作，采取疏导的方法，经过十三年的努力，终于成功。后继舜为帝。称国号“夏后”，故称“夏禹”。他在涂山大会诸侯，建立了奴隶制国家的雏形，禹铸造九鼎，象征九州。虞在位45年死，葬于会稽山。

2. 姒启（前2057年—2019年）

在位39年。大禹的儿子，大禹死后，启即位为天子，即位后击败有扈氏的反抗，巩固了政权，建立了中国第一个奴隶制的国家。

3. 太康（前2018年—1990年）

在位29年。太康，夏启的儿子，继启为王。他生活荒淫，朝政松弛。在他外出打猎时，有穷氏首领后羿乘机入侵，自己做了君长，史称“太康失国”。

4. 仲康（前1989年—1977年）

在位13年。仲康，太康的弟弟。即位后无力恢复夏的天下。

5. 相（前1976年—1949年）

在位28年。姒相，仲康的儿子。即位28年后，寒浞攻打他，相被杀。后来的40年间为后羿等篡权。

6. 后羿

有穷氏，是为暴君兼昏君。他和杀他的寒浞为历史上少见的几位改姓未改朝代的篡权者，当时夏后启的儿子太康耽于游乐田猎，不理政事，被后羿所逐。太康死后，后羿立太康之弟仲康为夏王，实权操纵于后羿之手。但后羿只顾四处打猎，后来被亲信寒浞所杀。

7. 寒浞

姓寒（又作韩），单名一个浞字，又名漪。寒浞出生在夏王仲康七年（庚申，前 2041 年）。他是一位不忠不孝不仁不义的人，他不仅杀死了自己的师父，还杀死了他的义父后羿，夺取了有穷国的半壁江山。后来他又继续穷兵黩武，兴师灭掉了夏王朝，使夏王朝亡国四十年之久。但后来，在公元前 1962 年，姒少康复国大军先后攻克了寒浞的两大封国，收复了中原地区的大部。紧接着便进军攻打寒浞的老巢斟寻都城。此时寒浞已经年近八十岁，无力征战撕杀，只好躲在深宫里苟延残喘。他的部下见大势已去，为了给自己和家人留条活路，他们在夏军围城的时候突然反叛，杀入宫中，把寒浞从妃子的被窝里光着屁股拉出来，打开城门将他献给了姒少康。姒少康下令将他处以极刑，同时命令将寒浞一族斩尽杀绝。

8. 少康（前 1908 年—1888 年）

在位 21 年。少康，相的遗腹子。姒少康时终于推翻了入主夏国四十多年的有穷氏政权，史称“少康中兴”。姒少康是一位有作为的国王，也是一位受人尊敬的明君。

9. 杼（前 1887 年—1871 年）

在位 17 年。杼，少康的儿子。曾参加父亲领导的恢复夏国的战争，并立下许多战功。他发明了甲和矛，并大举征伐东夷，取得胜利。

10. 槐（前 1870 年—1845 年）

在位 26 年。槐，杼的儿子。他在位时社会经济有所发展。

11. 芒（前 1844 年—1787 年）

在位 58 年。芒，槐的儿子。他在位时，开始了延续数千年的沉祭（即将祭物沉入黄河企求河神的庇护）。

12. 泄（前 1786 年—1765 年）

在位 22 年。泄，芒的儿子，他在位时，正式赐封九夷各部诸侯爵位。

13. 不降（前 1764 年—1746 年）

在位 19 年。不降，泄的儿子。在位 19 年后，让位与其弟扃。

14. 扃（前1745年—1725年）

在位21年。扃，不降的弟弟。

15. 廑（前1724年—1705年）

在位20年。廑，扃的儿子。他在位时，夏国开始衰落。

16. 孔甲（前1704年—1674年）

在位31年。孔甲，不降的儿子。司马迁说“帝孔甲立，好方鬼神，事淫乱”，可见孔甲是一位胡作非为的残暴昏君。

17. 皋（前1673年—1671年）

在位3年。皋，孔甲的儿子。

18. 发（前1670年—1652年）

在位19年。发，皋的儿子。他在位时，各方诸侯已经不来朝贺了，夏国进一步衰落。

19. 桀（姒履癸，前1651年—1600年）

在位52年。桀，发的儿子。是历史上有名的残暴之君。穷奢极欲，暴虐嗜杀，终于被商汤所灭，结束了长达近500年的夏王朝。又名癸、履癸，商汤把他谥号桀（凶猛的意思）。桀是夏朝第16代君主发之子，在位52年。履癸文武双全，赤手可以把铁钩拉直，但荒淫无度，暴虐无道。生卒年月不详。发病死后继位，为历史上著名的暴君。国亡，被放逐而饿死。

夏朝当发在位时，各方诸侯已经不来朝贺了，夏王室内政不修，外患不断，阶级矛盾日趋尖锐。夏国进一步衰落。至桀时，延续了400多年的夏朝，更是德政衰败，民不聊生，危机四伏。但夏桀不思改革，骄奢自恣。据《竹书纪年》记载，他“筑倾宫、饰瑶台、作琼室、立玉门”。还从各地搜寻美女，藏于后宫，日夜与妺喜及宫女饮酒作乐。据说酒池修造得很大，可以航船，醉而溺死的事情时常发生，荒唐无稽之事，常使妺喜欢笑不已。民众的生活则十分困苦，他们每年的收成难得温饱，更无兼年之食，每遇天灾则妻离子散。夏代臣民指着太阳咒骂夏桀说：“时日曷丧，予及汝偕亡。”意思是说，你几时灭亡，我情愿与你一起灭亡。同时，四方的诸侯也多背叛，夏王朝面临内外交困的局面。他即位后的第三十三年，发兵征伐有施氏，有施氏抵挡不住，进贡给他一个美女，名叫妺喜。桀十分宠爱妺喜，特地为她造了富丽堂皇的琼室、象廊、瑶台和玉床，这一切的负担都落在百姓的身上，人民痛苦异常，敢怒而不敢言。桀重用佞臣，排斥忠良，有个名叫赵梁的小人，专门投桀所好，教桀如何享乐，如何勒索、残害百姓，得到了桀的宠信。

桀即位后的第三十七年，东方商部落的首领汤将一个德才兼备的贤人伊尹引见给桀。伊尹以唐尧、虞舜的仁政来劝说桀，希望桀体谅百姓的疾苦，用心治理天下。桀听不进去，伊尹只得离去。到了晚年，桀更加荒淫无度，竟命人造了一个大池，称为夜宫，他带着一大群男女杂处在池内，一个月不上朝。太史令终古哭着进谏，桀反而很不耐烦，斥责终古多管闲事，终古知夏桀已不可救药，就投奔了商汤。夏桀手下有个叫关龙逄的臣子，听到老百姓的愤怒声音，便对桀进谏说："天子谦恭而讲究信义，节俭又爱护贤才，天下才能安定，王朝才能稳固。如今陛下奢侈无度，嗜杀成性，弄得百姓都盼望你早些灭亡。陛下已经失去了民心，只有赶快改正过错，才能挽回人心。"桀听了又怒骂关龙逄，最后下令将他杀死。

夏桀认为他的统治永远不会灭亡。他说："天上有太阳，正像我有百姓一样，太阳会灭亡吗？太阳灭亡，我才会灭亡。"他还召集所属各部首领开会，准备发动讨伐其他部落的战争。桀日益失去人心，弄得众叛亲离。

这时候，商部落在汤的领导下日益兴旺了起来。桀担心商汤会危及自己，就借故将他囚禁在夏台（今河南省禹县境内）。不久，汤设计使桀释放了自己。

后来，商汤在名相伊尹谋划下，起兵伐桀，汤先攻灭了桀的党羽韦国、顾国，击败了昆吾国，然后直逼夏的重镇鸣条（今山西运城市东北安邑镇）。桀得到消息，带兵赶到鸣条。两军交战，夏军将士原来就不愿为桀卖命，乘机纷纷逃散。夏桀制止不住，只得仓皇逃入城内。商军在后紧追，桀匆忙携带妹喜和珍宝，渡江逃到南巢（今安徽省巢县）。后又被成汤追上俘获，放逐在此。长达500年的夏王朝结束了。

五 刑

禹在位时，皋陶为理官（即法官），受禹命而作五刑，即墨、劓、剕、宫、大辟。其中死刑因罪行大小与身份高低而有所不同：大罪戮于原野，大夫戮于朝，士戮于市。又根据不同情况，肉刑可减为流放，分三等：大罪流于四裔，次之流于九州之外，再次之流于千里之外。另据《夏书》曰："昏、墨、贼，杀，皋陶之刑也。"昏，即以己之恶而掠人之美；墨，为贪赃枉法；贼，为乱杀无辜，三罪皆应处死。

夏朝的科学成就

相传，三代皆设有观察日月星辰的天文台。“夏为清台，商为神台，周为灵台”，汉代沿称清台或灵台，这是中国最古老的天文台名称。

相传，夏初，“五星如连珠，明如合璧”。（《孝经钩命诀》）这是指木、金、水、火、土五星在天空出现时恰好形成一串。据以电子计算机模拟测算，夏代这一天象出现在公元前1953年2月23日。它是世界上有关这一星象的最早记录。启之子仲康时，天文官羲和失于职守，日将食，未报。日食发生，天昏地暗，“瞽（乐师们）奏鼓，啬夫（管理农事的官）驰，庶人（百姓）走”（《书经夏书胤征》），造成一片混乱。羲和因之被杀。这次日食，据电子计算机模拟测算，发生在公元前1876年10月16日。因其首载于《书经》，故称“书经日食”。它是世界上最早的一次日食记录。

夏朝帝堇八年（前1893年），“天有妖孽，十日并出”（《竹书纪年》）。早在尧时，也曾发生过这种天象。古人无法理解这个问题，就编出后羿射日的神话。现代学人则有新说，或说那是以十干纪日，故曰“十日”。或说那是东方有十个以太阳为图腾的氏族为乱。其实，皆为臆说。这是一种特殊的气象景观，即幻日现象，也叫“假日”。1934年1月22日，在西安天空曾“七日并出”。半个世纪后，于1986年12月19日上午九时，西安上空又有“五日并出”。这种景观其他地方也时有出现。1990年12月下旬，立陶宛就出现“四日同天”的奇观。幻日现象是由于高空出现乳白色薄幕状卷云层，云是由高空低温形成的正六角柱形冰晶组成的，对阳光发生折射和反射，遂形成“假日”。古人虽不识其理，以之为怪，却生动而具体地记下了这一奇特天空景观。

夏朝帝发七年（前1831年），“泰山震”（《竹书纪年》）。这是世界上最早的地震记录。以此为始，在约四千年间，中国文献记载地震资料多达一万五千条，可以确知无疑的有八千余条。如此丰富的地震资料，在全世界也是独一无二的。

夏的末代帝王桀十年（前1809年），“夜中，星陨如雨”（《竹书纪年》）。陨星雨并不罕见，仅中国文献记载的就多达九十七次。然而，在世界上有关陨星雨的如此古老的确切记载却是罕见的。此外，夏代有着发达的酿酒业。相传，帝女仪狄善作米酒，进之禹。禹尝之，甘甜可口。可是，禹不无忧虑地说：后世必有因此而亡国者。又相传，杜康始造秫酒，即高粱酒。杜康有的说即夏的第五个王少康。酿酒与农耕相并始，约有上万年历史。可是，米酒之神与秫酒之神相传都出之于夏代，这就并非偶然了。

注：夏代君王生卒年代久远不可考，且说法各异，此处是其中一家说法，仅作参考。

第三章　殷　商

公元前1600—1046年，奴隶制的鼎盛时期。

商朝是中国历史上的第二个朝代，总共经历了17世31王，延续600年时间。商朝是处于奴隶制的鼎盛时期，奴隶主贵族是统治阶级，形成了庞大的官僚统治机构和军队。600年间，商朝曾迁都五次，五个都城中有四个在河南境内。商朝疆域，北到辽宁，南到湖北，西到陕西，东到海滨。除了包括夏所属长江以北的湖北、河南、安徽、山东、河北、山西、京津和江苏，陕西的一部分，还包括陕西江苏的剩余土地，辽宁、甘肃、湖南、浙江、四川的一部分。

殷商的兴起

殷的祖先是契（xiè），契的母亲叫简狄，是有娀（sōng）氏的女儿，帝喾（kù）的次妃。传说，简狄与两个同伴一起去河边洗澡时，看见燕子掉下一只蛋，就捡起来吃了，因而怀孕，生下了契。契长大成人后，辅助禹治理洪水有功，舜帝于是对契说："现在，百姓之间不和睦，父子、君臣、夫妇、长幼、朋友之间五伦关系不顺，你去担任司徒，要认真地传教五伦教育，施行五伦教育时要宽厚。"舜帝将商地分封给契，并赐他姓子氏。契在唐尧、虞舜、夏禹的时代兴起，为百姓做了许多事，功业昭著，百姓的生活因而得以安定。

成汤像

契去世之后，他的儿子昭明继位。昭明去世后，儿子相土继位。相土去世后，儿子昌若继位。昌若去世后，儿子曹圉（yǔ）继位。曹圉去世后，儿子冥继位。冥去世后，儿子振继位。振去世后，儿子微继位。微去世后，儿子报丁继位。报丁去世后，儿子报乙继位。报乙去世后，儿子报丙继位。报丙去世后，儿子主壬继位。主壬去世后，儿子主癸继位。主癸去世后，儿子天乙继位。这就是成汤。成汤在夏朝为方伯，有权征讨邻近的诸侯。

从契到成汤，曾经八次迁都。到成汤时才又定居于亳，这是为了追随先王帝喾，重回故地。成汤还因此写了一篇《帝诰》，叙写迁都的情况。

有一天，汤外出，看见野外四面张着罗网，张网的人祈祷说："愿四面八方的禽兽都进入我的罗网！"成汤听了说："哎，这样岂不是把全天下的禽兽都打光了！"于是，把罗网撤去三面，让张网的人祈祷说："想往左边走的就往左边走，想向右边逃的就向右边逃。不听从命令的，就到我的罗网里来吧。"诸侯听到这件事后，都感慨地说："汤的仁德真是高远，连禽兽都受到了他的恩德。"当时，夏桀推行暴政，荒淫无道，还有诸侯昆吾氏在作乱。于是，汤举兵，由伊尹跟随，率领诸侯，汤亲自握着大斧指挥，先讨伐昆吾，后来又讨伐夏桀。汤说："来，你们众人都过来听我说：并不是我这个人兴兵作乱，实在是因为夏桀他犯下了很多的罪行。我也听到你们总是说夏桀罪孽深重，我畏惧上天，不得不去征伐他呀。如今，夏桀犯下这么多的恶行，是上天命令我去惩罚他的。此刻在这里，你们可能会说：'我们的国君不体恤我们，抛开我们的农事不管，却要去征伐打仗。'你们或许还会问：'夏桀有罪，那又能怎样？'夏桀君臣耗尽民脂民膏，掠光了夏国的资财。夏国的民众都在怠工，也不团结。他们说'这个太阳什么时候消灭，我宁愿和他一起灭亡！'夏王的德行已经败坏到这种地步，现在我一定要去讨伐他！希望你们和我一起来奉行上天的旨意，我会重重地奖赏你们。你们不要怀疑，我绝不会言而无信。如果你们违抗我的誓言，我将惩罚你们，概不宽恕！"汤把这些话告诉传令长官，写下了一篇《汤誓》。当时汤说"我很勇武"，因此他号称武王。夏桀在有娀氏的旧地大败，奔逃到鸣条，夏军彻底崩溃。汤乘胜追击，进攻忠于夏桀的三葼（zōng），缴获了他们的宝器珠玉。因为这是国家的固定财宝，义伯、仲伯二臣为此写了《典宝》。夏被汤灭掉之后，想换掉夏的神社。然而，夏的社神是远古共公氏之子句龙，在平定水土方面没有谁能超过他，所以没有换成，于是写下了《夏社》，说明夏社不可换的理由。伊尹向诸侯公布了这次大战的战绩，自此，诸侯全都听命归服了，汤登上天子之位，天下得以平定。

汤班师回朝，途经泰卷时，中垒（huǐ）作了朝廷的诰命。汤废除了夏的制度法令，回到国都亳，作《汤诰》号令诸侯："三月，殷商王汤亲自到了东郊，向各诸侯宣布：'各位可不能不为民众谋立功业，要努力办好你们的事情。否则，我就对你们严加惩办，那时可不要怨恨我。'又说：'过去禹、皋陶长期奔劳在外，对民众有功劳，民众才得以安居乐业。当时他们治理了东面的长江、北面的济河、西面的黄河、南面的淮河，这四条重要的河道治理好了，万民才得以安稳的生活下来。后稷教导民众播种五谷，民众才知道种植各种庄稼。这三位古人都对民众有功，所以，他们的后代能够建国立业。从前蚩尤和他的大臣们残害百姓，上天就不降福于他们，这样的事在历史上也是有先例的。先王的教诲，可不能不努力照办啊！'又说：'你们当中如果有谁干出违背道义的事，那就不允许他再当诸侯，那时你们也不要怨恨我。'”汤用这些话告诫诸侯。伊尹又作了《咸有一德》，说明君臣都应该有品德；咎单作了《明居》，讲民众应该遵守的法则。

商汤亲政之后，修改历法，把夏历的寅月为岁首改为丑月为岁首，还改变了器物崇尚的颜色。他崇尚白色，规定朝会要在白天举行。汤回到亳都，自称武王。传十代到盘庚，中间迁都五次。从第六代中丁到第十代阳甲，众兄弟之间争夺王位，政治衰乱。国王大造宫室，贵族奢侈腐化。阳甲死，弟盘庚立。盘庚以后，商又称殷，又称殷商，本名仍称为商。

盘庚传到纣凡八代十二王，只有武丁和祖甲比较贤明。武丁在位五十九年，祖甲在位三十三年，其余多是昏乱的国王，不知道稼穑的艰难，不留心民众的劳苦，一意讲究享乐淫逸。他们的在位年都短促，或十年，或七八年，或五六年，或三四年。商朝传到纣之后，被周朝取代。

玄鸟生商

契是商部族的始祖。商族是黄河下游一个古老的部落，在灭夏以前，已经经历了很长一段时间的发展。关于商族的起源，有数种说法：一说认为在北方辽河流域；一说在东方黄河下游的齐鲁地区；一说在今天中原的冀南、豫北地区的漳水流域。

契的母亲是简狄氏，又作简易，因是有娀氏（今在山西永济西）之女，又称娀简。相传她随本氏族的两个姊妹偶然出行，在玄丘水中洗澡，有玄鸟（即燕子）飞来，生下一只鸟卵，简狄误取鸟卵吞食，因有身孕而生下了契。契长大后，因帮助大禹治水有功，被舜帝任为司徒，掌管教化，封于商地，赐姓子氏。

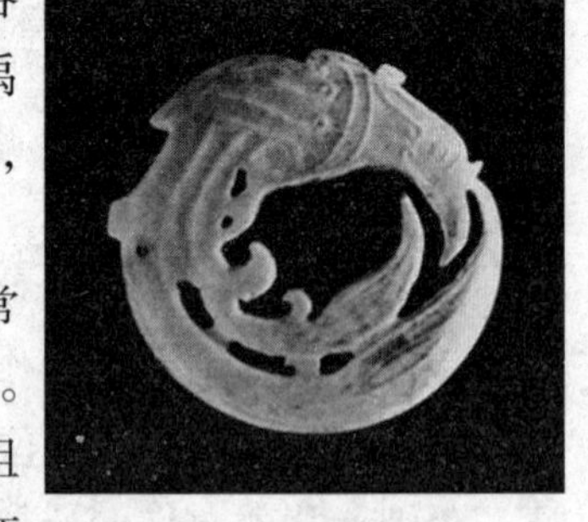
玄鸟生商的传说

以神话传说来叙述本民族起源的，乃是一种常见的现象。中国及世界上其他国家均有这种情况。简狄误吞了玄鸟（燕子）卵，因此降生了商的始祖契，虽属神话传说，但也说明两个问题：首先，商族原是东夷旁支，以鸟作为氏族的图腾。所谓“天命玄鸟，降而生商”（《诗经·商颂》），是由夷族鸟图腾推衍而来的。图腾崇拜是产生于原始氏族社会的一种古老的宗教形式，这种原始崇拜是将本氏族的产生，同某一种动物或植物联系起来，认为自己的氏族与它之间存在着血源关系，进而将它当作自己氏族的祖先、保护神或标记。由商代甲骨文中可以找到鸟图腾的证据，卜辞上记载了商王对高祖王亥的询问、祷告或是祭祀，甲骨文写王亥之“亥”字，上面均加一鸟形。王亥是商人的“高祖”，因此将氏族图腾符号“玄鸟”加于其名字之上。除加鸟形之外，更有在旁加手形的，《山海经·大荒东经》“有人曰王亥，两手操鸟，方食其头”。王亥作为商的高祖与鸟有密切关系，说明商族确以玄鸟作为氏族的图腾。在东方夷族中不少氏族即以鸟作图腾，如少昊氏就有“以鸟名官”传说，可见商族也是起源于东方的夷人氏族。其次，商人的始祖是契，契母简狄乃有娀氏之女，为帝喾的次妃，帝喾应是契的父亲。帝喾为传说中的“五帝”之一，他生下来之后，能自言其名曰岌，所以帝喾又叫帝岌。帝喾有四个妃，元妃有邰氏女曰姜嫄，生后稷，次妃有娀氏女曰简狄，生契，次妃陈丰氏女曰庆都，生放勋（尧），次妃娶娵氏女曰常仪，生帝挚。若依此说，当时各族始祖的母亲都是帝喾之妃，帝喾也就不仅是商族的祖先，而是古代几个族的共同祖先。而帝喾与颛顼——夏族、秦族及舜的远祖又有较近的亲缘关系，均为黄帝之后。司马迁《史记》记载，黄帝正妃是嫘祖，嫘祖生二子：一曰玄嚣；一曰昌意，昌意之子便是颛顼，玄嚣之子是极，极之子便是帝喾。颛顼和帝喾又都是几个族的祖先，依此排列，则尧、舜、夏、商、周、秦乃至南方的楚，统统由黄帝与嫘祖繁衍下来，各族均是“黄帝之子孙”，黄帝也就成了汉族的始祖。

商朝的建立

商王室是黄帝曾孙帝喾之子契的后裔，因契助禹治水有功，被舜封为商侯。到成汤时，在伊尹的辅佐下，打败了夏桀，建立商朝，被认为是“顺乎天而应乎人”的举动。

在商汤灭夏，建立商朝之前，商部落是一个以畜牧业为主的部落，在黄河下游一带繁衍。商朝确立统治，就在西亳（今河南洛阳）建都；后来在盘庚时迁都到殷（今河南安阳小屯村），所以商朝一直也称作殷商，商朝的势力范围也大大超过了夏朝。

考古学家从安阳的小屯村发现了大量的甲骨文，说明殷商时代文字已经得到广泛的应用，发展得也比较成熟；汉字的结构在甲骨文中已经基本形成。通过对甲骨文的研究，使我们对商朝的了解更为详细可靠。

商朝对于天文天象的记载、对于干支记时法的运用等在甲骨文上有所反映。商朝的农业和畜牧、养殖业发展都比较快，尤其是手工业，青铜器的冶炼与制造都相当成熟，各种常用的器具和礼器、酒器十分精美。著名的司母戊大方鼎重达875公斤，就是其中的杰出代表。

司母戊大方鼎

约公元前1600年，汤的军队打败了夏桀的军队，至此夏王朝灭亡，汤建立了商王朝。汤，又名成汤或成唐，甲骨文称他为大乙。商族经过长期的发展，力量逐渐壮大起来，至汤时，迁居于亳（今河南濮阳），进行灭夏的准备。成汤于前1600年左右联合各方国和部落征伐夏桀。出发前，汤发表誓师词，即今天保存在《尚书》里的《汤誓》。夏桀面对汤的进攻，毫无准备，不战而逃，在南巢被囚而死，夏灭。商汤在三千诸侯的拥戴下登上天子之位。宣告商王朝的成立。商汤汲取了夏桀的教训，以身作则，勤政爱民，受到各地诸侯的欢迎。商朝的建立，大大促进了生产力的发展，使古代文明的进步获得转机，使中国成为文明古国之一。

伊尹囚禁商王太甲

公元前1541年，商老臣伊尹立太丁之子、成汤嫡长孙太甲继位。太甲即位后，“不明、暴虐、不遵汤法、乱德”，伊尹屡谏不止。太甲三年（前1543年），伊尹将太甲囚禁在王都郊外的桐官（今河南偃师），自己则摄政当国，代行天子职权，太甲居桐官三年，在伊尹的耐心开导下，悔过反省，开始弃恶从善，施行仁义。伊尹便迎太甲归朝当政。太甲复位后，果然政通人和，诸侯归顺，百姓安居乐业，大有成汤之风。传说太甲死后，伊尹作《太甲训》三篇，颂扬太甲，并尊他为太宗。伊尹为商王朝开国功臣，曾辅佐成汤推翻夏桀，建立政权，又辅佐外丙、仲壬、太甲三王，立下汗马功劳。

伊尹像

有传说，伊尹名阿衡，地位卑贱，看到汤是个有作为的人，便乘有莘氏嫁女之机，以陪嫁奴仆身份来到商。伊尹善烹调，到商后为汤掌厨，他利用侍奉汤进食的机会，给汤分析天下形势，历数夏桀暴政，进献灭夏建国的大计。后来，他得到汤的信任，并被任命为“尹”，即右相，从此跟随成汤灭夏立商，成为商政权中的赫赫元老。太甲之后，沃丁继位，伊尹自觉年老，不再参与朝政。沃丁八年（前1578年），伊尹病死，相传已有百年之寿。沃丁以天子之礼隆重地安葬伊尹，用牛羊豕三牲祭祀，并亲自临丧三年，报答他对商王朝的贡献。伊尹的名字见于甲骨文，记载他历享后代商王的隆重祭祀。他是中国历史上第一位名臣形象，在商王朝的建立和巩固中起了不可估量的作用，特别是他的政治主张对整个商代都起了决定性的作用。

武丁中兴

商族是高辛氏的后裔，兴起于黄河中下游，是东夷族的一支，有着悠久的历史。据传说，商族的始祖姓子名契，曾跟随大禹一起治水，虞舜因他有功，任命他为司徒，封地于商，从子契统治时期一直到商汤灭夏之前，商族始终是臣服于夏朝的。

商族早期时常迁徙，据《史记》记载，从子契到成汤传十四代，其间共有八次大迁徙。商汤迁都至亳，做灭夏的准备。他得到名臣伊尹的辅佐，最终在鸣条之战中将夏军彻底击败，推翻了夏王朝的统治。

盘庚迁殷后，无论在政治、经济还是文化方面，商王朝都有了进一步的发展。盘庚死后不久，其侄武丁即位。武丁是一位有政治才能的君王，雄才大略，有远大的政治理想。他年少时学于甘盘，有很出色的治国才能。他在民间生活的经历，使他深知民众之疾苦。为了使商王朝复兴，他破格提拔了傅说为相，让他“接天下之政，治天下之民”。武丁修政行德，励精图治，在傅说的帮助下，国家日益兴盛，他还对四方侵扰商王国的邦国进行了征讨，诸如羌方、土方、人方、鬼方、虎方、荆楚等，随着一系列战争的胜利，商王朝的疆域也日益扩大起来。

盘庚像

《史记》中记载：“武丁修政行德，商道复兴。”他在位的五十余年，商王朝达到了鼎盛时期，史称“武丁中兴”。武丁死后，商王朝的鼎盛未能延续下去，由于统治者的奢侈和无能，使得商王朝再度衰落了。同时，随着奴隶制的发展，人殉制度也更加普遍。这在很大程度上激化了奴隶和奴隶主之间的矛盾，平民和奴隶的反抗暴动时有发生且愈演愈烈。同时，由于统治者的暴虐，也使得一部分有实力的大贵族十分不满，脱离了中央政权，转而开始与商王朝对抗，这使得商王朝的统治基础愈发得薄弱，政权也岌岌可危了。由于商王朝统治力量的削弱，许多小国便纷纷从商的控制下脱离出来，其中最强大的便是曾经长期从属于商王朝的周国。周国的领袖拉拢一些小国，壮大了自己的实力。到周文王时期，已经出现了“天下三分周人有其二”的局面。商王朝的灭亡已经不可避免了。

盘庚迁殷

从商建国至盘庚执政，历经 4 次迁都。约公元前 1312—公元前 1285 年，阳甲死，其弟盘庚继位，为了解决王室内部纠纷，于是决定从奄（今山东曲阜）迁都至殷（今河南安阳西北），但遭到不少商民的反对。盘庚便利用宗教对商民们进行威慑、恫吓，说先王们都按照天帝的意志迁了几次都，我也经过占卜，“卜稽曰：其如台”，因此迁都的计划得到天帝的允许，并不是我个人的意愿。你们要服从天帝的旨意，否则上帝就要惩罚你们祖先的灵魂。商民们不敢违背天帝的旨意，跟随盘庚迁至殷地。从此安定下来，直到商纣灭亡，共经历 8 代，12 王，计 273 年。

殷在公元前 1300 年—公元前 1046 年作为商代后期的都城，也是中国历史上可以肯定确立位置的最早的一个都城。盘庚迁殷虽然披上了一件神意的外衣，但却是历史的一大进步。商迁殷后，政治有所改善，社会比较稳定，经济、文化都得到了很大发展。盘庚迁殷成为商代的一个重要转折点。约公元前 11 世纪周武王灭殷后，殷城逐渐荒芜，时间一久，变成了废墟，慢慢被埋在地下，后人称为殷墟。自盘庚迁殷到商辛（纣）亡国共 273 年，国号也称殷，一般也称作殷代。整个商代也称为商殷或殷商。殷墟被发掘以来，已从墓内出土了大量珍贵文物，其中大多数为青铜器和陶器。司母戊方鼎为商代青铜器珍品，堪称世界之最，是世界上最大的青铜器。殷墟还出土了 1. 5 万片以上的甲骨卜辞，是中国目前发现的最早的文字，反映了殷商文化高度发展的史实。

从那时候起，经过三千多年的漫长日子，商朝的国都早就变为废墟了。到了近代，人们在安阳小屯村一带发掘出大量古代的遗物，证明那里曾经是商朝国都的遗址，就叫它是“殷墟”。

从殷墟发掘出来的遗物中，有龟甲（就是龟壳）和兽骨十多万片，在这些龟甲和兽骨上面都刻着很难认的文字。经过考古学家的研究，才把这些文字弄清楚。原来商朝的统治阶级是十分迷信鬼神的。他们在祭祀、打猎、出征的时候，都要用龟甲和兽骨来占卜一下，是吉利或是不吉利。占卜之后，就把当时发生的情况和占卜的结果用文字刻在龟甲、兽骨上。这种文字和现在的文字有很大的不同，后来就把它叫作“甲骨文”。现在我们使用的汉字就是从甲骨文演变过来的。

在殷墟发掘的遗物中，还发现了大量的青铜器皿、兵器，种类很多，制作很精巧。司母戊大方鼎重量有八百七十五公斤，高一百三十多厘米，大鼎上还刻着富丽堂皇的花纹。这样大的青铜器，说明在殷商时期，冶钢的技术和艺术水平都是很高的。但是也可以想象得出，像这样巨大的精美的大鼎，不知道渗透着多少奴隶的血汗！

考古工作者还在殷墟发掘出了殷商奴隶主的墓穴。在安阳武官村一座商王大墓中，除了大量的珍珠宝玉等奢侈的陪葬品之外，还有许多奴隶被活活杀死殉葬。在大墓旁边的墓道里，一面堆着许多无头尸骨；一面排列着许多头颅。据甲骨片上的文字记载，他们祭祀祖先，也大批屠杀奴隶做供品，最多的竟达到二千六百多个。这是当年奴隶主残酷迫害奴隶的罪证。

从殷墟出土的甲骨文中，我们对殷商时期的社会情况有了比较确凿的考证。所以说，我国最早有文字记载的历史，是从商朝开始的。

殷纣王的暴虐残政

商朝帝乙的长子叫启，由于他不是王后所生，因而不能立他为太子，只能称庶子。帝乙的小儿子叫受，为王后所生，称为嫡子。帝乙原打算立启为太子，但朝中太史官极力反对，说这是“嫡庶”不分。帝乙只好立受为太子。封长子启于微（今山西潞城东北），后人称他为“微子启”或“微子”。

古时，受、纣二字同音，所以称受为纣王，又称商纣王或殷纣王。纣长得又高又大，聪颖多才，勇智超群，能赤手与猛兽搏斗。且能言善辩，因此他恃才傲物，从不听臣僚们的劝谏。帝乙两次率兵征伐盂方，虽然没有彻底打败盂方，但使商朝的东南部得到暂时的安宁。由于征服了盂方，又使东部地区的矛盾大大缓解。纣继位后，贪图享乐，挥霍无度，整日与美女在一起，常常彻夜嗜酒寻欢。王室中的贵族都纷纷效仿，也随之恣意奢靡。有的谀臣为了讨纣的欢心，还时常向纣提出各种玩乐的方式。纣嫌商都（今河南安阳小屯村一带）游乐的地方少，被历代祖先的宗庙和自盘庚后代各王的陵墓所占，再加之每年中都要有不少祭祀活动，于是纣下令在商都朝歌以南（今河北南淇县）建起离宫别馆。在商都以北的邯郸（今河北邯郸市）、沙丘（今河北平乡东北）修建了南北长二百多里的林苑亭台。在沙丘又营建了一个很大的苑囿，里面饲养了禽兽，种植下果木，供他打猎围捕。

纣王性情残暴，不仅反对他的人，就是向他提出善意劝谏的亲信臣僚，也要一律施以重刑。轻者终生残疾，重者全家丧命。东夷部落由于不愿忍耐纣的暴行，便起来反叛商朝，纣王大怒，决定征伐东夷。大量的军事费用，使百姓的生活更悲惨。对邻近的一些诸侯国，纣王采取威逼的政策，从粮食、牛、羊五畜，到珠宝玉器，无所不取。在商王朝沁阳（即依）田猎区旁有个小属国有苏（今河南武陟东），因地小人稀、物产也不丰富，进献纣的贡赋总有欠缺，纣便认为有苏在故意反商，就派人去征战。有苏无力抵御，又深知纣喜欢美女，只得从族人中挑出一个叫妲己的美女献给纣，以求宽容。纣见妲己生得漂亮，心情一下好转，才撤兵免贡。

纣伐有苏氏后，各属国不敢抗贡，人方是东夷中的一个方国，是纣征伐的主要目标。纣率领上万商军向东夷进攻。纣又下令东方各诸侯国出兵助商伐东夷。在这支庞大的征战队伍中，有一支用象组成的队伍，这些象被捉来，经饲养驯服后，用做驮运工具，征战时还可当作进攻敌人的“武器”。东夷各部落经不起商军的攻打，几次战役后，被商俘虏不少士兵，东夷只好投降。纣为了保持东夷的长久安宁，留下商军驻守。由于大批商军的留守，朝聘往来频繁，从经济、文化上都加速了东南地区的开发。纣也得到一段短暂的安泰。但同时在各诸侯国中也种下了不满的种子。

纣生活上更加花天酒地，无心管理朝政。为了弥补由于征战而加大的经济开销，纣用加重赋税的办法，把这些负担全部转嫁于百姓身上。妲己喜欢观看歌舞，纣就命乐师延创作了怪涎之舞。商王朝盛行打猎，纣更加肆无忌惮，不惜把商都附近的大好农田荒废，让禽兽任意践踏，供贵族玩乐。为满足自己的淫乐，纣竟又想出“酒池肉林”的方式。

“酒池肉林”油画

“酒池”就是在人工挖成的池塘中放满了酒，传说池中的酒能在里面划船，可供数千人狂欢而不竭；“肉林”即是把肉悬挂在树上，人们可随便伸手摘取食用。每当纣王朝臣取乐时，就命令成群的赤身裸体的男男女女在酒池肉林间嬉笑寻欢，常常是通宵达旦地狂欢。纣王朝中的谀臣费仲、蜚廉、恶来、崇侯虎，常陷害忠良，向纣进谗言。纣发明了酷刑“炮烙”之法。“炮烙”之刑就是用青铜铸造一根中间空的柱子，把“罪人”绑在柱子上，上面烧火，将人活活烙死。纣的这些惨无人道的暴行引起了朝内诸侯大臣们的反对。有个在朝的诸侯叫梅伯，曾多次劝谏纣不要恣意对臣民滥用重刑。纣一意孤行，竟把梅伯杀了。还将他剁成肉酱分赏给诸侯们吃，并宣布再有劝谏者，照此处罚。被列为商王朝三公的（西伯、九侯、鄂侯）之一的九侯（封于今河北临漳），有一女子长得很漂亮，被纣得知欲选入宫中。九侯因为看不惯纣与妲己的淫荡，表示反对，就被纣杀死，并施醢刑。同为三公鄂侯（封于今河南沁阳西北）为此事指责纣，也被纣杀了，后将其尸制成干尸示众。西伯姬昌当时在商都，见两公接连遇害，只是叹惜地说了一句："太过分了"，被崇侯虎听见报告纣，纣下令将西伯囚在羑里。

囚禁西伯的这一消息传到周后，周的大臣闳夭、散宜生等人料到费仲是个好利的谀臣，纣又是喜色之徒，便在莘国（今陕西亶阳东南）选了一个美女，在西戎选了些骏马和美玉、宝物，让费仲向纣贡献，并为西伯说情。纣见莘氏后，果然万分高兴，说："此一物（指美女）足以释西伯，况其多乎？"于是下令放了西伯，并赐予西伯弓矢斧钺等兵器，授命西伯有征伐诸侯的权利。还说："谮西伯者，崇侯虎也。"西伯献出洛水以西的地方，请求纣废除"炮烙"之刑，纣同意，西伯又回到了周。

当商纣王一味沉缅于花天酒地、歌舞升平时，周人开始了灭商的复仇大业。

商纣王之死

传说，殷商末代的商纣王是个穷奢极欲、残暴无道的昏君。"西伯"（西部诸侯之长）姬昌，即后来的周文王，因为反对纣王曾被囚禁，想了很多办法才得以出狱。当时，周的都城在岐山（今陕西省岐山县），周文王回到岐山后，下决心要推翻商朝的统治。他首先聘得军事家姜尚（即姜太公）为军师，积极练兵备战，又兼并了邻近的几个诸侯小国，势力逐渐强大起来。接着，又将都城东迁至丰邑（今陕西省户县附近），准备向东进军。可是，迁都不久周文王逝世了。

周文王的儿子姬发继位，即周武王。姜太公继续担任军师。武王的同母弟姬旦（即周公），异母弟姬奭（shì）（即召公）是武王的两个得力助手。同时，武王还得到了其他几个诸侯的拥护。于是，武王正式宣布出兵伐纣。大军在孟津（今河南孟县之南的一个黄河渡口）渡过黄河，向东北挺进，直逼商朝的朝歌（今河南淇县东北）。因为商纣王已失尽人心，军队也多不愿为他送命，于是逃的逃、降的降，起义的起义，朝歌很快就被攻克。纣王自杀，商朝就此灭亡。以后的八百年，便成了周的天下，称为周朝。

殷商王朝的覆灭

乙帝的长子叫微子启，启的母亲出身低贱，因而启不能继承帝位。乙帝的小儿子叫辛，辛的母亲是乙帝正妻，因而辛被立为继承人。乙帝去世后，辛继位，他就是辛帝，天下都管他叫“纣”。

纣天资聪明，有口才，办事敏捷，接受能力很强，而且气力过人，能空手与猛兽格斗。他的智慧足可以拒绝臣下的谏劝，他的言辞足可以掩饰自己的过错。他在大臣面前夸耀才能，抬高自己的声威，认为天下所有的人都比不上他。他嗜好喝酒，沉迷作乐，宠爱女人。尤其是宠爱妲己，一切都听从妲己的话。那时候，他让乐师涓为他制作了一首靡靡之音，粗鄙的舞蹈，颓废的旋律。为了充实鹿台钱库的钱财，他加重赋税，把钜桥粮仓的粮食装得满满的。多方搜集狗马和新奇的玩物，填满了宫室；扩建沙丘的园林楼台，捕捉大量的野兽飞鸟，放置在里面。纣对鬼神不尊敬，他还招来很多人，聚集在沙丘乐舞嬉戏。修建池子，用酒当池水，把肉悬挂起来当作树林，让男女赤身裸体，在其间追逐戏闹，饮酒寻欢，彻夜狂欢。纣如此荒淫无度，百姓怨声载道，诸侯也相继背叛他。他不思悔改，还加重刑罚，设置了叫作“炮格”的酷刑。

纣将西伯昌、九侯、鄂侯三人封为三公。九侯将美丽的女儿献给了纣，这个女儿不喜淫荡作乐，纣恼怒之下杀了她，同时把九侯也施以醢（hǎi）刑，剁成肉酱。鄂侯极力强谏，与纣展开了激烈争辩，结果鄂侯也遭遇脯（fǔ）刑，被制成肉干。西伯昌闻见此事，暗暗叹息。崇侯虎知道后，向纣去告发，纣就把西伯囚禁在羑（yǒu）里。西伯的僚臣闳（hóng）夭等人，找来了美女、奇物和好马献给纣，纣这才释放了西伯。西伯从狱里出来之后，向纣献出洛水以西的土地，请求废除炮格的酷刑。纣允了他，并赐给他弓箭大斧，令他去征伐其他诸侯，这样他就成了西部地区的诸侯之长。1989 年出土于江西新干大洋洲，长 14.2 厘米，刃宽 8.7 厘米。这类小型钺已不适用实战，主要作为仪仗之器，为军事统领的象征物，带有王权意义。纣任用费仲管理国家政事。费仲善于阿谀，贪图财利，殷国人都不喜欢。纣又任用恶来，恶来善于进谗言，毁谤别人，诸侯因此更加疏远纣了。

商双系带鎏青铜钺

西伯被纣放回去后，暗中修养德行，推行善政，很多背叛纣的诸侯都转而来归服西伯。西伯的势力逐渐强大起来，纣的权势和威严慢慢削弱。王子比干劝说纣，纣不听。商容是一个有才德的人，百姓们敬爱他，纣却黜免了他。等到西伯攻打饥国并把它灭掉后，纣的大臣祖伊听说后既怨恨周国，又非常害怕，于是跑到纣那里去报告说：“上天已经断绝了我们殷国的寿运了。

不管是能知天吉凶的人预测，还是用大龟占卜，都没有一点好征兆。我想并非是列祖列宗不帮助我们后人，而是大王您荒淫暴虐，以致自绝于天，所以上天才抛弃我们，使我们不得安食，而您既不揣度了解天意，又不遵循常法。如今民众没有不希望殷国早早灭亡的，他们说：‘上天为什么还不显示你的威灵？纣的劫数怎么还不到来？’大王您如今想怎么办呢？”纣说：“我生为天子，不就是奉受天命吗？”祖伊回去后说：“纣已经无法规劝了！”西伯昌去世后，周武王率军东征，到达盟津时，背叛纣前来与武王会师的诸侯就有八百多个。诸侯们都说：“讨伐纣的时候到了！”周武王说：“你们不了解天命。”于是又班师回封地了。

纣更加荒淫无度了，不思悔改。大臣微子多次劝谏，纣都不听，微子就和太师、少师商量，然后逃离了殷国。比干却说：“给人家做臣子，不能不拚死争谏。”就极力劝谏。纣恼羞成怒后，对比干说：“我听说圣人的心脏有七个孔。”于是就命人剖开比干的胸膛，挖出他的心脏来观看。箕子见此情景很是害怕，就假装疯癫去给人家当了奴隶。纣知道后把箕子囚禁起来。就连殷国的太师、少师都拿着祭器和乐器，急急地逃到了周国。周武王见时机成熟，就率领诸侯讨伐殷纣。纣派出军队在牧野与周武王进行对抗。

比干图

周历二月初五甲子那一天，纣的军队被打败，纣仓皇逃进内城，登上鹿台，穿上他用宝玉缝制的衣服，跑到火里自焚而死。追赶到的周武王砍下他的头，挂在太白旗竿上示众。然后，周武王处死了妲己，释放了关押的箕子，重筑比干的坟墓，表彰了商容的里巷。封纣的儿子武庚为禄父，让他承续殷的祭祀，并责令他以盘庚的德政为榜样，殷的民众非常高兴。于是，周武王做了天子。因为后世人认为他们的功德不及五帝，于是称之为王。殷的后代被周武王封为诸侯，隶属于周。

公元前 1300 年—公元前 1046 年的商朝

这是商朝从繁荣走向衰落的时期。约前 14 世纪末，商王盘庚为了抑制奢侈恶习，缓和阶级矛盾，把都城迁至殷，商朝从此摆脱转辗迁徙的局面，开始迅速发展并兴盛起来。自盘庚以后，商又称殷。从盘庚传到纣共 8 代 12 王，虽只有武丁和祖甲比较贤明，但商朝还是鼎盛一时。这一时期，手工业迅速发展起来。青铜技术蓬勃兴起，文化教育开始出现，尤其是青铜文化，成为商朝最具代表性的光辉写照。甲骨文的出现，为我国文明走向世界迈出了决定性的一步。在农业生产上，金属开始用于生产工具，大大提高了生产力。与此同时，畜牧业也发展到了很高的阶段。这一时期的手工业种类很多，分工细密，有效促进了商业的发展。但是大多数统治者讲究享乐淫逸，残暴不堪，尤其是纣王，使得商朝最终告亡。

世界首位女将领：妇好

在漫长的奴隶社会和封建社会，男人一直占着主导地位。男尊女卑的思想根深蒂固，丈夫在家有着绝对的权利，女子常常被奴役，甚至变成丈夫淫欲的奴隶和生孩子的工具。商朝时，妇女的地位虽然也不高，但还没有下降到后代的在家从父、出嫁从夫、老了从子的程度。商朝的贵族妇女可以拥有一定的财产，可以独立经营田地。

妇 好

在商王武丁统治期间，商王朝达到了鼎盛时期。妇好是武丁多位妻子中的一位。妇好的名字频繁地出现在殷商时期的甲骨文中，这不仅仅因为她是商王的妻子，更重要的是，她是活跃在武丁时期的一名杰出的政治活动家和军事家。在甲骨文中就记载有妇好率领成千上万的军队攻打羌方和巴方的事。

妇好不仅经常受商王之命主持名目众多的祭祀活动，而且在军事方面也表现出了杰出的指挥才能。发动战争需要充足的兵源。一般来说，在使用冷兵器作战的古代，交战双方哪一方投入的兵力多，哪一方取胜的把握就大。因此，商王朝每次进行战争前，都尽可能多地动员一些士兵以充实军队。妇好作为军事将领，经常为商王出马征兵。她不仅在国内征集兵马，还到臣服于商王朝的部落与各国中去广泛征兵。

妇好每次出征，都带有成千上万的人马，在当时来说，可谓是一支浩浩荡荡的大军。妇好墓中曾出土了四把铜钺，两大两小，上面都刻着“妇好”二字的铭文。其中两把大的铜钺，每把都重达八九千克。这两把巨大厚重的铜钺象征着商王朝极高的王权，而铭刻在上面的“妇好”二字则显示出她在军事方面至高无上的权威。

妇好先于武丁死去后，在北方逐渐强大起来的吾方部落成了商朝的主要劲敌。武丁每每为自己征服不了吾方而忧心忡忡。他经常占卜，恳求妇好的在天之灵帮助自己战胜吾方。这又从另一个侧面反映出妇好生前作为军事将领的威名之盛。商朝殷墟妇好墓出土了玉援铜戈。妇好在后来历代商王的心目中仍享有崇高的地位。武丁死后，他的后人没有把妇好作为依附于武丁的妻子与武丁合葬，而是单独保留了妇好自己的墓穴，祭祀祖先时也特意为妇好举行祭祀仪式。

妇好是中国历史上同时也是世界历史上最早的女军事统帅，是中国女性的杰出代表。

甲骨文

商朝文字。现在所见到的商代文字主要是保存在甲骨、铜器以及一些其他器物上，其中以甲骨上的数量为最多，因此称这种文字为甲骨文。甲骨文的单字在4 000个以上，并且已经具备了象形、指事、会意、假借、形声、转注这六种构成和使用文字的原则。甲骨文的内容多为记录占卜之事，因此又被称为卜辞。在铜器上的文字则被称作铭文。

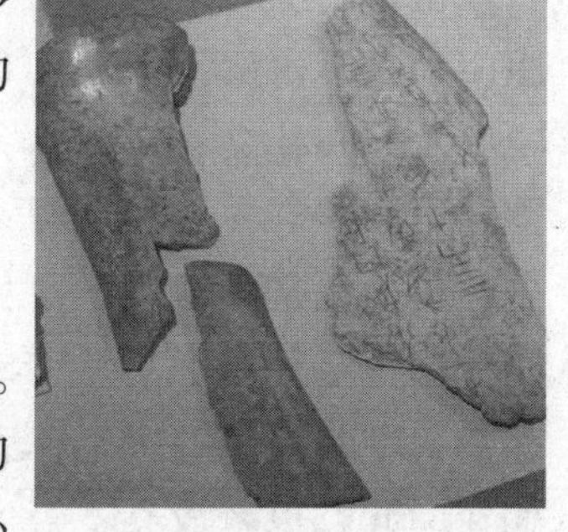

甲骨文

《汤誓》

《尚书》的篇名，记载了商汤伐夏之前的誓词。内容主要是商汤对夏桀的罪行的控诉以及对士兵的激励，反映出了当时人民渴望推翻夏王朝统治的心情。但要指出的是，《尚书》中有些篇幅为后人伪作，《汤誓》极有可能并不是真实的文献。《国语》《孟子》《墨子》中引用的《汤誓》，并非完全相同。

“商人”的由来

相土，商民族的第三任首领。虽然司马迁著《史记·殷本纪》时，有提到他，不过没有描述其事迹。祖父契因协助禹处理洪水，被虞舜委任司徒一职，负责掌管教育人民的权力，同时封于商（今陕西省商州区），使商民族因此诞生。相传相土的曾孙商侯冥死后，长子王亥继承了侯位，没有再做夏王朝的水正，而是一心经营牧畜业。但是当时的马主要产在北方，在中原地区还比较少，而且饲养起来也很困难，所以驯马一直发展不快。王亥就将牛加以驯服来驾车和驮运东西。牛的行动不如马快，但是牛的繁殖和驯养比马快。在不长的时期里，王亥就驯服了大批牛群。

远在三千年前的祖国大地上，因为没有道路，交通不便，各地区间的互相往来是很不容易的。就是较大的方国、部落之间，在陆地上也只有少数道路可通，相互间的贸易交换是不多的。王亥驯服了牛作驮运工具以后，就经常赶着牛羊和用牛马驮运的方物（土特产品）在东方地区各方国、部落间进行贸易交换。由于王亥和各方国、部落间的贸易交换往来次数多，大家都知道他是商族人，都管他叫商人。所以，我国把做生意的人叫作“商人”，就是来源于商族王亥服牛负贩的故事。王亥服牛负贩为商业发展做出了贡献。

祖甲的改革

武丁在位59年而病死，他的后代为他立庙，尊称他为高宗，古书中又称为武土。从甲骨卜辞中知道他有三个入于祀典的王后，称为妣戊、妣辛、妣癸。第一个王后生祖己（孝己）以后死去，续立的王后生了祖庚后来继承王位，后来也死去。再立的王后生的儿子叫祖甲。

祖甲出生时，武丁已年老，老来得子，分外宠爱。祖乙死后，已经立了祖庚为太子，武丁又听了续妻的话，想废祖庚而改立他宠爱的祖甲为太子。祖甲从小知礼义，认为这是不合于商王朝的制度、是不义的，怕引起王室内部兄弟间争夺王位的矛盾，重演“九世之乱”的局面。便偷偷地离开王都，到当年他父亲生活过的平民家中去。他也同武丁当年在民间一样，和平民们在一起生活，参加一些劳动，了解平民和奴隶们的生活状况。武丁此时年老而无力顾及祖甲的出走，后来得知祖甲是逃到他当年生活的地方去和“小人”们在一起，也就放心不管了。武丁死后，王位就由祖庚来继承。

祖庚名曜，甲骨文中也称祖庚，即位时年纪已经不小了，若按武丁死时的年纪在80以上，则祖庚继位时也是60岁左右的老人了。因武丁给他打下了个巩固的统治基础，开创了一个强盛的局面，他即位后，坐享了约十年的清福就病死了。祖庚死后，祖甲继王位。祖甲名载，古书中一般称作“帝甲”，晚期甲骨文中也称祖甲，廪辛、康丁时期的卜辞中称为父甲。祖甲继位时正是商王朝最兴旺的时期，四方称臣、远近纳贡。在王族内部也因武丁统治有方，在位时就将一些有势力的王室亲贵们分封到大邑商的四周和一些被征服的方国中去担任官员或者戍守，他们共同捍卫商王朝对四方的统治，这就减少了王族内部许多争权夺利的矛盾。祖甲急于求成，想用过激之政建立史上贤王们曾有过的功绩。他的改革涉及国政的方方面面，其中包括将历代先王分为亲疏不同的大宗和小宗，并把相应的祭祀之庙也分为大小两种；他还改革文字和历法，力图留名青史；同时，对殷人最为看重的占卜之道也做了种种限制。这些改革措施在当时就引起守旧派的强烈反对；在他之后六代商王的朝野上下，随之出现了革新派与守旧派之间的不断争执和相互打击。

为了限制大大小小的奴隶主贵族对人民过分的盘剥、过多榨取方国的贡物，怕这些大小亲贵们的奢侈、贪心引起方国和人民的反抗，削弱商王朝的统治，祖甲还下令将成汤所定的刑法——《汤刑》加以修订。想借祖宗的威力以严刑来限制这些不孝子孙。可是这样一来，反而加剧了这些亲贵们对祖甲的不满，故意刁难他：当朝不朝，应贡的也不贡，大有各自为政之势。商王朝的统治实际上被削弱了。

帝乙归妹

早在商朝武乙时，商曾授给居住在西部的周族首领季历以征伐大权，命其率兵西征，灭程、义渠等部，季历为表示对商王朝的臣服，还亲带贡物到商来朝见，受到武乙的赏赐。文丁即位之后，周季历对商朝仍恭顺不怠，文丁继位后第二年，居住在燕京山（今在山西静乐北）的燕京戎反对商朝，季历率兵征伐，结果反倒被燕京戎所击败。两年之后，居住在余吾（今在山西长治西北）的余吾戎反对商朝，季历又率兵去征伐，将其打败，余吾戎投降周人。于是季历遣派使者到商向商王文丁报捷，文丁听了十分高兴，并任命季历为商朝牧师（地方长官），管理商朝西部地区的征伐事宜。又过了三年，季历开始征伐始呼戎，打败了它使之投降臣服。几年以后，季历再次出兵。又征伐了翳徒戎，将其俘获的三名翳徒戎的首领，向商王献捷。季历相继征伐了西部地区许多戎人部落，扩大了土地，掠夺了财物，俘获了大量人员使其为奴，从而增加了势力。商王文丁见周人越来越向东发展，开始对周产生猜忌，十分融洽的商周间的臣服关系开始有了改变。

帝 乙

文丁借季历献俘报捷，装作高兴，还以祭祀时所用的美玉所雕制盛酒的圭瓒和以黍、香草酿制的香酒赏赐季历。文丁又加封季历为西伯，命其统领西部地区。住了一段时间后，季历向文丁辞行，要返回周地时，文丁不准，只许其随从回国，而将季历囚禁起来。连气带恨的季历便死在商朝。

季历死后，其子昌继位为周侯。两年后，文丁也死了，帝乙继了王位。昌为报父仇，准备兵力向商进攻，而此时位于商王朝东南的夷方也同盂方、林方等部落先后叛乱，反对商朝。武乙为了避免东西两方同时受敌，也为了修好因其父杀季历而紧张的商周间的臣服关系，采用了和亲的办法来缓和与西部周人的矛盾。

帝乙有一胞妹，生得端庄秀丽。为了与周人和亲，帝乙先派遣使臣到周，先向周侯昌表示歉意，表示双方父辈所做之事业已过去，商王现在想将自己的妹妹嫁与周侯昌为妻，使双方结为亲家。当时周族的势力虽然逐渐强大，但要与商王朝相抗衡，恐为时尚早。如今的商朝势力虽不如前，毕竟还是统帅全国的天子，叛商者还不及臣商者多，无十分把握，不如先行和好。考虑来考虑去，周伯答应了和亲一事，又备办了贡物，遣使臣入商朝见商王帝乙，商定吉日迎娶帝乙之妹。帝乙当然更加高兴了，不但亲为选定迎亲之日，还特意准备了十分丰厚的陪嫁财物，派自己的亲军卫队护送其妹到周成亲。为了极力拉拢周伯，还命昌继其父为西伯，昌也尽力将婚事办得隆重盛大，亲自去渭水相迎，造船在水中搭成浮桥。周人自称“小邦周”，而今能同商王之妹联姻，觉得是“天作之合”，商周双方皆大欢喜。

帝乙归妹

帝乙嫁妹与周，使恶化了的商周关系得以恢复。帝乙可以征伐夷方，专门对付东南方的敌人。而周人在西部力量则得以日益增强。这件事在当时影响很大，在《周易》中便设有“归妹”一卦，就是来源于此。

第四章 西 周

孟津之誓

约公元前1070年周文王称王九年之后病亡，继位的是太子姬发，也就是周武王，武王掌权之后，以姜太公为“师”，负责军事；以弟弟周公旦为主政，负责政务；以召公和毕公为左右助手，出谋划策，以期继续周文王的事业。武王还把都城从文王时的丰迁到了镐（今陕西西安），为进攻商朝做好准备。约公元前1068年，为了检验和证实自己的实力，同时考验追随周人的各诸侯国的忠诚程度，武王在孟津（今河南孟津）举行了大规模的阅兵仪式，史称“孟津观兵”。据说，参加阅兵的诸侯有800家之多，都认为“纣可伐矣”，可武王却说“未可”。武王的这一态度，说明观兵的主要目的并不是立即讨伐纣王，而是要验证自己的力量。周武王发表了历史上著名的“孟津之誓”。因灭商条件尚未成熟，又退师而归。

周原为商朝地处西陲的一个小属国。文王周文王在位50年，实行许多正确的政策，国力逐渐增强，逝世时天下三分已得其二，为灭商奠定了基础。武王姬发继位后，对内重用贤良，继续以姜太公（即姜尚）为军师，并用弟姬旦为太宰，召公、毕公、康叔、丹季等良臣均各当其位，人才荟萃，政治蒸蒸日上。对外争取联合更多诸侯国，孤立商王朝，壮大自己的力量。

此时，商朝在暴君纣王统治下，政治上已十分腐败，但军事上仍有较强实力。武王审时度势，积极为灭商准备条件，等待时机。他即位9年后，为便于进攻商都朝歌（今河南淇县），将都城由丰（今陕西西安西南沣水西岸）迁至镐（今陕西西安西南沣水东岸），举行了历史上有名的“孟津观兵”。

这次观兵实际上是一次为灭商做准备的军事演习和检阅。他率大军先西行至毕原（今陕西长安县内）文王陵墓祭奠，然后转而东行向朝歌前进。在军中竖起写有父亲西伯昌名字的大木牌，自己只称太子发，意为仍由文王任统帅。大军抵达黄河南岸的孟津（今河南孟津县东北），有800诸侯闻讯赶来参加。人心向周、商纣王孤立无援的形势已形成，诸侯均力劝武王立即向朝歌进军。武王和姜尚则认为时机还不成熟，在军队渡过黄河后又下令全军返回，并以“诸位不知天命”告诫大家不要操之过急。

又过二年，武王探知商纣王更加昏庸暴虐。良臣比干、箕子忠言进谏，一个被杀，一个被囚。太师疵、少师强见纣王已不可救药，抱着商朝宗庙祭器出逃。百姓皆侧目而视，缄口不言。武王同姜尚研究，认为灭商条件已完全成熟，遵照文王“时至而勿疑”的遗嘱，果断决定发兵伐商，通告各诸侯国向朝歌进军。出发前，太史卜了一卦，得兆象大凶。见此不吉之兆，百官大惊失色。武王决心已定，不迷信鬼神，毅然率兵车 300 乘、近卫武士 3 000 人、甲士 4.5 万人向朝歌进发。大军到达朝歌郊外 70 里处的牧野（今河南汲县南），各诸侯率兵车 4 000 乘会合。纣王闻知周兵已到，调集都中士兵，再加把囚犯、奴隶、战俘武装起来，共起兵 17 万（一说 70 万）相迎。双方开始了历史上著名的牧野之战。武王在战前向全军发表誓词，历数商纣的罪恶，说明伐纣的正义性，动员将士们英勇杀敌。决战开始后，周军士气高涨，奋勇冲杀。商纣的军队在周军凌厉攻势下一触即溃。那些被迫参战的奴隶、囚徒不愿为纣王卖命，反把武王看做救星，倒转矛头引导周军杀入朝歌。

牧野之战

周文王得到姜尚（姜子牙），如虎添翼，整训兵士，积蓄实力，争取诸方国的支持。在周文王宽厚的政策下，虞、芮等一些小国相继归属周人。周先是攻占西部的犬戎和密须（今甘肃灵台），后又率军东渡黄河，消灭黎国（今山西长治西南）、邗（今河南沁阳）。从邗回师灭掉了商王朝西部的重要同盟国崇。灭崇后便在沣水西岸修建了一座城邑，取名丰（今陕西长安西北）。并迁此为都。迁都后叛商归周的人更加多了。

周文王灭商的夙愿还没实现，就病逝了。姜尚又继续辅佐文王的儿子周武王。周武王即位九年后，在太公望（姜尚）、周公旦（文王子）、召公奭（文王子）、毕公高（文王子）等人的辅佐下，开始伐纣。

当周武王在孟津检阅军队时，纣根本不做任何防御。朝中众叛亲离，怨声四起。纣的叔父比干、哥哥微子多次劝谏纣都无济于事。于是微子就逃到民间隐藏起来了。

周武王向全国诸侯发表的伐纣檄文说：“纣有深重的罪恶，不可不消灭。”率领戎车 300 乘、虎贲（敢死队）3 000 人，甲士（披甲的士兵）45 000 人东进伐纣。

周武王的军队来到孟津，会合了伐纣的各路人马。争取到分布在西北、西南和长江、汉水流域的氏族、方国的支持。庸、蜀、羌、微、卢、彭、濮等也来助战。周武王在孟津举行了誓师大会。誓词说：“各位邻邦友长，各位将士，大家听我说，天地是万物的父母，人是万物之灵，只有特别聪明有才干的人才能做天子。天子是人民的父母，要爱护人民，而商纣王不敬上天，祸害下民，沉缅酒色，实施暴政，残害百姓；他听信妇人言，不敬天地，不祭祖宗，遗弃同祖兄弟，任用有罪的逃犯，乱杀忠良，囚禁正直的人，耗竭民力，大修宫苑亭台，这样的无道之人一定要灭亡。我们必须同心同德来消灭他！”誓师后，武王率大家渡过黄河北上进攻。

纣此时正在鹿台摆酒宴观歌舞，得知周武王的军队已到孟津，忙命人于东夷各地调兵遣将，又将在王畿内从事各种劳役的奴隶集中编队，发给矛、戈等兵器，还调集朝歌、沙丘等处的亲军卫队，一共 70 000 人，纣本打算等驻守东夷的商军到达后再去与周交战，但周武王率领的联合大军已迅速到来。纣只得南下，刚走到朝歌南郊的牧野（大约在今河南淇县南 70 里）得知周军已先到达。周军人数虽不如商军多，但旌旗鲜明，队列严整，士气高昂。商周两军在牧野交锋，周武王为了鼓动士气，再次宣布了纣的罪行，誓死灭纣，周军士气大振，而“纣师虽众，皆无战之心”。周武王十一年（约前 1027 年）正月甲子日昧爽（拂晓）展开了我国历史上著名的牧野之战。

纣将临时编成的奴隶兵团放在头阵，作为先锋队，亲军、卫队在其后，驱赶奴隶去冲锋陷阵。奴隶们平日在纣王朝的统治下积存了多年的怨恨，曾经多次反抗过，现在又被驱赶着去送死。当他们一接触到训练有素的周军后，便不战自败，奴隶们掉转戈的矛向商军杀去。周军在倒戈商兵协助下，直抵朝歌城下。纣见大势已去，深知自己若被擒获，必死无疑。就登上了鹿台，穿好衣服，把多年搜刮来的宝物堆积在身边，然后命人放火焚烧鹿台，自焚而死，从而结束了他暴虐的一生。

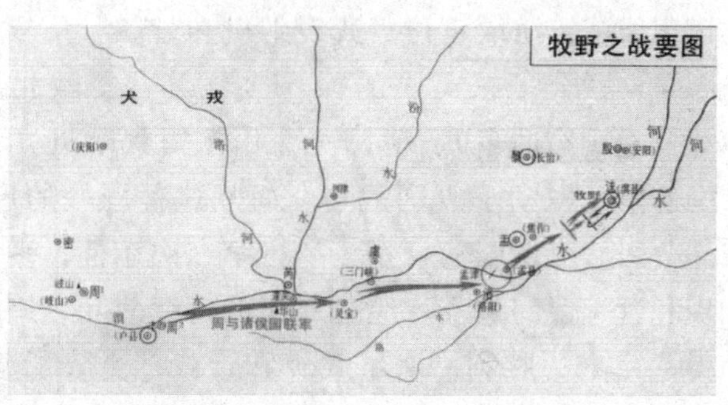

牧野之战

周武王率军在朝歌城下得知纣自焚于鹿台，亲自举旗，将伐纣的诸侯们召集起来。诸侯们向周王拜贺。然后，周武王率领诸侯进入朝歌，在鹿台前，亲自对着鹿台连射三箭，从车上下来，用剑对着鹿台挥舞三下，以示自己将纣消灭。又命人把纣的尸体抬出，周武王用黄钺斩下商纣的头，挂在大白旗上，昭示商纣已被诛杀。妲己和有莘氏都已自杀，周武王也斩其头，挂在小白旗上。翌日，周武王在朝歌郊外设立了祭坛，举行隆重的礼仪，宣告天下：“周革了殷（商）的命，商朝灭亡。我受天命管理天下。”自此，“小邦周”

取代了“大邦殷”。

周公东征

公元前1027年，周武王灭掉商朝之后，迅速分兵四出，征伐商朝各地诸侯，基本上控制了商朝原来的统治地区。同年四月，武王返回周都。

周武王虽然灭掉了商朝，但周原来是商朝的一个西方属国，现在猝然间取代了商朝统治地位，如何牢固地控制东方地区，是摆在周统治者面前的一个一件大事。师尚父主张把敌人全部杀掉，以绝后患；召公认为应当加以区别，“有罪者杀，无罪者活”。周公提出了分化利用，既要进行武力监视，又要施以笼络的办法。武王最后决定，采用周公的办法，封纣的儿子禄父（即武庚）留在商朝旧都，通过禄父控制商人，而由武王的弟弟管叔、蔡叔和霍叔三人加以监督，称为“三监”。殷都以东为卫，管叔监之；殷都以西为鄘，蔡叔监之；殷都以北为邶，霍叔监之。

不久，周武王病死，子成王继位，由文王的弟弟周公旦摄政称王。

管叔、蔡叔对此不满，散布谣言，说周公打算谋害成王，窃取王位。武庚乘机和管叔、蔡叔串通起来，联合了东夷中的徐（今江苏、安徽北部）、奄（今山东曲阜）、薄姑（今山东博兴附近）等方国部落，发动了复国战争。面临这种严峻的形势，周公毅然决定调动大军，举行第二次东征，平定武庚和管、蔡的叛乱。经过三年的持续战斗，周公取得了完全的胜利，杀了武庚和管叔，流放了蔡叔，进一步巩固了周朝的统治。

周 公

在《诗经》中，还保存有当年随周公东征的周族将士所唱的诗歌，一首是《破斧》。诗中唱道：

“既破我斧，又缺我斨。周公东征，四国是皇。哀我人斯，亦孔之将！”

而最动人的是《东山》诗，是一位东征的战士，在胜利之后返乡的路上，思念阔别三年的妻子而唱的。他抒发了自己远征的劳苦和忧伤，想象妻子在思念自己，又不知离开了三年的家今天已变成了什么样子。妻子和自己结婚的时候，是那样美丽动人，而今也不知道变成了什么样子。这种种的忧思怀念，化为一首哀婉动人的千古绝唱！

周公东征虽然取得了胜利，但商朝潜在的社会势力并没有被彻底消灭，还很顽固地存在着。在周公东征的过程中，大批商朝贵族成了俘虏，周人称他们为“献民”；因为他们顽强地反抗周朝，又被叫作“殷顽民”。这些人时刻梦想着恢复过去的地位和荣华富贵。要制服他们困难很大。

文王建都于丰，武王又在丰水东岸建立镐京（今陕西户县境），但都太偏西，不利于控制广大的东部地区。因此，武王在灭商之后便考虑，在原来夏人的居住中心伊、洛流域建立一座新的都城。周公鉴于武庚和管、蔡大规模叛乱的教训，认为听任商朝旧贵族继续留在原来的地区是十分危险的，于是决定营建洛邑（今河南洛阳），把“殷顽民”迁到那里，并派大军镇慑。周公派召公到武王选定的地区，测量了宫室宗庙的位置，制计了建都计划，监督殷人建筑新邑，作为统治东部地区的政治、军事中心。从此，周朝有了两座都城，西部的镐京称为宗周，东部的洛邑称为成周。周王朝在这里驻扎了八师（每师12 000人）的军队，称为“成周八师”，作为统治东方的基本军事力量。

周公对商朝的历史相当熟悉，从中吸取了不少统治经验和教训。他对于商的遗民不用严刑杀戮，而以所谓“义刑义杀”对付被征服的殷人。他告诫殷顽民说：我执行天罚灭掉商朝，把你们迁到洛邑来。现在不杀你们，还给你们房子和田地，你们要老老实实地向周朝臣服，以求得上天的宽恕！如果你们不老实地顺应天命，我不仅要夺去你们的土地，还要执行天罚，杀掉你们。通过这样的软硬兼施和分化利用，殷顽民在严密的军事、政治监督下，对周期的统治逐渐降服了。

周昭王南征

周王朝建立后，在南方，巴、濮、庸、卢等“群蛮”各国，以楚国为中心，很多还是商朝附属国，他们在南方延续着商文化。周成王封熊绎为楚君，但在政治上却歧视他们。成王派熊绎在歧阳举行盟会，只做看管祭神火堆的职务，不准他参加大会。楚人对这一事一直耿耿于怀，时刻都在积蓄自己的势力，扩大自己的领土，吞并了周围的小国，曾一度自称为楚王，寻找机会与周抗争。周王朝当时是天下共主，当然难容楚国坐大，因此，自周初以来一直没有放弃对楚国及其附属国的征讨。成王时期曾就多次伐楚，并用军队戍守汉水一带。

周昭王

昭王是西周建国后的第四代君王，周王朝已达到鼎盛时期。于是，征服楚国，平定南方的条件基本成熟。昭王多次率领军队向南方进攻，并多次获得胜利。同时，俘获大量的奴隶及财物，昭王还调用成周的八师驻军前去攻打楚国。成王时期的一件著名的铜器《令簋》记载了这次伐楚事件的铭文：“昭王于伐楚伯在炎”。

连年的征战，虽使周王室有所收获，但也激起了楚国各族人民的憎恨与反抗。昭王五十九年前977年，昭王再次率领浩浩荡荡的六师人马前往伐楚。传说，在南渡汉水的时候，当地人民把一艘用胶粘起来的大船献给了昭王，昭王得意洋洋地上了这艘船，在船行驶到汉水中心时，胶水被河水溶化，船散了，坐在船上的周昭王和同行的祭公一起掉进了水里。恰好有个力气大、胳膊长的侍卫辛游靡，奋力把昭王从水里捞起来，但这时的昭王早已被水淹死了。昭王率领的六师人马也被楚人打得一败涂地。

自此之后，周王朝失去了对南方的控制权，西周时期，楚国及整个南方没有被征服。楚国不断发展壮大自己的力量。夷王时，楚王熊渠分封三个儿子，把势力扩展到汉水、长江中下游地区。到春秋时期，楚国终于成为五霸之一，雄踞南方，问鼎周疆，创造了光辉灿烂的楚文化。

国人暴动

西周夷王后，其子厉王继位，即周朝第九代君王。周厉王时期，社会矛盾日益尖锐。在当时的社会中有“国人”和“野人”之分。“国人”是指居住在城市里的和城郊的人，不包括奴隶主的平民、手工业者和商人。他们中大多数是周部族的基本群众。“野人”是居住在都邑之外的被统治的异族或奴隶。

厉王是周朝一个著名的暴君，他行事专断、生性贪婪。厉王手下有个叫荣夷公的大臣，贪图货利，醉心于各种横征暴敛的手段。厉王却重用褒奖他、任他为卿士。

周厉王

早在周恭王时代，一些贵族的“私田”就愈占愈多，土地国有已形同虚设，不少山林湖泊也成为贵族的私有财产。平民百姓为了生存常到这些地方打鱼捉虾，砍树采果。到厉王时，荣夷公建议厉王禁止民众去这些地方谋生，并为厉王宣示，山林河湖中的一切产品都归国王所有，史书称“厉王专利”。于是激起了国人的愤怒，连一些王室的大臣也反对这些政令。一个叫芮良夫的大夫，意识到这样下去会对周王朝的统治不利。他不顾个人安危反复劝谏厉王。让他远离佞奸荣夷公，废除专利。芮良夫说："鱼虾林果是自然天地生成的，君王应开发财产广施于百姓，有人要独擅它们，专横财利，会触怒很多人，那么君王的统治还能长久吗?"

周厉王对芮良夫披肝沥胆的忠言一句也听不进去。下层民众对厉王的倒行逆施更加不满，街头巷尾议论纷纷。大臣召公禀告厉王道："人民已经不能忍受这种暴政了。"厉王便派卫国的巫师去监视敢于怨谤的人。巫师告诉厉王谁说了什么，厉王就立刻将谁杀掉。国人不敢公开指责朝政，只能在路上相互碰面时，用眼色表示对厉王的愤恨。厉王自以为他的恐怖政策奏效了，得意地对召公夸耀说他能制止百姓的诽谤。召公听后不以为然说："这样做比用堵塞江河的方法来治水患更为危险。堵截的河水会因流淌不畅冲垮堤岸。对于百姓只能广开言路，让百姓通过各种渠道把话统统讲出来。君主一定要随时体察下情，根据民情决定自己的政令，这样才能把国家治理好。反之，用堵住百姓嘴的方法对待言论，会后患无穷。"

三年后，悲剧终于发生了。周共和元年（前 841 年），国人拿起武器，袭击厉王，厉王仓惶逃到彘的地方。太子静躲在召公家里，"国人"知道后，包围了召公家。召公说："从前我屡次劝谏王上，而王听不进。才有今天这样的局面。如果你们杀死了王太子，厉王会认为是我因仇怨他才让人杀死太子的。事奉国君的人不能仇恨、埋怨，何况是天子呢?"于是召公就以自己的儿子代替了王太子，因此太子得以逃脱。

这是我国史书记载中的第一次民众暴动，这次暴动使西周的统治基础发生了动摇。

后来，厉王在彘的地方流亡，周朝的政权由周公（是西周初期周公旦的次子的后代）和召公共掌政事。从国人暴动到公元前 828 年周厉王死，14 年没有立王，所以历史上把这 14 年叫"共和行政"（有说共伯和执政），公元前 841 年是我国历史上有确切记载年代的开始。共和十四年（前 828 年）厉王死于彘，周公、召公立太子静为君王，叫宣王。

周平王东迁

周宣王死后，太子继位，即周幽王。幽王执政时，暴虐荒淫，百姓怨声载道。幽王宠幸褒姒，褒姒生的儿子取名为伯服，幽王废掉太子，同时又废除太子的母亲王后，立伯服为太子，立褒姒为王后。太史伯阳父说："祸患已经酿成了，谁也没有办法了!"

周幽王时设有烽燧台和大鼓，当敌寇入侵，就点燃烽火以召集援兵。褒姒不爱笑，幽王为了取悦褒姒，让士兵点燃燧火，诸侯们率兵赶来，却不见敌人，褒姒见此果然大笑。幽王喜欢她的笑，就屡次点燃烽火。最后诸侯们再也不来了。

虢石父是幽王时的部下，为人谗佞巧诈，善于逢迎好利，百姓都厌恶他，而幽王任石父为卿，执掌政事。这事使被赶走的太子和被废除的申后极为愤怒，便纠集了缯国和西夷、犬戎一并攻打幽王。幽王燃起烽火，以召唤援兵，但诸侯却都不派兵，最后，犬戎将幽王杀死在骊山下，俘走了褒姒，掳光了周京的财物。而后，诸侯跟着申侯一起拥立前幽王太子宜臼，即平王，以供奉周朝的祭祀。

周幽王

周平王即位时，周朝都城镐京（今陕西长安西北）已残破不堪，戎人遍布王畿各地，周王朝常受其滋扰。因此，周平王元年（前 770 年），周平王在各诸侯的护卫下迁都到洛邑（今洛阳）。由于洛邑在镐京的东部，所以历史上称为“平王东迁”。迁都后的周王朝便称为东周。

平王东迁时，主要依靠的力量有郑国、卫国、秦国、晋国。这四个国在当时的地理位置上是围绕着东周王室，可起到护卫王室的作用，还兼有与东周王朝联系方便的利处。

郑国的桓公是周宣王的庶弟，被封于郑。他执政有方，颇得郑国百姓的拥戴。周幽王时提升他为王室的司徒，又得到河、洛地带民众的好感。犬戎入侵时，他坚持在王朝守职，和幽王同时被杀。郑桓公的儿子武公一心替父雪耻，在与戎人的交战中，身先士卒，临危不惧，战功显赫，周平王命他继承父职，为周王朝的司徒。

周平王

卫国封于周初，卫国的祖先卫康叔原是周武王的弟弟。周夷王时封卫顷侯为侯爵。到了卫武公时期，他一心恢复卫康时实施的各项德政，使国家繁荣、百姓安宁。当卫武公得知犬戎杀死幽王的消息时，他带领将兵立即前往宗周，与戎人勇猛作战，立下了大功，被周平王晋封为“公”的爵位。

秦国的襄公与西戎是世代冤仇，他的祖先是周宣王时的秦仲。宣王时提拔秦仲为大夫，在讨伐西戎的战斗中殉职。秦仲的长子庄公带领四个兄弟，继承父业，得到宣王补充七千人马，大胜西戎。后被宣王封为西垂大夫。秦庄公的长子名世父，他一心想为祖父秦仲报仇，誓言：“戎人杀了我祖父，我必得杀死戎王！”他把应他继承的爵位让给了弟弟襄公，自己则率兵与西戎拼搏去了。后来出师未归，战败后成为戎人的俘虏，被关押了一年多才回来。秦襄公在幽王被杀以后，为雪祖恨兄辱，带兵竭尽全力挽救周王室，并立下功勋。

周人先祖的传说

周部族的始祖后稷是与尧舜禹同时代的人物。后稷，姬姓，名弃，意思就是被丢弃的孩子。弃的母亲叫姜嫄，是有邰氏（今在陕西武功西）的女儿。相传姜嫄一天与同伴们到野外去游玩，忽然见到路上有一个非常奇怪的大脚印，姜嫄将自己的脚踩到了这个大人的脚印里，她的脚踩上去后，感到肚子里有了什么东西似的，结果是怀孕了。孩子生下来以后，姜嫄认为这个没有父亲的小孩会给自己带来灾祸，便将他丢弃，让他自己慢慢地死去。一开始，她把孩子丢在狭窄的小巷子里，好让经过的成群牛马把他踩死。但是众多的牛马穿过小巷子时，都小心地躲开了孩子，没有一只牲畜踩他碰他一下。于是姜嫄抱回孩子，又丢到了荒无人烟的深山密林中，正巧遇到密林中来了很多人。姜嫄又将孩子抱出山林，丢在河面的冰块上，这一次又从天上飞过来许多鸟落在孩子周围，用毛茸茸、暖烘烘的翅膀覆盖在孩子身上，为其驱寒。姜嫄看到孩子大难不死，认为他一定有神保佑，也就改变了初衷，将这个孩子抚养下来。因为曾经想把他丢弃，所以就给他起名字叫作“弃”。

弃从孩提时起，就喜爱种植麻、豆等农作物。他所栽种的麻类、豆类作物长得非常好。弃长大成人之后，能够分辨土质的优良，能在适合各种不同农作物生长的土地上种植各种不同的庄稼，收获的时候总能获得很好的收成。周族的百姓们看到弃特别善于种庄稼，也纷纷学着他的样子去耕作，都增加了产量。所以周族以善于经营农作物而著称于天下。

弃种植庄稼很有一套这件事就传开了，后来传到了尧的耳朵里。尧便让人把弃请来，任命他为管理农业的农官，教人民种田耕作，弃便将他种植庄稼的一套好办法向各地区推广。舜时，天降大雨，弃又参加协助大禹治理洪水的工作。大水退去后，赤地千里，颗粒无收，弃又受舜之命帮助百姓种植百谷。刚完成了治水工程的弃，又踏上了广阔的田野，教百姓耕种庄稼。

弃为管理种植黍稷的农官，所以人们又称他“后稷”，我国以农立国，后世人们将他作为农神而长期奉祀。在我国最早的诗歌总集《诗经》中，就有一首专门歌颂后稷的诗《生民》，诗中唱道：

“厥初生民，时维姜嫄。生民如何？克禋克祀，以弗无子。履帝武敏歆，攸介攸止。载震载夙，载生载育，时维后稷。”

《生民》记载了后稷诞生的神异，以及他成长的过程。他也由此成为中国人祭祀的主要神灵之一。

公刘居豳

周族自后稷时期就进入了父系氏族社会。后稷利用周人对他的敬重，逐步地把姬姓部落划归为周族。后稷死后把王位传给自己的儿子不窋。

不窋末年，夏王朝走向衰败。当时夏朝统治者太康，政治腐败、生活奢侈，国内诸侯间矛盾尖锐，社会动荡不安。不窋继承父亲后稷的职务，做主管农业的官，但夏朝统治阶层无心过问农事，以致后来干脆把这个官给罢免了。不窋被罢官后，率领姬姓部落迁移到戎狄地区。不窋死后，君位便传给了他的儿子鞠。鞠死后，又传给儿子公刘。

公刘身处戎狄之间，以放牧为业，但始终对畜牧业不感兴趣，时刻想念着高祖后稷重视农业，发展生产的传统。公刘为了能恢复农业生产，整天在田间劳作，带领部落里的人平整土地，春种秋收。一年下来，部落里的粮食获得大丰收，各系家族也有自己足够的积蓄。

公刘不满足于这种现状，他在巡视的时候，发现渭河对面豳地是个种植庄稼的好地方。为了能得到这块土地，公刘率领着部落里的人，手持弓、矢、斧、钺在武装男子的护卫下到了豳地。部落里的人来到豳地后，看见这里有山有水，土地肥沃，远远比戎狄富庶，便都安心定居下来。公刘让大家辛勤建造房屋，命令杀猪、宰羊，一起痛快地欢庆胜利。当村民们安定下来后，公刘又率领大家去伐树除草，开垦荒地，为种庄稼做准备工作。公刘登上山顶，利用太阳的影子测量土地，观察土地的变化情况。后来，他将土地分给父系氏族的家庭，并按照每个家庭的土地多少交税。从此，豳地逐渐被开发，百姓也一天天地富有了。与公刘一起到达豳地的部落成员都有了一定积蓄，而留在戎狄地区的人们，也因公刘在时，学会了种植农作物，也有了存粮。豳地的人民和戎狄地区的人无不称颂公刘。

公刘在豳地居住时，开发荒地、种植庄稼，使周族的生产力有了长足的发展，据说此时的人们已学会了使用天然的陨铁制作农业生产工具了。这样一来更促进了姬姓部落的向前发展。由于部落的不少家庭有了剩余的粮食、牛羊，因而私有财产就产生了，氏族社会开始向高一阶段前进。

由于公刘继承了后稷的传统，重视农业的开发，为后代周族的强盛打下了良好的基础。周族的后代铭记公刘的伟大功绩，为之作《公刘》一诗。诗中唱道：

“笃公刘，匪居匪康，迺场迺疆，迺积迺仓，迺裹糇粮，于橐于囊，思辑用光。弓矢斯张，干戈戚扬，爰方启行。”

成康之治

成康之治是中国历史上记载的最早的太平盛世。这是由于西周初年以礼治国、崇尚道德教育、实施惠民政策和严格执行法制的结果。西周初姬诵、姬钊的统治，史家称“成康之际，天下安宁，刑措四十余年不用”。中国西周时周成王、周康王相继在位的40余年间所形成的安定强盛的政治局面。成康时期，是周最为强盛的阶段，史称天下安宁，刑具40余年不曾动用，故有成康之治的赞誉。康王在位期间，国力强盛，经济繁荣，文化昌盛，社会安定。后世将这段时期和成王末年的统治誉称为“成康之治”。不过“成康之治”到康王后期已经出现种种衰乱迹象，如沉湎女色、征伐不断、刑罚不慎等；而非史家历来所说的，是自后来昭王开始衰落的。

周康王

诸侯陪姬钊来到祖庙，把文王、武王创业的艰辛告诉康王，告诫他要节俭寡欲，勤于政事，守住祖先的基业。姬钊在位时，不断攻伐东南各地的少数民族，掠夺奴隶和土地，分赏给诸侯、大夫。一次大战中，周军俘虏了犬戎兵13 000多人。为了庆祝胜利，康王赏给参战的贵族盂以1 700多名俘虏，作为奴隶使用，并将此事用长达291个文字铸在鼎上。这只鼎在清朝中期被发掘出来，至今还陈列在“中国历史博物馆”里。

文王衍《周易》

《周易》也称《易》，汉代人通称为《易经》，是一部有关古人卜筮的书籍。它是中国儒家典籍，被称为六经之一。“易”字，一说为“简易”之义；另一说为“变易”之义；而“周”字，有人认为，它是指周代人的筮法，也有人认为它是指周遍之易，即探求普遍的变易法则。汉代人所说的《周易》包括经传两部分，传是对经的解释。关于《周易》的成书，过去传说伏羲画八卦，周文王将八卦推衍为六十四卦。现在比较流行的说法认为，《周易》是古代卜筮长官长期积累的卜筮记录，它成书的时间大约在周代初期。

《易经》的具体内容，是由八卦推衍为六十四卦的兆象符号（即卦图）

部分和六十四卦卦名、卦辞，以及384爻和爻辞语言部分所组成的。卦图的结构，主要由称作阳爻和称作阴爻两个基本符号组成，三行一组排列而成的八个“经卦”，即乾、坤、震、巽、坎、离、艮、兑。又由八个经卦两相重叠组合成六十四个“重卦”，如乾卦、坤卦、屯卦等。这些卦象是用来占卜，判断吉凶的主要依据，它们各有卦辞、爻辞加以说明。

卦辞和爻辞的内容大致可分成三类：一类涉及自然现象的变化；一类是讲人事的得失；另一类则是判断吉凶的辞句。《易经》虽属卜筮之书，但在其神秘的形式之中蕴含着一些合理而深刻的思维和观念。八卦的制作，原是自然界物质现象概括的象征。现在易学学者普遍认为，易卦中的阳爻和阴爻两种基本符号的最初含义是来源于一六七八等几个数字。中国历史上最早反映阴阳概念，就是通过《易经》的卦爻所表现的。

八卦象征着由阴阳构成宇宙物质世界的八种基本成分，而万物都是由它们衍生而来的。可见，《易经》中蕴含着朴素唯物论和无神论世界观的萌芽。《易经》的六十四卦由三十二个对立卦组成，这反映了古人从对自然与社会矛盾运动的长期观察中，萌生了对立统一的思想，体现了中国古代辩证法思想的萌芽。因此，《周易》在中国哲学史中占有重要地位。

姜尚

姜太公，即吕尚（史称太公望；史书皆称吕尚、吕望；俗称姜太公、姜子牙），为炎帝之后本为姜姓，因其先祖伯夷为尧帝四岳，在舜帝时为秩宗，典朕三礼，佐大禹平水土功劳很大，为禹帝的股肱重臣，受封为吕侯，被赐姓姜，封于吕地（今河南省南阳市卧龙区王村乡董营村，姜子牙就出生在董营村），并建立诸侯国吕国。为吕氏始祖，后世从其封氏（根据先秦及之前胙土命氏男子称氏的规定），故曰吕尚。享齐国祀者必吕氏，故史记云：盖太公之卒百有余年子丁公吕伋立。二十六年康公卒，吕氏遂绝其祀。

相传姜尚的先世为贵族，故为吕氏，曰吕尚。姜子牙家道中落，至姜尚时已沦为贫民。为维持生计，姜尚年轻时曾在商都朝歌（今河南淇县）宰牛卖肉，又到孟津（今河南孟津县东北）做过卖酒的生意。他虽贫寒，但胸怀大志，勤苦学习，始终不倦地研究、探讨治国兴邦之道，以期有朝一日能够大展宏图，为国效力。直到暮年，终于遇到了施展才华之机。

当时，正是东方大国殷商王朝走向衰亡的时期。殷纣王暴虐无道，荒淫无度，朝政腐败，社会黑暗，经济崩溃，民不聊生，怨声载道。而西部的周国由于西伯姬昌（后为周文王）倡行仁政，发展经济，实行勤俭立国和裕民政策，政治清明，人心安定，国势日强，天下民众倾心于周，四边诸侯望风依附。壮心不已的姜尚，获悉姬昌为了治国兴邦，正在广求天下贤能之士，便毅然离开商朝，来到渭水之滨的西周领地，栖身于磻溪，终日以垂钓为事，以静观世态的变化，待机出山。一天，姜尚在磻溪垂钓时，恰遇到在此游猎的西伯姬昌，二人不期而遇，谈得十分投机。

姬昌见姜尚学识渊博，通晓历史和时势，便向他请教治国兴邦的良策，姜尚当即提出了"三常"之说："一曰君以举贤为常，二曰官以任贤为常，三曰士以敬贤为常。"意思是，要治国兴邦，必须以贤为本，重视发掘、使用人才。姬昌听后甚喜，说道："我先君太公预言；'当有圣人至周，周才得以兴盛。'您就是那位圣人吧？我太公望子（盼望先生）久矣！"于是，姬昌亲自把姜尚扶上车辇，一起回宫，拜为太师，称"太公望"。从此，英雄有了用武之地。

传说姜尚本是处士，为逃避殷纣的暴政，隐海滨。又说他曾事纣，因纣无道而离去，游说诸侯，无所遇而卒归周文王。还有的说他曾屠牛于朝歌（殷都，今河南淇县），卖饮于孟津（今河南孟津以北）；或说他年老穷困，隐于渭滨，以渔钓于周文王，文王载与俱归，立以为师。以上所说归周的途径虽不同，但归周大事的核心人物则是肯定的。不久，商纣王怀疑周文王欲图谋商之天下。遂将周文王拘捕在都城的监狱里。于是姜尚、散宜生广求天下美女和奇玩珍宝，献给纣王，赎出了文王。文王归国，便与姜尚暗地里谋划如何倾覆商朝政权。为此，姜尚策划出许多兵家谋略，由于这个原因，后人言及兵家权谋都首推姜尚，他便成了兵家的始祖，或称鼻祖。

姜尚在辅佐周文王期间，为强周灭商制定了一系列正确的内外政策。对内，实行农人助耕公田纳九分之一的租税，八家各分私田百亩，大小官吏都有分地，子孙承袭，作为俸禄等经济政策，促进了生产的发展，打下了灭商的经济基础。对外，表面上坚持恭顺事殷，以麻痹纣王，暗中实行争取邻国、逐步拉拢、瓦解殷商王朝的盟邦，以翦商羽翼，削弱和孤立殷商王朝的策略。在姜尚的积极谋划下，归附周文王的诸侯国和部落越来越多，逐步占领了大部分殷商王朝的属地，出现了"天下三分，其二归周"的局面，为最后消灭纣王，取代殷商，创造了条件。周文王死后，周武王姬发继位，拜姜尚为国师，尊称师尚父。姜尚继续辅佐周国朝政。

一次，周武王问道："我欲轻罚而重威，少行赏而劝善多，简其令而能教化民众，何道可行？"姜尚答曰："杀一人而千人惧，杀二人而万人惧，杀三人而三军振者，杀之。赏一人而千人喜，赏二人而万人喜，赏三人而三军喜者，赏之。令一人而千人行者，令之；禁二人而万人止者，禁之；教三人而三军正者，教之。杀一以惩万，赏一而劝众，此明君之威福。"武王言听计从，时时慎于行赏，力求令行禁止，使周朝政治愈益清明。而此时的殷商王朝政局更加昏暗，叛殷附周者日多。周朝逐渐羽翼丰满，国势日隆。武王九年（前1044年），为了探察诸侯是否会集而东讨商国。周军在姜尚的统帅下，浩浩荡荡开到孟津，周武王在这里举行了历史上有名的“孟津之誓”，发表了声讨殷纣王的檄文。届时800诸侯会诸此地（当时的诸侯国都很小，商朝国土中竟达1 800多个。后来的春秋五霸和战国七雄是在兼并混战中形成的较大的诸侯国），显示了武王的声威。当时许多诸侯都说，“商纣可伐!”武王和姜尚则认为，时机尚不成熟，殷商王朝的统治虽已陷入内外交困、岌岌可危的境地，但其内部尚无明显的土崩瓦解之状，如果兴师伐纣，必然会遭到顽强抵抗。于是，决定班师而回。这次行动，实际是灭商前的一次预演，在诸侯国间产生了强烈影响，使更多诸侯听命于周武王。

武王十一年（前1046年），殷商王朝统治集团核心发生内讧，良臣比干被杀，箕子被囚为奴，微子启惧祸出逃，太师疵、少师强投降周武王。武王问姜尚：“殷大臣或死或逃，纣王是否可伐?”姜尚答道：“天与不取，反受其咎；时至不行，反受宾殃。”武王闻言，决意举兵伐纣。遍告诸侯说：“殷有重罪，不可以不毕伐。”遂以姜尚为主帅，统领兵车300乘，虎贲（猛士）3 000名，甲士4.5万人，以“吊民伐罪”为号召，联合诸侯各国，出兵进取商都。

但占卜结果却不吉利，部队行至汜水牛头山，风甚雷疾，旗折鼓毁，群公疑惧，有人甚至请求还师。只有姜尚坚持出兵，“今纣刳比干，囚箕子，伐之有何不可？举事而得时，则不看时日而事利，不假卜筮而事吉，枯草朽骨，安可知乎!”他说那些占卜用的龟甲和蓍（音式）草根本不懂什么吉凶。

姜尚亲自援袍而鼓，率众先涉河，武王最终听从了姜尚的意见，统兵前进。二月甲子（二月五日），周武王率领大军会合庸、蜀、羌、微、卢、彭、濮等方国部队战车四千乘陈师牧野（今河南淇县南），与纣王的17万大军展开决战（参见牧野之战）。拂晓，进行庄严的誓师——这便是历史上有名的“牧誓”，誓词历数纣王听信宠姬谗言，招诱四方罪人和逃亡奴隶，暴虐地残害百姓等罪行，说明伐纣的目的乃代天行罚，宣布战法和纪律要求，激励战士勇猛果敢作战，武王使尚父亲统百名精锐勇士“致师”——发起挑战，接着指挥戎车300乘、虎贲3 000人，甲士45 000乘势驰逐冲击。纣师虽众，皆无斗志，而且“前徒倒戈”——前面的士卒调转枪头指向商军，给武王开路。武王见此情景，指挥全军奋勇冲杀，结果，商纣王的十几万大军，当天就崩畔瓦解。三妖被姜尚及大周军士斩首示众。纣王见大势已去，在鹿台投火自焚，至此，殷商王朝宣告灭亡。

牧野之战所以能大获全胜，多赖姜尚英明的组织指挥。在作战时机的把握上，选择在纣王麻痹松懈、众叛亲离之时；在力量的组织上，以“吊民伐罪”为号召，联合诸侯共同伐商；在作战指挥上，首先以兵车、猛士从正面展开突击，尔后以甲士展开猛烈冲杀，一举打乱了商军的阵势，夺取了战争的胜利。

周朝建国之后，姜尚因灭商有功，被封于齐，都城营丘（今日昌乐县营邱镇驻地）。姜尚东行到自己的封地去，路上每宿必留，走得很慢。有人对他说：“我听说过时机难得而易于失去，作为一个客人，安于路边旅店中的享乐，恐怕不像到自己封地上任的样子。”太公听了，夜里穿起衣服马上前行，天亮时到达营丘，正好遇到莱国的人来与他争夺营丘。姜尚在齐国政局稳定后，又开始改革政治制度。他顺应当地的习俗，简便周朝的繁文缛节。大力发展商业，让百姓享受鱼盐之利。于是天下人来齐国的很多，齐国成为当时的富国之一。在周成王时，管叔、蔡叔作乱，淮河流域的少数民族也趁机叛乱（参见周公东征），周王下令给姜尚说：“东到大海，西到黄河，南到穆岭，北到无棣，无论是侯王还是伯男，若不服从，你都有权力征服他们。”从此，齐国成为大国，疆域日益广阔，使之成为后来的春秋“五霸”和战国“七雄”之一。战乱最终被周公姬旦给平叛。太公姜尚活了一百多岁而卒，但葬地不详。为逃避战乱，祖孙后代改姓了丁（因北方的姜与南方的丁同音）位于湖南常德一带。相传兵书《六韬》为姜尚所作，后人考证系战国时人依托于他的作品。但从现存的内容看，基本上反映的是姜尚的军事实践活动和他的韬略思想。司马迁在《史记·齐太公世家》中指出：“后世之言兵及周之阴权皆宗太公为本谋。”

周　公

历史上的第一代周公姓姬名旦（？—约公元前1100年），亦称叔旦，周文王姬昌第四子。因封地在周（今陕西岐山北），故称周公或周公旦。是西周初期杰出的政治家、军事家和思想家，被尊为儒学奠基人，孔子一生最崇敬的古代圣人之一。《论语》中子曰：“甚矣吾衰也！久矣吾不复梦见周公。”

周公自幼笃行仁孝，多才多艺。文王在时，他以孝仁而异于群子；武王即位，则以忠诚辅翼武王，一次，武王有疾，群臣忧惧，卜求先王救助。“周公于是乃自以为质，设三坛，周公北面立，戴璧秉圭，告于太王、王季、文王”。愿以自身替武王之身，且称曰：“旦巧能，多才多艺，能事鬼神。”

及武王死，成王在襁褓中，周公毅然挑起了“摄行政当国”的重担，并且教诲开导成王。

周公就是以其终生辅国安邦。孔子一生所追求的正是周公式的事业。

周公“敬德保民”的政治思想，是儒家政治思想的直接来源。儒家思想学说中的一个重要概念“礼”，也源于周公。

周　公

自东汉以来，人们常以“周、孔”并称。唐韩愈则把周公列为儒家道统的关键人物之一。

还是个多才多艺的诗人、学者。其兄弟管叔、蔡叔和霍叔等人勾结商纣子武庚和徐、奄等东方夷族反叛。他奉命出师，三年后平叛，并将势力扩展至海。后建成周洛邑，作为东都。

他在周灭商之战中，“常左翼武王，用事居多”。灭商 2 年后，武王病死，其子成王年幼，由周公摄政。武王的另外两个弟弟管叔和蔡叔心中不服。他们散布流言蜚语，说周公有野心，有可能谋害成王，篡夺王位。周公闻言，便对太公望和召公奭说：“我所以不顾个人得失而承担摄政重任，是怕天下不稳。如果江山变乱，生民涂炭，我怎么能对得起列祖列宗，和武王对我的重托呢?”周公旦又对将要袭其爵，而到鲁国封地居住的儿子伯禽说：“我是文王之子、武王之弟、成王之叔父，论身份地位，在国中是很高的了。但是我时刻注意勤奋俭朴，谦诚待士，唯恐失去天下的贤人。你到鲁国去，千万不要骄狂无忌。”相传他推行井田，制礼作乐，建章立制，主张“明德慎罚”。其言论见《尚书》等篇。

周朝时期的中央官制

《诗》《书》二经中有关西周政府组织的史料实在不多，金文中的资料则早已有人归纳过。虽然近来新发现的带铭青铜器为数不少，在职官名称方面，斯维至、郭沫若二氏所整理的结果，仍属有用。今据斯氏之整理结果，择要介绍各官职守，并分别归入下列数类。

1. 宫中杂役类

①宰、大宰。《周礼》家宰官职极富，而所属则都是宫中近臣，如庖人、宫人、世妇、女御之属。由蔡殷：“昔先王既令女乍宰嗣王家，今余隹乃令，令女眔舀……死王家外内，毋敢又不闻。百工，出入姜氏令，厥有见又即令，厥非先告素毋敢庆又入告。”

宰的职务是宫内的主管，虽说兼管王家内外，但出入王后姜氏的命令，则其实际地位，仍是内廷主管。蔡也管理百工，百工的地位不高，在伊殷列在臣妾之下。宰的名称，后世称为首辅，究其起源，则不外是内廷总管，只因身是近臣，可以出入王命（或后命），遂发展为重要的亲信人员。

②善夫、膳夫、膳宰。《周礼》膳夫，司王的饮食，是以名称与宰夫也常相混。孙诒让在《周礼正义》“天官序”的膳夫条下，疏解甚明白。师晨鼎中善夫与小臣官犬并列，是家臣中仍有善夫一职。但大克鼎，善夫克的职掌已是出纳王命，性质与宰相同。斯维至注意到善夫常是锡命礼中奉王命召唤受锡臣工的人员，正符合“出人王命”的职务。

③小臣、小子。殷代卜辞中，小臣是颇显赫的官员。金文中的小臣，则仍是地位不高的家臣，如上文引师晨鼎，小臣与善夫官犬同列。但也有颇为重要的小臣，如静殷的静，原是小臣，奉命与小子服及夷仆在学宫习射。静作器颇多，除习射一事外，王也曾赐弓于静。大约是成康间颇得宠的小臣，也许即因射而得宠。“小子”常见，静习射同人中，也有小子。

④仆、大仆。静有夷仆，已见前引文。又殷：“王若曰：‘命女乍师家嗣马，啻官仆射士，小大又邻。’”仆在军中为司马的属下。《周礼》司马官属有射人、隶仆、司土、司右，官属与此铭所记正合。仆也见于师旟鼎，师旟的众仆没有从王出征，主帅白懋父特命惩罚。仆的原意为仆役，但在金文中已专事射业。师旅鼎一例，则众仆似乎自成一个作战单位，当然也不再是厮役之属了。

2. 职有专司类

①土、家嗣土。籍田是王家举行农事仪式的专用田。《国语》“周语上”记述籍田的仪式颇详。其中司徒负责调动人力。“周语上”也记述了料民（调查人口）工作时，司徒的任务是“协旅”，也是在动员人力方面。金文中司徒仅二见：一为扬殷的嗣徒单伯；一为无鼎的嗣徒南仲。《国语》及其他典籍中的司徒都是金文中的司土，原意不在管理人众，而是管土地。因此免盒：“令免作土，奠还，吴罘牧。”

管理的是郑地区的林野、猎场及牧地。同：“王命同，左右吴大父，司易林吴牧，自虒东至于河，厥逆至于玄水。”未说明同的官称，其正官吴大父的职务则与免几乎相同，也是管辖一定地区内的土地资源。舀壶：“王乎尹氏册令舀曰：‘更乃祖考作家嗣土于成周六师。’”成周六师是周室在成周的常备军，舀的职务大约是管理六师驻地的土地资源。据南宫柳鼎，六师有牧场，也有虞泽及田地。嗣土一职，高可至王室三有司之一。十三年壶：“王才成周嗣土虒宫。”嗣土的宅第，可以为王临幸举行锡命大典，其地位之高可知。诸侯也有嗣土，如康侯的渣嗣土，等而下之，分邑也各有其土，师：“王若曰：‘师，才先王既令女乍嗣土官嗣闇，今余佳肇乃令。’”散氏盘记矢散的土地交涉中，双方有司中均有嗣土在场。

西周时期的井田制度

“井田制度”一词是自战国以来，人们对西周时期所行土地制度的通用名称，历代各家学者的解释不尽相同。我们认为它的含义有二：一是“井”字像田地的形状。田地中有阡、陌、沟、渠，划分田地为若干方块，来源于夏商以前，如甲骨文之“、”等即象形文字；其二是西周的封建领主的制剥削方式。这种剥削方式的基础，即土地所存权的分配，是天子有所有权，诸侯、卿大夫、士等各级贵族有占有权和使用权，庶人（农奴）无土地权利，只有耕作和被剥削的义务。具体的剥削方式，是贵族们将田地分为两类；一类为贵族自留田，名“公田”，由所属农奴们集体无偿代耕，就是劳役地租；另一类大致以百亩为单位分给农奴各家耕种，收获物归农奴所有。孟子对这一剥削形式设想为：“方里而井，井九百亩，其中为公田，八家皆私百亩，同养公田。公事毕然后敢治私事。”当然各贵族对公田、私田的划分或分布，因地因人而异，不一定绝对如此整齐划一，孟子也说“此其大略。”古人把这种劳动产品再分配的方式“雅化”为“公食贡，大夫食邑，士食田，庶人食力”。公即诸侯。在井田制度下，土地不许买卖。

周朝施行井田制，既作为诸侯百官的俸禄等级单位，又作为控制庶民的计算单位。井田制下的土地一律不准买卖，只能由同姓依照嫡庶的宗法关系去继承。耕种井田的农业庶世也随着土地同属于领主阶级所有，终生不得离开土地，更不准转业。

所谓“井田”，就是具有一定规划、亩积和疆界的方块田。长、宽各百步的方田叫一“田”，一田的亩积为百亩，作为一“夫”，即一个劳动力耕种的土地。井田规划各地区不一致。有些地方采用十进制，有些地方则以九块方田叫一“井”。因为把九块方田摆在一起，恰好是一个“井”字形，井田的名称就是这样来的。一井的面积是方一“里”；一百井是方十里，叫一“成”，可容纳九百个劳动力；一万井是方百里，叫一“同”，可容纳九万个劳动力。

在井田的田与田、里与里、成与成、同与同之间，分别有大小不同的灌溉渠道，叫遂、沟、洫、浍；与渠道平行，还有纵横的通行道，叫径、畛、途、道。各种渠道的大小、深浅和通道的宽窄，都有一定的规格。

西周的各级统治者把井田分为三类。他们各自把其中最好的部分（即位于河流附近、背山向阳的平展土地）成千块、上万块地留给自己，叫“公田”。因为公田的面积很大，所以也叫“大田”，驱使奴隶集体饼种。把距城市较近的郊区土地，以田为单位分给和统治者同族的普通劳动者耕种。这部分人因为住在“国”（即城市）里，叫“国人”。国人不负担租税只负担军赋和兵役。他们平时每年向国家交纳一小罐米和一捆牧草，作为军费。战时当兵，自己准备武器、粮食和军需。国人有当兵和受教育的权利，所以也叫“武夫”或“士”。他们受教育主要是军事训练和学习礼仪。这部分人是社会里的普通平民。他们表面上不受剥削，是自食其力的劳动者。但是，当时社会的掠夺战争是十分频繁的。他们经常披征凋去打仗，自己家里的田园都荒芜了，因而破产负债。打了胜仗，掠夺来的土地和财富统归统治者所有，如果打了败仗，还有被俘沦为奴隶的危险。因此，国人的地位是动荡的。

封建领主把距离城市较远、土质瘠薄的坏田，分给住在野外的庶人。庶人因住在野外，所以也叫“野人”，领主阶级瞧不起他们，认为他们最愚蠢，所以也管他们叫“氓”。庶人没有任何权利，只有给领主耕种井田和服其他杂役的义务。他们每年要先在领主的大田上劳动，然后才准许去耕种自己作为维持最低生活的那一小块土地。因此西周时期的“国”“野”对立，既是城乡对立，也是阶级对立。

春天到来，农事季节开始了。大批庶人全部被驱使到领主的“公田”上去。天刚一亮，领主指派的官吏（“里胥”和“邻长”）就分别坐在村口，清查出工的人数。晚间收工时也如此。早在冬天备耕的时候，就由“里宰”根据劳动力的身体强弱、年龄长幼，把每两个人搭配在一起，叫作“合耦”。两个人一对，一起劳动叫一“耦”。这种拼种方法叫“耦耕”。在大领主的公田上，有成千耦、上万耦的劳动者。他们在田官（“田畯”）的监视下劳动，有时候奴隶主头子本人（“曾孙”）也亲自去田里监督。秋天，领主大田上的收获，多得像小岛，像山丘，要准备好成千仓、上万箱去收藏。冬天农闲季节，庶民们还要给领主修房、打草、搓绳和干其他杂项差役；妇女要为奴隶主采桑、养蚕、纺纱、织帛做衣裳、缝皮袍，从白天干到半夜。领主怕他们偷懒，还要把他们集中到一起，既省灯火，又便于监督。

早在西周中期，就有个别贵族为了额外榨取庶民的剩余劳动，强迫庶民开垦井田以外的空地。这样开垦出来的田地，不可能是方方正正的，也不可能有一定的亩积，是瞒着公室，不纳税的私有物，叫私田。周恭王时的格伯簋铭文记载格伯用四匹马换倗生三十亩田，就是明证，因为公田是不允许用来交换的。到西周末期，私田的存在已相当显著。争夺田邑、交换土地的记载也多起来了。周厉王时的散氏盘铭文记述：矢人侵犯散国城邑，被打败了，便用两块田地向散国赔偿。周厉王时还有两铜器：一个是鬲攸从鼎；另一个是鬲从盨。前者叙述鬲攸从分田地给攸卫牧，而攸卫牧没给报酬，遂成讼事；后者叙述章氏用八邑去向鬲换田，又有良氏用五邑换，结果都顺利成交。贵族们土地私有的欲望不断增长，倒周幽王时，连公田都企图据为己有。周王再像原先那样从贵族手里收公田，就引起贵族们强烈的不满。《诗经·大雅·瞻卯》记录了当时贵族们的牢骚："人有土田，汝反有之；人有民人，汝复夺之。"到春秋时期，铁器的使用和牛耕的推广使私田急剧增加。诸侯、大夫们富起来。周王便不能任意侵夺他们的田地了。公元前 712 年，周桓王取郑国田地，就得王畿内苏仇忿生之田作为交换条件。贵族之间为田地争斗、诉讼，也层出不穷了。公元前 580 年，晋大夫却至与周争鄇田，公元 574 年晋却锜夺夷阳五田，却犨与长鱼矫争田；公元前 533 年，周甘人与晋阎嘉争阎田；公元前 528 年，晋邢侯与雍子争鄐田，等等。这些事件，都表明土地制度在发生着深刻的变化。

开辟和耕种大量私田，需要大批劳动力。而用奴隶制的办法已不能调动生产者的劳动积极性。《公羊传》何休注说：当时"民不肯尽力于公田"。于是，一些顺应新形势的贵族为了招徕劳动人手，改变剥削方式，如齐国田氏向民众征赋税使小斗，把粮食贷给民众用大斗；晋国韩氏、魏氏、赵氏采取扩大地亩，而不增税额的办法，收买民心。这样，奴隶们纷纷从公室逃往私门，"归之如流水"。封建依附关系产生了。春秋时代见於记载的"族属""隐民""宾萌""私属徒"，都指的是这些逃来的奴隶。虽然他们身份还不是自由的，但却不同于庶民。他们可以占有少量的生产资料，独立经营农业和与农业有关的家庭副业。他们已经是封建农民的前驱了。奴隶的逃亡，使一些国家的公由，"唯莠骄之"。"唯美桀桀"（《诗经·齐风·甫田》），变成了荒原。井田制再也维持不下去了。

《左传》记载：公元前 594 年，鲁国实行"初税亩"，正式废除井田制，承认私田的合法性，而一律征税。公元前 548 年，楚令尹子木整顿田制，视土地高下肥瘠，"量入修赋"，其后各国也纷纷效法。本来这些改革的目的在于维护旧秩序，但它们既然在一定程度上承认了已成的事实，从而事与愿违。

在井田制上打开了一个缺口。缺口接二连三地被打开，井田制的瓦解崩塌就是必然的趋势了。

西周的典章制度

宗法是中国古代社会血缘关系的基本原则，其主要内容是嫡长继承制。商代已有嫡长继承的雏形。西周时期，宗法发展成为系统制度。

严格意义的宗法，只在卿、大夫、士的范围内施行。这些阶层各家族的始祖，一般是国君的别子。国君的嫡长子立为太子，继承君位，其他各子即为别子。因为别子也是国君之子，故又称公子。别子不能与继承国君的太子同祖，必须分出去自立家族，成为这个家族中嫡长继承系统的始祖，不再改变，称为大宗。别子的长子以外各子，长孙以外各孙……都是庶子，对大宗而言，称为小宗。其间血缘关系超过五代，就不再宗原来的小宗。由大小宗构成的整个家族中，大宗居于族长地位，称为宗子。始立这个家族的别子一般有卿、大夫爵位，爵位即由宗子承袭。

从广义来说，宗法也适用于周王室。周王的嫡长子立为太子。其他王子多分封为王畿内外的诸侯，其间血缘关系原则颇与卿、大夫、士的宗法相似。周初分封同姓，就体现了这样的原则。康王之后，周朝疆域大体固定，分封的机会减少，太子以外各子多留在朝中为卿、大夫，但分封并未绝迹。直到周宣王二十二年（前806年），宣王还把其弟友分封在郑（今陕西华县东）。

小宗围绕大宗，卿、大夫拱卫国君，诸侯藩屏周王。再加上与异姓间的婚姻联系，构成庞大的血缘关系网。西周统治者希望用这种关系维护他们的地位和特权。

畿 服

西周时期，周王直接治理的地区称为王畿；以王畿为中心，直至周朝势力所及的远方，按照地理的远近和王朝关系的疏密，划分若干服，合称畿服。据《国语·周语上》，畿服共分五服，即甸服（王畿）、侯服（王朝所封诸侯）、宾服（方国服属周朝者）、要服及荒服（皆为边远的少数民族）。关于畿服，其他文献尚有不同说法。

五服对王朝负有不等的义务，史称职贡。甸服随时有贡；侯服每月一贡；宾服每三月一贡；要服每年一贡；荒服则其君终身只朝贡一次。这种规定固然有理想化色彩，但在一定程度上反映了周朝与其疆域内远近地区的关系。

诸　侯

西周的诸侯有同姓、异姓之别。同姓即姬姓的诸侯，在盟会时居于异姓的前面。异姓不少是曾与周王室发生婚姻关系的，如姜姓、任姓、妫姓、姒姓等。周初还注意褒封前朝的后裔，如封尧之后于蓟（今北京，后并入燕），封舜之后于陈（今河南淮阳），封禹之后于杞（今河南杞县），封商朝之后于宋。诸侯有的是商诸侯国，周予以承认；有的则是新封。

建立诸侯国，要赐以土地、山川和人民，同时分予宝器，并有等级差别。传统说法认为公、侯、伯、子、男五等爵，而从土地看，公、侯均方百里；伯七十里；子、男均五十里，实际是三个等级。至于土地不足五十里的，则附属于诸侯，叫作附庸。根据西周金文的研究，五种爵称是存在的，而且确有一定制度，但未必有那样固定和规整。

官　制

据记载西周职官最详细的《周礼》，周王朝设有各统辖若干官员的六卿，其中司徒，掌邦教，其诸官分司土地人民、乡遂、山林川泽等事；宗伯，掌邦礼，其诸官分司宗庙祭祀、墓、礼乐、卜祝巫史、车旗等事；司马，掌邦政，其诸官分司军旅、田役、车马、封疆道路等事；司寇，掌邦禁，其诸官分司刑罚狱讼、盟誓、约剂、盗贼、宾客等事。司空，因《周礼》原文残缺，详情不明。学者多认为《周礼》所记过于详密，西周不可能有这样整齐划一的官制。但与已发现金文对比，《周礼》很多地方相同或相似。据统计，《周礼》现存官名三百五十六官，和金文相同或类似的有九十六官。可见《周礼》有相当成分还是反映西周官制实际的。《尚书·顾命》记周成王临终时召见“芮伯、彤伯、毕公、卫侯、毛公、师氏、虎臣、百尹、御事”。康王时金文小盂鼎有“三左三右”，也指在王左右的六卿。六卿的设立，是王朝官制的中心，诸侯国的官制与王朝相似，但规模较小，官名多同于王朝。

周王朝的政权机构

周王是奴隶制国家的最高代表。在周王左右的重要辅佐人物，有太师、太傅、太保，合称为“三公”或“师保”，如周文王、武王时的重要谋臣太公望，就被尊称为“师尚父”。成王时，周公为师，召公为保，共同辅政。一直到康王时，召公还担任太保。师保统辖诸侯百官以奉侍周王，在政治上享有崇高的地位。

与师保地位相当，而直接辅佐周王管理政事的官职，是太宰。成王时，周公以太师而兼为太宰，“相王室，以尹天下”。太宰拥有总揽政务的大权，是政府中的首脑。

太宰以下，有众多的卿士，其中比较重要的政务官，仍然是司徒、司马、司寇、司空等诸有司。司徒除管土地的垦辟、井田的划分和有关奴隶耕作等事外，还要管理诸侯封疆的划定和军旅事宜。司马负责征收军赋、管理战车以及驾车马匹等军政事宜。司寇掌握刑法。司空负责管理百工以及兴建土木、水利等工程。他们还有很多的僚属，分管各项具体事务，由中下级贵族担任，构成相当庞大的统治机构。

周朝礼乐

为了加强统治，周王朝初期的统治者实行了“封诸侯，建同姓”的政策，把周王室贵族分封到各地，建立西周的属国。周武王死后，年幼的成王继位，武王的弟弟姬旦即周公辅政。周公旦是位德才兼备并且忠心耿耿的臣子，曹操于《短歌行》中曾以“周公吐哺，天下归心”来赞扬他的忠诚与认真。周公在“分邦建国”的基础上“制礼作乐”，总结、继承、完善，从而系统地建立了一整套有关“礼”“乐”的完善制度。

礼乐制度是以乐从属礼的思想制度。以“礼”来区别宗法远近等级秩序，同时又以“乐”来和同共融“礼”的等级秩序，两者相辅相承。在统治阶级内部所设定的等级具体表现为“天子八佾，诸公六，诸侯四”。古代舞队的行列，八人为一行，叫一佾。按周礼，天子的舞队用八佾（即六十四人），诸公六佾，诸侯四佾，士二佾。这样，阶层不同从而使用舞队人数也不同，是为了给人们灌输君权至上无人能与之相抗衡的等级秩序思想。

周代的音乐领导机构“大司乐”是世界上出现最早，规模最大的音乐教育与音乐表演机构，它所培养的对象是王和诸侯的长子、公卿大夫的子弟、从民间选拔的优秀青年。主要教授学员们学习六代乐舞与小舞。大司乐教育贵族子弟学习音乐并非是让他们真的去表演，而是让他们懂得“礼乐”是一种有效的治国方式。

“天子无戏言”的由来

周成王有个弟弟，名叫叔虞。他们兄弟俩非常要好，形影不离。有一天，周成王和叔虞在一起玩耍，周成王随手攀摘了一片梧桐树叶，用剪子剪成了玉圭的样子，送给了弟弟叔虞，随口道：“我把这作为信物，封赐给你！”玉圭是古代帝王和大臣使用的一种高贵的礼器，是长方形的，上面有一个角。叔虞接过树叶后，心里非常高兴，随后把这件事告诉给周公。周公觉得这件事非同小可，就找到周成王，问他："你赐给叔虞一块封地，这是真的吗?"周成王笑嘻嘻地说："哪有啊，我只不过是跟弟弟开个玩笑罢了。"周公闻听此言，立刻板起脸来，严肃地说："天子说出来的话不能当玩笑，只要出口，就成了最高的法律。你说的任何一句话，史书都会记载下来，然后按照礼仪去完成，还有乐师把它谱成歌曲四处传颂。哪能随便说说呢!"周成王听了周公的教训，低着头不敢说话了。后来就遵守诺言，把唐国（今山西一带）封给了叔虞。于是，"天子无戏言"就流行开来，成为历代皇帝不得不遵守的准则。

第五章　春秋战国

春秋战国的历史分期

春秋战国时期是从周平王东迁洛邑（周平王元年，即公元前770年）到秦统一六国（秦王政二十六年，即公元前221年）。这段时期历史上又称“东周”，东周又可分为两大阶段。其中前一阶段称“春秋时代”，一般界定为从周平王元年（前770年）至周敬王四十四年（前476年）；后一阶段称“战国时代”，一般界定为从周元王元年（前475年）至秦始皇二十六年（前221年）。

春秋时代的大国有晋、楚、齐、秦，后起的有吴、越。具体的历史分期为：

1. 从公元前679—公元前643年，是齐桓公称霸时代；

2. 从公元前642—公元前633年，是宋襄公图霸不成，楚人强盛时代；

3. 从公元前632—公元前547年，是晋楚争霸时代；

4. 从公元前546—公元前530年，是楚国独圣时代；（次年，楚灵王被弑，平王立，不复事诸侯）。

5. 从公元前529—公元前527年，是晋楚皆衰，吴越尚未强盛时代；（权利未及于中原）。

6. 从公元前528—公元前476年，是吴国强盛时代；（其间吴国已败于越，然对于北方，威力还在）。

7. 从公元前475年以后，是越国强盛时代。

迁都开启春秋时代

周平王，名宜臼，幽王太子，申后所生。公元前770年—公元前720年在位。由于镐京（今西安附近）残破，又处于犬戎威胁之下，周平王于公元前770年，在郑、秦、晋等诸侯的护卫下，迁都洛邑，史称东周。这就是历史上著名的“平王东迁”。

“平王东迁”有其历史根源。首先，王室内部矛盾重重。公元前781年，宣王子幽王即位。幽王十分宠幸褒姒，甚至不惜用烽火戏弄诸侯而博其一笑，各诸侯十分不满。为讨好褒姒，幽王不顾王室的反对，废太子宜臼而立褒姒之子伯服，又废申后而立褒姒为后。褒姒是褒国姒姓的女儿，申后是申侯的女儿，申侯是姜姓，由此就引发了姒姓和姜姓间的激烈斗争，为西周灭亡埋下了祸根。

其次，外敌入侵频繁。宗周镐京，濒临西北游牧部落，经常遭到游牧部落的侵扰。公元前771年，申侯与犬戎联络，进攻幽王，诸侯都不来救驾。犬戎与申侯迅速攻入镐京，幽王急忙逃到骊山，被骊山之戎所杀。这时，关中已布满了戎人，宫室被洗劫一空，土地荒芜。

西周时期的青铜鼎

“平王东迁”还有一个重要原因，就是当时自然灾害严重。据史料记载，宣王末年，西北关中一带连年干旱，洛、泾、渭三川都干涸了，农业生产受到了严重的影响。同时，岐山一带又发生了地震和地崩灾害，老百姓的生产生活受到了严重的威胁。周太史伯阳父根据阴阳五行学说，认为这是周将要灭亡的征兆。另外，西周初年，周公营洛，也为东迁创造了良好的条件。

周平王迁都洛邑，东周开始，其中周平王执政达五十年之久。东周是周王室逐渐衰微以致最后亡国的时期。这时，天子直辖的“王畿”，在戎狄不断地蚕食下，控制范围逐步缩小了，最后，仅剩下成周方圆200公里，即今洛阳附近的地盘。同时，天子控制诸侯的权力和直接拥有的军事力量，也日渐丧失。但天子以“共主”的名义，仍然具有号召力。因此，一些随着地方经济发展而逐步强大

亚字型大墓

的诸侯国，就利用王室这个旗号，“挟天子以令诸侯”，积极发展自己的势力。公元前367年，周王室发生权力争夺，东周分裂成东、西两个部分，在河南（今洛阳）的称西周公（或西周君），在巩（今巩义）的称东周公（或东周君）。后分别被秦所灭。

公元前720年，平王卒，葬于洛阳。最近，考古工作者在东周王城遗址的“王陵区”发现了一座“亚”字形大墓，并出土带有铭文的青铜鼎，附近还发现了两座大型陪葬坑，在坑内清理出53个车轮和56匹马的残骸。此墓主人是东周第一代天子周平王，还是其他周王的陵墓，尚需要更加可靠的考古资料予以佐证。

平王迁都，洛阳再一次成为全国政治、经济、文化的中心，在古都洛阳发展史上有着重大而深远的影响。

州吁之乱

在西周时期，卫国是姬姓诸侯中最重要的诸侯之一。卫之始封者为周文王的儿子，周武王的同母弟康叔名封。卫国和鲁国、齐国都是周人东方殖民的重要据点，对拱卫洛邑和王畿地区起着重要的作用。

然而，到春秋时期，卫国已经衰落下来，变成了一个一般的诸侯国。而且，这一时期卫国内乱频仍，有好几次几致灭顶之灾。州吁之乱是其中最早的一次。

卫庄公在位时娶了齐国太子得臣的妹妹庄姜为妻。庄姜长得非常美丽。嫁到卫国以后，卫国国人做了一首诗来称颂她的美貌，这首诗即《诗经》中的《硕人》一诗。诗中有“手如柔荑，肤如凝脂，领如蝤蛴，齿如瓠犀，螓首蛾眉。巧笑倩兮，美目盼兮”等句。可是，庄姜美而无子。于是，卫庄公又从陈国娶了厉妫和戴妫姊妹二人。厉妫生孝伯，小时候就夭折了。戴妫生子完。后来戴妫死，庄姜把完养为己子，卫庄公立完为太子，后即位，为卫桓公。

卫庄公之妻庄姜

可是，卫庄公还有一个儿子叫州吁，是卫庄公宠幸的小妾所生。卫庄公也非常喜欢州吁，而州吁，十分横暴。卫庄公也不管教他。庄姜十分讨厌州吁。卫大夫石碏劝卫庄公说：“臣听说，爱孩子要教之以义方，不要让他走上邪路。习于骄、奢、淫、逸，便必然走上邪路。宠禄太过而不禁。只能加速祸害的到来。您作为国君，应当尽力除祸。可您这样做却是加速祸害的发生，这怎么行呢？”可是卫庄公对他的话不加理睬。石碏的儿子石厚和州吁往来甚密，石碏禁止石厚这样干，石厚不听。等卫庄公死，卫桓公即位时，石碏便告老回家了。

卫桓公即位以后，州吁果然越来越放肆。暗中招募亡人，积聚力量。郑庄公的弟弟大叔段政变不成，出奔卫国，州吁和大叔段臭味相投，交上了朋友。到周桓王元年（前719年），州吁终于指挥手下人袭杀了卫桓公，而自立为卫国的国君。

州吁自立为卫君后，本性难移，到处惹事生非。本来卫国和郑国接壤，两国以前经常发生战争。州吁自知弑君自立，国人不服，便想通过发动对外战争来缓和国内的矛盾。他首先将矛头对准郑国。利用宋国和郑国之间的矛盾，派人到宋国去联络，约定共同出兵攻郑。恰巧此时，陈国和蔡国想讨好卫国，便和卫国一起出征。周桓王元年（前719年）的夏天，四国组成联军，进攻郑国，包围了郑国国都的东门，打了五天，未有结果，撤了回去。到秋天，四国联军又一次进攻郑国，打败了郑国的步兵，抢了一些郑国田野里的庄稼，撤了回去。

州吁为巩固君位而发动战争，根本不得人心。《诗经》中有一首叫《击鼓》的诗，便是反映卫国攻伐郑国的这场战争的。此诗是卫国出征的士兵所作，诗中言道：“击鼓其镗，踊跃用兵。土国城漕，我独南行。从孙子仲，平陈与宋，不我以归，忧心有忡”“吁嗟阔兮，不我活兮；吁嗟询兮，不我信兮”，对这场战争表示了极大的厌恶，直至开小差逃跑。《日月》一诗，传为庄姜作所。州吁杀害卫桓公后，庄姜十分悲伤愤恨，故诗中有“乃如之人兮，德音无良”等句。当时，不仅卫国国内人心思变，连其他诸侯国也看出州吁不长久。鲁隐公曾向大夫众仲问州吁能不能成事，众仲回答说：“安定国家只能以德和民，而不闻以乱。州吁仗恃武力，安于残忍。仗恃武力，众心不附；安于残忍，无亲近之者。众叛亲离是成不了事的。兵就像火，如不自敛，必将自焚。州吁弑其君上，又虐用其民，不去以德安民，却想以乱成事，必不免于失败。”

州吁自立为君数月之后，国内仍然不能安定。石厚便去向父亲石碏请教所以安民的办法。为除掉州吁，石碏想出了一个主意，对石厚说：“让州吁去朝见一下周天子，君位就算合法了。那时会安定。”石厚又问：“怎样才能去朝见周天子呢？”石碏说：“陈桓公现在有宠于天子，而且陈国和卫国正在搞好关系。如果去朝拜陈国，让陈桓公向周天子请求，这件事就成了。”石厚信以为真，便告诉了州吁。州吁同意了，带着石厚往陈国去。他们走后，石碏立即派人告诉陈桓公说："卫国褊小，我也老了，不能做什么事了。州吁和石厚这两个人是杀害我们国君的凶手，您看着办。"州吁和石厚一到陈国，就被抓了起来。然后，陈国派人到卫国，请卫国派人去斠这二人。这年九月，卫国派右宰醜杀州吁于濮（今安徽亳县东南）。石厚因是石碏的儿子，卫人不忍杀之。石碏派自己的家宰獳羊肩到陈国去将石厚杀死。这个"大义灭亲"的典故一直流传于中国人中。

然后，卫人从邢国（今河北邢台）迎回了卫桓公的另一个弟弟公子晋。冬十二月，公子晋即卫国君位，是为卫宣公。卫国终于又平定了下来。

文姜乱鲁

鲁国和齐国在周代都是周王朝最重要的封国。鲁之始封者为周公姬旦之子伯禽，是姬姓大国；齐之始封者为师尚父姜尚，是姜姓大国。按照周代的传统，异姓诸侯和姬姓诸侯都世代保持着通婚关系，所谓男女同姓，其生不蕃。鲁、齐二国地位相当，因而世代联姻，或齐主娶鲁女，或鲁主娶齐女，往来不绝。除了同姓不婚的原因外，更重要的还有政治和军事上的原因。齐、鲁皆为当时力量较为强大的诸侯，双方联姻，更是互相寻找一种政治依靠。但这种联姻有时也会带来严重恶果。

文 姜

周桓王十一年（前 709 年）正月，即位刚刚两年多的鲁桓公姬轨和齐僖公会于嬴（今山东莱芜县西北）。齐僖公要将女儿文姜许配给鲁桓公。年轻的鲁桓公不知就里，便答应下来，并行纳幣之礼，订下这桩婚事。同年秋天，鲁桓公派公子翚到齐国去迎文姜完婚，齐僖公亲自把女儿送到灌（今山东宁阳县北）。这个行为不符合周代传统的礼节。因为按照周礼，嫁女于异姓诸侯，若是姊妹，则派上卿送之；若是女儿，则派下卿送之。如果对方是大国，也只能派上卿相送。即使是嫁女儿给周天子，诸侯也不必亲自送行。齐僖公此行，遭到了鲁国人的非议。但事情不久便平息了。

鲁桓公虽娶文姜为妻，对文姜本人的品德却不甚了解。他不知道，文姜在出嫁之前，早已和自己的哥哥、后来即位的齐襄公乱伦私通。在鲁桓公与文姜成婚以前，齐僖公曾想把文姜许配给郑国的太子忽，但太子忽辞掉了。别人问起缘故，太子忽解释说："人各自有自己相当的配偶。齐为大国，而郑为小国，不适合娶齐女为妻。"后来，太子忽率领郑国军队和齐国军队一起对戎人作战。击败戎人之后，齐僖公又对太子忽提起这件事，太子忽仍然不肯答应。别人问起缘故，太子忽推托说："没有为齐国做什么的时候，我都不敢这样想。如今我奉君命帮齐国打戎人，要是答应这件事，别人会说我出兵是为迎娶妻子了。"实际上，太子忽固辞齐婚另有缘由。就是文姜品德不淑。

文姜归鲁后，为鲁桓公生了太子同。在以后的十几年中，倒也相安无事。但文姜不德之事，还是传了出去。到鲁桓公十八年（前694年）春天，已经即位多年的齐襄公请鲁桓公携文姜到齐国去做客。鲁桓公答应了。鲁大夫申繻予感到事情不利，便劝鲁桓公说："男人各有自己的妻子，女人各有自己的丈夫，应界限谨严，不得轻易地亵渎它。能够这样做，才算是符合礼仪的。否则，必然身败名裂。"但桓公根本不听，还是和齐襄公在泺（今山东济南市西北）相会。随后，带着文姜到齐国去了。

文姜到齐国以后，和齐襄公旧情复发，重又私通。但不久，这件事被鲁桓公发觉。鲁桓公十分恼怒，狠狠地指责了文姜。文姜不但不思改悔，反而把桓公发觉的事告诉了齐襄公。齐襄公心狠手辣，为达到和文姜长期通奸的目的，便决定杀死鲁桓公。

同年四月的一天，齐襄公设宴招待鲁桓公，把桓公灌得大醉，连车都上不了。宴会结束时，齐公子彭生在齐襄公的指使下，装着帮助鲁桓公登车，乘机把鲁桓公勒死。

桓公被杀的事情传回鲁国。摄于齐国强大的国力，鲁国虽然君主被杀，可也不敢兵戎相见。但也不愿善罢甘休。鲁国派遣使者到齐国去，对齐襄公说："我们的君主因畏您的畏严，不敢宁居，这才到齐国来修齐、鲁两国之旧好。可是，礼办成了，人却没回来，这让我们追究谁的责任？又怎么向诸侯解释？请除掉彭生，为我君报仇。"齐襄公自知理亏，便推卸责任，杀掉了彭生，以此向鲁国道歉。

鲁桓公虽然冤死，但并未阻止文姜和齐襄公乱伦之事。桓公死后，齐襄公干脆就把文姜留在了齐国。有时，把文姜送到齐、鲁两国接壤的边邑，时时相会，往来不绝。文姜也觉得无颜返鲁，便干脆留了下来。鲁庄公即位之后，为父亲的冤死而悲愤，痛恨母亲文姜做出这种下流之事，便和文姜断绝了母子关系。但这件事并没有对齐、鲁两国的关系产生太大的影响。而齐襄公由于作恶多端、反复无常，几年之后，被叛乱的大臣杀死。

齐鲁长勺之战

周庄王十一年（前686年），齐襄公被叔伯兄弟公子无知杀死。不久，无知又被大夫雍禀杀掉。齐国无君，在国内的大夫高傒与公子小白（即后来的齐桓公）关系甚好，就派人前往莒国迎接他回国做国君。鲁国也派军队护送在鲁的公子纠回国夺位，同时派管仲率兵拦截从莒归国的公子小白。管仲在途中遇上小白一行，未及正式交战，就先向小白前胸射出一箭，小白中箭后倒在车中。管仲以为射死了小白，派人报知公子纠，公子纠得知对手已死，就慢悠悠地行走。其实，管仲的箭正好射在小白腰间的带钩上，小白为麻痹对方，就顺势倒下，然后抢先回国，做了国君。等公子纠六天后到达齐都临淄，小白已经即位。鲁国不肯罢休，就将军队驻扎在临淄以东的乾时（今山东桓台县南）。两军相战，鲁军大败，鲁庄公弃车而逃，秦子、梁子两名武士打着庄公的旗号引开齐军，成为齐军的俘虏；鲁庄公坐轻车逃归鲁国。

齐桓公在乾时败鲁后，又派鲍叔牙带领军队逼着鲁国杀死公子纠、交出管仲和召忽。召忽自杀而死，管仲被囚入齐。鲍叔牙回到齐国，立即推荐管仲为相，主持齐国大政。

长勺之战

周庄王十三年（前684年）春，齐国又派大军进攻鲁国。鲁国积极准备迎战。这时，有个叫曹刿的人请求进见。他的同乡人相劝说，有权势的人自会谋划这件事，你又何必掺和呢？曹刿认为有权势的人见识浅陋，不能深谋远虑。于是入宫进见。他问鲁庄公凭借什么来作战，庄公回答，暖衣饱食这些用来养生的东西，不敢独自享受，一定把它分给别人。曹刿认为，小恩小惠不能遍施民众，所以民众是不会跟从的。庄公说，祭祀用的牛羊玉帛不敢虚报，祝史祷告一定诚实。曹刿认为，小的信用不足以取信于神，神灵不会保佑。庄公又说，大大小小的案件，虽然不能一一明察，但必定按照实情来审判处理。曹刿说，这才是忠于职守，为民众尽力，可以凭此去战。若战，请允许我跟从您去。

齐、鲁两军在鲁国的长勺相遇交战。鲁庄公与曹刿同乘一辆兵车。庄公要击鼓进击齐军，曹刿劝阻道："还不到时候。"等齐军三通鼓罢，曹刿才让庄公击鼓反击齐军。齐军经三次冲锋已疲惫不堪，遭到鲁军的猛烈反击，马上大败而逃。庄公又要下令追击，曹刿阻拦住，他下车察看齐军逃跑时的车轨确实很乱，又登车桀望到在逃齐军的旗帜东倒西歪，确知齐军真败，就请庄公下令发起追击，一举把齐军赶出国境。

长勺之战是我国古代以弱胜强、以少胜多的著名战例。齐国在长勺大战之后，战略重点转入征服周围的小国和整顿内政上。

齐桓公称霸

公元前681年，齐桓公在甄召集宋、陈、蔡、邾四国诸侯会盟，齐桓公是历史上第一个充当盟主的诸侯。到公元前643年10月7日，齐桓公一直称霸，共38年。

春秋时期，齐桓公在管仲的辅佐下，重视鱼盐经济，不断增强国力，使齐国渐渐强大起来。齐国先后帮助燕国打败山戎，帮助邢国赶走狄仁重筑城墙，还帮助卫国在黄河南岸重建国都。就因为这几件事，齐桓公的国际威望提高了。只有南方的楚国，不但不服齐国，还跟齐国对立起来，要跟齐国比个高低。

齐桓公

楚国在中国南部，向来不和中原诸侯来往。那时候，中原诸侯把楚国当作“蛮子”看待。但是，楚国人开垦南方的土地，逐步收服了附近的一些部落，慢慢地变成了大国。后来，干脆自称楚王，不把周朝的天子放在眼里。

公元前656年，齐桓公约会了宋、鲁、陈、卫、郑、曹、许七国军队，联合进攻楚国。

楚成王得知消息，也集合了人马准备抵抗。他派了使者去见齐桓公，说：“我们大王叫我来请问，齐国在北面，楚国在南面，两国素不往来，真叫作风马牛不相及。为什么你们的兵马要跑到这儿来呢?”

管仲责问说：“我们两国虽然相隔很远，但都是周天子封的。当初齐国太公受封的时候，曾经接受一个命令：东方的五侯九伯，谁要是不服从天子，齐国有权征讨。我们这次来主要有两件事：我们关注到周昭王南征楚国却没有返回，这是为什么呢? 你们楚国本来每年向天子进贡包茅（用来滤酒的一种青茅），为什么现在不进贡呢?”

使者说：“没进贡包茅，这是我们的不是，以后一定进贡。至于昭王不复，这我们可不知道，问我们也没用，你们不如到江上去问问吧！”其实，周昭王到楚国“南征”的时候，早就全军覆没，死在汉水之滨了。楚国怎么交得出人来呢。

使者走后，齐国和诸侯联军又拔营前进，一直到达召陵（今河南郾城县）。

楚成王又派屈完去探问。齐桓公为了显示自己的军威，请屈完一起坐上车去看中原来的各路兵马。屈完一看，果然军容整齐，兵强马壮。齐桓公趾高气扬地对屈完说：“你瞧瞧，这样强大的兵马，谁能抵挡得了？”

屈完淡淡地笑了笑，说：“君侯协助天子，讲道义，扶助弱小，人家才佩服你。要是光凭武力的话，那么，咱们国力虽不强，但是用方城（楚国所筑的长城，在今河南方城北至泌阳东北）作城墙，用汉水作壕沟。您就是再多带些人马来，也未必能打得进去。”

齐桓公听屈完说得挺强硬，估计也未必能轻易打败楚国，而且楚国既然已经认了错，答应进贡包茅，也算有了面子。就这样，中原八国诸侯和楚国一起在召陵订立了盟约，各自回国去了。

后来，周王室发生纠纷，齐桓公又帮助太子姬郑巩固了地位。太子即位后，就是周襄王。周襄王为了报答齐桓公，特地派使者把祭祀太庙的祭肉送给齐桓公，算是一份厚礼。

齐桓公趁此机会，又在宋国的葵丘（今河南兰考东）会合诸侯，招待天子使者。并且订立了一个盟约，主要内容是：修水利，防水患，不准把邻国作为水坑；邻国有灾荒来买粮食，不应该禁止；凡是同盟的诸侯，在订立盟约以后，都要友好相待。

这是齐桓公最后一次会合诸侯。像这样大的会合，一共有许多次，历史上称作“九合诸侯”。齐桓公成了春秋时期的第一位霸主。

召陵之盟

齐桓公在中原已取得霸主地位之时，位于南方的楚国也迅速强大起来，北上中原争雄。楚国以江汉平原为中心，北到今河南南部，东到今安徽中部，南达今湖南的资兴、郴县，地大物博，有着良好的自然条件和比较发达的采矿业。物质力量雄厚的楚国，先平定了周围的一些小国，到楚成王时，战略重点放在向北扩张上，先后灭掉申、息、邓等国，并伐黄服蔡，屡次攻伐随国，逼进郑国。郑国无力与楚抗衡，准备依附楚国。在这种情况下，齐桓公于周惠王十八年（前659年），召集鲁、宋、郑、曹、邾等国商议救郑。后来江、黄两国背离楚国与齐、宋在阳谷（今山东阳谷县境）结盟，便形成了中原诸国与楚国对峙的局面。

齐、蔡本是友好国家，蔡姬是齐桓公的夫人。周惠王二十年（前657年），齐桓公和蔡姬在园林里坐船游玩，蔡姬故意摆动游船，使齐桓公摇来晃去，桓公不习水性，非常害怕，让她停止，蔡姬却摇晃得更起劲。桓公一怒之下，把她送回蔡国，但未断绝关系；蔡侯也赌气把蔡姬改嫁，并倒向楚国。周惠王二十一年（前656年），齐桓公率领齐、宋、陈、卫、郑、许、曹、鲁八国的军队攻打蔡国，蔡国寡不敌众，一战即溃，八国军队长驱直入，南进达于楚国边境。

楚成王派遣使者对齐侯说，君王住在北方，楚君住在南方，即使是牛马发情狂奔也不能彼此到达，没想到君王竟跋涉到我国的土地上，质问桓公这是何缘故？齐相管仲以楚国不进贡土特产，使天子的祭祀缺乏物资、不能漉酒请神和昭王南征不返为由来答对。楚国使者表示：没有送去贡品，是楚君的罪过，今后保证及时进贡；至于昭王没有回去，与楚国无关，最好去责问汉水边上的人吧！桓公见楚国使者态度强硬，也不敢轻易与楚交战，于是就率领诸侯的军队进兵到陉地（今河南偃城县南）。

这年夏天，楚成王派遣使者屈完去与诸侯军队言和，诸侯军队退兵到召陵（今河南偃城县东）驻扎。齐桓公把诸侯的军队列成战阵，与屈完一起乘车观看。桓公假意表示：诸侯起兵，绝不是为了齐国，先君建立的友好关系应当继续，贵国应当和敝国共同友好。屈完表示这正是楚国的愿望。桓公又指着诸侯的军队说，用这样强大的军队打仗，战无不胜，攻无不克。屈完表示：君王如果以德行安抚诸侯，谁敢不服？若用武力威胁，那么楚国可以把方城山（今河南叶县南，方城县东北）作为城墙，以汉水为护城河，君王的军队虽多也无用。齐桓公见屈完的话软中带硬，有理有节，便在召陵与屈完订立了盟约。

召陵之盟等于楚国事实上承认了齐国在中原的霸主地位，也暂时阻挡住了楚国向北扩张的势头。但召陵之盟同时也说明楚国当时力量之强大，足以和齐等八国之师抗衡。因而召陵之盟可以说是两大军事力量暂时处于平衡状态之下的见证。

葵丘之会

周惠王二十一年（前656年），齐桓公率领八国军队逼近楚境，在召陵与楚国结盟修好，暂时挡住了楚国北上的势头。当时，周天子欲废太子郑，改立宠妃所生的公子带为太子，为了安定王室，齐桓公于周惠王二十二年（前655年）会宋、鲁、陈、卫、郑、许、曹诸君在首止（今河南睢县东）与太子郑相盟，以定太子之位。此前周天子派周公宰孔召郑文公，告诉他天子打算立公子带为太子，要他约同楚国，辅佐王室。所以郑文公借口国内有事，逃盟而去。其余七国歃血为盟，约定：凡我同盟，共辅太子，佐助王室，谁违盟约，即受天罚。周惠王二十三年（前654年），齐国以郑文公逃盟为理由，率鲁、宋、陈、卫、曹等国军队讨伐郑国，楚成王出兵围许以救郑，诸侯解郑围救许，楚亦释围回军。周惠王二十五年（前652年），周天子去世，太子郑继位，是为襄王。襄王担心其弟带争位，秘不发丧而求助于齐。这一年，齐国又出兵攻打郑国。周襄王元年（前651年），齐桓公率鲁、宋、卫、许、曹的国君及陈世子与周襄王的大夫在洮地（今山东鄄城西南）会盟，以巩固襄王的王位，襄王定位而后发丧，郑文公也去乞盟。

为了巩固已取得的成果，齐桓公于周襄王元年（前651年）与宋、鲁、卫、郑、许、曹等国的国君及周襄王的使者宰孔在葵丘（今河南兰考县境）相会，齐桓公把公子昭托付给宋襄公，周襄王为了感谢桓公对他的支持，派宰孔把天子祭祀祖先的祭肉赏赐给桓公。按照当时的礼制，天下祭祖的礼物只分给同姓国家，齐是姜姓，没有分享祭品的权利，周襄王赏赐桓公祭肉，是表示对桓公的特别敬重。桓公听从管仲的意见，下堂行跪拜礼，宰孔又说襄王命令加赐爵位一等，不必下拜。桓公表示谦虚，跪拜受赐。

然后，齐桓公率诸侯盟誓，盟辞初命道："诛不孝，无易树子（不能随便废立太子），无以妾为妻。"再命道："尊贤育才，以彰有德。"三命道："敬老慈幼，无忘宾、旅。"四命道："士无世官，官事无摄（公家职务不要兼摄），取士必得（贤才），无专杀大夫。"五命道："无曲防（不要堵塞河流），无遏籴（不要自己囤积粮食而禁止邻国的购买），无有封而不告（不要分封而不报告盟主）。"盟辞还声称：凡是参加我同盟的国家，结盟之后要言归于好，不许再互相攻伐。盟誓完毕，周襄王的使者及诸侯相继散去。这样，本来应该由周天子召集的盟会，发布的盟誓，现在由齐这样的诸侯代替了。此后一段时间，齐桓公的霸业主要放在平戎攘夷之上。

楚国名人

屈　原

屈平，字原，通常称为屈原，又自云名正则，字灵均，汉族，战国末期楚国丹阳（今湖北秭归或河南西峡）人，楚武王熊通之子屈瑕的后代。屈原虽忠事楚怀王，却屡遭排挤，怀王死后又因顷襄王听信谗言而被流放，最终投汨罗江而死。屈原是中国最伟大的浪漫主义诗人之一，也是我国已知最早的著名诗人，世界文化名人。他创立了“楚辞”这种文体，也开创了“香草美人”的传统。代表作品有《离骚》《九歌》等。

“朝发枉渚兮，夕宿辰阳……”；“入溆浦余儃徊兮，迷不知吾所如……”，在流放期间，屈原为后世留下了许多不朽名篇。其作品文字华丽，想象奇特，比喻新奇，内涵深刻，成为中国文学的起源之一。

屈 原

“沧浪之水清兮，可以濯吾缨；沧浪之水浊兮，可以濯吾足”。屈原被放逐后，在和渔父的一次对话中，渔父劝他“与世推移”，不要“深思高举”，自找苦吃。屈原表示宁可投江而死，也不能使清白之身，蒙受世俗之尘埃。在渔父看来，处世不必过于清高。世道清廉，可以出来为官；世道浑浊，可以与世沉浮。至于“深思高举”，落得个被放逐，则是大可不必。屈原和渔父的谈话，表现出了两种处世哲学。公元前278年，秦国攻破了楚国国都郢都。当年五月五日，屈原在绝望和悲愤之下怀抱大石投汨罗江而死。端午节，也是因此而来的。

老 子

老 子

字伯阳，谥号聃，又称李耳（古时“老”和“李”同音；“聃”和“耳”同义），（约公元前571年—公元前471年），楚国苦县厉乡曲仁里（今河南鹿邑太清宫镇）人。曾做过周朝“守藏室之官”（管理藏书的官员），我国最伟大的哲学家和思想家之一，被道教尊为教祖，世界文化名人。老子的思想主张是“无为”，《老子》以“道”解释宇宙万物的演变，“道”为客观自然规律，同时又具有“独立不改，周行而不殆”的永恒意义。《老子》书中包括大量朴素的辩证法观点，如以为一切事物均具有正反两面，“反者道之动”，并能由对立而转化，“正复为奇，善复为妖”，“祸兮福之所倚，福兮祸之所伏”。又以为世间事物均为“有”与“无”之统一，“有、无相生”，而“无”为基础，“天下万物生于有，有生于无”。“天之道，损有余而补不足，人之道则不然，损不足以奉有馀”；“民之饥，以其上食税之多”；“民之轻死，以其上求生之厚”；“民不畏死，奈何以死惧之?”其学说对中国哲学发展具有深刻影响，其内容主要见《老子》这本书。他的哲学思想和由他创立的道家学派，不但对我国古代思想文化的发展做出了重要贡献，而且对我国2000多年来思想文化的发展产生了深远的影响。

项 羽

项 羽

西楚霸王，晚期楚国下相（今江苏宿迁）人，（前232—前202）名籍，字羽，通常被称作项羽，中国古代杰出军事家及著名政治人物。中国军事思想“勇战”派代表人物，秦末起义军领袖。是力能扛鼎气压万夫的一代英雄豪杰。秦末随项梁发动会稽起义，在公元前207年的决定性战役巨鹿之战中大破秦军主力。秦亡后自立为西楚霸王，统治黄河及长江下游的梁、楚九郡。后在楚汉战争中为汉王刘邦所败，在乌江（今安徽和县）自刎而死。项羽的勇武古今无双（古人对其有“羽之神勇，千古无二”的评价），他是中华数千年历史上最为勇猛的将领，“霸王”一词，专指项羽。大泽乡起义不久，项羽在会稽郡斩杀郡守后崛起，举兵反秦。巨鹿之战后，率军入关中，以五诸侯灭暴秦，威震海内。是时，仗分天下，册封十八路诸侯。司马迁评价道：“大政皆由羽出，号称西楚霸王，权同皇帝。位虽不终，近古以来未尝有也。”他的出现，为中国的历史掀起了一场风云，写下了一段不朽的神话。

刘 邦

刘 邦

字季（一说原名季），生于（前256年—前195年6月1日）楚国沛郡丰邑中阳里（今江苏丰县）人，汉族。出身平民阶级，秦朝时曾担任泗水亭长，起兵于沛（今江苏沛县），称沛公。秦亡后被封为汉王。后于楚汉战争中打败西楚霸王项羽，成为汉朝（西汉）的开国皇帝，庙号为高祖，汉景帝时改为太祖，自汉武帝时期司马迁开始，多以最初的庙号“高祖”称之，谥号为高皇帝，所以史称汉高祖、太祖高皇帝或汉高帝。他对汉民族的统一、中国的统一强大，汉文化的保护发扬有决定性的贡献。

刘邦为汉朝开国皇帝，汉民族和汉文化伟大的开拓者之一、我国历史上杰出的政治家、卓越的军事家和指挥家。

陈胜

陈胜吴广起义

（？—前208），字涉，楚国阳城县（今商水县）人。秦朝末年反秦义军的首领之一，与吴广一同在大泽乡（今安徽宿州西南）率众起兵，成为反秦义军的先驱，拉开了秦末轰轰烈烈的楚人反秦大幕；不久后在陈郡称王，建立张楚政权。

与项羽、刘邦一起，应验了楚人因怀王被辱、进而灭国，而立下的“楚虽三户，亡秦必楚”的誓言。

春申君

春申君

春申君，本名黄歇，战国时期楚国人（出生地今河南省信阳市潢川县境内），明智忠信，宽厚爱人，以礼贤下士、招致宾客、辅佐治国而闻于世。顷襄王时，秦昭王派大将白起带兵打败韩国和魏国后，联合韩、魏两国共同讨伐楚国，形势危急，顷襄王派能言善辩的春申君出使秦国，说服秦昭王退兵。顷襄王病重，春申君设计使留在秦国作为人质的楚太子熊完逃回楚国即位，即考烈王。考烈王任他为相。在秦军围攻邯郸时，春申君带兵救援。后又为楚北伐灭鲁。春申君与魏国信陵君魏无忌、赵国平原君赵胜、齐国孟尝君田文并称为“战国四公子”。

孙叔敖

孙叔敖（约前630－前593年），蔿氏，名敖，字孙叔，春秋时期楚国期思（今河南淮滨县）人，楚国名臣。在海子湖边被楚庄王举用，公元前601年，出任楚国令尹（楚相），辅佐楚庄王施教导民，宽刑缓政，发展经济，政绩赫然。主持兴修了芍陂（今安丰塘），改善了农业生产条件，增强了国力。

约公元前605年，孙叔敖在期思雩娄（今河南省固始县史河湾试验区境内）主持兴修水利，建成中国最早的大型渠系水利工程——期思雩娄灌区（期思陂），相当于现代新建的梅山灌区中干渠所灌地区。据记载他还曾主持修建芍陂（今安徽寿县安丰塘），在今湖北江陵一带也兴修过水利。

孙叔敖还是杰出的军事家，他选择适合于楚国的条文，立为军法，对各军的行动、任务、纪律等都做了明确规定，运用于训练和实战。庄王十六年（前598年），楚军在沂地（今河南正阳一带）修筑城池，由于他用人得当，计划周密，物资准备充足，30天就完成了任务。次年，楚与晋大战于邲，他辅助庄王机智灵活地指挥了这场战斗，刚一出动战车，他即鼓动楚军勇猛冲击，一鼓作气，迅速逼近晋军，使其措手不及，仓惶溃散，逃归黄河以北。由于行政、治军有功，楚庄王多次重额封赏，孙叔敖坚辞不受。为官多年，家中却没有积蓄，临终时，连棺椁也没有。司马迁《史记》中记为“循吏”第一。

孙叔敖

宫之奇谏假道

宫之奇是春秋时代虞国的大夫，又叫宫奇、宫子奇。宫之奇小时候曾由虞国的国君抚养成人，因此他同国君之间关系非常亲密。

周僖王四年（前678年），晋武公消除内乱，统一了晋国。晋国统一后两年，武公死去，其子献公即位。在消除了内部各支族的威胁之后，晋献公就专力向外扩张开拓领土。

周惠王五年（前672年）晋献公灭骊戎（今山西晋城沁水东），得二女作妾。周惠王十六年（前661年）建立上下两军，献公自领上军，太子申生领下军。同年晋灭耿（今山西河津界汾水南）、霍（今山西霍县）、魏、（今山西芮城）三国。第二年命太子申生攻灭狄人东山皋落氏（今山西曲沃东）。周惠王十九年（前658年），晋献公命里克荀息率兵攻打虢国（今河南陕县三门峡）。晋国要攻虢国必须要经过虢北面的虞（今山西平陆），荀息让晋献公用良马和垂棘璧向虞君借道，以使晋军通过虞地攻虢国。虞君十分贪财，收下礼品后一口应允，宫之奇怎么劝说虞君也无效，晋军很快攻下虢国重镇下阳（今山西平陆东北）。

三年后，晋国再次向虞君借道，大夫宫之奇极力劝阻，他说，万万不能借路，虞国与虢国的关系就像是人的牙齿和嘴唇的关系一样，俗话说“唇亡齿寒”，没有嘴唇，牙齿就要受冻，虢国如果灭亡了，虞国一定也很难生存，必会跟着灭亡的。虞君又不听，仍让晋国军队通过。宫之奇便带着族人向西山（虞国西界）出走。晋国攻下虢国都城上阳（今河南陕县南），灭掉虢国。在返回的路上，晋国顺道将毫无准备的虞国灭掉了，虞君与大臣百里奚等人统统做了俘虏。荀息从虢国来到虞君的宫中，取出了垂棘璧；在虞君的马厩中牵回千里马，带回晋国交给晋献公，晋献公看到很高兴，他开玩笑说，马还是我的马，只不过多长了几颗牙齿而已。

晋献公消灭了其周围的一系列国家，晋地西到黄河与秦国相连，西南到今黄河三门峡一带扼有桃林塞险关，南到今山西、河南交界地，东至太行山麓，北与戎狄接壤，成为北方的一个大国，到晋文公时，成了各诸侯的霸主。

骊姬之乱

晋献公本来在贾国娶妻，但没有儿子。他与父亲武公的庶妾齐姜通奸，生太子申生及秦穆公夫人；后来又在戎娶大戎狐姬，生重耳（即晋文公）；娶小戎子，生夷吾（即晋惠公）。周惠王五年（前 672 年），晋献公攻打骊戎（今山西晋城西南），骊戎男把骊姬姊妹送给晋献公，回国后，骊姬生奚齐，她的妹妹生卓子。

骊姬备受晋献公的宠爱，想立自己的儿子奚齐为太子，于是就贿赂献公身边的近臣梁五和东关嬖五。“二五”对晋献公说，曲沃是君王的宗邑，蒲地（今山西隰县西北）和屈地（今山西吉县北）是君王的边疆，宗邑缺乏强有力的主管者，百姓就没有畏惧；边疆缺乏强有力的地方官，就会遭受戎狄的侵犯，这都是晋国的祸患。如果让太子申生主管曲沃，再让重耳和夷吾主管蒲地与屈地，就可以使百姓畏惧，戎狄害怕。晋献公听信了他们的话，就把申生派到曲沃，重耳、夷吾派到蒲地和屈地，而把骊姬姐妹所生的奚齐、卓子留在绛城（今山西翼城东）。这样，骊姬就把诸公子的力量分散，使他们不能联合起来。

骊姬初受宠时，晋献公就想立她为夫人。占卜，不吉利；但占筮却吉利。献公就准备取占筮的结果。卜人说：“占筮常常不灵，而占卜则往往灵验，不如按照灵验的。再说，根据占卜的结果，将有后患，所以，不能立骊姬为夫人。”献公不听，立了骊姬。等到献公把太子申生等人派往各地后，骊姬又施展新诡计。她对太子说：国君梦见你母亲齐姜，你快回去祭祀吧。太子到曲沃去祭祀，带来祭品献给献公，献公刚好外出打猎，骊姬便在祭品的酒肉中放了毒药。献公回来，以酒祭地，酒一洒使土都堆起；又把肉给狗吃，狗当即毙命；再给宦官吃，宦官也马上死去。骊姬哭着说：“这是太子的阴谋。”申生闻讯，逃归曲沃，献公杀了他的老师。

有人劝太子申生辩解，申生认为：国君失去骊姬，就会居处不安，饮食不香。如果辩解，骊姬必然获罪，国君也会因为骊姬有罪而不高兴，因而他自己心情也不会愉悦。别人又劝他逃往国外，申生不肯走，不久便上吊自尽了。

骊姬害死申生，又诬陷重耳和夷吾，说太子想谋害献公，他们俩也参与了。献公正要追问，二人听到风声，各自逃回自己驻守的地方。这样，献公更信以为真，派寺人披到蒲地去捉拿重耳，寺人披当天就赶到蒲城，重耳在慌乱中跳墙而逃，被寺人披砍下一截袖子，重耳逃亡到翟国。贾华被派往屈地捉拿夷吾，夷吾逃到梁国。献公的其他公子，在骊姬等人的谗言下相继被逐，于是立奚齐为太子。

周襄王元年（前651年），晋献公死。临死前召见荀息，把奚齐托付给他，所以荀息等人拥立奚齐为君。重耳的老师里克和大臣丕郑力图使重耳回国继位，于是联合申生、重耳、夷吾的旧部，杀死奚齐。荀息等人又立卓子为君，也被里克等在朝廷上杀死，荀息亦自杀。

周襄王二年（前650年），逃亡梁国的夷吾在周襄王、齐桓公、秦穆公的帮助下复国，是为晋惠公。

城濮之战

晋文公即位以后，整顿内政，发展生产，把晋国治理得渐渐强盛起来。他也想能像齐桓公那样，做个中原的霸主。这时候，正好周朝的天子周襄王派人来讨救兵。周襄王有个异母兄弟叫太叔带，联合了一些大臣，向狄国借兵，夺了王位。周襄王带着几十个随从逃到郑国。他发出命令，要求各国诸侯护送他回洛邑去。列国诸侯有派人去慰问天子的，也有送食物去的，可就是没有人愿意发兵打狄人。有人对周襄王说："现在诸侯当中，只有秦、晋两国有力量打退狄人，别人恐怕不中用。"襄王才打发使者去请晋文公护送他回朝。晋文公马上发兵往东打过去，把狄人打败了，又杀了太叔带和他那一帮人，护送天子回到京城。过了两年，又有宋襄公的儿子宋成公来讨救兵，说楚国派大将成得臣率领楚、陈、蔡、郑、许五国兵马攻打宋国。大臣们都说："楚国老是欺负中原诸侯，主公要扶助有困难的国家，建立霸业，这可是时候啦。"晋文公早就看出，要当上中原霸主，就得打败楚国。他就扩充队伍，建立了三个军，浩浩荡荡去救宋国。

公元前632年，晋军打下了归附楚国的两个小国——曹国和卫国，把两国国君都俘虏了。

楚成王本来并不想同晋文公交战，听到晋国出兵，立刻派人下命令叫成得臣退兵。可是成得臣以为宋国迟早可以拿下来，不肯半途而废。他派部将去对楚成王说："我虽然不敢说一定能打胜仗，也要拼一个死活。"楚成王很不痛快，只派了少量兵力归成得臣指挥。成得臣先派人通知晋军，要他们释放卫、曹两国国君。晋文公却暗地通知这两国国君，答应恢复他们的君位，但是要他们先跟楚国断交。曹、卫两国真的按晋文公的意思办了。成得臣本想救这两个国家，不料他们倒先来跟楚国绝交。这一来，真气得他双脚直跳。他嚷着说："这分明是重耳这个老贼逼他们做的。"他立即下令，催动全军赶到晋军驻扎的地方去。楚军一进军，晋文公立刻命令往后撤。晋军中有些将士可想不开啦，说："我们的统帅是国君，对方带兵的是臣子，哪有国君让臣子的理儿?"

狐偃解释说："打仗先要凭个理，理直气就壮。当初楚王曾经帮助过主公，主公在楚王面前答应过：要是两国交战，晋国情愿退避三舍。今天后撤，就是为了实现这个诺言啊。要是我们对楚国失了信，那么我们就理亏了。我们退了兵，如果他们还不罢休，步步紧逼，那就是他们输了理，我们再跟他们交手也不迟。"晋军一口气后撤了九十里，到了城濮（今山东鄄城西南），才停下来，摆好了阵势。楚国有些将军见晋军后撤，想停止进攻。可是成得臣却不答应，一步紧一步地追到城濮，跟晋军遥遥相对。成得臣还派人向晋文公下战书，措词十分傲慢。晋文公也派人回答说："贵国的恩惠，我们从来都不敢忘记，所以退让到这儿。现在既然你们不肯谅解，那么只好在战场上比个高低啦。"

大战展开了。才一交手，晋国的将军用两面大旗，指挥军队向后败退。他们还在战车后面拖着伐下的树枝，战车后退时，地下扬起一阵阵的尘土，显出十分慌乱的模样。成得臣一向骄傲自大，不把晋人放在眼里。他不顾前后地直追上去，正中了晋军的埋伏。晋军的中军精锐，猛冲过来，把成得臣的军队拦腰切断。原来假装败退的晋军又回过头来，前后夹击，把楚军杀得七零八落。晋文公连忙下令，吩咐将士们只要把楚军赶跑就是了，不再追杀。成得臣带了败兵残将回到半路上，自己觉得没法向楚成王交代，就自杀了。晋军占领了楚国营地。把楚军遗弃下来的粮食吃了三天，才凯旋回国。晋国打败楚国的消息传到周都洛邑，周襄王和大臣都认为晋文公立了大功。周襄王还亲自到践土（今河南原阳西南）慰劳晋军。晋文公趁此机会，在践土给天子造了一座新宫，还约了各国诸侯开了个大会，订立盟约。这样，晋文公就当上了中原的霸主。这就是"城濮之战"。

秦晋韩原之战

夷吾能够归国为君，主要是靠秦穆公的支持。夷吾在将要即位时，其姐秦穆夫人嘱咐他照料嫡长嫂贾君，并要他把逃亡在外的公子们都接纳回国。但夷吾归国后，既不接纳各位公子，又与贾君私通。他曾答应赏赐大夫里克汾水以北土地百万亩，赏赐丕郑负蔡地方土地七十万亩，后来也都不给；他曾许愿奉送秦穆公黄河以西、以南的五座城，还有黄河以北的解梁城（今山西永济县境），后来也背弃了诺言。周襄王五年（前647年），晋国发生灾荒，请求秦国卖给粮食，秦穆公不计较惠公的失信，把大批粮食运到晋都绛城（今山西翼城县东）；第二年秦国发生饥荒，晋国收成不错，秦向晋求援，晋国却一颗粮食都不卖给秦国。这样便激怒了秦穆公。周襄王七年（前645年），秦国起兵伐晋。

晋惠公亲自率兵迎战，结果屡战屡败，一直退到韩地。晋惠公问大夫庆郑："敌军深入，怎么办？"庆郑回答说："实在是君王使他们深入，能够怎么样呢？"晋惠公责备他放肆无礼；又占卜兵车右卫人选，庆郑得吉卦，但惠公不用庆郑，让步扬驾战车，家仆徒为车右，并以从郑国得来的小驷马驾车。庆郑劝说，惠公根本不听。

九月，晋惠公准备迎战秦军。派韩简去探察情况。韩简回报说，秦军少于我们，但请战人员却倍于我军。惠公问是什么原因，韩简说：君王流亡期间是依靠秦国的资助，回国为君是由于秦国的帮助，晋国发生饥荒又吃的是秦国的粮食，三次给予我们的恩惠而无所报答。现在又要迎击秦军，我方懈怠，秦军振奋，这样，斗志相差还不止一倍！惠公认为，一个普通人尚且不能轻侮，何况是国家？便派韩简去请战道：寡人不才，能集合部下但不能让他们离散，秦军如果不回去，晋军是没有地方逃避命令的。秦派公孙枝回话，表示答应请战，韩简退下去说："我如果能被秦军囚禁就是幸运的了。"

九月十四日，秦、晋两军在韩原交战，晋惠公的小驷马陷在烂泥之中盘旋不出，惠公向庆郑呼喊相救，庆郑说："不纳忠谏，违背占卜，本来就是自找失败，现在又为什么要逃走呢？"于是就离开了。梁由靡驾御韩简的战车，虢射作为兵车右卫，遇上了秦穆公，将要俘虏他，庆郑招呼营救惠公，因而失掉了俘获穆公的机会，而此时秦军却俘虏了晋惠公，然后班师回军。晋国的大夫们披头散发，拔了帐蓬要跟随被俘的惠公西行。秦穆公派人辞谢说："诸位何必如此忧伤，寡人跟随惠公西行，怎么敢做得太过分了！"晋国的大夫三拜叩头，说："您脚踩后土，头顶皇天，皇天后土都听到了您的话，我等谨在下风处听候吩咐。"

秦穆夫人是晋惠公的姐姐，听说秦军俘虏惠公将要来到，便领着太子罃、公子弘和女儿简璧登上高台，踩着柴草，准备自焚。她派人免冠束发、穿着丧服去迎接秦穆公，并捎话说，上天降灾，使秦、晋两国国君不以正常的礼节相见，而是兴动甲兵，如果晋国国君早上进入国都，那么婢子就晚上自焚；晚上进入，那么就翌日清晨自焚，请君王裁夺！秦穆公只好把惠公安置在国都外的灵台。

秦国的大夫请求把晋侯带入国都。穆公认为：俘获晋侯，本是带着丰厚的收获回来的，但一回来就要发生丧事，那么这种收获也就没有益处了。再说晋国大夫以忧伤感动自己、用天地约束自己，如果不考虑晋国人的哀痛，就会加重他们的怨恨；不履行自己的诺言，就是违背天意。加重怨恨，难于承当；违背上天，不会吉利。因此，打算放惠公回国。公子挚认为，不要再积聚邪恶，应当杀掉他。子桑则认为，放惠公回国而把他的太子作为人质，这样会收到好的效果，杀了惠公而不能灭亡晋国，只会增加仇恨。于是秦穆公就允许与晋国媾和。

十月，晋国的阴饴甥与秦穆公在王城（今陕西大荔县东）相会，订立盟约。秦穆公询问晋国内部是否和睦，阴饴甥巧妙地回答说：不和睦。小人以惠公被俘为耻，又哀悼他们战死的亲属，不惜征收税赋，修治兵甲以立圉为国君，并表示一定要报仇，否则宁肯因此而事奉戎狄。君子则爱护他们的国君，也知道他的罪过，征收税赋、修治甲兵以听候秦国的命令，表示一定要报答秦国的恩德，至死也无二心。因此，晋国内部不和睦。秦穆公又询问晋国人对惠公的结果怎么看，阴饴甥回答说："小人忧伤，说惠公不会被释放；君子宽恕，认为他一定会回来。小人说我们损害过秦国，秦国岂能让晋君回来？君子说我们已经知罪，秦国一定会让晋君回来。惠公当初对秦有二心，就拘囚他；服了罪，就释放他，没有比这再宽厚的德行，也没有比这更威严的刑罚了。服罪的人怀念德行，有二心的人畏惧刑罚，韩原这一仗，秦国可以称霸诸侯了。秦穆公表示，这正是他的心意。便重新安排了惠公的住处，并馈赠给他七牢的礼品。

晋惠公将归国，晋大夫蛾析对庆郑说："你还不赶紧逃走?"庆郑认为，使国君陷入败境而自己不以身死难，又使国君不能惩罚自己，这就不合人臣之道了。为人臣不尽作臣的职责，即使逃亡，又投奔哪里呢？于是留下。十一月，晋惠公回国，二十九日这天，杀庆郑然后进入国都。

这一年，晋国又发生饥荒，秦穆公又馈赠给晋国谷物，并说："我怨恨晋君而怜悯晋国的百姓。晋国还是很有希望的，我姑且树立德行，来等待晋国有才能人的出现。"从此，秦国开始在晋国黄河东部征收赋税，同时设置官员。

韩原之战，使秦国在各诸侯国中的威信更高了。不久，惠公去世，在秦作人质的太子圉扔下妻子，逃回即位，是为怀公。秦穆公很生气，把曾嫁给太子圉为妻的女儿怀嬴改嫁给晋公子重耳，并护送重耳回国杀怀公，即位为文公。从此晋国展开了图霸的大业。

殽之战

周襄王二十二年（前630年），烛之武说退秦师后，秦、郑结盟，杞子、逢孙、杨孙等大夫带二千人马被派住郑国戍守。二年后，杞子从郑国派人向秦穆公报告说：他已经掌管了郑国都城北门的钥匙，如果秘密发兵前来，里应外合，郑国肯定会到手。秦穆公召集大臣商量出兵之事，年迈的蹇叔和百里奚都不赞同，认为军队劳苦跋涉去袭击远方的国家，将卒辛劳、精疲力尽，郑国又有防备。再说千里行军，谁人不知？劳苦而无所得，将士也不会满意。秦穆公不听蹇叔的劝告，召见百里奚的儿子孟明视和蹇叔的儿子西乞术、白乙丙三人为大将，率领大军从国都东门处出发。蹇叔哭着对孟明视说，我只能看见军队开出去，却看不到他们回来了！秦穆公派人对他说：你知道什么？如果你六七十岁死了，你坟上的树现在也该有两手合抱那么粗了？蹇叔的儿子参加了出征的队伍，蹇叔哭着送他说："晋国必定在殽山（今河南济宁西北）一带阻击秦军。殽山有两座大的山陵，南面的山陵，是夏后皋的坟墓；北面的山陵，是周文王避过风雨的地方。你们必将死于两座山陵之间，我在那里为你们收尸吧！"

秦军向东进发。周襄王二十五年（前627年）春天，秦军经过周王都洛邑的北门，兵车的左右卫脱去头盔，下车步行，以表示对周王的敬意，但是随即就跳上车，战车有300多辆。周共王的玄孙王孙满年纪还小，看到秦军的这种举动，认为秦国的军队轻佻而无礼，必然打败仗。

秦军到达滑国（今河南巩县西北），遇上了准备到周王都贩牛的郑国商人弦高。弦高见秦军突然而来，郑国毫无准备，急中生计，自称是郑国派来的使臣，先致送四张熟牛皮，然后又奉送12头牛犒劳秦军，假称受国君的委托来犒赏秦军，对秦穆公说：敝国并不富厚，为了您的随从能够在这里生活方便，住下就提供一天的食物，离开就准备一夜的守卫。同时，派人火速向郑国报告。

郑穆公得到消息后，派人去馆舍探视杞子等人的动静，发现他们已经装束完毕，磨利兵器、喂饱战马了，于是派皇武子下令逐客。杞子逃跑到齐国，逢孙、杨孙二人逃到宋国。秦军得到报告，主将孟明视认为郑国已有准备，没有得到郑国的希望了。攻郑不能取胜，围郑又无后续，建议早日回军。因此，秦军回师，顺路灭掉了滑国。

就在这时，晋文公刚刚去世，晋国大臣认为秦国此举严重威胁晋国的霸业。晋国大夫先轸认为机不可失，放走秦军要生后患，一定要阻止秦军。栾枝则认为，先君复国，靠得是秦国的支持，未及报恩就攻打人家，对不起死去的先君。先轸反驳说：秦国不因我们的丧事而悲伤，反而攻打我们的同姓国，这是秦国无礼。一旦放走敌人，几辈子要受祸患，我们为晋国子孙后代着想，这可以对去世的国君说！于是就发布命令，紧急动员姜戎的军队，晋襄公染黑丧服，领兵出征，梁弘驾御车，莱驹做保镖。

同年夏四月，晋军在殽山击败秦军，俘虏了孟明视，西乞术、白乙丙，胜利而回，然后身着黑色的丧服安葬了晋文公。晋文公的夫人（秦穆公的女儿、晋襄公的母亲）文嬴请求释放秦国的三位将帅，说是他们三人挑拨晋、秦两国国君的关系，如果父王（秦穆公）得到这三人，就是吃了他们的肉也不满足，何必屈尊晋君去惩罚他们！莫如让三人归秦接受刑戮，也使父王快意。于是，晋襄公就答应了她的请求。

先轸入朝进见晋襄公，问起秦国的囚犯。襄公说："母亲代他们求情，我把他们放了。"先轸大怒，认为将士们拼力把他们从战场擒获，一个妇人说几句慌话就把他们从国都释放了，毁伤自己的战果、助长敌人的气焰，亡国没几天了！说着说着对着晋君就往地下吐唾沫。晋襄公十分后悔，立即派阳处父去追赶孟明视等人，追到黄河岸边，孟明视等已经上船离岸了。阳处父解下车左的骖马，说是晋襄公要赠送他们，请他们上岸。孟明视等在船上叩头辞谢道：蒙晋君的恩惠，不用我等的血涂军鼓，使我们回归秦国接受刑戮。秦君如杀了我等，死而不朽；如托晋君的恩惠得到赦免，三年之后，必将拜谢晋君的恩赐。这实际上是说三年之后必来报仇。

秦穆公衣着素服，在效外对着释放归国的将士号哭，说："我不听蹇叔的忠告，致使你们几位蒙遭耻辱，这是我的罪过！"继续任用孟明视等人。

殽之战以及其后的秦晋彭衙之战，使秦国向东扩张的战略连连受挫，无法东进。于是，秦穆公就把战略重点转向西，展开了称霸西戎的大业。

邲之战

邲，是郑国地名，在今河南郑州西北。郑国地处中原，夹于晋、楚两大国之间，经常遭受两国的侵犯，饱尝战祸之苦。亲晋则楚国出兵攻打，亲楚则晋国兴师讨伐。在周匡王五年（前608年）至周定王十一年（前596年）的12个年头之中，晋国五次伐郑，楚国七次加兵，几乎年年有战事。周定王九年（前598年），郑国迫于楚国的压力，参加了楚与陈在辰陵（今河南淮阳县西）举行的盟会，但又迫于晋国的压力，转而亲近晋国。这样便惹恼了楚国。楚庄王于周定王十年（前597年）春，发兵攻打郑国。

楚军围困郑国国都达 17 天，郑国难于固守，想与楚国媾和，但一占卜，不吉利；再占卜，在祖庙痛哭，同时准备巷战，吉利。于是，全城人在祖庙大哭，守城将士也在城头放声号哭。楚庄王听到哭声震天，便下令楚军后撤；郑国人修筑好城墙，仍不屈从楚。于是楚王再次进军围困，经过三个月的时间，攻破郑国国都，到达城中心的十字路口，郑襄公袒衣露体，又牵着表示驯服的羊来迎接楚庄王，请他任意处置郑国。庄王准备答应郑国求和的要求，但身边的将领不同意，认为既已攻下郑国，就不应该赦免。楚庄王则认为：郑国国君能屈居他人之下，必然能够取信和使用他的百姓，楚军长期在外，已经疲惫，灭郑可能引起郑人更坚决的反抗和其他国家的援助，那时，楚国就被动了。于是，庄王退兵 30 里，派潘尫与郑国订立盟约，郑襄公派弟弟子良去楚作为楚国的人质。

晋国得知楚军又围困郑国，便组成三军出兵援救。中军以荀林父为统帅，先縠为副；上军以士会为主将，郤克为副；下军以赵朔为主将，栾书为副。此外，由赵括、赵婴齐为中军大夫，巩朔、韩穿担任上军大夫，荀首、赵同担任下军大夫，韩厥为司马。晋军行至黄河边，听说郑国已经和楚国媾和，主帅荀林父打算回师，认为没有赶上营救郑国的机会而劳累了将士，出兵也无用。上军主将士会同意荀林父的主张。中军副帅先縠却坚决反对，他认为晋国之所以能成为诸侯之长，就在于军队能武、群臣尽力。现在由于不战而失去诸侯，不能说是臣下尽力；有了敌人而不去追击，不能说是军队勇武。由于将领不敢作战而使晋国丢掉霸主地位，不如死去。他还表示，受君命做军队统帅，而以不配做统帅告终，只有诸位能这样，自己是不干的。于是就带领自己所属的那部分军队渡过了黄河。晋军司马韩厥见此情形，劝荀林父说：先縠率领一部分军队擅自陷入敌阵，您作为主帅，罪过就大了。失掉属国又丧亡军队，不如干脆进军。如果作战不能取胜，罪过可由六人分担，不是更好点吗？晋军于是全部渡过了黄河。

楚庄王带着部队北上，在郔地（今河南郑州市北）驻扎下来。楚军的中军主帅是沈尹，左军主将是子重，右军主将是子反。楚军原打算在黄河饮马以后就回国，听说晋军已经渡过黄河，准备马上回去。令尹孙叔敖也不想与晋军交战，下令回师向南，掉转大旗，准备回楚。但楚王的宠臣伍参（楚将伍子胥的曾祖父）想与晋军交战，就对庄王说：晋国的主帅荀林父是新上任的，威信不高；副帅先縠，刚愎不仁，不肯听从命令；三军统帅各自专权，没有实际的最高统帅。这次，晋军一定失败！再说，以国君身份逃避臣下，对国家的名誉将会怎么样？楚庄王最忌讳这一点，于是告诉孙叔敖：调转战车的车辕，继续向北挺进；在管地（今河南郑州市北）扎营，等待晋军！

晋军过河后驻扎在敖、鄗两山（今河南荥阳县北）之间，郑国的皇戍到晋军中诱使晋国与楚国交战，说郑国与楚国媾和是为了保存国家，对晋国没有二心。楚军由于屡次得胜而骄傲，但士气已经衰落，又不设置防御。若晋国攻楚，郑国为内应，楚军必败。先縠一听，扬扬自得地说："打败楚国，降服郑国，就在此一举了！"下军副将栾书却看出了皇戍的来意，他仔细分析了楚军的情形，认为郑国是用晋军占卜，晋国若胜楚国，郑国就来归顺，不胜就去投靠楚国。中军大夫赵括、下军大夫赵同赞同先縠的主张，认为楚军出师，就是寻找敌人作战；战胜敌人，得到属国，没必要再等待了！下军大夫荀首认为赵括、赵同的主张是一条取祸之道；而下军主将赵朔也认为栾书的见解正确，实践他的话，一定能使晋国长久。晋军将帅的意见很难统一。

楚国的少宰前往晋军说，我们国君年轻，不善于辞令，听说晋、楚两位先君曾往来于这条路上，为的是训导和安定郑国，楚国哪里敢得罪晋国？诸位不必在这里久留。晋国上军的主将士会回答说，以前平王命令我们的先君，与郑国一起辅佐周王室，现在郑国不遵从天子的命令，我们国君派遣臣下们来质问郑国，怎么敢劳您的大驾？谨拜谢贵国国君的命令。中军副帅先縠认为这样的回答是奉承讨好楚国，就派赵括追上去更正说：刚才我国使者的言辞不恰当，我们国君让臣下们把贵国军队的足迹挪出郑国，吩咐不许退避敌人，臣下们没有办法逃避君命！

楚庄王又派使者向晋国求和，晋国也只好答应了，双方已经确定了结盟的日期。这时，楚国的大夫许伯为大夫乐伯驾御战车，以摄叔为兵车右卫，单车向晋军挑战。晋军追赶他们，左右两角夹攻，乐伯左边射马，右边射人，使两角不能前进。只剩一枝箭了，有麋在前面跑动，乐伯一箭射去，正中鹿的背部。晋军的鲍癸从后面追来。乐伯让摄叔捧着麋献给鲍癸，鲍癸阻止部下不再追击，乐伯三人免于被俘。

晋国的魏锜请求做公族大夫，赵旃请求做卿，没有办到。又要求派他们去和楚国议和，荀林父只好同意。两人心怀不满，存心要让晋军吃败仗，借议和的名义前去挑战。上军副将郤克说，这两个人去了，必定会出问题，建议晋军严加戒备。先縠不同意。士会认为，还是防备着些好，如果魏、赵二人激怒楚国，楚国人乘机袭击，军队灭亡就在眼前；如果楚国人没有恶意，解除防备从而结盟，对于两国友好也无损害。再说即使诸侯相见，也不撤除军中守卫，这就叫有备无患。先縠听不进去。士会派遣巩朔、韩穿率领七队人马埋伏在敖山前，赵婴齐派步卒事先在黄河边准备好了船只。

魏锜向晋军挑战，被潘党追逐逃亡；赵旃夜里到达，在楚军军门外席地而坐，派部下先进入楚营。楚庄王组建左右两广，每广战车 30 辆，许偃驾御右广的指挥车，养由基为车右；彭名驾御左广的指挥车，屈荡为车右。庄王乘坐左广的指挥车追赶赵旃，赵旃弃车逃入树林，屈荡下车与他搏斗，夺得了他的铠甲。晋军主帅荀林父怕魏、赵二人激怒楚军，派用来防守的战车去迎接他们。潘党追逐魏锜，望见尘土飞扬，派车飞驰而去，报告晋军来到。楚军将领担心庄王追赶赵旃而陷入晋军，于是出兵列阵。孙叔敖下令进军，要求楚军先发制敌！于是楚军全速进兵，士卒奔走，战车驰骋，向晋军袭来。荀林父无法应急，在军中击鼓宣布：先渡过河的人有赏！中军、下军争相上船，先上船的人害怕人多船沉，就用刀砍断后来要攀附上船人的手指，船中的手指多到用双手可掬的地步。晋军向右面的黄河边移动，上军没有动。楚军中的工尹齐率领右方阵的士卒追赶晋国的下军。

楚庄王派大夫唐狡和蔡鸠居去告诉附属国唐国的国君，让他出兵帮助楚军，并让潘党率领 40 辆后备车，跟随唐惠公组成左方阵，去追赶晋国的上军。晋上军主将士会认为，楚军士气正旺，不如收军撤离，这样既分散其他将帅失败的罪责，又保全了士卒的性命。于是士会亲自在队伍的后面押阵而退军，所以晋国上军没有溃败。

晋军有的战车坠入坑中不能前进，楚国人教他们卸掉车前横板；向前走了一点，马盘旋不进，楚人又教他们拔掉车上的大旗，扔掉车轭，这才跳了出去。晋人回头讥讽楚人说：你们楚国屡次打败仗逃跑，因而连怎样使兵车脱险的经验都有了。赵旃在败逃中以两匹好马帮助他的哥哥、叔叔脱逃，自己用别的马驾车回到军中，后来碰上了楚军，难于脱逃，就弃车跳进树林中。这时晋国的逢大夫同他的两个儿子驾车经过，嘱咐其子不要回头看，两个儿子偏偏回头去看，并说赵老头在后面。逢大夫发怒，让两个儿子下车，指着一棵树说："在这里寻找你们的尸体！边说边把上车的绳子扔给赵旃，赵旃得以逃难，逢大夫的两个儿子被追来的楚军杀于树下。

楚国的熊负羁活捉了荀首之子知罃，荀首带族兵回兵援救，射死了楚国的连尹襄老，射伤并俘获了楚庄王的儿子谷臣。黄昏时分，楚军在邲地（郑地名，在今河南郑州西北）扎营，晋军剩余的士兵溃不成军，连夜渡河，整整一宵，喧哗之声不绝。

这次战争，以晋军大败而告终。战争结束后，楚将潘党建议修筑高台，陈列晋军尸体，以显示武功。庄王不同意，认为以别人的危难为利，人民不会拥戴；暴尸于台，并以此作为自己的荣耀，这是强暴，而不是德行。于是，楚军在黄河边上祭祀河神，建造了先君的神庙，报告大事成功，然后就班师回国了。秋天，晋国的败军回国。主帅荀林父请求处死自己，晋景公准备答应他。士会的庶子士贞子劝景公吸取楚成王兵败城濮而杀死大将子玉的教训，于是景公仍然让荀林父官复原位。

邲之战，是晋楚争霸中的一次大战。虽然晋国未因邲之战一蹶不起，但此后二十余年，楚国一直处于事实上的霸主地位。楚庄王成为继齐恒公、晋文公、宋襄公、秦穆公之后春秋时期的第五个霸主。

鞍之战

搴之战，即春秋晋齐搴之战。

《左传·成公二年》记载：公元前589年，齐顷公攻打鲁国，卫军救援也被齐军打败。孙桓子和臧宣叔到晋国求援。晋景公派遣郤克、范燮、韩厥、栾书等统帅八百辆战车救援鲁卫。晋军会合鲁卫两军，6月16日在卫国的莘地（今山东莘县）与齐军相遇。齐顷公派人请战，表示“我军虽不强，请在明天早上决战”，郤克表示“晋国和鲁卫是兄弟，鲁卫说贵国在他们国家发泄愤怒，君主不忍，让我们来求情，也不让长期留在这里，我们不能有辱君命”。齐将高固首先向联军攻击，取胜后在齐军营垒中夸耀说，需要勇气的来买我余下的。次日两军在齐国的搴地（今济南东北）再次列阵交锋，从双方军队运动情况看，晋军在莘地采用了故意示弱，主力迅速东移，最终把齐军引诱到了搴地，在这里进行了著名的“搴地之战”。两地相距数百里，齐军在一天内赶到，17日清晨，齐顷公在战前还鼓励要消灭了联军再吃早饭，这种状态倒更像经过一夜的急行军，部队连吃早饭的时间都没有，就面对晋鲁卫联军的攻打，战斗进行的非常激烈，郤克受伤了，他的部下解张说要忍耐，不能因为小的伤痛坏了君主的大事。齐军战败，韩厥追赶上齐顷公战车，逢丑父冒充齐顷公，假意让他取水，借机让齐顷公逃离。齐顷公回到军中带兵回来寻找逢丑父，三入三出。逢丑父被俘后，郤克要杀他，但听他说“以后就没有替君主承担祸患的人了!”就释放了他。战后双方议和，齐国归还了侵占的鲁卫领土，同晋国议和。次年齐顷公前往晋国朝见，晋景公举行宴会招待他，齐顷公看见了韩厥，说道：“只是衣服换了。”韩厥赶紧施礼，表示“臣拼死作战，就是为了两国君主今天的宴会”。《史记》中记载关于齐顷公要尊晋景公为王，“齐侯朝于晋，将授玉”，是要把朝见天子时所用的玉圭交给晋景公，是表示恭敬、臣服。司马迁理解为要尊晋景公为王也可以。《史记》齐太公世家，索隐：张衡记载古代天子、诸侯的礼节。诸侯朝见不需授玉，朝见天子时授玉。授玉不是授王，齐顷公没有资格授予晋景公王爵。郤克上前阻止了齐顷公，表示晋景公不敢接受。搴之战是晋齐两个长期友好的国家之间不多的几次战争，这是因为在楚庄王强盛，齐国奉行了同楚国友好，经常攻打鲁国和卫国，齐顷公不仅羞辱了晋国使臣郤克，还不出席诸侯会盟，引起宣公十八年（前 701 年）诸侯讨伐，当时齐国和晋国已经议和。可是成公元年（前 588 年）齐国就利用周王室同戎国的矛盾，晋国不能东顾准备对鲁国用兵，鲁国的臧宣叔一面加强战备；一面同晋国结盟，防范齐国和楚国联合对鲁国进攻，成公二年（前 1589 年）大战爆发，齐国攻打鲁国，但楚国却没有配合出兵，直到齐国战败，在冬天楚国和郑国才去攻打卫国，又背着晋国私下和诸侯会盟。晋国在成公元年（前 588 年）虽然调解成功了周王室和戎国矛盾，但是周王室和戎国依然爆发了战争，晋国要保护周王室，也不愿刚同齐国交战后再战，所以在成公二年（前 589 年）避免同楚国交锋，齐国被盟友楚国骗了后，重新同晋国结盟。

鄢陵之战

公元前 575 年春，楚共王遣公子成赴郑，以汝阴之田（今河南省郏县、叶县间之地）许郑，郑遂投楚叛晋。同年夏，郑子罕率兵攻宋。当郑伐宋不久，晋国准备兴师伐郑，一方面出动四军；一方面派人前往卫、齐、鲁乞师，准备协同作战。郑成公闻讯，向楚国求救。楚共王决定出兵救郑，以司马子反、令尹子重、右尹子革统领三军，会同蛮军，与晋军战于郑地鄢陵。楚军于古代用兵所忌的晦日六月二十九，欲趁晋军不备，利用晨雾掩护，突然迫近晋军营垒布阵，在援晋的齐、鲁、宋、卫联军到达之前速战速决。

晋军因营前有泥沼，加之楚军逼近，兵车无法出营列阵，处于不利地位。

两军对阵，晋先攻楚之左、右军，后攻中军。晋将魏锜射中楚共王目，楚共王召来养由基，给他两支箭，令其射魏锜。养由基一箭射中了魏锜的颈项，魏锜伏于弓袋而死，养由基携另一支箭向楚共王复命。战斗从晨至暮，楚军略受挫，公子筏被俘，但双方胜负未定。楚共王决定次日再战。楚派军吏视察伤员，补充步兵与车兵，修理盔甲武器，清理战车马匹，命令次日鸡鸣时吃饭，整装待命，投入战斗。晋也通告全军做好准备，次日再战，并故意放松对楚俘的看守，让他们逃回楚营，报告晋军备战情况。楚共王得知晋军已有准备后，立即召见子反讨论对策，子反当晚醉酒，不能应召入见。楚共王无奈，引军夜遁。楚军退至瑕时，子反为子重所逼，畏罪自杀。

鄢陵之战是晋楚争霸战争中继城濮之战、邲之战后第三次、也是两国最后一次主力军队的会战。鄢陵之战标志着楚国对中原的争夺走向颓势。晋国虽然借此战重整霸业（晋悼公复霸），但其对中原诸侯的控制力逐渐减弱。

秦穆公争霸

晋文公称霸后，手里握着周襄王赐予的可自由征伐各国诸侯的权力，便想报复那些在他流亡时曾对他无礼的国家。郑国就是其中之一。

郑国地处大国的夹缝之中，左支右绌，无奈只好朝晋暮楚。晋文公对郑国这样反复无常非常不满，便联合秦国讨伐郑国。军队还在行进途中，秦穆公在郑国大臣烛之武的劝说下，考虑到此战对己无利可图，只能给人做嫁衣，于是就与郑国结了盟，退了兵，还委派3名将军率2 000兵马帮郑军守都城。晋文公得知这一消息，心中很不痛快，但碍于“秦晋之好”的面子，也不好翻脸。

不久，晋文公去世，晋国一时抽不出精力来与秦国争霸。秦穆公得知留在郑国的守将杞子掌管了郑都北城门的钥匙，认为这是伐郑的好机会，于是他不顾老臣蹇叔和百里奚的反对和劝阻，一意孤行地去征伐郑国。但郑国得到牛贩子弦高的情报，早有准备，并驱逐了当年留在郑国的秦军将士，因而这次出征无功而返。在返回途中，无处发泄的秦军攻灭了晋国的附庸滑国。这下可惹恼了晋国，因而秦军在崤山遭到晋军的伏击，结果是全军覆没。

崤山之战后，晋襄公的母亲文嬴原是秦国公主，她听说秦军3员大将孟明视、西乞术、白乙丙被晋军俘虏，便对晋襄公说：“秦晋两国是姻亲，一向友好。孟明视这帮武夫，好战喜功，伤了两国的和气，要是把这三人杀了，恐怕两国结怨就更深了。冤仇宜解不宜结，不如放了他们，让秦君去惩办他们如何?”襄公听从了母亲的劝告，就将孟明视等三人释放了。

秦穆公听说孟明视等3人获释归国，便身穿素衣，亲到城外迎接。秦穆公不但不治他们的罪，反而主动承担失败的责任，并且继续让他们执掌兵权、训练军队。孟明视等人十分感激秦穆公，他们将自己的财产拿出来，抚恤阵亡将士的家属，同士兵同甘共苦，随时准备报仇雪耻。

公元前625年，孟明视率军伐晋。晋国知道秦国迟早会来复仇，早已做了充分准备。晋襄公委派元帅先且（先轸之子）领兵迎战，两军在彭衙相遇，结果秦军又是大败而回。这年秋天，晋国又联合宋、陈、郑三国大军打到秦国边境上来，孟明视命令将士守城，不可随意与晋军交战，结果又被晋军夺去了两座城池。

这样一来，秦国上下鼎沸起来，纷纷指责孟明视胆小误国，附近的小国和西戎各国见秦国连吃败仗，也纷纷反叛而去，不再受秦国管束。

公元前624年夏天，已是崤山之战后的第3个年头了，憋足了劲的孟明视挑选了全国最精壮的兵马，调动了500辆战车准备与晋国展开决战。秦穆公更是信心百倍，拿出大量粮食和财帛，安顿好将士们的家属，以解除他们的后顾之忧。几年的耻辱和上下一心的激励使将士们的斗志相当旺盛。

秦军渡过黄河后，孟明视为了激励将士们必胜的决心，下令烧毁了全部渡船。将士们见断绝了退路，就拼命向前冲杀，一路上势如破竹，节节胜利，一举夺回了失城，又攻占了晋国的好几座大城。晋襄公看到这次秦军攻势凶猛，锐不可当，就下令晋军坚守不出，任凭秦军兵马在晋国土地上自由驰骋。这样对峙了好些日子，有人对秦穆公说："晋国已经服输了，不敢出来交战了，我们这3年的闷气也总算出了，不如趁此机会，去崤山掩埋当年阵亡将士的遗骨，洗洗我们的耻辱。"于是，秦穆公率领大军杀奔崤山，在山坡上掩埋了3年前阵亡在山野中的尸骨，并亲穿素衣，祭奠亡灵。孟明视、西乞术和白乙丙跪在地上大哭不止，全军将士见此情景，无不潸然泪下。

公元前625年，西戎人由余受西戎王的派遣来到秦国观察形势，秦穆公发现由余很有才能，便设计将由余留在秦国，封其为大夫。由余对西戎了如指掌，秦穆公便与其共同筹划了征伐西戎的计划。

公元前623年，秦穆公亲率孟明视等将领，任用由余为向导，遵照制订的计划，一举攻灭了西戎12国，拓疆千里，成为各诸侯国中实际的霸主。

楚庄王争霸

秦国打败晋国以后，一连十几年两国没有发生战事。可是南方的楚国却一天比一天强大，一心要跟中原的霸主晋国争夺地位。

公元前613年，楚成王的孙子楚庄王新即位，做了国君。晋国趁这个机会，把几个一向归附楚国的国家又拉了过去，订立盟约。楚国的大臣们很不服气，都向楚庄王提出要他出兵争霸权。

无奈楚庄王不听那一套，白天打猎，晚上喝酒，听音乐，什么国家大事，全不放在心上，就这样窝窝囊囊地过了三年。他知道大臣们对他的作为很不满意，还下了一道命令：谁要是敢劝谏，就判谁的死罪。

有个名叫伍举的大臣，实在看不过去了，决心去见楚庄王。楚庄王正在那里寻欢作乐，听到伍举要见他，就把伍举召到面前，问："你来干什么？"

伍举说："有人让我猜个谜儿，我猜不着。大王是个聪明人，请您猜猜吧。"

楚庄王听说要他猜谜儿，觉得怪有意思，就笑着说："你说出来听听。"

伍举说："楚国山上，有一只大鸟，身披五彩，样子挺神气。可是一停三年，不飞也不叫，这是什么鸟？"

楚庄王心里明白伍举说的是谁。他说："这可不是普通的鸟。这种鸟，不飞则已，一飞将要冲天；不鸣则已，一鸣将要惊人。你去吧，我已经明白了。"

过了一段时间，另一个大臣苏从看楚庄王没有动静，又去劝说楚庄王。

楚庄王问他："你难道不知道我下的禁令吗？"

苏从说："我知道。只要大王能够听我的意见，我就是触犯了禁令，被判了死罪，也是心甘情愿的。"

楚庄王高兴地说："你们都是真心为了国家好，我哪会不明白呢？"

打这以后，楚庄王决心改革政治，把一批奉承拍马的人撤了职，把敢于进谏的伍举、苏从提拔起来，帮助他处理国家大事；一面制造武器，操练兵马。当年，就收服了南方许多部落。第六年，打败了宋国。第八年，又打败了陆浑（今河南嵩县东北）的戎族，一直打到周都洛邑附近。

为了显示楚国的兵威，楚庄王在洛邑的郊外举行了一次大检阅。

这一来，可把那个挂名的周天子吓坏了。他派一个大臣王孙满到郊外去慰劳楚军。

楚庄王和王孙满交谈的时候，楚庄王问起周王宫里藏着的九鼎大小轻重怎么样。九鼎是象征周王室权威的礼器。楚庄王问起九鼎，就是表示他有夺取周天子权力的野心。

王孙满是个善于应付的人。他劝说楚庄王：国家的强盛，主要靠德行服人，不必去打听鼎的轻重。楚庄王自己知道当时还没有灭掉周朝的条件，也就带兵回国了。

以后，楚庄王又请了一位楚国有名的隐士孙叔敖当令尹（楚国的国相）。孙叔敖当了令尹以后，开垦荒地，挖掘河道，奖励生产。为了免除水灾旱灾，他还组织楚国人开辟河道，能灌溉成百万亩庄稼，每年多打了不少粮食。没几年工夫，楚国更加强大起来，先后平定了郑国和陈国的两次内乱，终于和中原霸主晋国冲突起来。

公元前579年，楚庄王率领大军攻打郑国，晋国派兵救郑。在邲地（今河南郑州市东）和楚国发生了一次大战。晋国从来没有打过这么惨的败仗，人马死了一半，另一半逃到黄河边。船少人多，兵士争着渡河，许多人被挤到水里去了。掉到水里的人往船上爬，船上的兵士怕翻船，拿刀把往船上爬的兵士手指头都砍了下来。

有人劝楚庄王追上去，把晋军赶尽杀绝。楚庄王说："楚国自从城濮失败以来，一直抬不起头来。这回打了这么大的胜仗，总算洗刷了以前的耻辱，何必多杀人呢？"

说着，立即下令收兵，让晋国的残兵逃了回去。打那以后，这个一鸣惊人的楚庄王就成了霸主。

从齐桓公、晋文公、宋襄公、秦穆公到楚庄王，前前后后总共五个霸主。历史上通常称他们是"春秋五霸"。

勾践卧薪尝胆

周敬王二十六年（前494年）吴王夫差兴兵伐越，吴军在夫椒（今太湖椒山）大败越军，并乘势攻入越国。越王勾践只剩5 000甲士守着会稽山。为免亡国之祸，勾践接受大夫文种的建议，派文种到吴军，通过吴国太宰伯嚭，卑辞厚礼，向吴王请罪。并表示：越王勾践愿为吴王臣仆，夫人为奴妾，越国的大夫、士及其妻女为吴服役，越国的珍宝献与吴王。吴王夫差打算答应，伍子胥坚决反对，主张斩草必须除根，并举了夏时少康从危难中求得生存，积蓄力量，最后终于灭掉政敌寒浞，中兴夏族的例子。

伍子胥还认为，吴越两国同处三江之地，势不两立，现在若不攻下越国将其灭亡，连后悔也来不及。更何况勾践不是平庸君主，还有文种、范蠡这班良臣呢！正当夫差犹豫不决之际，文种又向勾践献上计谋，精选美女八人和丰厚的礼物，送给吴国太宰伯嚭。伯嚭接受了贿赂，劝吴王说，从古以来，攻人之国无非是降服而已，现在越国请降，称臣纳贡，还有什么要求呢？被引见的越国大夫文种也软中带硬，表示越国万一得不到吴王的宽宥，勾践将杀妻灭子，毁宝销器，以5 000甲士与吴军拼到底，这样，吴国也得不到什么好处。夫差认为越国偏小，这次会一蹶不振，不足为患，就答应了越国媾和的请求。于是，勾践等三百人入吴称臣。伍子胥感叹道：这是养虎贻患啊！越国用十年繁衍积聚，十年教育训练，二十年后，吴国的宫殿就要成为越国的池沼了。

吴王夫差意在进取中原，根本不把越国放在心上。与越媾和的当年，他出兵伐陈；次年借送聘礼名义侵入蔡国，逼着蔡侯杀公子驷、迁先君墓；周敬王三十一年（前489年）再次攻打陈国；三十二年（前488年）向鲁国哀公征取百牢贡礼；三十三年（前487年）助邾伐鲁；三十五年（前485年）联合鲁、邾、郯攻打齐国，兵败退回；次年又与鲁国联合在艾陵（今山东莱芜东北）大败齐军。

就在夫差进兵中原期间，勾践忍辱负重，卑躬屈膝，为吴宫驾车养马，勾践夫人秽衣恶食，为吴宫打扫宫室；越国群臣百依百顺，唯命是听。据说，勾践为了取得夫差的信任与欢心，在夫差患病后还亲尝其粪便，终于得到赦免，君臣归国。归国后的勾践“悬胆于户，出入尝之”，“目卧则攻之以蓼，足寒则渍之水”，发愤图强。

吴王的举动和勾践的行为使伍子胥深为担忧，他多次向吴王进谏，陈述勾践食不重味，衣不重采，吊死问疾，休养生息，此人不死，必为吴患。断定“越不为沼，吴其泯矣！”但是夫差根本听不进去。伍子胥见夫差如此，就趁使者去齐，把自己的儿子改姓王孙氏，寄托到齐国的鲍氏家中。伯嚭与伍子胥不和，以寄子敌国诸事向夫差进谗言。夫差大怒，赐伍子胥以属镂剑自杀。临死，伍子胥对夫差说："挖出我的眼睛挂在姑苏城的东门，总有一天我会看到越国灭吴！"夫差更为恼怒，把伍子胥的尸首包在皮革中抛入大江，名曰："鸱夷浮江"，让他葬身鱼腹。

勾践归国后，积极推行富国强兵的措施。首先，招贤选士，整饬内政，设立招贤纳士机构，广招四方的贤士，安排文种负责内政，范蠡负责外交，计然负责财政；其次，发展生产，繁息人口，减轻赋税，鼓励垦田，发展冶铸手工业，号召适令婚嫁，奖励多生多育，照顾鳏寡孤独，收揽人心。还采取了按闾里征聚兵员的办法，严格军事训练，使士卒"进则思赏，退则思刑"。与此同时，还展开卓有成效的外交活动，制定了"结齐、亲楚、附晋"的方针，实施"三国伐吴，越承其弊"的战略。越国内部养精蓄锐，对吴国却不露一点声色，还不时奉送珍宝玉玩，结其欢心；伐取大木为吴国修筑姑苏台；假装饥荒向吴国借贷粮食，使其仓库空虚；又偿还煮熟的粮食让吴国作种籽，使其当年颗粒无收；还施美人计，选西施、郑旦，入吴助长夫差的荒淫。

周敬王三十八年（前482年），夫差决定挥师北上，与晋定公在黄池相会（今河南封丘南），争夺霸主。临行前，太子友以螳螂捕蝉、黄雀在后的故事劝谏夫差，希望他停止这种徒劳无功的举动。然而夫差眼中根本没有越国，一心想尝当中原霸主的滋味。吴军北上，越国倾全国的兵力，分为三路：范蠡、后庸率兵取海路入淮，断绝北去吴军的归路；畴无余、讴阳从吴国南境，直逼姑苏；勾践率中军随后进击。越军到达姑苏近郊，吴太子友、王子地、王孙弥庸、寿于姚出来观察，王孙弥庸一眼望见其父的"姑蔑旗"已被越军俘获，不顾主张坚守疲敌之计的太子友的劝阻，率士卒5 000人，在王子地的支援下出击，小获胜利，俘虏了畴无余和讴阳两个将领。越王勾践赶到，吴军全线大败，太子友、王孙弥庸，寿于姚被俘，越军杀入吴都，并火烧了姑苏城。

周敬王四十二年（前478年），吴国发生大饥荒，民无粮食，军无精锐，越国君臣认为灭吴的条件完全成熟，于是整顿朝政，号令军中，起兵伐吴。双方在笠泽（今苏州南），夹江对峙。越国将军队分为左右两翼，形成钳形攻势，士卒被犀甲、佩弩矢，在夜半时分渡江进击，吴军大败，越军直逼姑苏城。

周元王元年（前476年），越军攻打到姑苏城下，由于城池坚固，一时未能攻下。到周元王四年（前473年），越军发起强攻，攻进吴都。吴王夫差退逃到姑苏山，让大夫公孙雄肉袒膝行，向越王请和说：孤臣夫差往日曾在会稽得罪了您，不敢违抗您的命令，使君王与大臣归国。现在君王前来惩罚我的罪过，罪臣唯命是听。恳乞也像以前一样，允许我永为越王的虏臣。勾践动了心，打算接受请降。范蠡当即劝阻道：君王忍辱负重二十二年，难道不是为了灭吴吗？今日大功将成，您却要放弃，难道忘记了会稽的耻辱吗？况且上天赐予而不取，必然反受其咎。勾践准备听从范蠡的意见，但又不忍心亲自回绝使者。于是范蠡击鼓进军，说：君王已将政事嘱托于我，请使者速去，否则，就得罪了！公孙雄无奈，流着眼泪而去。勾践非常怜悯，派人对吴王说，我把你安置在甬东（今舟山群岛），以一百家供你衣食。夫差辞谢使者说，我老了，不能事奉您了。然后，长叹一声“我没脸去见伍子胥啊！”就自杀而死。越王以礼埋葬了夫差，又处死了为臣不忠无信的吴国太宰伯嚭。

越灭吴之后，挥师北渡江淮，与齐晋诸侯会盟于徐州（今山东薛县），遣使贡礼周元王，周元王使人赐勾践胙，命为伯。于是，东方诸侯国都来朝贺，越国建筑贺台，勾践成为春秋时代的最后一位霸主。

烛之武退秦师

鲁僖公三十年（前 630 年）九月甲午时，秦晋围郑。在此之前，郑国有两件事得罪了晋国：一是晋文公当年逃亡路过郑国时，郑国没有以礼相待；二是在鲁僖公二十八年（前 632 年）的晋、楚城濮之战中，郑国曾出兵帮助楚国，导致楚国在城濮之战以失败而告终。

因此，当秦晋联合围郑时，郑国感到形势不妙，马上派子人九出使晋国，与晋结好。甚至在公元前 632 年五月，“晋侯及郑伯盟于衡雍”。但是，最终也没能感化晋国。晋文公（重耳）为了争夺霸权的需要，还是在两年后发动了这次战争。

晋国为什么要联合秦国围攻郑国呢？这是因为，秦国当时也要争夺霸权，也需要向外扩张。发生在公元前 632 年的城濮之战，事实上是两大军事集团之间的战争。一方是晋文公率晋、宋、齐、秦四国联军；另一方则是以楚国为主的楚、陈、蔡、郑四国联军（郑国名义上没有参战，实际上已提前派军队到楚国）。两年后，当晋国发动对郑国的战争时，自然要寻找得力的伙伴。这时的秦国也有向外扩张的愿望，加上可以去“捞上一把”（实质上这场战争与秦国几乎没有关系），所以，秦、晋联合也就是必然的了。郑国被秦、晋两个大国包围，危在旦夕，郑文公派能言善辩的烛之武前去说服秦伯。烛之武巧妙地勾起秦穆公对秦、晋之间的矛盾的回忆，向秦伯分析了当时的形势，采取分化瓦解的办法，说明了保存郑国对秦有利、灭掉郑国对秦不利的道理，终于说服了秦伯。

秦霸西戎

周襄王二十年（前632年），晋楚城濮之战后，晋国确立了中原霸主的地位。晋文公由此被列为春秋五霸之一。

但是，大国之间的争霸战争，给小国带来的却是灾难。特别是那些夹在晋、楚之间的诸侯国，更是疲于应付，左右为难。楚来则迎楚，晋来则迎晋，忍辱含垢，委屈求全。稍有不慎，便会遭到大国的攻伐。郑国便是其中之一。

周襄王二十年（前632年），当楚军挥师北上，与晋争霸时，郑国因楚近晋远，不得不委曲求全，而站在楚国一边。这一下惹恼了晋文公。城濮之战后的第二年（周襄王二十一年，前631年）夏天，晋文公纠合宋、齐、陈、蔡、秦等诸侯公于霍泉（今洛阳城中）。除了重申践土之盟外，便是商议讨伐郑国。最后，晋国和秦国决定联合出兵。周襄王二十二年（前630年）的春天，晋文公先派了一支小部队对郑国做试探性进攻，以观其可攻与否。到了九月，晋国和秦国便大举出兵，攻入郑国境内，包围了郑国的都城。晋文公攻郑的理由是：郑国君文公在自己流亡路过郑国时曾对自己无礼；后来又背晋助楚。入郑后，晋军大营驻扎在函陵（今河南新郑县北13里处），秦军驻扎在汜南（今河南中牟县南，与函陵相距甚近）。晋军由晋文公亲自指挥，而秦军则由秦穆公自己指挥。

晋、秦军围郑后，郑都城中一片惶恐。郑国大夫佚之狐感到事态严重，便去找郑文公，对郑文公说："国家的形势已经很危急了。您若能够让烛之武去见秦伯，和秦伯谈一下，秦军必然撤退。那样晋军也会撤退。"郑文公听从了佚之狐的建议，去找烛之武商议。烛之武听了郑文公的请求，便推辞说："臣年轻的时候，尚且不如别人。如今臣已经老了，做不了什么事了。这个任务我完成不了。"郑文公知道烛之武在埋怨自己不早日任用他，只是到了危急的时候才想起他，便恳切地道歉说："我不能早日任用你，让你发挥才能，如今事情紧急了才来求你，这是寡人的过错。但是，郑国如果亡了，对您也没有什么好处。"烛之武答应了。夜里，烛之武从城里縋墙而出，摸到秦军的军营里，见到了秦穆公。烛之武对秦穆公说："秦军和晋军围郑，郑已知己之必亡。然而，如果郑国灭亡而对您有好处，那我们也愿意灭亡。越过别的诸侯国而以远地为己边邑，您知道那是非常困难的事情。干嘛要灭亡郑国而让邻国增加力量呢？邻国实力增加了，您的力量可就削弱了。如果留着郑国而不灭亡它，让郑国为秦东道之主人，秦国外交之往来，郑国可以助其乏困，这对您也并无害处。而且，您也曾经有恩于晋国。晋惠公夷吾答应割给秦国焦

(今河南三门峡西)、瑕(今河南灵宝东)二邑，可是早晨归国，晚夕即筑城以备秦，这是您所知道的。晋国的贪欲哪里有满足的时候？既然东侵郑国以开拓其封疆，又要放恣其心力而西拓其边界，如不损害秦国，其土地将何从而得？损害秦国而有利于晋国，惟君图之。”秦穆公听了烛之武的话，觉得很有道理，损害秦国而有利于晋国的事情，他自然不愿意做。因此，他单独和郑国签订了盟约，让杞子、逢孙、杨孙留下来帮助郑国戍守，便引军撤回秦国去了。

秦军不辞而别，突然撤走，使晋人十分恼怒。子犯向晋文公请求率军进攻秦军。晋文公说：“不行。如果不是他（指秦穆公）的帮助，我们不会有今天。得到别人的帮助却又去损害人家，这是不仁；失掉自己的同盟是不明智；攻秦为乱，和秦为整，以乱易整，不算什么英勇之举。我们还是撤回去吧。”于是，晋文公率晋军撤回了晋国，郑国终于转危为安。

烛之武的成功，在于巧妙地利用了秦、晋之间存在的内在矛盾，而对秦穆公晓以利害，因而使秦军撤走，从而孤立了晋军，使晋军也不得不退兵。

晋秦麻隧之战

周定王十年（前 597 年）晋楚邲之战以后，晋国一时失去了中原霸主的地位。但晋未忘争霸中原。鉴于邲的失败，晋国调整了争霸方略。在东方，晋通过公元前 589 年的鞍之战，击败齐国，逼齐附晋。在北方，晋用全力攻灭了为患多年的赤狄，将白狄逐走，解除了后方的威胁，并把都城迁至新田(今山西侯马)。剩下的，便是西方的秦国。秦国自殽函之战失败后，遂与晋成世仇。晋要与楚争霸中原，必须彻底解除秦国的威胁。因此，周简王六年(前 580 年）晋厉公即位之后，首先派大夫郤至楚国请求涖盟，晋厉公又亲自和楚国盟于赤棘，稳住楚国。之后，晋厉公派人征集齐、鲁、卫、郑、曹、邾、滕七个诸侯国的军队，约定共同伐秦。

周简王八年（前 578 年）的四月，晋厉公派魏相到秦国去，宣布和秦国绝交，并宣读了一篇很长与秦的绝交书，其内容历数秦晋旧日恩怨：特别提到，晋秦合围郑国而秦单独撤军（指烛之武退秦师事）后又乘晋文公去逝，经晋国土地殽而伐郑、伐郑不成，又灭滑，才有了殽之战。秦良公是晋的外甥，却总是摇荡我边疆，图谋我社稷，与晋国先后打了“令狐之战”“河曲之战”，导致秦晋交恶。最后又讲：

及君（指秦桓公）嗣位，我君景公引领西望，说：‘秦该抚恤我晋了’。可是，君却不称晋望，趁我有狄人之难，攻我城邑，杀我人民，我是以有辅氏之战（在周定王十三年，前 594 年)。后又背弃盟誓。白狄是君之仇人而我之姻亲，君来约我伐狄，我君不敢顾婚姻之亲，畏君之威，而准备伐狄。哪知君有二心于狄，曰‘晋将伐女’，幸好狄人告诉了我们。楚人也厌恶君之反复无常，告诉我们说：‘秦背盟而来求盟于我，并说，虽然与晋往来，但惟利是视。’诸侯们闻听君言，无不痛心疾首，同声讨伐。但寡人惟好是求。君若惠顾诸侯，哀矜寡人，则与我结盟，是寡人之愿也，诸侯马上退军。君若不施大惠，则寡人也无法让诸侯退军，只有邀君一战。”

这篇绝交书，实际上是一篇声讨书。其目的有二：一是掩盖伐秦的真实目的，不引起楚国的注意；二是获得诸侯的同情，借以为伐秦之助。事实上，这个目的确实达到了。在此之前三年（周简王六年，前 580 年），秦桓公邀晋会于令狐，却又不肯过河。既而背盟而招狄人和楚人伐晋。因此，各诸侯国普遍同情晋国。与秦绝交后，晋厉公立即调动军队，以栾书将中军，荀庚佐之；士燮将上军，郤錡佐之；韩厥将下军，荀罃佐之；赵旃将新军，郤至佐之。晋厉公自任统帅。秦桓公虽被晋国声讨，却不甘认输，也尽起全国之兵以御晋军。周简王二年（前 578 年）的五月，以晋国为首的诸侯联军到达麻隧（在今陕西泾阳县北）。从秦都雍城（今陕西凤翔）出发的秦军也到达该地，双方摆开阵势，进行决战。由于诸侯联军在兵力上占优势，所以秦军抵挡不住，被打得大败。秦军将领成差和不更（秦官名）女父被晋军俘获。而联军方面，曹宣公战死。当双方未开战之时，秦军和诸侯联军隔泾水对峙，诸侯联军都迟疑观望，谁也不肯首先挥师渡河，向秦军攻击。晋大夫叔向对鲁大夫叔孙穆子说：“诸侯都认为秦不恭而来讨伐。如今到泾水边却停下来，何益于伐秦之事？”叔孙穆子回答说：“我的责任，是‘匏有苦叶’（《诗经》句），不知其他。”叔向听了，回去对晋军掌管舟船的舟虞和掌兵的司马说：“匏（葫芦）对人没有其他用处，只有用来渡河。鲁国的叔孙赋《匏有苦叶》，诗以言志，鲁军必将先渡河。”马上命令他们准备舟船渡具。果然，开战之时，鲁军率先渡过泾水，诸侯之师紧随其后。是以大败秦军。晋军一直追到侯丽（今泾水南岸），才收军还师。

麻隧之战后，秦国力量大衰，数世不振，直到春秋结束，不能再对晋国构成大的威胁。所以，晋厉公发动的这一战役是十分成功的。麻隧之战后，晋国方得以倾其全力，投入与楚国的争霸斗争，并在随后的鄢陵之战中击败楚国，重获霸主地位。

晋齐平阴之战

周灵王十四年（前 558 年），晋悼公英年早逝，幼子继位，是为晋平公。晋悼公的去世，使晋国的霸主地位一时动摇。首先想取晋而代之的是齐灵公。

在此前两年，周灵王为讨好齐国，派使至齐，期望他“股肱周室，师保万民”，“王室之不坏，繄伯舅是赖”，使齐灵公得意非凡。晋悼公死，齐灵公便欲起而争为霸主。为压服鲁国，他首先联合莒、邾二国发兵攻伐鲁国、逼鲁投降。此外，齐灵公又发卫国之兵攻伐曹国，一面又与楚国结盟，寻求楚国的支持。并且派兵进驻于齐西界之平阴（今山东平阴），一时咄咄逼人。

晋平公即位后，晋国内部做了一些调整。羊舌肸（即叔向）为傅，张君臣为中军司马，祁奚、韩襄、栾盈、士鞅为公族大夫。齐灵公欲争盟，晋国首先与之对抗。周灵王十五年（前 557 年），晋平公会诸侯于温（今河南温县），齐使高厚临席脱逃。第三年，即公元前 555 年，晋国开始向齐国反击。晋国首先抓了替齐灵公发卫国兵攻曹国的卫国行人（外交官），解除了曹国之患。齐灵公犹不悔改，仍发兵攻鲁。是年十月，晋国便联合宋、鲁、卫、曹、郑、邾、滕、薛、杞等诸侯组成联军，攻伐齐国。晋军以荀偃将中军，赵武将上军，魏绛将下军，合诸侯之兵，共约 12 万人。晋军东渡黄河时，荀偃以玉祭河，求神灵保佑。

齐灵公看到诸侯联军来伐，亦倾其全国兵力出战，与诸侯军相恃于平阴。齐军在平阴筑了一道城堑，以作防御之用，并想以此为据点，进攻晋军。齐大夫夙沙卫向齐灵公建议转移阵地，凭险据守，齐灵公不听。双方摆好阵势以后，晋军即向齐军营垒发动猛攻。因齐军所筑工事简陋不足以据守，故齐军伤亡惨重。在交战中，荀偃看见齐大夫析文子（子家），告诉他说，鲁国和莒国的军队已经从侧翼绕道进攻齐都临淄。析文子赶紧将这个消息报告给了齐灵公。齐灵公一听，才感到有些害怕。齐大夫晏婴也在军中，听了这个消息说：“君（指齐灵公）本来就无勇力，而又听说这个消息，齐军恐怕支持不了多久了。”

为了迷惑齐军，荀偃派了一些士兵在平阴之南的山泽间遍张旗帜，让乘车的甲士“左实右伪”（乘车之士三人，一居中，一在左，一在右。在左实有人、在右乃伪装之人），车前打着大旗，车后拖着干柴，来回奔驰，荡起漫天尘土。齐灵公登上平阴北边的巫山向晋军阵地张望，看见这个阵势，以为晋有大军在后，非常恐惧。十月二十九日的晚上，齐灵公趁着月黑天连夜撤军，向东逃回齐国。晚上，晋军听见平阴城中马匹嘶鸣，第二天白天又见平阴城的齐军营垒上有许多乌鸦，方知齐军逃跑。十一月丁卯，晋军进入平阴，立即挥军追赶。齐大夫夙沙卫殿后，一边走，一边把大车连起来堵在山道上，以阻碍晋军通过。并杀马填住山隘。齐军勇将殖绰和郭最二人看不惯夙沙卫如此小心，硬让夙沙卫先走，他们二人率军殿后。晋军勇将州绰率军追到，向殖绰连射两箭，一箭中左肩，一箭中右肩，正好夹住殖绰的脖子。州绰说：

"若再不奔逃，就当我们的俘虏；若再逃，我就要射中间了。"殖绰害怕被杀，向州绰说两个人立一个私誓，便不再逃，州绰说："有如日！"随即扔掉弓箭，将殖绰反缚起来。郭最也同时被绑。州绰将两人置于中军之鼓下，继续追击。

晋军追入齐境以后，一路势如破竹，进展顺利。十二月初，晋军便攻到了齐都临淄城下。晋军将领范鞅攻临淄的西门雍门，攻了三天后，焚烧了雍门和雍门的西郭和南郭。刘难和士弱率诸侯之师焚烧了临淄南门前的竹木，临淄的阳门（西北门）、東闾（东门）等也遭攻破。齐灵公大惧，准备率众突围，逃到邮棠（今山东平度南）。太子光和大夫郭荣拉住他的马，劝他说："诸侯之师来得快，退的也快，君何惧焉？而且，社稷之主不可轻易行动。轻动会失去众心。您必须坚持下去。"齐灵公急着要逃跑，驱马想从他二人身上践踏过去。太子光抽剑斩断了齐灵公马脖子上的马鞅，使马无法架车。齐灵公只好停了下来。晋军向东一直打到潍水边上，向南打到大沂河。

郑国的郑荀公率郑国军队参加了诸侯联军，出国作战，留守大夫子孔想借这个机会除掉与他有矛盾的郑国其他大夫，便暗中派人到楚国去，请楚国发兵袭郑。楚令尹公子午考虑到中原诸侯方和睦于晋国，出兵对楚国不利，因而不答应。楚康王知道后，却坚持要出兵，以为袭郑可以解除晋国对齐国的进攻。公子午不得已，乃派兵于汾（今河南许昌西南），兵临郑境。郑国诸大夫中，子 、伯有、子张跟从郑简公出征，子孔、子展和子西留守。楚军出兵后，子展和子西发现了子孔的阴谋，立即加强守备，并派人监视子孔。子孔以国内有备，遂不敢乱动。这一来，楚军便失去了内应。楚军侵郑分为两路，一路由北，打到费、滑（今河南巩县、偃师境），以威胁晋军的侧后方；另一路由南侧涉过颖水，攻郑之南境。之后，两师相会于郑都，攻郑国都城。因郑国有备，楚军屯兵于坚城之下，久攻不克。这一年冬天，天气特别寒冷，许多楚军士卒被冻死，而军中之役徒几乎冻死殆尽。故不得已而撤兵。

晋军在齐围攻临淄的时候，得到了楚国出兵攻郑的消息。荀偃及将领们担心晋国后方受到威胁，便撤兵回晋。晋军撤退不久，齐灵公便病死了。晋、齐之战暂时结束。而晋国的霸业更加巩固了。

专诸刺吴王

专诸是春秋末期吴国堂邑（今江六合北）人，是一个敢死之士。楚国的伍子胥逃到吴国后，很快知道了专诸的胆略和技能。伍子胥见到了吴王僚之后，向吴王僚谈出兵伐楚的好处。这时，吴公子光从旁边进言说："这个伍子胥的父亲和兄弟都死在楚国，而伍子胥来劝大王伐楚，他这是为自己报私仇，不是为了吴国的利益。"吴王僚便没听伍子胥的话。通过自己的观察，伍子胥知道公子光想杀掉吴王僚而篡权，便说："这个公子光心中有弑君之志，还不能和他谈对外的事情。"为投靠公子光，伍子胥便把专诸推荐给公子光。

公子光的父亲是吴王诸樊。诸樊有三个弟弟：一个叫余祭；一个叫余昧；一个叫季子札。诸樊知道小弟季子札非常有才干，便不立太子，而把王位传给大弟弟余祭，并嘱咐以后只传给弟弟，这样依次就可以传给季子札。诸樊去世后，把王位传给余祭；余祭去世时，把王位传给了余昧，余昧去世，王位应当由季子札继承。可季子札出逃在外，不愿意当吴王。吴国人便立了余昧的儿子僚为吴王，是为吴王僚。可这一来，公子光不干了。他说："王位如果要传给兄弟，那么季子应当继位；如果一定要传给儿子，则我才是真正的继承人，应当为王。"所以，公子光便暗中培养势力，结交谋臣勇士，准备夺取王位。公子光得到专诸之后，待专诸非常好，以得专诸为自己效死。

周敬王五年（前515年），楚平王死。春天，吴王僚准备乘楚国有国丧的机会，派他的两个弟弟公子盖余和烛庸二人率吴军包围楚国的灊（今湖北潜江），并派延陵季子（即季子札）到晋国出使，顺便侦察中原各诸侯的动静。吴军包围了灊之后，楚国出兵绕至吴军背后来了个反包围，隔断了吴将盖余和烛庸所率吴军的归路，吴军不得还。公子光见时机已到，吴王僚之亲信被隔绝在外，国中空虚，便对专诸说："这是个大好机会，决不可以失去。此时不动，更待何时？而且，我是真正应该继承王位的人，应当为吴王。季子札回来，也不能把我废掉。"专渚说："我可以把吴王僚杀死。可我母亲老了，孩子又小，这是我惟一不放心的。如今，吴王僚的两个弟弟带军伐楚，楚军既绝了他们的后路。吴国外困于楚，而内定无骨鲠之臣，所以没有人能阻挡我办这件事。"公子光听了，向专诸顿首说："我之身，便是你之身。"

四月丙子，公子光在家里的地下暗室中埋伏了甲士，然后在庭中摆上酒宴，宴请吴王僚。吴王僚答应前来赴宴。他怕别人刺杀自己，便从宫中直至公子光家的路两旁摆满卫队。公子光家中的门边，左右两阶，都站满吴王僚的亲信，皆手持长铍，夹道而立，戒备森严。饮酒饮到尽兴时，公子光假装脚疼病犯了，离开座位，溜到地下暗室中指挥行动。他让专诸把一把匕首藏到做好的鱼肚子里，然后端着给吴王僚上菜。专诸端着鱼走到吴王僚面前，突然用手撕破鱼腹，拔出匕首刺向吴王僚，当场把吴王僚刺死。吴王僚的侍卫们一拥而上，杀死了专诸。吴王僚一死，他带来的人立刻陷入混乱。公子光指挥埋伏的甲士蜂拥而出，把吴王僚的人几乎全部杀死。于是，公子光乃自立为吴王，是为吴王阖闾。为了报答专诸，阖闾把专诸的儿子封为吴国上卿。

春秋五霸

春秋五霸是指齐桓公、宋襄公、晋文公、秦穆公和楚庄王这五个人。

齐桓公

任用管仲为相，促进国家的统一，“九合诸侯，一匡天下”，最先成为霸主。齐桓公是公元前 685 年即位的。他在政治、经济上做了一系列改革，使齐国强大起来。由于齐桓公率兵击退戎族、狄族的进攻，又率齐、鲁、宋等八国之师破蔡伐楚，阻止楚军北进，他的威信由此大增。公元前 651 年，他大会诸侯于葵丘（今河南考城），订立盟约，成为中原第一个霸主。

晋文公

公元前 633 年，楚成于率领楚、郑、陈等国军队围攻宋国都城睢阳（今河南商丘）。宋国派人到晋国求救。晋文公采纳了部下的正确意见。争取了齐国和秦国参战，壮大了自己的力量。而后，又改善了晋同曹、卫的关系，孤立了楚国。这时，楚国令尹（官名，相当于宰相）子玉大怒，发兵进攻晋军。晋文公为了避开楚军的锋芒，以便选择战机，命令部队向后撤退九十里。古代军队行军三十里叫作一舍，九十里就是三舍。晋军“退避三舍”，后撤到卫国的城濮（今山东省[illegible]县）。城濮离晋国比较近，补给供应很方便，又便于会合齐、秦、宋等盟国军队，集中兵力。公元前 632 年 4 月，晋楚两军开始决战。晋军诱敌深入，楚军陷入重围，全部被歼。城濮之战创造了在军事上先退让一步，后发制人的著名战例。此后，晋文公请来周襄王，在践土（今河南广武）和诸侯会盟。周天子策封晋文公为“侯伯”（诸侯之长），并赏赐他黑红两色弓箭，表示允许他有权自由征伐。晋文公成了中原霸主。

宋襄公

一心想成为霸主。周襄王十三年（前 639 年）春，宋、齐、楚三国国君相聚在齐国的鹿地。宋襄公一开始就以盟主的身份自居，认为自己是这次会议的发起人，同时又认为自己的爵位也比楚、齐国君高，盟主非己莫属。但是楚成王令楚兵把宋襄王拘押起来，然后指挥 500 乘大军浩浩荡荡杀奔宋国。最后宋襄公被楚国抓走后又放掉。急功近利，空讲仁义的“仁义之师”成为千古笑柄，宋襄公的霸业不过昙花一现。

在齐国称霸时，楚国因受齐国抑制停止北进，转而向东吞并了一些小国，国力强盛。齐国宏落后，楚国便向北扩张与晋国争霸。公元前 598 年，楚庄王率军在邲（今河南郑州）与晋军大战，打败晋军。中原各国背晋向楚，楚庄王又成为中原霸主。

晋国称霸的时候，西部的秦国也强大起来。秦穆公企图向东争霸中原，但由于向东的通路为晋所阻，便向西吞并了十几个小国，在函谷关以西一带称霸，史称“称霸西戎”。“兼国十二，开地千里”（《韩非子·十过篇》）。

以后，吴国、越国相继强大，争霸于东南。公元前 494 年，吴王夫差进攻越国，围困越王勾践于会稽（今浙江绍兴），迫使越国屈服。接着又打败齐军。公元前 482 年，在黄池（今河南封丘附近）与诸侯会盟，争得了霸权。越王勾践自被吴国打败后，卧薪尝胆，立志报仇，经过几十年的努力，转弱为强，灭了吴国。勾践乘势北进，与齐、晋等诸侯会盟于徐（今山东滕县），成为霸主。

诸侯大国争霸，说明了周朝王权的削弱。自公元前 770 年平王东迁洛邑（今河南洛阳）以后，周朝王室更加衰微。从前是天子统帅诸侯，“礼乐征伐自天子出”。现在这些权力都落到诸侯手里，“礼乐征伐自诸侯出”，“礼乐征伐自大夫出”，甚至于“陪臣执国命”。新兴地主阶级纷纷起来夺权了。周朝奴隶制处于“礼坏乐崩”的境地。

作为霸主，一是本国经济要发达；二是实力（指军事）强大。而且对于霸主本身也要有一定的魄力。宋襄公无才无能，不是名副其实的霸主。

另一，春秋五霸向来说法不一：一说为齐桓公、晋文公、楚庄王、吴王阖闾、越王勾践（见初中历史教科书）；一说为齐桓公、晋文公、楚庄王、吴王夫差、越王勾践；一说为齐桓公、晋文公、楚庄王、宋襄公、秦穆公。

赵氏孤儿

晋国有个大夫叫赵衰，曾辅佐文公成就霸业。赵氏为晋国世族，赵衰的儿子赵盾，作为晋国的执政大臣，历事襄公、灵公、成公三朝。赵盾的儿子赵朔在晋景公时，继任大夫之职，还娶了晋成公的姐姐为夫人。

公元前 597 年，担任司寇的晋国大夫屠岸贾图谋作乱以控制晋国政权，决定首先消灭赵氏势力。借口赵穿（赵盾的族弟）曾刺杀晋灵公，指其责任在于赵盾，想借此铲除赵盾一族。有个叫韩厥的人偷偷把消息告诉了赵朔，让他逃走，赵朔不肯，只是将自己未出世的孩子托付给了韩厥，说：“倘将来生女名文，生男叫武，文人无用，武可报仇！”屠岸贾擅自带兵在下宫袭击赵氏，灭了赵朔整个家族。赵朔的妻子因为是国君的姑母，没有被杀，她怀着赵朔的遗腹子逃进了宫里。不久，赵朔的妻子果然生了个男孩，屠岸贾闻讯追杀到宫里来，赵夫人把孩子藏在裤子里，默默祷告：“姓赵的该绝种，你就哭吧；如不该绝种，你就不要出声！”孩子一声也不啃，屠岸贾搜不出来，认为孩子被运出宫了，便到处悬赏缉拿。赵家生前有一位忠实门客叫公孙杵臼，在当日赵府被围的时候，便约同门客程婴一齐殉难。程婴不同意这种做法，他说："我们应该设法保住赵家血脉，这才是对赵家最大的报答。"公孙杵臼问程婴："扶立孤儿，让他以后继承祖业，与死相比，哪个更难？"程婴说："死很容易，扶立孤儿太难了！"公孙杵臼说："你受赵家的恩情比我深，你就承担那个比较难的任务吧。要逃开屠岸贾的追杀，必须要有人牺牲自己，我就去完成简单的任务吧。"公孙杵臼说："找到一个最近出世的婴儿，冒称是赵氏孤儿，由我抱着躲到首阳山，你去告密，屠贼搜着了假的，就不会再搜下去了。"程婴说："我妻子刚生下一个男孩，和孤儿的生日相近，可以代替。"公孙杵臼说："你立即去抱儿子过来，然后去找韩厥，把孤儿设法安置好！"安排好了之后，程婴去找屠岸贾，说："我没能力保护赵氏孤儿，你们如果能给我千金，我就告诉你们孤儿藏在哪里。"屠岸贾马上答应了程婴，派兵跟随程婴去找公孙杵臼。公孙杵臼被发现后，故意抱着婴儿大骂程婴不仁不义，屠岸贾毫不怀疑，将公孙杵臼和婴儿杀死了。程婴带着赵氏孤儿躲了起来。

十五年之后，韩厥借晋景公占卜神灵的机会，将下宫事变的真相告诉了景公。景公下令将屠岸贾抓了起来，并召回了程婴和赵氏孤儿赵武，将赵氏的封地也赐还给了赵武。孤儿赵武光大了赵家门楣，赵家逐渐成为晋国最有势力的家族之一。

孔子讲道

孔子从蔡国到负函（今河南信阳境内，原属蔡，后为楚地）。当时负函镇守的是叶公，叶公问政治，孔子回答："政治在于使远方归附、近处顺从。"后来，叶公向子路问孔子，子路不回答。孔子听到后，说："仲由，你何不回答说，'他的为人，学习道不知疲倦，教诲人不知厌烦，发愤忘食，乐而忘忧，不知衰老行将到来'，如此而已。"

离开负函，返回蔡国的路上，看见长沮、桀溺一起耕种，孔子以为是隐士，派子路去问渡口。长沮问："那位驾车的是谁？"子路回答说："是孔丘。"问："这就是鲁国孔丘吗？"回答说："是。"长沮说："这就是知道渡口的了。"桀溺对子路说："您是谁？"回答说："是仲由。"问："您是孔丘的门徒吗？"回答说："是。"桀溺说："庸俗的人天下都是，你跟谁去改变他们？况且与其跟随躲避庸人的人，还不如跟随躲避社会的人呢！"仍旧不停地平整土地。子路向孔子报告，孔子失望地说："不能与飞禽走兽同群。天下都遵循道义，我孔丘便用不着去改变了。"

后来，子路独行，遇见一位拄着拐杖、背着竹筐的老人，问："您看见我的老师了吗?”老人回答说:“四肢不会劳动,五谷分不清楚,谁是你的老师?”放下他的拐杖便去锄草。子路将这件事报告孔子,孔子说:“是隐士啊。”再返回去寻找,已经不见了。

孔子迁移到蔡国的第三年,吴国讨伐陈国。楚国援救陈国,军队驻扎在城父。听说孔子在陈国、蔡国之间,楚国派人聘请孔子。孔子打算前往拜见致礼,陈、蔡大夫谋划说:“孔子是贤人,针砭的内容都切中诸侯的病痛。现在长期逗留在陈、蔡之间,各位大夫设计施行的都违背仲尼的想法。今天的楚国,是大国,前来聘请孔子。孔子被楚国任用,那么陈、蔡主事的大夫就岌岌可危了。”因此便一齐打发服劳役的人将孔子围困在野外。孔子和弟子不能行动,粮食断绝。跟随的人都病了,没有人能站起来。孔子讲课诵读弹琴唱歌毫不泄气。子路很不高兴地来看望说:“君子也会陷于困境吗?”孔子说:“君子陷于困境仍然坚持到底,小人陷丁困境便无所不为了。”

子贡脸色也不好看。孔子问:“赐,你认为我是广泛学习而又牢牢记住的人吗?”答:“是的。难道不是这样吗?”孔子说:“不对。我的言行是由一个基本观念贯串起来的。”

孔子知道弟子们心里很不高兴,于是召见子路而问道:“《诗经》上说:‘不是犀牛和老虎,却在旷野中出没。’我的主张错了吗?我为何落到这个地步?”子路说:“细想起来我们还没有做到仁吧,所以人们不相信我们。细想起来我们还很不明智吧,所以人们阻止我们行动。”孔子说:“果真如此吗?由,假若具备仁德的人就必然得到人们的信任,哪里还会有伯夷、叔齐呢?如果明智的人都必然行动自如,哪里还会有王子比干呢?”

子路退出,子贡入见。孔子说:“赐,《诗经》上说:‘不是犀牛和老虎,却在旷野中出没。’我的主张错了吗?我为何落到这个地步?”子贡说:“老师的主张广大无边,所以天下没有人能容纳老师。老师何不稍微收敛一些呢?”孔子说:“赐,出色的农夫能努力种好庄稼而不能保证获得好收成;出色的工匠能巧夺天工而不能保证人人心满意足。君子能完善自己的主张,使它纲举目张、使它条理分明,但不能保证被人容纳。如今你不完善你的主张却追求被人容纳,赐,你的志向太不远大了!”

子贡退出,颜回入见。孔子说:“回,《诗经》上说:‘不是犀牛和老虎,却在旷野中出没。’我的主张错了吗?我为何落到这个地步?”颜回说:“老师的主张广大无边,所以天下没有人能够容纳。尽管如此,老师将它推广实行,不被容纳有什么坏处!不被容纳更能显出君子的本色!不完善自己的主张,这才是我们的耻辱。自己的主张既然已经十分完善但不被采纳,这是国君的耻辱。不被容纳有什么坏处!不被容纳更能显出君子的本色!”孔子十分高兴地笑道："果真如此啊！颜氏的孩子，如果你十分富有，我当你的管家。"于是派子贡到楚军驻地。楚昭王发兵迎接孔子，终于避免了这场危难。

《春秋》

《春秋》"大义"并非"史义"。史学作品不仅应记载事实还要展示作者的思想，这是历史上多数学者都赞同的看法。但史学思想源于史实，且不能脱离史实而独存，这点即使极端如克罗齐、科林伍德者也不曾否认。《春秋》大义不同于历史学家的思想，《春秋》只是作者将政治理想赋予历史的形式而已："《春秋》系以先王之志，亦即是以政治的理想为归趋；但乃随史实之曲折而见，故谓之'志而晦'"，"孔子因乐尧舜之道（'先王之志'），以尧舜之道为基准，是非于二百四十二年之中，作拨乱反正的凭借"。《春秋》大义源于作者的政治观，而历史思想来自史家对史实的思考，足见两者根本不同。不幸的是，有学者将《春秋》的"微言大义"与历史学家的史学思想相提并论，或以之为早期史家主体意识的嚆失而予以表彰，或以之为古代刀笔吏史学的首恶而大加贬斥。实则就《春秋》而言，历史是形式、皮毛，政治是内容、核心，以褒贬、曲笔为形式的"春秋笔法"正是《春秋》微言大义之所系，去此则大义不存。至于效法《春秋》任情褒贬，当受其批评的无疑应当是后世的误解者，又岂能以此归咎于《春秋》及其作者？

首先，认为《春秋》为孔子所修，在这个意义上，我们将"调和说"视为对顾、钱等人观点的修正也未尝不可；其次，认为《春秋》是中国第一部历史学著作，而孔子则是中国的"史学之父"或"史学之祖"。

有学者认为：正如希罗多德是希腊史学之父一样，孔子是中国史学之父；孔子的《春秋》，正如希罗多德的《历史》一样，是世界上最早的历史专著。有学者则说："当西方史学之父希罗多德写出他的《希波战争史》时，中国的史学之父孔子的《春秋》已经问世30多年了。"还有学者主张："我国学术界曾把司马迁誉为'中国古代史学之父'，我认为孔子可称为中国古代史学之祖。"

实际上，凡此种种说法中无不充斥着误解，只可惜学者的理性每每为热情所蒙蔽，以致陷入为古人争讼的怪圈而习焉不察。再者，"调和论"者认为《春秋》的"微言大义"不仅存在，同时正是《春秋》之所以为史学著作的关键。

有作者这样评论说："孔子对于历史编年的革新，即赋予历史记录之中以褒贬的历史评判，使历史记录具备了崭新的姿态。《春秋》因此成为我国第一部历史学著作，而不再是历史记录，孔子因此而成为中国史学之父。"实际上，论者之所以将《春秋》的微言大义解释为“史义”，乃是源于对近代西方史家关于史学著作应表现作者思想这一观点的误解。

天开人文，鲁兴《春秋》。《春秋》这部经对后世最大的影响就是被人们称赞的《春秋》笔法。《春秋》最大的特点就是每用一个字，都是入木三分，有褒贬含义。后世很多的人在写作的时候，学习《春秋》的写作方法，用字用言，字字珠玑。左丘明发微探幽，最先对这种笔法做了精当的概括：“《春秋》之称，微而显，志而晦，婉而成章，尽而不污，惩恶而劝善，非贤人谁能修之?”（译文：《春秋》的记述，用词细密而意思显明，记载史实而含蓄深远，婉转而顺理成章，穷尽而无所歪曲，警诫邪恶而褒奖善良。如果不是圣人谁能够编写?）。

《春秋》是中国历史上人文时代的开端，也是儒家文化的先声，中国思想文化的儒家传统是如何来的，不知《春秋》是无法知后世的。《春秋》还是一部那个时代的人性历史。《春秋》时期，泱泱大国就出现在历史舞台上了，人们开始有了礼，懂得了仁爱，大智大勇的智慧开始浮现。《春秋》正好记载了这个时代的人性的具体表现以及发展历程，所以说，《春秋》是那个时代的人性历史。

讳疾忌医

春秋时，蔡国有个著名的民间医生，叫秦越人。他周游列国，热心为百姓看病。大家都很敬重他。有一次，他来到一个国家，见一家死了人，尸首已放了好几天，便问明病人临死前的症状，断定这是假死，还能救活。他先给病人扎了针，然后灌下药，稍侯片刻，死人居然活过来了。全城的人都十分惊讶，称他是神医扁鹊，有起死回生之术。扁鹊的名声从此传布列国，他的真名反被人们忘却。

蔡国国君蔡桓公听说自己的国中居然出了如此赫赫有名的人物，很想见见，便命人布告四方。

扁 鹊

扁鹊见到布告，忙回国，晋见桓公。他款步入厅，来到桓公面前站了片刻，对桓公说：“主公有病，病在皮肤，若不及时医治，恐怕要严重起来。”桓公一听，便有些不快，摇头说道：“我身体很好，没有病。”

扁鹊走后，桓公对左右冷笑道：“做医生的，都想赚钱，只会给没病的人看病，这才容易显示自己医术高明。”

过了十天，扁鹊提着药篮去见桓公。桓公正坐在御园中玩赏。扁鹊来到桓公面前，看着他的脸色，忧郁地说：“主公有病，病在血脉，若不抓紧医治，将会更加严重。”桓公心里十分不乐，扭转头，竟是不理。扁鹊只好退了出来。

过了十天，扁鹊又去见桓公，心情沉重地说：“主公有病，病在肠胃，再不医治，将更加严重!”桓公听后，勃然作色。扁鹊十分惋惜，喟然长叹，摇头而去。

又过了十天，扁鹊第四次来见桓公，一见桓公，二话不说，急撤身而出。桓公见扁鹊这次来得蹊跷，派人去问，扁鹊痛心地说：“病在皮肤，可用药水热敷，病到血脉，可用针灸治疗，病入肠胃，可用汤药；现在病入骨髓，没有办法了。”说罢，扁鹊整理行装，星夜向秦国逃去。

过了五天，讳疾忌医的桓公浑身疼痛，果然病倒了。忙派人去找扁鹊，但是已经晚了，桓公就这样死去了。

战国纷争

从公元前478年起，到公元前222年止，称为战国时代。由于各诸侯国连年发生战争。通常将公元前475年至秦始皇统一中国之间的时间称之为“战国”时代。

战国时代的形势是：楚在南，赵在北，燕在东北，齐在东，秦在西，韩、魏在中间。在这七个大国中，沿黄河流域从西到东的三个大国——秦、魏、齐，在前期具有左右局势的力量。

从魏文侯开始至公元前四世纪中叶，是魏国独霸中原的时期。魏的强大，引起韩、赵、秦的疑虑，它们之间摩擦不断。公元前354年，赵国攻卫，魏视卫为自己的属国，于是出兵攻打赵都邯郸。赵向齐求援，齐派田忌救赵，用孙膑之计，袭击魏都大梁。时魏军虽已攻下邯郸，不得不撤军回救本国，在桂陵被齐军打败。次年，魏、韩联合，又打败齐军。公元前342年魏攻韩，韩向齐求救，齐仍派田忌为将，孙膑为军师，设计将魏军诱入马陵埋伏圈，齐军万箭齐发，魏国大将庞涓自杀，魏太子申被俘。这就是著名的马陵之战。由此造成了齐、魏在东方的均势。

秦国自商鞅变法后，一跃成为七国中实力最强的国家，于是向东扩展势力。先是打败了三晋，割取魏在河西的全部土地。后又向西、南、北扩充疆土，到公元前四世纪末，其疆土之大与楚国接近。

在秦与三晋争斗之时，齐国在东方发展势力。公元前315年，齐国利用燕王哙将王位“禅让”给相国子之而引起的内乱，一度攻下燕国。后因燕人强烈反对，齐军才从燕国撤出。当时能与秦国抗争的唯有齐国，斗争的焦点则集中在争取楚国上。

楚国的改革不彻底，国力不强，但它幅员广大，人口众多。楚结齐抗秦，使秦国的发展大受影响。于是秦派张仪入楚，劝楚绝齐从秦，许以商于之地六百里为代价。楚怀王贪图便宜，遂与齐国破裂。当楚国派人去要地时，秦相张仪却狡辩称“只有六里”。楚怀王兴兵伐秦，大败而回。楚国势孤力弱，秦便东向进图中原。先是与韩、魏争斗，后与齐国争斗。公元前286年，齐灭宋，使各国感到不安。秦国便约韩、赵、魏、燕国攻齐，大败齐军。燕国以乐毅为将，趁势攻下齐都临淄，攻占七十余城。齐王逃至国外，为楚所杀。齐国的强国地位从此一去不复返。由此，秦国开始了东向大发展。

战国七雄

春秋时期和战国时期无数次战争使诸侯国的数量大大减少。到战国后期，仅剩下七个实力较强的诸侯国，分别为秦、齐、楚、韩、赵、魏、燕，合称为“战国七雄”。

除战国七雄外，还有越、巴、蜀、宋、中山等大国。小国尚有郑、卫、东周、鲁、滕、邹、费等，但其实力与影响力皆远远不及战国七雄，只能在强国的夹缝中生存，且最终均为七雄所灭。在七个诸侯国之中，以秦国国力最强。除冯为王，秦国以外，其余六国均在崤山以东。因此该六国又称“山东六国”，同时其余六国也在函谷关和崤关之东，所以也称为“关东六国”。

齐国：都城临淄（今山东淄博）；

楚国：都城郢（今湖北荆州市江陵区）；

秦国：都城咸阳（今陕西咸阳东北）；

燕国：都城蓟（今北京西南）；

韩国：都城郑（今河南新郑）；

赵国：都城邯郸（今河北邯郸）；

魏国：都城大梁（今河南开封）；

三家分晋

春秋初年，晋国还是一个弱小的国家。从晋献公开始，国力逐渐增强，先后灭掉了周围不少小国，疆域日益扩大。到了春秋中期，晋国已占有今山西省的大部分，河北省的西南部，河南省的北部和西部，陕西省的东部和山东省西部的一小块。献公死后，他的四个儿子夷吾、重耳、奚齐、卓子互相争夺君位，晋国一度大乱。后来，重耳在秦国等国的帮助下返国即位，是为春秋五霸之一的晋文公。晋文公在位时，当年跟随他出亡的赵衰、魏犨日益显贵，继而辅佐他称霸的荀林父（中行氏），敬首（智氏）也先后被重用，加上稍后兴起的范会、韩厥，在晋国出现了赵、魏、韩、范、中行、智氏新兴的六大异姓贵族。这就是所谓的“六卿”。

“六卿”的势力日益强大，同晋国公室展开了激烈的斗争，如赵氏家族，竟敢把晋灵公杀死。到了晋厉公即位后，异姓公族势力之大，已经到了难以驾驭的地步，为了巩固晋公室的统治地位，晋厉公笼络了胥童、夷阳五、长鱼矫等一些姬姓旧贵族，想凭借这些力量，扫除六卿的势力。而当时晋国朝中和赵氏关系密切的郤氏，同旧贵族之间积怨甚重，于是旧贵族栾书便与其他旧贵族串通，聚积甲士八百人，准备用武力歼灭郤氏，长鱼矫认为强攻未必能取胜，主张用计消灭郤氏。当他得知郤至、郤犨、郤锜正在讲武堂议事时，便同厉公豢养的力士清沸魋各带兵器，装作两人斗殴前来告状，闯入讲武堂将郤锜、郤犨杀于座位之上，郤至明白中计，拔腿就跑，被长鱼矫赶上来，一戈毙命。晋厉公把三郤尸体陈列在朝堂，以此威胁和公室对抗的家族。但不久，厉公出游，栾书、中行偃（荀林父之孙）便率家兵囚捕了厉公。斩了胥童，并在周简王十三年（前 573 年）派人杀死厉公，迎立晋悼公。

晋悼公任魏犨之子魏绛为中军司马，掌管军法。魏绛执法严明，不阿权贵，协助晋悼公改革内政，外和戎狄，使晋国一时间又称霸中原，而魏氏家族也因此更加显赫。

在当时的旧贵族中，栾氏是极为显贵的家族之一，居于卿位，世代相袭，亲属和党羽在朝中做官的很多，非常霸道。到栾书的儿子栾黡时，更是变本加厉，引起了新兴家族和国人的不满和反对。六卿之中，赵氏、韩氏、中行氏、智氏、范氏都与栾氏不和，尤其是栾、范两家，相为仇敌，只有魏舒因其父与栾盈有旧交，不愿同栾氏决裂。在这种情况下，范氏家族凭借自己的职权，挟持平公到固宫（有台、观等防御工事的别宫）。而这时，栾氏家族已经准备好进攻晋国都城绛（今山西曲沃西南），要发动兵变，歼灭新贵族的势力。终未能如愿。

晋之旧族衰落不振后，六卿内部的矛盾便日益突出。从他们在各自的领地所推行的税收制度来看，范氏、中行氏最重，智氏的剥削率次之。韩、魏二氏又次之，赵氏最轻，因此最能笼络民心。经济上发展的不平衡，导致了政治、军事之间的不平衡，六卿之中，赵氏的势力急遽膨胀。终于导致了赵氏与范、中行氏之间的一场激烈战争。

周敬王二十三年（前 497 年），中行寅（中行偃之孙）、范吉射（范鞅之子）与赵氏旁支宗族赵稷结成同盟，背后取得晋定公的支持，外联齐、郑等国的统治者，对赵氏发起大规模的军事行动，赵鞅失利，退守晋阳。范吉射、中行寅穷追不舍，在城外修筑工事，围攻晋阳。而此时，与范氏、中行氏有仇隙的魏曼多（魏舒之孙）、智跞却胁迫晋定公讨伐范氏、中行氏。

同年冬天，智跞、魏曼多、韩不信（韩起之孙）率兵讨伐范、中行二家族，未能取胜。范吉射、中行寅乘胜反攻晋国都城，结果被韩、魏、智的军队打败，二人逃走，投靠了齐国。与此同时，经魏、韩两家的斡旋，赵鞅从晋阳返回国都。并于周敬王二十六年（前 494 年），周敬王二十八年（前 492 年），周敬王二十九年（前 491 年）多次率兵围歼范氏、中行氏，到周敬王三十年（前 490 年），范氏、中行氏被彻底打垮，这样，晋国六卿只剩下了四卿。

四卿专权之后，一方面继续削弱公室；一方面在内部展开了激烈的斗争。智氏在四卿中势力最大，因而在周贞定王十一年（前 458 年）四卿私分已经收归晋公室所有的范氏、中行氏的领地中，得到的最多，但智瑶贪心不足，又胁迫韩康子和魏曼多各送他一片有万户居民的领地。随即，又得寸进尺，向赵氏索要土地。不料，遭到赵无恤的严辞拒绝。于是，智瑶就又胁迫韩、魏，于周贞定王十四年（前 455 年）出兵攻打赵氏。赵氏寡不敌众，退保晋阳。智瑶率三家的军队把晋阳城团团围住，但围攻了一年多的时间也未攻下。智瑶又想出一计，开渠引汾水来淹晋阳城，几天之后，晋阳城外一片汪洋，水位离城头仅有三尺高。城内灶里都生了青蛙，人们只好悬锅做饭；城内粮绝，居民甚至有易子而食的；士卒病饿交加，身体非常虚弱，晋阳城内的形势万分危急。智瑶约魏驹，韩康子一同乘车在城外高地上观水，智瑶居中，魏驹驾车，韩康子陪乘。智瑶扬扬得意地说："哈哈！今天我才知道用水可以灭掉别人的国家！"魏、韩二人听了，心中一震，他们想：苦是引汾水和绛水，不是同样可以灭掉魏都安邑（今山西夏县西北）和韩都平阳（今山西临汾）吗？魏驹下意识地用胳膊碰了碰韩康子，韩康子也用脚踩魏驹，两人心照不宣。

赵无恤死里求生，派家臣张孟谈坐筏子偷偷出城，来见魏驹、韩康子。相见后，张孟谈讲了一顿唇亡齿寒的道理，力陈赵氏灭亡之日，就是魏、韩大难临头之时，说服魏、韩与其跟从智氏灭赵取祸，不如联合赵氏破智求安。最后相约联合灭智。

到了约定的时间，魏、韩乘夜色派兵杀了守堤的智氏士卒，掘堤放水，直灌智氏营寨。随即两翼夹击，赵氏士卒也从城内杀出。智瑶三面受敌，士卒溃败逃散，他本人被擒枭首。然后，韩、魏、赵三家灭掉智氏的家庭，瓜分了智氏的领地。

智氏被灭，晋国六卿只剩三家，号称“三晋”。三家不断蚕食晋公室的土地，到晋幽公为国君时，不但不能号令三晋，反而降到了从属的地位，得去朝拜他们。周威烈王二年（前424年），魏驹之子魏斯继位，称魏文侯；周威烈王十七年（前409年），赵无恤之孙赵籍继位，称赵烈侯；同年，韩康子之孙韩虔继位，称韩量侯。于是，晋国形成韩、魏、赵三家鼎立的格局。周威烈王二十三年（前403年），周威烈王正式承认魏斯、赵籍、韩虔为诸侯，此前三家已各有独自的纪年三家分晋的事实被认可，晋国灭亡。

三家分晋是战国时期的一个重大历史事件，由此，我国进入了由封建割据走向兼并战争统一全国的新时期。

李悝变法

魏文侯名魏斯，是战国时期魏国的第一位正式的国君，也是一位著名的政治改革家。据《史记》记载，他于周威烈王二年（前424年）继承魏氏政权，周威烈王二十三年（前403年）与韩景侯、赵烈侯一起被周天子册封为诸侯。魏国祖先叫毕公高，原本与周天子同姓姬，因武王伐纣后受封于毕地而姓毕。后来毕氏中一个叫毕万的侍奉晋献公，献公灭魏时将魏地封给了他。十一年后献公死，晋国内乱，毕万根据封地而改姓魏氏。毕万的儿子叫魏武子，魏文侯是他的第九代玄孙。魏文侯是一个胸怀大志的人，“三家分晋”以后，他礼贤下士，任人唯贤，开创了战国时期的养士之风。他先后任用魏成子（文侯北、名成）、翟璜（名融）、李悝（又名李克）为相，又尊卜子夏（孔子著名的弟子）为师，还礼待田子方、段干木等社会名流，施行了一系列励精图治的政治改革，使魏国日益强盛。魏文侯亲手创立了战国时期的第一个新兴中央集权制国家，由国君直接任免的将相统领文武百官，直接委派守令来管理郡县。他还亲自革除有碍于新兴势力发展的旧习陋俗。受到他的开明政策和自强精神的吸引，各地的一大批贤良之才纷纷前来魏国效力。当时这批人中，知名度最高的有吴起、乐羊、西门豹等。他们有的善于领兵作战，有的善于治理地方，在魏国他们都能人尽其才，做出卓越的成绩。

其中李悝是战国时期著名的政治家，法家学派的代表人物。李悝又名李克，相传是孔子的得意门生子夏的学生，作过魏国的中山令。他在魏为相十年，因向魏文侯提出“尽地力之教”的主张，并为文侯献“平籴法”而深得文侯的信任。所谓“尽地力之教”，就是要开阡陌，鼓励农耕。周朝本来是个封建领主制社会，土地所有制施行井田式的国有化制度，这种土地所有制的具体做法是，将土地用沟、渠、道路分划成井字形方田，中间的良田为“公田”收获归领主所有；周围的劣田为“私田”，收获为农奴所有。但农奴要先养公田，然后才敢治私事。实际上是一种劳役地租的剥削方式，十分不利于农业生产的发展。李悝的改革就是要开辟这些沟、渠、道路（阡陌），鼓励自由开垦耕地，增加耕作面积，培植小农经济。

“平籴法”是为控制粮价稳定市场而制定的，为了抵制商贾囤积居奇、牟取暴利，搞乱国家经济，政府把年景分成好年景三等，坏年景三等。好年景时，要求农民在完税和留足口粮之后，把余粮按定价售给政府。年景不好时，政府再将存粮以平价售给人民。这些积极的措施，在当时确实起到了促进农业生产的发展，增加财政收入，稳定市场、安定人民生活和稳固国家形势的作用。

李悝改革的另一个方面，是在政治方面。他认为：治理国家应当“食有劳而禄有功，使有能而赏必行”，提出了“夺淫民之禄，以来四方之土”。反对旧有的世袭职禄，主张按照对国家的功劳、贡献的大小，来决定所授予的官职、奉禄的高低。反对那些生活奢侈、为非作歹，而又无所作为、无能无德的世袭贵族，把他们称为“淫民”，并主张取缔他们的封爵和俸禄，用这些来招徕天下有用的人才。严格执行赏罚制度，重视对人才的选拔和任用，主张封君也要遵守国家的法令，不得任意役使封地的人民，使封地成为封君单纯的奉禄供给处所。李悝的这些政治改革与其经济改革一样，从实际上反映了新兴地主阶级“衣食租税”，和中央集权的思想，符合历史发展潮流。这些方针政策使魏国更为强大。到后来，他的学生卫鞅在秦国发动著名的“商鞅变法”，使秦国发展成为能够统一天下的强大国家，所采用的“鼓励农功”“严刑峻法”，“中央集权”等一系列措施，无一不是以李悝的法家思想和他在魏国改革的实践经验为指导。

李悝所著的《法经》，是在郑国子产的《刑书》和晋国《刑鼎》的基础上，加以系统化、理论化而完成的。《法经》的原本早已失佚。根据其他记载可知，《法经》共分六篇：一是《盗》律；二是《贼》律；三是《囚》律；四是《捕》律；五是《杂》律；六是《具》律。李悝认为：“以为王者之政莫急于盗、贼”，所以他的《法经》，开首两篇便以盗和贼为立法对象。

《囚》律和《捕》律是专门为劾捕盗贼而制定的章法。《捕》律实际上是对于法律威严的确立。《囚》律，实际上是监狱法，以及对于审判程序的规定。所以，《盗》《贼》《囚》《捕》四篇的主要内容，就是对“盗”“贼”进行拘捕、关押的办法，如：规定杀人者处死，以及将其全家和妻家的人全部没收为奴隶，对于“大盗”，轻者要充军到边远地区去，重者要处死。《法经》中还规定了对于在路上拾遗的人，也要砍断脚趾，可见其法规之严峻和详尽,《杂》律实际上是有关特别法的定律，主要规定了对于淫乱、赌博、盗窃官府印信，贪污、贿赂、僭越逾制和议论政府法令等行为的处罚。其中如：对于群众集居者，一日则要追问，三日以上则要处死等，可见当时对此类问题的敏感程度以及处罚的残酷程序。《具》律是根据案情轻重及有关情况，决定从轻处罚或从重处罚的总论性律文，具有对于法律言辞下定义以及对于法律理论加以说明的意义。

威王图治

楚威王二年（前338年)，秦孝公去世，秦国内部发生动乱，商鞅被害。楚国、韩国和赵国奉行联秦以制魏的方针，公元前337年，楚威王、韩昭侯、赵肃侯都派使者前往秦国，向秦惠文君致贺。与此同时，蜀王使者也前往秦国向秦惠文君致贺。当时，齐国在齐威王的治理下已经日益强盛，最终在马陵之战中击败了魏国。楚威王六年（前334年)，齐威王与魏惠王“会徐州相王”，相约并力讨伐楚国。此事引起了楚国的极大愤怒。(前333年）楚威王七年，楚威王以景翠为楚师元帅，歼灭越师主力，杀死越王无强，尽取越人所占吴地。越人从此离散，成为楚国的附庸。最终，越国在楚怀王时彻底灭亡。在楚国灭掉越国的同一年，即楚威王七年（前333年)，景翠在攻灭越国后，移师北上，与齐师大战于徐州，击败齐国，进围徐州，取得了楚威王在位期间的最大胜利。此战之后，楚国达到了他在战国时期的顶峰，其版图，西起大巴山、巫山、武陵山，东至大海，南起五岭，北至汝、颖、沂、泗，囊括了长江中下游以及支流众多的淮河流域。据《史记 苏秦列传》记载，楚威王曾对苏秦说：“寡人之国西与秦接境，秦有举巴蜀并汉中之心。秦，虎狼之国，不可亲也。而韩、魏迫于秦患，不可与深谋，与深谋恐反人以入于秦，故谋未发而国已危矣。寡人自料，以楚当秦，不见胜也；内与群臣谋，不足恃也。寡人卧不安席，食不甘味，心摇摇然如县旌而无所终薄。”由此可以反映出楚威王对当时楚国所处局势的清醒认识。

楚威王八年（前332年)，魏国将阴晋（今陕西华阴东）献给秦国，从此掀起了割地赂秦之风。阴晋易手之后两年，河西魏地全部被秦国攻占。又一年后，秦国又开始侵占河东的魏地了。楚威王十一年（前329年)，楚威王去世，在位十一年，子熊槐即位，是为楚怀王。

魏惠王图霸

在战国时期风云变幻的历史舞台上，魏惠王是一个非常重要的角色。他继位后妥善解决了国内矛盾，振奋军威，一举攻破秦国都城，打得秦孝公节节败退。他迁都大梁，构建了以大梁为中心的水网，沟通了黄河与淮河两大水系，对后世产生了极其深远的影响。他沉着应对赵、秦、齐、楚四个强国的联合进攻，取得了这场大战的全面胜利，把魏国的霸业推到了颠峰。他在战国列强中率先称王，敢于与周天子平起平坐，成为中原霸主，将外交艺术推向极致。

魏国是由春秋时期的晋国分裂出来的。晋国本是春秋初期最为强大的封国之一，后来由于内乱频繁，政权渐渐被势力强大的韩、赵、魏三家卿大夫所掌握。公元前403年，三家瓜分了晋国的土地，联合起来灭掉了晋国。以“三家分晋”为标志，魏国迅速崛起，历史进入到战国时代。魏国的开国之君魏文侯雄才大略。他手下最重要的三个人物李悝、吴起、西门豹，都是平民出身的优秀人才。李悝为相期间变法图强，使社会得到长时间的安定。西门豹在邺城兴办灌溉工程，发展经济，使魏国更加富足。吴起镇守西河之地，屡战屡胜，打得秦国几乎没有还手之力。魏文侯在位50多年，魏国的实力蒸蒸日上。第二任君王魏武侯继续开拓疆土，夺取了中原地区的大块土地。

公元前391年，魏武侯联合韩、赵与楚国在大梁、榆关（今河南中牟）一带展开激战，大败楚军，占据大梁。经过魏文侯和魏武侯两代国君的努力，魏国已经成为了当时诸侯中的超级强国。魏惠王是魏武侯的儿子，原名魏䓨，少年聪颖，颇受他爷爷魏文侯的喜欢。魏文侯请名师对他悉心栽培，魏䓨很快就崭露头角。但另一个魏国公子公仲缓也有才能，受到李悝等人的青睐和拥戴。由于魏武侯生前没有立下太子，他死后引起了两位公子的君位之争。韩、赵两国趁机发兵打魏国，魏国几近灭亡。但是，韩、赵两国各怀心思，对于如何处置魏国产生了严重的分歧。结果韩国单方撤军，赵国联合公仲缓继续攻打魏䓨，企图独占魏国。魏䓨在叔叔公叔痤的帮助下大败赵国和公仲缓的联军，取得了君位争夺的胜利。经过这场内乱，魏国受到重创，实力有所削弱。魏惠王上任伊始，在消除恩怨、稳定人心方面采取了卓有成效的措施。他决心重振军威，亲自选拔了庞涓、公子昂、龙贾等青年将领，使魏军实力大增。庞涓攻破秦国都城栎阳，迫使秦孝公迁都回雍。魏国声势大振，再现了昔日的霸主雄风。

魏惠王在重创秦国之后，将都城迁至大梁。魏惠王迁都大梁，是开封有明确记载的首次建都。因为迁都大梁，魏国又被称为梁国，魏惠王又被称为梁惠王。然而，由于各种史籍上对迁都时间的记载不一，历史上对迁都的原因存有争议。人们通常认为魏惠王迁都的原因主要有两种：一是为躲避强秦的骚扰；二是为争霸中原。

《史记》记载的迁都时间为魏惠王三十一年（前339年）。迁都的原因是当时秦、赵、齐联合进攻魏国，商鞅施诡计俘获魏将公子印，大败魏军并且攻占了魏国的旧都安邑，魏惠王被迫迁都。因为这种说法为《史记》所首倡，所以对后世影响很大，后来在《资治通鉴》中也得以延袭。然而，根据《史记》记载，魏惠王十七年（前353年）魏国派重兵围赵都邯郸，第二年齐国派田忌、孙膑率军救赵。田忌打算直接进入赵国攻击魏军，孙膑则建议利用大梁城内空虚之机，“引兵疾走大梁”，迫使魏军撤军自救，以解邯郸之围。田忌采纳了孙膑建议，魏军果然回师自救。关于“围魏救赵”的时间，《战国策》等史籍与《史记》记载大体一致。这说明至少在魏惠王十（前353年）七年之前，魏国就已迁都大梁，所以齐国才把大梁作为主要的进攻目标。

商鞅变法

春秋战国之际，秦国与中原各国一样，内部产生了一些新的封建因素，不过，秦国的旧势力很强大，贵族侵凌公室，干涉君位，使秦国政权分散，国势日衰。中原各国都看不起秦国，重要的朝会和会盟，都不请秦国参加。魏国任用吴起为将，曾一举连拔秦国五城，夺去了秦国河西的大片土地。周定王十八年（前384年），秦献公即位，力图改变秦国内忧外患的局面，于是采取了迁都、清理户籍，整顿卒伍、废除人殉和开辟市场交易等项措施，使秦国的国势有所好转。

周显王八年（前361年），秦孝公即位，下决心改革图强，恢复春秋时代秦穆公的霸业。他广泛地招揽人才，下令求贤。许多有才能的人都投奔秦国。其中就有卫国贵族子弟商鞅。商鞅在到秦国去之前，曾受知于魏国执政公叔痤。公叔痤深知商鞅的才干，多次向魏惠王举荐，并说，如果不用，就把他杀掉。但魏惠王一直不肯任用他。商鞅见自己在魏国没有机会发挥才能，听说秦孝公在招贤，便毅然来到秦国。

商　鞅

商鞅入秦，住在孝公的亲信景监家里，并通过他先后三次与秦孝公相见。头两次，商鞅游说孝公学尧舜禹汤的仁义，行帝王之道。秦孝公听不进去，直打瞌睡，还生气地对景监说，你的客人简直太迂腐了，我怎么能用他呢？商鞅请求第三次见孝公，以富国图霸之术说孝公，孝公听得津津有味，一连和商鞅谈了好几天，并决定重用商鞅，变法图强。

但是变法并不是一件简单的事，从一开始就遭到保守势力的坚决反对。秦国大夫甘龙认为：圣贤之人不用改变民众的习俗来推行教化，明智的人不改变原来的制度来治理国家。依据原有的旧法来治理国家，官吏民众都熟悉，不会引起混乱；如果不按老规矩办事，随意变动旧法，天下的人就要议论。大夫杜挚也反对变法，认为：没有百倍的好处，不必改变旧有的法度；没有十倍的功效，就不必更换原有的规矩。遵守古法不会错，按照传统规矩办事不会差。商鞅针锋相对地批驳道：三代礼不同而各成王业，五霸法不同也都各成霸业；贤明的人根据形势变更礼俗，不贤之人只能按照旧的规矩行事；恪守老一套的人，不配与他们商讨大事。再说，前代的政教各有不同，该效法哪一代？过去的帝王并不是走同一条路，该仿效哪个帝王？成汤与周武王，他们并没遵循古代的制度，也兴旺发达起来了；夏桀和殷纣王，也没有改变旧的制度，却照样灭亡了。商鞅的观点得到了秦孝公的赞同，使孝公坚定了变法的决心。他说："穷僻巷子里，遇事多觉奇怪；思路偏狭的人，喜欢辩论。愚者高兴的，正是智者感到可怜的；狂大称快的，正是贤人所忧虑的。我应该对拘泥于现状的人说，我不再疑惑了。"于是，他任用商鞅为左庶长，掌握军政大权，开始进行一系列重大改革。

商鞅变法分为两次：第一次是在周显王十三年（前 356 年）。主要内容是：编定户籍，实行"连坐"法。全国按照五家为"伍"、十家为"什"编定户籍，互相监督。一家犯法，别家若不告发，则十家连坐，处以腰斩；告发的人赐爵一级，藏匿坏人者，按投敌者论处。旅店不能收留没有官府凭证的人住宿，否则店主连坐。废除世卿世禄制，实行按军功授爵。国君亲属没有军功的不能列入宗室的属籍，按照军功大小分为二十级，然后按等级不同确定爵位、田宅，奴婢以及车骑、衣服等的占有，不许僭越；奖励军功，禁止私斗。规定凡为国家立有军功的，按功劳大小授予爵位和田宅；在战争中杀敌一人，赐爵一级或授予五十石俸禄的官；杀敌军官一人，赏爵一级，田一顷，宅地九亩。私斗按情节轻重，受不同的刑罚。奖励耕织。凡努力从事农业生产，使粮食和布帛超过一般产量的，免除本人的劳役和赋税；凡不安心务农而弃农从事工商业或游手好闲而贫穷的，全家罚作官奴。同时招徕韩、赵、魏无地的农民到秦垦荒、为他们提供方便。鼓励个体小农经济。新法规定：凡是一家有两个以上的成年男子的就必须分家，各立户头，否则要加倍交纳赋税。

为了表示推行新法的决心，他还采取立木赏金的办法取信于民。新法公布之后，很多人议论纷纷，旧贵族极为不满，而太子则明知故犯。商鞅认为：推行新法之所以困难，主要原因在于那些自恃势大位高、以为别人不敢触动的大贵族不遵守。于是，商鞅决定依法处理太子。由于太子是国君的继承人，不能施刑，因而“刑其傅公子虔，黥其师公孙贾”。这样一来，就没有谁再敢不遵守新法了。

新法推行十年，成效显著。人民“勇于公战，怯于私斗”，出现了“道不拾遗、山无盗贼”的大治局面。于是秦孝公提拔商鞅为“大良造”，总揽军政大权。周显王十九年（前350年），秦国迁都咸阳，商鞅推行第二次变法。主要内容为：推行县制。全国统一规划，合并乡村城镇为县，设立三十一县，县设令、丞，由国君直接任免。废井田，开阡陌，鼓励开辟荒地，承认土地私有，允许买卖土地，按照土地多寡征收赋税。统一度量衡，即“平斗桶、权衡、丈尺”，方便交换与税收。同时革除了秦人中存留的许多戎狄风俗。促进了社会进步。

新法的推行使秦国从一个贫穷落后的国家一跃而为战国七雄中最为强盛的国家。秦孝公因商鞅功著于秦，封给他商地十五邑，号为商君，所以后人称之为商鞅。但是，商鞅变法遭到旧贵族的疯狂反对。周显王三十一年（前338年），支持变法的秦孝公死后，旧贵族乘机报复，诬告他谋反。商鞅外逃，途中被抓，旧贵族对他施以车裂的极刑。

商鞅虽然被杀，但他推行的新法并没有全部废止。新法的推行为秦国能够最后消灭六国，统一中国打下了良好的基础。商鞅变法的历史作用是巨大的，从此法家思想在秦国成为占统治地位的思想。当然，法家的严刑峻法以及“焚诗书、禁游说”的高压政策，也在中国历史上留下了很恶劣的影响。

韩昭侯与申不害

周定王十六年（公元前453年），韩、赵、魏三家灭知伯分其地，当时韩家的首领是韩康子。韩康子死后，儿子韩武子继立。武子立16年而死，由其子韩虔即位。韩虔即位第六年，周威烈王二十三年（前403年），与赵籍、魏斯正式被周天子列为诸侯。韩虔即韩景侯，韩昭侯是他的六世孙。

三晋中的韩国，处在秦、楚、赵、魏之间，是一个地盘比较小的国家。韩虔正式取得诸侯封号仅三年就死去了，新兴的韩国政权尚未巩固。景侯虔死后，子韩列侯即位。第三年列侯的相国侠累又被严中子派人刺死。郭沫若在抗日战争时期，曾写过一出《棠棣之花》的剧目，就是以这个故事为素材的。关于这件事的真实历史背景和性质，因为材料有限，不便论定。但从有关记载来看，据说是因为严中子与相国侠累意见不合，发生了争吵，甚至尖锐到要动刀剑，只是当时被人劝阻才未立即造成流血事件。事后严中子出走，在齐国结交了一个因杀了人从魏国逃出来的聂政。聂政受严中子之请去刺杀侠累。不管这件事的历史背景和性质怎样，至少说明韩国内部不是很安定的，这对韩国新兴地主阶级的利益有很大的影响。到了韩哀侯（前376—前371年）时，国君又被杀。这一连串的事件，使韩国新的统治政权受到削弱，国力不强。在外部，因为国力弱，周围大国对它的威胁也很大。就在哀侯六年（前371年），秦国伐宜阳，攻取了韩国的6座城邑。后来韩国虽然灭了郑国，并迁都到新郑（前375年），但并不表明韩国力量的强大。实际上，迁都新郑的一个重要原因，还是为了避免强大的秦国对都城的威胁。

到了韩昭侯（前358—前333年）时，列国中大都经过了不同程度的变法和改革，新兴阶级在各国基本上都取得了不同程度的胜利，并且得到了巩固和发展，一些国家相继强盛起来，不断向外进行扩张。就连当时的宋国，也欺侮起韩国来了，攻取了韩国的黄池（今河南封丘西南）。魏国更是多次进攻韩国，后来韩昭侯和魏惠王在巫沙相会修好，才暂告缓和。国内外的种种形势，对韩国形成了很大的压力。于是，韩昭侯不得不考虑变革图强。

大约在公元前354年，昭侯用申不害为相，“内修政教，外应诸侯。”

申不害的生平事迹，有关记载不多。《史记》把他放在《老庄申韩列传》中，其中有关申不害的事迹只有69个字的简单记载。从有关记载，我们知道：申不害原来是郑国京人（今河南荥阳县），出身比较微贱，韩昭侯时为韩相15年而卒。推算起来，大致死于公元前339年，生于何时便无从得知了。申不害是一位学有专长的政治思想家，司马迁说他是“本于黄老，而主刑名”。《史记》和《汉书》都说他有著作传世。《汉书 · 艺文志》记有《申子》6篇（比《史记》讲的多2篇），可惜后来都佚亡了。我们只能从《韩非子》《吕氏春秋》《战国策》以及后来的类书，如唐代魏征主编的《群书治要》、赵宋时代李昉等编撰的《太平御览》等书中，见到一些片段的文字。据研究，原《申子》中有《大体篇》，保存在《群书治要》中。后人又根据古籍辑录的《申子》，但都不是原书的面貌了，而且不全。

从有关申子的一些材料中，我们可以见到申不害的主要思想和他的主要政治主张，以及他相韩15年间的大体活动与政绩。

申不害是主张“法”和“术”的。所以人们有时称他为“法术士”。他的所谓“法”，用我们今天的话讲，就是法治的意思；“术”则是一种用以贯彻执行“法”的手段或方式。他在相韩昭侯时，曾努力把他的“法”的思想付诸实践，作为他治理韩国的准则；把“术”用在了韩国推行政治改革、贯彻法治的实践活动中。

首先，申不害认为，君主治国，务要明法察令。他说：“君必有明法正义，若悬权衡以正轻重，所以一群臣也。”又说：“衡设平，无为而轻重自得。”这就是说，国君一定要确立法治，法就像称重量用的秤那样，有了秤才能量知物重；有了法才能驾驭臣下的行为。也即是说，只有确立了法，一切人事关系和国家制度才有一个客观的标准可依据，从而才能建立起新兴封建阶级的统治秩序。

其次，申不害主张，有了“法”，就要依法办事，反对统治者凭主观心智和个人的善恶去随意决定政策措施、赏罚制度。他认为，单凭各人的“耳目心智”是不行的。就是国君，也应该“任法而不任智，任数而不任说”。不依法行事，而根据各人的心智、好恶，想怎么办就怎么办，随心所欲，就会把国家搞乱。他指出，这是关系到国家安危存亡的一个大问题。

再次，申不害在提出法治的同时，还强调“术”的作用，用“术”去推动“法”的实施。他是主张国君集权于一身的，用他的话说就是“独断”，认为独断者才能为天下主。要把国家官吏的设置、任免、考核、赏罚等以及生杀予夺之权，都牢牢地掌握在国君个人手中。他说：“术者，因任而受官，循名而责实，操生杀之柄，课群臣之能者也。此人主之所持者也。”他的这一套，后来为韩非所重视，在《韩非子·定法》中特地加以引述。

最后，为了要更好地驾驭臣下、考核臣下，促使臣下去各尽其能，办好任内之事，申不害还主张做国君的要“无为”而治。他的“无为”，并非简单的无所作为，是表面无为而实有大为，是贯彻他的法治的一种手段。他要国君平常不要让臣下看出自己的欲望和某些弱点，使臣下猜不透内心的某种意图，臣下就不至于揣摸着国君的心理而投其所好，或弄虚作假，从而臣下就只好去尽力做自己的事。但他又反对越职乱来，提出“治不逾官，虽知弗言”，只准各自办好职分之内的事，不相干的不要去随便干涉。这样，也就便于国君集权专制了。

总之，申不害在政治上，正如《史记索隐》作者司马贞所说的那样，是主张“尊君卑臣、崇上抑下”，建立起一种遵循一定法制的新兴封建阶级的高度君主集权制统治。

为了使新兴封建阶级的国家政权得到巩固，申不害在经济方面也有一些相应的办法。他特别注重农业生产，把土地看得十分重要。他说：“四海之内，六合之间，曰奚贵、曰贵土，土，食之本也。”他认为，国家要富强，必须要有粮食，“王天下”者，“必当国富而粟多也”。这是一种重农思想的表现。这种重视农业生产的思想，是法家人物所共有的。

申不害的上述主张，在他相韩的15年中得到了一定程度的贯彻执行，并且取得了一定的成就。所以《史记·韩世家》说：“申不害相韩，修术行道，国内以治，诸侯不来侵韩。”但是，我们也确实看到，他那一套法术，在贯彻执行过程中也遇到了不少的困难和障碍。因而，他在韩国的一些改革也是不彻底的。其表现，正如《韩非子？定法》所说：“晋之故法未息，而韩之新法又生。先君之令未改，而后君之令又下。”申不害发布了一些新的法令，但他并没有废除旧有的法令；不仅韩国先君的旧法未变，连过去晋国的旧法也没有废除。这样不仅使官员们无所适从，而且容易被一些人钻空子，比如当新、旧法有抵牾时，一些反对新法的人，就可以根据自己的需要，拿旧法来为自己的违法行为辩解。这是韩国改革不可能彻底的一个很重要的原因；另一方面，韩国的旧势力的影响比较大，所以连支持他变革的韩昭侯，也信心不J5L昭侯曾对申不害说：“法度甚不易行也。”之所以不易推行，据申不害讲，主要就在于，昭侯虽然同意发布一些新的法令，但又往往听从左右一班人的错误意见，因而就不能坚决贯彻实施。加之昭侯晚年，不顾人民疾苦，大兴土木，修筑所谓“高门”，耗费了韩国不少的人力和财力。所以，韩国虽经申不害15年的苦心整治，但成绩并不显著，远不如魏、齐、秦等的改革收效大。无怪乎韩国在三晋中，以至于战国群雄中，始终处于弱小的地位。

桂陵之战

战国初期，魏国率先在诸侯国中进行政治军事改革，国势强盛，与韩、赵合力兼并邻国土地，令弱小诸侯称臣。而赵、韩并未获得实利，徒令魏独强，对韩、赵自身构成威胁，故三晋联盟逐渐瓦解，魏、赵、韩各自图谋发展。魏为便于统治其广袤的东部地区，加强控制东方诸侯，兼受西方强秦的胁迫，于周显王八年（前361年）迁都大梁（今河南开封），与向中原扩张领土的齐国形成尖锐冲突。齐一度试图削弱魏在中原的势力，曾出兵攻占魏地观（今清丰南），并迫使泗上诸侯由朝魏而朝齐。然魏惠王时魏尚有相当实力，齐国必拉拢韩、赵才能达到削弱魏国的目的。

周显王十五年（前369年），赵在齐国支持下，出兵攻魏之与国卫，取卫之漆（今长垣北）、富邱，并驻兵。魏惠王乃派将军庞涓率兵8万围攻赵都邯郸（今属河北），并征调宋国军队助战。赵成侯派麛皮求救于楚，楚宣王纳将军景舍之议，表面承诺出兵，实欲待赵、魏两败俱伤而见机取利。麛皮识破楚人意图，建议赵王与魏讲和，然赵王犹豫不决。同年，魏虽被秦乘机大败于元里（今陕西澄城南），河西重镇少梁（今韩城西南）被夺；然魏不为所动，仍令庞涓加紧攻赵。次年，赵求救于齐。

齐相邹忌主张不救。齐臣段干纶（一说段干朋）认为魏如破赵，魏势益强，于齐不利，主张救赵，提出先攻魏襄陵（今河南睢县）的作战方针，既示齐已出兵，又可待魏疲赵破之时，齐两收其利。齐威王采纳此议，派部分兵力与宋景善支、卫公孙仓之军合攻魏襄陵，牵制魏军。同年，以田忌为将、孙膑为军师率兵8万救赵。

田忌主张率齐军直赴赵地解围，孙膑料敌审形，认为魏强齐弱，赴赵，以弱敌强必败；可乘魏军精锐在外，魏都大梁防务空虚之机，采取“批亢捣虚”（《史记·孙子吴起列传》）、攻其必救的战法迫使魏军回救大梁，赵围自解。为争取战略主动，孙膑决计示敌以齐方将帅无能，冒粮道被市丘魏军截断之险，故意以不懂军事的齐城、高唐（今山东高唐东）二邑大夫率军一部先攻人多兵众的军事重镇平陵（今定陶东北），结果兵败战死，造成齐军固弱，指挥不力，不堪一击的假象，并掩盖齐军进军大梁的真实意图。平陵战后，孙膑迅即以轻车锐卒西进，直扑魏都大梁，将主力分散隐蔽其后，以示齐军人寡。庞涓中计，撤离邯郸，又自恃魏武卒精锐，竟弃其主力于后，率轻锐兼程赶回，企图全歼齐军于大梁。孙膑闻魏师已撤，即令齐军折向北，至魏军还师必经之道桂陵截击之，大败毫无准备的魏军，擒（一说“擒”为制服、战胜）其主将庞涓。

此战，齐军料敌而谋，避实击虚，攻其必救，已握战略主动，又示弱骄敌，快速机动，巧施截击，终获败魏救赵之功，创造了中国军事史上著名的“围魏救赵”战法，对后世有着深远的影响。

马陵之战

桂陵之战后，魏国虽元气大伤，但经过几年的休整后，魏国逐渐开始恢复对外进攻。公元前341年，魏国再次发兵进攻韩国，围攻韩都郑县（今河南新郑），韩国向齐国求援。齐威王采用孙膑“深结韩之亲而晚承魏之弊”的主张，与韩结好却不急于发兵。待韩军五战五败，魏军也实力大损时，才于次年以田忌为主将，孙膑为军师，发兵救韩。

韩国得到齐国答应救援的允诺，人心振奋，竭尽全力抵抗魏军进攻，但结果仍然是五战皆败，只好再次向齐告急。齐威王抓住魏、韩皆疲的时机，以田忌、田婴、田盼为将，孙膑为军师，率军经曲阜、亢父（今山东济宁），由定陶进入魏境，矛头直指与大梁近在咫尺的外黄（今河南民权）。孙膑在齐军中的角色，一如桂陵之战时的那样：充任军师，居中调度。

魏国眼见胜利在望之际，又是齐国从中作梗，其恼怒愤懑自不必多说。于是决定放过韩国，转将兵锋指向齐军。其含义不言而喻：好好教训一下齐国，省得它日后再同自己捣乱。魏惠王待攻韩的魏军撤回后，即命太子申为上将军，庞涓为将，率雄师10万之众，气势汹汹扑向齐军，企图同齐军一决胜负。

齐军已进入魏国境内纵深地带，魏军尾随而来，孙膑针对魏兵蔑视齐军的实际情况，在认真研究了战场地形条件之后，定下减灶诱敌，设伏聚歼的作战方针，造成在魏军追击下，齐军士卒大批逃亡的假象，并在马陵利用有利地形选择齐军中1万名善射的弓箭手埋伏于道路两侧，规定到夜里以火光为号，一齐放箭，并让人把路旁一棵大树的皮剥掉，在上面书写“庞涓死于此树之下”字样。

庞涓在接连3天追下来以后，见齐军退却避战而又天天减灶，武断地认定齐军斗志涣散，士卒逃亡过半。于是命令部队丢下步兵和辎重，只带着一部分轻装精锐骑兵，昼夜兼程追赶齐军至马陵，见剥皮的树干上写着字，但看不清楚，就叫人点起火把照明。字还没有读完，齐军便万弩齐发，给魏军以迅雷不及掩耳的打击，魏军顿时惊恐失措，大败溃乱。庞涓智穷力竭，眼见败局已定，遂愤愧自杀。齐军乘胜追击，又连续大破魏军，前后歼敌10万余人，并俘虏了魏军主帅太子申。

孙膑在马陵之战所用的战略，其实便是孙子兵法“始计篇”所说的“能而示之不能，用而示之不用”以及“兵势篇”所说的“以利动之，以卒待之”等虚实原则于实战的运用。

司马错灭巴蜀

今天我国的四川省，在远古时期曾经产生过与中原文明有着差异的、相对独立的古代文明，特别是今川西的成都平原一带，是古代著名的蜀国所在地。而今天的重庆及其附近地区，则是巴国所在地。

巴国原是周王朝在南土的封国，国君为姬姓，属周王室的分支。但巴国的人民被称为南蛮，因而他们与国君可能不属于同一民族。有关春秋战国时代巴国的历史，史书并无任何正式的记载。巴国的旧壤在汉代的巴郡、南郡（今湖北省的荆门、江陵等地以西地区）。因为巴国靠近楚国，在有关楚国的记载中，才附带地叙及巴国的叛服。从当时的记录我们可以知道，巴国在春秋时沦为楚国的附庸。它叛楚后，对楚用兵的那处在今湖北荆门县，鄾在今襄阳。战国以后，在楚国的逼迫下，巴国沿长江逐渐向四川盆地退却，先退据捍关（今重庆市奉节县），再向上游退至长江支流嘉陵江流域，先都平都（今重庆市丰都县），后又都江州（今重庆市）。到秦国向南进军时，巴国北上而定居在阆中（今四川阆中）。

蜀国的历史比巴更为悠久。甲骨文中有商王征调蜀之“射人”的文字，周武王伐纣时，蜀是出兵助战的西南八个部族之一。在战国以前，除《尚书·牧誓》外，中国史书中没有任何有关蜀的记载。到战国时代，蜀国逐渐强大，出兵向北攻取南郑（今陕西汉中），向东攻伐兹方（今湖北松滋县），竟然和秦、楚这样的强国作战。《华阳国志·蜀志》载，战国时代的蜀王杜宇“自以为功德高诸王，乃以褒斜（即褒斜道，在今陕西南郊）为前门，熊耳、灵耳、灵关为后户，玉垒、峨眉为城郭、江、潜、绵、洛为池泽，以汶山为畜牧，南中为园苑”，说明这时蜀已控制了川西平原。从近年在四川地区出土的巴、蜀青铜器和其他遗物来看，巴、蜀的文化已相当发达，其文字、形制等都独具地方特色。

直至战国中期，巴国还比较强大，还曾和蜀国联兵伐楚。此后却逐渐衰弱，放弃了长期作为其政治、经济中心的江州而向北退居到阆中。蜀国的势力向东发展，与巴国连年交战。在此之前，蜀王将其弟封于汉中，号曰苴侯。苴侯和巴王交好。蜀王攻巴，因怒而攻苴侯。苴侯抵敌不住，便逃奔到巴。巴向秦国求救。蜀也派人到秦国请求出兵帮助。这一年，是周慎靓王五年（前316年）。

秦国接到巴、蜀两国的告急文书后，立即在朝廷进行了讨论。当时在位的秦惠王很想出兵伐蜀，又觉得蜀国山高路远，行程艰难，韩国也恰在此时出兵进攻秦国的东界，因而犹豫不决。大臣们也意见不一。大将司马错请求乘机出兵伐蜀。丞相张仪却坚决反对。秦惠王让他们发表各自的意见。

张仪说：“如果我们亲近魏国，和楚国交好，然后兵进三川（指伊水、洛水和黄河交汇地区，即今河南洛阳地区），进攻新城（在今河南洛阳市南）、宜阳（今河南宜阳西），兵临二周之郊，据有九鼎，按天下之图籍，挟周天子以令于天下，天下莫敢不听，此霸王之业也。”

司马错则提出：“要想让国家富起来，就要扩大国家的地盘；要想使军队强大，就要先让百姓富足。想成就王业者，要先博施其德惠。这三者具备了，王业自然可以实现。如今，陛下国土狭小，人民贫困，所以臣愿陛下先从容易的事情上着手。蜀国地处偏僻的西方，为戎狄之长，国内正发生混乱。以我们秦国的力量去进攻它，就像豺狼追逐绵羊。得到其土地可以扩大国土，取其财富可以让百姓富足。付不出多少伤亡便可以征服它。消灭掉一个国家，天下人并不以为我们暴虐；利尽四海而天下人也不认为我们贪婪。这样，我们一举而名实相符，名利双收。但是，如果我们进攻韩国，劫持周天子，便只能得到恶名，这对我们并没有什么好处。而且，我们又落个不义之名，去做天下人不愿看到的事情。这种做法是危险的。臣请求详细谈一下其中的缘故：周天子为天下之所宗，齐国和韩国又互相亲睦。周天子知道自己将被灭亡，韩国知道自己将要丢失三川郡，他们便会并力合谋，依靠齐国和赵国的力量，和楚国、魏国取得谅解，将九鼎送给楚国，将地送给魏国，陛下是没有办法阻止他们这样做的。那时，我们的进攻就失去了意义。因此，臣以为出兵伐蜀为十全之策。”

秦惠王听了，认为司马错的分析有道理，便采纳了司马错的意见。公元前316年任命司马错为将，帅军伐蜀。秦军南越秦岭，自剑阁伐蜀。以摧枯拉朽之势，仅用了十个月的时间，便平定了蜀地，并乘势灭了巴国，将其纳入秦国的版图。贬蜀王为侯，而令陈庄相蜀。从此，秦国的土地面积扩大了一倍以上，国力更加富强，对山东诸侯国形成了更大的优势。

乐毅伐齐

周赧王元年（前314年），燕国发生内乱。由于燕王哙想仿效传说中尧舜的禅让，将国王之位让于国相子之，太子平不服，联络将军市被向子之进攻，燕都大乱，死者数万。齐滑王乘机命将军章子率军攻燕。燕国士卒不应战，城门不关闭。齐军俘虏了子之，将其剁为肉酱，又杀掉了燕王哙。燕国几乎灭亡。后由于燕人的强烈反抗，齐军才退出燕境。燕人共立太子平为王，是为燕昭王。

燕昭王即位后，时刻不忘报齐国攻燕之仇。面对国家的残破，他吊死问孤，与百姓同甘苦，卑身厚币以招揽天下之贤者。他听从郭隗之计，筑宫优待垂暮郭隗，敬之为师。于是，天下贤士争着前往燕国，其中就有著名的军事家乐毅。燕昭王封乐毅为亚卿，任以国政，经过近二十八年的努力，燕国国力得到了极大的增强。报仇的力量已经具备。而此时，齐国在位的齐滑王依仗齐国雄厚的国力攻灭了宋国，又发兵南侵楚国，西侵三晋，甚至想吞并东西二周，当天下的天子，骄暴不已。大臣狐咺和陈举进行劝谏，反而被杀。各诸侯见齐滑王如此嚣张，皆感忧虑和厌恶。燕昭王见时机已经成熟，便和乐毅及大臣商议伐齐。乐毅建议联合赵国、魏国和楚国共同伐齐。赵、魏、楚等国以齐滑王骄暴不已，恐害及自身，便都答应出兵。

周赧王三十一年（前284年），燕昭王尽起国内之兵，以乐毅为上将军，秦国将军斯离率秦军和韩、赵、魏三国之军与燕军会师。赵王甚至将相同的印缓授与乐毅。于是，乐毅统帅燕、秦、韩、赵、魏诸国联军向齐国发动进攻。齐滑王闻诸侯之军攻来，也悉起国中之兵以拒之。两军相战于济水（古道为今黄河所据）之西。结果，齐军大败而溃。乐毅在击败齐军主力后，让秦、韩二国的军队回归本国，而让魏军攻略宋地，让赵国军队收拾河间（今河北东南部），而自率燕军主力，长驱直入，攻进齐国。副将剧章劝乐毅说：“齐国大而燕国小。我们借助诸侯的力量得以打败齐国，应及时攻取齐国的边境城邑来扩大我们的地盘，这是长久之利。如今我军过而不攻，深入敌境，无损于齐、无益于燕，却又结下深仇，以后你会后悔的。”

乐毅说："齐湣王伐功矜能，不与臣下谋划，又废黜贤良，信任谄谀，政令苛虐，百姓怨愤。如今，齐军主力又被击溃。如果我们乘机进攻，齐国之民必生叛心，从内部乱起来，这样我们便可以攻灭齐国。如果失掉这个良机，等他们悔前之非，改正错误，体恤臣下而安抚人民，那就难办了。"于是，乐毅便指挥燕军深入。齐国人面对这突如其来的打击，果然失去常度，陷入一片混乱。齐湣王见局面不可收拾，被迫逃走。乐毅遂率军攻入齐国都城临淄（今山东临淄），将齐王宫中的宝物和祭器尽皆运到燕国。燕昭王感到十分高兴，亲自到济水边上慰劳燕军，论功行赏，大飨士卒。封乐毅为昌国君，让他留下统帅燕军进攻那些未被攻下的齐国城邑。齐湣王先逃到卫国，卫国人逐之。欲入邹、鲁，邹、鲁两国也不纳之。齐湣王被迫到莒（今山东莒县），遇上楚将淖齿所统帅的楚军。淖齿本是奉命救齐，见齐国败亡，欲与燕国瓜分齐地，便捉住齐湣王，杀掉了他。

乐毅率军深入齐境之后，采取了一系列措施博取齐人的欢心。他听说昼邑（今临淄西北）人王蠋是个贤人，便下令军中不要进入环昼邑三十里以内的地区，并派人请王蠋出来做官。王蠋不干，燕军威胁说："你若不出，我们将屠戮昼邑！"王蠋说："忠臣不事二君，烈女不更二夫。国破君亡，我不能存，你们又来威胁我。我与其不义而生，还不如死去！"便上吊自杀了。燕军乘胜长驱直入，齐国城邑大都望风奔溃。乐毅整顿燕军纪律，禁止侵掠，并搜求齐国隐逸在民间的贤人，以礼相待。减少赋税，取消齐国原有的残暴政令，齐国人民因之感到喜悦。乐毅又下令燕军左部向胶东、东莱一带进军，前军攻掠齐国泰山以东直至海边的地区，以琅邪（今山东琅邪）为目标；右军沿黄河和济水前进，屯住在阿（今山东东阿）、鄄（今山东鄄城）一带，和魏国的军队相呼应。后军傍北海（今渤海）而攻略千乘（今山东高青境）；中军据守临淄，镇守齐国都城。乐毅还派人祭祀齐桓公和管仲二人，表彰贤者所住的闾巷，并封王蠋之墓。齐人在燕国被封为君的有二十多人，在燕国都城蓟（今北京）有爵位的有一百多人。乐毅的这些措施收到了很好的效果。短短的六个多月时间，便有七十余座齐国城邑向燕军投降。乐毅便把这些城邑都开置为燕国的郡县。整个齐国几乎全被并入燕国的版图。只有莒（今山东莒县）和即墨（今山东即墨）两城，因齐王法章和田单等率人坚守，而未被攻破。乐毅下令燕军右军和前军包围莒，左军和后军包围即墨，攻了一年，也没有攻下。乐毅改变策略，下令解围，命燕军离开城池九里以外而修筑堡垒，以为长久之计，并下令不准抓从城中出来的人，遇到困难的人还要赈济他们。乐毅想用这种政策来软化守莒和即墨的齐人，并抚慰新被燕军征服的其他地区的齐国人。因此，又过了三年，莒和即墨二城之人还不投降。这时，有人便对燕昭王进谗言说："乐毅智谋过人，率军伐齐，呼吸之间便克齐七十余城，如今不投降的只有两个城，这不是燕军的力量不能攻拔。所以攻了三年仍未攻下，是因为乐毅想仗着兵威来压服齐国人，好在齐国南面称王。如今齐国人已经降服，乐毅所以没有称王，是因为他的妻子和孩子还在燕国。但齐国多的是美女，乐毅不久便会忘掉他的妻子，那时就危险了。愿大王您早点防备。"燕昭王听后，召集群臣，置酒大会，把进谗言的人叫出来责备他说："齐国无道，乘我国之乱而杀害先王。寡人继位，痛之入骨。所以才广延群臣，外招宾客，以求报仇。谁要能做到这点，我还想和他共有燕国。如今，乐将军亲自为寡人攻破齐国，夷其宗庙，报了前仇，齐国本来就应属乐将军所有，不是燕国所得。乐将军若能拥有齐国，与燕国并为列国，结欢同好，以抚诸侯之难，这是燕国之福，寡人之愿。您怎么敢说这样的话！"下令杀掉了他。燕昭王又赐给乐毅的妻子以王后所穿之服，赐给乐毅的儿子以公子之服，辂车乘马，附属之车达百辆，派国相带着送给乐毅，立乐毅为齐王。乐毅惶恐不受，写信给燕王表示誓死效忠。因此，齐人都佩服乐毅的义气，诸侯也畏惧乐毅的信义，都不敢打齐国的主意。

不久，燕昭王去世了，子燕惠即王立。惠王在当太子的时候，就对乐毅不满。齐即墨守将田单听说后，便使离间计，派人到燕国散布谣言，声称："齐王已死，只有二城未被燕军攻破。乐毅和燕国新国王有矛盾，害怕被杀而不敢回国，以伐齐为名，实际上是想联合诸侯兵在齐地称王。只是齐国人没有全部归附，所以暂缓进攻即墨以待时机。齐国人害怕的是燕国派别的将领来，那时即墨可就完了。"燕惠王本来就怀疑乐毅，听到这些谣言后，便派骑劫代替乐毅为燕军统帅，而召乐毅回国。乐毅知道燕惠王包藏祸心，想杀自己，被迫逃到了赵国。燕军将士因乐毅无罪而被逐，都感到气愤。因此，燕军将士不和，上下离心。田单乘机用"火牛阵"大败燕军，杀死骑劫，尽复齐国故地。燕昭王和乐毅数十年苦心经营而换来的胜利，终于化为乌有。

田单火牛阵大破燕军

田单是齐国田氏王族的远房支属，齐湣王时，曾在都城临淄（今山东淄博）做书掾（管理市政的小吏）。

周赧王三十一年（前284年），燕军攻齐。齐军节节败退，临淄失陷。齐湣王出奔卫国，旋走莒城（今山东莒县），不久被杀。田单也携家眷离开临淄，逃往乐平（今山东益都西北）。他估计燕军会随后杀来，便让同族人把露在车轮之外的车轴部分截断，再用铁皮罩护住。不久，燕军果然攻占了乐平。城中人夺路逃难，由于彼此车轴的突出部分互相冲撞，轴断车毁，不能前进，被燕军俘虏。唯有田单一族人，因为改造了车辆，得以顺利地摆脱困境，转移到即墨。

此时，燕军已长驱直入，齐国除莒、即墨两城外，其余七十余城均被燕军占领，成为燕的郡县。即墨大夫出城迎战，也战败身亡。即墨人纷纷推举田单，说：乐平之战，田单因改良车轴而保全了族人的身家性命，足见他是个懂得兵法的人。遂立田单为将，抗拒燕军。

周赧王三十六年（前 279 年），燕昭王去世，惠王继位，他与乐毅不合。田单利用燕惠王对乐毅的猜忌，进行离间活动。他派人散布谣言，说：昭王已经死了，齐城没有攻下的，还有两座而已。乐毅害怕被诛杀不敢回国，想以攻打齐国为名，与齐兵勾结，做齐国的国君。只是齐国的民心尚未归顺，才缓攻即墨，等待时机。目前齐国最惧怕的是燕国调派其他将领来攻打，如果那样，即墨就会一败涂地。燕王听了，颇有同感，就派骑劫接替乐毅为将。乐毅因此而去燕投赵。燕国军民都为这件事忿忿不平。

田单足智多谋，并不马上与骑劫交战。他命令城中百姓，每次用餐前，一定要先在庭院中祭祀祖先。小鸟被吸引得在城的上空盘旋，纷纷飞下来啄食祭品。城外的燕军见即墨上空飞鸟成群，感到奇怪。田单便乘机散布谣言说：神仙自天而降，来授予我天机。又告诉城中军民，还会有一个神人来当我的军师。有一名小卒冒昧地上前对田单说：我是骗你的，我实际上什么也不懂。田单道：你什么都不用说。从此，田单开始尊他为师。每次发号施令，必说是宣达神师的旨意。这一做法既欺骗了燕军，又约束了部下，齐军个个对田单唯命是从。

不久，田单又散布谣言说：我只是怕燕军把被俘齐兵的鼻子割掉，让他们排列在队伍的前面，来和我们作战，那样一来，即墨是非垮不可的。燕军听后，便把被俘齐兵的鼻子全部割掉了。守城的齐兵见状，人人义愤填膺，死守城池，唯恐被燕军抓去。

田单还扬言：我担心燕国人挖掘我们城外的那些坟墓，辱及祖宗的尸骨，这可是令人想到都胆战心寒的。燕军闻言后，便掘坟焚尸。即墨人从城头上望见燕军这一残暴举动，都痛苦失声，强烈要求出城与燕军决一死战。

田单感到与燕军作战的最佳时刻已到，便手持牌筑、铁锹，与士卒一道修筑工事。并把自己的妻妾编入队伍，拿出所有的食品犒劳大家。接着，命令精锐部队都埋伏起来，只派一些老弱残兵和妇孺登城巡逻。同时，田单又派遣使者，到燕军的营地接洽投降。早已疲惫厌战的燕军闻讯，都高呼万岁不已。田单还从民间收集了大量黄金，让即墨富豪送给燕将骑劫，并对骑劫说：即墨就要投降了，希望你们进城后，不要掳掠我们的家财及妻妾，让我们像往常一样生活。骑劫高兴得连连许诺。燕军的戒备从此更加懈怠了。

经过一系列的攻心战后，田单准备奇袭燕军。他从城中收聚了一千多头牛，给每头牛披上绘有五彩龙形花纹的丝绸服装，牛角上端绑上锋利的刀刃，又把灌满油脂的芦苇捆在牛尾巴上。准备完毕后，齐军利用一天深夜，在城墙上凿了数十个洞，然后点燃牛尾上的芦苇，放牛从洞口出城，五千名精壮的齐兵紧随其后。燃烧的芦苇烧痛了牛尾巴，牛号叫着冲向围在四周的燕军。燕军在酣睡中被吓醒了，面对一群群头顶利刃，尾带烈火，风驰电掣般冲来的庞然大物，大为惊骇，只要被碰上的非死即伤。尾随而来的五千名齐兵奋力攻杀。城中老弱妇孺手持铜器，敲得震天响，与城外的呐喊声连成一片。燕军吓得仓惶出逃，骑劫也在混乱中被杀。

田单率军乘胜追击，所向披靡，迅速收复了齐国所沦亡的七十余城。燕军被迫退到了黄河边上。此后，田单到莒城恭迎齐湣王之子法章到临淄主持国政，即齐襄王。襄王封田单为安平君，并任命他为相国。

田单在齐国仅剩下两座孤城，而即墨又不过是“三里七城，七里之郭，敝卒七千人”的情况下，之所以能够转败为胜，在一夜之间改变战局，进而收复全国，是他指挥上奇诈多变、出奇制胜的结果。正如《史记·田单列传》所言：“夫始如处女，敌人开户；后如脱兔，敌不及距。其田单之谓邪!”

蔺相如完璧归赵

战国中期，赵国有两个著名人物肩负着抵御强秦、保卫国家的重任。一个是廉颇，一个是蔺相如。

廉颇是赵国名将，善于用兵打仗，作战骁勇，闻于诸侯。周赧王三十二年（前283年），廉颇为赵军统帅率军伐齐，大破齐军，攻取阳晋（今山东曹县西北），被拜为上卿。而蔺相如原来只是赵国宦者令缪贤的舍人，默默无闻，而人亦不知其才。

赵惠文王时，一次偶然的机会，赵国从楚国得到了著名的宝玉——和氏璧。秦昭王听说后，派人送给赵惠文王一封信，表示愿以十五座城邑交换和氏璧。赵惠文王和廉颇等大臣商议此事。他们深知秦国言而无信。将和氏璧给了秦国，赵国恐怕得不到秦国的城邑，徒然见欺；要是不给，又怕秦国以此为借口，出兵攻打赵国。计议未定，想找一个可以到秦国出使回报此事的人，一时却又找不到合适的人选。宦者令缪贤便说：“臣的舍人蔺相如可以出使。”赵王问：“你怎么知道呢?”缪贤说：“我曾经犯了罪，无计可施，准备偷偷逃到燕国去。我的舍人蔺相如阻止了我，问我：‘您怎么认识燕王的?’我说：‘我曾跟从大王和燕王在边境上相会，燕王私下握住我的手，说愿和我交朋友。因此我想逃到燕国去。’蔺相如对我说：‘赵国强大而燕国弱小，您又得赵王信任，所以燕王才愿和您交朋友。而如今您是从赵国逃到燕国，燕国畏惧赵国，其势必不敢收留您，而会将您捆起来送回赵国。您不如肉袒伏斧而向赵王请罪，也许可以免于治罪。’我听了他的话，大王也真的赦免了我。因此，我认为他是个勇士，又有智谋，可以完成这项使命。”于是，赵王召见了蔺相如，问蔺相如：“秦王以十五城请求换寡人这块玉璧，可不可以答应呢?”蔺相如说：“秦强而赵弱，不可不许。”“那么，拿走了玉璧，却不给我们城邑，那该怎么办?”蔺相如说：“秦以城求璧而赵不许，则其曲在赵国。若赵国给了玉璧而秦国不给城邑，则曲在秦国。比较起来，宁可许之而使秦国负曲。”赵王问：“谁可以出使秦国?”蔺相如说：“如果大王实在找不到人，臣愿奉璧出使。赵国得到城邑则玉璧将留在秦国，如果秦国不给城邑，则臣请完璧归赵。”于是，赵王便派蔺相如带着和氏璧出使秦国。

秦昭王在章台宫召见了蔺相如。蔺相如奉上了和氏璧，秦昭王大喜，让身边的美人和近侍传着欣赏，他们都高呼万岁。蔺相如见秦昭王只想要和氏璧，却没有要用城邑来换的意思，便走上前去说：“玉璧上有点瑕疵，请让我给您指出来。”秦昭王信以为真，便把玉璧递给了蔺相如。蔺相如手持玉璧向后退了两步，靠在殿中的柱子上，怒发冲冠，对秦昭王说：“大王想得到玉璧，派人送信给赵王。赵王把大臣召来商议，都说：‘秦国贪得无厌，仗着自己强大，用一句空话来要玉璧，恐怕不会用城来换。’都不主张把玉璧给秦国。臣以为连布衣百姓之交尚且不相欺骗，何况是大国呢？而且，因为一块玉璧而和强大的秦国闹翻是不必要的。于是，赵王乃斋戒五天，派臣奉玉璧拜送于秦庭。为什么？是看在秦国强大的份上以致敬意。而如今，大王对臣甚为倨傲，得到玉璧，又传之美人，以戏弄于臣。臣看大王并没有给赵国城邑的意思，这才又把玉璧要了回来。大王如果一定要强要，那么臣的头颅就和这玉璧一起都碰碎在这柱子上!”说着，蔺相如回身看着柱子，举起玉璧准备向柱子上碰。秦昭王大惊，怕蔺相如真的把玉璧碰碎，便赶紧向蔺相如道歉。又召来有关官员，摆开地图，指出把从哪儿到哪儿的十五座城给赵国。蔺相如估计秦昭王是假装要给赵国城邑，而赵国实际上得不到，便对秦昭王说：“和氏璧是天下所共传的至宝，赵王因畏秦之强大，不敢不献。赵王在送璧的时候，曾斋戒五天。如今大王您也应斋戒五天，并召集宾客，臣才能把玉璧奉献给大王。”秦昭王估计用强夺的办法达不到目的，便答应了。蔺相如回到传舍（相当于今之国宾馆）后，估计秦昭王虽然会斋戒，但决不会真的给赵国城邑，便派随从换上便衣，把和氏璧揣在怀里，从小路逃出秦国，把和氏璧送回了赵国。

秦昭王斋戒五天后，在宫中召集宾客，然后引见赵国使者蔺相如。蔺相如到达后，对秦昭王说："秦穆公以来，二十多代君主，没有一个是言而有信，坚明约束的。臣诚恐被大王欺骗，辜负赵国的期望，所以让人带着玉璧从小路逃走，现在已经回到赵国了。而且，秦强而赵弱，大王遣一介之使至赵国，赵国会立即将玉璧送来。如今，以秦国之强大，先割十五城给赵国。赵国难道敢留下玉璧而得罪大王吗？臣知道欺大王之罪当诛，臣请求大王治罪，希望大王和群臣认真商议一下。"秦昭王和秦国的大臣们又惊又怒。侍卫们有的想把蔺相如拉出去杀掉，秦昭王定了定神，说："如今杀了蔺相如也得不到玉璧，又因此断绝了秦赵两国的交情，不如好好待他，放他回去。赵王难道会因一块玉璧而欺骗秦国吗？"最后还是招待蔺如相，之后放他回了赵国。

蔺相如回到赵国后，赵王认为蔺相如是贤才，出使而不辱于诸侯，便拜蔺相如为上大夫。秦国没有给赵国城邑，赵国也最终没有给秦国和氏璧。

秦赵长平之战

阏与之战不久，秦赵两国又爆发了战国史上规模最大的战争长平（今山西高平县境）之战。周赧王五十三年（前 262 年），秦国发兵攻打韩国的野王（今河南沁阳县），野王守将降秦，使韩国上党郡与韩都之间的通道被切断。上党郡守冯亭火速派使者去赵国求救，愿以上党等十七个城邑降赵，以共同抵御秦国，赵王接受了平原君的主张，派平原君领兵援助上党，派大将廉颇进军长平，成犄角之势，互相呼应。

周赧王五十五年（前 260 年），秦将王龁攻取上党，上党守军败退到赵国，秦军随即进攻长平。廉颇修筑营垒，坚守长平，阻挡住秦军的攻势，两军呈相持状态。秦军不能推进，派奸细以千金贿赂赵国权臣，散布流言说，廉颇容易对付，准备投降，秦国最担心赵奢的儿子赵括为将领兵。昏庸的赵孝成王，以为廉颇固守长平而不出战是畏惧秦军，又听到流言，便撤换了廉颇，准备以赵括代替。蔺相如极力劝阻，他认为将要误大事。赵王不听，坚持派赵括去代替廉颇。赵括的母亲得知赵王要用其子为将，也上书劝阻。赵王还是不听。秦国听说赵括已取代了廉颇，立即暗中改派武安君白起为将，以龁为副将，通令全军：谁若是泄露了白起为将的消息，马上斩首！

赵括走马上任，更换了赵国原来的将官，改变了廉颇的战略，下令大举进攻秦军。秦军伪装溃败，同时派出两支部队抄赵军的后路，转而前后夹击赵军。白起又派五千骑兵攻破赵军原来的阵地，赵军被分割包围，粮道也被切断。赵军被迫原地坚守，等待救援，并向齐国请求粮食支援，齐国置之不理。这时，秦王亲往河北征发十五岁以上的男子，全部开往长平，投入战争，阻断了赵军的救兵和粮饷。赵军被困40多天，粮尽援绝，暗中互相残杀，拿人肉充饥。赵括亲自率领一队精兵突围，结果被秦军射死。赵军全面崩溃，40万人投降秦军。秦将白起恐怕赵军作乱，除把240个小孩放归赵国外，其他士卒全部活埋。

长平之战是战国史上最大的一次战役，这次战役使山东各国对秦国更为怨恨，迫使各国联合起来共同对付强秦。不久，便爆发了邯郸之战和五国攻秦。

信陵君窃符救赵

信陵君是魏昭王的少子，当时在位的魏安釐王的异母弟。为人仁而礼贤下士，士无论贤与不肖皆谦恭而以礼交之，并不因自己贵为王侯而骄人。所以，当时之士不远千里争往归附于信陵君，信陵君有食客三千。因为信陵君贤，多客，诸侯有十余年不敢加兵于魏。信陵君之礼贤下士，可以他与侯嬴的交往为典型。

当时，魏国有隐士叫侯嬴，年已七十，家境贫寒。在魏都大梁的夷门当监者（看门人）。信陵君闻其贤，前去请见侯嬴，想赠给侯嬴一些财物。侯嬴却不肯接受。信陵君乃置酒大会宾客。等宾客坐定后，信陵君亲自坐车去迎侯嬴赴宴。侯嬴也不客气，身着破旧衣冠而直上公子之车，想以此观察信陵君是不是真心。信陵君仍是非常谦恭，侯嬴又对信陵君说："臣有客在市屠中，请您枉车骑过之。"信陵君让车子赶到大梁的市场上，侯嬴下车，去见其客朱亥，故意在那儿说了半天话，并暗中观察信陵君，信陵君脸色愈和，毫无怒意。当时，魏国将相宗室，宾客满堂，都在等待信陵君回去举酒开饮。市场上的人都围观信陵君为侯嬴赶车。信陵君之从骑都暗骂侯嬴。侯嬴见信陵君脸色始终不变，乃辞别朱亥上车。到信陵君家中，信陵君引侯嬴坐上座，并向宾客介绍和赞美侯嬴，宾客都大吃一惊。酒酣，信陵君起而为侯嬴上寿，侯嬴答曰："今日侯嬴之为公子亦足矣。侯嬴不过为夷门之抱关者，而公子亲枉车骑，自迎嬴于众人广坐之中。嬴欲成公子之名，故让公子车骑久立于市中，过客以观公子，公子愈恭。市人皆以嬴为小人，而以公子为长者能下士也。"于是，侯嬴遂成为信陵君之上客。侯嬴又向信陵君推荐了朱亥。信陵君当时并未想到，这二人以后对他的事业起了巨大作用。

周赧王五十五年（前260年），秦国和赵国在长平（今山西高平北）发生大战。赵军统帅赵括只会纸上谈兵，率领赵军轻易出击，被秦军切断后路，断粮四十六日。主力四十万人全部被秦军歼灭。第二年（周赧王五十六年，前259年），秦国复派王陵为将，率秦军主力从上党地区（今山西东南部长治地区）突破井陉关，进围赵国都城邯郸。赵国精锐尽失，不得不困守孤城。秦军日夜急攻，意在灭赵，形势十分危急。赵王之弟、赵相平原君在率军力战的同时，派使者四处求救。因为平原君的妻子是信陵君的姐姐，当此危急之时，平原君发使至魏，请信陵君让魏王发兵救赵。

魏安釐王接到求救书之后，便命晋鄙率十万魏军救赵。秦昭王听说后，便派使者到魏国去威胁魏王说："吾攻赵旦暮且下，而诸侯谁敢救之，拔赵之后，必先移兵击之。"魏安釐王怕秦军来攻，便命人让晋鄙停止前进，驻扎在邺（今河北临漳西南），筑垒固守。名为救赵，实持两端。平原君苦等救兵不至，接连派使去魏国，并写信责备信陵君。信陵君几次向魏王请求，并让宾客辨士万般劝说，魏安厘王畏秦，终不听从。信陵君自度达不到目的，又不愿自己独生而令赵国灭亡，便召集宾客，约车百余辆，准备往赴秦军，与赵国共亡。行过夷门，见了侯嬴，将自己的想法告诉了侯嬴，并与侯嬴诀别。侯嬴对信陵君说："公子喜士，名闻天下，今有难，无端而欲赴秦军，譬若以肉投饿虎，何功之有？嬴闻晋鄙之军的兵符常在王君的卧室之内，而如姬最得王君宠幸，经常出入于王君卧室，有机会得到这兵符。嬴闻公子曾为如姬报仇，如姬愿为公子去死，只是没有机会罢了。公子诚一开口请如姬，如姬必定答应，窃得兵符而夺晋鄙之军。北救赵而西却秦，有何不可！"信陵君听从其计，去请如姬帮忙，如姬果然将兵符盗出给了信陵君。

得到兵符后，信陵君准备出发。侯嬴对他说："将在外，君命有所不受，以便国家。公子去合了兵符，而晋鄙不愿交出兵权，事情必定难办。臣客屠者朱亥可与您一起去。朱亥是一个力士。晋鄙听命自然好；如不听命，便可让朱亥击杀他。臣本应跟您前去，只是老了，走不动了。请数公子行日，以至公子至晋鄙军之日，北向自刭，以送公子。"信陵君便出发了。

信陵君到达邺之后，矫魏王之命，要晋鄙交出兵权。晋鄙合过兵符之后，又起了疑心，不想交权。朱亥用40斤重的铁椎砸死了晋鄙，信陵君便统帅了晋鄙所率的魏军。信陵君下令军中："父子俱在军中者父归；兄弟俱在军中者兄归，独子无兄弟者归养双亲。"最后得选兵八万人，进兵向秦军攻击。因魏军人人皆抱必死之心，故一个冲锋，便逼得秦军向后撤退。这时，赵平原君散掉家财，得敢死之士3 000人为先，冲击秦军，秦军抵敌不住，后退30里。信陵君率领的魏军和楚国的救兵正好赶到，内外夹击秦军。秦军大败，向西撤退。秦军后部郑安平所率25 000人被切断归路，向赵军投降。邯郸之围遂解，赵国也转危为安。

信陵君之救赵，是战国时期的"士"阶层活跃于社会政治舞台的一个典型。所谓“得士者昌，失士者亡”。

李牧击匈奴

战国末年，位于中国北方蒙古高原的匈奴族逐渐强大起来。匈奴部族也有悠久的历史。在商代，中原人称之为“鬼方”；西周时期又称为猃狁（或狁），至战国时期始称匈奴。匈奴实际上是蒙古高原许多个部族的总称。他们都是游牧民族，惯于骑马，逐水草放牧牛羊。男子从小骑羊持弓射猎兔、鹿，长大则骑马。当时的匈奴部族还处于奴隶制初期，习于从别的部族抢掠财物。急则上马冲杀，成年男子皆为战士；败则溃散而逃，丝毫不以为耻。而进退神速，来去如风，给中原北方秦、赵、燕等诸侯国造成很大威胁。赵武灵王胡服骑射，仿照胡人习俗，组建起强大的骑兵部队，转而用之进攻匈奴分支之一的林胡等部，开地千里，收到了很好的效果。到战国末年，各胡人部落在匈奴的旗帜下逐渐统一起来，形成一支巨大的力量，严重威胁赵、秦、燕等国北方边境的安全。因此，这三个诸侯国在北方各自修筑长城的同时，又都驻扎有大量的防御部队，以抵御匈奴族的入侵。同时，也出现了一些抗匈奴的名将。赵国的李牧便是其中最有名的一位。

李牧前半生的生平，由于缺乏史料，无法知道。我们只知道他是赵国北方边境的名将，曾经在赵国的代郡（治今河北蔚县西南）和雁门郡（治今山西右玉南）一带防御匈奴。因匈奴兵皆为骑兵，来去如风，不易捕捉战机，必须一战得胜，才能赢得战场上的主动权。否则便会东追西挡，疲于奔命。为达此目的，李牧首先致力于团结将士，使上下齐心协力。他根据边境的实际情况设置官吏，开辟商业市场，然后把从市场上征收来的赋税都输入幕府，作为军费开支，每天都买些牛来杀掉，犒劳士兵。平日加紧督促士兵练习骑马射箭，提高战斗能力。在边防线上则命令军兵提高警惕，完善烽火等报警设施，并派出许多间谍侦探匈奴人的动向。但李牧却不准士兵出去和匈奴人交战，并向全军下令：“如果匈奴兵来侵扰，立即收拾畜产、驱赶牛羊入城自保。谁敢出去抓匈奴者斩！”匈奴兵一进入赵国边地，赵军立即点燃烽火，入城据守，拒不出战。这样过了几年，赵国方面也并没有什么损失。

匈奴人都认为李牧是个胆小鬼。就连赵国的边防士兵，也都这样看待李牧。为此，赵王派使者责嚷李牧，李牧却不听命令，依然故我。赵王见李牧如此，十分恼怒，便撤了李牧的职，改派他人驻守边防。在以后的一年多时间里，赵军屡次出战，却往往战败，死伤了不少人马，边郡地区也不能正常地耕田、放牧。赵王不得已，又请李牧出任边将，李牧却紧闭家门，称病不出。赵王大急，强行请李牧出任，李牧说：“如果一定要用我为将，一定要照我说的办，我才敢奉命。”赵王答应了李牧的要求。李牧到边郡后，还采取以前的办法，匈奴连续几年里都没有抢到什么，却始终认定李牧胆怯。

李牧又经常赏赐将士。赏赐多了，将士们无功受禄，于心不安，不愿意再接受赏赐，而都愿意和匈奴人大战一场。李牧见将士们士气已经养成，便从边防军中挑出 1 300 辆战车，13 000 名精锐骑兵，能擒敌杀将的精锐步兵 50 000 人，善射的弓箭兵 100 000 人，把他们全部调集在一起，准备作战。然后，李牧下令大开城门，将牛羊都驱赶到田野里。一时间，牧畜、人民，布满山野。匈奴人闻讯后，立即前来抢掠。赵军佯装不胜，让匈奴人俘去数十人。匈奴单于见赵军不过如此，便率领大军进入边塞，想大捞一把。李牧见匈奴兵来到，便布下奇阵，命中军诱敌，左、右两军从侧翼包抄进击，形成包围圈，大败匈奴人，杀匈奴兵十多万人。之后，李牧率军乘胜消灭了襜褴部落，击破了东胡，并迫使林胡投降赵国。匈奴单于被打得抱头鼠窜，十几年都不敢靠近赵国边境。

李园献妹杀黄歇

战国四大公子之一的楚春申君，原名黄歇，因帮助楚考烈王即位被封为春申君，后相楚，门下有食客三千余人，声势显赫一时。

楚考烈王即位数十年，但一直没有儿子，春申君为此十分焦虑，到处派人寻找生育能力强的女子，把她们献给楚考烈王，但始终没有生下一儿半女。赵国有个叫李园的人，带着自己的妹妹到楚国，准备把妹妹献给楚王，求取富贵。他听说楚王没有生育能力，怕把妹妹献上以后，一样不能生孩子，时间长了会失去宠爱，便改变了想法。他先求为春申君的舍人。一天，他告假回家，故意超过时间才回来。春申君问他超假的原因，李园说：“齐王派人来求臣的妹妹，我和齐王的使者在一块喝了点酒，所以回来晚了。”春申君问：“你已接受了聘币吗？”李园说：“还没有。”春申君便纳了李园的妹妹为妾。不久，李园的妹妹怀了孕，李园让他妹妹劝春申君说：“楚王信任、器重您，就是亲兄弟也不过如此。如今您为楚相二十多年，而楚王没有儿子，楚王去世后将更立其他兄弟。那时，他们各自重用自己以往所亲近器重的人，您又怎么能长久地保持这种荣宠呢？事情并不仅此而已。您地位尊贵，当权的时间久，少不了得罪楚王的兄弟。他们立为楚王后，您的大祸就要临头了。现在，我怀了孕而别人不知道，我得到您的宠爱又没多久。如果以您的尊贵，把我进献给楚王，楚王必然宠爱我。我若靠上天的保佑而生了男孩，那就是您的儿子将来当楚王，楚国可以全部在您的手里，这比身临不测之祸要强得多。”春申君听后，觉得十分有理，便给李园的妹妹在外面建了一栋房子，让她住进去，然后告诉楚王。楚王听后，便召李园的妹妹进宫，和她同居。不久，李园的妹妹果然生了个男孩，并被立为太子。李园的妹妹也成了王后。

李园之妹为王后以后，李园一下子尊宠起来，并有了相当大的权力。他怕春申君把以前的事情泄露出去，便暗中训养死士，准备杀掉春申君灭口。这件事情楚国的人颇有知道的。后来，楚考烈王生了病，舍人朱英对春申君说："世上有意想不到的幸福，也有意想不到的祸害。如今，您处在死生无常的世界里，臣事喜怒不节的君主，怎么可能没有忽生凶念，要干凶事的人呢?"春申君问："什么叫意想不到的幸福?"朱英说："您为楚相二十多年了，虽名为相国，实际和楚王一样。楚王如今病了，很快就要死去。楚王死后幼主年纪太小，您还为相国而当政，等王长大后再把国家交还给他，不用即而实际上南面称孤为王，此即所谓意想不到的幸福。"春申君又问："什么是意想不到的祸害?"朱英说："李园不能执掌楚政，便是您的仇人。他不掌握军队，但暗中训养死士已经很久了。楚王死，李园必先入宫中，掌握住大权而杀您以灭口，这便是意想不到的祸害。"春申君问："忽生凶念，要干凶事的人是什么意思?"朱英说："您让我混到郎中（宫中侍卫）的行列中，李园若先入宫中，我为您杀掉他，这便是忽生凶念，要干凶事之人。"春申君说："您算了吧。李园是个文弱的人，我待他又很好，哪能到这一步呢?"朱英知道自己的话不会为春申君所采纳，害怕祸事临头，便逃亡了。十七天以后，楚考烈王死，李园果然先入宫中，并在都城的棘门内埋伏下死士。春申君入城时，死士们从两旁夹攻，杀死了春申君，把他的脑袋扔在棘门之外。李园又下令将春申君全家都抓来斩首。太子立为楚王，是为楚幽王。

荆轲刺秦王

早在公元前246年秦王嬴政即位时，燕国以太子丹为人质，与秦结好。但秦王对他很是不好，于是，燕太子丹就从秦国逃归。后来等秦国灭韩亡赵，兵临燕国的边境。弱小的燕国人心惶惶，上下恐惧。燕太子丹去向他的老师鞠武讨计，鞠武建议联合诸侯，共抗强秦。太子丹认为远水难解近渴。于是又去找燕国的元老田光，田光便向他推荐了荆轲。

荆轲原是卫国人，原名庆轲，卫亡之后，他辗转赵国的榆次、邯郸等地，然后到了燕国，改名荆轲。他既与田光是好友，又与会杀狗弹琴的高渐离等人是莫逆之交，性情豪放、名噪一时。太子丹与他一见如故，互倾腑肺之言。太子丹的想法是：倾燕国全国兵力抗秦，亦如以卵击石。上策是派一名勇士，以计擒拿秦王，迫使其归还诸侯的土地，若不答应，即致其于死地，然后乘秦国无君之际，合诸侯而灭强秦。

但是，荆轲推辞这一重任。太子丹几经恳请，他才接受了这个任务。于是太子丹立即封荆轲为上卿，让他过着奢侈的生活。过了一段时间，秦军开始进犯燕国的南部边境，太子丹很恐惧，催促荆轲行动。荆轲说："现在行动时机尚未成熟，没法接近秦王。听说秦王用金千斤、邑万家来买逃将樊於期的头，如果能得到樊将军的首级和燕国督亢之地（今河北涿州、新城、固安、安兴一带）的地图，把它作为进见礼，秦王一定会高兴地接见我，我也就可以趁机行事了。"但太子丹不忍心杀害投奔他多年的秦将樊於期。于是，荆轲私下找到樊於期，向他说明来意，樊於期听后，袒露臂膀，以左手扼住右手腕，说："杀秦王而报深仇，这是我多年来日思夜想的宿愿！"说完，便自刎了。太子丹又送与荆轲一把用毒药反复浸泡的锋利匕首，让勇士秦舞阳作他的副手。荆轲本想等一位朋友同去，但太子丹疑其后悔，意欲让秦舞阳先行一步。荆轲听了，气愤地斥责太子丹，并立即辞行。燕太子丹和众宾客都白衣白帽相送，到易水边上，祭祀祈祷过后，高渐离击筑，荆轲和而歌唱："风萧萧兮易水寒，壮士一去兮不复还！"送行的人都垂泪涕泣。荆轲又慷慨悲歌，众人都瞋目发指。荆轲大步上车，头也不回，驱车入秦。

到了秦国，他们先贿赂通秦王的宠臣蒙嘉。秦王听说燕国派使者带着珍贵的礼物前来表示臣服，就马上在咸阳宫举行隆重的接见仪式。荆轲手捧装着樊於期首级的匣子，秦舞阳捧着装有地图的匣子，相继来到大殿。刚走到台阶下，秦舞阳便被秦宫森严的气氛吓得脸变颜色身发抖，荆轲回过头笑着看了看秦舞阳，然后替他圆场说："穷乡僻野之人，从来没有见过大王这样的气派，希望大王不要怪罪，容许我等完成使命！"秦王对荆轲说："把秦舞阳所带的地图取来！"荆轲呈上地图，秦王一点点展开图卷，展到最后，是一把寒光闪闪的匕首。荆轲急忙以右手抢着匕首，左手抓住秦王的衣袖，向秦王刺去，然而这一刀没有刺中。秦王大吃一惊，一跃而起，由于用力过猛，挣断了被荆轲抓住的衣袖。惊慌之间，秦王想拔身上的佩剑，但由于剑长，加之惊恐急迫，怎么也拔不出来。于是，只得绕着殿上的大柱躲避，荆轲紧追其后。

咸阳宫里的秦国侍臣，被这突如其来的举动吓傻了眼。秦法规定：殿上侍立的群臣谁也不准带兵器，而警卫秦宫的将士，没有秦王的命令谁也不准上殿。惊慌之中，秦王忘了下令召殿下的卫士。因此，荆轲在殿上追逐着秦王，那些吓呆了的侍臣稍微镇定下来，但手中又无搏击荆轲的兵器，只好上前徒手格斗，只有御医夏无且将手中所提的药囊抡起来砸向荆轲。

秦王绕着柱子躲避荆轲，仓惶狼狈，不知所为。侍臣们喊："大王把剑推在背上！"秦王这才恍然大悟，背负长剑，从肩头拔剑而出，向荆轲砍去，一下砍断了他的左腿。荆轲忍痛把匕首向秦王掷过去，但没有击中，掷到后面的柱子上了。秦王再上前以剑砍荆轲，荆轲身上八处被刺伤。荆轲知道大事不能成功，靠在柱子上冷笑着说："大事所以没有成功，是因为想生擒活拿你嬴政，以得到你退还侵吞诸侯土地的契约来报答燕太子！"这时，秦宫侍臣一拥上前把荆轲杀死，而秦王好久都闷闷不乐。

事后，秦王立即发兵伐燕，不久便攻下了蓟城。燕王喜和太子丹率精兵跑到辽东，秦将李信紧追不放。代王嘉给燕王喜写信说："秦军之所以紧追你，是因为太子丹的缘故。莫如杀太子丹以献秦，或许能保全社稷。"于是燕王为了缓和秦军的进攻，杀了太子丹，准备献给秦国。但这些都无济于事，到秦始皇二十五年（前222年），秦俘虏了燕王喜，终于灭燕。燕太子丹少年时曾在赵国为质，秦王嬴生于赵国、两人曾是少年朋友。

王翦灭楚

王翦，频阳（今陕西富平东北）东乡人，战国末年秦国名将。秦始皇二十年（前227年），王翦率秦军攻燕，第二年攻灭燕国，凯旋而归。秦始皇二十二年（前225年），秦始皇又令王翦的儿子王贲率军进攻楚国，攻克十余座城池。然后回兵攻魏，魏王投降，遂定魏地。这时，赵、韩、魏、燕四国已被秦国吞灭。山东六国，只剩下齐、楚两国，秦始皇便把兵锋指向了南方的楚国。

在当时的秦国名将中，除蒙恬、王翦、王贲等人外，还有一个青年将领叫李信。李信是陇西人，少年壮勇，胆气过人。在跟随王翦攻燕时，燕王和燕太子丹率其精兵东保辽东，李信率数千精兵在后急追，连败燕军，而在辽东的衍水河上生擒燕王，为灭燕立下大功，并赢得了秦始皇的赞赏和信任。这时，秦始皇想灭楚，考虑秦军统帅的人选，首先便想到了李信。他问李信："我想消灭楚国，依你的估计，用多少兵力才够呢？"李信豪气十足，说："不过用20万人就足够了。"秦始皇又去问王翦，王翦说："非60万人不可。"秦始皇一听，认为王翦之言不行，说："王将军年纪大了，胆子也小了。李信将军果敢壮勇，他的话才有气概。"于是，秦始皇没有用王翦，而派李信为主帅，和蒙恬等将领统帅20万秦军南伐楚国。王翦因为自己的话未被采用，便谢病归老于频阳。李信率秦军入楚境后，分兵两路，自率一军进攻平舆（今河南平舆北），而使蒙恬率军攻寝（今河南固始境），初战胜利，大败楚军。之后，李信率军向东，和蒙恬军会合。这时，楚国遣其名将项燕率军御秦。项燕率军先是坚守不出，及秦军作长途转战之际，以逸待劳的楚军突然出击，紧紧尾随在秦军之后，三日三夜不停顿，追及秦军。秦军大败，被楚军攻破两个壁垒，七个都尉战死。李信被迫率秦军撤退。秦始皇听说李信攻楚失败，大发雷霆，又后悔未听王翦之言，便亲自乘车驰至频阳，召见王翦，对王翦道歉说："寡人因为不用将军之言，而使李信折辱秦军。如今楚军乘胜而西，形势危急。将军虽有病在身，难道扔下寡人不管吗?"王翦谢罪说："老臣疲病悖乱，不堪为将，请大王另外选择贤将。"秦始皇又道歉说："行了，将军不要再说了。"王翦说："大王若一定要用臣为帅，非60万人不可。"秦始皇说："听你的就是了。"于是，秦始皇征集秦国所有的精兵共60万人，交给王翦率领，南下攻楚。大军出发时，秦始皇亲自送行到灞上（今陕西西安东）。王翦乘此机会，要求秦始皇赐给自己好田宅园池，而且要的数量很大。秦始皇说："将军勉力出征就是，用得着担忧贫穷吗?"王翦说："为大王您带兵打仗，再有功劳也终不得封侯。所以，趁着大王还用得着老臣的时候，臣赶紧要点土地园池留给子孙。"秦始皇听了王翦之言，乐得哈哈大笑。

王翦在就要出关的时候，又前后五次派人向秦始皇请求赐给自己上好的土地园池。有人劝王翦说："像将军您这样要东西，也太过分了。"王翦说："不然。秦王性情粗暴，不肯相信别人。如今把秦国所有的精兵都调来而专委于我，我多要一点田宅园池为子孙之业，让秦王认为我只图小利。这样来坚定秦王对我的信任，不使秦王无由地怀疑我?"王翦到达前线后，便代替李信为秦军统帅。楚国听说王翦率领援军到达前线，也调集全国所有的兵力以抵御秦兵。王翦汲取了李信失败的教训，为避免作长途跋涉，便在率秦军到达平舆一线后，就地为营，筑起军垒，坚壁而守，不肯出战，并诱楚军前来，以变被动为主动。楚将项燕本欲采用击败李信军的战略方针，以逸待劳，相机出击。

但楚王不识兵机，多次遣人逼迫项燕出战。项燕无奈，率楚军进至秦军军垒之前，两军对峙，并多次派人向秦军挑战，秦军始终坚壁不出。王翦在军中，每天让士兵原地休息，又管理好饭菜饮食，以抚循士兵，并亲自和士兵一同吃饭。过了好多天，王翦派人去问："军兵们在干什么?"回来的人说："军兵们在比赛投石头，看谁投得远。"王翦听了之后，说："士兵可以用了。"楚军在秦军营前多次挑战，秦军不出，便有些气沮。项燕不得已，引军向东撤退，准备和秦军脱离接触。王翦乘楚军退兵之际，引军出击，命精兵向前奋击。楚军陷入混乱，因而大败，向东败退。秦军追至郸县（今在安徽）之南，楚军主将项燕战死。楚军失去统帅，遂不能再战，四散溃逃。秦军乘胜占领了楚国的广大地区，将其置为楚郡。过了一年多，楚王负刍被俘。楚国遂亡，这一年是秦始皇二十四年（前223年）。

王贲灭齐

秦始皇二十四年（前223年），秦将王翦攻灭楚国之后，山东六诸侯国，只剩下了齐国。而燕王喜在都城蓟（今北京市）被占，太子丹被掳之后，仍率一部分军队在辽东地区据守顽抗。为彻底消灭燕国势力，并趁势消灭齐国，秦始皇二十五年（前222年），秦始皇调集大军，派王贲为统帅，远征辽东，击败燕国残余势力，俘虏了燕王喜。燕国至此彻底灭亡。灭燕之后，王贲率秦军南下，兵临齐国北境，准备灭齐。

这时，齐王建自公元前264年即位至今，已有四十多年。齐国地处最东边，没有后患。在齐以西，韩、赵、魏三国又成为一道屏障，挡住了来自秦国的危胁。所以数十年中，平安无事，头发斑白之人，都不知兵祸。齐王建又昏庸无能，惟王太后（襄王王后，又称“君王后”）之言是听。齐王太后是个亲秦派，教齐王建恭事秦国，又避免和其他诸侯发生冲突。秦国日夜发兵进攻三晋和燕国、楚国，齐国竟袖手旁观。在齐王太后快要死的时候，对齐王建说：“群臣之中某某人可以信用。”齐王建记不住，要王后写下来。王太后说：“好。”等齐王建取过笔和简牍，王太后却已经忘记了要说的人。齐王太后死后，一个叫后胜的人当了齐相，他接受了很多秦国的贿赂。齐国的宾客到秦国去，秦国又私下里送给他们许多黄金和财物。这些人回到齐国后，都请齐王建西向朝秦，又劝他不修攻战之备，也不帮助五国抗秦。所以，秦国得以从容陆续吞灭五国。而齐国也军备废弛，战斗力荡然无存。

秦始皇二十五年（前222年），燕、赵、韩、魏、楚五国被秦国攻灭之后，许多各国贵族和官吏都逃到了齐国。王贲所率秦军已兵临齐国北境，齐王建却在此时受后胜的怂恿，要西入秦国朝见秦王。当他就要出城门时，齐都临淄的雍门司马拦住了他，问：“王位的设立，是为国家社稷呢？还是为王自己？”齐王建说：“为社稷。”司马说：“为社稷而立王，大王为何要离开社稷而去朝秦呢？”齐王建听了，只好旋车而返。

齐国即墨（今山东即墨）大夫听说此事后，赶来会见齐王，对齐王建说：“齐国地方之大有方圆数千里，军队可以征集几百万。韩、赵、魏三国之大夫不服秦国统治而逃在阿（今山东东阿南）、鄄（今山东鄄城北）之间的有几百人。大王交给他们百万之众，让他们收复三晋故地，连临晋关（今陕西大荔东）都可以攻入。楚国大夫不服秦国统治而逃到城南（即南城，今山东枣庄北）之下的也有几百人。王招用他们，给他们百万之师，让他们收复楚国故地，就是武关（今陕西商洛南）也可以攻入。那时，齐国之威可立，而秦国可以灭亡，难道仅仅是保住自己的国家而已！”齐王建却不听。

秦始皇二十六年（前221年），春，在经过长期周密的准备之后，王贲率领秦军从燕国南部攻入齐国，如入无人之境，突然攻入齐国都城临淄（今山东临淄），齐国军民没有敢抵抗的。齐王建率领一部分人守卫王宫，王贲不想猛攻，派人去引诱齐王建，答应封给他五百里土地。齐王建便率人投降了。秦国把齐王建迁到共（今河南辉县），把他放逐到共的松柏林中，活活饿死了。齐国人怨恨齐王建不早和诸侯合纵抗秦，却听信奸人宾客之言而亡国，而作了一首歌，歌中唱道："松树啊！柏树啊！让齐王建饿死在松柏林中的是那些宾客啊！"恨齐王建不善使用宾客，不识其好坏善恶。

齐国就这样灭亡了。统一的秦王朝开始了。

管 仲

管仲（公元前719—公元前645年），姬姓，管氏，名夷吾，字仲，谥敬，春秋时期法家代表人物。被称为管子、管夷吾、管敬仲，颍上（今安徽省颍上县）人，周穆王的后代。是中国古代著名的哲学家、政治家、军事家。被誉为"法家先驱""圣人之师""华夏文明的保护者""华夏第一相"。被道教列奉为"丙申太岁管仲大将军"。

管 仲

管仲是我国古代重要的政治家、军事家、思想家，也是先秦诸子中法家学派的代表人物，这一学派的思想集中体现于《管子》一书。该书篇幅宏伟，内容复杂，思想丰富，如《牧民》《形势》等篇讲霸政法术；《侈靡》《治国》等篇论经济生产，此亦为《管子》精华，可谓齐国称霸的经济政策；《七法》《兵法》等篇言兵法；《宙合》《枢言》等篇谈哲学及阴阳五行等；其余如《大匡》《小匡》《戒》《弟子职》《封禅》等为杂说。《管子》是研究我国古代特别是先秦学术文化思想的重要典籍。

管仲在任内大兴改革，即管仲改革，富国强兵，重视商业，并因开创国营娼妓制度而曾被中国性服务业供奉为保护神。《战国策》《国语·齐语》《史记·管晏列传》《管子》《左传》等都有记载他的生活传记，《论语》北宋苏洵的《管仲论》对管仲的事迹做出了分析和评价。

管鲍之交

据说，周初分封了几百个诸侯国，到春秋时期只剩下一百多个了，其中比较大的只有齐，晋、楚、秦、鲁、卫、燕、宋、陈、蔡、郑、曹、吴、越等十几个国家。这些诸侯国，都想自己当上霸主。因此，大国争霸成为春秋时期的主要特点。十几个大国，你争我夺，斗争的结果先后出现了五个霸主，这就是历史书上所说的春秋五霸。春秋五霸是指哪几个呢？一种说法是：齐桓公、晋文公、宋襄公、秦穆公、楚庄王；另一种说法是：齐桓公、晋文公、楚庄王、吴王阖庐、越王勾践。因为齐桓公最先当上了霸主，所以我们就从齐国称霸的故事讲起。

在今天的山东省北部。要讲齐国称霸，首先要讲齐国的大政治家管仲，因为齐桓公称霸主要靠了他的帮助。要讲管仲，又得从"管鲍之交"讲起，因为把管仲推荐给齐桓公的，是鲍叔牙。管仲和鲍叔牙是好朋友。起初，管仲和鲍叔牙合伙做买卖。管仲家里穷，出的本钱没有鲍叔牙多，可是到分红的时候，他却要多拿。鲍叔牙手下的人都很不高兴，骂管仲贪婪。鲍叔牙却解释说："他哪里是贪这几个钱呢？他家生活困难，是我自愿让给他。"管仲曾经带兵打仗，进攻的时候他躲在后面，退却的时候他却跑在最前面。手下的士兵全都瞧不起他，不愿再跟他去打仗。鲍叔牙却说："管仲家里有老母亲，他保护自己是为了侍奉母亲，并不真是怕死。"鲍叔牙替管仲辩护，极力掩盖管仲的缺点，完全是为了爱惜管仲这个人才。管仲听到这些话，非常感动，叹口气说；"生我的是父母，了解我的是鲍叔牙啊！"管仲和鲍叔牙就这样结成了生死之交。

当时，齐国的国君襄公没有儿子，只有两个异母兄弟：一个是公子纠，母亲是鲁国（今山东省西南部）人；一个是公子小白，母亲是卫国（今河南省北部）人。有一天，管仲对鲍叔牙说："依我看，将来继位当国君的，不是公子纠就是公子小白，我和你每人辅佐一个吧。"鲍叔牙同意管仲的主意。从此，管仲当了公子纠的老师，鲍叔牙做了公子小白的老师。

齐襄公十分残暴昏庸，常常找碴儿责骂大臣。管仲、鲍叔牙知道他们不会有好结果，找了个机会，一个带着公子纠躲到鲁国去了，一个带着公子小白躲到莒国（今山东省莒县，莒）去了。

周庄王十二年（公元前685年），公孙无知杀死了齐襄公，夺了君位。不到一个月，公孙无知又被大臣们杀死了。齐国有些大臣暗地派使者去莒国迎接公子小白回齐国即位。

鲁庄公听到这个消息，决定亲自率领三百辆兵车，用曹沫为大将，护送公子纠回齐国。他先让管仲带一部分兵马在路上去拦截公子小白。

管仲带着三十辆兵车，日夜兼程，追赶公子小白。他们追到即墨（今山东省平度县东南），听说莒国军队已经过去半天了，就接着赶路，一口气又追了三十多里。他们远远看见莒国军队正在小树林边生火做饭，公子小白端坐车中。管仲跑上前去，说："公子，您这是上哪儿去啊？"小白说："去办理丧事啊。"管仲又说："公子纠比您年龄大，有他办理丧事就行了，您何必急急忙忙赶路呢！。鲍叔牙知道管仲的用心，很不高兴地对管仲说："管仲，你快回去吧。各人有各人的事，你不必多管。"管仲左右一看，那些随从的人，一个个横眉立目，摩拳擦掌，好像要和他拼命似的，再看看自己的人，比他们少多了，心想，硬碰硬非吃亏不可，便假装答应，退了下去。没走几步，突然回过身来，弯弓搭箭，瞄准小白，一箭射去。只听小白大叫一声，口吐鲜血，倒在车上。周围的人一窝蜂跑去救护，其中有人大叫"不好了！"接着，很多人就大哭了起来。

管仲看到这个情景，认为小白一定死了，便驾车飞跑回去，向鲁庄公报告。鲁庄公听说小白已经死了，马上设宴庆贺，然后带着公子纠，慢慢悠悠地向齐国进发。

哪里知道，管仲这一箭并没射死公子小白，只射中了小白的衣带钩。小白怕管仲再射箭，急中生智，把舌头咬破，假装吐血而死。忙乱中大家也都被他瞒住了。直到管仲走远了，小白才睁开眼，坐起来。鲍叔牙说："我们得快跑，说不定管仲还会回来。"于是，公子小白换了衣服，坐在有篷的车里，抄小路赶到了齐国都城临淄。这时候，鲁庄公和公子纠还在半路上呢！

齐国原来主张立公子纠为国君的大臣们，见公子小白先回来了，就对鲍叔牙说："你要立公子小白为国君，公子纠回来了可怎么办呢？"鲍叔牙说："齐国连遭内乱，非得有个像公子小白这样贤明的人来当国君，才能安定。现在公子小白比公子纠先回来了，这不正是天意吗？你们再想一想，鲁庄公护送公子纠回来，要是公子纠当了国君，鲁庄公肯定要勒索财物，齐国本来就够惨的了，那样一来，怎么受得了呢？"大臣们听鲍叔牙说得有理，便都同意让公子小白即位，他就是历史上有名的齐桓公。

过了好几天，鲁庄公才率领大军到达齐国的边境。他听说公子小白并没有死，而且已经当上了国君，顿时大怒，马上向齐发动进攻。齐桓公只好发兵应战。两军在乾时（今山东省淄博市西面，乾）混战一场，鲁军被打得大败，鲁庄公弃车逃跑，才保住了一条性命。鲁国的汶阳之田也被齐国占领了。真是偷鸡不成蚀一把米。

鲁庄公大败回国，还没喘过气，齐国大军又打上门来了，强令鲁庄公杀死公子纠，交出管仲。鲁庄公一看，大兵压境，不愿意为一个公子纠冒亡国的风险，就急忙下令将公子纠杀死，又叫人把管仲抓起来，准备送给齐国。谋士施伯对鲁庄公说："管仲是天下奇才，如果齐国用了他，富国强兵，对咱们是莫大的威胁，我看还不如把他留在鲁国。"

这时候，鲁庄公的心里只有国门外的齐军，哪里还敢把管仲留下重用？施伯话还没说完，鲁庄公说；“那怎么行！齐桓公的仇人，我们反而重用，齐桓公是不会饶过我们的。”施伯说：“您如果不用，那就干脆把他杀了，也免得齐国用他。”鲁庄公动了心，打算杀死管仲。

鲍叔牙派到鲁国去接管仲的隰朋，听说鲁庄公要杀管仲，慌了，急忙跑去对鲁庄公说：“我们国君对管仲恨之入骨，非要亲手杀他才解恨。你们把他交给我吧。”鲁庄公只好将公子纠的头连同管仲都交给隰朋带回齐国。

管仲进了齐国的地界，鲍叔牙早就等在那里了。他一见管仲，如获至宝，马上让人将囚车打开，把管仲放了出来，一同回到临淄。鲍叔牙把管仲安排在自己家里住下，随后去向齐桓公推荐管仲。齐桓公说：“管仲不就是射我衣带钩的那个家伙吗？他射的箭至今我还留着呢！我恨不得剥了他的皮，吃了他的肉，你还想让我重用他？”鲍叔牙说：“那时各为其主嘛！管仲射您的时候，他心中只有公子纠。再说，您如果真要富国强兵，建立霸业，没有一大批贤明的人是不行的。”齐桓公说：“我早已经想好了，在我的大臣中，你是最忠心、最能干的了，我要请你作相，帮助我富国强兵。”鲍叔牙说：“我比管仲差远了，我不过是个小心谨慎、奉公守法的臣子而已，管仲才是治国图霸的人才哪！您要是重用他，他将为您射得天下，哪里只射中一个衣带钩呢！”

齐桓公见鲍叔牙这么推崇管仲，就说：“那你明天带他来见我吧。”鲍叔牙笑了笑说：“您要得到有用的人才，必须恭恭敬敬以礼相待，怎么能随随便便召来呢？”于是，齐桓公选了一个好日子，亲自出城迎接管仲，并且请管仲坐在他的车上，一起进城。

管仲到了宫廷，急忙跪下向齐桓公谢罪。齐桓公亲自把管仲扶起来，虚心地向他请教富国强兵、建立霸业的方法。管仲讲得一清二楚。两人越谈越投机，一直谈了三天三夜，真是相见恨晚。齐桓公接着就任命管仲为相。

据说管仲早年经营商业，后从事政治活动。在齐国公子小白（即齐桓公）与公子纠争夺君位的斗争中，管仲曾支持公子纠。小白取得君位后，不计前嫌，重用管仲；管仲亦辅佐齐桓公，施行改革。在政治上，他推行国、野分治的参国伍鄙之制，即由君主、二世卿分管齐国，并在国中设立各级军事组织，规定士、农、工、商各行其业；在经济上，实行租税改革，对井田“相地而衰征”（见先秦租税），并采取了若干有利于农业、手工业发展的政策。

鲍叔牙又称鲍叔、鲍子（约前723或前716—公元前644年），是鲍敬叔的儿子，春秋时齐国大夫，以知人著称。少时与管仲友善，曾一起经商。齐襄公乱政，鲍叔牙随公子小白出奔至莒国，管仲则随公子纠出奔鲁国。齐襄公被杀，公子纠和小白争夺君位，小白得胜即位，即齐桓公。桓公囚管仲，鲍叔牙知道管仲之贤，举荐管仲替代自己的职位，而自己则甘居于管仲之下，齐国因为管仲的治理而日渐强盛，被时人誉为“管鲍之交”“鲍子遗风”。

老庄学说的创立

老子死后不久，另一位思想家庄子以不同的方式表达了与老子相近的思想。

庄 子

庄子，名庄周，战国初年梁国蒙（今河南商丘）人。和孟轲同时而稍晚一些。先是做过蒙地方的漆园吏，没多久，又开始从事讲学、著述。他家境贫困，住在狭窄的小巷里，靠编草鞋过日子，曾向监河侯借过米，见魏王的时候穿的是补过多次的粗布衣裳，连草鞋上的带子也是断了又接起来的。庄子的先人曾是贵族，在社会变革中已经失去往日身份，经济上也转而破落了，政治地位很低。所以对新的制度表示不满，走上隐居的道路。一次，庄子曾垂钓于濮水岸，楚威王闻庄子有德才，派二位使臣以重金聘请庄子主持国政。庄子对使臣说：听说楚有神龟，已死了三千多年，现在楚王毕恭毕敬地将其尸骨藏在盖有丝巾的竹箱里，供奉在庙堂上。你们说这只龟是愿意抛下遗骨取贵于庙堂之上，还是愿意活着在泥水里自由自在地游弋？使者回答：当然愿意在泥水中无拘无束地生活啦！庄子说，既然如此，就请二位回去吧！我不愿为国君所约束，我要象栖息在泥水中的乌龟那样消遥自在地度此残生。表示了对功名利禄的高度蔑视。

庄子居守蔽陋，朋友不多，门徒有限，在当时学术界只有惠施常与他往来，进行辩论探讨。庄子的许多思想都是在与惠子的论争中阐述的。庄子的思想很奇特，追求超越功禄、生死的解脱与无我的境界。惠子当时在梁国当宰相，庄子前去探望他。有人对惠子说：“庄子来到这里，是想取代你的相位。”惠子听后很恐惧，就派人在国中搜寻庄子三天三夜。后来庄子自己登门见惠子，告诉他说：“南方有鸟，名称为“鹓雏”，你听说过吗？从南海起身，飞到北海，不是梧桐不息，不是洁净的果实不吃，不是甘泉不饮。路上有只鸱鸟得到一只腐鼠，见鹓雏正打头顶飞过，抬头看着鹓雏害怕被夺走。今天你是不是也想因梁国相而怕我？”在庄子看来，梁国的相传不过如一只腐鼠，惠施大可不必像猫头鹰那样死死护住，生怕被夺了去。庄子的妻子死了，惠子前去吊丧，看到庄子正蹲坐着，敲着瓦盆唱歌。惠子说："和妻子共同生活，妻子为你生儿育女，现在老而身死，不哭也就够了，还要敲着盆子唱歌，岂不是太过分了吗?"庄子回答道："不是这样的，当人刚死的时候，我怎能不悲伤呢？继而一想，她起初本无生命，且连形体也没有，气息也没有。后在若有若无间，变而成气，气变而成形，形变而成生命。现在，又由生而变成死。其实生来死去的变化，也如同春夏秋冬四季的运行一样平常。人家已安息于天地之间了，而我还啼啼哭哭的，这是不通达生命的道理，所以我才止住了哭。"

庄子临死前，弟子们表示要厚葬他。庄子说："吾以天地为棺椁、以日月为连壁、以星辰为珠玑、以世间万物为殉物，葬品已经够齐备了，没有比这更好的了。"弟子们说：我们怕乌鸦、老鹰啄食你呀！庄子说在地面上被乌鸦、老鹰吃，埋在地下被蝼蚁吃，夺了那个的食物给这个吃，你们何必厚此薄彼呢。"庄子的思想、性格和为人于此可见一斑。

庄子一生隐而不仕，勤于著述，将自己对宇宙、生命和社会的思考付诸于文字。后来他的弟子将庄子所写的，及一些庄子的原话记录进行整理编辑，并附有一些庄子后学的著述，形成了《庄子》一书。庄子将当时小生产者同等级宗法制的社会制度对立起来，概括为是民之常性与仁义礼智的对立。以为更早的人心是人按照自己的本性自然而然地进行生活，即"彼民有常性，织而衣，耕而食，是谓同德；一而不党，命曰天放。"等到社会出现了圣人，提倡仁义，推行礼义，造成了淳朴本性的失落，不仅如此，它还造成虚伪和掠夺，甚至成为窃国大盗们的护身符。由此，它将视野转向原始的自然，以自然的本性来对抗社会上人的沦落。庄子有一套系统的宇宙生成论思想，以为世界的本性和起源是"无"，由"无"而产生出"有"之"形"，即所谓"无昭昭生于冥冥"，有伦生于无形，精神生于道，形本生于精，而万物以形相生，……"，因而"无"就是"道"。道当然不仅仅是一种本体了，它同时也是规律，万物即依循这个道而生、而长、而灭。任其自然也就意味着遵循"无为"之道，而它的反面则是人为。如果按照无为之道行事，便就没有别的主宰，事物按自身的运动而自然的运动。为此，庄子曾借助一个梦为蝴蝶的寓言来说明自我与宇宙的关系，即从实质上来说，我与物并不存在明确的界限，而皆统一为"无"，因而，复归自然，也就是进入到"无"的境界。从心理上来说，则是泯除人为的等级，泯除现有的生死、荣辱等界限，而达到超然物外的最终的自由，从生之累苦中解脱出来，不为物役，不为形役。

庄子一生默默无闻，约死于周赧王二十年（前295年）。他的生平，后人也只能从《庄子》一书的片段记载中勾勒出一个大致轮廓。他在自然哲学上继老子之后，创立了一个完整的宇宙本体论体系；在人生哲学方面，肯定人的自然本性，反对外在的物质观念，追求个人的自由，等等。而其思想之精辟深邃，知识之广博渊深，文笔之诡谲崛，都十分令人惊奇，并使其成为一个在中国历史上最具特色的哲人。

老庄的思想至汉初时，由于窦太后等人的偏爱而受到重视，至东汉，再次复苏，并且在此基础上创立了新的宗教派——道教。魏晋时期，玄学兴盛，它充分地吸收了老子与庄子的“无”的思想；隋唐时代，老、庄同被奉为道教的祖师。他们的思想影响了源远流长的中国文化。

韩非和他的著作

韩非是韩国的庶生公子。他爱好刑名法术之学，而他的学说归根结底是以黄帝、老子的思想为基础。韩非生来口吃，不擅长说话，而善于著书。他和李斯都是荀况的弟子，李斯自以为不如韩非。

韩非见韩国日益削弱，屡次写信规谏韩王，主张变法图强，韩王都没有采纳。韩非极力主张君主治理国家要努力完善国家的法制，充分利用权势以驾御自己的臣下，通过求人任贤达到富国强兵，奋力抨击举用虚浮不实的蠹虫凌驾于建功立业者的上面的现象。认为儒生用文乱法，侠客以武犯禁。太平时就尊宠徒有虚名的文人，危难时就使用披坚执锐的将士。当今正是所养非所用，所用非所养。他怜悯清廉正直的人遭到奸诈邪恶之臣的迫害，考察历来成败的变迁，因此写了《孤愤》《五蠹》《内外储》《说林》《说难》等十余万字的文章。

尽管韩非十分清楚游说君主的困难，在《说难》一书中讲得头头是道，但是终究死于秦国，自己并没有能够逃脱厄运。

有人将韩非的书传到秦国。秦王阅读《孤愤》《五蠹》等作品，说：“唉，我能见到这个人和他交往，死也不感到遗憾了！”李斯回答说：“这是韩非写的书。”秦国因此加紧进攻韩国。韩王当初不任用韩非，等到事情紧急，才派韩非出使秦国。秦王十分高兴，还没有加以信任和使用。李斯、姚贾十分害怕韩非，诋毁他说：“韩非是韩国的庶出公子。如今您想兼并诸侯，韩非终究向着韩国不向着秦国，这是人之常情。如今您不任用，留了很长时间才放他回去，这是给自己留下后患，不如加以罪过依法惩治他。”秦王认为很对，将韩非关进监狱。李斯指使人送药给韩非，让他自杀。韩非想亲自向秦王表白，不能见。秦王后来后悔，派人赦免韩非，韩非已经死了。

赵武灵王胡服骑射

赵武灵王为赵国第六代国君，是一个有作为的社会改革家和军事家。他在位期间（周显王四十四年，前325年至周赧王十六年，前299年），正处于剧烈兼并战争时期。

赵国的北部多是胡人部落，这些游牧民族虽然没有与赵国发生大的战争，但小的冲突却经常有。胡人身穿短衣、长裤，往来迅速，弯弓射箭自如，上下马方便，而赵人穿的衣服，袖长腰肥，领宽摆大，加上烦琐的结扎、笨重的盔甲，行动十分不便。这种情况，同样存在于当时各诸侯国的军队，而且中原“冠带之民”的军队的组成又是以长袍大褂的带甲兵士和兵车为主，很少有骑兵，进行作战的灵活性受到很大限制。赵武灵王有感于此，就准备采用胡人的服装，让军队学习骑马射箭，以利于作战。

周赧王八年（前307年），赵武灵王召见群臣，商议教百姓胡服骑射一事，许多大臣认为改变衣着习惯，牵涉到自古以来中原的礼教习俗，不能轻易改变。大臣肥义支持赵武灵王的主张，认为办任何一件事，顾虑太多就不能成功，若要学习胡服骑射，就不必顾忌旧习惯势力的议论，而且自古以来，风俗习惯不是不能改变的，舜、禹就曾向苗、倮等部落学习和改变过习俗，赵武灵王听了肥义的话，坚定了决心，带头穿起胡服。

实行胡服首先遭到以王叔公子成为首的王族中一些人的极力反对，赵武灵王亲自到公子成家说服，整整一天，终于使公子成接受了赵武灵王的主张，并表示愿意带头身着胡服。但王族公子赵文、赵造、赵俊和大臣周造等人仍然坚决反对这项改革，指责赵武灵王变更古法。赵武灵王又与他们展开一场论辩，用大量的事实说明胡服的益处，赵文等人理屈辞穷，只好同意胡服。这项改革推行全国，很快得到百姓的拥护。公族赵燕迟迟不改胡服，赵王准备对他处以极刑以示天下，赵燕吓得连连称罪，立即着胡服。

胡服改革推行之后，赵武灵王即组建骑兵，学习骑马射箭，并很快使骑兵成为赵军的主力。从胡服骑射的第二年（周赧王九年，前306年）起，赵国军队的战斗力得到很大的增强。凭借着骑兵主力，赵国攻取胡地到榆中（今内蒙古鄂尔多斯），“辟地千里”；周赧王十年（前305年），赵武灵王率军大举进攻原来经常侵扰赵国的中山国，攻取丹丘、华阳、邸、鄗、石邑、封龙、东垣等地，迫使中山国献四邑求和；周赧王十五年（前300年），又攻中山，扩地北至燕、代，西至云中（今内蒙古托克托东北）、九原（今内蒙包头市西）。到周赧王十六年（前299年）赵武灵王让位给儿子赵惠文王时，赵国已是“七雄”中的强国之一了。

赵武灵王胡服骑射极大地增强了军队的战斗力，使得赵国一跃而成为实力雄厚的强国。同时，从胡人那里学习来的这种短衣长裤服装形式，以后就成为汉民族服装形式的一部分，极大地便利了人们的生活与劳动，两千多年一直沿用了下来。

战国时期名人

扁　鹊

原姓秦，名越人，战国时齐国渤海郡莫州（今河北任丘）人，一说为山东长清人。由于他的医术高超，被认为是神医，所以当时的人们借用了上古神话的神医扁鹊的名号来称呼他。扁鹊奠定了中医学的切脉诊断方法，开启了中国医学的先河。

扁鹊青年时曾替贵族管理客馆，因而结识了名医长桑君，向他学习，被人认为是起死回生的神医，其后开始往各国行医。

他首先在虢国行医，正巧遇上虢国国君的太子猝死。他认为太子只不过是患了热气病，知道太子仍然活着。他救了虢国太子，自此他起死回生的医术就不胫而走。

他后来到了蔡国，遇上了蔡桓公，蔡桓公认为扁鹊的赫赫有名只不过纯粹是神化夸张，于是对于他十分傲慢无礼。扁鹊一见到蔡桓公，就对他说他有一个小病，只要立刻服药就可以治好，蔡桓公认为他只不过是在吓唬他，故此没有理会。当扁鹊第二次要为他治病时，蔡桓公也置之不理。当第三次扁鹊见到蔡桓公时，蔡桓公发觉自己的身体果然像扁鹊所说一样，病徵散发出面，极为严重，他这才向扁鹊请教，可是扁鹊说由于蔡桓公对于他的劝告置之不理，现在已经没救了。过了不久，蔡桓公果然死了。因此就有了讳疾忌医的成语。

后来扁鹊到了秦国，由于太医令李醯妒忌扁鹊的医术，于是设计害死了扁鹊。

相传《难经》为扁鹊所著。

商　鞅

（约前 390 年—前 338 年），中国战国中期著名法家代表人物、思想家、政治家、军事家、改革家。姬姓，卫国国君的后裔，故又称卫鞅、公孙鞅，后封于商，后人称之商鞅。执政秦国 19 年，实行变法成绩卓著，史称商鞅变法。商鞅年少时，专研以法治国，有学识。后为魏国宰相公叔痤家臣。公叔痤死后，商鞅听说秦孝公雄才大略，选贤任能，便到秦国去。通过宦官见到了秦孝公，商鞅畅谈变法治国之策，孝公大喜。前 359 年任左庶长，开始变法，后升大良造。前 340 年，率秦赵军败魏，因功封于商，故称商君。前 338 年，秦孝公崩，被诬谋反，车裂而死。

孙　膑

（？—公元前 316 年），其本名不详，是中国战国时期军事家，因其受过膑刑（剔去膝盖骨），故名孙膑。他是孙武的后人，生于中国战国时期的齐国阿鄄之间（今山东省的阳谷县阿城镇，鄄城县北一带）。战国时期曾被齐威王任命为军师，帮助齐国取得了桂陵之战和马陵之战的胜利。

荆　轲

（？—公元前 227 年）：中国古代著名刺客。也称庆卿、荆卿、庆轲。燕国太子丹曾在秦国为人质，回国后欲报此仇，遂四处寻觅能刺秦王政者，得荆轲。荆轲为获得秦王信任，使因获罪秦王政而逃亡燕国的樊於期自刎，并取其首级。又得燕督亢处地图，内藏淬毒匕首以刺秦王。出发时，荆轲在易水旁留下“风萧萧兮易水寒，壮士一去兮不复返”的千古绝唱。陪同前去的是燕国少年勇士秦舞阳/秦武阳。至秦国后，荆轲假称要为秦王解释地图而靠近秦王，直至图穷匕现，但终究未能成功。荆轲和秦舞阳双双被杀。

百家争鸣及其成果

百家争鸣是指春秋（公元前 770 —公元前 476 年）战国（ 公元前 475 —公元前 221 年 ）时期知识分子中不同学派的涌现及各流派争芳斗艳的局面。《汉书 · 艺文志》将战国主要思想学派分为十家——儒、墨、道、法、阴阳、名、纵横、杂、兵、小说。西汉人刘歆在《七略 · 诸子略》中将小说家去掉，称为“九流”。俗称“十家九流”就是从这里来的。

百家：原指先秦时代各种思想流派，后指各种政治、学术派别；鸣：发表见解。

春秋战国时代，社会处于大变革时期，产生了各种思想流派，如儒、法、道、墨等，他们著书讲学，互相论战，出现了学术上的繁荣景象，后世称为百家争鸣。

儒家：孔子、孟子、荀子；代表作品有：《春秋》《论语》《孟子》。

道家：老子、庄子 ；《老子》《庄子》。

法家：韩非子、商鞅；《韩非子》。

墨家：墨子；《墨子》。

兵家：孙子、孙膑；《孙子兵法》《孙膑兵法》。

阴阳家：司马谈；《论六家要旨》。

纵横家：苏秦、张仪、鲁仲连。

杂家：吕不韦；《吕氏春秋》。

儒　家

儒家的创始人是孔子。孔子姓孔名丘，字仲尼，春秋末期，鲁国陬邑（现在山东曲阜）人，被后人尊称为“万世师表”。他的理论的核心是“仁”，他认为仁就是要爱人，要求人与人之间要相互爱护，融洽相处；实现‘仁’要做到待人宽容，“己所不欲，勿施于人”。而体现仁的制度或行为的准则是“克己复礼”。孔子首创私人教学，主张“有教无类”，认为不分贫富，人人都有受教育的权利。同时也打破了贵族垄断文化教育的局面。孔子主张“为政以德”，“节用而爱人”，使百姓“足食”，国家“足兵”，取得“民信”。这种思想包含了民本思想，也是他所提倡的道德观和伦理观。重视道德教育，特别是个人修养，强调关爱别人，用社会规范约束自己的行为。

著作：《春秋》

孔子整理的《诗》《书》《礼》《易》《乐》五种教本，连同《春秋》被后人称为“六经”。其中《乐》后来亡佚了，现存《诗》《书》《礼》《易》《春秋》被称为“五经”。

儒家学派在孔子以后发生分裂，至战国中期孟子成为代表人物。孟子名轲，字子舆，战国时期邹国人，是孔子的嫡孙子思（名孔伋）的弟子，有“亚圣”之称。孟子的主张是复古倒退的，当时许多诸侯都认为不合时宜。他主张“仁政”，进一步提出“民为贵，社稷次之；君为轻”。他的伦理观是“性本善”。

儒家的代表人物还有荀子。荀子名况，时人尊他为荀卿。在政治方面，他主张“仁义”和“王道”，“以德服人”，并提出“君者舟庶人者水也。水则载舟，亦则覆舟”。在哲学方面坚持“天行有常”，“制天命而用之”。荀子认为人生来就是有感官上的要求，饿了要吃饭，冷了要穿衣，这就形成了人们“好利”“好声色”的本性需求。但是，通过学习礼仪、通过法治，可以使小人变为君子，普通人变为圣人，荀子的这种主张，被称为“性恶论”。荀子改造儒家思想，综合了法家和道家思想的积极合理成分，使儒家思想更能适应社会的需要。

孟子、荀子对儒家思想加以总结和改造，又吸收了一些其他学派的积极合理的成分，使儒学体系更加的完整，儒家的思想更能适应社会的需要。战国后期的儒学发展成为诸子百家中的蔚然大宗！

墨　家

墨家学派创始人是墨子。墨子名翟，是战国初期鲁国人。

墨子的主张和儒家是针锋相对的。反对世卿世禄制度，主张尚贤，任用官吏要重视才能，打破旧的等级观念，使“官无常贵，而民无终贱”。

代表墨翟思想的有《墨子》一书，是他的弟子根据受课笔记编撰而成的。他主张“兼爱”，消除亲属、贵贱的分别，同等的去爱所有的人。“非攻”，谴责战争给人民带来的灾难。“尚同”，“明鬼”“尚贤”等。

墨家思想代表平民百姓的愿望。

“百家”中，以儒墨两派最有实力，当时有“非儒即墨”之说。墨家创始人墨翟，战国初期鲁国人。他的思想代表了平民的利益，特别是手工业者的利益。墨子主张“兼爱”（爱一切人，不分“王公大人”和“万民”的阶级差别）“非攻”（反对战争，在当时主要是反对不正义战争，反映了小生产者渴望安定生活的愿望）“尚贤”（主张任人唯贤，反对王公贵族的任人唯亲）。墨子创立严密的组织，墨者团体的领导者成为巨子，墨者行动必须遵守巨子的指挥。墨家思想一度成为战国时期的显学，他的思想曾被其他学派广泛吸收征用，战国后期逐步不受重视。

道　家

道家学派的创始人是老子。老子姓李名耳字聃，楚国人，约与孔子同时，出身于没落贵族。反映他思想的书为《老子》，又名《道德经》，大约是战国人编纂的。

老子把“道”抽象化，概括为普遍的无所不包的最高哲学概念。在他看来，道是凌驾于天之上的天地万物的本原。他还提出“天法道，道法自然”的思想，摒除利“天命”的绝对权威。

老子的哲学里包含着丰富的辩证法思想。指出，任何事物都有矛盾对立的两个方面；矛盾两方可以互相转化，转化的途径是“守静”。

政治上提倡“无为而治”。无为是指不妄为，不胡作非为，为所欲为。

道家在战国时期的代表人物是庄周。庄周是宋人，出身于没落贵族家庭，曾做过宋国漆园吏的小官。后来厌恶官职，“终身不仕”。《庄子》一书，是由他和门人编成的。又名《逍遥游》是与《道德经》齐名的道家经典。

庄子的思想是以老子的学说为基础而发展的。《庄子》一书更像是以故事的形式对道家学说加以解说。其中的语言形式对中国的古代小说和传奇的文本表达有重大的影响。道家思想主张一切讲究自然，不可强求，与儒家思想相反。

法　家

法家学派代表新兴地主阶级的利益。早期代表人物有李悝、吴起、商鞅、慎到、申不害等人，后期法家韩非是专制主义中央集权理论集大成者。

韩非是荀子的大弟子，与李斯同学，出身于韩国的贵族家庭。《韩非子》一书是他总结前期法家思想的成果。韩非注意吸取法家不同学派的长处，提出了“法”“术”“势”相结合的法治理论。

韩非是战国后期的一位思想家，法家学派的集大成者。韩非子认为历史是向前发展的，当代必然胜过古代，人们应该按照现实需要进行政治改革，不必遵循古代的传统。提出了系统的法治理论，主张“以法为本”“法不阿贵”（法治的对象是广大臣民，除国君以外，不论贵贱，一律要受法德约束）。主张君主要利用权术驾驭大臣，以绝对的权威来震慑臣民（法术势）。韩非子主张建立君主专制的中央集权的封建国家，国家大权集中在君主一人手里，迎合了建立大一统专制国家的历史发展趋势。

兵　家

兵家的鼻祖是春秋晚期杰出的军事家孙武。当时著名的兵书有《孙子兵法》和《孙膑兵法》。

《孙子兵法》是孙武写的一部军事名著，“知己知彼，百战不殆”等军事名言就出自这本书。今天此书在世界上也享有盛誉，很多西方的军事学校都把它列为教材。战国时期，孙武的后代孙膑继承发扬了他的军事思想，写成了《孙膑兵法》。他们当时被称为兵家。

名　家

该派萌芽于春秋末期，郑国大夫邓析为先驱。作为一个学派，名家并没有共同的主张，仅限于研究对象的相同，而学说差异很大。主要有“合同异”和“离坚白”两派。

所谓“合同异”，即认为万物之“同”与“异”都是相对的，皆可“合”其“同”“异”而一体视之。该派以宋国人惠施为代表。惠施提出著名的“历物十事”，即“天与地卑，山与泽平”“泛爱万物，天地一体”等十个命题。

所谓“离坚白”，即认为一块石头，用眼只能感觉其“白”而不觉其“坚”，用手只能感觉其“坚”而不觉其“白”。因此“坚”和“白”是分离的、彼此孤立的。该派以赵国人公孙龙为代表，“白马非马”“坚白石二”等命题由其提出。

“合同异”强调事物的统一性，“离坚白”强调事物的差异性。战国末期，后期墨家对二者的片面性有所纠正，提出了“坚白相盈”的观点，荀子亦强调“制名以指实”。

阴阳家

阴阳的概念，最早见于《易经》，“五行”的概念最早见于《尚书》，但两种观念的产生，可以追溯到更久远的年代。

到战国时代，阴阳和五行渐渐合流，形成一种新的观念模式，便是以“阴阳消息，五行转移”为理论基础的宇宙观。阴阳家是战国时期重要学派之一，因提倡阴阳五行学说，并用它解释社会人事而得名。这一学派，源于上古执掌天文历数的统治阶层，也称“阴阳五行学派”或“阴阳五行家”。

司马谈《论六家要旨》列“阴阳家”为六大学派之首。

“诸子百家”之一：刘歆《汉书·艺文志·诸子略》中著录名家著作有一百多家，将其列为“十家九流”之一。其后的《隋书·经籍志》《四库全书总目》等书则使“诸子百家”（先秦至汉代出现的学术流派）著作上升到千家。但流传较广，影响较大的最为著名的学派不过有十家，如：儒家、道家、阴阳家、法家、名家、墨家、纵横家、农家、杂家、小说家等。

纵横家

纵横即合纵连横。战国时以从事政治外交活动为主的一派，主要人物是：鬼谷子，《汉书·艺文志》列为“九流”之一。《韩非子》说：“纵者，合众弱以攻一强也；横者，事一强以攻众弱也。”他们朝秦暮楚，事无定主，反复无常，设计划谋多从主观的政治要求出发。合纵派的主要代表是苏秦，连横派的主要代表是张仪。最后苏秦失败了，张仪胜利了。在张仪、苏秦之后，齐国又出了一位著名的纵横家鲁仲连，人称布衣丞相，布衣之士！在后期最后一次操纵和六国抗秦，不过还是以失败告终！

杂 家

中国战国末至汉初的哲学学派。以博采各家之说见长。以“兼儒墨，合名法”为特点，“于百家之道无不贯通”。《汉书·艺文志》将其列为“九流”之一。杂家的出现是统一的封建国家建立过程中思想文化融合的结果。杂家著作以秦代《吕氏春秋》、西汉《淮南子》为代表，分别为秦相吕不韦和汉淮南王刘安招集门客所集，对诸子百家兼收并蓄，但略嫌庞杂。又因杂家著作含有道家思想，故有人认为杂家实为新道家学派。

杂家，列于诸子之中，是很鲜明的一派，因为它是战国末至汉初兼采各家之学的综合学派。《汉书·艺文志·诸子略》将其列为九流之一。后有赵蕤著《反经》综述杂家。

战国末期，经过激烈的社会变革，封建制国家纷纷出现，新兴地主阶级便要求在政治上、思想上的统一。在这种呼声下，学术思想上出现了把各派思想想融合为一的杂家，杂家的产生，大体上反映了战国末学术文化融合的趋势。

杂家的特点是“采儒墨之善，撮名法之要”。杂家虽只是集合众说，兼收并蓄，然而通过采集各家言论，贯彻其政治意图和学术主张，所以也可称为一家。

农 家

农家，是先秦在经济生活中注重农业生产的学派。吕思勉先生在其《先秦学术概论》中，把农家分为两派：一是言种树之事；二是关涉政治。

《汉书·艺文志·诸子略》将农家列为九流之一，并称：农家者流，盖出于农稷之官。播百谷，劝耕桑，以足衣食，故八政一曰食；二曰货。孔子曰“所重民食”，此其所长也。及鄙者为之，以为无所事圣王，欲使君臣并耕，悖上下之序。“所重民食”也正是农家的特点，尊神农氏。

农家学派主张推行耕战政策，奖励发展农业生产，研究农业生产问题。农家对农业生产技术经验之总结与其朴素辩证法思想，可见于《管子·地员》《吕氏春秋》《荀子》。

小说家

小说家，是先秦与西汉杂记民间故事的学派。

在中国春秋战国时代，小说家指的是一类记录民间街谈巷语的人，而小说家被归类于古中国诸子百家中的其中一家。《汉书. 艺文志》曰：“小说家者流，盖出于稗官；街谈巷语，道听涂说者之所造也。”意即小说家所做的事以记录民间街谈巷语，并呈报上级等为主，然而小说家虽然自成一家，但被视为不入流者，刘歆列九流十家，惟小说家不在九流之列，影响甚小。然而小说家反映了古代平民思想的侧面，却是其他九流学派都无法代替的。故有九流十家之说。

百家成果

儒　家

代表人物：孔子、孟子、荀子。

作品：《春秋》《孟子》《荀子》。

主张：儒家是战国时期重要的学派之一，它以春秋时孔子为师，以六艺为法，崇尚“礼乐”和“仁义”，提倡“忠恕”和不偏不倚的“中庸”之道，主张“德治”和“仁政”，重视道德伦理教育和人的自身修养的一个学术派别。

儒家强调教育的功能，认为重教化、轻刑罚是国家安定、人民富裕幸福的必由之路。主张“有教无类”，对统治者和被统治者都应该进行教育，使全国上下都成为道德高尚的人。

在政治上，还主张以礼治国，以德服人，呼吁恢复“周礼”，并认为“周礼”是实现理想政治的理想大道。至战国时，儒家分有八派，重要的有孟子和荀子两派。

道　家

代表人物：老子、庄子、杨朱。

作品：《道德经》《庄子》。

主张：道家是战国时期重要学派之一，又称“道德家”。这一学派以春秋末年老子关于“道”的学说作为理论基础，以“道”说明宇宙万物的本质、本源、构成和变化。认为天道无为，万物自然化生，否认上帝鬼神主宰一切，主张道法自然，顺其自然，提倡清静无为，守雌守柔，以柔克刚。政治理想是“小国寡民”“无为而治”。老子以后，道家内部分化为不同派别，著名的有四大派：庄子学派、杨朱学派、宋尹学派和黄老学派。

墨 家

代表人物：墨子。

作品：《墨子》。

主张：墨家是战国时期重要学派之一，创始人为墨翟。这一学派以“兼相爱，交相利”作为学说的基础：兼，视人如己；兼爱，即爱人如己。“天下兼相爱”，就可达到“交相利”的目的。政治上主张尚贤、尚同和非攻；经济上主张强本节用；思想上提出尊天事鬼。同时，又提出“非命”的主张，强调靠自身的强力从事。

墨家有严密的组织，成员多来自社会下层，相传皆能赴火蹈刀，以自苦励志。其徒属从事谈辩者，称“墨辩”；从事武侠者，称“墨侠”；领袖称“巨（钜）子”。其纪律严明，相传“墨者之法，杀人者死，伤人者刑”《吕氏春秋·去私》，墨翟死后，分裂为三派。至战国后期，汇合成二支：一支注重认识论、逻辑学、数学、光学、力学等学科的研究，是谓“墨家后学”（亦称“后期墨家”）；另一支则转化为秦汉社会的游侠。

法 家

代表人物：韩非、李斯、商鞅。

作品：《韩非子》《商君书》《管子》

主张：法家是战国时期的重要学派之一，因主张以法治国，“不别亲疏，不殊贵贱，一断于法”，故称之为法家。春秋时期，管仲、子产即是法家的先驱。战国初期，李悝、商鞅、申不害、慎到等开创了法家学派。至战国末期，韩非综合商鞅的“法”、慎到的“势”和申不害的“术”，以集法家思想学说之大成。

这一学派，经济上主张废井田，重农抑商、奖励耕战；政治上主张废分封，设郡县，君主专制，仗势用术，以严刑峻法进行统治；思想和教育方面，则主张禁断诸子百家学说，以法为教，以吏为师。其学说为君主专制的大一统王朝的建立，提供了理论根据和行动方略，《汉书·艺文志》著录法家著作有二百十七篇，今存近半，其中最重要的是《商君书》和《韩非子》。

兵 家

代表人物：孙武、孙膑

作品：《孙子兵法》《孙膑兵法》

主张：兵家是战国时期的重要学派之一，主要是在军事方面大有成就，

“知己知彼，百战不殆。”等军事名言都出自兵家，代表作有《孙子兵法》《孙膑兵法》，当今社会也深受影响，在国内外都享有盛名。

名 家

代表人物：邓析、惠施、公孙龙、桓团。

作品：《公孙龙子》

主张：名家是战国时期的重要学派之一，因从事论辩名（名称、概念）实（事实、实在）为主要学术活动而被后人称为名家。当时人则称为“辩者”“察士”或“刑（形）名家”。代表人物为惠施和公孙龙。

阴阳家

代表人物：邹衍

主张：阴阳家是战国时期重要学派之一，因提倡阴阳五行学说，并用它解释社会人事而得名。这一学派，当源于上古执掌天文历数的统治阶层，代表人物为战国时齐人邹衍。

阴阳学说认为阴阳是事物本身具有的正反两种对立和转化的力量，可用以说明事物发展变化的规律。五行学说认为万物皆由木、火、土、金、水五种原素组成，其间有相生和相胜（萸）两大定律，可用以说明宇宙万物的起源和变化。邹衍综合二者，根据五行相生相胜说，把五行的属性释为“五德”，创“五德终始说”，并以之作为历代王朝兴废的规律，为新兴的大一统王朝的建立提供了理论根据。《汉书·艺文志》著录此派著作二十一种，已全部散佚。成于战国后期的《礼记·月令》，有人说是阴阳家的作品。《管子》中有些篇亦属阴阳家之作，《吕氏春秋·应同》《淮南子·齐俗训》《史记·秦始皇本纪》中保留了一些阴阳家的材料。

纵横家

代表人物：鬼谷子、苏秦、张仪。

主要言论传于《战国策》《鬼谷经》

主张：纵横家是中国战国时以纵横捭阖之策游说诸侯，从事政治、外交活动的谋士。列为诸子百家之一。主要代表人物是苏秦、张仪等。

战国时南与北合为纵，西与东连为横，苏秦力主燕、赵、韩、魏、齐、楚合纵以拒秦，张仪则力破合纵，连横六国分别事秦，纵横家由此得名。他们的活动对于战国时政治、军事格局的变化有重要的影响。《战国策》对其活动有大量记载。据《汉书·艺文志》记载，纵横家曾有著作“十六家百七篇”。

杂 家

代表人物：吕不韦

作品：《吕氏春秋》

主张：杂家是战国末期的综合学派。因“兼儒墨、合名法”，“于百家之道无不贯综”（《汉书. 艺文志》及颜师古注）而得名。秦相吕不韦聚集门客编著的《吕氏春秋》，是一部典型的杂家著作集。

农 家

代表人物：许行

主张：农家是战国时期重要学派之一。因注重农业生产而得名。此派出自上古管理农业生产的官吏。他们认为农业是衣食之本，应放在一切工作的首位。《孟子·滕文公上》记有许行其人，“为神农之言”，提出贤者应“与民并耕而食，饔飧而治”，表现了农家的社会政治理想。此派对农业生产技术和经验也注意记录和总结。《吕氏春秋》中的“上农”“任地”“辩土”“审时”等篇，被认为是研究先秦农家的重要资料。

小说家

代表人物：虞初

作品：《虞初周说》

主张：小说家，先秦九流十家之一，乃采集民间传说议论，借以考察民情风俗。《汉书·艺文志》云：“小说家者流，盖出于稗官。街谈巷语，道听涂说者之所造也。”

第六章　秦　朝

秦朝修筑万里长城

公元前221年，秦统一中国，主要的外来威胁已转为北方匈奴的骚扰和岭南少数民族的叛乱。

始皇三十年（前217年）秦始皇巡游前往碣石时，曾派燕人卢生访求仙人，卢生回来后，为了向秦始皇说明鬼神之事，就奏上了一份谶纬文字。秦始皇看到其中有“亡秦者胡也”的言语，对匈奴问题更加重视，于始皇三十二年（前215年）派将军蒙恬率军30万北击匈奴，由长公子扶苏做监军，收复了沿黄河以东直至阴山的大片土地（原属赵国后被匈奴占据），设立了44座县城，并在黄河险近筑城作为要塞。

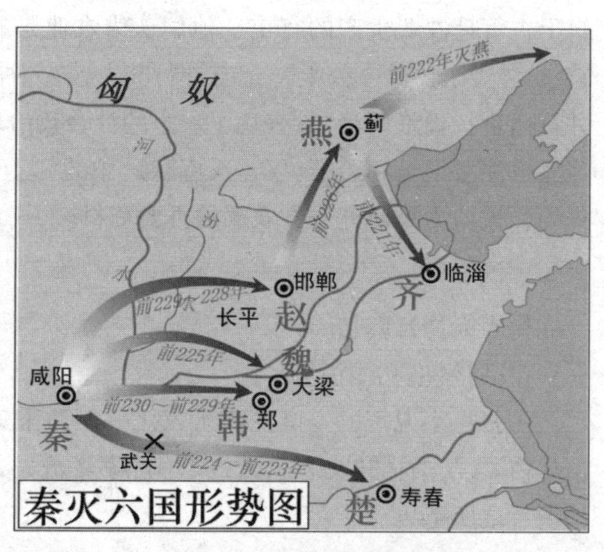

秦灭六国形势图

随后，秦始皇一方面命令蒙恬渡河攻取高阙（内蒙五原北）、阴山（内蒙阴山）等地另一方面又迁徙犯了罪的人进驻新设的34县。并于始皇三十四年（前213年）下令焚书的同时，又令发“罪人”修筑长城，迁民几万家到河套。

长城本是秦统一以前许多诸侯国家就有的沿着国界修筑的防御性工事。尤其是位居北方的秦国、赵国和燕国，还都分别修筑了防御匈奴进袭的北长城。其中燕国有两条长城：一条是西起造阳（今河北省独石口）、东至辽东，为防胡人而修筑的北长城；另外一条是用以防备齐国和赵国的南长城。赵国也有两条长城：北长城西起高阙（今内蒙古临河）东至代地（今河北省蔚县）用以防御匈奴的骚扰；而南长城则是为防备齐国和魏国而沿着漳河修筑的。秦国也有一条西起临洮（今甘肃省岷县）向东北经固原（今宁夏省境内）直至黄河的北长城，和与赵国魏国临界的两条南长城。除此以外，当时还有一条沿着洛水修筑的，魏国防备秦国的长城，以及齐国、韩国、楚国等几个国家之间的长城。秦、赵、燕三个国家的北长城本是三条彼此互不衔接的长城，秦始皇下令重新修筑长城，就是要将诸侯国之间的那些已失去使用价值且又妨碍交通、妨碍统一集权的长城拆除，而将北面的三段长城衔接在一起，以建成一条完整的防御工事。

秦始皇

统一货币、文字和度量衡

秦统一中国以前，诸侯各国的货币十分复杂，由于各国的政治、法令都是独立的，又由于官、民都有铸造货币的权力，所以种类繁多，形状各异，轻重大小都不一致。特别是计算单位的差异，使货币的换算、流通，以及赋税的征收，商品的交换，都受到很大的妨碍。当时使用的货币主要有齐、燕等国使用的铜铸刀形货币、称“刀货”；魏、韩、赵等国，则以铜铸铲形货币为主，称“鎛币”（或“布币”）；楚国用的是两端凹入呈长方形的金铸货币，因其正面用铜印钤成小方格，格内多印有“郢爰”币文，所以称“郢爰”，以及被称为“鼻蚁钱”的形如海贝的铜铸货币；再就是秦、魏、赵等黄河两岸地区使用的铜铸圆“钱”，但这些圆“钱”的大小、轻重、形状也仍然是不尽相同的。尤其是有的国家在不同地区也使用不同的货币。最典型的像赵国，刀货、币和圆钱都可以同时流通。秦统一全国以后，必须改变这种现象。

于是始皇下令废除原来在秦以外通行的六国货币，在全国范围内，一律只准通行秦国的货币。重新改铸新版的圆钱，使货币有一个统一、规范的标准版，新版钱就是秦“半两钱”。为了使用方便，半两钱采用仿自璧瑗的圆线，外呈圆形内开方孔（或有天圆地方之说），直径一寸二分，铜铸，重半两（合十二株）钱面分左右铸有钱文“半两”二字。规定统一的换算制律，分货币为三等，以黄金为上币，镒为单位，每镒重二十四两。以铜半两钱为下币，一万铜钱折合一镒黄金。据考中币为布，并规定：珠玉、龟、贝、银、锡之类，作为装饰品和宝藏，不得当作货币流通，可见秦的基本货币的货币换算基准，都是以半两钱为法定标准的。又规定货币铸造权为国家所有，私人不得铸币，由国家将过去重量不一的旧铜钱全部重新改铸成半两钱。地方政府铸币，必须按国家规定的标准版设计铸造。并印上铸造地方的名称。在法律上明定私铸货币者有罪，并对其严加制裁。秦始皇的改革，实现了中国的第一次货币统一，也为经济发展开辟了道路。

中国度量衡的首次统一，是在秦始皇二十六年（前221年），也就是秦统一全国的当年。是年始皇下诏，诏曰“廿六年，皇帝尽并兼天下诸侯，黔首大安，立号为皇帝。乃诏丞相状、绾（两位丞相的名字），法度量则不一，歉疑者，皆明一之”。秦始皇的这一诏令被刻在所有官府制作的标准度量器上。从此天下度量衡器，实现了标准上的统一。在此以前，中国度量衡的情况也和货币一样，呈原始状态，有着各种不同的计数单位和各种不同的计算进制。以量制为例：一是单位名称不一样，秦国以升、斗、捔（斛）为单位；魏国以半斤、斗、钟为单位；赵国以升、斗（镒）为单位；齐国以升、豆、区、釜、钟为单位。二是单位量质不一样，秦、魏、赵都有斗，但秦斗约合今2 010毫升；赵斗约合今2 114毫升；而魏斗约合今7 140毫升。三是各国的进制不一样，秦国用十进位；齐国在升、豆、区、釜之间用五进制，而釜、钟之间都是用的十进位。这种复杂多样的度量衡只适合政治割据社会的需要。为了不使其影响秦王朝的经济交流和发展，秦始皇命令由丞相隗状、王绾负责，废除六国旧制，把度量衡从混乱不清的状况，明确统一起来。统一后的度量衡包括度制以寸、尺、丈、引为单位，采用十进制计数，十寸一尺，十尺一丈，十丈一引；量制以合、升、斗、桶（斛）为单位，也采用十进制计数，十合一升，十升一斗，十斗一桶（斛）；衡制以铢、两、斤、钧、石为单位，二十四铢为一两。十六两为一斤、三十斤为一钧，四钧为一石。这种度量衡制实际上是商鞅变法时所定度量衡制的推广和发展。早在秦孝公十八年（前344年）商鞅变法时就曾着力统一过秦国的度量衡制，改变了度量衡标准，铸造了标准度量衡器。当时一升合今0.2升，一尺约合今0.23米。所以，秦始皇统一度量衡，实际上是以法令形式肯定了秦国原有的制度，并向全国推行。为了有效地统一制式，划一器具，秦始皇一方面铸造大量标准量器以为标准；一方面大力宣传度量衡统一的优越性，同时从制度和法律上也采取了有效的措施。秦朝规定了定期检查度量衡的制度，规定每年“仲春之月，一度量，平权衡，齐斗桶”以保障新度量衡的精确与实施。秦朝还在法律上明确了对度量衡不正者的处罚

秦 币

条例。在出土的《秦律》中，有许多具体翔实的有关规定。通过这些有力的措施，秦始皇统一度量衡的行动收到了很好的效果。并且影响了以后几千年的计量制度。

文字的统一，更是秦统一全国后的一项迫在眉睫的事业。中国的文字，从半坡村新石器时代的彩陶刻划文字萌芽，经殷商甲骨文和西周金文（钟鼎文）成长到春秋、战国时期，已经历了漫长的演变和发展。但由于长期的割据、混战和社会秩序不稳定，文字也缺乏管理，各诸侯国的文字有很大分歧。有不同方音产生的假借字，不同字形造就的简笔字和异形文字。这样的混乱和分歧，不但妨碍秦王朝政令的推行，而且不利于经济、文化的交流和发展。于是，全国统一的当年，丞相李斯就向秦始皇提出了“书同文字”的建议，秦始皇接受了这一建议，命令全国禁用各诸侯国留下的古文字，而一律以秦篆为统一书体。

由李斯、赵高和胡毋敬三人，分别编写了《仓颉篇》《爰历篇》《博学篇》三书，作为推行秦篆的典范。秦篆又叫小篆，是从大篆（包括钟鼎文、石鼓文、籀文等在内的一切古篆的总称）中演化而来的。小篆与大篆的区别主要是有固定的偏旁符号、有固定的部首位置和有确定的笔画数量。小篆的形体也比大篆更为整齐和定形化，线条笔画均匀，比起大篆来更便于读写。这些特点又是后来汉字发展所遵守的基本原则。秦始皇为了实现文字的统一，身体力行的推行小篆，他东巡时所刻写的碑文，都是由他的丞相李斯亲手所写的标准的小篆。李斯是至今为止最著名的篆书家之一，又是小篆的创始人，著名的《琅玡刻石》《泰山刻石》等都出自他的手。秦始皇在推行小篆统一文字的同时，还倡导了另一个书体“隶书”。隶书原本也是从篆书中演化出来的，它改篆书的曲笔为直笔，结构平稳，书写方便，为民间所乐用。到了秦始皇统一文字时，秦下杜（今陕西西安市人）、程邈将其搜集整理，呈报给了秦始皇。还有一位叫王次仲的隐士，也曾上书给秦始皇，请求他准许使用民间流行的隶书体。秦始皇看到了隶书体，由于隶书特有的更好写、更通俗的长处，致使实际上秦朝所使用的字包括官方也是以它为主的，除去一些庄重、重要的诏书必须使用正规秦篆之外，连一般的公文都使用隶书来写。

《秦泰山刻石》拓本

郡县制

郡县制是古代中央集权制在地方政权上的体现，它形成于战国时期。郡县制确立后，中央通过考课和监察以加强对地方政权的控制。秦汉之制，郡守于每年秋冬向中央朝廷申报一年的治状，县也同样要上集簿于郡，中央或郡即在这时各对其下属进行考核，有功者可受奖赏或升迁，有过者轻则贬秩，重则免官、服刑。和考课相辅而行的是监察制。中央派郡监或刺史以监郡，郡县也各派督邮或廷掾以监县或乡。刺史、督邮等可随时按劾有罪赃的守、令或其他官吏。由于自上而下的层层督课，使得中央政令能较为顺利地贯彻到最基层，保证了政令的划一性。秦汉的郡县制代替了周的分封制，也即从地方分权演进为干强枝弱的中央集权制，为后来 2 000 年的地方行政体制奠定了坚固的基础。东汉末年，原监察区性质的州转变为郡以上的行政区，地方行政制度始成州郡县三级。隋开皇三年（583 年），罢天下诸郡，以州统县。至元，郡名完全废弃。

春秋初期，秦、晋、楚等国往往在新兼并的地方设县。县与卿大夫的封邑不同，是直接隶属于国君的地方行政区域，有利于国君对边远地区的统治。春秋中期以后，设县的国家增多，有的在内地也设置了县，县开始成为地方行政组织。春秋末期，有的国家又在新得到的边远地区设置了郡。这时的郡，虽然面积比县大，但是由于偏僻荒凉，地广人稀，地位却比县低。进入战国后，郡所辖的地区逐渐繁荣，人口增多，于是在郡的下面分设了县。战国时期，各国先后在边地和内地设置了郡县，产生了郡统辖县的两级地方行政组织。至此，郡县制开始形成。

郡的长官称“守”，县的长官称“令”，均由国君任免。郡县制使各诸侯国形成了中央、郡、乡一套比较系统的行政机构，对地主阶级实行集权统治起了重要的作用。战国时期，郡县制虽然形成并得到了很大的发展，但由于各国分立，执行情况不尽相同。直到秦统一中国后，为了加强中央集权，才健全了郡县制，进而在全国推广。

郡县制与分封制最大的不同是：郡守、县令和县长由皇帝直接任免，不得世袭。郡县制使君主有效地加强了中央集权，有利于政治的安定和经济的发展。

三公九卿制

秦王朝在确立“皇帝”尊号的同时，还总结了战国以来各国的官僚制度，建立起了一套适应封建统一国家需要的中央政府机构，以协助皇帝领导全国，并处理庶政，这就是“三公九卿”制度。是秦始皇接受李斯建议而制定的，以皇帝为尊，下设三公九卿。

三公是指丞相、太尉、御史大夫。丞相，丞相是“百官之长”，承受皇帝之命，辅助皇帝掌管天下的行政长官。秦朝设左、右丞相，以右为尊。太尉是掌管军事的最高官吏。御史大夫其地位相当于副丞相，主要职责是管理图籍、奏章，监察文武百官。三公之下设九卿，九卿是指奉常、郎中令、卫尉、太仆、廷尉、典客、宗正、治粟内史、少府。九卿作为中央行政机关分掌具体行政事务，如祭祀、礼仪、军事、行政、司法、文化教育等。九卿之外，还有列卿，如中尉、将作少府等。三公和九卿以及列卿等，都各有自己的府寺，以处理日常事务。大事总汇于丞相，或最后请皇帝裁决。

秦始皇设立三公九卿制度，为封建专制主义中央集权国家制度的建立创造了雏形，对以后的历代封建王朝的建立，有着重要的影响。

世界上最早的高速路

修建于古罗马时期的罗马大道，让欧洲人自豪了 1 000 多年。其实，早在罗马帝国兴盛之前 200 年，中国的秦始皇就已经修建了一条全长 700 多公里的直道，秦直道堪称世界上最早的古代高速公路。时至今日，在辽阔的内蒙古鄂尔多斯高原，这条被史学界称为奇迹的秦直道残存下来的痕迹仍然依稀可见。

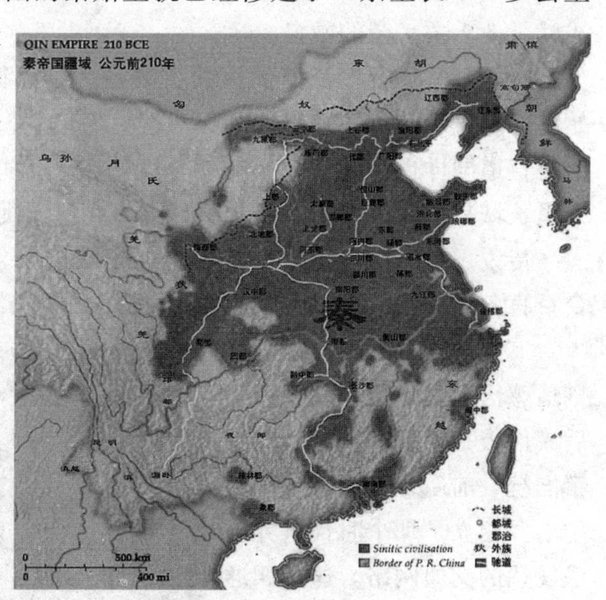

秦朝交通要道秦驰道、秦栈道、五尺道与岭南新道（缺秦直道），与国防建设秦长城

秦直道从陕西省咸阳市北云阳县（今陕西省淳化县北）的甘泉山沿着陕西省旬邑、黄陵、富县、甘泉、志丹、安塞、榆林等县市进入内蒙古地区后继续北进，经伊金霍洛旗、乌审旗、东胜区、达拉特旗，越过黄河通向九原郡遗址（今包头市郊麻池古城），贯穿了鄂尔多斯高原。此外，在鄂尔多斯境内约 100 公里的秦直道遗迹旁，考古人员又发现了 4 处汉代古城

遗址。

整个秦直道穿山越岭，全长约700多公里，其中约有一半路程在鄂尔多斯高原上。光看这秦直道的气势，我们便知道秦始皇的雄才伟略确实不同凡响。这条静卧在荒漠山野中的古道，宽度足有二三十米，现代人的车辙只占了它的1/3。

让人难以想象的是，在2000多年前的秦始皇时期，在如此复杂的地形上，又没有先进测量仪器的情况下，人们是如何确定道路的走向，选中路线，开山填壑，组织施工，运走和填满难以计算的土方量，最终修筑出如此宏伟的秦直道的呢？

对此，一位考古工作者惊叹："如果复原这条秦直道，将会让现代的公路设计大师们叹为观止！"全长700多公里的秦直道在陕西省境内约有一半的路程，是修筑在子午岭的主脉之上；还有一半路程贯穿鄂尔多斯高原，过黄河到达包头市。据史籍记载，如此浩大的工程，仅用了两年半的时间就完成了。

长城为盾直道为剑20米长8米高的山体垂直于路面，截面如同菜刀切豆腐留下的痕迹秦始皇素有"席卷天下，包举宇内，囊括四海之意，并吞八荒之心"。或许正是他广揽人才选贤任能，运筹帷幄决胜千里的雄才大略，最终成就了他千古一帝的威名。

秦始皇修建万里长城的目的主要是为了抵御北方匈奴的侵扰。那么，秦始皇修筑直道的目的又是什么呢？据史籍记载，和修建万里长城的目的一样，修筑直道同样也是为了"不叫胡马度阴山"。为此，有的史学家称："如果说万里长城是中原王朝的一面盾牌，那么直道无疑就是一把锋利无比的宝剑。"

传说，在一次东巡中，秦始皇的车队被一条河水挡住了去路，秦始皇便令百官各提一石，填成一条名叫"秦梁"的道路。

交通的不便让秦始皇深刻地感悟到，筑路是统一天下后一件极其紧迫的事情。在秦帝国统一前后，以都城咸阳为中心，建立了那个时代世界上最发达的交通网络。这些四通八达的道路为南征北战的秦军提供了强有力的支持。

沟通长江水系与珠江水系的灵渠

与此同时，秦始皇又下令"车同轨"，规定车辆一律宽6

尺，统一了轮距，以此来保证交通畅通。

据史籍记载，公元前212—210年，秦始皇在统一了六国、统一了中原以后，为了抵御和快速反击北方匈奴的侵扰，命令大将蒙恬率师督军，役使百万军工，一面镇守边关；一面修筑军事要道。仅仅用了两年半的时间，一个可与长城、兵马俑相媲美的世界奇迹——直道便诞生了（有的书上说并未竣工）。

直道修成后不久，一位叫卢生的方士来到咸阳宫，他献给秦始皇一本天书，上写“亡秦者，胡也”。秦始皇看罢大惊失色，他首先想到的就是被称作胡人的草原霸主匈奴。那时候，骁勇善射的匈奴人活跃在一望无际的北方大草原上，其领袖头曼单于的全称是撑犁孤涂单于。在匈奴语中，撑犁是“天”的意思，孤涂是“天子”的意思，单于则为“广大”之意。当时匈奴统治的区域十分广阔，东连东胡，西接月氏，北毗丁零，南邻秦国。其中心在头曼城，也就是今天包头市的东北部。

焚书坑儒

秦始皇二十六年（前221年），秦王政统一六国，结束了长期的封建诸侯割据的局面，确立了专制主义中央集权的封建行政体制。这种专制皇权与自周代以来形成的封国建藩制度并不相容。许多人仍认为应沿袭周代的分封制度。当时的一些儒生、方士，抱着《诗》《书》、百家语不放，以古非今。新旧两种制度的维护者意见分歧很大。

秦朝统一的当年，在有关国家的行政体制上即发生了一场争论。以丞相王绾为首的一部分官吏，认为诸侯初破，燕、齐、楚等国离国都较远，主张立诸子为王，封国建藩。朝中不少大臣随声附和。廷尉李斯坚决反对，他认为战国时期之所以诸侯纷争，完全是西周实行分封诸侯造成的，只有废除分封制，才可能免除诸侯争立天下的战乱。秦始皇采纳了李斯的主张，在全国确立并推行郡县制。

秦始皇三十四年（前213年），秦始皇在宫中设宴款待群臣。宴会上，博士仆射周青臣称颂秦始皇灭诸侯、立郡县、统一中国的功德，认为这是前无古人的事业。博士淳于越反对，认为周青臣对始皇阿谀奉承，主张重新实行分封制。他认为，殷、周两代都分封子弟功臣，让他们辅助王室。现在始皇统一天下，而诸子都是平民，他们无法辅助始皇。一旦发生变故，无法互相帮助。凡事不师法古人而能够长久的，从来没有听说过。丞相李斯对淳于越以古非今的论调进行了驳斥。他认为五帝不相重复，三代不相因袭。各代采用自己的方法去治理国家，并不意味着一定要和前代相悖，而是时代有所变迁。现皇帝创建万世功勋，那些愚蠢儒生们根本不可能理解，再照搬三代之法，毫无道理。因此他指出：现在天下安定，政令归于皇帝，百姓应致力于生产，读书之士应认真学习政府法令。但是现在的儒生置法令于不顾，不学习当代的东西，一味地模仿古制。他们标榜私学，攻击政府，入则心非，出则巷议，诽谤朝政，惑乱人心。政府如果不加以禁止，必有损于皇帝的权威，下臣结成惑乱朝政的私党，危及中央统治。李斯建议秦始皇焚书，把《秦纪》以外的各诸侯国史书和私人收藏的《诗》《书》、百家语通通烧掉。以后敢有议论《诗》《书》的，处以死刑。以古非今的，杀掉全家。官吏知情不报的，与犯人同罪。命令下达 30 天不烧的，脸上刺字，发配边疆，罚筑城劳役四年。又规定，国家藏书及医药、卜筮、农业方面的书不在此列。同时禁止私学，提倡法治，以吏为师。秦始皇采纳了李斯的建议，并下了焚书令。大批书籍被付之一炬，古代文化典籍遭到严重破坏，并使“经书缺失而不明，篇章弃散而不具”。这一事件，历史上称之为“焚书”。

秦始皇晚年，笃信方术。希求长生不老。秦始皇二十八年（前 219 年），在东巡途中，齐国方士徐市（福）上书说，东海之中有蓬莱、方丈、瀛洲三座神山，可觅到仙人和长生不老的药。始皇信以为真，派徐市率童男童女千余人乘船入海，求寻仙药。徐市出海后找到一座大岛屿，便就地称王，不再回来。秦始皇三十二年（前 215 年），始皇东巡到碣石，又派方士侯生、卢生再次入海觅求仙药。三十六年（前 211 年），卢生等求不到仙药，怕遭诛杀，认为始皇刚愎自用，野蛮专横，贪于权势，只任用酷吏治理朝政。声称对这样无德行的人不能为他去觅求仙人仙药。随后便逃亡了。秦始皇得知后，十分气恼，“诽谤我，以重吾不德”。此前几次让人寻长生不老药，没有结果，现在更觉方士无用。下诏指责方士、儒生用妖言蛊惑天下百姓，并责派御史查讯他们的罪状。方士惹祸，连带了儒生，方士和儒生们为推脱责任，相互牵连告发，结果查出 460 余人。秦始皇下令将这些人全部在咸阳附近活埋。史称“坑儒”。

焚书坑儒

焚书坑儒是秦朝在建立国家行政体制上激烈斗争的表现。在当时的历史条件下，为巩固统一，禁止以古非今，采取统一的思想是很必要的。但是，焚书坑儒的手段却是愚蠢而又残酷的，特别是焚书，毁灭了许多古代文化典籍，使战国纪年至今无法搞清楚，造成了文化上的重大损失。焚书坑儒加速了秦朝的灭亡。

蒙恬征匈奴

战国时期，匈奴族是居住在我国北方的游牧少数民族之一，在蒙古高原上过着逐水草而居的生活，其活动范围南达阴山，北至贝加尔湖之间，成为北方一个强大的游牧民族。战国后期，匈奴人凭借骑兵行动迅速的优势，经常深入中原，屡次侵扰内地。当时，秦、赵、燕三国边境与匈奴毗邻，经常发生战争。但是，由于七国相争，三国也无力出兵抗击，只是在边境上采取守势，修筑长城并派军队戍守。

秦始皇二十六年（前 221 年），秦始皇完成统一六国的大业后，匈奴族对秦朝的威胁依然存在，秦始皇为了保障大一统免受侵扰，加强了对匈奴的防范。秦始皇二十七年（前 220 年），为了向匈奴展示秦朝的实力，对匈奴起威慑作用，车驾出巡边郡，并登鸡头山（今宁夏回族自治区泾源县西）。秦始皇二十九年（前 218 年），秦始皇调集 30 万大军，派蒙恬为将，向匈奴居住地河南地（今内蒙古河套及伊克昭盟地区）大举进攻。秦始皇三十二年（前 215 年），将匈奴赶出河南地。秦始皇三十三年（前 214 年），蒙恬又率军渡过黄河，占领了高阙（今内蒙古乌拉特中后旗西南）、阳山（今内蒙古狼山）、北假（今内蒙古河套以北、阴山以南地区）等地。为了加强防御，秦朝在榆中（今内蒙古伊克昭盟地区）以东，黄河以北直到阴山的广大地区内，设置了 34 个县，并重新设立九原郡，将有罪官吏及内地人民迁徙到这一地区。三十六年（前 211 年），始皇又令内地 30 000 户移居北河（今内蒙古河套地区）、榆中，垦田生产，开拓边疆。

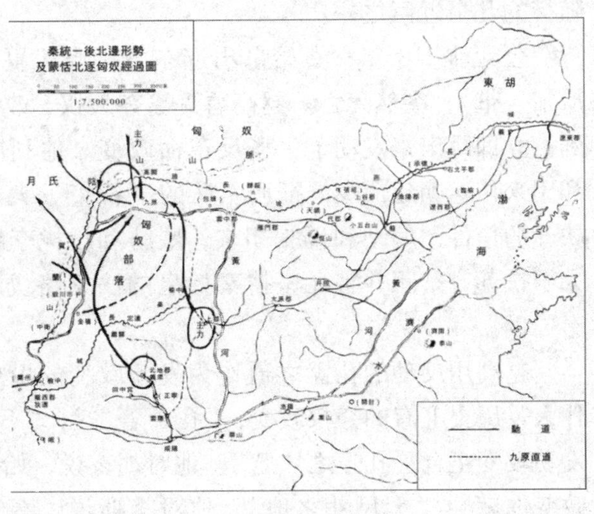

蒙恬北逐匈奴

在设置郡县的同时，蒙恬又沿袭战国时期筑长城拒匈奴的方法，于秦始皇三十四年（前 213 年），从内地征发在刑犯人，与边军戍卒一起，把秦、赵、燕三国长城连接起来，修成西起临洮（今甘肃岷县）东到辽东的万里长城。为加强关中与河套的联系，始皇又命蒙恬修筑从九原（今内蒙古包头西北）到云阳（今陕西省淳化西北）的直道，工程十分浩大。这条道至今遗迹尚存。

蒙恬率军在北地、上郡居住十余年，功劳卓著，威振匈奴，深得始皇宠信。秦始皇三十七年（前 210 年），胡亥篡位，蒙恬被赵高陷害，被捕入狱，后吞药自杀。

赵高篡权

赵高本是赵国旧贵族的后代。在当时的社会大变革中，他全家成了秦王朝的官奴婢；赵高本人也做了宦官，“进入秦宫，管事二十余年”，骗取了秦始皇的信任。

这个家伙怀着满肚子没落奴隶主阶级对新兴地主阶级专政的仇恨，采用韬晦之计潜伏在秦王朝内部，表面上装作拥护秦始皇，当上了秦始皇宠爱的小儿子胡亥的法律教师，“得幸于胡亥”，并且窃取了中车府令兼行符玺令事的职务，篡夺了秦朝中央的一部分权利。秦始皇出巡的时候，他竟成为身边随行的几个近臣之一。

公元前 210 年，秦始皇出巡东方，当年夏天，到了沙丘（今河北平乡、广宗一带），突然死亡。赵高看见篡夺大权、改变秦始皇的法家路线的时机已到，立即跳出来发动了一场反革命政变。他利用掌握在自己手里的车马卫队和用来传达朝廷命令、征调军队的“符玺”大权，扣压了秦始皇临终给公子扶苏的信件，煽动和诱骗胡亥，威胁和拉拢李斯，伪造秦始皇的遗诏，逼死太子扶苏，禁闭并害死坚持秦始皇的法家路线的大臣蒙恬、蒙毅，立胡亥为秦二世。

赵高用反动的孔孟之道作为发动政变的思想武器。他引证儒家经典，说什么，历史上有的夺权政变，“孔子著之”，“不为不忠”，“不为不孝”；今天发动政变正合乎孔丘之“智”。他对胡亥说，始皇临死前没有分封诸子，不搞政变你就会“无尺寸之地”。他对李斯说，秦的丞相功臣没有“封及二世”的，都是被杀身死，而发动政变拥立“慈仁笃厚”“尽礼敬士”的胡亥，就会“长有封侯，世世称孤”。在秦始皇“焚书坑儒”几年之后，赵高如此明目张胆地吹捧孔丘，鼓吹所谓“仁”和“礼”，宣扬分封诸侯，这充分暴露了他复古倒退的反动儒家立场。在这个关键时刻，身居要职的丞相李斯，本来有可能搞掉赵高，粉碎复辟势力的政变阴谋，但却受剥削阶级自私自利的本质所制约，为了维护个人的名利地位，妥协动摇，铸成大错。李斯在帮助秦始皇统一中国和巩固中央集权的封建国家方面是有过重要贡献的，但也犯过严重错误。他在赵高发动反革命政变这个紧要关头，出于私心，向反革命势力退让、屈服，就是重大污点之一。

沙丘反革命政变后，秦二世胡亥完全成了赵高手中的一个傀儡皇帝。“事无大小辄决于高”。赵高独揽了大权，立即向秦始皇的法家路线展开全面的反扑。他推行了一条“收举余民，贱者贵之，贫者富之，远者近之”的反动政治路线。这些所谓“余民”，所谓“贱者”“贫者”和“远者”，决不是被压迫被剥削的广大劳动人民，而是那些被新兴地主阶级的革命和专政打翻在地的没落奴隶主贵族。这条路线，完全是孔老二、吕不韦“兴灭国，继绝世，举逸民”“克己复礼”的反动路线的继续。在组织路线上，赵高大搞“顺我者昌，逆我者亡”。他安插亲信，网罗死党，让他的女婿阎乐当上了首都咸阳令，他的弟弟赵成当上了郎中令。同时“更为法律”，篡改了以坚决镇压奴隶主反动势力为重要内容的秦法。在秦二世元年（前 209 年）年初，“大赦罪人”，把秦始皇执政的时候关押的罪犯放出监狱；另一方面，则向秦始皇的法家领导集团进行血腥的阶级报复。儒家搞复辟倒退，从来是杀人不眨眼的，极其残暴狠毒的。赵高煽动秦二世“灭大臣而远骨肉”，“尽除去先帝之故臣”，杀害了蒙恬、蒙毅、去疾、冯劫等著名的文武大臣和秦始皇的二十多个公子、公主。牵连受害者不计其数。最后，连李斯也没有被赵高放过，终于“腰斩咸阳市”，并“夷三族”。对各郡县地方官，也大规模地进行了清洗和杀戮。到了秦二世三年（前 207 年），终于又杀害了秦二世，并且公然提出恢复分封制。

赵高篡权以后，还大大加重了对广大劳动人民残酷的经济剥削和政治压迫，弄得“黔首振恐”。在埋葬秦始皇的时候，恢复了奴隶制时代的“人殉”，“后宫非有子者”“皆令从死”；甚至还把许多修坟的工匠活活封死在墓中，“尽闭工匠臧者，无复出者”。这种惨绝人寰的残暴行为，是历史的倒退。他们恢复了阿房宫的修建，并征调五万人为屯卫，“令教射狗马禽兽”。“赋敛愈重，戍徭无已”。结果，京师的粮食草秣都严重不足，又从全国各地征调大量粮草入都。秦始皇的时候，为了发展封建农业经济，对从事农业劳动的比较贫苦的农民（当时叫“闾左”），规定的服劳役、兵役的时间是比较短的；赵高篡权后，就大规模地“发闾左之戍”，把日益沉重的徭役负担直接加在贫苦农民的头上。种种倒行逆施，都是想要使贫苦农民重新沦落为奴隶。他们还采用残暴的刑罚镇压人民群众的反抗，“刑者相半于道，而死人日成积于市”。

这些情况说明，在沙丘反革命政变之后，秦始皇的法家路线已经中断，而被赵高代之以复辟的儒家路线。赵高复辟集团虽然没有来得及在全国范围内改变封建的政治、经济制度，但它的倒行逆施，迅速激化了封建统治阶级和农民阶级的矛盾、奴隶主复辟势力和广大劳动人民的矛盾、没落奴隶主阶级和新兴地主阶级的矛盾。在赵高篡权后不到一年的时间，公元前二〇九年夏天，爆发了我国历史上第一次农民大起义，很快就推翻了赵高、胡亥的反动统治。地主阶级和农民阶级的矛盾的激化是秦朝灭亡的根本原因；赵高篡权是秦朝灭亡的最重要的直接原因。

陈胜、吴广起义

秦二世即位以后，秦朝的政治达到了极其黑暗的程度，人民已无法生活下去，只好铤而走险。农民大起义终于爆发了。

陈胜是阳城（今河南登封东南）人，字涉。吴广是阳夏（今河南太康）人，字叔。陈涉少时即有大志。曾给人打短工在田里耕地。干活休息的时候，陈胜怅恨久之，对同伴们说："苟富贵，勿相忘。"同伴们都笑着说："你为别人打短工，哪里来的富贵?"陈涉叹了一口气，说："唉，燕雀哪里知道鸿鹄的志向呢?"

秦二世元年（前209年）七月，秦政府调发闾左（指贫民）到渔阳（今北京密云西南）戍边。陈胜和吴广皆被征发而编在这个行列之中，并被指定为屯长（领队）。当他们一行九百人行至大泽乡（今安徽蕲县东北）时，遇上了大雨，洪水泛滥，淹没了道路，估计已经不能按期到达渔阳。而按秦朝的法律，失期皆斩。陈胜和吴广商讨说："如今逃亡是死，发动起义也是死。同样是死，为国而死可以吗?"陈胜又说："天下人受苦于暴秦的统治已经很久了。我听说秦二世是秦始皇的小儿子，不当立为皇帝，应当立为皇帝的乃是公子扶苏。扶苏因为几次劝谏秦始皇，秦始皇派他出外带兵。他本无罪过，而二世杀害了他。百姓多听说他的贤能，却不知他已经死了。项燕当楚国大将，立下许多大功，又爱护士卒，楚国人很爱戴他。有的说他死了、有的说他还活着。现在要是以我们带的这些人诈自称奉了公子扶苏和项燕之命倡导天下，肯定有许多人响应我们。"吴广认为有理。他们去占卜吉凶，卜者猜到了他们的意图，说："足下事皆成，有大功。但足下还应向鬼神问卜。"陈胜、吴广一听，马上明白了卜者的意思，说："这是教我们先借鬼神在众人中取得威望。"便找来一块帛，在上面写上三个红字"陈胜王"，然后将帛塞到别人打来的鱼肚子里。戍卒买鱼烹食，得到鱼腹中的帛书，都觉得很奇怪。陈胜又让吴广夜里溜到戍卒驻地旁树丛中的一个神祠里，点燃一堆篝火，并学着狐狸的声音叫“大楚兴，陈胜王”。戍卒们在夜里听到这个声音，都十分惊恐。第二天，戍卒中谈论纷纷，都注目于陈胜。

吴广平素十分爱护别人，因而戍卒们都很爱戴他，愿意听他的话。这一天，押他们到渔阳的二个将尉喝醉了酒，吴广便故意在他们面前说想要逃走，使将尉发怒而侮辱自己，以激怒戍卒们。将尉果然用棍子揍吴广，并拔出剑要砍。吴广乘机一把夺过剑来把一个将尉杀死，陈胜帮助他杀了另一个将尉。之后，陈胜把九百个戍卒召集到一起说：“诸位遇上大雨，都已误了期限。而按秦朝之法，误了期限是要斩首的。即使不被斩首，而当戍卒十个就有六七个会死。身为男子汉，不死则已，死就要死得壮烈。王侯将相难道是天生的吗?”戍卒们齐声高呼：“我们听您的指挥”。他们便诈称公子扶苏、项燕，以从民望，袒右（光着右膀），称“大楚”。陈胜自立为将军，吴广为都尉，攻大泽乡，收而攻蕲（今安徽蕲县）。攻下蕲后，陈胜分兵四出，令人分别攻打苦（今河南鹿邑）、谯（今安徽亳县）、酂（今河南永城西北）等。陈胜自己率军攻陈（今河南淮阳）。一边走，一边招募、扩充军队。等到打陈，已经有战车六七百乘，骑兵一千多人，步兵几万人。起义军攻打陈，秦陈之守令都已逃跑，只有守丞率人抵抗，很快便被起义军消灭。

起义军占领陈几天后，陈胜派人召来了当地的三老豪杰，和他们共商大事。豪杰们都说：“将军您披坚执锐，伐无道，诛暴秦，重新建立楚国的社稷。按您的功劳，应该为王。”陈胜乃立为王，国号为“张楚”。

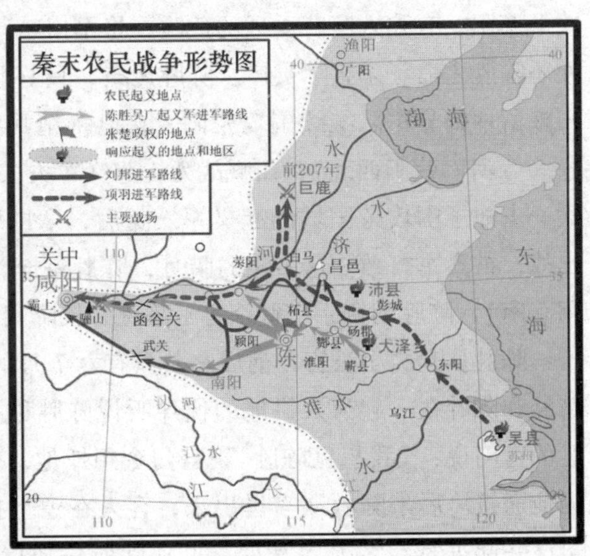

秦末民变形势图

这时的秦朝形势，像一堆干透了的柴草，遇到一点火星，立刻便燃起冲天大火。陈胜、吴广起义后，天下郡县群起响应，纷纷杀掉秦朝官吏，揭竿起兵。为扩大战果，陈胜以吴广为假王，监督诸将西击荥阳（今河南荥阳）；令陈人武臣和张耳、陈余等人率一军北向攻略赵地；令汝阴（今安徽阜阳）人邓宗率一军攻略九江郡（治今安徽寿县）。吴广率军包围了荥阳，秦三川郡守李由（李斯的儿子）坚守，吴广军不能攻克。为打击秦朝心脏，陈胜决定遣军进袭关中。陈有一个叫周文的人，曾经在项燕的军中当过视日（占候卜筮之人），自称可以领兵打仗。陈胜便给了他将军之印，让他向西击秦。周文一边作战，一边扩充队伍。等打到函谷关（今河南灵宝西南），已经有战车一千乘，步兵数十万。他们攻破函谷关，向西一直打到戏（今陕西临潼东）。关中大震。戏距秦都咸阳仅数十里。秦二世急令少府章邯率军抵御。当时秦军主力尚在边境，关中空虚。无奈之下，秦二世下令免去在骊山服役的数十万刑徒的罪，发给他们武器，由章邯率领进攻周文军。周文军被打败，被迫向东退出函谷关。章邯在调集到西北边防的秦军主力后，紧追出关，双方在曹阳（亭名，今河南灵宝东）相战数十天。周文军又败，退至渑池（今河南渑池西），坚持了十多天，最后被秦军击败，周文自杀，军遂不战。

这时，陈胜所派出的将领，开始背叛陈胜，六国旧贵族也乘机而起。武臣到达邯郸（今河南邯郸）之后，自立为赵王，以陈余为大将军，张耳和召骚为左右丞相，拒绝服从陈胜指挥。陈胜无奈，只好加以承认，又想令武臣西向击秦。武臣却遣韩广北上，攻略燕地，韩广至燕，也自立为燕王，不听武臣指挥。陈胜派周市攻略齐地，狄（今山东高青）人田儋杀狄令，自立为齐王，遣军攻击周市军。周市只好回兵攻略魏地。

章邯在击败周文军之后，向东逼近荥阳。围攻荥阳的吴广军这时仍未能攻下荥阳，有陷入腹背受敌的危险。将军田臧等人因为吴广不善于指挥打仗，便矫陈胜之命，杀害了吴广。陈胜无奈，只好赐田臧楚令尹之印，使为上将。田臧留一部分军队继续围攻荥阳，自己率精兵西上迎击章邯军。两军战于敖仓（今河南荥阳西北），田臧战死，起义军失去指挥，因而大败。章邯随即进兵，击败了围攻荥阳城的起义军。随后，章邯引军东下攻陈。陈胜亲自率军出战，被秦军打败。这一年的腊月，陈胜逃至汝阴，又至下城父（今安徽涡阳东南），陈胜的御手庄贾杀害了陈胜，投降秦军。

陈胜从起义至被害，前后总共只有六个月的时间。当陈胜在陈称王以后，曾经和陈胜在一起为人耕地的伙伴听说陈胜称了王，就到陈去找陈胜，叩陈胜的宫门说："我想见陈胜。"宫门令想抓他，他辩解了半天才得脱，但不肯为他通报。后来陈胜从宫里出来，客人在道上拦呼，陈胜认出了他，召他和自己一起进宫。客人入宫后，见陈胜所住殿屋和帷帐十分华丽，便惊叹说："啊呀！陈涉当王真是豪华！"以后，客人在陈胜的宫中出入越来越随便，并老是向别人谈陈胜过去的事情。有人劝陈胜说："客人愚昧无知，专门胡说八道，无视您的威严。”陈胜听了，就下令把这个客人杀了。陈胜的故旧朋友见陈胜如此，都离开了陈胜。因此，陈胜便没有了亲近的人。陈胜所信用的朱房、胡武等人，又徇私舞弊，以苛察为忠，诸将因此不肯亲附。所以，陈胜最后失败了。

陈胜虽然死了，但他所封任的王侯将相最终推翻了秦朝。

项梁起兵

项梁是秦代下相（今江苏宿迁）人。他的父亲就是原楚国著名的大将、被王翦所打败的项燕。项家在楚国世代为将，有着很久的尚武传统。因战功显赫，被封于项（今河南沈丘），成为楚国的贵族。

秦始皇二十四年（前223年），楚国被秦军攻灭。项燕战死。项家随即成为秦朝政府的打击对象。项梁万不得已，带着自己的侄子项羽逃到栎阳（今陕西临潼北）。这里距秦都咸阳很近，反而比较安全。可项梁在栎阳出了事，被栎阳县官抓起来，关进了栎阳狱，后被救出。但没过多久，项梁又杀了人，因而不得不带着项羽离开关中，逃到了几千里外的吴中（今江苏南部）。当时，六国诸侯虽然被秦吞灭，但六国贵族的后代时刻都在寻找时机，准备恢复自己昔日的割据局面，项梁也不例外。到达吴中后，项梁表面上和吴中的士大夫阶层处得非常好，暗中却交结豪杰，利用给别人主办徭役和丧事的机会，用兵法“部勒宾客及子弟”，还要项羽学习兵法。而“吴中贤士大夫皆出项梁下”，由此，项梁集结了一定的力量，为起兵反秦打下了基础。

秦二世元年（前209年）七月，陈胜在大泽乡起义，天下纷起响应。秦会稽郡守殷通见天下义军蜂起，秦亡成必然，也想乘机捞点利益。他素知项梁之能，便把项梁找来商议，欲以项梁和另一个豪杰桓楚为将。但项梁有自己的打算。他向殷通谎称，只有他一个人知道当时逃亡在外的桓楚的下落，然后以商议军情为名，让项羽持剑闯入，杀了殷通，夺取了印绶。“乃召故所知豪吏”，告诉他们，自己要起兵反秦。“遂举吴中兵。使人收下县，得精兵八千人”。公开打起了起义的大旗。很快占领了吴中地区。

是年腊月，陈胜被章邯军击败。广陵（今江苏杨州）人召平奉陈胜之命徇广陵，未能下。听说陈胜败走，不知下落，秦军很快就要打来，局势严重。他当机立断，渡江到吴中，“矫陈王命”，拜项梁为楚王上柱国，并令他“急引兵西击秦”。项梁乃受命，以八千人渡江而西。一路上，他陆续收编了陈婴、黥布和蒲将军等人领导的几支义军。等行军到下邳（今江苏睢宁北）时，兵力已达六七万人。

项梁军下邳时，广陵人秦嘉已经立景驹为楚王，驻扎在彭城（今江苏徐州）东。他听说项梁接受陈胜的指挥，便欲进兵攻击项梁。项梁大怒，谓军吏曰：“陈王先举事，战不利，未闻所在。今秦嘉背叛陈王而立景驹，逆无道。”随即挥军进击，击败秦嘉，追击至胡陵，杀死了他。

项梁消灭秦嘉后，准备挥兵向西。这时，章邯率领的秦军攻了过来。项梁派别将朱离石和余樊君二人率兵迎战。但二人被秦军打败，余樊君战死，朱离石逃了回来。项梁大怒，杀掉了朱离石，引兵入薛（今山东腾县）。这时，陈胜被害的消息传来。项梁感到有必要重新树立一面反秦的大旗，便召集各路将领至薛商议大事。刘邦此时已在沛起兵，也参加了这次会议。会上，居鄛人范增劝项梁立原楚国王室之后，认为“秦灭六国，楚最无罪。自怀王入秦不反，楚人怜之至今，故楚南公曰：‘楚虽三户，亡秦必楚’。”立楚王之后，具有更大的号召力。项梁听从了范增的意见，乃求楚怀王的孙子、在民间为人牧羊的心立为楚王，仍号楚怀王，以从民望，而项梁自号为武信君。

在薛休整数月之后，项梁引兵西攻，在东阿（今山东东阿）大败秦军。他又派刘邦和项羽二人率军进攻定陶（今山东曹县）。项梁向西攻至雍丘（今河南杞县），在这里大败秦军，杀死了秦丞相李斯的儿子、三川郡守李由。

接连获得几次胜利之后，项梁对秦军轻视起来，认为秦军不足惧。部下宋义劝项梁提高警惕，认为秦军在几次失败之后必然要增加兵力，寻机反扑。但项梁听不进去，并派宋义出使齐国。

秦军在几次失利之后，见项梁指挥的义军如此强大，便把进攻的重点对准了项梁。秦朝政府调集了所有的精锐部队，由章邯指挥，开始向义军反扑。这时，项梁还沉浸在胜利的欢乐中，对敌军的动向注意不够。章邯在做了充分准备之后，在一天晚上，趁着夜色急行军，令人马皆“衔枚”，向项梁的义军发起突然袭击。毫无准备的义军被打得大败，项梁也在混战中战死。

项梁虽然死了，但他领导的义军主力并未被消灭。项羽和刘邦当时正率军在外，逃过了这场大难。以后，他们成为反秦、灭秦的主力。项梁的功绩是不可磨灭的。

巨鹿之战

秦二世二年（前208年）九月，秦将章邯率军突袭定陶，项梁战死。破项梁之后，章邯认为楚地兵不足忧，乃率秦军主力北渡黄河攻赵，大破赵军。

当时，赵歇为赵王，陈余为将，张耳为相，张耳保护着赵王走保巨鹿（今河北平乡西南）。章邯命大将王离和涉间率秦军包围巨鹿，而自率秦军主力军于巨鹿城之南，在两军之间筑起一条甬道以保证王离军的粮草供应。陈余收恒山（治今河北石家庄东北）之兵得数万人，驻扎在巨鹿城之北，和城中遥相呼应。因兵力弱小，陈余不敢向秦军进攻，遂一面坚壁固守；一面派人向楚国和齐、燕等国求援。

项梁战死后，楚怀王和项羽、刘邦等人率余部退保彭城（今江苏徐州），又将项羽和吕臣等人所率之军统归自己直辖。接到赵国告急，便将全部兵力拨出，遣以救赵。因为在定陶（今山东定陶）之战前，宋义曾准确地预料项梁必败，楚怀王便召见宋义，和宋义交谈，认为宋义知道兵机，便以宋义为上将军，项羽为鲁公、为次将，范增为末将，率军救赵。诸别将为桓楚、英布、蒲将军等人，皆由宋义统辖，并号宋义为卿子冠军，以示尊宠。一面分遣刘邦向西略地，以袭扰秦军后方。

宋义率军出发，行至安阳（今山东曹县东），便停军不进，屯驻安阳达四十六日之久。项羽会见宋义说："秦军攻赵很急，应赶快引兵渡河，楚军击其外，赵军应其内，定能击败秦军。"宋义却认为秦军方强，不敢进击，并回答说：若牛虻在牛背之上，自然可以一下把它打死。若牛虻深藏在牛毛之内，就要运用智谋才能达到目的。如今秦军攻赵，若战胜赵国，士卒必然疲惫，我军可乘其弊。如果秦军战败，则我军可鼓行而西，一举攻破秦国。说到披坚执锐，冲锋陷阵，我宋义不如你；说到运用智谋，你不如我。"遂不采纳项羽的建议。宋义又觉得项羽盛气凌人，骄横难制，便下令军中说："有猛如虎，贪如狼，强而不可使者，皆斩之!"宋义又派他的儿子宋襄到齐国为齐相，自己把儿子送到无盐（今山东东平），一面置酒高会。这时已是十月，天气转冷，又不断下起大雨，楚军士卒冻饥。项羽心中愤恨，便向军中宣称说："我们出来齐心协力攻秦，却久留于此，不往前进。如今粮食欠收，人民贫困，士卒只能吃个半饱，军中无现成的粮食，却每天置酒高会，不引兵渡河因赵地之粮，和赵军并力攻秦，还说什么承敌之弊。以强大的秦军进攻刚刚重建的赵国，其势必击败赵国。击败赵国，秦军会更加强大，我们去承什么弊？而且，我军刚打了败仗，怀王坐不安席，扫尽境内所有军队而交给宋将军，国家安危，在此一举。如今，宋将军却不恤士卒而徇其私情，图其私利，非社稷之臣。"十一月初，宋义回到安阳。第二天清晨，项羽借朝见宋义之机，就帐中杀死宋义，并号令军中说："宋义和齐国图谋反楚。楚王暗中命我杀掉他!”当是时，楚军诸将皆慑服，无人敢出异言，都说：“带头复立楚国的是将军一家。如今将军是诛杀乱贼。”他们因而相与立项羽为假上将军。项羽又派人到齐国追上宋义的儿子宋襄，将他杀死。又派桓楚向楚怀王报告此事。楚怀王无奈，只好以项羽为上将军，当阳君、蒲将军等皆属项羽。项羽乃巡视部曲，抚尉士卒，准备渡河救赵。

这时，王离所率秦军急攻巨鹿。城中兵少食尽，张耳几次派人催促陈余，让他率军击秦。陈余自度力弱不敌，一直不敢进攻。经过了三个月。张耳大怒，派张黡和陈泽二人去责备陈余，陈余仍然坚持说不行。张黡和陈泽表示要战死秦军。陈余迫不得已，交给二人5 000人马，让他们先攻击秦军，二人至则尽为秦军所歼灭。

秦二世二年（前208年）十二月，项羽杀掉卿子冠军宋义之后，威震楚国，名闻诸侯。楚军军心也大振。于是，项羽决心渡河攻击秦军，乃派当阳君英布和蒲将军先率楚军20 000人渡过黄河，向秦军进击。英布和蒲将军二军渡河后，先破坏了秦军补给线的甬道，使王离军乏食。恰在此时，陈余派来求救的使者又到达军中，项羽便率全军渡河，并令在渡过漳河之后，凿沉渡船，击破釜甑，烧掉庐舍，持三日粮，以示士卒必死，无一还心。渡过漳河后，项羽大军向北挺进，与秦军相遇，大战九次，彻底断绝秦军甬道，大败秦军，杀死秦将苏角，俘虏了王离。涉间不愿降楚，投火自杀。当时，诸侯之军救赵者十几壁，皆畏秦军之强，不敢向秦军进击。等楚军向秦军进击时，诸侯军将士都站在壁垒上观望，见楚军战士无不以一当十，喊杀之声震天动地。诸侯军之将士无不人人惶恐，战栗不已。于是楚军勇冠诸侯。击败秦军之后，项羽召见诸侯军将领。诸侯军将领入辕门之后，无不膝行而前，莫敢仰视。项羽因此遂为诸侯上将军，各国诸侯都统属项羽指挥。巨鹿之围解除后，赵王歇和张耳出城谢诸侯，犒劳将士。

秦章邯军在巨鹿城南战败后，败退至棘原（今河北大名北）。此时秦军兵力尚有二十多万，但士气低落，不堪再战。项羽和诸侯国之军驻扎在漳水北岸，休整士卒。秦二世以章邯军数次战败，遣人责让章邯。章邯恐惧，派其长史司马欣到咸阳请罪。司马欣到咸阳后，在司马门守候三日，不得见赵高，又听说赵高有不信任之心，心下惊慌，便逃回章邯军中。赵高果然派人追，没有追上。司马欣回到军中之后，对章邯说：“赵高用事于中，下无可为者。战而能胜，赵高必妒忌我们的功劳；战而不能胜，我等必不免于被杀。愿您仔细考虑。”陈余也派人给章邯送信，历举秦将白起、蒙恬之死，及投降之利害。章邯此时外受强敌压迫，内受赵高之迫害，狐疑而不能决，便暗中派人去见项羽，想投降，项羽不答应。至秦二世三年（前 207 年）六月，两军相持已经六个月。项羽知章邯内心已经动摇，但秦军尚众，想乘机彻底击败秦军，便遣蒲将军先率军向南日夜急驰，渡过三户津（今河北临漳故城之西的漳水北岸），屯于漳水南岸，以切断秦军南退之路。恰好秦军一部退至此地，当即被蒲将军击败。章邯见局势不利，便率全军向南撤退，项羽遂引全军渡河，向南追击，追至洹水之上，又大败秦军。章邯在连败之下，又派人见项羽，重申愿意投降。项羽因为楚军粮食所剩不多，便同意接受章邯投降，并和章邯在洹水南岸的殷墟（今河南安阳西北小屯村一带）相会，签订降约。章邯投降后，项羽立章邯为雍王，置之楚军之中。然后率全军向西进入关中。

秦军主力就这样被消灭了。

第七章　汉　朝

楚汉战争

在秦末农民大起义过程中，陈胜牺牲后，刘邦集团和项羽集团成为反秦武装的两支主力（见“陈胜、吴广起义”）起义军。秦二世三年（前207年），刘邦、项羽相继率兵入关，推翻秦王朝。按照原来楚怀王的约言“先入定关中者王之”，刘邦先入咸阳，理应王关中，但项羽自恃功高，企图独霸天下。

正月，项羽阳尊怀王为义帝，徙于郴。二月，分天下王诸将，自立为西楚霸王，王梁楚地九郡，都彭城，分封十八路诸侯，即以刘邦为汉王，王巴、蜀、汉中，都南郑；章邯为雍王，都废丘；司马欣为塞王，都栎阳；董翳为翟王，都高奴；魏豹为西魏王，都平阳；申阳为河南王，都洛阳；韩成为韩王，都阳翟；司马卬为殷王，都朝歌；赵歇为代王，都代；张耳为常山王，都襄国；英布为九江王，都六；吴芮为衡山王，都邾；共敖为临江王，都江陵；韩广为辽东王，都无终；臧荼为燕王，都蓟；田市为胶东王，都即墨；田都为齐王，都临淄；田安为济北王，都博阳。另封陈余三县之地，梅鋗为十万户侯。

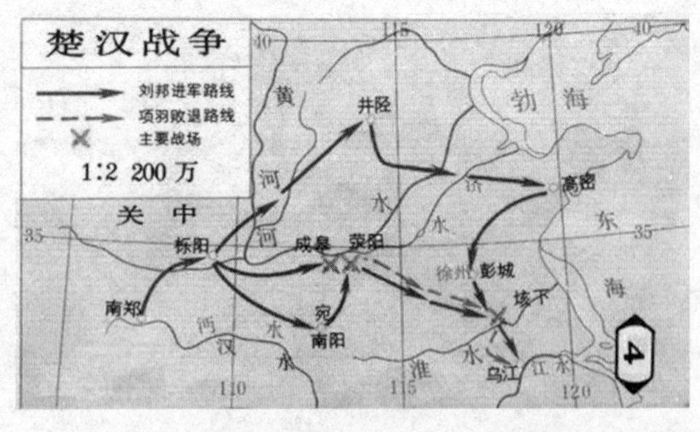

楚汉之争

项羽进入咸阳后大肆烧杀抢掠，加上封章邯等秦降将为王，使他失去了关中秦民的支持；不都关中而都彭城，也使他失去了战略上的有利地势；特别是关东屡经战乱，经济残破，使他日后不可能建立一个巩固的后方；至于分封诸侯王，更是项羽在政治上所犯的一个严重错误；他贬义帝于江南，迁刘邦于巴蜀，徙故王于恶地，王亲信诸将于善地，挑动和加剧了各路诸侯之间的权力纷争，并且迅速激化了他与刘邦之间的矛盾。

刘邦被徙封汉王后，本想立即发兵攻楚，但萧何等人从楚汉双方的实力出发，主张以汉中为基地，养民招贤，安定巴蜀，然后收复三秦。刘邦采纳了这一建议，于汉元年（前 2006 年）夏四月经栈道往南郑，又听从张良的计策，烧绝所过栈道，表示没有东向争夺天下之意，以此迷惑项羽。但是，三个月后，刘邦乘田荣起兵反楚的有利时机，决策东向，终于爆发了楚汉战争。

项羽分封诸侯后即罢兵回归彭城。不久，田荣起兵反楚，于汉元年（前 206 年）五月迎击田都，杀田市，自立为齐王，并且以彭越为将军。彭越于七月击杀济北王田安。田荣并王三齐之地，命彭越击楚，并以兵援助陈余袭击常山王张耳，迎故赵王于代复为赵王。齐、赵和彭越的起兵，对西楚构成直接威胁。为了制止事态的扩大，项羽先派萧公角将兵迎击彭越，结果大败，不得不调遣主力击齐，以稳定局势。当时僻处巴蜀的刘邦乘项羽无暇西顾之际，听从韩信等人的计议，于八月出故道，击降章邯、司马欣和董翳，迅速还定三秦，继续东进。

楚汉战争之始，项羽即在战略上陷于两线作战的不利处境。他认定齐地的田荣为心腹之患，而张良也致书项羽说："汉王失职，欲得关中，如约即止，不敢东。"又以齐、梁的反书移交项羽说："齐欲与赵并灭楚。"以致项羽无意西向，专注东方，在战略上做出了错误的判断。后来，项羽虽然击杀田荣，复立田假为齐王，但由于他在齐地烧夷城廓室屋，虏掠老弱妇女，激起齐民的反抗，使田荣弟田横得以收散卒数万人，据城阳；并于汉二年（前 207 年）夏四月立荣子田广为齐王，号令齐民抗击楚军。楚军主力困于齐地，无法脱身。刘邦乘隙降魏王豹，虏殷王印。是年冬十月，项羽密使九江王英布等击杀义帝。刘邦在进驻洛阳后，为义帝发丧，并遣使告诸侯，指责项羽放杀义帝，号召诸侯王击"楚之杀义帝者"。之后，率诸侯兵凡五十六万人进据楚都彭城。

项羽得知彭城失陷的消息后，立即部署诸将击齐，亲自率精兵三万人回师彭城。由于刘邦为轻易取得的大捷所陶醉，进入彭城后，收其宝货、美人，逐日置酒高会，因此，在楚军突然袭击下，汉军五十六万乌合之众一败涂地，士卒死伤过半，刘邦只得与数十骑突围。

彭城之战后，楚汉之间的形势发生了重大变化。刘邦败退荥阳，诸侯皆背汉向楚。由于萧何及时调发关中老弱未成年者补充兵力和韩信的增援，汉军才得以重整旗鼓。项羽虽将战略重点移至西线，但他始终未能摆脱两线作战的困境，无法越过荥阳、成皋一线西进。从此，楚汉便进入了双方相持阶段。但是，从刘邦方面说，这种相持是积极的。相持阶段一开始，刘邦就组建了骑兵部队，有效地阻挡了楚军的进攻；与此同时，汉军重新调整了战略部署，一方面坚守荥阳、成皋一线；一方面积极在楚军的后方和侧翼开辟新战场。这一部署打击了项羽在战略上的致命弱点，很快收到了成效。汉二年八月至次年（前207—208年）十月，韩信接连平定魏、代、赵、燕，矛头直指齐地，逐渐形成包围西楚的态势。当时项羽主力虽然在汉三年（前208年）夏四月、六月再度攻克荥阳、成皋，但由于刘邦采取了“高垒深堑勿与战”的战术，不仅保存了汉军的实力，而且牵制了楚军的主力。使项羽更进一步陷入两线作战，首尾不能相顾的困境。特别是项羽不能用人，不但韩信、陈平等人弃楚投汉，连他的重要谋士范增也得不到信用，这更使他在政治上、军事上连连失策，使刘邦得以调兵遣将完成对项羽的战略包围。汉三年（前208年）五月，刘邦命彭越率兵渡过睢水，袭杀楚将薛公，直接威胁彭城。八月，刘贾、卢绾将卒两万渡河，进入楚地。彭越在汉军的协助下攻徇梁地，连克睢阳、外黄等十七城，完全截断了荥阳，成皋一线楚军主力的后勤补给线。于是，项羽不得不于九月命大司马曹咎固守成皋，亲自回师救援，夺回陈留、睢阳、外黄等十余城。但是，汉四年（前209年）十月，刘邦乘机诱使曹咎出击，大破楚军，收复成皋。与此同时，韩信也袭破齐历下军，进据临淄，并于十一月在潍水消灭了楚将龙且率领的援齐、号称二十万的楚军，尽定齐地。项羽在正面和侧翼战场上接连遭到重大失败，有生力量丧失殆尽，腹背受敌，进退失据，陷于汉军的战略包围之中。

“成皋之战”后，楚汉战争进入了最后阶段。项羽日益孤立，粮秣得不到补充，韩信又继续进兵西楚。汉四年（前209年）八月，项羽向刘邦提出议和，楚汉约定以鸿沟为界中分天下，鸿沟以西为汉，以东为楚。九月，项羽率兵东归，而刘邦则采纳张良、陈平的计策，乘机追击楚军于固陵；并且调令韩信、彭越等人率兵围歼项羽，命刘贾渡淮包围寿春，诱使楚大司马周殷畔楚。次年十二月，项羽被围困于垓下，汉军四面唱起楚歌，楚军士无斗志；项羽率少数骑兵突围至乌江，自刎而死。楚汉战争最后以刘邦夺取天下，建立汉王朝而告终。

鸿门宴

汉元年（前206年）十一月，项羽率诸侯联军攻取秦地到达函谷关，没料到有兵守关，不得进入。又听报告说刘邦趁他在河北同秦军决战时，已攻破关中，并派兵驻防，准备称王，项羽大怒，命令当阳君英布率军攻破函谷关。项羽随即带兵进关（今陕西临潼），驻扎于鸿门。

当时，沛公刘邦驻军于咸阳东南的灞上，没与项羽见面。沛公的左司马曹无伤派人向项羽密报说：“刘邦打算在关中称王，要任秦王子婴为相，还想将秦的全部珍宝据为己有。”项羽发怒，下令犒赏三军，明日一早出兵攻击刘邦的军队。

项羽有兵四十万人，停驻在新丰鸿门，刘邦只有十万人，两军实力悬殊，距离也不过四十里。范增向项羽献策说：“刘邦以前在关东时，贪财好色，可自从入关后，对财物丝毫不动，对美女也不接近。从这些可看出他的志向不小。我命令人观望，发现沛公头上的云气呈龙虎五彩的景色，这是天子之气。要赶快攻打刘邦，千万不要坐失良机。”

楚左尹项伯是项羽的叔父，早年与留侯张良私交好。张良此次随刘邦入关，正在军营。项伯便趁夜骑快马飞奔到刘邦驻地，私下通知张良，项羽第二天要进攻沛公，并要张良和自己一起逃离。张良说：“我是代韩王来送刘邦的，如今刘邦有危难，我私下逃走，这是不义的，我不能不报告刘邦。”张良入见刘邦，报告了项伯所说的事。刘邦听后大惊说：“这如何是好？”张良说：“派兵驻守函谷关的主意是谁出的？”刘邦说：“是一个混蛋建议我守函谷关，不让诸侯入关，这样秦地就属于我了，就可以为王，所以我采纳了他的建议。”张良又说：“您估计我们的军队能够抵抗项羽的攻击吗？”刘邦茫然地说：“我们的军力不如项羽，事到如今该怎么办？”张良说：“这事只能由刘邦亲自向项羽说清，说刘邦不背叛项羽。”刘邦问：“你怎么与项伯有如此深交？”张良说：“从前在秦朝的时候，项伯和臣有交往，项伯杀人，臣设法救了他，如今的事幸亏他告诉我。”刘邦又问：“项伯和你谁年长？”张良说：“项伯年长。”刘邦说：“请他进来，我要用兄长的礼节招待他。”

于是张良请项伯入见刘邦，刘邦自己举杯向项伯敬酒，并定下儿女婚姻。刘邦说：“我入关后，一切如旧，秋毫未犯；吏民造册存籍，府库公物都加封，只等项将军来接收。因此才派兵守关，防备盗贼入侵，还可预防突发变故。请兄长千万向项羽将军进言，我在这里日夜盼望项将军早日来。刘邦不敢叛道义，更无反叛之心。”项伯答应了刘邦，并嘱咐刘邦，明天要早点来向项羽谢罪。刘邦答应。项伯于是乘夜回到项羽营中，把刘邦的话详细地向项羽报告，随后又说：“假若不是刘邦先击破关中秦军，将军怎能直入关中呢？现在刘邦有入关破秦的大功，不如因此而善待刘邦。”项羽以为项伯言之有理，便答应善待刘邦。

次日清晨，刘邦只带随从骑士百余人来到鸿门，拜见项羽，并谢罪说：“我和将军联合攻秦，将军战于河北，我战于河南。我自己始料未及先破秦入关，而现在能在这里与将军会面。现在有小人间隙我和将军的关系。”项羽说："这是您的左司马曹无伤说的，否则，我何至于如此？"

项羽当即留刘邦一起饮酒吃饭。项羽和项伯东向坐，亚父范增向南坐；刘邦面向北；张良西向坐。范增屡次使眼色示意项羽杀刘邦，又举起所佩带的玉玦，连做三次，要项羽速做决断，项羽却默然无任何反应。范增看到情形不对，起身出去叫来项庄，说："君王为人心肠太软，不忍心下手。你进帐去，上前向刘邦敬酒，然后就请求在座前舞剑。乘舞剑之时，刺杀刘邦于座上。一定要除掉刘邦，否则，你我这些人都将被刘邦俘虏！"于是项庄进入帐中，向刘邦敬酒，敬酒完毕，项庄说："君王和刘邦饮酒，军中没有可供娱乐的，请准许我做剑舞，以娱宾客。"项羽说："好！"项庄即拔剑起舞，项伯看出项庄的用心，也拔出剑来舞，多次用自己的身体掩蔽刘邦，使项庄没有机会刺杀刘邦。

张良看情况不妙，忙起身出帐，到军门找到樊哙。樊哙问张良："今天的事情怎样？"张良说："十分紧急！现在项庄拔剑起舞，但用心是刺杀刘邦！"樊哙说："这太紧张了，我进去和刘邦同生死！"于是便带剑、持盾进入军门。守卫的兵士交戟阻拦，不让他进去，樊哙持盾牌掩着身体面向士兵撞了进去，士兵倒在地上，樊哙进入帐中。樊哙面对项羽，瞪圆了眼睛，怒视着他，头发都竖起来了，眼角也睁裂了。项羽大吃一惊，按剑而起，大声问道："来客是何人？"张良说："他是刘邦的随身侍卫樊哙。"项羽说："壮士！赐他酒！"左右递过酒，樊哙拜谢，起立，一饮而尽。项羽又说："赐给他一只猪腿，左右又送过去一只大猪腿。"樊哙把盾覆在地上，把猪腿放在盾上，拔剑切着肉大口嚼起来，接着吞咽下去。项羽看着樊哙，说："真是壮士！你能再喝酒吗？"樊哙大声说："臣连死都不怕，一杯酒还有什么可推辞的！现在秦王暴虐无度，杀人如麻，用刑最残酷，天下的人苦痛不堪，纷纷起来反秦。楚怀王和诸将约定：先破秦入咸阳的为王。如今刘邦先破秦入关，把一切财产都封闭，驻守灞上只等大王前来接管。如此的功劳，没有被封侯，大王却听信小人谗言，要杀有功之人。这样的作法不过是继暴秦者而已！"项羽无言以对，只说："你坐！"樊哙便随张良坐在一起。稍过片刻，刘邦见情势紧张，便以小解为借口，走出帐外，暗中召呼樊哙也出来。

鸿门宴

刘邦出帐后，项羽便派都尉陈平请刘邦回去。刘邦和樊哙商议说："我现在应该走了，但是出来的时候没告辞，怎么办?”樊哙说：“作大事的时候，不必太顾虑小节，大礼当前，无须拘执细小的谦让。如今人家是刀俎，我们是鱼肉，正等待人家来宰割，事情发展到如此地步，还讲什么礼节?”于是，刘邦决定立刻逃走，令张良留下向项羽辞谢。张良问：“刘邦今天来时带了什么礼物?”刘邦说：“带来白璧一双，准备献给项羽；还有玉斗一双，是赠给亚父的，但看他们正在发怒，我不敢献，你替我献给他们吧!”张良答应了。

这时项羽的军队在鸿门，沛公的军队在灞上，两地相距 40 里。刘邦留下车马随从，独自一人骑马而去，樊哙、夏侯婴、靳强、纪信等人同行保护刘邦。四人持剑盾从郦上经芷阳，抄小路走，刘邦对张良说：“从这条小路到我驻处不过 20 里。你估计我到军中，项羽来不及追赶我时，就进帐向项羽辞谢!”

刘邦走后，张良估计他已到了军营，便进帐向项羽告罪说：“沛公不胜酒力，支持不住，所以没有进帐向大王告辞就走了。谨使张良奉白璧一双，拜献大王足下，玉斗一双再拜献大王足下。”项羽说：“沛公此时在哪里?”张良说：“沛公听说大王对沛公有督责之意，甚为恐惧，故先行至军中了!”项羽接受了白璧放在座上，范增接过玉斗放在地上，拔剑将玉斗击碎，既恨又怒的叹息道：“唉！这些无知之辈，不足以同谋大事！夺项王天下的人必定是刘邦！我们这些人都要做刘邦的阶下囚了!”

沛公刘邦回到军中，立即杀了曹无伤。

韩信拜将

韩信是淮阴（今江苏淮安北）人。始为平民之时，家贫而又无可以称道的德行，故不得被择为吏，又不能为商贾之事以谋生路，所以常在别人家中吃闲饭，为人所厌。淮阴屠市中有一少年瞧不起韩信，对韩信说：“你个头虽然不小，又好带刀剑，其实是个胆小鬼。”又当众侮辱韩信说：“你不怕死，就拔出剑来刺我；怕死，就从我胯下钻过去。”韩信瞪着眼看了他半天，还是低头从他胯下爬了过去。旁观者都笑话韩信，认为韩信真是个胆小鬼。

秦二世二年（前 208 年）三月，项梁率江东子弟 8 000 人渡江而西击秦。在渡过淮河、到达淮阴之后，韩信仗剑加入了项梁军中，但却没有人知道韩信的才能。项梁战死后，韩信又归属项羽，项羽也不知其才，任韩信为郎中。韩信几次为项羽出谋划策，但项羽都不采用，因此，韩信准备离开项羽，另寻他人。汉元年（前 206 年）四月，项羽在分封诸侯之后，兵罢戏下（今陕西临潼东），令诸侯各就国。项羽只让刘邦带三万人到自己的封地汉中（今陕西南郑）。刘邦听从张良的计策，沿途烧绝所过栈道，一方面防备其他诸侯的袭击；另一方面也向项羽表示自己没有再回到东方的意思。韩信留心观察，认为诸侯之中，惟刘邦可成大器，便在刘邦率队向汉中之时，从项羽军中逃到了刘邦军中。开始，在刘邦军中当个连敖的小官，犯了军令，要被杀头。和韩信同时犯法的 13 个人都已经被杀，马上要轮到韩信了，韩信抬头张望，恰好看见滕公夏侯婴，便大声对夏侯婴说："大王难道不想得天下了吗？为什么要杀壮士？"夏侯婴奇韩信之言，又见韩信相貌堂堂，便释放了韩信。夏侯婴和韩信一交谈，非常喜欢韩信的才华，便把韩信推荐给刘邦。刘邦却并不在意，只拜韩信为治粟都尉，掌管谷货保管供应。

韩信几次和萧何交谈，萧何十分钦佩韩信的才能。刘邦到达南郑（今陕西南郑）后，部下诸将和士卒都思念家乡，唱家乡的民歌，想回到家乡去。有不少人在半途中逃亡了。韩信估计萧何已经对刘邦讲过几次，刘邦不用自己，便也找机会逃亡了。萧何听说韩信逃走了，来不及向刘邦报告，便急忙去追。有人对刘邦说："丞相萧何逃跑了。"刘邦一听大怒，像失掉了左右手一般，急得团团转。过了两天，萧何回来谒见刘邦，刘邦又是恼怒又是高兴，骂萧何道："你也逃跑，这是为什么？"萧何说："我不敢逃跑，我是去追逃跑的人。"刘邦问："你去追谁？"萧何回答是韩信。刘邦一听又骂道："诸将逃跑的以十数，你都不追，却去追韩信，你这是欺骗我！"萧何说："那些将领都容易得到。至于韩信，国士无双。大王若永远当汉中王，那就不必任用韩信，若想争夺天下，除了韩信便没有人可以商议此事。这要看大王定什么决策！"刘邦说："我也想返回山东去，怎么能老是待在这里呢？"萧何说："如果一定想回山东，能任用韩信，韩信便会留下来；如果不能重用韩信，韩信还是会逃跑的。"刘邦说："我看在你的面子上，任他为将。"萧何说："虽然为将，韩信还是不会留。"刘邦说："任他当大将。"萧何说："那太好了。"于是，刘邦想把韩信召来拜将，萧何说："大王平素傲慢无礼，如今要拜大将，还像呼喝小孩子一样，所以韩信会逃走。大王若必定拜他为大将，就应择良日，斋戒、设坛场、具礼，然后再拜。"刘邦答应了。拜大将的消息传出，诸将皆喜，人人自以为得大将。可等到拜的时候，却是拜韩信，全军将士都大吃一惊。

拜将仪式完毕后，刘邦请韩信上座，然后说："萧何丞相几次向寡人推荐将军，将军将为寡人出什么好计策呢？"韩信赶紧辞谢，问刘邦："如今，大王东向争权天下的主要对手是不是项羽呢？"刘邦说："是的。"韩信又问："大王自料，勇悍仁强等方面，大王比得上项羽吗？"刘邦沉默了半天，说："不如他。"韩信再一次拜倒，并祝贺说："就是我也认为大王不如项羽。然我曾在他手下做事，请大王让我谈一下项羽的为人：项羽喑恶叱咤，千人皆废，无人能敌，却不能任用有才能的将领，所以这只是匹夫之勇。项羽见了人，恭敬慈爱，言语温和。人有了疾病，项羽流着泪和病人一同饮食；到使用别人的时候，对有功劳当分封的人，把印都玩烂了，却舍不得授给，此所谓妇人之仁。项羽虽称霸天下而臣服诸侯，不居关中而都彭城；又背叛楚怀王原来的盟约，把自己所亲爱的人都分封为诸侯，极不公平；分封之时，把故主逐走而将其地分封给自己的将相，又迁逐义帝（楚怀王）于江南。项羽所过，无不残灭，百姓们不亲附他，只是怯于威势而被迫如此。名号为霸，实际却已失天下人之心，所以他的强大容易被削弱。如今，大王若能反其道而行之，任天下武勇之人为将，什么人打不败？以天下城邑封功臣，谁人不心服？以义兵和思归家乡之士卒作战，什么样的敌人能不被打散？而且，三秦之王都是原来秦朝的将领，率秦人子弟已经几年了，伤亡不计其数；又欺骗士卒，降于诸侯。到新安（今河南新安）之时，项羽用诈坑杀降卒二十多万，只有章邯、司马欣和董翳三人得以活命。秦人父兄恨这三人痛入骨髓。如今，楚王强行用威势让这三个人为王，秦人根本不拥戴他们。大王您入武关之后，秋毫无所害；又废除秦朝的苛暴刑法，与秦民约法三章；秦地之民，没有不希望大王您在秦地为王的。按诸侯原先的约定，大王您当王关中，关中人民都知道这一点。大王未能王关中而被迫王于汉中，秦民没有不痛恨的。如今只要大王举兵而东，三秦之地可传檄而定。”

韩信的这一番精辟的分析，听得刘邦手舞足蹈，自恨得韩信太晚，便听从韩信的计策，部署诸将，准备反攻关中，并东向争夺天下

汉初三杰

汉初三杰指汉朝建立时的张良、萧何、韩信这三个人。

汉高祖刘邦曾问群臣：“吾何以得天下？”群臣回答皆不得要领。

刘邦遂说：“我之所以有今天，得力于三个人——运筹帷幄之中，决胜千里之外，吾不如张良；镇守国家，安抚百姓，不断供给军粮，吾不如萧何；率百万之众，战必胜，攻必取，吾不如韩信。三位皆人杰，吾能用之，此吾所以取天下者也！”

垓下之战

公元前 202 年，垓下之战，楚汉战争结束，刘邦称帝，建立西汉王朝。

项王的军队驻扎在垓下，士卒少而粮食尽，汉王和诸侯的军队把他们重重地包围着。到了夜晚，汉王的军队在四面都唱起了楚地的歌曲，项王十分吃惊，就说：“难道汉王已经全部占领了楚国的土地吗？不然为什么楚国人这

么多呢?”于是，项王就在夜间起来，在军帐中饮酒。他有个美人名字叫虞，因受到宠幸而常常跟从在身边；他有一匹骏马取名为雅，也常常骑着它。于是项王就慷慨激昂地唱起了悲壮的歌曲，并自己写了一首诗，诗曰：“力量能搬动大山啊气势超压当世，时势对我木利啊骏马不能奔驰。骏马不能奔驰啊如何是好，虞姬虞姬啊我怎样安排你!”他连唱了几遍，美人虞姬也跟着唱。项工的眼泪不停地往下流，两边的随从都哭了，没有一个人有勇气抬起头来看他。

于是项王就上马飞奔，部下壮士骑着马跟随奔驰的有八百多人，当夜冲破了汉军的包围，快速向南奔逃。到天亮时，汉军才发觉，连忙派统帅骑兵的将领灌婴用五千骑兵去追赶他们。项王渡过了淮河，这时能跟随上来的骑士只有一百多人了。项王逃到阴陵，迷失了方向道路，就去问一个农夫，那农夫欺骗说：“向左方走。”项王向左，不意陷进了大片低洼多水的泽地，因此汉王的军队也就追赶上他们了。于是项王就又引领着手下向东奔驰，等到了东城时，就只剩下二十八个骑士了。而汉军追赶的骑兵却有数千人。项王自己估量已经没有办法逃脱了，就对他手下的骑士说：“我起兵反秦到今天已经八年了，亲自参加了七十多次战斗，敢于抵挡我的都被我击破了，被我们攻击的没有不降服的，从来没有打过败仗，于是就称霸于整个天下。然而今天终于被困死在此地，这是老天爷有意要我灭亡，并不是战败的罪过。今日已经必死无疑，所以我愿意为诸位癌痛快快地打一仗，一定要取得三次胜利，为诸位来突破重围，斩杀敌将，砍倒汉旗，以使诸位明白，确实是老天爷有意要我灭亡，并不是战败的罪过。”于是把手下骑兵分为四队，向着四面。汉王的军队在四周包围着他们，有许多重。项王对他的骑兵说：“我为你们拿下汉军的一个将领来。”随即命令面向四方的骑兵奔驰而下，约定冲过山的东面，分三处地方集合。于是项王大声呼喊着奔驰而下，汉王的军队都望风溃散，项王就将一员汉将斩落马下。这时，赤泉侯杨喜还是个统帅骑兵的将领，他追赶项王，项王圆瞪双眼，大声呵斥，杨喜和他的马都十分惊恐，吓得倒退了好几里路。项王和他的骑兵果真分三个地方集合起来。汉王的军队不知道项王究竟在哪一处，就把军队一分为三，重新包围上来。项王再骑马奔驰，又斩落了汉军的一个都尉，并杀了八九十个兵卒，然后重新把他的骑兵聚集起来，仅仅死掉两个骑士。于是对他的骑兵说：“怎么样?”骑士都折服地回答：“和大王说的完全一样!”

于是项王就想向东渡过乌江去。乌江亭长拢船靠岸等待，对项王说：“江东虽然小，但地方有千里，百姓有几十万，也足以称王了。请大王赶快上船渡江。现在唯独臣有船，汉王的军队赶到，是没有办法渡过的。”项王笑着说："天意要我灭亡，我为何要渡江呢？况且我项籍与江东子弟八千人渡江向西进发，今日没有一个人能回来，即使江东的父老怜悯我而奉我为王，我有什么脸面见他们呢？纵然他们不说，项籍我心中难道就不羞愧吗？"于是对亭长说："吾知道恩公是个宽厚长者，我骑这匹马五年了，从未遇到过对手，曾在一天内跑过一千里路，不忍心杀了它，把它送给你吧。"于是命令骑兵都下马步行，手里拿着短兵器与敌人交战。仅项籍所杀的汉军就有数百人。项王自身也受了十多处创伤。回头看到汉军骑兵的司马将领吕马童，说道；"你不是我的故人吗？"吕马童面对项羽，就把他指给王翳说："这就是项王。故王说：'哦听说汉王用千金悬赏我的头，还要封邑万户，我就把这个人情送给你吧。"说完就自刎而死了……

太史公说：我听到周生说，虞舜的眼睛里好像有两个眸子，又听说项羽也是两个眸子。项羽难道是虞舜的后代子孙吗？他的兴起多么突然啊！秦朝的统治严重失误，陈涉首先发难，四方豪杰蜂拥而起，相互兼并争夺，多得数不过来。而项羽没有尺寸大的地方，趁机从民间起义。三年，就率领着五国诸侯灭亡了秦朝，把天下分封给列位诸侯，政令由项羽发出，并自称为西楚霸王；居位虽不能长久，然而是相当长的历史时期内所未曾有过的事情。等到项羽放弃关中，思乡东归，废除义帝而自立为王，又因诸侯背叛自己而怨愤，这实在是难以成功的。自我夸耀成功，逞强于个人的才智而不学习古人，说是要立霸王的功业，想用武力征伐来治理天下，五年终于失败亡国，自己也死于东城，且仍无觉醒，没有一点自责，这实在是大错特错的。如此却认为是"天意要亡我，并非用兵失败的罪过"，岂不是很荒谬吗？

楚汉彭城会战

汉高祖元年（前206年）八月，当齐王田荣反楚，项羽率军由楚地进击，陷入泥潭而不可拔之际，汉王刘邦采用韩信之策，出兵关中，以定三秦。八月初，汉军开始潜军北进，樊哙为先锋，进至白水河，然后溯故道北进，经故道县（今陕西宝鸡南山中的双石铺）兼程疾进，出大散关而直趋陈仓（今陕西宝鸡东）。雍王章邯，仓促率军迎战，被汉军击败，被迫放弃雍城（今陕西凤翔）而退守废丘（今陕西兴平南）、好畤（今陕西乾县）一带。汉军随即追至，包围好畤和废丘。塞王司马欣闻讯，立即自栎阳（今陕西临潼东北）派军增援章邯；翟工董翳也从高奴（今陕西延安）遣军南下，向泾水地区疾进，协助章邯和司马欣抵御汉军。双方在好畤一线展开激战，三秦军大败。章邯死守废丘，司马欣也向东退走，雍地很快被汉军全部占领。接着，韩信和刘邦率主力继至，迅速占领渭河河谷，并遣军四击，分向略地。不满一月，关中即被汉军全部平定。

平定三秦之后，刘邦继续东进。汉二年（前205年）冬十月，河南王申阳降刘邦。同月，韩王郑昌也投降，刘邦改立韩信（另一个韩信）为韩王，从而占领了河南。次年三月，刘邦进略河北，亲率曹参、灌婴等从临晋关（今陕西大荔东）渡河，西魏王豹迎降。至河内（治怀，今河南武陟西南），殷王司马卬也投降了刘邦。一时之间，刘邦力量大增。他一面发宣言声讨项羽之罪；一面调集关中及诸侯之兵会集洛阳，又为义帝发丧，以求名正言顺。不久，各路人马皆集于洛阳，共达五十六万余人。四月，诸军分三路向彭城（今江苏徐州）进军。南路军很快攻克阳夏、萧（今安徽萧县）；北路军曹参等部攻克煮枣（今山东荷泽西南）和定陶（今山东定陶），与中路军会师。三路军在萧、砀地区会师，继续东进。因项羽自率精兵击齐，彭城空虚，所以刘邦军得以顺利进入彭城。

刘邦进入彭城之后，一面令吕后之兄周吕侯驻军下邑（今安徽砀山），又拜彭越为魏相，派他去平定梁地，又命樊哙等人北攻邹、鲁等地，并在这一带驻守，以保障彭城北侧的安全。刘邦又在楚宫中收集项羽的美人和金银珠宝，天天置酒大会，兴高采烈，以庆贺胜利。而正当刘邦在彭城得意忘形之时，项羽得知彭城失守，便留诸将继续击齐，而自率精锐骑兵三万疾驰南进，击破樊哙在瑕丘（今山东兖州）的守军之后，即往胡陵（今山东鱼台东南）和萧县一带采取包围闪击。项羽军在夜间抵达萧县，拂晓时分，便向汉军发起猛烈攻击，汉军大败退走。楚军追至彭城，又和汉军大战，至中午时分，大败汉军。汉军向谷水、泗水（今徐州近郊）溃败，楚军随后猛追，歼灭汉军十几万人，汉军尸体把泗水都堵塞了。刘邦见汉军不敌，又率溃军南走，想利用彭城南面的吕梁山以资抵抗，并收拾残兵。但在楚军的猛烈追击下，汉军不能驻足，无法成阵，被驱赶至灵壁（今安徽濉溪西）以东的睢水之上，淹死无数，又被歼十几万人，睢水为之不流。刘邦本人也被楚军包围了三层。正在这危急之时，从西北方向忽然刮来一阵狂风，折木发屋，飞沙走石，白昼变晦，对面不见人。而且这阵风正迎着楚军当面吹来，楚军立刻陷入大乱，互相失散。刘邦乘机得以率数十名骑兵突围而出，向西逃去。刘邦想从沛县经过，把家小都接出去，项羽先行一步，派人去抓刘邦的家人，家人全都逃散。在路上，刘邦碰上女儿鲁元公主和儿子刘盈，把他们装在车上载走。不久，楚军的骑兵又追了上来，刘邦大急，伸手把两个孩子推下车去。滕公夏侯婴给刘邦驾车，见刘邦如此，急忙下车把两个孩子抱上车来，刘邦又把孩子推下去，夏侯婴又把孩子抱上来，如是者三次，说："形势虽然危急，车子跑不快，可怎么能把孩子扔掉呢?"说着，故意放慢了车速。刘邦大怒，拔出剑来砍夏侯婴，夏侯婴抱着孩子躲开了去。这样反复十几次，最后还是带着两个孩子脱了险。刘邦的妻子吕后和父亲从小路寻找刘邦，没有遇上，却遇上了楚军，因此都被抓去。项羽把他们押在军中作为人质。

彭城大战后，刘邦退守荥阳、成皋一线，楚汉战争进入相持阶段。

四面楚歌

楚（项羽军）汉（刘邦军）经过数年征战，终于显出强弱。刘邦礼贤下士，群策群力，越战越强；而项羽一意孤行，使其军事实力日渐衰败。公元前203年，楚汉双方约定，中分天下，以鸿沟为界，东属楚，西属汉。鸿沟罢兵后，项羽将扣押的刘邦的父亲和妻子吕氏放还，然后引兵东归。刘邦也想西归，张良和陈平劝说："汉占有了天下的三分之二，而且诸侯都拥护我们。而项羽兵疲粮尽，这是上天要他灭亡之时。现在错过这个机会而不将他消灭，这是养虎遗患，以后要后悔的。"刘邦听从了二人的意见，发兵追击。追到固陵，楚军反击，汉军大败。刘邦不知所措，问张良该怎么办，张良说："项羽即将灭亡，而韩信、彭越二人还没有固定的封地，所以二人肯定不来。如果您能与二人共享天下，二人立刻就会到来。"刘邦听从了张良的计策，派人约定与韩信、彭越共分天下，刘邦同意照办，并使人通知韩、彭二人。韩信、彭越都请求进兵攻楚。韩信从齐出发，刘贾军从寿春并行共攻楚军。攻到垓下（今安徽灵璧东南）时，大司马周殷叛楚，以舒城之兵攻破六城，带九江全部兵力，随刘贾、彭越，会聚垓下合围项羽军。

项羽军在垓下扎营，兵少粮缺，被汉军和诸侯兵围了数层。项羽无法突围，夜间巡营，忽然听到四周的汉营中，传来了楚国的歌。项羽大惊，自忖难道汉兵已经取得了楚地？为什么汉营中这样多的楚人？项羽因此闷闷不乐，便在帐中饮酒。项羽有一美姬叫虞姬，经常随项羽征战。有一匹骏马叫骓，项乘骑骓马征战。项羽在四面楚歌的危难情势下，面对美人虞姬、骏马骓，不禁百感交集，依依难舍，自己赋诗唱道："力拔山兮气盖世，时不利兮骓不逝；骓不逝兮可奈何，虞兮虞兮奈若何。"虞姬美人也和作一首诗："汉兵已略地，四方楚歌声；大王意气尽，贱妾何聊生！"项羽感伤竟而哭泣，项羽左右诸侯将相也悲痛万分。

项羽决定突围，他骑上骏马，一马当先，麾下骑士八百多人，乘夜色突破包围，向南逃去，到天明时，汉军才发觉突围的是项羽，刘邦便命骑将灌婴带五千骑兵急追。项羽渡过淮水，到了阴陵迷失了方向，向一耕田老者问路，老者骗项羽说向左走。项羽便依言而行，随陷入沼泽地中。一时难于走出沼泽，被汉军追上。项羽又带骑士向东走，能随从项羽的人只有二十八个骑士，而追赶项羽的汉兵有数千人。项羽揣度已无法脱逃了，对跟随他的骑士说："我起兵已八年，身经七十余战，没人能抵挡我，也从未打过败仗，所以才能称霸于天下。而今被围困于此，这是天要我败、要我亡，绝不是我不会作战。我要连胜汉军三次，要斩汉将，砍倒汉旗，让各位突围，让你们看到今天的死是天意，不是我指挥战斗的失误。

于是，项羽把他的28个骑士分为四队，向四个方向突围。四支部队飞驰而下，项羽斩汉军一将，都尉一员，兵士近百人。一阵厮杀后，再集合部队时，项羽仅亡两员骑士，骑士们佩服项羽的勇猛。项羽带着剩下的26个骑士退到乌江西岸，要渡江东归。乌江的亭长把船靠好，待项羽上船渡江。亭长对项羽说，江东虽小，也足有千里，民众数十万，足可为一方之王。现在只有臣的这只船，汉军追到也无法渡江，请大王快上船。项羽笑着回答："天要亡我，渡过江有什么用，何况我项羽带了江东子弟八千人渡江西进，如今江东子弟没有一人能回去，只剩下我一人东回，即便江东父老兄弟爱我、怜我，拥我为王，我岂能无愧！我有何颜面去见江东父老。"项羽又说："我知道亭长您是一位有德行的长者，这匹马我骑了五年，所向无敌，一天曾经走过千里，我不忍杀它，我把这马赐给你吧！"

项羽将马交与亭长，命骑士下马步行，持短兵迎战。汉军此时也追到了，双方激烈冲杀，项羽最勇，一人杀汉军数百人，项羽也身受十余处创伤。奋战之中项羽发现了汉骑司马吕马童。项羽说："你不是我的老朋友吕马童吗？"吕马童不好意思与项羽为敌，指着项羽对王翳说："这就是项王"。项羽说："我知道汉王悬赏千金买我的头，还可封邑万户。吕马童，我们既是朋友，我赠予你这一好处吧！"说完，项羽挥剑自刎而死。

王翳在前，取得了项羽的头，其余的人争着夺取项羽的身体，郎中骑杨喜、骑士司马吕马童、郎中吕胜、郎中杨武各得项羽身体一部分。后来，刘邦把悬赏的封地分做五份，封吕马童为中水侯；王翳为杜衍侯；杨喜为赤泉侯；杨武为吴防侯；吕胜为涅阳侯。至此，楚汉相争彻底结束，天下重新统一。

霸王别姬

楚汉相争时，西楚霸王项羽在和刘邦为争夺帝位。汉王听从张良等人的计策，与诸侯会合击楚。进行了长达十几年的战争，诸侯多叛楚归汉。

当时楚王屯兵垓下，兵少粮尽，被汉王军队重重包围。霸王项羽夜不能寐，忽听四面楚歌同时响起，原来此为张良的计谋。

他知道项羽军士都是楚地人，于是便命汉军高唱楚歌，以动摇楚军军心。

项羽听后大惊，叹道："难道汉王已经得到楚地？怎么他军中楚人这么多？"于是起床，在帐中饮酒。

霸王有宠姬虞姬和乌骓骏马，乃慷慨悲歌，他唱道："力拔山兮气盖世，时不利兮骓不逝，骓不逝兮可奈何，虞兮虞兮奈若何。"

虞姬和歌而舞，霸王见此情况，自知将败，泣泪数行。左右见霸王别姬也都凄然泪下，莫能仰视。最后项羽在乌江兵败，自知大势已去，在突围前夕，不得不和虞姬决别，最后自刎身亡。

平城之围

汉高祖六年（前201年）春，刘邦徙韩王信于太原，都晋阳（今山西太原），以备匈奴。不久，韩王信上书，请治马邑（今山西朔县），刘邦许之。秋天，匈奴大举入侵，困韩王信于马邑。信数次派使者至匈奴求和解。刘邦发兵援救，获悉韩王信与匈奴通使，便怀疑韩王信有二心，并致书责让说："专死不勇，专生不任。寇攻马邑，君力不足以坚守乎？安危存亡之地，此二者，朕所以责于君王。"韩王信得书后大为恐惧，乃于九月和匈奴相约共攻汉，并以马邑城投降匈奴，而率军南窬句注山（今山西代县西北）以攻晋阳，攻下铜鞮（今山西沁县南），有直趋河南之势。

第二年，即高祖七年（前200年）冬十月，刘邦亲自率灌婴、靳歙等将步骑三十万北击韩王信；同时，又令樊哙、周勃、夏侯婴等率骑兵自代越霍人（今山西繁峙）西至云中（今内蒙古托克托）、武泉（今内蒙古武川），骚扰匈奴后方，然后向南会师晋阳。

汉高祖刘邦

刘邦率军进至铜鞮即与韩王信军遭遇，汉军击败叛军，斩其将王喜。韩王信向晋阳退却，刘邦率步骑追击至晋阳，樊哙等军在收复马邑后前来会师，遂和韩王信军及匈奴军大战，又大败敌军，乘胜追击到楼烦（今山西西北部）、马邑等地，刘邦本人则驻守晋阳。汉军在击败韩王信军后，再往北进，便与匈奴军直接冲突。韩王信北退后，退屯于广武（今山西代县西句注山北）。匈奴冒顿单于派其左右贤王各率万余骑兵增援韩工信，冒顿单于则亲自统帅三十余万骑兵屯于代谷（今河北蔚县以北至怀安一带）。韩王信得到匈奴的有力支援后，军力复振，又与其将领曼丘臣、左黄等共立赵国苗裔赵利为赵王，以扩大反汉势力。此时，刘邦率32万大军（大多为步兵）在晋阳，于十一月又发动攻势，击败韩王信及匈奴左右贤王军，并乘胜逐北。但适逢天寒大雪，汉军士卒被冻掉手指者十之二三。汉军克复马邑、楼烦等地后，刘邦便有一举克敌之心，因此，连续派出间谍侦察匈奴兵的动静。冒顿单于知道汉朝使者窥探其军，为引诱汉军深入，便将其壮士肥牛马等藏匿起来，而以老弱及羸畜示之于外。因此，汉军使者十余批人连续回报，皆言匈奴人马老弱可击。刘邦不放心，最后派刘敬往使匈奴以窥探，并不待刘敬回报，即驱兵北进。御史劝刘邦说："夫匈奴人之性，兽聚而鸟散，我们追踪他们如同追逐影子一般。今以陛下之盛德以攻匈奴，臣窃为陛下危之。"刘邦不听，即发 32 万大军全军北进，并自率骑兵先进。越过句注山后，遇上刘敬返回。刘敬报告说："两国相攻，本应夸耀而露其所长。如今臣往使匈奴，只见其羸瘠老弱，这必定是匈奴人露其所短，埋伏奇兵以诱我上当以争利。臣愚以为匈奴兵不可击。"此时，汉军正在急速前行中，刘邦不但不听，反而骂道："齐虏（刘敬原是齐人）以口舌得官，如今乃敢妄言以沮吾军士气。"即命人将刘敬抓起来，械系于广武，而自己仍率骑兵疾进。及至平城（今山西大同），汉军步兵已被远远地抛在后面。刘邦至平城后，即登上白登山上的白登台（在平城东北 30 里），以窥望匈奴军。冒顿得知汉军已入平城，即纵其精骑 30 万从四面围攻而至。汉军被围七日，粮饷不继，人马俱困。刘邦不得已，采用陈平的秘计，派使者偷偷贿遗单于阏氏。阏氏对冒顿说："两主不相困。如今得到汉地，而单于最终也不能居之。而且，汉主也有神灵保佑。望单于明察。"冒顿单于本来与韩王信的将领王黄及赵利等期会，而王黄、赵利未能按时到达。冒顿因此怀疑他们和汉军暗中有密谋，便下令解开包围圈之一角。当时，正赶上天大雾，汉军方面使人往来，匈奴人没有发觉。陈平请令强弩加两矢外向，以防匈奴骑兵突击，然后从缺口突围而出。刘邦走出包围圈后，想策马急驰，赶快逃跑，大仆滕公夏侯婴执意慢慢前进，才未惊动匈奴兵。至平城，汉军大队人马也已赶到，冒顿遂率匈奴兵退去。汉军也撤回。

平城之围后，刘邦意识到汉朝还没有足够的力量反击匈奴，便采纳刘敬的建议，一面与匈奴和亲；一面发展生产，积极备战。

牝鸡司晨

汉高祖十二年（前 195 年）刘邦在讨伐英布战争中受伤，不久病重，四月崩于长乐宫，时年六十二。太子即位为帝，年十六。是为汉惠帝。汉惠帝为人"仁弱"，政权实际掌握在其母皇太后吕雉手中。

吕后为人刚毅，曾辅佐高祖定天下。她有两个兄弟，长兄吕泽被封为周吕侯，死后封其子吕台为郦侯，子吕产为交侯；次兄吕释之为建成侯。刘邦在世时最宠爱戚姬（山东定陶人），戚生子如意，刘邦十分喜爱，封为赵王，常欲废太子而立如意。刘邦一死，太后将戚姬囚之永巷，命她干脏活。戚姬咏歌道："子为王，母为虏，终日舂薄暮，常与死为伍。相离三千里，当谁使告汝？"太后听后大怒，欲召赵王如意而杀之，赵相建平侯周昌对使者说："高帝封赵王，赵王年少，听说太后怨戚夫人，又要召赵王杀掉，我不敢向赵王说。而且赵王有病，不能奉召。"吕后闻知，先把周昌召到长安，又派人召赵王。孝惠帝知太后发怒，自迎赵王于灞上（今西安市东），与赵王一起起居饮食，太后欲杀又没有机会。孝惠元年（前195年）十二月，惠帝外出狩猎，赵王年少，沉睡不能早起，太后闻其独居，派人将赵王毒死。太后改封淮阳王友为赵王。又下令砍断戚夫人手足，挖掉双目，薰聋两耳，逼喝哑药，再把她扔到厕所里，并起名叫"人彘"（人猪）。又召孝惠帝观"人彘"，惠帝问后，知道是戚夫人，大哭了一场，称病近一年，不理朝政。并派人向吕后传话道"此非人所为，臣为太后子，终日不能治天下。"

吕 后

汉惠帝七年（前188年）八月，孝惠帝崩，发丧时，太后哭而没有眼泪。留侯之子张辟疆为侍中，对丞相说："太后惟有孝惠皇帝一个儿子，如今皇帝驾崩，太后哭而不悲，您知道是怎么回事？"丞相不知道，张辟疆道："皇帝没有壮子，太后畏惧诸大臣。您请拜吕台、吕产、吕禄为将，将兵居南北军，等到诸吕皆入宫，居中用事，这样才能使太后安心，君等才能免遭灾祸呀。"丞相将此话意讲给太后，太后非常高兴，哭起来也就非常悲哀了。吕氏权力由此而起。九月辛丑，葬孝惠帝，立皇后养子恭为少帝。号与令全由太后发出。

吕太后称制之后，召集群臣朝会，欲立诸吕为王，问右丞相王陵，王陵说："高帝有白马盟约'非刘氏而王，天下共击之'。今欲封诸吕为王，违反了盟约。"太后很不高兴。问左丞相陈平、绛侯周勃。周勃等对太后说："高帝定天下，子为王，今太后称制，兄弟为王，无所不可。"吕太后大喜。事后王陵对陈平、周勃说："高帝杀白马血盟时诸君不在吗？今日高帝已死，太后称制，欲封诸吕为王，诸君逆盟，有何面目见高帝于地下？"陈平、周勃对王陵说："今日朝廷之争，我们不如您，但安定国家，稳定刘氏王权，您不如我。"王陵无言以对。十一月，太后废王陵，夺其相权，以左丞相陈平为右丞相，以辟阳侯审食其为左丞相。追尊郦侯父为悼武王，遂欲封诸吕为王。

四月，太后欲封诸吕为侯，先是封高祖之功臣郎中令无择为博城侯，封刘悼王子章为朱虚侯，齐丞相寿为平定侯，少府延为梧侯，又封吕种为沛侯，吕平为扶柳侯。

太后想封诸吕为王，先立孝惠后宫子疆为淮阳王、子不疑为常山王、子山为襄城侯、子朝为轵侯、子武为壶关侯。太后有意传话给诸大臣，诸臣请立郦侯吕台为吕王，太后答应，又以吕禄为胡陵侯。高后二年（前186年），吕台卒，谥为肃王，其太子嘉代立为王。高后四年（前184年），封吕媭为临光侯，吕他为俞侯，吕更始为赘其侯，吕忿为吕城侯。宣平侯之女为孝惠皇后时，无子，假装有身孕，取后宫美人子代之，就是少帝恭，而将其母杀死。少帝恭知其母已死，自己非真皇后子，因此便道“皇后怎能杀我母而立我为子。我未长大，长大即要变。”太后听到以后，恐其为乱，便将他禁闭在永巷中，说少帝已病，左右不得见。并称：“今皇帝久病不起，乃失惑昏乱，不能嗣奉宗庙祭祀，请选他人继而代之。”群臣都顿首道：“皇太后为天下百姓计，所以安宗庙社稷甚深，群臣顿首奉诏。”于是废帝位，少帝恭后又被太后暗中杀掉。高后四年（前184年）五月，太后又立常山王义为皇帝，更名为弘，不称元年，以太后制示天下。高后六年（前182年）太后废吕王嘉，以肃王台弟吕产为吕王。

高后七年（前181年）正月，为赵王友王后的吕氏之女因失宠爱而向太后馋言，诬说赵王友曾说：“吕氏为何为王？太后死后，我必反之。”太后大怒，召赵王于邸，令卫士围守而不见，不许给他食物，有群臣暗中送食者，格杀勿论。赵王友忍饿咏歌道：“诸吕用事兮刘氏危，迫胁王侯兮疆授我妃。我妃既妒兮诬我以恶，谗女乱国兮上曾不寤。我无忠臣兮何故弃国？自决中野兮巷天举直！于嗟不可悔兮宁早自残。为王而饿死兮谁者怜之！吕氏绝理兮托天报仇。”不久，赵王在幽禁中郁郁而死，以平民礼葬于长安民冢。

二月，太后又改封梁王产为赵王，吕王产为梁王，梁王为帝太傅。立皇子平昌侯太为吕王。营陵侯刘泽为大将军，太后封诸吕为王，恐自己死后刘将军会作害，于是便封刘泽为琅邪王，使他有所心慰。梁王恢改封赵王，太后以吕产女为赵王后，让他做吕产女婿，受制于妻常，梁王恢心中不乐，于六月悲愤自杀。太后封侄吕禄为赵王。

高后八年（前180年），又立吕台子通为燕王。三月，吕后病，七月，病重，太后乃封吕禄为上将军，居北军；吕产居南军，让他们统摄汉朝大军。并告诫吕产、吕禄，“高帝已定天下，与大臣盟约：‘非刘氏王者，天下共击之’。今吕氏为王，大臣不平，我即崩，帝又年少，大臣怕有变，必须据兵卫宫，不要送丧而为人所制。”吕后死。遗诏以吕产为相国。

吴楚七国之乱

汉景帝刘启（前 188 年—前 141 年）于文帝前元年（前 179 年）被立为太子。文帝病逝后，32 岁的刘启登基即位。

景帝面临的一个首要问题，就是诸侯王已成为中央王朝的严重威胁。贾谊和晁错都曾上疏主张削夺诸侯王的封国，但文帝无法采用他们的主张。现在景帝开始重视晁错的建议了。

晁错是汉代著名的政治家。他早年曾是韩人张恢的学生，学习申商刑名之学，后来又拜齐人伏胜，研读古文“尚书”。景帝即位后，称为御史大夫，位列三公。

晁错看到，吴王濞势力强大，在宗室中辈份高（刘邦之侄），封国早。列邦曾料到他日后必反，曾好言劝导。景帝为太子时，吴太子进京，路遇景帝，竟与景帝争抢道路，被景帝误伤致死。此事无疑加重了刘濞与景帝的怨恨。至景帝登基，刘濞已积蓄力量 40 年了。所以，晁错劝景帝先拿吴王开刀，削减其封地。他说，吴王一贯不来京朝拜天子，现以又开出铸钱、煮海制盐、聚敛钱货、招诱天下罪犯，已成为朝廷最大的隐患，迟早会反。即便不削减他的封地，他也要反。若削减他的封地，迫使他仓促而反，可能还好对付。不然，等他从容做好准备，就成大祸了。

朝汉时，外戚窦婴不同意先削吴王，景帝只好先减楚王、赵王和胶西王的封地，同时让晁错修订有关律令。引起诸侯王的震动。晁错的父亲专程进京，告诫晁错说，你这样削夺藩王的封地，实际是疏远了他们与皇帝的骨肉之情。要招来四方怨恨。晁错解释说，唯此才能安定汉室的江山社稷。其父无奈，最后说，“列民的天下安定了，我们晁家可就危险了。我还是先走吧，不然会大祸临头了。”说完就服毒自尽了。

晁错仍然力主削吴王的会稽和豫章两个大郡。此时吴王秘密联络楚王列戊，拟定叛乱部署。景帝前元三年（前 154 年）正月，削减吴王封地的诏书下达。刘濞便公开起兵 20 万，渡过淮河与楚王列戊联兵直趋梁地。赵王刘遂也将军队集结在自己封国的西境、马关，楚联军遥相呼应。而胶东王雄渠、胶西王刘卬、济南王辟光、临川王刘贤则合兵包围了不愿参予判乱的齐王将闾的都城临淄，以响应刘濞的反叛。一时西汉的半壁河山落入叛军控制之下。刘濞打出的旗号是，要求“诛晁错”。

在这种情况下，朝廷内部又发生了一场大变故。曾任吴相的袁盎被窦婴引见给景帝，景帝询问他吴国的情况，问他如何平反叛乱。而袁盎过去与晁错不合，晁错以其曾为吴相，接受刘濞馈赠很多为由将其下狱治罪。后由于景帝干预，才被赦免为平民。现在袁盎终于找到报复的机会了。所以他当着晁错的面对景帝说：臣有退敌之策，但只能对陛下一人说。景帝就让晁错及左右都退下回避，袁盎这才对景帝说：吴王写的起兵口号是诛讨晁错，要求恢复原有封地。不是针对皇位的。现在看来，只有杀了晁错，同时分派使者赦免七国起兵之罪，还其封地，这样兵不血刃，就可平定叛乱。景帝听了这话，沉默良久，他与晁错君臣之间，毕竟有很深的交情了，晁错的措施明摆着是为皇帝着想，诛杀他实在于心不忍。但若兴兵平定叛乱，必然杀人盈野，血流成河。思量再三，又觉给杀一人而能定天下，还是划算的。最后下决心诛杀晁错，同时派袁盎等到吴军中，宣谕赦免吴王，还其封地。

袁盎与刘通至梁地，梁王刘（景帝的同母弟）正率军与刘濞对峙，刘通是刘濞的侄儿，通过这一层关系，他先入吴王军帐，要刘濞跪拜接受诏书，刘濞笑着说："我已经是东方的皇帝了，还拜什么人呢?"不仅不拜，还挟持袁盎让他跟随自已一起叛乱，后来袁盎设法逃出了吴营。

这时景帝还在幻想，凭着一纸诏书，诸王便可罢兵。他问回来汇报军情的校尉邓公："晁错已经死了，吴楚还没有停止叛乱吗?"邓公陈言道："吴王蓄谋叛乱几十年了，此次只不过是以朝廷削地，请诛杀晁错为名罢了。其本意并不在晁错身上。臣耽心天下正直之士都不敢再进言了。""晁错用心，在于看到诸侯坐大，威胁朝廷，所以主张削藩，此举实为汉室万年基业，然而他刚采措施，就身受大祸，这样一来，内绝朝臣良言，外为诸侯所快，我看陛下错了。"景帝听后，悲情顿现、悔恨长叹。

景帝终于下决心以武力平定叛乱，以周亚夫率36将为主力讨伐叛军。周亚夫临行前建议以梁王刘武军牵制叛军主力，让叛军在梁地围攻睢阳，消耗力量。自己率军坚守昌邑同时派军断绝叛军退路和粮道。景帝完全同意。

叛军见不得后退，便全力攻打梁王军队，刘武派人向周亚夫求援，周拒不出击。刘武军无奈，又通过景帝下诏要周亚夫出兵救梁，周亚夫援孙子兵法中"将在外、君命有所不受"的话，拒不受诏，坚持自己的战役设想。相持了一个时期后，形势开始变为对叛军不利了。刘濞试图向西，则梁军城池久攻不下，转而进攻昌邑，周亚夫又坚壁不战。叛军粮道被断，终于导致士卒饥饿自散。周亚夫趁热出击，楚王刘戊自杀，刘濞逃奔东越后，被东越人杀掉。其他五个反叛的诸侯王也都兵败伏诛。短短三个月，就平定了叛乱。

景帝从此下令，诸侯王不能再亲自治国、封国中的官吏，这些都由皇帝任免，同时裁减王国的官吏，降低其官吏的级别。这实际上是取消了诸侯王的独立地位，他们只能享受封国内的租税，不能过问行政事务，只有爵位而无实权了。也就无力与朝廷对抗了。

周亚夫平叛有功，但由于未出兵救援梁王使其损失很大。所以梁王与太后就常在景帝前说周亚夫的不是。在更立太子时周亚夫与景帝又有过争执。窦太后让景帝分封外戚王信为侯时，周亚夫又说：“高祖（刘邦）有约：‘非刘氏不可封王，非有功不可封侯，违背此盟约，天下共讨。’王信虽是皇后之兄，但没有功劳，封侯是违背高祖之约的。”景帝只好作罢。后来景帝又欲封五个匈奴降将为侯，周亚夫反对不成，就告病辞职了。

景帝虽对周亚夫礼遇有加，但不满之意却日渐增多。后来，周亚夫之子为其买殉策用的兵器，被人告发谋反。景帝派人责问周亚夫，周亚夫一言不答。景帝一怒之下，命人将其关入监狱。周亚夫在狱中绝食五日，吐血而死。

周亚夫的父亲周勃，是诛灭诸吕，迎立汉文帝的第一功臣，位居右丞相，后主功“请归相邸”。回绛县后，周勃经常在家披坚带甲，待客时也手持兵器，被人告发，汉文帝也曾以谋反罪名把周勃关进监狱。饱受狱吏凌辱后，又被文帝放出来。周勃、周亚夫父子二人都有大功于文景和景帝，然而遭遇却又极为相像。

可见，所谓“文帝之治”中的帝王，也并非绝对明主。尤其是景帝，曾被史家称为最宽厚的帝王，却先诛书生晁错，又害武将亚夫。而此二人正是那些谋反的诸王的死敌。

汉文帝刘恒

白登之围

汉高祖六年（201 年），韩王信在大同地区叛乱，并勾结匈奴企图攻打太原。汉高祖刘邦亲自率领 32 万大军迎击匈奴，先在铜辊（今山西沁县）告捷，后来又乘胜追击，直至楼烦（今山西宁武）一带。时值寒冬天气，天降大雪，刘邦不顾前哨探军刘敬的劝解阻拦，轻敌冒进，直追到大同平城，结果中了匈奴诱兵之计。刘邦和他的先头部队，被围困于平城白登山，达 7 天 7 夜，完全和主力部队断绝了联系。后来，刘邦采用陈平的计谋，向冒顿单于的阏氏（冒顿妻）行贿，才得脱险。

“白登之围 ”后，刘邦认识到仅以武力手段解决与匈奴的争端不可取，因此，在以后相当一段时期里，采取“和亲”政策便成为笼络匈奴、维护边境安宁的主要手段。

韩信千金一饭酬漂母

韩信在未得志时，境况很是困苦，时常要饿着肚子。有一个妇女，很同情韩信的遭遇，便不断地救济他，给他饭吃。韩信在艰难困苦中，得到那位妇女的恩惠，很是感激她，便对她说，将来必定要重重地报答她。妇女听了韩信的话，很不高兴，表示并不希望韩信将来报答她。后来，韩信替汉王立了不少功劳，被封为齐王，他想起从前曾受过那位妇女的恩惠，便命从人送酒菜给她吃，更送给她黄金一千两来答谢她。这便是“一饭千金”的典故。

韩信之死

韩信帮助刘邦打江山，追赶项羽，追到荥阳时，按兵不走了。刘邦不知怎么回事，去问萧何，萧何说：“他这是讨封哩。”刘邦立时就封韩信为“三齐王”，就是与天王齐，与地王齐，与君王齐。还封他“三不死”，就是见天不死，见地不死，见君不死，没有捆他的绳，没有杀他的刀。韩信这才去追赶项羽，把项羽打败，为刘邦打下了江山。

刘邦坐了江山后，怕韩信势力大，压了自家的天下，就想杀死韩信，可是自己亲口封了韩信“三齐王”“三不死”，怎么杀他呢？他想了个杀韩信的办法告诉了吕后。

吕后召韩信进宫，对韩信说：“你犯下了谋反罪，君王叫我杀你。”韩信说：“那不行，君王封我三不死的，这事我得当面和君王说说。”吕后说：“哼哼，你见不着君王了，你看看你来在了什么地方？”韩信一看周围阴森森的，往上看顶棚遮得严严的看不见一丝天，往下看地上铺着毯子，看不见一点点地，又见不了君王，心里不由叫苦。没等韩信分辨，吕后又说：“君王封你三不死，我们都按君王的意思办了。我知道你还要说：没有捆你的绳，没有杀你的刀，这些我们都不用。”说完，一挥手，两旁几十名宫女个个手拿棒锤，一拥而上，团团围住，一阵乱打，把韩信活活打死了。

成也萧何败也萧何

西汉开国功臣韩信，经萧何举荐，被刘邦任为大将军，为汉朝的建立立下了很大功劳，汉朝建立后被封为楚王。后因韩信功高震主，刘邦深为忌惮，便决心将他除去，而萧何又替吕后设计，杀死了韩信。后来用“成也萧何，败也萧何”来比喻事情的成败、好坏都由一个人造成。

刘邦之死

公元前196年，吕后诛杀了淮阴侯韩信。因此，同为开国功臣的淮南王英布内心感到了恐惧。同年，刘邦又诛杀了梁王彭越，并把他剁成了肉酱，分别赐给诸侯。送到淮南，英布正在打猎，看到肉酱特别害怕。便暗中使人部署并集结军队，决意造反。英布造反后，汉高祖率军亲自平乱。英布的军队向西挺进，在蕲县以西的会甄和刘邦的军队相遇。英布的军队非常精锐，刘邦就躲进庸城壁垒，坚守不出。他见英布列阵的方式一如项羽的军队，感到非常厌恶。刘邦和英布遥相望见，远远地对英布说："何苦要造反呢?"英布说："我想当皇帝啊!"刘邦大怒，两军随即展开大战。英布最终被刘邦击败，但是在战斗中，刘邦也中了箭伤，回到长安后病情加重。吕后找来名医，刘邦问他病情，医生说能治，刘邦一听口气，就知道不会好了，他说："以布衣提三尺剑取天下，此非天命乎？命乃在天，虽扁鹊何益!"说完便打发医生走了。吕后看着弥留中的刘邦，问他死后人事的安排：" 萧相国死后，由谁来接替呢?"刘邦说曹参。吕后问曹参之后是谁，刘邦说："王陵可以在曹参之后接任，但王陵智谋不足，可以由陈平辅佐。陈平虽然有智谋，但不能决断大事。周勃虽然不擅言谈，但为人忠厚，日后安定刘氏江山肯定是他，用他做太尉吧。"吕后又追问以后怎么办，刘邦说："以后的事你不会知道了。"刘邦驾崩于公元前195年，享年62岁，葬于长陵，谥号为高皇帝，庙号是太祖。他开创的汉朝奠定了儒家思想影响下的中国文化制度，对后世影响深远。刘邦死后，刘盈继承了皇位，是为汉惠帝。惠帝即位后，实施仁政，减轻赋税，提拔曹参为丞相。他在位时政治比较清明，社会也很安定。但是，惠帝优柔寡断，软弱无能，在位后期处处受到吕太后牵制，以至最后抑郁而终，死去时年仅24岁。

吕太后

汉高皇后，姓吕名雉，（前241年－前180年），字娥姁，单父（今山东省单县）人。汉高祖刘邦的皇后（前202年—前195年在位），高祖死后，被尊为皇太后（前195年—前180年），是中国历史上有记载的第一位皇后和皇太后。又称为汉高后、吕后、吕太后。新朝末年，高祖长陵被赤眉军掘开，同陵异穴的吕雉尸体遭侮辱。

吕后为人有谋略，汉初，吕后助刘邦杀韩信，彭越等异姓王，消灭分裂势力巩固统一的局面。公元前195年，刘邦驾崩，太子刘盈继位，史称汉惠帝，尊吕后为皇太后，惠帝仁弱，实际朝政由吕后掌政，公元前188年，惠帝崩，吕雉立刘盈子（其实并非刘盈之子，而是一宫女之子）为少帝，临朝称制八年，少帝因其生母为吕后所杀，所以有怨言。吕后遂杀少帝，立常山王刘义为帝。“号令皆出太后”，吕后先后掌权达十六年。是中国历史上三大女性统治者（吕后、武则天、慈禧太后）中的第一个。吕后当政时，继续推行休养生息、无为而治的政策。刘邦临终前，吕后问刘邦身后的安排。她问萧何相国后谁可继任，刘邦嘱曹参可继任；曹参后有王陵、陈平，但不能独任；周勃忠诚老实，文化不高，刘家天下如有危机，安刘氏天下的必是周勃，可任太尉。吕后虽实际掌握大权，但她是遵守刘邦临终前所做的重要人事安排遗嘱的，相继重用萧何，曹参，王陵，陈平，周勃等开国功臣。而这些大臣们都以无为而治，从民之欲，从不劳民。在经济上，实行轻赋税。对工商实行自由政策。在吕后统治时期，不论政治，法制，经济和思想文化各个领域，均全面为“文景之治”奠定了坚实的基础。

文景之治

“文景之治”是指汉文帝刘恒和汉景帝刘启统治时的升平景象时期，是秦始皇统一天下以来第一次让后人称羡的时期。

刘恒在公元前 180 年被宗室大臣迎立为帝，在位 23 年，死后谥曰文。刘启是刘恒的儿子，前 157 年即位，在位 16 年，死后谥曰景。根据传统谥法，“道德博闻曰文”，“由义而济曰景”。文与景都是上好称呼。而刘恒与刘启减轻刑罚，减赋税，亲儒臣，求贤良，年岁收成不好就下诏责己，又不大更张，一意与民休息。父子两人恭俭无为，在中国历史上创造“文景之治”。

刘恒十分重视农业生产，他即位后曾多次下诏劝课农桑，按户口比例设置三老、孝悌、力田若干员，经常给予他们赏赐，以鼓励农民发展生产。刘恒还注意减轻人民负担，公元前 178 年和公元前 167 年，曾两次将租率减为三十税一。此后，三十税一遂成为汉代定制。文帝时，算赋也由每年 120 钱减至每人每年 40 钱，徭役则减至“三年而一事”。公元前 155 年，刘启又把秦时 17 岁服徭役的制度改为 20 岁始服，而著于汉律的服役年龄则为 23 岁。此外，刘恒下诏开放原来归国家所有的山林川泽，从而促进了农民的副业生产和与国计民生有重大关系的盐铁生产事业的发展。刘恒还废除了过关用传的制度，这有利于商品流通和各地区间的经济联系。

刘恒对秦代以来的刑法也做了重大改革。秦代大多数罪大之人都没有刑期，终生服劳役。刘恒诏令重新制定法律，根据犯罪情节轻重，规定服刑期限；罪人服刑期满，免为庶人。秦代法律规定，罪人的父母、兄弟、姊妹、妻子和子女都要连坐，重的处死，轻的投入宫中做奴婢，称为“收孥相坐律令”，刘恒明令废止。秦代有黥、劓、刖、宫四种肉刑，刘恒下诏废除黥、劓、刖，改用笞刑代替，刘启又减轻了笞刑。文、景两代对周边少数民族也不轻易动兵，尽力维持相安的关系，以免烦扰百姓。

文景之治之所以成为封建社会的盛世，与刘恒个人的励精图治是分不开的。刘恒即位不久，就废止诽谤妖言之罪，使臣下能大胆地提出不同的意见。刘恒还禁止祠官为他祝寿。刘恒自己也相当节俭，他在位23年，宫室苑囿，车骑服御之物都没有增添；他屡次下诏禁止郡国贡献奇珍异物；他所宠爱的慎夫人衣不拖地，帷帐不施文绣。刘恒曾想建造一座露台，听说要花费百金，等于中等人家十家的产业，于是作罢。因为刘恒提倡俭约，所以，当时的国家财政开支有所节制和缩减，从而减轻了人民的负担。文、景二帝先后统治了近40年。据史书记载，由于经济的复苏，百姓人给家足，国家仓库中堆满钱粮，串钱的绳了日久而腐烂，粮食年年相积而陈旧变质。因此，国家财富盈溢，社会人口激增，为后来汉武帝刘彻攻伐匈奴打下了雄厚的物质基础。

董仲舒及其儒家思想

董仲舒是西汉广川（今河北枣强）人，从小研究《春秋》，汉景帝时为博士。他放下帘幕讲习诵读，学生按资历深浅转相传授学业，有的没有见过他的面。他多年不窥视园圃，专心致志到这种程度。进退容止，非礼不行，学者士人都把他当老师加以尊敬。

武帝即位第七年，武帝元光元年（公元前134年），各地荐举为贤良文学的士人前后一百多人，武帝命这些人先在长安进行笔试、合格者再面试。结果董仲舒名列榜首。所以武帝第一个便召董仲舒对策。

武帝与董仲舒这次“对策”，影响很大，后世称此事为“贤良对策”。汉武帝及以后变通政治，进行改革的基本理论和思路概出于此。

对策为武帝建立不同于秦的专制集权提供了理论，其强化皇权的思想很合武帝的胃口，于是汉武帝进用董仲舒为江都相，侍奉易王。易王是武帝的哥哥，素来骄横好勇。董仲舒用礼义进行匡正，易王十分敬重他。过了很长一段时间，易王问仲舒：“越王勾践与大夫泄庸、大夫文种、范蠡谋划讨伐吴国，结果灭掉吴国。孔子称赞殷有三位仁人，我也认为越有三位仁人。桓公请管仲解决疑难，我请你解决疑难。”仲舒回答说：“臣愚不足以回答大问题。听说过去鲁君问柳下惠：‘我想讨伐齐国，怎么样？’柳卜惠答道：‘不行。’回去后面有忧色，说：‘我听说讨伐他国不问仁人，这种讨伐他国的话为何问到我头上呢！’只是被问一声，尚且还感到羞辱，何况设计谋去讨伐吴国呢？由此说来，越国原本连一位仁人都没有。作为仁人，应当正其义不谋其利，明其道不计其功，因此仲尼的门下，五尺童子都羞提五伯，因为他们注重诈力而轻视仁义。只不过进行欺诈罢了，所以在孔子的门下值不得一提。五伯和其他诸侯相比还算贤人，他们与三王相比，就像石头与美玉一样了。”易王说：“太好了。”

董仲舒治理国家，据《春秋》所论灾害怪异的变化推论阴阳错行的原因，所以举行求雨的仪式，就禁闭各种象征阳的事物，放开各种象征阴的事物。他举行止雨的仪式便与此相反。在这以前，辽东高庙、长陵高园宫殿失火，董仲舒在家中推论其中的道理，草稿还未奏上，主父偃等候仲舒，私自看见，十分嫉妒他，窃取他的书稿便上奏武帝。武帝召诸儒观看。董仲舒的弟子吕步舒不知道是他老师的书稿，认为太愚蠢了。因此将董仲舒交法官审讯，被判处死罪，武帝下诏书赦免了他。董仲舒于是不敢再议论灾害怪异。

董仲舒为人廉洁正直。公孙弘研究《春秋》不如董仲舒，但公孙弘办事能迎合世俗，位至公卿。董仲舒把公孙弘看作是阿谀奉承之徒，公孙弘十分嫉妒他。胶西王也是武帝的哥哥，尤其放纵恣为，多次迫害俸禄二千石的官吏。公孙弘于是对武帝说：“只有董仲舒可以派去做胶西王的相。”胶西王听说董仲舒是大儒，对待他特别好。董仲舒惟恐时间长了获罪，称病辞官。一共在两国为相，尽侍奉骄横的诸侯王，端正自身以率领属下，屡次上疏谏争，号令国中，所在之处都得到治理。辞官家居以后，始终不过问家中的产业，一心从事治学著书。

董仲舒在家中，朝廷里如有重大争议，便派使臣和廷尉张汤到他家问他，在他的对答中都有明确的主张。从武帝开始即位，魏其、武安侯为相便推崇儒学。到董仲舒对策，突出孔子，罢黜百家，确立掌管学校的官员，州郡推荐秀才孝廉，都是由董仲舒提出来的。年纪大了，在家中寿终正寝。全家搬到茂陵，儿子和孙子都通过学习做了大官。

董仲舒的著作，都是阐明儒家经学思想的，除前面所加上上奏的奏疏和条陈，共一百二十三篇。而论说《春秋》记事的得失，《闻举》《玉杯》《繁露》《清明》《竹林》之类，又有对之“天人三策”，数十篇，十多万字合为《春秋繁露》一书，都流传于后世。

汉武帝反击匈奴

汉元光元年（前 134 年）马邑之战后，汉朝和匈奴双方便开始了大规模的武装冲突，双方都竭尽全力作战，作战的过程长达数十年。在汉武帝在位的前期和中期，双方历经大小战役 15 次，其中较大规模作战有六次。通过这六次战争，汉朝基本上扭转了被动挨打的局面，争取到了战争的主动权。

第一次大战在汉元朔元年（前128年）。是年秋，匈奴发20 000骑兵侵入辽西（治今河北卢龙东），杀汉辽西太守，并掳去2 000余人；又击败渔阳（治今北京密云西南）太守军1 000余人，围攻材官（汉代称步兵为材官）将军韩安国。韩安国部下一千多骑兵几乎全军覆没，幸亏燕王救兵到达，渔阳才未被攻陷。匈奴本部兵攻入雁门郡（治今山西右玉南），败雁门都尉，杀略千余人。汉朝派将军卫青率三万骑兵援救雁门；李息率兵出代郡以声援渔阳。卫青军至雁门，匈奴兵败走。汉军斩首虏数千而还。

汉元朔二年（前127年）春，匈奴军再次侵入上谷（今河北怀来东南）渔阳。汉朝方面为巩固长安、争取主动，决定以主力打击匈奴右部，并采取大迂回的作战方针，在匈奴入侵上谷、渔阳二郡之时，立即派卫青和李息率数万骑兵西出云中（治今内蒙古托克托），包围匈奴右部楼烦王和白羊王于今山西西北和内蒙古的伊克昭盟地区，将其击败，获首虏五千余级，牛羊百余万头。白羊王和楼烦王向北逃跑，卫青追至高阙（今内蒙古杭锦后旗东北）而还。这一战，尽复秦蒙恬所置之河南地。卫青沿黄河向西南至陇西入塞。汉朝随之在此地置五原（治今内蒙古包头西北）和朔方（治今内蒙古乌拉特前旗南黄河南岸）等郡，长安北方的威胁从此解除。

汉元朔三年（前126年）夏，匈奴数万骑入代郡，杀代郡太守，掳走一千余人。秋天，又攻雁门郡，杀掠千余人。汉元朔四年（前125年）夏，匈奴更大举进犯，派九万骑兵分三路南攻代郡、定襄（治今内蒙古和林格尔西北）和上郡（治今陕西榆林南）；同时，匈奴右贤王也向朔方郡进攻，边郡吏民被杀掠各数千人。

汉元朔五年（前124年）春，汉朝大举反击，派大将李息和岸头侯张次公率军出右北平（治今辽宁凌源）以攻匈奴左部；而主力军以卫青为统帅，出朔方、高阙以进击匈奴右贤王。汉军秘密至朔方渡河，至五原，又于夜间潜军出高阙塞，疾袭匈奴右贤王幕。匈奴右贤王以为汉军不能至，方饮酒作乐，醉卧幕中，闻汉军突至，急忙率数百人突围北遁。卫青派轻骑校尉郭成等乘夜追击数百里，不及而还。这一役，汉军掳获右贤王裨王十余人，男女15 000人，牲畜数十万头。

汉元朔六年（前123年）春，卫青仍率数将军出定襄，进击匈奴单于本部庭。初出定襄，即与单于军遭遇，将其击败。休军月余后，卫青挥军再出，进至阴山北侧，右部苏建和前将军赵信突遭匈奴左贤王袭击，汉军三千余骑死伤殆尽，赵信投降匈奴，苏建独自突围而还。卫青率军跟踪进击，斩首虏19 000余级而还。在这一役中，霍去病初显锋芒，率800轻骑突入敌后数百里，斩首虏2 000余级而还。

汉元狩元年（前 122 年），匈奴数万骑侵入上谷。第二年（前 121 年）春，为打通河西走廊，汉朝以霍去病为骠骑将军，率一万多骑兵出陇西（治今甘肃临洮），过焉耆山（今甘肃山丹东）千余里，与匈奴右部主力短兵相接，大败匈奴兵。汉军长驱进击，转战六日，斩匈奴折兰王和卢侯王，俘获浑邪王子，及休屠王的祭天金人等，获首虏八千九百余级而还。匈奴兵死者十之七八。这一战切断了匈奴右臂。同年夏天，汉朝再派霍去病与合骑候公孙敖率数万骑兵分两路出击。霍去病出北地，公孙敖出陇西，均以祈连山地区为会师目标。为牵制匈奴左部主力，同时派博望候张骞和郎中令李广出右北平，分两路进击匈奴左贤王。匈奴单于此时也率军入侵代和雁门二郡。霍去病出北地后，渡过黄河，过今甘肃省青玉湖，至居延海，然后沿额济纳河南下，至小月氏（今甘肃酒泉），耀兵于张掖，进击祈连山一带的匈奴兵，同时西逐诸羌，遂打通河西走廊。是役，霍去病俘匈奴王子以下到都尉 100 余人，降 2 000 余人，斩首虏 30 200 级。在右北平方面，李广率四千骑先击左贤王，反为左贤王数万骑兵包围，激战二日，李广军死伤殆尽，幸亏张骞率一万多骑兵赶到救援，方才脱险。但李广军也杀匈奴兵数千人。是年秋，匈奴伊稚斜单于迁怒浑邪王、休屠王在西方的惨败，欲招而杀之。浑邪王恐，与休屠王合谋降汉，遣使河上。边塞飞报长安。汉武帝虑其有诈降而袭边地，便派霍去病率军往迎之。休屠王后悔，浑邪王杀之，并其众。霍去病军渡河后，与浑邪王众相望，浑邪王望见汉军，恐被掩袭，而其下多欲不降者。霍去病驰往与浑邪王相见，斩其欲逃走者 8 000 人，一面让浑邪王独自先到长安；一面尽率其众 40 000 余人渡河，号称 10 万。此后，河西地区平定，汉朝方面得以减陇西、北地、上郡三郡戍卒之半，并在河西走廊置敦煌、张掖、武威、酒泉四郡，由此打通通西域之路。

第六次大战——汉、匈奴漠北大决战在汉元狩四年（前 119 年）。汉元狩三年（前 120 年）秋天，匈奴单于气恼右部的惨败，分派数万骑兵大举入侵右北平和定襄二郡，各杀掠数千人而去。第二年春，武帝以河西地区已平定，遂欲对匈奴本部（活动于上谷、云中以北地区）以彻底打击，驱其远遁，以安北边诸郡。武帝与大臣商议，以降于匈奴的翕侯赵信为匈奴出主意，认为汉军不能轻入漠北而久留，如今若因其计而大举深入，必能攻其不备，达到目的。于是，汉武帝将汉军主力分为两队，分别由卫青和霍去病指挥，分向漠北进击。大将军卫青率郎中令李广、太仆公孙敖、主爵赵食其及西河、云中二太守为右队；霍去病率从骠候赵破奴、昌武侯安稽和校尉李敢等为左队。左右两队各精骑 5 万，而敢力战深入之士，皆属骠骑将军霍去病。两路纵队之后，又有负责辎重运输的步兵数十万。两军出塞时，边塞阅检官府及私从马匹又有14万。出军规模之大，亘古未有。当两军出征时，汉武帝判断匈奴单于所率主力必在西面，所以令霍去病所率最精锐的骑兵编成的纵队从定襄出击，以卫青所率军出代郡。但当霍去病出定襄，捕得俘虏，言匈奴单于在东，武帝因改为霍去病出代郡，而卫青出定襄。匈奴单于闻汉军大举北征，从赵信之计，一面调集其右部精兵集中于漠北（今蒙古国乌兰巴托东南地区）以待敌；一面将其辎重远置北方，以备决战。卫青出定襄后，捕得俘虏，得知了匈奴单于所在，便自率精兵前去迎击，而改令前军李广部与右军出东道以掩护。卫青军出定襄一千多里后，约在今蒙古国南部车臣汗部西南地区与匈奴军主力遭遇。于是，卫青令先以武刚车（一种战车）环绕为营，以防敌军突袭，然后派5 000骑兵进击，匈奴也派10 000骑兵迎击，双方展开激战。战至天黑，大风忽起，沙砾击面，两军不能相见。卫青乘机率主力分为左右两翼以包围态势前进，将匈奴军包围。匈奴单于见汉军人多马壮，又被包围，惟恐军败被擒，遂率数百精骑向西北方向突围逃走，但汉军不知。及汉军左校捕获俘虏，始知匈奴单于在黄昏时已突围而去，卫青急派轻骑乘夜追赶，而自率主力随后。匈奴兵在混战后也乘夜溃散败走。卫青追至天明，行二百余里，不得单于，遂至寘颜山赵信城（在今蒙古国），得匈奴积粟，休军一日，悉烧其余粟，凯旋而还。卫青军共斩首虏19 000级。右路军霍去病出代郡后，不带军粮，轻骑直追，进抵梼余山（约在今达里湖北），与匈奴左部展开激战。左贤王军大败，汉军猛打穷追，翻越难侯山，渡过弓庐之水，追至狼居胥山（今蒙古国乌兰巴托东），登临瀚海（今贝加尔湖），然后还师。计出代郡北征2 000余里，斩获首虏70 000余人。匈奴左部几乎被消灭贻尽。匈奴本部也遭到惨重打击。被迫北遁。从此大漠以南再无匈奴之王庭。而汉朝方面经历这场大战之后，士卒死伤数万，马死者十余万匹。此后，汉因马少，而不能再组建强大的骑兵集团。以后的几年中，双方遂处于休战状态。

张骞出使西域

汉代所指西域，有广狭义之分。狭义的西域，主要指今天玉门关以西的新疆地区，包括葱岭以东的塔里木盆地和天山北路的准噶尔盆地。广义的西域则包括了葱岭以西直至地中海的中亚和两河流域。同汉朝发生直接关系的，主要是当时中亚的乌孙、大宛（今哈萨克、塔吉克、阿富汗地区）和安息帝国（今伊朗地区）。西域地区和中原的往来，可以追溯到西周中期的周穆王时代。之后，史书虽少有记载，但这种往来并没有中断。由于匈奴人的隔绝，汉朝和西域之间的来往被迫中断。到武帝时，这种局面才被打破。建立这个功绩的，是汉代伟大的探险家张骞。

张骞，汉中成固（今陕西成固）人。武帝建元年间为郎官。武帝即位之后，着手准备反击匈奴，多方了解匈奴的情况。不久，武帝从匈奴降者的口中得知，匈奴曾击败原来居住在河西走廊一带的月氏人。匈奴冒顿单于击杀月氏王，以其头骨为饮酒之器。月氏人被迫向西逃遁，常仇怨匈奴，欲报仇雪恨，却找不到同盟。武帝出于战略上的考虑，听了这个消息之后，便想派人出使西域。西域路途遥远，又必须穿过匈奴人控制的地区，出使十分危险，使者必须是大智大勇之人。因此，武帝下令向全国招募自愿出使西域的人。张骞以郎官身份应募出使。汉建元三年（前 138 年），汉武帝任张骞为汉朝使者，持节出使西域。随行的有堂邑氏的胡奴甘父（即堂邑父）等 100 多人。

张骞出使西域

张骞一行从长安出发，出了陇西郡的边塞之后，便进入匈奴地界。走出没多远，他们便被匈奴人俘获。匈奴单于探明了张骞等人的意图，把他们全部扣留起来，说："月氏在我们的北面，汉朝使者怎么能去？我想派使者出使南越，汉朝能够听任我们去吗？"于是，张骞一行人被扣在匈奴十几年。匈奴人并没有过分为难他，把一个女子嫁给张骞，还生了孩子。忠心耿耿的张骞却始终没有忘记自己的使命，持着武帝给他的符节而不失。

过了十几年，匈奴人对张骞的监视逐渐松懈起来。张骞瞅准时机，带着下属逃出匈奴，向西行走数十天，费尽周折，终于到了大宛（今中亚塔什干地区）。大宛王早就听说东方有个汉帝国，十分富饶，想通使节却被匈奴人阻绝，没有机会。见张骞一行到来，十分高兴，问张骞想到什么地方去。张骞说："我们为汉朝出使月氏，而被匈奴人隔绝。如今逃了出来，请大王派向导送我们去。如果能到达大月氏，返回汉朝后，汉朝定会赠送大王无数的财物。"大宛王认为张骞的想法对自己并没有坏处，反而有利，于是，他便派向导带领张骞他们到了康居（在大宛西），康居又派人把他们送到了大月氏。大月氏王被冒顿攻杀后，其太子继位，率部众迁至中亚，降服了大夏人而定居下来（在今阿富汗北部地区）。这里土地肥沃，外部威胁少，居民生活安乐，又觉得离汉朝太远，迁回故乡很难。在这种情况下，他们的变化心理早已没有了。张骞见到月氏王之后，反复陈说，却终未能达到目的。月氏王不愿和汉朝合击匈奴。过了一年多，张骞见达不到目的，多留也是无益，便返回汉朝。这次他们走的是南道。翻越葱岭以后，顺着南山（今昆仑山脉）北麓向东，试图穿过羌中（今青海地区）回国。不料途中再次被匈奴人截获，并被带至匈奴单于庭扣留起来。又过了一年多，匈奴单于死了，左谷蠡王攻其太子而自立为单于，国内大乱。张骞乘乱带着匈奴妻子和孩子及堂邑父从匈奴逃回汉朝。张骞出使归来的消息轰动了汉朝。汉武帝拜张骞为太中大夫，拜堂邑父为奉使君。

张骞身材高大，强壮有力，又豁达大度，很有豪气，连匈奴人也很喜欢他。堂邑父本来就是匈奴人，善于射箭。在出使西域的途中，每当他们一行人穷极之时，全靠他射猎禽兽为食。张骞从建元三年（前 138 年）出使，至汉朝元朔三年（前 126 年）终于返回，整整经历十三年。出发时的一百多人，回来时只剩下了张骞和堂邑父两人。

张骞回朝之后，向武帝汇报了他们所经历和听说的西域各国的情况，使汉朝人第一次对西域各国有了比较全面的认识。张骞所经历的国家，主要有大宛、大月氏、大夏、康居等国。这些国家，有的是土著农业国，耕田种地，有城郭室屋，如大宛便多稻麦，有葡萄酒，多善马。乌孙（在今新疆北部准噶尔盆地）之俗与匈奴同，放牧牛羊，逐水草而迁徙，有骑兵数万。康居也为游牧国，有骑兵八九万人，大月氏为行国，他们逐水草而迁移，有骑兵十余万。安息为西方最大国，耕作稻麦，酿葡萄酒，城邑有大小数百个，地方数千里，商业发达。安息之西有条支国（在今两河流域），那里气候炎热，种稻田。大宛之南有大夏，其兵弱，畏战，人口有一百多万。大夏东南有身毒（即今天的印度）。张骞对武帝说，他在大夏的时候，曾见到邛（今四川邛崃）地生产的竹杖和蜀（今四川成都）郡生产的布匹。武帝听说大宛、大夏、安息等国皆为大国，多奇物，土著，而兵弱，贵汉朝之财物。汉武帝心想，如果汉朝能够以义属之，使来朝拜，则可以广地万里，重九译，致殊俗，威德遍于四海。因此，武帝非常高兴，派张骞到蜀地去，从犍为（今四川宜宾）郡发使者四道并出，以求身毒，但皆被当地少数民族所闭塞，未能成功。

不久，张骞随大将军卫青击匈奴，因他在漠北生活多年，了解当地的自然地理环境，知道什么地方有水草，使大军得以不乏，故因功而被封为博望侯。元狩元年（前 122 年），张骞和李广率军从右北平出击匈奴，李广被包围，伤亡惨重，张骞所率主力未能按期到达，当斩，后赎为庶人。

汉元狩二年（前 121 年）匈奴浑邪王降汉，汉元狩四年（前 119 年）汉军和匈奴漠北大决战后，通往西域的道路被打通。汉武帝再次对通西域发生了兴趣。张骞乘机向武帝建议联络乌孙，以威胁匈奴后方。武帝同意，拜张骞为中郎将，率领三百人、上万只牛羊，带着价值数千万的财物，其中有许多持节副使跟随，以便届时出使他国。张骞到了乌孙后，乌孙国内正面临危机。乌孙昆莫（相当于匈奴单于）年老，国一分为三，既不愿东迁，也不愿和匈奴为敌。张骞见难以达到目的，便分遣副使出使大宛、康居、大月氏、大夏、安息、身毒、于阗等国。乌孙派使数人、良马数十匹随张骞回汉朝报谢，同时探看汉朝的情况。张骞回国后，拜为大行，官列九卿。一年多后，张骞在长安去世。

乌孙使者探知汉朝土地广大，人民众多，国家富裕强大，归报其国，从此乌孙更加重视与汉朝的交往。又过了一年多，张骞派出去的副使有的带了出使国的使者一同回到长安。从此，汉朝和西北地区各国开始建立友好往来关系。以后，汉朝派往西方的使者常常打着博望侯的旗帜以取信于外国，外国人由此而信之。从此以后，揭开了中西交往的新篇章。

司马迁撰修《史记》

司马迁，字子长，西汉左冯翊夏阳（今陕西韩城县）人，生于汉建元六年（前135年），大约在汉武帝晚年去世，是我国古代伟大的史学家、哲学家、文学家。他的父亲司马谈是一位颇有学识的史学家和思想家，汉建元、元封年间（前140年—前110年）任太史令，著《前家要旨》，同时，他还抱定了记载汉兴之后“明主贤君忠臣死义之士”的宏伟理想，据现在研究，证明他不仅已编撰出了一些汉史的篇章，而且有本纪、有列传、有“太史公曰”，已备一定的著作体例和规模。司马迁幼年在家乡生活，“耕牧于河山之阴”，大约十岁时随父到长安，开始诵“古文”（经），曾跟孔安国学习过古文《尚书》，大约还听董仲舒讲过《公羊春秋》。他博通“六艺”，涉猎各种典籍及先秦诸子、“百家杂语”；精天文、律历、地理，并知医药、乐、占卜；喜文学，尤其推崇屈原、贾谊、司马相如的辞赋。

20岁的时候，他第一次远游，足迹遍及长江中下游地区和今山东、河南等地。返长安后，他做了郎中。此后，他还侍从汉武帝到过今山西、河南、甘肃、内蒙等地。汉元鼎六年（前111年），他受命出使“西南夷”。次年，从“西南夷”返回，见父于河洛之间，这时，司马谈因病滞留洛阳，不能随武帝封禅泰山，“发愤且卒”，乃对儿子倾吐了自己“欲论著”的夙愿，谆谆嘱咐司马迁踵其事业。司马迁俯首流涕，庄重地表示一定继承父亲的遗志。元封三年（前108年），他继任太史令，遂能读到“靡不毕集于太史公”的“天下遗文古事”。于是开始积累材料，准备写作。汉太初元年（前104年），他倡议改历并积极参加了这一工作，把汉朝沿用的已不准确的《颛顼历》，改为比较精密的《太初历》。此后，他才全力以赴正式开始了著述工作。

汉天汉二年（前99年），他为败降于匈奴的李陵辩护，触怒了武帝，被定了“诬罔主上”的死罪，于是“深幽囹圄”之中。司马迁“家贫”，“财赂不足以自赎”，又“交游莫救，左右亲近不为一言”。他认为，自己的著作“草创未就”，如果伏法受诛，犹如蝼蚁般死去，实在“轻于鸿毛”。他抱着坚持完成自己著作的崇高理想，毫无愠色地接受了腐刑，以免一死。这一奇耻大辱，使司马迁的思想发生了重大变化。受刑后不久，他被任命为中书令。他坚持著述，把自己全部的才学、见识和心血，都贯注于著作之中，终于完成了开创我国史学新时代的不朽著作——《史记》。

《史记》原名《太史公书》。包括二十本纪、十表、八书、三十世家、七十列传五大部分，共计 130 篇（卷），526 500 字，是一部组织严密、内容宏富的百科全书式的通史。

《史记》著成之后，未即流行。汉宣帝时，司马迁的外孙杨恽才公布于世。自此至唐中叶，“汉晋名贤未知见重”（《史记索隐序》），唐初也只有少数人对它发生兴趣。但这段时间却是《史记》传播的重要时期。一方面产生了对它的原则性的评价意见。刘向、杨雄称赞《史记》“其文直，事其核，不虚美、不隐恶，故谓之实录”（《汉书 · 司马迁传赞》）。同时，杨雄又指出司马迁“不与圣人同是非，颇谬于经”（《汉书 · 杨雄传》）。稍后，班彪、班固发挥杨雄的论点，认为司马迁“是非颇谬于圣人，论大道则先黄老而后六经，序游侠退处士而进奸雄，述货殖则崇势利而羞贱贫”（《汉书 · 司马迁传赞》）。这些看法，几乎成为此后二千年来《史记》研究争论的焦点；另一方面，产生了不少补续注释《史记》的作品。东汉卫宏首先提出了《史记》有缺，后来班彪、班固亦谓“十篇缺，有录无书”。

三国时张晏指出了所缺十篇的篇目，并说《武帝纪》《三王世家》《龟策列传》《日者列传》为褚少孙所补。一般认为，所谓十篇，并非全佚，褚少孙确为第一个补续《史记》的人，但所补文字，均冠以“褚先生曰”，而且不止是张晏所列四篇。褚少孙之后，续《史记》者很多，有刘向、刘歆、冯商、卫衡等十余人，现在很难分清原作和补续之间的界限，但大体来说今本还未失原著的精神风貌。注释《史记》的人不少，其中最重要的是宋裴骃的《集解》，唐司马贞的《索隐》、张守义的《正义》，后人称为“三家注”。唐中叶以后，《史记》的流传就比较广泛了。韩愈、柳宗元把《史记》当作古文的典范加以提倡。其后迄于近代，基本上从史学和文学两个方面进行研究。其中，虽然不乏支持司马迁思想的人，但基本上则是一方面指责他离经叛道；另一方面在史学和文学方面给予极高的评价。

汉武帝平南越

南越自陆贾在汉文帝时第二次出使以后，一直和汉朝中央保持着较好的臣属关系。但南越一直保持其半独立状态，只是时遣使者入贡而已。到汉武帝时，双方关系重又紧张起来。

汉建元六年（前135年），南越王赵胡派儿子赵婴齐到长安。赵婴齐在长安娶了邯郸摎氏之女，生了一个儿子叫兴。南越王赵胡病死，赵婴齐继位，藏其先南越武帝赵佗的印信，去其僭号，上书请立摎氏为王后，兴为太子。汉朝数次派使者劝请赵婴齐入朝，但赵婴齐即立为王，自擅生杀之权，害怕入朝后被汉朝威胁而要南越用汉法比诸内地王侯，地位下降，所以一直称病而不入见。汉元鼎四年（前113年），赵婴齐去世，赵兴继位为南越王，尊其母摎氏为太后。

摎氏在未成为赵婴齐的姬妾时，曾经和霸陵（今陕西西安东）人安国少季私通。这一年，汉武帝派安国少季出使南越，去劝南越王和王太后入朝，比内诸侯，又令辩士谏大夫终军等去宣读其辞，令勇士魏臣等帮助其决策。同时又派卫尉路博德率一支汉军驻扎在桂阳（今湖南郴州），以待他们的消息。当时，赵兴年纪尚小，太后又本是中原人。安国少季到达南越后，又和太后摎氏私通。此时南越人颇有知者，并因此而多不附于太后。太后恐乱起，又想倚靠汉朝的威风，数次劝南越王和群臣内属，并趁汉朝使者到来，上书请比关内侯，三年一朝，并撤除边关。赵兴上书后，武帝同意，并赐给南越丞相吕嘉银印及内史、中尉、太傅等印信，其余的吕嘉可以随意任用南越人；又下令废除黥、劓等刑，采用汉朝法律，比内地诸侯。出使南越的使者皆留下来镇抚之。

第二年（前112年），南越王和王太后收拾行装，准备入朝。丞相吕嘉此时年纪已长，连相三个南越王，宗族仕官为长吏者七十余人，男子皆娶南越王的女儿，女儿皆嫁给王室的子弟、宗室，在国中权势极大，又得众心。赵兴向武帝上书时，吕嘉几次出面阻止，赵兴不听。吕嘉怕南越内属后自己及家族失势，不愿内属，见赵兴不听，便生叛心，称病不见汉朝使者。汉朝使者们为此都注意上了吕嘉，却无机会杀他。赵兴和太后也怕吕嘉先发制人，便想借汉使的威权杀掉吕嘉，便置酒宴请汉使，南越大臣皆侍坐。吕嘉之弟为将，率军守在宫外。喝酒时，太后对吕嘉说："南赵内属，对国家有利，而相君若不便者，这是为何？"以此激怒汉使，汉使却狐疑不决，都未动手。吕嘉见情势不对，起身而出。太后怒，想以长矛刺吕嘉，赵兴拦住了她。吕嘉回家后，便称病不见汉使，暗中与大臣谋作乱。因他知道南越王赵兴平素并无杀自己之心，以故数月不发。

汉武帝听说吕嘉等不听命令，王、王太后又孤弱不能制之，汉使怯而无决；又认为王和王太后已经附汉，只有吕嘉为乱，不足以兴师动众，便派庄参率二千人到南越去。庄参以为以通好前往，数人便足，以武力前往，则2 000人无以成事。武帝罢黜庄参。壮士韩千秋愿得300人往使，必斩吕嘉以报，武帝便派韩千秋和南越王太后摎氏的弟弟摎东率2000人前往。汉军一入南越之境，吕嘉便公开反叛，下令国中说："大王年少。太后本中原人，又和汉使私通，专欲内属，尽持先王宝器入献天子以自媚；带上许多人走，至长安之后，便要将他们卖为僮仆。他们只取自己一时之利，而不顾赵氏社稷，也不顾国家万世长久之计。"吕嘉遂与其弟率军攻杀南越王、王太后和汉朝使者，派人告诸郡县；又立赵婴齐的长子赵越之子赵建德为南越王。韩千秋军入南越之后，攻破几座小城邑。其后越人开道放行，韩千秋到达离南越都城番禺（今广东广州）还有四十里的地方，被南越军包围，全军覆没。吕嘉派人将汉朝使者所持符节放到边塞上，并发兵守卫要害之处。

元鼎五年（前112年）春三月，武帝听说南越反叛，下令调集军队南下。秋天，伏波将军路博德出桂阳，顺湟水（今广东北部的连江）南下；楼船将军杨仆率军出豫章（今江西南昌），顺浈水（今广东东北部的滃江）南下；归义粤侯严为弋船将军，出零陵（今广西兴安北），顺离水（今广西漓江上游）南下；甲为下濑将军，率军下苍梧（治今广西梧州），皆率罪人从军者及江淮以南楼船兵10万人。粤驰义侯遗别率巴、蜀罪人，发夜郎之兵，顺牂柯江（即珠江上游的红水河）东下，都以番禺为会师目标。

楼船将军杨仆军进入南越之境后，先攻下了寻峡（今广东清远东），又攻破石门（在番禺北20牂里），击败抵抗的南越军。不久，伏波将军路博德率军和杨仆军会合，一同南攻番禺。汉军以楼船军居前，直攻至番禺城下。南越王赵建德和吕嘉据城坚守。汉军将番禺城包围。路博德军居于东南面，杨仆军居于西北面。天黑之后，杨仆军击败南越军的抵抗，攻入城内，纵火焚烧。路博德军则就地扎营，招纳降者，赐给印绶，又放他们回去招降。杨仆军又奋力冲杀，将南越军向路博德营中驱赶。天亮之后，城中皆降。此时，武帝正出游至河东左邑桐乡，听到汉军攻下番禺的消息，就把当地改为闻喜县。赵建德和吕嘉已连夜逃亡入海。路博德派军追击，将二人抓获。武帝听到吕嘉被擒的消息时正在汲县的新中，就又把这个地方改名为获嘉县。这就是今天山西闻喜县和河南获嘉县名称的由来。这时，弋船将军、下濑将军和驰义侯等几支部队尚未到达，而南越已平。汉朝全部接管南越王地，在这一地区设立南海（治番禺，今广东广州）、苍梧（治广信、今广西梧州）、郁林

（治布山，今广西桂平西南），合浦（治合浦，今广西合浦东北）、交趾（治羸）、日南（治西捲，今越南中部广治北）、九真（治胥浦，今越南清化西北）、珠厓（治瞫都，今海南海吕东南）、儋耳（治儋耳，今海南儋县西北）九个郡。

李广利征大宛

汉建元三年（前138年），汉武帝为了击败匈奴，派张骞出使西域，联络与匈奴不和的大月氏出兵，共同抗击匈奴。张骞一行在匈奴境内被扣留，十一年后，张骞伺机逃脱，向西奔走到大宛国境内。大宛国王早听说汉朝有很丰富的财富，碍于交通，无法互通使者。见张骞到来，非常高兴。张骞以以后多送给他们汉朝的财富为条件，请求他们将他送到大月氏。大宛国王派遣使者将张骞送到大月氏。汉元朔三年（前126年），张骞自西域返回，向汉武帝递上了一份出使西域经过的报告，报告中提到了大宛，说大宛有很多的良马，马出汗有血，故称汗血马。

此后，汉武帝击败匈奴，开拓了西域交通。汉朝派往西域的使者有很多。有的使者向汉武帝说，虽然大宛的贰师城出产良马，但是，每当汉使者去时，大宛国王就将马藏起来，不给来使。汉武帝很喜欢大宛的汗血马，就派遣使者携带中原大量的金银珠宝和用金铸成的马出使大宛，向大宛国交换汗血马。大宛国已经得到了汉朝很多的财富，见使者到来，不想用宝马与之交换，并且自恃，即使不交换马，汉武帝也因为路途遥远，不可能派兵来抢夺。于是，拒绝了汉使者的请求。汉使者非常愤怒，当着大宛国王的面损坏金马，以示与大宛绝交。大宛的群臣们认为，汉使者这样做，是轻视我们大宛，所以，等汉使者离开贰师城行到郁成国时，命令郁成国派人杀死了汉使者，并夺取了金银财富。汉武帝得知消息后，非常震惊。以前曾出使过大宛的姚定汉等人，认为大宛国小兵弱，不堪一击，如果派三千军队，就可以令他们投降了。汉太初元年（前104年），汉武帝命宠姬李氏的哥哥李广利为将军，征召所属六千精锐骑兵，以及郡国中游手好闲的人几万余人，前去攻伐大宛，使他们贡奉宝马。军队由王恢做向导，李哆任校尉。因为战争的攻击目标是产汗血马的贰师城，所以李广利号称“贰师将军”。

由于军队远征，粮草供应只能靠沿途小国。李广利率大军向西过了盐泽后，沿途小国坚守不出，不肯供应军队粮草。李广利指挥军队沿途攻占小国，取得粮食供应军队，军力消耗很大。到了郁成后，士卒不过数千人，都饥饿疲倦。攻郁成时，被郁成打得大败。士卒死伤很多。李广利见军队连个弱小的国家都攻不下，怎么能攻占大宛呢？就与李哆、始成等将领商量，就领兵撤回敦煌。到敦煌时，士卒生还的不过十分之二三。李广利上书天子说："征伐大宛，中途相当遥远难行，士兵不害怕打仗，但是害怕饥饿，因为粮食非常缺乏。请求暂时罢兵，等增派士兵以后再去攻伐。"汉武帝认为，既然已经下令讨伐大宛，大宛是个小国，汉军队攻不下大宛，则大夏等国就会轻视汉朝，而且大宛的良马也绝对不会送来，乌孙、仑头等小国也会像大宛那样欺凌汉使。决定继续征大宛。他一方面下令李广利不准撤回，并派遣使者把守玉门关，有军士敢从敦煌逃回玉门关的，立刻斩首。李广利只得按兵不动，留在敦煌；另一方面，汉武帝处罚了朝中阻止征伐大宛的官僚邓光等，征发戍甲兵十八万，在酒泉、张掖郡北面设置居延、休屠二县，以拱卫酒泉。征发天下骑兵及囚犯，组成一支六万多人的军队。军中备牛十万头，马三万余匹，驴、骆驼好几万，以供携带粮草。又征发天下犯七科罪的犯人，沿途载运干粮供应军队，转运粮草的车马人众相连不断。又命令水匠先期到达大宛城，断绝大宛城吃水的地下水道。经过一年的准备后，汉太初三年（前102年），李广利率大军从敦煌出发，再度攻伐大宛。

这次军队众多，所行沿途小国慑于汉军的兵威，纷纷打开城门，供应军队粮草。到了仑头国，仑头不肯出降，汉军攻打几天，把仑头全国人都消灭掉了。汉军威风大增，军队长驱直入，三万大军攻击大宛。大宛国王派兵迎击汉军，被汉军打得大败，退保都城。李广利指挥军队包围城池，引决大宛的水源，大宛城深受困扰。攻打四十多天，攻破了外城，俘虏了大宛贵人勇将煎靡。大宛兵非常恐惧，纷纷逃入中城。大宛贵人相互计议说："汉出兵攻打我们的原因，是因为大王毋寡藏匿良马并杀掉汉使者，如果我们杀了毋寡而献出良马，汉兵就会撤兵；假如汉兵还不撤兵，那时我们再死战。"于是，大宛贵人杀了大宛王毋寡，拿着他的首级到李广利军中请求说："你们不要再攻打了，我们尽献出良马，任你们选取，并且开仓供应军队粮草。如果你们还攻打的话，我们就杀光所有良马，等待康居国的军队来救我们。那时，我们和康居的军队里应外合，不见得能失败。请你们仔细考虑。"李广利与赵始成、李哆均认为，现在大宛国王被杀，良马也可以得到，战争的目的已经达到，就同意了大宛贵人的请求。大宛尽献国中良马，随李广利前来的熟悉马匹的两个执驱都尉，选取上等好马数十匹、中马以下雌雄三千多匹。并立原来和汉使者比较友好的大宛贵人昧蔡为大宛国王，和他结盟罢兵。汉军退出大宛。

汉军攻下大宛后，康居、乌孙等国，慑于汉兵的威力，纷纷与汉结好。李广利大军撤回途中，沿途的小国听说汉军攻破了大宛，都命自己的子弟随从大军到汉朝进贡，拜见汉武帝，并留下子弟作为人质，以表示臣服汉朝。

以后，汉派使者十余批到大宛西边诸国，寻求奇异珍物，并告谕宣扬汉军攻破大宛的军威。从此，敦煌酒泉设置都尉，向西至盐水，设置要塞，有田卒数百人，守种田地储积粮食，以供应汉出使使者。中西交通进一步开拓。

征伐大宛的诸将也得到汉武帝的封赏，贰师将军李广利被封为海西侯，军正赵始成封为光禄大夫，上官桀为少府，李哆为上党太守。军中官吏做九卿的有三人，被封为诸侯相、郡守、食二千石俸禄的有一百多人，千石以下的禄位有一千多人，赏赐士卒共四万金。攻伐大宛两次往返，前后四年。

巫蛊之祸

汉武帝至晚年，有着人至晚年的通病，即变得糊涂而易听信别人的谗言，最终至父子相残，导出一场大祸。

当初，汉武帝即位十几年无子。至 29 岁那年，卫子夫（卫青之姊）才为武帝生下了一个儿子，取名叫刘据。汉元狩元年（前 122 年）被立为皇太子，时年七岁。开始，武帝对刘据十分宠爱，为立媒（求子之神），使东方朔，枚皋等人作媒祝。少年时，武帝派当时的著名学者瑕丘江公等教刘据读书。长大成人后，武帝为刘据立博望苑，使通宾客，从其所好。但刘据性情仁恕温谨，时间长了，武帝又嫌他没有大才，不类己。而武帝其他宠姬王夫人生了刘闳、李姬生刘旦、刘胥；李夫人生刘髆等。这样，卫皇后和太子刘据逐渐失宠，二人也因此常不自安。汉武帝察觉到了这一点，便对卫皇后的弟弟，大将军卫青说："汉家庶事草创，加上四夷侵凌中国，朕不变更制度，后世便无法则可循；若不出师征伐，天下不安，为此而不得不劳民伤财。但若后世如朕所为，那便是袭亡秦之迹了。太子敦重好静，必能安定天下，不使朕为之担忧。欲求守文之主，哪里有贤过太子的人选？听说皇后和太子有不自安之意，哪里有那回事？卿可以朕意晓之。"卫青听后，顿首称谢。卫皇后知道后，也脱簪请罪。太子刘据每次劝武帝不要发兵征伐四夷，武帝总是笑着说："我承当这个劳顿，让你承受安逸，有何不可？"

汉武帝每次出都巡行，都把京城中的政事交给太子；把宫里的事交给皇后。太子处理完后，只拣些比较大的事情向武帝汇报，武帝也并无异议，有时连问都不问。武帝用法很严，多任用深刻严狠的官吏；而太子则非常宽厚，常常做一些平反从轻的事情。太子这样做，虽得百姓之心，而用法大臣却多不悦。皇后恐怕这样下去时间长了会开罪于大臣们，便经常告诫太子，要他留心武帝的意思，不要擅自按自己的意思办。武帝听说后，认为太子所为正确，而皇后所作不对。群臣之中，宽厚长者多因此而依附太子，而喜欢酷法弄权之辈却经常攻击太子所为不对。大凡奸邪之臣，党羽众多，所以称誉太子的人少，而诋毁太子的人多。卫青去世后，太子的外家亲戚再无为大臣者，那帮奸佞小人便乘机而起，竟相诬陷，欲构成太子之罪。

汉武帝上了年纪之后，很少和儿子们见面。皇后更是难得见一次。太子曾经入宫拜谒皇后，半天才出来。宦官苏文便向武帝报告说："太子在宫中和宫人调戏。"武帝听后，下令把太子的妃嫔宫人增加到二百人。太子后来知道苏文所为，心中十分愤恨。苏文和其他两个宦官常融、王弼等人常常暗中寻找太子的过错，然后添油加醋地报告武帝。卫皇后知道后，气得咬牙切齿，要太子向武帝请求杀掉苏文等人。太子说："只要我们不犯过错，还怕他们吗！陛下耳聪目明，不信邪佞，不必担忧。"一次，武帝身体不爽，派常融召太子进宫，常融回来说：太子听说武帝生病后"面有喜色"。武帝听后，默然不语。等太子到来后，武帝仔细观察，发现太子的脸上尚留有泪痕，而在自己面前强颜欢笑，便感到奇怪。再一细查，才知道常融进谗言，便将常融处死。卫皇后也善自防闲，避嫌疑，虽很长时间不受宠，但尚可受到礼遇。

武帝晚年，方士和神巫多聚集长安，大都是歪门邪道，蛊惑人心，花样百出，无所不为，女巫们往来宫中，教美人们度厄，每间屋子里都埋上木人进行祭祀。因为妒忌恚詈，互相告发，都说对方诅咒武帝，大逆无道。武帝发怒，杀宫中人和大臣数百人。武帝心中既已疑惑，一天白天睡觉，梦见有数千人木人持杖想打自己，武帝猛然惊醒，因而从此身体不平，恍恍忽忽，记忆力严重减退。这时，奸臣江充乘机干起了害人的勾当。江充为绣衣直指时，曾没收太子的车马，和太子结下矛盾。此时见武帝年老，恐武帝去世后为太子所不容，便因是为奸，说武帝之病在于巫蛊。于是，武帝便派江充为使者，专治巫蛊之事。江充领着胡巫到处挖地寻找木偶人，凡是祭祀、作巫法之人，尽皆逮治，加以酷刑，逼其招供。民间转相诬告以巫蛊，官吏总是以大逆无道之罪进行处治。自京师长安、三辅地区和地方郡国牵连致死的达数万人。这时，武帝年事已高，时犯糊涂，怀疑自己左右之人都为巫蛊诅咒自己。左右之人不管有无，都不敢讼冤。江充摸透了武帝的心思，便指使胡巫檀柯报告武帝说："宫中有蛊气，不除掉，陛下之病难好。"武帝让江充入宫，坏掉御座，掘地求蛊，又派按道侯韩说和宦官苏文等人帮助江充。江充先治后宫中那些武帝很少临幸的夫人，再逐渐引至太子和卫皇后的宫中，把地下挖得一片狼籍，太子和皇后连个放床的地方都没有。之后，江充诬告说："在太子宫中挖到的木人最多，又有帛书，所言不道。"太子听后，不知所措，问少傅石德该怎么办，石德怕牵连被杀，说："既然江充奸佞，无以自明，不如矫诏收捕江充，穷治其奸诈。而且皇上有病，住在甘泉宫（今陕西淳化西北），皇后及家吏请问皆不服，陛下之存亡未可知，而奸臣如此，太子难道不想想秦朝扶苏的事情吗?”太子想到甘泉宫去见武帝,而江充等逼迫太子甚急。太子无奈,只得从石德之计。汉征和二年(前91年)秋七月,太子派人诈为使者,收捕江充等人。按道侯韩说疑使者有诈,不肯交诏,太子的宾客杀死韩说。抓到江充后,太子亲自看着斩杀江充,大骂说:“你这混蛋,以前乱了赵国父子还嫌不够,如今要来离间我们父子!”将江充杀死,又把胡巫烤死在上林苑。

杀死江充后,太子派舍人无且持节夜入未央宫,都告诉了卫皇后,调发内厩射士,出武库中之兵器,又调发长乐宫卫队。长安城中扰乱,传言太子造反。宦官苏文逃跑,逃至甘泉,向武帝诬告太子行为不端。武帝说:“这是太子恐惧,又愤恨江充,所以有变。”便派使者召太子。使者不敢见太子,却回来报告说:“太子已经造反,欲斩臣,臣逃归。”武帝大怒。丞相刘屈氂闻变,拔身逃跑,连印绶都丢了,又派长史乘快马报告武帝。武帝问:“丞相何为?”长史说:“丞相秘之,未敢发兵。”武帝发怒说:“事情到这一步,还保什么密!”便赐刘屈氂玺书曰:“斩捕反者,自有赏罚。以牛车为盾,毋接短兵而多杀伤士众!紧闭城门,毋令反者逃出!”太子见事情难以挽回,也宣告城中百官说:“皇上在甘泉病困,疑有变;奸臣欲作乱。”武帝从甘泉移至长安城西的建章宫,诏发三辅近县兵,部署给中二千石以下官员,丞相兼将之。太子也派使者矫诏赦免长安城中都官囚徒,命少傅石德和宾客张光等分别率领,又派人去发长安近郊的胡人骑兵,未成。太子立车北军南门,召护北军使者任安,令发兵,任安拜受节,入营后闭门不出。太子被迫带人驱城中四市之人几万人和丞相刘屈氂所率军队交战,打了五天,死者数万。民间都传言太子造反,故多不附太子,而丞相之兵却越来越多。

第六天,太子兵败,从长安南门逃出。武帝派人奉策收卫皇后玺绶,卫皇后自杀。武帝以任安老于世故,见兵起,欲坐观成败,便将任安处死。被太子劫略打仗的人皆徙敦煌。诸太子宾客曾出入宫门者,全都被杀。

当时,武帝怒甚,群臣犹惧,不知所出。壶关(今山西长治北)三老令狐茂上书武帝说:“臣闻父亲像天,母亲像地,子犹万物,故天平、地安,物乃茂盛;父慈,母爱,子乃孝顺。今皇太子为汉朝之适嗣,承万世之业,体祖宗之重,亲则为皇帝之宗子。而江充,布衣这人,闾阎这隶臣;陛下显而用之,使他衔至尊之命以迫蹴皇太子,造饰奸诈,群邪错谬,使亲戚之路隔塞而不通。太子进则不得见陛下,退则困于乱臣,独冤结而无告,不忍愤怒之心,起而杀掉江充,恐惧逋逃,子盗父兵,以救难自免而已。臣窃以为太子无邪心。过去江充谗杀赵王太子,天下莫不闻。陛下不省察而深责备太子,发盛怒,举大军而求之,三公自将,智者不敢进言,辩士不敢说话,臣窃为陛下痛心！惟陛下宽心尉意，亟罢甲兵，毋令太子久亡。”武帝见到后，心中有所感悟，然尚未公开颁布赦令。

太子逃出长安后，向东逃到了湖县（今河南灵宝西），藏在一家农户家里。主人家中贫穷，靠卖鞋来养活太子。太子有一个故人在湖县，家中比较富有。太子派人去找他，结果被当地官吏发觉。八月，当地官吏率人围捕太子。太子估计自已脱不了身，便在屋中上吊自杀。主人格斗而死，跟在太子身边的两个儿子也一起被害。

太子死后，吏民以巫蛊相告者，案验大多不实。武帝此时颇知太子是惶恐而无它意。不久，高寝郎（为高祖刘邦守庙的郎官）田千秋上书，讼太子之冤，说：“子弄父兵，罪当笞。天子之子过误杀人，应当何罪？臣曾经梦见一白头翁教臣所言。”武帝大为感悟，召见了田千秋，对他说：“父子之间，人所难言也，公独明其不然。此高祖之神灵使公教我，公当遂为我之辅佐。”立拜田千秋为大鸿胪。而族灭江充一家，将苏文焚死于横桥（渭河桥）上。武帝怜太子无辜，做思子宫，在湖县修了个归来望思之台。天下人闻知后，无不为武帝感到悲伤。

苏武牧羊

苏武字子卿。其父苏建，杜陵（今陕西西安东南）人，被封为平陵侯。建有三子，苏武排行为二，兄弟皆为郎，苏武则从戎。当时汉朝常与匈奴交战，相互常派使者探其虚实，匈奴则扣其汉使。汉使郭吉、路充国曾被扣匈奴。匈奴使者来汉也留之相对。汉天汉元年（前 100 年）且鞮单于初即位，恐汉朝出兵袭击匈奴，尽归汉使路充国等人，汉武帝领其意，派苏武以中郎将使名义持汉节送匈奴使者回匈奴，副中郎将张胜及假吏常惠等同往匈奴。

至匈奴，单于的态度非汉朝所望，反而骄蛮。苏武欲回汉朝时，正遇曾随赵破奴击匈奴兵败降于匈奴的缑王、虞常、昆邪王及卫律欲劫持单于母亲于氏归汉。当时虞常在汉朝时与副将张胜相知，私与张胜讨论过此事。过后月余，单于出外狩猎，于氏子弟等在家，虞常等七十余人欲反。其中一人夜里告发虞常，单于子弟发兵交战，缑王等全部战死，虞常被活捉。

单于不知此次卫律暗中策应，派卫律处理此事，副将张胜怕以前与虞常合谋的事发，将情况告诉了苏武，苏武说：“事情已如此，必涉及我，辜负了朝廷的使命，”拔剑欲自杀，张胜、常惠极力相劝。后来虞常果然引出张胜，单于派卫律去叫苏武，欲查明此事，至苏武住地时，苏武对常惠等人说：“屈节辱命，虽活着，有何脸面回汉朝，”拔出佩刀自杀。卫律惊呆，将苏武抱住，忙求医生，捣药敷其伤口。当时苏武受伤很重，半天方醒过来。常惠等都哭了，一起回到营地。单于觉得苏武有气节，早晚总派人问候苏武，而把张胜押了起来。

苏武身体渐好，单于欲策反苏武，先将虞常杀掉，卫律说道，汉使张胜杀单于近臣，当死，投降单于者不杀，举剑便要杀张胜，张胜不及投降匈奴便被砍死。卫律又对苏武说道："副将张胜有罪，你当同罪。"苏武道："我本无同谋，又非亲属，为何同罪?"卫律又拔剑欲杀苏武，苏武毫不害怕。卫律对苏武说："我卫律负汉朝投降匈奴，蒙受大恩，赐号封王，奴人数万，马畜遍山，富贵如此。苏武你今日降匈奴，明日亦富贵如此，白白葬尸野草，谁又能知道!"苏武不与答话，卫律又说："如果你听我的，我们兄弟之称，今天不听我的，日后想通再见我?"苏武骂道："你为人臣子，不顾恩义，叛主背亲，投降蛮夷，为何要见你？今日单于信你而决人以生死，心持不正，反杀两主。南越杀汉使，平为九郡，宛王杀使者，头悬北阙，朝鲜杀汉使者，即被消灭，现在惟有匈奴未灭，你知道我不肯投降，如果两国相战，匈奴之祸就从我开始吧。"卫律知道苏武是不会投降的，于是报单于，单于将苏武囚禁到地窖中，不给饮食。天下雨雪，苏武就吞吃雪水和毡毛，数日不死，匈奴以为是神人，乃迁徙苏武到无人之处的北海（今贝加尔湖)。让苏武牧羊，说等公羊能产小羊时才能回来。

苏武在北海牧羊，没有吃的，便掘野鼠充饥。手持使匈奴时带来的汉节，时刻不忘朝廷使命。五六年后，单于弟於勒王外出狩猎来到北海，苏武为其制作弓箭，於勒王非常喜爱，给苏武一些食物和衣服，三年后於勒王病，赐给苏武马畜、衣服、穹庐和侍从，於勒王死后，侍从都跑光了。

在汉朝时，李陵与苏武同为侍中，苏武使匈奴的第二年，李陵投降于匈奴，初李陵不敢求见苏武。很长时间后，单于让李陵到北海与苏武见面，为苏武置酒设宴。李陵对苏武说："单于知道我与你一向很好，所以想让我同你谈谈，我们虚心相待。到匈奴，终不能归汉，空自苦留在无人之地，有什么信念可讲呢！以前你兄弟嘉奉车，不料车翻辕折，深感大为不敬，引剑自刎，赐二百万以葬之。你兄弟贤从祠河东后土，因宦骑与黄门驸马争道，将驸马推至河中溺死，宦骑跑了，就让贤捕捉宦骑，久捕不得，惶恐饮毒药而死。我送葬至阳陵。你的妻子还年轻，听说也已改嫁，惟有孩子两女一男，今已十岁多了，不知死活。人生如朝露，你何必要自苦自己到如此这样！我初降匈奴，忽忽如狂，也是自痛有负汉朝廷。子卿你不降为何？而且陛下年龄已高，法令无常，大臣无罪被杀的也有数十家，哪有安危可知，不知你今日还在为谁守节。愿你听我劝告，不要再有想法了。"苏武说："我今如此杀身自铲，虽蒙斧钺汤镬，诚甘乐之，我父亲为陛下建功立业，例将通侯，我常愿肝胆涂地，臣事君犹如子事父，子为父死，死无所恨，请你不要再说了。”李陵与苏武饮酒数日，李陵让苏武再思，苏武说：“我生死已定，你非要我降，就请你不要说了，我死在你面前，让你看一看。”李陵见其至诚，感叹之极，“啊！义士，我与卫律之罪，上天知道呀！”挥泪与苏武诀别。

李陵觉无脸见苏武，便让妻子送给苏武牛羊数十头。后来李陵又至北海，对苏武讲边疆太守以下吏民都穿着孝服，因为陛下驾崩了。”苏武听了，面南号哭，吐了一夜的血。

数月后，昭帝即位。几年后，匈奴与汉和亲，汉朝庭要匈奴归还苏武等使臣。匈奴谎称苏武已死。后来汉朝使节到匈奴，常惠暗与使者报信，让使者对单于说天子在上林狩猎，得一雁，足有帛书，说苏武在某泽中。使节大喜，如常惠讲与单于，单于感到非常惊讶。于是李陵置酒为苏武祝贺：“你今日归汉朝，扬名于匈奴，功显于汉室，你的气节，我非常敬佩，今日汉朝已宽容我李陵的罪，为了孝母报国，我大辱而积志，愿如曹刿劫齐桓公柯而劫单于，我至死不忘，遭灭顶之灾，在所不辞，今你苏武知我心吧！我们两地之人，一别长绝。”李陵起舞吟诗道：“径万里兮渡河幕，为君将兮奋匈奴。路穷绝兮矢刃摧，士众灭兮名已隤。老母已死，虽欲报恩将安归！”李陵泪下数行与苏武决别。

苏武始元六年（前 81 年）春至京师，拜为典属国。苏武陷留匈奴十九年，归时须发皆白。

汉征朝鲜

战国时期，中原战乱，邻近朝鲜的燕、齐两国人，为了逃避战乱，曾成批迁到朝鲜。秦灭燕国以后，朝鲜属于辽东郡外侧的国家。汉朝建立后，由于距离朝鲜太远，难以防守，修筑了战国时辽东郡的原有要塞，一直到浿水（今鸭绿江）为界，将该地划归燕国。后来，燕王卢绾逃往匈奴，燕人卫满乘此机会，率领千余人，渡过浿水奔到朝鲜，立自己为朝鲜王，建都王险城（今朝鲜平壤市），统治朝鲜半岛西北部。

孝惠帝和吕后统治时期，天下刚刚安定。辽东郡太守就约卫满做汉朝的外臣，替汉朝防守塞外的蛮夷人，以防止他们滋扰汉边境。

汉武帝时，卫满的孙子右渠当政，招诱汉朝很多逃亡的人民，不去晋见汉武帝，而且，蛮夷族想晋见汉武帝的国王，也被右渠挡住。元封二年（前 109 年），汉武帝派遣使者涉何出使朝鲜，指责右渠这种不友好的举动，右渠不服。涉何离开朝鲜，到达汉边境时，命令士兵杀死前来送行的右渠手下的裨王长。回国后，向汉武帝报告谎称“杀朝鲜将”，汉武帝命涉何住辽东郡东部都尉。右渠因涉何杀死手下将领，派兵攻击辽东郡，杀死涉何，汉武帝下诏令，招募天下罪人编入军队，派遣楼船将军杨仆率领五万余人，左将军荀彘从辽东郡出兵配合，征讨朝鲜。

右渠派兵凭借险要地势进行抵抗。荀彘率领的辽东郡士兵先被击败。杨仆率精兵七千余人攻到王险城，右渠指挥军队出城迎战，杨仆的军队也被击败。杨仆在山中躲避十多天，重新召集失散的部卒撤回。汉武帝见军队失败，派遣使者利用兵威去诏谕右渠，想令其不战而降。右渠见到汉使者后，就叩头谢罪说："我本来愿意投降，只因怕被杨仆和荀彘欺骗，遭到杀害。现在，看到了你所持的信节，我请求投降。"派遣太子随汉使者到汉朝向武帝谢罪，并且献出五千匹马，并馈赠汉军军粮。右渠的太子随行的人有一万多，并且全副武装。在渡过浿水时，汉使者和荀彘怀疑其中有诈，就命令他们，既然是去谢罪的，不能携带兵器。太子怀疑汉使者此举是阴谋杀害他们，又率部众返回朝鲜。汉军又继续攻打朝鲜。荀彘率军攻破了右渠设在浿水的守军，继续向前推进，包围王险城。杨仆的军队也在王险城与荀彘军会师，两军合力攻打，但右渠率兵坚守不出，双方相持数月，汉军也无所建树。

被围困在王险城的右渠得知，荀彘在朝中任官，极受皇帝宠爱，军队作战力强。而杨仆的军队屡遭失败，心情沮丧，战斗力不强。右渠利用这种机会，假意派使者到杨仆军营中，声言向杨仆投降。杨仆很高兴，就和朝鲜使者多次商谈。荀彘几次和杨仆约定日期共同出兵攻击，杨仆的军队按兵不动，准备接受右渠的归降。荀彘派使者劝右渠投降，而右渠却扬言，要向杨仆投降。这样，造成杨仆和荀彘两将领之间的互相猜疑。荀彘怀疑杨仆按兵不动，阴谋联合朝鲜反叛。双方互相僵持。汉武帝见汉军久攻不下，派遣洛南太守公孙遂为使者，本着对国家有利的原则，前来督战。荀彘见到公孙遂后，就把杨仆军屡次不按约定的时间出兵，有阴谋联合朝鲜反叛的迹象告诉了他，并劝他捕杀杨仆，免生后患。公孙遂用天子所颁的符节，以征召杨仆到荀彘军中议事为名，逮捕了杨仆，将杨仆的军队归荀彘指挥。

荀彘率领两军合力攻城，右渠指挥军队奋起抵抗。右渠手下的相路人、相韩阴、尼溪相参、将军王唊见汉军攻城猛烈，而右渠又不肯投降。恐汉军攻破城后被杀，韩阴、王唊、路人相继逃亡，投降汉军。汉元封三年（前108年）夏天，尼溪相参派人诛杀了右渠，逃出城去，投降了汉军。但是，汉军还是没有攻下城来。右渠的大臣成巳派人诛杀准备投降汉军的官吏，率兵继续抵抗。荀彘派遣右渠的儿子长降返回城中，诛杀了成巳，汉军终于占了王险城，平定了朝鲜。

汉武帝在朝鲜设置了真番、临屯、乐浪、玄菟四郡。并封尼溪相参为浿画清侯，相韩阴为荻苴侯，王唊为平州侯，长降为几侯。杨朴和荀彘因在作战中争夺功劳，互不配合，荀彘被杀，杨仆被削为平民。

霍光辅政

霍光字子孟，骠骑将军霍去病的弟弟。其父名为中孺，河东平阳人，中孺与平阳侯的侍者卫少儿私通而生霍去病。后来娶妻生霍光，因而霍光与去病两人原来并不熟悉。后来，卫少儿的妹妹深得武帝宠幸，立为皇后，霍去病因为是皇后的外甥，也得武帝宠信，这时才知其父是霍中孺。当霍去病为骠骑将军率兵击匈奴的时候，迎见其父，为其父买了许多田宅和奴婢。霍去病胜利回师的时候，就顺路把霍光带回长安，当时霍光仅十余岁。霍去病死后，霍光被举为奉车都尉光禄大夫，出则奉车，入则侍奉，环侍武帝左右二十余年。由于他小心谨慎，兢兢业业，深为武帝宠信。

汉征和二年（前91年），卫太子被废，而燕王旦，广陵王胥都有很多过失，不得武帝信赖。当时武帝宠爱赵婕妤，于是想立其子为太子。年老体衰的武帝。知道年幼的刘弗陵不能主政，就想物色一位得力的大臣辅佐国政。选来选去，最后选中了霍光，认为只有他才可托孤。于是，武帝就令黄门画了一幅周公背着周成王朝见诸侯的画，送给霍光，以谕托孤之意。

汉后元二年（前87年）春，武帝在五柞宫生了重病，霍光在病榻前泪流满面，问谁当嗣位，武帝说：“你难道不知道我前次送给你那幅画的寓意吗？当然立小子了！你就像周公一样辅佐他吧！”霍光推辞着说：“我不如金日磾。”金日磾说：“我是外国人，还是霍光合适。”此前，武帝逼刘弗陵的母亲赵婕妤自杀于云阳宫，恐其日后以太后身份干政。于是武帝就以霍光为大司马大将军，金日磾为车骑将军，太仆上官杰为左将军，搜粟都尉桑弘羊为御史大夫，遗令他们共同辅佐年仅八岁的少主。第二天，武帝就死了。太子即位，即是昭帝。名义上是四人共同辅政，实际上政无大小，都由霍光定夺。

汉昭帝刘弗陵

霍光身材魁梧，面貌俊美，办事比较得法，不失尺寸，且颇有度量，深得时议推崇。辅政之始，政通人和，因而在当时社会上赢得了很高威望。但是，在辅政的过程中，与上官杰、桑弘羊等发生了矛盾，于是燕王旦与上官杰、桑弘羊勾结起来，参了霍光一本，说霍光专权自恣，疑有非常。但奏书到皇帝那儿就被阻，因为皇帝不相信。上官杰等弄巧成拙，反而失去了昭帝的信任，霍光也就日益得到昭帝的信赖。后来，上官杰等企图作乱，杀死霍光，立燕王旦为帝，结果都被霍光族灭，至此大权独归他一人之手。

汉元平元年（前74年），聪明果断、年仅23岁的汉昭帝突然病故。

昭帝没有儿子，因此，谁继承皇位便成了问题。当时汉武帝的儿子在世者只有广陵王刘胥。大将军霍光和群臣商议，都觉得按次序应立刘胥为帝。但刘胥本来因为行为有失，武帝才不立他为嗣，霍光不愿立这样的人为帝，心中却又不自安，怕别人讥自己擅权。恰巧有一个郎官上书，说为国家社稷计，可以废长立少，广陵王不适合为帝。此言颇合霍光之意。故霍光以其书示丞相张敞等人，擢这个郎官为九江太守。经商定之后，承皇后诏，遣人迎昌邑王刘贺入京，准备继位。

刘贺是昌邑王刘髆之子，在国中平素十分狂纵，动作无节。汉武帝去世时，刘贺毫不悲伤，每日游猎不止。一次到方与（今山东鱼台西）游猎，不到半天就骑马驰出二百余里。中尉王吉劝他说："大王不好书而乐游逸，驰骋不止，非享国之福。"刘贺不听。

朝廷之征书到达昌邑国时，已是半夜。刘贺点起火把，拆开一看，不禁大喜，立刻收拾行装，至第二天中午便出发了。至黄昏而驰至定陶（今山东定陶），奔出一百多里，侍从者马死相望于道。王吉劝刘贺说："今大王以丧事征，应日夜哭泣悲哀而已。今帝崩无嗣，大将军惟思可以奉宗庙者，攀援而立大王。愿大王事之、敬之、政事壹听之，垂拱南面而已。愿留意，常以为念。"刘贺不听。

刘贺至济阳（今河南兰考东北），求买长鸣鸡，又道买积竹林。经过弘农（今河南灵宝北），又派大奴以衣车载女子行。此事为长安使者发觉，责备刘贺，刘贺否认。快到广明、东都门（长安城东边二门），龚遂说："礼，奔丧望见国都哭。此长安东郭门也。"刘贺说："我嗓子痛，不能哭。"至城门，龚遂又提醒刘贺，刘贺说："城门与郭门相等。"不哭。快要至未央宫东阙，龚遂又劝，刘贺这才假哭出声。六日，刘贺受皇帝玺绶，称尊号。之后，将汉昭帝葬于平陵（今陕西咸阳西北）。

刘贺既立为皇帝之后，淫戏无度。原在昌邑国的官属都被征至长安，往往超擢拜官，以图夺取朝臣手中的权力。太仆丞河东张敞上书劝刘贺说："今天子以盛年初即位，天下莫不拭目倾耳，观化听风，国辅大臣未有褒奖，而昌邑小辇先迁，此过之大者也。"刘贺不听。

大将军霍光见刘贺所为，十分后悔，心中忧懑，私下以此事问他的故吏大司农田延年，田延年说："将军为国家柱石，审此人不可，何不禀告太后，更选贤者而立之？"霍光说："如今想这样做，在古代有这样的事情没有？"田延年说："伊尹相殷，废太甲以安宗庙，后世称其忠。将军若能为此，亦汉朝伊尹也。"霍光听此言后，决心才定，便引田延年为给事中，暗中和车骑将军张安世商议筹划此事。

刘贺出游，光禄大夫夏侯胜挡住车子劝谏说："天久阴而不雨，臣下有谋上者。陛下想到哪里去？"刘贺大怒，以夏侯胜之言为妖言，将他缚起来交给廷尉吏，廷尉吏告诉霍光，霍光将夏侯胜释放。侍中傅嘉数次进谏，刘贺也将他缚起来关在狱中。

霍光和张安世计议已定，派田延年报告丞相杨敞。杨敞一听，吓得说不出话来，冷汗湿透了内衣，口中只唯唯而已。田延年起身更衣，杨敞的夫人从东厢对杨敞说："此国家大事，今大将军计议已定，使九卿来报君侯，君侯若不赶紧响应，与大将军同心，而犹豫不决，怕先要被杀。"田延年更衣回来后，杨敞便答应支持霍光，说："请奉大将军教令！"

霍光召集丞相、御史、将军、列侯、中二千石、大夫、博士等会议于未央宫。霍光说："昌邑王行为昏乱，恐危害社稷，该当如何？"群臣一听，皆惊谔失色，莫敢发言，但唯唯而已。田延年上前一步，离席按剑而曰："今日之议，不得旋踵，群臣后应者，臣请剑斩之！"霍光躬身道歉说："九卿责备我霍光就是。天下匈匈不安，我当受难。"于是，群臣都叩头说："万姓之命，在于将军，惟大将军之令是听！"

霍光见群臣已服，便带群臣劝说太后，具陈昌邑王不可以奉宗庙之状。皇太后便车驾幸未央承明殿，下诏宫中各门毋纳昌邑群臣。刘贺入朝太后还，欲乘辇归温室殿，中黄门宦者各持门扇。刘贺进来后，立即闭门，昌邑群臣不得入。刘贺问："干什么？"霍光跪着说："太后有诏，毋纳昌邑群臣！"刘贺尚且不知，说："慢点就行了，何必这样吓人！"霍光派人将昌邑群臣全部逐出，赶到金马门外。车骑将军张安世率羽林军骑兵缚二百余人，皆送廷尉治罪。霍光令人对昌邑王严加看管。此时刘贺尚不知要被废掉，对左右的人说："我的故属从官犯了什么罪，大将军将他们全部收系之？"一会儿，有太后诏召刘贺，刘贺此时始知不妙，说："我犯了什么过错而太后召我？"太后盛服坐于武帐之中，左右侍御数百人手中皆持兵刃，其门军武士执戟列于殿下，群臣以次上殿，召昌邑王伏前听诏。霍光与群臣联名上奏，尽数昌邑王刘贺的各种罪状，最后宣布废其帝位，夺其印绶。太后诏昌邑王归昌邑，赐汤沐邑二千户。除昌邑国为山阳郡。

在新的皇帝人选上，霍光又颇费了一番心思。广陵王久已不用，燕剌王因谋反受诛，其子也不宜立，于是就选中当时还在民间的武帝曾孙病已，这就是宣帝。宣帝即位时，年已十八，自己成人。这时的霍光已是权倾朝野，他的儿子霍禹及侄孙霍云都是中郎将，霍云之弟霍山为奉车都尉侍中，率胡越兵。霍光的两个女婿为东西宫卫尉，其他亲戚都在朝中为官。宣帝即位后，霍光就归政给宣帝，但宣帝不敢亲受，再之谦让，凡事都得要先奏明霍光，然后才上奏明宣帝。

霍光秉政二十年，地节二年（前68年），最后油尽灯枯，撒手西归了。宣帝及皇太后亲临祭奠，丧礼尽极哀荣。至此宣帝才真正开始亲理朝政。霍光虽死，但其在世时扶持起来的霍氏家族势力却依然存在，因此对宣帝来说依然是一个威胁，于是宣帝便着手消除霍氏势力。

燕王谋反

汉武帝共生六子，燕刺王旦是第四子，为李姬所生。他与其兄弟齐怀王闳和广陵王胥同日封王。他为人机智，颇有辩才；博学多识，喜欢星相历数之术，迷恋骑射田猎之事；而且还广交游士。

汉征和二年（前91年），太子据因江充用事，被逼起兵造反，结果被诛，齐怀王闳又早逝，燕王旦自以为应当立他为太子，于是就上书武帝，要求入宫宿卫。无奈事情做得过于露骨，招致武帝嫌恶。武帝勃然大怒，要对他兴师问罪。后来又因罪被削去良乡、安次、文安之县。燕王既已失宠，当然，其太子梦也就无法实现了。

武帝死后，立了燕王的弟弟，年仅八岁的幼子昭帝，并命霍光等辅政。燕王心怀怨恨，得到武帝的遗诏时，不肯哀哭，怀疑玺书有假。并立即派心腹孙纵之、寿西长、王孺等到长安，探问有关皇位继承问题的确切消息。及见承位无望，更加愤怒。于是开始与宗室中山哀王的儿子刘长、齐孝王的孙子刘泽等人合作，积极为篡位做准备。其心腹郎中成轸劝他起兵夺位，说："大王您失去了皇位，只能起兵夺取，不能坐享其成。如果大王一起兵，就是国中的女子都会支持您的。"燕王旦也大肆诋毁昭帝，说昭帝不是武帝的亲生儿子。刘泽也表赞同，准备与燕王共同造反。燕王旦于是招募死党，蓄治甲兵，整顿军队，扩充实力。郎中韩义等多次劝谏，反而遭其谋害。正赶上有人揭发刘泽反状，刘泽被青州刺史嶲不疑收系，连及燕王。刘泽被诛，燕王却被赦免。

后来，燕王旦与鄂邑盖长公主、左将军上官杰、御史大夫桑弘羊结成反对霍光联盟，企图首先翦除霍光，扫除自己篡位过程中的主要障碍。于是在始元六年（前81年），他上书昭帝，一方面离间昭帝与霍光；另一方面要求入宫宿卫，以便行事。年仅十四岁的昭帝却并不钻他的圈套，他不但不信燕王旦之言，反而对霍光日益信赖，对上官杰等日见疏远。

万般无奈之下，燕王旦与上官杰等就孤注一掷，企图先杀霍光，再废黜昭帝，然后自己篡位。为了拉拢上官杰等，燕王旦信誓旦旦，答应事成之后封上官杰为王。同时，外连豪杰数千，随时准备起事。他的国相平对他说："大王您前次与刘泽结谋举事，之所以事未成即被发觉，是因为刘泽平日喜欢炫耀。我听说左将军上官杰是一个轻率之辈，车骑将军年轻骄纵，与他们谋事，恐怕难以成功。即便成功了，他们恐怕会来谋害大王您的。"燕王旦说："前不久有一个男子到朝廷参见，自称是已故的太子，此事轰动整个长安，老百姓争着去看他，闹得一团糟。大将军霍光心中害怕，派军队保护自己。我是先帝的长子，众望所归，人心所向，怕他们造反怎么的!"

汉元凤元年（前 80 年），天下大雨，彩虹落至宫，井水干枯了，厕中有猪群跑出来，弄坏了官垒；鸟在空中争斗而死；老鼠在殿中跳舞；殿上的窗户自动关上，连打都打不开。如此种种的怪事接连发生，大家都吓得提心吊胆地过日子。迷信鬼神方术的燕王旦惊出一身病来，赶紧派人去祭拜葭冰和台水。正在这时，其姊盖长公主的一个门客的父亲叫燕仓的，知道了燕王的阴谋，就向大司农杨敞告发了。杨敞为事历来谨慎，且胆小怕事，不敢理此大案，于是就装病违避。燕仓又告到谏议大夫杜延年之处，杜延年上奏昭帝。九月，昭帝下令逮捕了燕王旦的同党上官杰、孙纵之、桑弘羊等，都被族灭；盖长公主自杀。燕王旦听到消息，召集其相平问道："事情已经败露了，可以起兵了吧?"平阻止他说："左将军上官杰已死，老百姓都已知道了，不能再发兵了。"燕王旦忧虑愤懑，但毫无办法，只好束手待毙。他设宴与自己的大臣和家人相别，正赶上昭帝责备他的诏书到来，于是他就上吊自杀了。他的王后、夫人随他自杀的共达二十余人。昭帝赦免其太子建为庶人，谥燕王曰刺王。

赵飞燕姊妹专后宫

赵飞燕原本是长安城皇宫中的侍婢。刚出生时，父母亲不打算养活她，扔了三天，居然未死，便又抱回来养育。长大后，入阳阿公主家，学习歌舞。因体轻善舞，号曰飞燕。一次，汉成帝化妆成平民外出，经过阳阿公主家，阳阿公主做东以招待成帝。赵飞燕上场表演舞蹈。汉成帝一见赵飞燕，立刻被迷住了，将她召入宫中，大为宠幸。赵飞燕还有个妹妹，长得也很漂亮。汉成帝也把她召入宫中，将两人都封为婕妤，贵倾后宫。

汉鸿嘉二年（前 19 年），许皇后被废，汉成帝想立赵飞燕为皇后，太后王政君嫌赵飞燕出身低微，不同意。太后姐姐的儿子淳于长为侍中，经常往来于两宫之间，知道王太后的心思，便将此事告诉了汉成帝。汉成帝立即封赵飞燕的父亲赵临为成阳侯。一个多月后，便立赵飞燕为皇后。

赵飞燕被立为皇后以后，成帝对她的宠爱不如以前。但赵飞燕的妹妹却大受成帝宠爱，超过了赵飞燕，被封为昭仪。姊妹二人居住在昭阳宫中，宫中中亭涂成红色，殿上全用漆涂漆画，门坎上涂一层黄金，殿阶全用玉石铺砌。墙壁中露出的横木也都涂上黄金，里面还嵌上蓝田（今陕西蓝田）所产的玉璧、外面装饰上明珠和翠羽，豪华之至，前所未有。赵氏姐妹专宠后宫十几年，汉成帝很少临幸其他妃子。但二人都未能为汉成帝生下一个孩子。

汉成帝末年，定陶王来朝见。定陶王的祖母傅太后私自贿赂了赵氏姐妹，定陶王竟被立为太子。

第二年春天，汉成帝突然去世。汉成帝平素身体非常强壮，没有什么疾病。当时，楚思王刘衍和梁王刘立到长安朝见，第二天要辞别离京，成帝晚上在白虎殿中住，又想拜左将军孔光为丞相，大印已经刻好，赞拜之文也已写好。晚上睡觉时，成帝还是好好的，第二天早上，成帝穿上裤子想起来，突然手中的衣服掉了下来，连话都说不出来了。没多久，成帝就死了。人们将成帝之死归罪于赵昭仪。王太后大怒，诏大司马王莽和丞相、大司空审理成帝平时的起居情况。赵昭仪交代不清，被迫自杀了。

汉哀帝即位后，司隶解光向哀帝报告了在宫中调查的结果，从中得知，汉成帝的其他妃子曾为成帝生了几个儿子和女儿。但赵氏姐妹为了专宠后宫，一个个把他们都害死了。成帝的许美人曾为成帝生了一个儿子。赵昭仪知道后，对汉成帝说："你常骗我说你从中宫来。若从中宫来，在内宫住的这个许美人的儿子是从哪儿来的？你难道还想立许氏为皇后吗？"说着，又哭又闹，呼天抢地，用头去碰门柱，又从床上滚到地下，哭泣不肯吃饭，又说："你现在把我往哪儿放？我回家算了。"汉成帝说："如今有意告诉你此事，我终于有了儿子，你怎么反而发怒？真是不晓事体！"气得也不肯吃饭。赵昭仪说："陛下知道自己对，为什么也不吃饭？陛下经常对我说'我和你相约，绝不辜负你'，如今许美人有了儿子，你负了约，该怎么解释？"成帝说："相约立赵氏为后，所以不立许氏。使天下无出赵氏上者，你不用担忧！"但此儿后来还是被害。为了生儿子，赵氏姐妹吃了很多药，想尽了办法，却未能达到目的。群臣上书请穷治赵氏之罪，但因汉哀帝立为太子，赵氏姐妹出力颇多，汉哀帝心中感激她们，不愿意处置她们，便没有再追究下去。傅太后也因哀帝被立为太子而礼遇赵飞燕，赵飞燕因失去了依靠，便投倚傅太后，暂时无事。但成帝的母亲王太后和王氏却对她们十分怨恨。汉哀帝一死，王莽便逼赵飞燕自杀。在此之前，长安城中有一首童谣说："燕燕，尾涎涎，张公子，时相见。木门仓琅琅，燕飞来，啄皇孙。皇孙死，燕啄失。"汉成帝每次微服出行，总是和张放一起出来，而称富平侯家，所以说"张公子"。仓琅琅是指宫门上的铜环。

昭君出塞

建昭三年（前36年），汉朝消灭郅支单于，帮助呼韩邪单于重新统一了匈奴。呼韩邪既高兴又害怕，于是便在建昭五年（前34年）上书汉朝，表示要入汉朝见汉帝，并且先后三次入汉觐见汉帝。

元帝竟宁元年（前33年）正月，呼韩邪单于第三次入汉觐见汉帝，提出愿为汉婿，复通和亲之好，元帝答应了他的要求，把宫女王嫱以公主的礼节嫁给呼韩邪单于。王嫱，字昭君，南郡秭归（今湖北）人，幼时被选入宫中做宫女。当她得知朝廷选宫女与匈奴和亲的消息，昭君慷慨应召，愿远嫁匈奴。昭君姿容丰美，仪态大方，通情识理，深得呼韩邪单于钟爱。昭君离开长安时，文武百官一直送她到十里长亭。昭君怀抱琵琶，戎装乘马出塞。到匈奴后，呼韩邪单于封她为"宁胡阏氏"。后生一子，取名伊屠智牙师，长大后被封为右日逐王。成帝建始二年（前31年），呼韩邪单于去世。按照匈奴的风俗，昭君再嫁呼韩邪单于与大阏氏之子，又生二女。昭君出塞后，匈奴与汉朝长期和睦相处，汉匈民族间政治、经济、文化的联系有所发展，边境安宁，百姓免遭战争之苦。为此，元帝下诏将昭君出塞这一年改元竟宁。

王莽篡汉　西汉灭亡

王莽，字巨君，汉元帝皇后王政君的侄子。王政君的父亲和兄弟在汉元帝、成帝之际皆被封侯，居位辅政，家里被封侯者九人，居大司马位者五人。惟王莽的父亲王曼早死，未得封侯。王莽的群辈兄弟皆五侯之子，乘时奢侈华靡，以舆马声色佚游相高。只有王莽孤贫无依，遂折节为恭俭，读书博学，被服如儒生，奉养母亲及寡嫂又养活哥哥的儿子，十分勤备，又外表英俊，内事诸位叔父，恭敬有礼。阳朔年间（前24—21年），大将军王凤病重，王莽去侍侯王凤，亲尝医药，蓬首垢面，连月不解衣带，使王凤大为感动。临死时，王凤便将王莽托付给太后和汉成帝，王莽被拜为黄门郎，迁射声校尉。其后，成都侯王商、长乐少府戴崇，中郎陈汤等当世名士都交相称赞王莽，汉成帝认为王莽确有才干，便于汉永始元年（前16年），封王莽为新都侯，又迁骑都尉光禄大夫侍中。王莽宿卫谨敕，节操愈谦。又散家财振施宾客，家无余财。收赡名士，交结了许多将相卿大夫。所以，在位之人更相推荐王莽，游说者为之谈说，王莽声名由此大起，超过了几个叔父。王莽又敢于做些常人不敢做的事情以博取声誉，并且一点不感到难堪，似出于天性一般。当时，太后姐姐的儿子淳于长以才能为九卿，位置比王莽高，王莽暗中寻求其罪过，通过大司马王根上告，淳于长被杀，王莽却获忠直之名。王根退休时，便推荐王莽自代。汉成帝便擢王莽为大司马。这一年是汉绥和元年（前8年），王莽时年38岁。王莽继几位叔父辅政之后，想让自己的名誉超过前人，便克己不倦，招聘贤良之士以为掾史，赏赐和封邑中的收入全用于宴享士人，自己更加俭约。王莽的母亲生病，公卿列侯遣夫人问疾，王莽的妻子来往迎接，衣不曳地，布才弊膝，见到的人都以为是王莽家中的僮仆。仔细一问，方知是王莽夫人，都大吃一惊。

王莽辅政一年多后，汉成帝死，汉哀帝即位，夺去了王莽手中大权。太后诏王莽就第归家以避汉哀帝的外家亲戚。王莽失权后，杜门自守。王莽的中子王获杀了一个奴婢，这在当时算不了什么，而王莽却逼令王获自杀谢罪，由此更获得了巨大的声誉。在野三年，官吏上书讼王莽之冤者以百数。汉元寿元年（前2年），发生日食，贤良周获、宋崇等对策，极力歌颂王莽的功德。于是，汉哀帝下令重新召回王莽。一年多后，汉哀帝死，没有儿子。太皇太后王政君即日至未央宫，收取皇帝玺绶，派使者驰召王莽。又诏尚书，朝中发兵符节、百官奏事，中黄门、期门兵等皆属王莽指挥调动。王莽一面逼董贤自杀；一面派人迎年仅九岁的汉平帝继位，太皇太后临朝称制，而国家政事令部委于王莽，为大司马，录尚书事。

王莽以大司徒孔光当世名儒，连相成、哀、平三朝，太后之所信敬，天下信之，便极力尊事孔光，荐孔光家人为官。那些平素不为王莽所喜欢的人，王莽都找借口加以治罪。红阳侯王立是太皇太后的亲弟弟，王莽的叔父。王莽怕王立在太后面前讲自己所为，令自己不得肆志，便令孔光上告王立的罪恶，遣王立出朝就封邑。太后不听，王莽便说："如今汉家衰败，连着几代都无后嗣，太后独代幼主统政，诚可畏惧。用力以公正行于天下，当恐不从，何况以私恩逆大臣之议，群下倾邪，乱从此起。"太后不得已，乃遣出王立。王莽由此在朝中独专朝政。顺附者拔擢，忤恨者诛灭，以王舜、王邑为腹心，甄丰、甄邯主击断，平晏领枢机之事，刘秀（即刘歆）典文亲，孙建为爪牙。丰子寻、秀子棻、涿郡崔发、南阳陈崇等人皆以才能受到王莽重用。王莽外示凛厉之色，假为方直之言。欲有所为，微微透露点口风，党羽们便顺其旨意而显奏之；王莽稽首涕泣，极力推让，上以迷惑太后，下用示信于百姓。大司空彭宣以王莽专权，上书求退。王莽恨彭宣不支持自己，故意不按惯例赐给黄金和安车、驷马。

朝中大权在握后，王莽开始延誉天下。汉元始元年（1 年），王莽风使益州（今四川），令塞外蛮夷自称越裳氏重译而献白雉、墨雉，王莽让太后下诏，以白雉荐宗庙（即用于祭祀）。于是，群臣盛陈王莽功德，以为他“致周成王白雉之瑞；周公及身在而托号于周，王莽应赐号曰安汉公”。王莽装模作样，极力推辞，又非要太后加赐孔光、王舜等人而后起，太后同意。为寻求更多的支持，王莽又建言褒赏宗室群臣，封宣帝之孙 36 人皆为列侯；太仆王恽，等 26 人皆赐爵关内侯，又令诸侯王公、刘侯、关内侯无子而有孙者，皆得以为嗣。天下官吏比二千石以上年老退休者，皆得拿原来三分之一的俸禄。还有平民百姓、鳏寡孤独，王莽都照顾到，无所不施。王莽知太后年老厌事，便以太后年高，不宜省事为由，让太后下诏将国家一委之于己，又恐汉平帝的外家夺自己的权，便命其家人留在地方郡国，永远不得到京师来。南海之中有一国叫黄支国，离长安有三万里。王莽为炫耀威德，派人贿赂黄支国王，让黄支国王遣使贡献犀牛。汉元始二年（2 年），山东郡国发生大旱灾，人民到处流亡。王莽上书，愿出钱百万，献田 30 顷，付大司农以助贫民。朝中公卿跟着仿效。王莽又在长安城中修起大片房子供流民居住。为巩固自己的权力，王莽又使诡计立自己的小女儿为汉平帝皇后，又出钱数千万贿赂王太后的左右侍从。这些人便在太后面前日夜称颂王莽。王莽又知太后是个妇人，讨厌久居深宫，便让太后四时驾车出城巡游四郊，存见孤、寡、贞妇，所至属县，辄加恩赐，赐民钱帛、牛酒，岁以为常。汉元始四年（4 年），群臣上奏，请加王莽九锡之礼，位在诸侯之上。匈奴派使者入朝称颂王莽威德。王莽又派中郎将平宪等人多带钱财，引诱塞外羌人，让他们献地愿内属，吹牛说：“羌人首领良愿等愿内属，说：‘太皇太后圣明，安汉公至仁，天下太平，五谷成熟，或禾长丈余，或一粟三米，或不种自生，或茧蚕自成；甘露从天下，醴泉自地出；凤凰来仪，神爵降集。羌人无所疾苦，故乐意内属。’”

王莽的所作所为，在当时博得了巨大的声誉。汉元始五年（5 年），吏民仅因为王莽不接受新野（今河南新野）的封田而上书者前后共达四十八万七千五百多人。诸侯王公、列侯、宗室都认为应赶快给王莽加封赏。王莽派王恽等八人至天下郡国，使行风俗。四年后，称天下风俗齐同，又伪造了许多歌颂王莽的郡国歌谣。又称当时市无二价，官无狱讼，邑无盗贼，野无饥民，道不拾遗，夜不闭户，男女按礼分路而行，牛皮吹上了天。元始五年（5 年），汉平帝已有十四岁，非常精明懂事，对王莽将自己的外祖母家压制在郡国不许到京师感到不悦。王莽怕平帝长大后驱逐自己，便在酒中下了毒，毒死了汉平帝。汉平帝死后，王莽为掌权，在宗室中选了一个年仅二岁的孩子为皇太子，号为孺子。王莽自己则堂而皇之地称起了“假皇帝”，改年号为居摄。

居摄二年（7 年），东郡太守翟义见王莽即将篡夺汉室江山，便在东郡起兵反莽，另立宗室东平王刘信为天子，率军向西进攻。此至山阳（今山东金乡）军队发展到十几万人。王莽闻之，大为恐惧，派其死党孙建、王邑等人为将军，率军前往镇压，击败翟义军，杀死翟义。于是，王莽威德日盛，便开始谋划当真皇帝。此意一出，王莽的党羽们闻风而动，到处贡献各种祥瑞之事。梓潼（今四川梓潼）人哀章在长安读书，素无行，好为大言，见王莽有篡位之心，便做了两个铜柜，里面装上两个书：一曰“天帝行玺金匮图”；一曰“赤帝玺某传予帝金策书”，书中声称王莽应为真天子，而哀章自己和其余王莽大臣等十几人受天帝之命辅佐王莽。弄好后，在一天夜里穿上黄衣，将铜柜送到高陵（刘邦陵园，在今陕西高陵境）。王莽明知是假，但正好用来表明“天意”，便装模作样地到高陵拜受铜柜，并声称，既然是天意，自己只好勉为其难，当真天子。并随即下令改国号为“新”，改正朔，易服色，以承天命。

王莽即将当真皇帝，先派人将各种所谓符瑞拿给王太后看，王太后大吃一惊，这才醒悟过来，但为时已晚。当时孺子尚未即位，皇帝御玺藏在长乐宫中。等王莽即位，派人向王太后要皇帝玺，太后不给。王莽又派安阳侯王舜去要。王太后平素很喜欢王舜，见王舜来，知道是为了要皇帝玺，便怒骂说：“你们父子宗族，蒙汉家之力，累世富贵，既无以报恩，受人孤寄，反而乘机谋取其天下，不复顾恩义。人如此者，猪狗不食其余。天下居然有你们这样的人。且若自以金柜为新皇帝，变正朔，易服色，也当自己另外制作皇帝玺，以传之万世，还要这亡国不祥之玺干什么？我是汉家老寡妇，快要死了，想和这御玺一同入土，不给你们。”一边说，一边哭。王舜也悲不能止，说：“臣等已无话可说。然王莽必欲得传国之玺，太后最终能够不给吗？”王太后知道事情已难以挽回，又怕王莽威胁，自己一个妇人抵抗不了，便捧出御玺，摔在地上，说“我快要死了，还要知道你们兄弟被族灭！”

王莽得到御玺后，大为高兴，即日在宫中宴请群臣，以示庆贺，新始建国元年（9 年）春，王莽正式即皇帝之位，去汉号，改国号为“新”。汉朝的江山就这样被王莽篡夺了。

绿林赤眉起义

绿林军和赤眉军，是西汉末年推翻王莽政权的农民起义军中起决定性作用的两支部队。西汉末年，土地兼并，贫富两极分化的社会问题日益加剧。王莽篡权以后，不仅又增加了统治集团内部的矛盾，而且还搞了许多不合宜的改制，使原有的社会危机更加严重了。终于导致了全国性的反抗斗争。

率先举起反抗大旗的是并州（今山西、内蒙古一带）人民。新天凤二年(15 年)，五原郡（今内蒙古包头西）、代郡（今河北蔚县）人民相继造反，聚民数千转战于当地；天凤四年（17 年），临淮（今江西泗洪）人瓜田仪举义，在会稽（今江苏苏州）一带活动；同年，海曲（今山东日照）妇女吕母，为给被县宰冤杀的儿子报仇在海上起事，自称“将军”，破海曲杀县宰，队伍从几百人一直发展到数千成万人。

绿林军起义发生在新天凤四年（17 年），起义者首领王匡、王凤本是新市（今湖北京山）的饥民，因为他们经常为大家排解争议，得到了处事公平的称誉，所以渐渐地成了饥民的领袖。他们集合了数百人，又收留了外地流亡来的马武、王常、成丹等人，便以绿林山（今湖北大洪山）为基地，数月而得七八千众，攻打乡镇，举起了绿林军的起义大旗。新地皇二年（21 年）荆州牧调拨两万大军进攻绿林山，王匡率义军迎击，大破官军于云社（今湖北沔阳西北）杀敌数千人，缴获全部辎重。荆州牧向北逃窜，又遇到马武的截击，骖乘被杀。义军乘势攻入竟陵，（今湖北天门县）转而进击云杜、安陆等地，获得了重大战果。新地皇三年（22 年），绿林军因疾疫损失近半，于是分兵两路下山活动。王常、成丹、张卬等西下南郡（今湖北江陵），称下江兵；王匡、王凤、马武、朱鲔等北上南阳，称新市兵。下江兵先是受到了由严尤和陈茂率领的莽军的挫伤，成丹等人收集残部转入蒌溪一带，不久又重新振兴起来。新市兵北攻随县，各方纷纷响应，平林人陈牧、廖湛聚众数千，称平林兵，南阳汉宗室刘縯、刘秀集七八千人，称春陵兵。新市、平林、春陵三军会合后，进击长聚，破唐子乡，杀湖阳尉节节胜利。十一月，联军欲攻宛，刘縯率春陵兵与莽军甄阜、梁丘赐部在安聚遭遇，大受挫折，退保棘阳。甄阜、梁丘赐留辎重于蓝，引精兵十万追踪而至，自断后桥，追求一战而灭义军。此时下江兵在上唐刚刚大败荆州牧，引兵到达宜秋，为击败甄阜的莽军，王常深明大义立刻加入联军，四军联合锐气大增，休军三日之后，猛攻莽军。除夕之夜联军潜入蓝，尽获莽军辎重。黎明春陵兵自西南攻甄阜军，下江兵猛扑梁丘赐军；莽军经不住下江兵的冲击大败，义军乘胜追击，莽军因断后桥纷纷落水，死两万多人，甄阜、梁丘赐被斩。义军进而“焚积聚，破釜甑，鼓行而前”，败严尤、陈茂于淯阳，一战杀敌三千余众，并将宛城团团包围。新地皇四年（23 年），绿林军发生内部分歧。新市、平林二军欲立刘玄（平林兵首领之一）为帝，春陵军欲立刘縯为帝，刘縯和刘玄本是同宗，但刘縯举兵起义较晚，是以春陵军为实力的“南阳豪杰”（地主分子）的代表，而刘玄参加起义较早，又没有军事实力，是起义农民军将领的理想人选。经过反复推举，在农民军将领的坚持下，刘玄终于于该年二月称帝，改年号为更始，重新挑起了汉旗，至此绿林军改称为汉军。其后，此军又经历了决定乾坤的昆阳大战和攻打长安推翻王莽政权的战斗，最终却因为内部分裂和刘秀地主势力的破坏而被另一支农民起义军，赤眉军所攻灭。

反抗王莽统治的另一支主力大军赤眉军，起义于新天风五年（18 年），起初是琅邪（今山东诸城）人樊崇率领百多人在莒县举兵，自称“三老”，转战于泰山一带。由于他勇猛善战，四方归附，一年就发展到了上万人。与此同时，东海（今山东郯城）人徐宣、杨音等也各自起兵，来与樊崇会合，诸部会合之后，形成了一支数万人的劲旅，即由樊崇指挥，先攻莒县不下转扑姑幕，然后在青州击败驻军田况部，歼敌一万多人。取得了第一个巨大胜利后，义军北入青州，折还泰山，屯人东海南城，终于发展成了有十多万人的强大军事力量。樊崇所部由清一色贫苦农民组成，以“杀人者死，伤人偿创”为口号，以“最尊者号三老，次从事，次率史”为排位，以“巨人”为相互称谓，无文号旌旗、无官爵封位，是一支单纯、质朴、实在、刚正的农民武装。新地皇元年（20 年），王莽令各州牧、郡守、县宰皆带军职，署将军、校尉称号，以加强对义军的镇压。第二年，又派太师义仲景尚，更始将军护军王党率兵镇压义军，结果翌年二月大败，景尚被义军打死。两个月后，王莽又派其亲信太师王匡和更始将军廉丹，领精兵十八万东行镇压。莽军所到之处烧抢掠，闹得民愤冲天，说是：“宁逢赤眉，莫逢太师；太师尚可，更始杀我！”新地皇三年（22 年）冬，廉丹、王匡的莽军，首先攻下了无盐（今山东东平县东），屠杀了起义民众一万多人，继而又乘胜进逼，双方终于在成昌（今山东东平县西），拉开了决战的帷幕。樊崇考虑到交战军队众多，两军搅在一起时不易识别，就下令义军一律用朱红涂眉。从此，这支农民义军便有了“赤眉”的称号。这一战，赤眉军以逸待劳，大败王匡，杀莽军一万多人，以乘势进扑无盐，继续与廉丹交战，杀死廉丹及所部校尉二十多人，以辉煌的战绩结束了王莽政权在东方的统治。此后，赤眉军复攻莒县，转战东海，游动于楚、沛、汝南、颍川一带，入陈留、进濮阳，回旋于鲁、苏、皖、豫之间。践平豪强营堡，镇压政府官吏，迅速发展成为拥有数十万大军的农民武装，并数战数胜于王匡、袁章所率领的莽军。

新地皇四年（23 年），更始政权迁都洛阳后，派史招抚赤眉军，樊崇当即屯兵濮阳，亲带首领二十多人赴洛。刘玄封樊崇等人为列侯，而未安置其部下大军。樊崇因大军无着落，为了团聚部众而逃回军营，赤眉军与更始政权分裂。此后，赤眉军自濮阳转入颍川。分兵两路，一路由樊崇、逄安率领；一部由徐宣、谢禄、杨音率领，向西挺进，这一行动立即引起了从更始政权中分裂出来的刘秀的注意。刘秀预感到赤眉军必能攻下关中，便令邓禹、冯等参预夹攻。玄汉更始二年（24 年），樊崇与徐宣分击武关和陆浑关。次年正月会师于弘农，击败苏茂，自立牧童刘盆子为帝，徐宣任丞相，樊崇任大司马。三月，再败更始丞相李松军与蓩乡。东汉军邓禹趁机攻杀更始大将樊参，又打败了王匡，成丹所部，尽夺河东之地。七月间，王匡、张卬等投入赤眉。九月，赤眉军攻入长安，刘玄投降，绿林军溃散。汉建武二年（26 年），关中营保兵长看到赤眉军只代表农民利益，并不是他们的依靠对象，便采取坚壁清野之术与其相抗，致使长安粮尽。赤眉军再度西行，转战于安定，北地一带，又攻陇西不入而转回长安。邓禹率东汉军摄其后。年底，长安大饥，赤眉军二十万人开始东撤，归途已被刘秀所切断。建武三年（27 年）年初，赤眉军于崤底被冯异所率汉军击破，东向宜阳又陷入刘秀所设下的重重包围，终因饥寒交迫无力再战，十余万大军被刘秀所收编。

至此为止，曾经声威大振，浴血奋战，推翻王莽政权的绿林、赤眉两支出色的农民武装，终于在内部分裂、失策，以及东汉政权的镇压和地主势力的反对面前，全部瓦解，只留下了他们的历史英名。

昆阳之战

玄汉更始元年（23 年）春，刘縯等所率起义军败严尤、陈茂等部之后，兵力增至十几万人，遂进围宛城（今河南南阳）。当时据守宛城的是王莽枣阳守长岑彭，及前队副将严说二人。正当围攻宛城之际，绿林军内部突然分成两派。以李通兄弟及新市、下江、平林诸军的多数派，想拥立刘玄为帝，以号召天下；以刘縯为首的所谓南阳豪杰是少数派，则想先联合赤眉军攻王莽，然后再称尊号。实际上这一派想拥立刘縯。但少数派终究势弱，争之不得，刘玄遂于是年二月初一被拥为更始皇帝，即位于淯育（水岸边的沙坝）。随后，刘玄封其族父刘良为国三老，新市兵帅王匡为定国上公，王凤为成国上公，朱鲔为大司马，平林兵帅陈牧为大司空，刘縯为大司徒，其余诸将皆封为九卿、将军。从此，两派开始暗中争斗。

刘玄被立为更始皇帝之后，遂以灭新复汉为号召，一面以主力约十万人围攻宛城，另派平林兵之一部攻新野；一面于是年遣约 2 万人，由王凤率领，以及廷尉大将军王常、五威将军李轶、太常偏将军刘秀等人，向颍川（今河南禹县）、洛阳等地进击。是月，王凤等人即连克昆阳（今河南叶县）、定陵（今河南偃城西北）、偃（今河南偃城）等地。此时，青州、徐州方面的赤眉军，听说刘玄称皇帝号，也纷纷自称将军，声势益壮。王莽听说后，大为恐惧，一面遣其太师王匡、国将哀章等率军进讨青、徐；一面派司空邑、司徒王寻等人赶赴洛阳，征发各州郡精兵，成立讨伐军，进讨绿林军。除了由各州郡牧守自己率军之外，还征用了自称懂得兵法之人 36 家，以备军吏。又以长人（巨人）巨无霸为垒尉，并带了许多猛兽，像猛虎、豹、犀牛和大象之类，以助军威，企图一举消灭绿林军。到夏初，各州郡到达洛阳集中的精兵已达 43 万人，号称百万，并立即开始南进。其余在道者，旌旗、辎重，千里不绝，声势浩大，自古出兵之所未有。五月，王邑、王寻军进抵颍川，与严尤、陈茂军会合。此时，汉军王凤所部刘秀所率数千人也已进抵阳关（今河南禹县西北），欲进窥洛阳。及闻王邑大军南下，便闻风而退。二日后，王莽军先头部队已进抵昆阳城郊。王凤等诸将见王莽军声势浩大，都向后撤退，急忙入据昆阳城，惶怖不安，怀念妻子，并想散归诸城。刘秀说："如今兵谷既少，而外寇强大，只有并力作战，方可希望成功。如果分散据守，势无俱全。而且宛城还未攻破，其势不能相救。昆阳若被攻破，一日之间，我军各部便会被消灭。如今不同心共胆，共举功名，反而想守保妻子财物吗?"诸将大怒，说："刘将军何敢如是?"刘秀笑着站到了一边去。这时，探马来报："王莽大军快要到达城北，军阵数百里，不见其尾。"诸将平时很轻视刘秀，此时形势危急，手足无措，只好说："再请刘将军谈谈怎么办?"刘秀便又为他们图画成败，诸将听后，皆许诺听从。当时，城中汉军只有八九千人，刘秀让王凤和迁尉大将军王常坚守昆阳，自己乘夜和五威将军李轶等十三骑从南门冲出，到外面去调集援兵。当时已有一部分王莽军进至城下，刘秀他们几乎出不去了。

王寻和王邑率军进至昆阳城下，立即挥兵将昆阳城包围起来。严尤劝王邑说："昆阳城小而坚，如今假号称帝者在宛。若我军大军急进，他们抵敌不住，必然败走。宛败，昆阳城可不战自下。"王邑说："我过去围困翟义，因未能活捉他，让皇上责备我。如今率百万之众，遇城而不能下，非所以示威也。当先屠此城，喋血而进，前歌后舞，这样难道不快活吗?"便未听严尤的建议，挥兵将昆阳城包围了数十层，列营以百数，钲鼓之声闻数十里。挖地道，或用冲车撞城；积弩乱发，矢下如雨，城中人皆负门板而行走。王凤等人恐惧，请求投降，王寻和王邑则不允许，自以为功在漏刻之间，不并以军事为忧。严尤又建议说："兵法云：'围城要留一个缺口。'应让他们逃出一部分，以恐惧宛下之军。"王邑又不听。

这时，王莽棘阳守长岑彭和前队将军严说共守宛城数月，内无粮草，外无救兵，不得已而向汉军投降。但这个消息尚未传到昆阳前线。刘秀等人到偃、定陵等县将在那里的绿林军全部调出，得到一万余人。六月，刘秀与诸将连营而进，刘秀自率步骑千余为前锋，进至距王莽大军四五里的地方摆开阵势。王寻、王邑见状，也派出数千人迎战。刘秀单骑率先突入敌阵，斩杀数十人。诸将高兴地说："刘将军平时见到小股敌人十分胆怯，如今遇到大敌，反而勇敢起来了，真是奇怪！"刘秀继续向前突进，诸将率军紧随其后，大败王莽军，杀敌一千余人。初战小胜，绿林军士气大振，无不以一当百。刘秀便率敢死士 3 000 人从城西水上高处居高临下，冲击王莽军的中坚。这时，王寻和王邑仍然十分轻敌，自率万余人出营列阵，而下令军中各部没有命令不得妄动。及两军交战，绿林军奋勇向前，王邑所率莽军被打得大败，而莽军其他各营眼见王邑军败，却不敢擅自发兵相救。汉军乘锐冲击，遂将王寻杀死。城中王凤、王常等将领见状，也率军打开城门，鼓噪而出，内外夹击，喊杀声震天动地。拥挤在昆阳城外狭小地区的王莽数十万大军因而陷于大乱，自相惊扰践踏，伏尸百余里，死伤不计其数。恰在此时，天色大变，狂风骤起，雷声震天，屋瓦皆飞，雨下如注。昆阳城外的滍川水（今之沙河）暴涨，虎豹皆股战不已。王莽军入滍水中被淹死者以万计。王邑、陈茂、严尤等见大势已去，率一部分骑兵踏着遍地的死尸渡河逃跑。余下的王莽军士卒各自奔还本郡。王邑只率数千人退还洛阳。绿林军将王莽军的辎重全部缴获，运了几个月才运完。

昆阳之战，王莽军的主力被彻底击溃，关中震恐。于是，海内豪杰翕然响应，皆杀其牧守，自称将军，用汉之年号以待诏命，旬月之间，遍于天下。

窦融归汉

窦融字周公，扶风平陵（今陕西咸阳市西北）人。七世祖广国是孝文皇后的弟弟，高祖父在宣帝时以吏二千石从常山迁来。窦融早年丧父，由母亲抚养成人。王莽居摄中，窦融为强弩将军司马，东击翟义，还攻槐里（今陕西兴平县东南），以军功被封建武男。王莽末年，青州、徐州都爆发了农民起义，太师王匡请窦融为助军，与他一起东征。后王莽失败，窦融军投降更始大司马赵萌，赵萌任窦融为校尉，很看重他，并推荐窦融为巨鹿太守。窦融看到更始政权刚刚建立，东方还没有平定，不想出关，窦融的高祖父曾做掖太守，从祖父做护羌校尉，从弟也为武威太守，累世在河西，知道当地的风土人情，所以私下对兄弟说："天下安危尚不可知，河西殷富，且以河作为屏障可以固守，张掖属国（汉边郡都设置有属国）精兵数万，一旦发生紧急情况，就断绝河道渡口，足以自守，这样可以保全自己不致灭绝。"窦融于当天到赵萌处，辞让巨鹿太守，谋出河西，赵萌禀明更始帝，更始帝任窦融为张掖属国都尉。窦融大喜，即带家属往河西。到河西后，联络英雄豪杰，抚慰当地百姓，甚得当地百姓的欢心，河西纷纷归附。这时酒泉太守梁统、金城太守厍钧、张掖都尉史苞、酒泉都尉竺曾、敦煌都尉率彤等，窦融与他们的交往很厚。更始失败后，窦融与梁统他们计议说："现在天下局势混乱，不知将来的归宿是什么，河西峻绝，如不同心协力就不能自守，目前应当推一人为大将军，统帅五郡，观时变动。"大家认为窦融世代任河西的官吏，人所敬仰，于是就推举窦融为河西郡大将军。这时武威太守马期、张掖太守任仲孤立无党，就共同发布告示，并解下印绶辞去太守。于是梁统任武威太守，史苞为张掖太守，竺曾为酒泉太守，卒彤为敦煌太守，厍钧为多城太守。窦融居属国，依然行使都尉的职事，并设置从事监察五郡。河西民俗质朴，窦融施政宽和，上下相亲，物产富饶。养兵习武，抗击入侵者，邻近地区的流民络绎不绝地进入窦融他们辖区。

窦融在河西听说刘秀即皇帝位（即光武帝），心里想去投奔光武帝刘秀，但河西与中原相隔遥远，很难与刘秀沟通。这时隗嚣先称建武年号，并授给窦融将军印绶。隗嚣这人外表道貌岸然，而内心却怀有诡计，他派张玄向窦融游说说："更始事业已成，但很快又灭亡了，这说明刘姓不可能再兴。现在刘秀又建立汉政权，去投奔刘秀，一旦刘秀汉政权再失败，那么危险不可言，到时后悔也来不及了。此时豪杰并起，天下未定，明智者应该各据自己的地盘，先与陇（隗嚣据地）、蜀（公孙述据地）合纵，三足鼎立，即使不能统一天下，也可在自己地盘内称王。"窦融于是召集豪杰及各郡太守共同商议，其中比较明智的人都说："刘秀建立的汉政权是承尧运，历数久长。现在光武皇帝的姓号在《河图赤伏符》有明确记载，从前世博物道术士谷子云、夏贺良等都明确表示过汉有再受命之符，这话说出来已经有很久了，所以刘子骏改名刘秀，以冀图应此符兆。到王莽末年，道士西门君惠说刘秀应当是天子，因而谋立刘子骏为皇帝，结果事败被杀。凡出来观望的百姓都说：'刘秀是我们的真皇帝呀。'这些事都是最近露见的，智者共见。刘秀即皇帝位除符合天命外，就以人事来说：现在称帝的人不少，但以刘秀的洛阳土地最广，兵力最强，号令最明。观天命而看人事，这是别的姓氏所不能代替的。"各郡太守或同或异。窦融小心斟酌，遂决定东向投奔刘秀的汉政权。东汉建武五年（29年）夏，窦融派长史刘钧带着给光武帝的书信及贡献的马到洛阳觐见。

光武帝刘秀很早就听说河西很富饶，而且地接陇、蜀，所以也想招降窦融以逼迫隗嚣和公孙述，为此也派使节给窦融送信，刚好在途中遇到刘钧，即和刘钧一道返回洛阳。光武帝见到刘钧非常高兴，以厚礼相待，随后让刘钧回去，并赐窦融诏书说："诏行河西五郡大将军事，属国都尉：镇守边区五郡，辛苦有加，河西兵马强壮，仓库有蓄，百姓殷富，外则挫败羌胡的骚扰，内则百姓蒙福。威德早有所闻，虚心相望，无奈路途遥远，直到今天才得以沟通。您派长史的信及献的马均已收到，深领您的厚意。现在益州有公孙述，天水有隗嚣，方蜀汉交战，将军何从，则举足轻重。我想与将军的深情厚意是没法计量的。各种事长史都看见了，想必将军不会不知。王者迭兴，千载难逢，是建齐桓公、晋文公之功业，来辅助国家；还是三分鼎足，连横合纵，也应该看时间而定。天下未定，而我与您地域隔绝，咱们谁也吞并不了谁。依现在来说，似有任嚣（秦时南海尉）致尉佗（秦时龙川令）为七郡之计。王者有分土，但无分民，只不过做些适合自己的事而已。现以黄金二百斤赐将军，………。”因而可授任窦融为凉州牧。

诏书到河西，河西都很震惊，认为天子能明见万里之外。窦融随即又派刘钧上书说：“臣融……有幸托先后未属，蒙恩为外戚，累世二千石。……诏书中所称蜀汉二主，三分鼎立之权，任嚣、尉佗之谋，实在让人感到痛心。臣融虽然见识不多，但还是知道利害关系的，分得清逆与顺。怎么会违背真旧之主，事奸伪之人；废忠贞之节，为倾覆之事；弃已成之基，求无冀之利。就这三者即使问匹夫，尚知该怎么走，臣还能有什么别的用心！现派我的弟弟窦友亲自觐见陛下。”窦友到高平（今甘肃固原县），正好遇到隗嚣反叛，道路不通，不得已又返回，窦融又派司马席封到洛阳。光武帝又让席封带赐给窦融、窦友的书信。窦融深知光武帝的用意，于是就给隗嚣写信，一方面责备隗嚣不该贪功造乱，同时极力劝降隗嚣，归附光武帝，结果隗嚣不听，于是窦融就与五郡太守砥厉兵马，上书请求光武帝钦定讨伐隗嚣的日期。光武帝对窦融的这一举止非常赞许，就赐给窦融外戚世系图及《太史公五宗》《外戚世家》《魏其侯列传》。诏报说：“每每追念外戚，孝景皇帝出自窦氏，定王是景帝的儿子，也就是我的先祖。……长君（窦太后的哥哥）、少君（太后的弟弟广国，窦融的七世祖）尊奉师傅，修成淑德，延及长孙，这都是皇太后的神灵显圣以及上天对汉的惩罚。……现关东盗贼已被平定，大军当全力向西进击，将军抗厉威武，以应会期。”窦融被诏，即与五郡太守带兵入金城（今甘肃皋兰县西北黄河北岸）。更始政权时，先零羌，封何等杀金城太守，盘据金城，隗嚣派人贿赂封何，与隗嚣共同联军结盟，想让封何一部为自己指挥。窦融和五郡太守领兵出发后，即向封何发动进攻，并把封何打得大败，斩敌人首级千余颗，获牛马羊万头，谷数万斛。这时刘秀大军尚远，融就引兵归还。

光武帝赞许窦融的诚心及通力合作，下诏右扶风修理窦融父亲的坟墓，建立祠堂。梁统派人刺杀隗嚣的说客张立，并解去隗嚣授予窦融的将军印绶，以表示和隗嚣彻底决绝。建武七年（31 年）夏，酒泉太守竺曾用弟弟报怨杀人，愧对于人而辞职。窦融当初奉光武帝之诏曾拜竺曾为武锋将军，现在也以辛肜代替竺曾。同年秋，隗嚣发兵进攻安定（今固原县），光武帝将亲自率军西进征讨，并先后诉窦融出兵日期。刚好这天下了大雨，道路被隔断，这时隗嚣也已撤兵，因而停止了进军。窦融退到姑臧（今甘肃武威县），被诏罢归。窦融惟恐光武帝久不发兵，就上书光武帝说："隗嚣得知西征，臣融东下，敌人人心浮动，应战心怯；隗嚣的将领高骏之属却想与汉军决战，后来听说汉军停止进军，心里产生了疑问。隗嚣扬言东方发生变故，西州豪杰遂又相继归附。再加上公孙述军的援助，隗嚣之气又涨。臣现势单力弱，介于敌人其间，虽承皇上威灵，但也希望速速发兵相救。如果我们前后夹击，隗嚣必然难以招架，进退不得，那么就必定能打败隗嚣。但不及早发兵，久生嫌疑，则外长敌寇，内示困弱，奸邪也会随之产生，所以臣深感忧虑……。"光武帝听从了窦融的建议。

建武八年（32 年）夏，光武帝车驾西征隗嚣，窦融率领五郡大守及羌虏兵和小月氏等步骑数万，辎重五千余辆，与大军在高平第一城（今宁夏固原县）相会。窦融尊重礼仪，因此光武帝在初次会见窦融时也待以厚礼。并拜弟友奉车都尉，从弟士为太中大夫。遂共同进军，大败隗嚣，城邑皆降。窦融功高，光武帝下诏封其为安丰侯，弟友为显亲侯。依次封将帅：武锋将军竺曾为助义侯，武威太守梁统为成义侯，张掖太守史苞为褒义侯，金城太守厍钧为辅义侯，酒泉太守辛肜为扶义侯。封爵已毕，乘舆东归，窦融等还归各属。

光武帝平定陇、蜀以后，随后下诏，让窦融与五郡太守到京师奏事，官属宾客相随，驾乘千余辆。窦融觐见光武帝，就诸侯位，光武帝对窦融赏赐恩宠，震动京师。数月又拜融为冀州牧，十多天，又迁大司空。窦融自己认为不是光武帝的旧臣，一旦入朝，又位居功臣之上，每次召见，谦恭倍甚，更得光武帝的欢心。而融小心谨慎，心里久不自安，数次辞让爵位，光武帝不许。建武二十年（44 年），大司徒戴涉因所保举的人盗金而被牵连下狱，为此三公都受株连，光武帝不得已免去窦融的官职。第二年则又特别加以进升。建武二十三年（47 年），代替阴兴行使卫尉的职权，特进（一种荣誉称号）如故，又兼领将做大臣。弟友为城门校尉，兄弟共典禁兵。窦友死后，光武帝怜融年老体衰，就派中常侍，中谒者在其卧室内强进酒食。窦融的长子穆代友为城门校尉。显宗即位，以窦融从兄的儿子林为护羌校尉。窦氏一公（大司空），两侯（安丰侯、显亲侯），三公主（穆娶为黄公主，穆的儿子勋娶沘阳公主，窦友的儿子固娶涅阳公主），四二千石（卫尉、城门校尉、护羌校尉、中郎将）。从祖到孙，官储邸第相望京邑，奴婢以千数，在贵戚、功臣中最为显赫。东汉永平二年（59 年），窦林因罪被杀。明帝下诏切责窦融，窦融惶恐已及，被诏遣回府第养病。永平五年（62 年），窦融死，享年 78 岁，封谥号戴侯。

窦宪征匈奴

东汉建武二十四年（48 年），匈奴分裂为南北两部。南匈奴虽然内附，但北匈奴因据有天山以北的草原和天山以南的沙漠田，仍然不时犯边。汉明帝时，北匈奴寇掠更加频繁，焚烧边郡城邑，使汉河西一带城门昼闭。北匈奴的侵扰势力的存在及其不时入侵，对汉朝社会经济的发展，始终是一个莫大的威胁。随着东汉中原政治局面的统一，社会经济的恢复和发展，汉朝国力的增强，以及在南匈奴的积极协助下，东汉政府决定征伐北匈奴。

东汉永平十五年（72 年），汉政府派遣窦固和耿秉出屯凉州（今甘肃省清水县北），做北征匈奴的准备。第二年，征召沿边守兵，命诸将率领南匈奴及乌桓、鲜卑等骑兵数万人，分四路出塞北征。这次出征，除了窦固出酒泉塞一路，在天山（今新疆维吾尔自治区吐鲁番市北）击败呼衍王部，将匈奴追至蒲类海（今新疆巴里坤湖）占据伊吾卢城（今新疆哈岳县）外，其余三路都因北匈奴闻风逃往漠北，没有战果而还。经过这次北伐，不断有匈奴人南下附汉。东汉建初八年（83 年），北匈奴三木楼訾部落在大人稽留斯等率领下，有 38 000 人，驱马 20 000 匹，牛、羊十几万头，至五原塞归附汉朝。随后，元和二年（85 年），又有以大人车利涿兵等为首的 73 批匈奴，先后入塞归附汉朝。北匈奴部分部落的归附，大大削弱了北匈奴侵扰集团的力量。加以南匈奴对北匈奴的攻击，以及平时受到北匈奴控制和奴役的部族乘机反抗，北匈奴在漠北难以立足，只得举族迁至安侯河（今鄂尔浑河）以西去。章和元年（87 年），鲜卑族兵又从左地猛攻北匈奴，大破之，斩优留单于，这便引起了北匈奴的混乱。有意归附汉朝的居兰、储卑、胡都须等 58 部二十多万人，乘机纷纷南下至朔方、五原、云中、北地等郡附汉。正在这个混乱之时，漠北又发生了蝗灾，人民饥馑，族内矛盾尖锐起来，而北匈奴统治集团自优留单于被斩之后，优留的异母兄弟争立单于，各部分势力并合离散。这为汉朝进一步打击北匈奴势力创造了条件。于是，从建初二年（77 年）中止的军事远征，现在又重新被提到议事日程上来了。

东汉永元元年（89 年）春，和帝力排众卿谏阻，着手准备出兵北匈奴。六月，窦宪、耿秉等率八千骑兵，汇合南匈奴单于骑兵 30 000，分三路出击北匈奴。窦宪、耿秉一路兵出朔方鸡鹿塞，南单于一路兵出击满夷谷，度辽将军邓鸿将一路兵出击稒阳塞，三路兵在涿邪山汇合。窦宪分遣副校尉阎砻、司马耿夔、耿潭率领南匈奴精锐骑兵一万余人，与北单于在稽落山（今漠北西北部的额布根山）展开激战，北匈奴大败，单于落荒逃走。汉军乘胜追击，斩杀北匈奴名王以下13 000余人，俘获大批匈奴士兵，并缴获牛羊马百余万头。匈奴军中的小首领相继投降汉军，前后共有81部20多万人。窦宪挥军追击匈奴至燕然山（今杭爱山），命令中护军班因在此刻石立碑纪功，以宣扬汉朝威德。窦宪又派军司马吴记、梁讽携带金帛赠给北单于，向北单于宣扬汉朝国威，北单于叩首拜受。梁讽又劝说北单于仿呼韩邪单于尊奉汉朝的先例，称臣汉朝。单于非常高兴，派其弟右温禺鞮王奉贡，随梁讽入朝拜见汉天子。

永元二年（90年）五月，窦宪又派副校尉阎砻率领2 000余骑兵出击盘据伊吾的北匈奴，夺取伊吾卢地，并派兵与南匈奴共同出击鸡鹿塞（今内蒙古杭锦后旗西），北单于受伤遁逃，仅以身免。永元三年（91年），窦宪又派左校尉耿夔、司马任尚出居延塞，将北单于围困于金徽山（今阿尔泰山），北单于只身逃往康居，匈奴政权全部瓦解，从此匈奴退出了漠北地区。从前209年冒顿单于建立政权起，匈奴在大漠南北的活动，至此整300年。

王充著《论衡》

王充，字仲任，会稽上虞（属浙江）人，生于东汉建武三年（27年）。出身于细族孤门，六岁即在家开始读书识字，因成绩优异，从书馆保送到京师太学。此间，因家贫而买不起书。常游逛洛阳市肆，边翻看所卖之书，边就能记忆下来，就这样而博通了百家经史，约在光武帝末年或明帝初年（公元28年—公元73年9月5日），还在就学期间，写了一篇《大儒论》，大概评议当时儒家，鄙薄俗儒而褒扬鸿儒，并自以当代大儒自命。不久回到故乡，以教书来维持生活。

回县后，王充当过诸如椽、功曹这样的小官，属普通的政府属员。不久又入州任从事，由于当道不合而自免回乡。但王充对失位并不怨恨，处疏空而不放纵自己，居贫苦而不忘却意向，在乡居期间，认真读书，思索当时种种思想领域中存在的问题。东汉建初四年（79年），杨终认为当时的经学解释歧义纷出，建议效宣帝时石渠会议判定《五经》的同异。于是，章帝召集群儒在白虎观辨议《五经》，章帝自己则亲制临决，并由班固将讨论结果编成《白虎通议》。这是一部吸收谶纬糅合而成的汉儒典籍，类似董仲舒《春秋繁露》，充满宗教色彩，以此作为官方思想的依据。王充有感于当时统治者政治有失，殚精苦思，先是著成《政务》一书，接着又以为俗儒任意歪曲儒典，不致实诚，而闭门潜思，杜绝种种庆吊之礼，在窗户、墙壁上放满了刀笔，一有思想就记下，著成《论衡》八十五篇。

针对汉儒们提出的天地感应说，王充提出“气”的一元论思想，以为气是客观世界的最基本的元素，“天地，含气之自然也”。气凝而为天地，天地是有形体的东西，星辰之在天上，犹如地上的宅舍一样，没有什么神秘的。气是无限的，因而天地也是无限的，即不生不灭的，并不借助于外力的作用。天地之于自然，乃是“自然无为”，气和而物自生，因此万物中的春生、夏长、秋收、冬藏，都是自然之化。进而，天地便不是有意为人类所创造的，人类虽应当利用自然之化找到并种植五谷桑麻，但不用感谢上天的恩赐。当时汉儒的天人感应说以为帝王生而有瑞，得天命之符，王充坚决反对这种“天生圣人”的奇谈怪论，以为这不过是出于“世好奇怪”“世人浅论”“儒生是古”等，事实上“精微为圣，皆因之气，不更禀取”。“圣人”也是父母所生，并非天生的，是人而不是神。那些存在于自然界的物候感应，如“天且雨，蝼蚁徒，丘蚓出，琴弦缓，因疾发”，不过是一种物理现象，而非天人感应。因此，王充在书中广泛讨论了日月食、寒暑变化、水旱灾害、云雨雷电等自然现象，尽可能对之做出科学的解释。

在批判汉儒天人感应说的同时，王充也对与之关联的秦汉方士们宣扬的鬼神、迷信等观念进行了辩正。首先，揭穿方士们所称的人吸食丹仙药可长寿成仙，以为人的寿命长短与出生时禀气多少、厚薄有关，是与生俱来，不可改变的，差不多“强弱夭寿，以百为数”。生死皆由禀气所定，即“阴阳之气，凝而为人，年终寿尽，死还为气”。不仅不可能活着成仙，而且也不可能死后为鬼。就人的身体本身状况看，人死后，他的形体特征、内脏器官和精神状态均已丧失，既然它们不可死灰复燃，那么也就无法变鬼。在此基础上，王充提出了“精神依倚形体”这个重要的哲学命题。他认为，人之形体是由气充积而成的，气依赖形体则产生精神，故形体在先，精神载寓其中，如同烛与烛光的关系，“天下无独燃之火，世界安得有无体独知之精?”接下来，王充便具体批判了当时甚为流行的种种迷信行为，如厚葬、求福、禁忌等。

与以上思想相一致，王充反对汉儒神化了的“圣人”。以为圣贤不过是有道德、有学问的人，而神是“气”的虚象，两者是不等同的。因此，圣人们也跟常人一样，他们的知识源于自己感官同外界事物的接触，人只要肯勤奋学习，持之以恒，也可成为圣人。进而，王充揭穿了当时种种夸大前辈圣贤的说法，如说黄帝、帝喾生而能言，项托七岁为孔子师，尹方 21 岁不学而通晓诗书经艺百家之言等。而后又正面提出了自己“任耳目”“以心意议”的观点，主张“事莫明于有效”，“论莫定于有征”，强调形成的理论要有证据和效验。

王充针对当时汉儒美化古代及其礼乐教化的观念，提出汉代是可以赶上唐、虞、夏、商、周之盛世，并且超过前代的。这不仅可从时间上论，就物质生活的发展论也一样，即如“彼见上世之民，饮血茹毛，无五谷之粮；后世穿地为井，耕土种谷，饮井食粟，有水之云调。又见上古岩居穴处，衣禽兽之皮；后世易以宫室，有布帛之饰。则谓上世质朴，下世文薄矣。王充又针对汉儒依五行思想宣扬三统的做法，提出社会治乱、朝乱兴亡是一种客观规律的思想，以为其是自然注定，不能人为修改的。又针对董仲舒性三品说，提出性、命二元论。以为主善恶才智之性与主贫富贵贱之命都是禀受一元之气而来的。凡此种种，都对主导汉代思想的儒学及当时的种种方术迷信以沉重的打击，体现了独立思考的可贵品质，并对后代思想界产生了深远的影响。

王充一生不显，晚年生活惨淡，其著作多散失。东汉末蔡邕至关中，王朗为会稽太守，才相继将《论衡》一书带到中原，使其传播开来。

班超出使西域

班超字仲升，扶风（今陕西兴平东南）平陵人。为人大志，不修细节。持家孝母，不耻劳辱，涉猎书传，口辩善谈。东汉永平五年（62 年）其兄班固如诣校书郎，班超与母亲一道至洛阳。曾言：“大丈夫无他志略，犹当效傅介子、张骞立功异域，以取封侯，安能久事笔研间乎？”众人皆笑之，班超说：“小子安知壮士志哉！”

永平十六年（73 年），车都尉窦固出击匈奴，以班超为假司马，兵击伊吾，战于蒲类海。班超表现出将才的风度。窦固派班超同郭恂带 36 人出使西域，争取诸国摆脱匈奴归附汉朝。

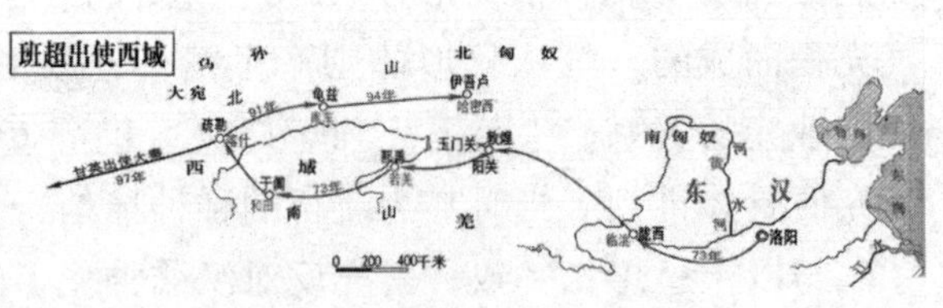

班超出使西域行程

班超初至鄯善国（今新疆若羌县治卡克星克），国王礼甚厚，后来逐渐怠慢起来。班超对下属们说道：“你们没觉得国王他们对我们的态度有什么变化吗？肯定是匈奴的使者来了，他们拿不定主意了。”于是召侍者诈之，知道匈奴使者已来三天了，距此地 30 里路。班超然后与众人商议：“匈奴使者已来数日，鄯善王对我们的态度又有所改变，如果鄯善王进一步依附匈奴，我们的尸骨将被豺狼所食，大家看怎么办。”下属们都说危亡之地，死生从司马。班超道“不人虎穴，不得虎子”，只有趁夜纵火击败匈奴。他们不知我们有多少人，必然会恐慌的，借此可以将他们全歼，灭了匈奴的使者，鄯善王方可归附。众人称道。初夜，班超便带领众将士前往匈奴使者驻地。是夜正遇上刮大风，顺风纵火，事先约好持鼓藏于匈奴使者营后的十人便鸣鼓高呼，前后追杀，匈奴大乱，斩杀使者从士三十多人，余众百人全部烧死。次日召鄯善王，出示匈奴使者首级，鄯善全国震惊，班超便以国王之子为人质，鄯善才安心归汉。

消息传到窦固处，窦固大喜，功报朝廷，请求更换吏使西域。汉明帝下诏窦固：吏如班超，何不派遣而要换呢？今以超为军司马，令逐前功。班超受命出使于阗。窦固想给班超增兵，班超说我带原来的三十余人足矣，如有意外，人多反而累赘。

当时于阗王广德刚破沙车，威服周围诸小国，又有匈奴使者监护。班超向西，先至于阗，于阗王广德礼意甚疏，且其俗信巫。巫师称神怒何故亲汉，汉使有黑嘴的黄马，急求祠于我。广德派使者向班超要马，班超让巫师自己来取，巫师至，班超即斩其首送至广德，严词斥责。广德闻班超在鄯善诛灭匈奴使者，大为惶恐，急忙攻杀匈奴使者，归附汉朝。

当时龟兹王建为匈奴所立，他倚仗匈奴横行霸道，攻破疏勒，杀其王，立龟兹人兜题为疏勒王。永平十七年（74 年），班超到达疏勒。住在离兜题所居的盘橐城九十里地处。班超先派从官田虑先去招降，并告诉田虑说，兜题本非疏勒人，疏勒人肯定不太支持他，他若不降，即可杀之。田虑到后，兜题见田人少力弱，无降意。田虑趁其不备，上前将他捆绑起来，兜题左右皆惊恐逃散。于是田虑迅速派人报知班超，班超赴之，召疏勒将领，列龟兹无道之状，并立故王侄子忠为王，疏勒国上下大悦。国王忠及宫属都想杀兜题，班超反而放逐了兜题，此后疏勒便归附汉朝。

永平十八年（75 年），汉明帝驾崩，焉耆国以汉朝大丧，便攻破都护陈睦。班超孤立无援，而龟兹、姑墨数次发兵攻疏勒，班超守疏勒盘橐城岁余。肃王即位后想召班超回，疏勒举国犹恐，其都尉黎弇自刎。班超还至于阗，众人皆抢班超马腿不能前行，超只好反回疏勒，疏勒已复降龟兹，班超捕斩反者，疏勒复安。建初三年（78 年），班超率领疏勒、于阗、康居等一万人攻破姑墨国石城（今温宿西北）。建初五年（80 年），班超上疏请兵，肃宗知其功可成，议欲给兵，平陵人徐干愿奋身佐班超，于是便以徐干为假司马，率千人去找超。班超与徐干合力击败反汉的疏勒都番辰。元和三年（86 年）河车已降龟兹，班超与汉朝庭复遣司马和恭河车乌即城，并杀疏勒前国王忠，南道才得以疏通。永元二年（90 年），月氏兵越葱岭进攻班超，为班超所败。月氏大震，岁奉贡献。次年龟兹、姑墨、温宿皆降。复置西域都护骑都尉，戊己标准校尉，以班超为都护，徐干为长史。至此西域除了焉耆、尉犁（今库尔勒一带）以前没有都护府，其余悉定。

永元六年（94 年）班超率龟兹、鄯善等八国兵合 70 000 人及吏士 1 400

余人讨伐焉耆。焉耆国有苇桥之险。王广便绝断其桥，不让汉军人国。班超绕道进入焉耆国，距城20里，扎营在沼泽中，王广大恐。班超欲约诸国王见面，并扬言重加赏赐，于是焉耆王广、尉犁王泛等30人相率见班超。班超借机杀广、泛等于陈睦故城，更立元孟为焉耆王。至此西域诸国全部附汉，西域通。

班超在西域共31年，东汉永元十四年（102年）八月征还洛阳，数月即死，享年71岁。

班勇远征西域

班勇是班超的少子，字宜僚。少有父风。班超在东汉永元十四年（102年）回洛阳后，其继任者未能对西域诸国善加抚慰，以致矛盾激化。至永初元年（107年），西域诸国皆背叛汉朝。汉朝因班勇在西域长大，熟悉边事，乃以班勇为军司马，与其兄班雄俱出敦煌（今在甘肃），迎西域都护及西域汉朝士卒返还中原，并罢西域都护。此后的十几年，西域地区绝无汉朝官吏。到元初六年（119年），敦煌太守曹宗遣其长史索班率一千余人进屯伊吾（今新疆哈密西）。车师前王和鄯善王等闻知，皆来归降。但几个月后，北匈奴单于和车师后部合兵进攻，索班全军覆没。又击走车师前部，略有北道诸国。鄯善王急，求救于曹宗。曹宗因此上书朝廷，请出兵5 000进击匈奴，以报索班之耻，并乘机复取西域。邓太后召班勇到朝堂会议此事。在此之前，公卿多以为应关闭玉门关，放弃西域。班勇上议说："昔孝武帝患匈奴强威，兼总百蛮，以逼障塞，于是开通西域，离其党羽。论者以为夺匈奴腑臓，断其右臂。遭王莽篡盗，征求无厌，胡夷忿毒，遂以背叛。光武中兴，未遑外事，故匈奴负强，驱率诸国。及至永平，再攻敦煌。河西诸郡，城门昼闭。孝明皇帝乃命虎臣出征，故匈奴远遁，边境得安。及至永元年（85—103年3月）间，莫不内属。会间者羌乱，西域复绝，匈奴人遂重入西域，苛毒诸国。鄯善、车师等国皆怀愤怨，思东事汉，其路无从。从前所以时有叛者，皆因牧养失宜，还为其害故也。今曹宗徒耻于前负，欲报雪匈奴，而不寻出兵故事，未度当时之宜也。要功荒外，万无一成。若兵祸连接，徒然示弱于敌而骚动海内。今宜复置护西域副校尉，居于敦煌，如永元故事。再遣军进屯楼兰。"尚书和司隶校尉崔据等难之，班勇一一做以解答。于是，朝廷从班勇之议，复敦煌郡营兵300人，置西域副校尉居敦煌。这样做虽然可以羁靡西域诸国，然而未能进出屯西域。不久，匈奴果然几次和车师等国入寇抄掠，河西诸郡大受其害。

延光二年（123 年）夏，东汉朝廷复以班勇为西域长史，率五百名士卒出屯桥中（今新疆吐鲁蕃东南）。第二年正月，班勇至楼兰，以鄯善王归附东汉，特加鄯善王绶。而龟兹王白英还在犹豫不决。班勇前往，开以恩信，白英率姑墨、温宿等国王向班勇投降。班勇借此机会，调发诸国之兵骑一万余人到车师前王庭（在吐鲁蕃西北），在伊和谷击走匈奴伊蠡王，收得车师前部五千余人。于是，车师前部之道重新开通。班勇还军，屯田于桥中。延光四年（125 年）秋，班勇调发张掖、敦煌、酒泉三郡 6 000 名骑兵以及鄯善、疏勒、车师前部等兵进击车师后部王之军，大破之，斩首虏 8 000 余人，马畜五万余头。并捕得军就及匈奴持节使者，带至索班战死的地方斩首，以报其耻，传首京师。永建元年（126 年），班勇更立车师后部故王子加特奴为王。班勇又使别校诛斩东且弥王，也更立其种人（本部族人）为王。于是，车师等六国全部平定。这年冬天，班勇调发诸国兵进击匈奴呼衍王，匈奴呼衍王逃走，其众二万余人皆降。又捉住匈奴单于堂兄，班勇让加特奴亲手斩之，以结匈奴和车师之怨。北匈奴单于自率一万余人侵入车师后部，至金旦谷（在今新疆奇台县西），班勇派假司马曹俊率军驰援，北匈奴单于引兵退走，曹俊追击，斩其贵人骨都侯。于是，匈奴呼衍王遂被迫徙居枯梧河（不详所在）上。从此之后，车师不再遭到匈奴人的侵犯，城郭皆安。惟焉耆王元孟未向班勇投降。第二年冬天，班勇上书请求进攻元孟。于是，东汉朝廷遣敦煌太守张朗率河西四郡兵 3 000 人归班勇指挥。班勇又调发西域诸国兵四万余人，将骑兵分为两道进击焉耆。班勇从南道，张朗从北道，约期俱至焉耆。而张朗在此之前犯了罪，为邀功自赎，遂率军先期到达爵离关（在龟兹北），遣司马率军前战，获首虏二千余人。元孟害怕被杀，便遣使向张朗乞降。张朗经人焉耆受降而还。而元孟竟不肯面缚，只是派儿子诸阙贡献（到洛阳贡献）。张朗因此得以免罪。而班勇却以未能按期到达而被逮捕下狱免官。后来，班勇在家中去世。而西域不久就重新与中原失去了联系。

许慎撰《说文解字》

秦始皇统一中国后，焚烧经书，清除旧典，又下令严禁私人藏书，制定了“挟书之律”。汉惠帝即位后，废除“挟书之律”，从此朝廷开始搜集旧典，发掘古籍，民间献书，专研经典之风日益兴盛，今文经学被列为学官，治儒经成为一代风气。是时，人们在山川中常常发现古时鼎彝，上面刻有的铭文与汉代隶文不同。随后，古文经相继问世。古文经是用先秦以前的文字写就的，引起不少学者的注意，张敞、扬雄、杜林、爰礼等学者相继对之进行研究。西汉元始五年（5 年），平帝诏通晓逸经、古记、天文、历课、钟历、小学、史学、方术、本草以及五经、《孝经》《尔雅》的学者数千人，云至京师，讲学论经，由此文字之学始为人们重视。汉成帝时，刘向、刘歆等人受诏整理校勘皇室秘书，对古文字多有刊定。刘歆十分热衷古文经，建议为古文经列学官。后经王莽新政，古文经开始为人们所重视，开始与今文经相抗衡。

建初八年（83 年），古文经大师贾逵诏诸儒推举学识基础好的年轻人，跟他学习《春秋左氏传》《春秋谷梁传》《古文尚书》《毛诗》。是时许慎开始从师贾逵，受古文经学。许慎，字叔重，汝南召陵（今河南郾城）人，秉性笃淳，年少时就博学经籍。他从师贾逵后，对古文字产生了极大兴趣，每有疑难，就请贾逵指教，并广问通人。这时，古文经大行于世，但是社会上的一般人却不知其来源。许多人在说解文字时，不顾文学本身的规律，为了符合自己的政治观点，常常妄解文字。有人竟把隶书视为仓颉时代的文字，今文经派对古文经更是大加非议，认为古文经的文字是那些标新立异的人故意改变正常文字的形体，向壁虚造出这种不被人们所认识的文字。以此来扰乱通行已久的字体，在世上炫耀自己。针对这种局面，许慎便开始致力于撰写《说文解字》。

东汉之前，已有众多字书流布于世。重要的有《尔雅》（西汉儒生辑）、《史籀篇》（秦人作）、《仓颉篇》（相传为李斯所作）、《爰历篇》（相传为赵高所作）、《博学篇》（相传为胡母敬所作），此外还有《凡将篇》（司马相如作）、《急救篇》（史游所作）、《元尚篇》（李长所作）、《训纂篇》（杨雄所作）等。许慎参照吸收了这些字书的内容，此外还广泛征引了前人和时人对经籍文字、词语的解释。许慎认为“文字者，经义之本，王政之始”。据此出发，他要以文字为桥梁，借阐述说解文字之时，来发扬“五经之道”。于是他在撰写《说文解字》时，不仅大量采用古文经家的注释，而且还征引了今文经家的说解。许慎在说解“王”字时，写道：“王，天下所归往也。董仲舒曰：‘一贯三为王。’”这样说解，承袭了今文经派的观点，借以为王权服务。

《说文解字》一书是我国第一部按部首编排的字典。全书分五百四十部首，把部首相同的字归在一起。许慎采用五行之说，在编排五百四十部时，参照“万物始于一，终于亥”这一观点，将“一”部排在第一部，“亥”部排在最后一部。每部之内，排列该部所属文字。每字之下，先释义，后析形，再析声。说解字义，着眼于字的本义；解说字形，采用六书法；诠释字音，采用直音、读若，并借助形声字的声符分析。全书共收录正文九千五百五十三字。“天地、鬼神、山川、草木、鸟兽、昆虫、杂物、奇怪、王制、礼仪、世间人事，莫不毕载”。

永元十二年（100年），《说文解字》初稿写就。在二十余年的撰写过程中，许慎除专心写作《说文解字》外，还撰写了《五经异义》。永初四年（110年），许慎跟刘珍、马融等五十余人在皇家图书馆校勘整理古书，并奉诏教小黄门孟生、李喜等人。是时，许慎任太尉祭酒，得以出入朝廷，在当时学林声望甚高，被时人誉为“五经无双许叔重”。建光元年（121年）九月，许慎已至迟暮之年，去官在家，病体缠身。他命其子许冲将《说文解字》十五篇，连同《孝经古文说》一篇上奏朝廷。许冲受命，写就一篇《上〈说文解字〉表》，连同《说文解字》一起进献给朝廷。

《说文解字》问世后，在学界引起反响。经学大师郑玄、应劭注经时都征引了许慎之说。三国时，邯郸淳、严畯开始研究《说文解字》。至魏晋时代，梁人庾俨默著《演说文》一卷。到了唐代，李阳冰刊定《说文解字》三十卷，多有己见，提出跟许慎不同的说法。宋太宗雍熙三年（986年），徐铉奉敕校定《说文解字》三十卷。每字下附孙愐《唐韵》反切，又增加了新附字。与此同时，徐铉弟徐锴著有《说文系传》四十卷，《说文篆韵谱》五卷。徐锴学识在徐铉之上，徐铉多用其说。《说文解字》一书经徐氏兄弟校定后，已非许氏原貌，但基本上保存了许氏之说。从此《说文解字》广布天下，流传甚广，由此兴起的《说文》之学日益兴盛。至清代乾嘉时代，伴随朴学兴起，研究《说文解字》蔚然成为一代风气，有成就的研究者不下数十人，出现了段玉裁、桂馥、王筠、朱骏声、严可均、冯桂芬、徐灏等诸位《说文》学大师，对《说文解字》进行了全面系统的研究，《说文》之学达到了顶峰。

蔡伦造纸

在古代中国，商代用甲骨，西周用青铜器，春秋时用竹简、木牍、缣帛作为记事材料。汉代，农业发达，经济繁荣，国力强盛，文化事业蓬勃发展。过去所使用的笨重的竹简和昂贵的缣帛已不能满足人们的需求，寻求新的书写材料已成为时势所趋。在这种情形之下，造纸术应运而生。《后汉书·蔡伦传》记载：蔡伦造纸之前，书写记事的纸实际上是丝织物（缣帛），蔡伦用树皮、麻头、破布、鱼网，经过挫、捣、抄、烘等一系列的工艺加工，制造出了植物纤维纸，这是一种真正意义上的纸。东汉延兴元年（105 年），蔡伦向汉和帝献纸，受到和帝赞誉。于是，造纸术广为天下所知，蔡伦造的纸被称为“蔡侯纸”；延兴元年（105 年）则被后人普遍认为是中国的四大发明之一——造纸术的发明年代。

造纸术的发明是中国古代最伟大的发明之一，也是人类文明史上一项最杰出的成就。纸的出现，奠定了人类文明的基础，它作为一种新的信息载体在中国率先出现，使中国汉代的文明勃然兴起，并且超过了其他的文明。8 世纪左右，阿拉伯人才开始用中国的技术和设备造纸。纸的出现和推广，使汉以后的文化生活出现了崭新的面貌，纸的质量越来越好。晋以后，经济发展，造纸术流传到长江流域和江南一带，造纸材料丰富，于是，便出现了较多较好的纸。晋代盛行的读书、抄书和藏书之风都得益于纸的普及和推广。抄经热、藏书热和因传抄左思《三都赋》而出现的洛阳纸贵，都是纸普及出现的前所未有的景观。

党锢之祸

后汉党锢之祸，原本起于势利小人依附权势，互相攻讦抨击而致。东汉桓帝、灵帝年间，皇帝荒淫奢侈，不理朝政，而把朝廷大权委以宦官，宦官肆虐，士子羞与为伍，因此天下匹夫激愤，处士横议，遂就激扬名声，互相讥评，品评公卿，裁量执政，狠直之风，自是而始。但矫正枉曲，却不能得中，反致太过，比如范滂、张俭之辈，本清心疾恶如仇，最终却陷于党祸，也正是这个道理。

开始，汉桓帝为蠡吾侯时，曾受学于甘陵（今河北清河县）的周福，汉桓帝即位后，即任周福为尚书。这时同郡河南尹房植当朝临政非常有名，于是乡人就编出歌谣说：“天下制定大政方针的是房伯武（房植），而因做过皇帝老师而获尚书印的是周仲进（周福）。”二家宾客，遂互相讥讽揣测，各树朋徒，嫌隙渐生，因此甘陵就有南部北部之分，而党人之议也就从此开始。不过这时大多为好事之徒为之，对于大局没有多大的干扰。后来汝南太守宗资任范滂为功曹，南阳太守成瑨也委任岑晊为功曹，问以政事，于是二郡又流传着：“汝南太守范孟博（范滂），南阳宗资主画诺。南阳太守岑孝（岑晊）弘农成瑨但坐啸。”（这二句话的意思是宗资、成瑨任用贤人而自己为官清闲，没事可干）。这些流言传入太学，太学诸生三万多人，以郭林宗、贾伟节为首，与李膺、陈蕃、王畅更相褒重。太学中有传语说：“天下楷模李元礼

（膺），不畏强御陈仲法（蕃），天下俊秀王叔茂（畅）。”还有渤海的公族进阶，扶风魏齐卿，都不怕危难而直言深论，不避强暴、豪绅。因此自公卿以下，没有不怕他们贬论的，于是争相与其结交。这种意气之争与权力之争相混杂，居首善之区，而承之以好结交之贵游，务虚名清淡之游士，致牵一而至百，影响扩大。

这时河内有个张成，善于看风水、卜卦，他算出会有大赦，遂教儿子杀人。李膺为河内尹，督促把凶犯逮捕，果然逢宥赦而获免。这使李膺更加义愤填膺，竟置赦令而不顾杀了凶手。张成报复李膺，先使用占卜伎俩沟通宦官，汉桓帝对其占卜行为也颇为斥责。宦官让张成的弟子牢修上书，告李膺等豢养太学游士，与诸郡生徒结交，相互驱驰，共为朋党，诽谤、讥讽朝廷，惑乱人心、风俗。为此天子震怒，颁布诏令到各郡县，逮捕党人，布告天下，使天下人对党人共同疾愤，李膺遂被逮捕，并牵连到陈寔等二百多人，有的逃跑在外，都被悬赏捉拿。逮捕党人的捕吏四出，相望于道。到第二年，尚书霍諝、城门校尉窦武连名上书为请，桓帝才稍解其意，把这些党人全部赦免回归田里，但禁锢终身。朝廷仍然留有党人的姓名。

从此以后正直之气被贬斥，奸邪之枉炽结，海内望风之流，遂互相标旁吹捧，指天下之名士作为自己的称号。最上为“三君”，次为“八俊”，依次为“八顾”“八及”“八厨”，就像古时的“八元”“八凯”之类的一样。窦武、刘淑、陈蕃为 三君，君者为世人所宗仰。李膺、荀翌、杜密、王畅、刘祐、魏朗、赵典、朱寓为八俊。俊者即有才能有名望的人，并敢于反对宦官。郭林宗、宗慈、巴肃、夏馥、范滂、尹勋、蔡衍、羊陟为八顾。顾者即德行较高的人且能以德教人。张俭、岑晊、刘表、陈翔、孔昱、苑康、檀敷、翟超为八及。及者即能引导人又受人敬仰的人。度尚、张邈、王考、刘儒、胡母班、秦周、蕃向、王章为八廚。廚者即能用财救人的人。

开始，山阳太守翟超，请张俭为东产督邮，这时中常侍侯览，家在防东（今山东金乡县西南），残暴百姓，为非作歹。张俭举劾侯览及其母亲的罪恶，请求把他们处以死刑，于是张俭与侯览结下了怨仇。侯览有个同乡叫朱并，此人平素邪佞奸诈，张俭对他非常鄙视，因而也对张俭怀恨在心，遂承侯览之意上书告张俭与同乡二十四人，各自有自己的称号，共为朋党，图谋推翻朝廷政权。张俭、檀彬、褚凤、张肃、薛兰、冯禧、魏玄、徐乾为八俊，田林、张隐、刘表、薛郁、刘祇、宣靖、公绪恭为八顾，朱楷、田槃、疏耽、薛敦、宋希、唐龙、嬴咨、宣褒为八及，刻石立坛盟誓，结为朋党，以张俭为魁首。汉灵帝下诏直接逮捕张俭等人。大长秋曹节因此讥讽有司奏捕前党。所以司空虞放，太仆杜密，长乐少府李膺，司隶校尉朱寓，颍川太守巴肃，沛相荀昱，河内太守魏朗，山阳太守翟超，任城相刘儒，大尉范滂等百余人，皆死于狱中。其他的已经死的则不论，逃跑没被抓获的就得以幸免。自此各个之间更加相为嫌隙，相互陷害、打击、报复而滥入党中。州郡又承御旨，甚至有的人与此事毫无瓜葛，也遭到祸害。牵连致死，徙（犯者妻子徙边）、废、禁者达六七百人。这一年是建宁二年（169 年）。

熹平五年（176 年），永昌太守曹鸾上书为党人辩解，言激意切。灵帝阅奏后大怒，即刻诏司隶、益州、逮捕曹鸾，用槛车押送槐里（今陕西兴平县东南）斩首。随又诏各州郡，更加严密地监查党人。门生故吏，父子兄弟，有官职的免官禁锢，株连五服（斩衰、齐衰、大功、小功、缌麻）。

光和二年（179 年），上禄（今甘肃成县西南）长和海，上书灵帝，对株连五服提出异议，他说："依礼，从祖兄弟，既不同居，又不同财，恩义已轻，五服中已属于最远的服亲。而现在党人之祸，连及五服，这既悖于典训，也不符合常法。"灵帝阅览上书而顿然醒悟，于是下诏凡因党锢自从祖以下都可以不受牵连，方始牵连的范围缩小。

中平元年（184 年），东汉末年的黄巾起义爆发。中常侍吕强又上书灵帝说："党锢之祸时积已久，人情多有怨愤。如果久不赦宥，轻者与张角（黄巾军的领袖）合谋，为害之大，悔之无救。"灵帝对有如此恶果也深感恐惧，就大赦党人，当事人有被杀而牵连家属判徙者，全部让归原籍。案牵及被拘押的党人，品类并不完全相同，有通经之士（如刘淑）；有游侠之徒（如何颙）；有挺身徇节者（如李膺、巴肃、范滂）；亦有逃跑躲避而牵连他人的（张俭，又如成瑨、张牧、杀张泛及其宗族宾客二百多人，成瑨被惩下狱致死，岑瑨、张牧自顾逃奔他乡，隐姓埋名）；也有本来无意和所谓的党人交结，但却因偶尔邂逅相遇仍不能幸免的（如夏馥平素不与时宦结交，却特以声名为中官新惮，遂与范滂、张俭等同等被诬陷，实属无辜）；也有本来是党人魁首，但因为处世圆滑，巧言善辩反而得以脱然无累者（如郭林宗，传言其虽善人伦，但不去说危言而致陷困境，所以宦官擅政却不能伤及。及党事起，知名人士，大多被害，唯有郭林宗及汝南袁闳得以幸免）；更有与党事毫无关系的人，只是想依附名贵以为荣者却依牵连在案的（如皇甫规，传说党事大起，天下名贤，很多被牵逮捕。皇甫规虽为名将，但素来名声不高。虽自己以西州豪杰自居，依然很不得志。于是就上书皇帝："臣曾推荐前大司农张奂，是附党。还有过去臣论输左校时，太学生张凤等上书为臣辩护，所以臣也是附党之一，臣请愿被治罪”）。

诸如此类，形形色色，不一而足，这些人激于意气，所做所为难免过当，任之以官亦不足以为治。况且又互相标榜、吹捧，本属恶习。而当时之士，之所以趋之若骛：一是为了立名扬声；二是因为汉代选举，崇尚声华，而合党连群，实可终南之捷径。但党锢之祸主要是因为桓、灵帝信任宦官，杀戮士子，累及无辜，前后经历了二十多年，也更是桓、灵自为虐政的恶果。之后，黄巾起义迅及蔓延、勃蓬发展，而东汉朝廷纲纪败坏，法制废弛，濒临灭亡。

黄巾大起义

东汉末年，宦官专政，吏治废弛，民不聊生，农民起义连绵不断，中平元年（184 年）爆发了大规模的黄巾军起义。黄巾军领袖张角，巨鹿（今河北鸡泽县东北）人，起义之前，张角自称大贤良师，尊奉黄、老之道，蓄养弟子。用神道符水为人治病，病人跪拜首过，病或痊愈，颇得百姓信任。张角分别派遣他的弟子周游四方，发动百姓，十余年间徒众达十万人，青、徐、幽、冀、荆、扬、兖、豫八州之人，没有不响应的。有的变卖家产，流移奔赴，堵塞道路。郡县不解其意，反而说张角是以善道实行教化，而为民所归。张角把徒众设置三十六方，方即大将军的称号。大方一万多人，小方六七千人，各设立渠帅。提出“苍天已死，黄天当立。岁在甲子，天下大吉”。用白土书写京城城门及州郡官府府门，皆作甲子字。中平元年大方马元义等先收荆、扬数万人，与张角同时举事。马元义数次往来于京师洛阳，以中堂侍封諝，徐奉等为内应，约好在三月五日，内外俱起，皆包黄巾作为标志，因此当时人称为黄巾，也有称为蛾贼（意思是人数众多）。张角称天公将军，张角的弟弟张宝称地公将军，张宝的弟弟张梁称人公将军。所到之处，焚烧官府，攻打城邑。州郡官吏大多仓惶逃之。旬日之间，天下响应，京师震动。汉朝廷遂拜卢植为北中郎将、持节，以护乌桓中郎将宗员为副将，率领北军五校士兵，又发天下各郡之兵共同征讨黄巾军。

张角军连战失利，败走广宗（今河北威县东）。卢植筑围挖壕，并制造云梯，正当要攻下广宗时，灵帝派遣小黄门左丰视察军队，有人劝卢植以物贿赂左丰，卢植不愿这样做。左丰因一无所获而回归上言灵帝说：“广宗之贼极易攻破，但卢中郎固垒息军，而等待天诛贼。”灵帝大怒，以槛车惩治卢植，减死罪一等；随即又派遣东中郎将陇西董卓来代替卢植，结果董卓在下曲阳（今河北晋县西）被黄巾军打得大败。这时皇甫嵩为左中郎将，领命持节，与右中郎将朱俊共发五校、三河骑士，又招募精兵勇士，共有四万多人，征讨颍川的黄巾军。后来又派遣骑都尉曹操带兵前往助战，黄巾军被打得大败，曹操乘胜追击，进讨汝南、陈国的黄巾军，二郡也被曹操攻下，曹操连占三郡，名声大震。东汉又进击东郡（今河南濮阳县南），诏皇甫嵩讨伐张角。

中平元年（184 年）冬十月，皇甫嵩与张角的弟弟张梁在广宗发生激战，张梁兵精士众，皇甫嵩不能攻克；到第二天，就闭营休兵以观黄巾军的变化，当得知黄巾军的意志稍为松懈，就连夜布兵，天将拂晓之时，驱兵直赴黄巾军的阵地，战斗持续到午后四时，黄巾军失败，张梁被敌人斩首，黄巾军被敌人杀死者有三万多人，而赴河死者有五万多人。在此战斗之前，张角已经得病而死，敌人仍不放过他，就开棺戳尸，把首级取到京师，悬挂示众。十一月，皇甫嵩在向下曲阳的张角的弟弟张宝进攻的同时，东汉朝廷又选拜王允为豫州刺史，征讨黄巾军的其他分支，黄巾军相继被打败，士兵共被俘获者达数十万人。

南阳黄巾军张曼成起兵，自称神上使，兵众数万人，杀郡太守褚衰，声势很大。后来张曼成被后任太守秦颉杀害，黄巾军就推举赵弘为帅，黄巾军又逐渐强盛，兵众遂达十多万人，占据宛城（今湖北荆门县南）。朱俊与荆州刺史徐璆及秦颉合兵围攻赵弘，敌人从六月到八月围城，一直攻克不下；有司上奏弹刻朱俊，主张对朱加以惩治，司空张温上疏灵帝为朱俊辩解："昔秦用白起，燕任乐毅，都经过旷年历战，才得以克敌。朱俊在讨伐颍川的黄巾军时已立有战功，引师南指，方略已定；临军易将，为兵家之大忌，应该宽限时日，责其成功。"灵帝听从张温之言而没有惩治朱俊。朱俊开始向赵弘发动进攻，并杀死了赵弘。黄巾军的将帅韩忠又重新占据宛城，以抗拒朱俊。朱俊采取声东击西的办法，一方面鸣鼓攻打城的西南角，黄巾军以全力抵抗来自西南方向敌人的进攻，使黄巾军的兵力受牵于此；一方面朱俊自己率领精锐将士潜到城的东北角，乘虚而进入宛城。

韩忠率兵退入小城，被敌人层层围困，韩忠意觉不能破敌，准备投降。但朱俊却认为黄巾军投降只是迫于目前的窘势，不完全出于真心，他说："兵固有形同而势异者。过去秦、项之际，民无定主，因而对来归附给予赏赐，对未归附者施以规劝、招降。而现在天下一统，惟有黄巾叛逆。纳降不足以劝善，讨伐却足以惩恶。如果受黄巾投降，更升逆意，使黄巾有利则战，无利则降，纵长敌寇，决非良计！”因此继续对黄巾发动紧急攻势，连战仍攻克不下。朱俊登高望城，对他的司马张超说：“贼人现在外围坚固，内营逼急，乞降不受，欲出不得，所以必会决一死战。万人一心势尚不可挡，又何况有十万多人呢！我们不如先撤围，把军队合并入城，韩忠看到撤围，肯定会自动出来，一旦出来士兵的意志就会涣散，而这正是破敌之道。”随即敌人撤围，韩忠果然出战，朱俊进而发动攻击，斩杀黄巾军万余人。太守秦颉因对韩忠恨之入骨，因而杀了韩忠。

黄巾军的余部又推孙夏为帅，还归屯居宛城。朱俊又发动急攻，司马孙坚率众先登；癸巳，攻下宛城。孙夏败走，朱俊追到西鄂（今河南南阳市北）精山（在西鄂南），打败孙夏，黄巾军被杀者又达一万多人。于是南阳黄巾军败散。

张角率先举起反抗大旗，各地纷纷响应。诸如黑山、白波、黄龙、左校、牛角、五鹿、羝根、苦蝤、刘石、平汉、大洪、司隶、缘城、罗市、雷公、浮云、飞燕、白爵、杨风、于毒（各起义军的别号，如骑白马的就称为张白驹，轻捷快速的称为张飞燕，声音大的称为张雷公，胡须长的称张羝根等）等各自起兵，大者二三万人，小者不下数千人。汉灵帝讨伐不及，就使出招降的手段，派人拜杨风为黑山校尉，统领其他各支黄巾军，并授以朝廷官职。黄巾军大股被敌人平定，但响应黄巾军而起义的及小股黄巾军依然还有一定的势力及影响。

中平五年（188 年）二月，黄巾军的小股余部郭大在西河白波谷（今山西汾城县东南）起义；六月，益州黄巾军马相攻杀刺史郗俭；八月，汝南（今河南新蔡县北）葛陂黄巾攻设郡县；十月，青州、徐州的黄巾军复起，攻打郡县，杀官吏。汉献帝初平二年（191 年）十一月，青州黄巾军攻打泰山，被太守应劭打败，转而攻打渤海，与公孙瓒在东光（今河北东光县东）发生激战，结果又被公孙瓒打败。初平三年（192 年）四月，青州黄巾军在东平（今山东东平县）击杀衮州刺史刘岱，东郡太守曹操在寿张打败黄巾军，黄巾军投降。

建安十二年（207 年）十月，黄巾军杀济南王赟。小股黄巾军虽不是浩浩荡荡，但也搅得统治者坐卧不安。整个黄巾军起义，历时之长，断断续续，二十多年，蔓延之广，中原自不必说，延及吴蜀。东汉政权终被推翻。

联军伐董卓

东汉后期，朝廷镇压了黄巾大起义（184 年）之后，为加强对地方的控制，防止农民起义的再度发生，接受了太常刘焉的建议，于中平五年（188年）将州刺史改为州牧。州牧官阶在郡守之上，拥有政权、财权和军权。由此，地方政府就为州、郡、县三级。然而，州牧的设置不仅未如朝廷所愿，提高中央对地方的控制权，相反使得地方武装不断发展，豪强势力迅速扩大。他们依仗自己的武装力量拥兵自重，割据称雄，给中央政权以直接的威胁，为东汉末年地主豪强的连年混战埋下了隐患。

董卓入洛阳，废帝更立，自封相国，独揽大权激起诸豪列强的嫉恨。他们认为中央无力，汉室已空，董卓凶残不得人心，窃取皇权，称雄天下的时机已到，于是借讨伐董卓纷纷起兵。初平元年（190 年），关东各豪强地主集团汇集了十二支军队（史称“关东军”），推举袁绍为盟主，分路逼攻洛阳。河北军有屯兵酸枣（今河南延泽北）的衮州刺史刘岱，陈留太守张邈，广陵太守张超，东郡太守桥瑁，山阳太守袁遗；还有驻军河内的勃海太守袁绍，河内太守王匡。冀州牧韩馥在邺城（今河南安阳北）供给军资。河南军有屯兵颍川的豫州刺史孔伷和驻军南阳的后将军袁术。除此之外，奋武将军曹操与骑都尉鲍信也带募兵到酸枣会聚。

然而关东军虽声势浩大，却名为国除患，重振汉室，实则拥兵自重，借机发展个人势力。他们为保存实力，日置酒高会，歌舞于前，按兵不动，都不想先与董军刀剑相刃。各军之间相互观望，不去前战。曹操对此非常气愤，呼吁关东军将帅齐心协力，团结奋战以讨国贼。但诸军将领各怀心机，对曹操所言根本不予理睬。曹操愤然率军单独行动，曹军从酸枣出发向西进军。董卓派大将徐荣率兵迎击，双方大战于荥阳（今河南荥阳东北）。曹军因多为新兵，缺乏训练，数量又少，敌不过训练有素、勇猛善战的凉州兵，大败而归。曹操本人被流矢射中，险些丧命。曹操败北回师，再次建议合力共击董卓，仍未奏效。初平二年（191 年）长沙太守孙坚进军洛阳，董卓亲自率兵迎战，被孙坚击败而退出洛阳西入长安。

董卓西迁，中原无主，各路豪强都欲称雄。当时豪强中势力最大的袁绍、袁术兄弟二人都想借机称帝，遭到列强一致反对。关东联军就此解体，诸豪强公开地进行割据和兼并混战。当时割据的势力范围为：袁术占南阳（今淮河下游），刘表占荆州（今湖北、湖南），公孙度占辽东（今辽宁一带），袁绍占冀州（今河北东南部），公孙瓒占幽州（今河北北部），刘焉占益州（今四川、贵州和云南北部），曹操占衮州（今山东东南部、河南东部）。关东军借讨董卓觊觎皇权，继而转成疯狂兼并的一场混战。刘岱杀了桥瑁，以王肱任东郡太守。袁绍胁迫韩馥夺取冀州后，又扩展势力先后占据了青州（山东东北部）、并州（山西）和幽州。袁术兼并扬州后，自称皇帝，建都寿春（今长江中下游以北）。

由关东军讨伐董卓转为大规模的豪强混战，使关中及中原一带连年战乱，海内涂炭，民不聊生，到处是“白骨露于野，千里无鸡鸣”的惨状。黑暗的东汉后期进入社会空前大混乱的纷争时期。

道教的兴起

从战国始，黄老之学便开始盛行起来，并逐渐分衍为几个流派。当时，申不害论学本于黄老而专主刑名，韩非也喜谈刑名法术之学，而归本于黄老。齐国邹衍则将黄老与阴阳五行结合起来，使阴阳五行成为道家的一个分支。在齐楚，神仙方技家则将黄老与养生之术结合起来，以致古代的医学、房中、神仙等祛病延年著作，多托于黄帝名下，这些在后来成了道教成立的重要渊源。

汉初，黄老之学成为占统治地位的政治思想，影响颇大。以上几股思潮也都相应地得到了发展。汉中期，武帝重用董仲舒提倡儒学，但仍充分利用了社会上流行的谶纬之学。汉武帝自己也非常相信神仙方术，当时有个名叫李少君的人，以祠灶、谷道、却老方见武帝，称炼丹的一系列程序是黄帝得以成仙的途径，武帝马上让人按此去办。如此上行下效，使整个社会对道术的信仰翕然成风。至汉成帝（前 32—前 7 年）时，齐人甘忠可诈造《天官历包元太平经》十二卷，把君权神授的传统观念，与真人奉天帝之命传达“天意”给经书创造者的观念结合起来，即把天帝、真人、方士的构成体系融于经书之中，并让天帝之道教人的使者直接干预社会政治生活，企图借神仙之力替天传道。

到了东汉，黄老的地位越来越高，而奉黄老养性以求长生的风气遍及朝野。光武帝勤政不怠，太子刘庄劝他：“陛下你虽然有禹、汤的英明，但缺乏黄、老的修身养性之福。希望您爱好精神，优游自宁。”楚王英到了晚年也更喜黄老，并把黄老与浮屠置于一起祭祀。建初七年（82 年），汉章帝刘炟曾赐秘书、列仙图、道术秘方予王苍，这表明在当时已出现了绘图成册的道术宣传品。

与此同时，民间也开始流传后来作为道教早期经典的《太平经》一书，顺帝在位时（125—144 年），由琅邪人宫崇把它献给皇帝。它开初只是一个提纲式的文本，经过一些好道者的不断增饰，最后由于吉、宫崇等的编纂，逐步发展成一部内容庞杂、行文有差、卷帙浩繁的著作。该书继承《老子》关于“道生一，一生二，二生三、三生万物”的思想，阐述了其宇宙万物的生成理论。又针对汉代政治动乱、天下不平的现实，提出了一整套解决社会危机的“太平世道”理想。并且着重阐述了长生久寿的理论及具体实施的各种方术。又以天人感应等现象来解释所谓“天人一体”的思想，将神、仙、人置于一等级分明的世界体系之中。因而，其中既继承了道教哲学、阴阳五行学说、原始宗教、巫术及儒家伦理思想，也吸收了当时天文学、医药学、养生学等自然科学成果，以致奠定了以后道教发展的理论基础。以后，在《太平经》的感召下，形成了道教中的一支，即太平道。

差不多同时，即顺帝年间，沛国丰县人张陵到蜀郡鹄鸣山学道，造道书，创五斗米道。这种道得具有主神崇拜特征的多神教，神谱中有大量天君神官，皆各有所治、各有所主，而又以“泰清玄元”“太上老君”等为主神。这一派也以长生成仙为最高目标，其途径则是由神仙除去死籍，消灭三尸，不让魂魄远离人身，或节禁魂魄不弃人身。又常用禁咒符水和传统的中医方法来治病救人。其中，也有一些试图通过服仙药以求长生的迹象，诸如行气、导引、房中术等道术也得到阐述。为扩大这一教派的影响，张陵创立了 24 个教区，称 24 治，各治由祭酒主持，奉道者都编户入册，并要求教徒在一定的时间汇集到治所，核实户籍，检查教徒们是否有违反禁忌、戒律的行为。会后教徒回家，还须向家人传达“科禁威仪”，共同遵守。

在东汉桓帝年间（147—167 年前后），上虞（属浙江）人魏伯阳，写成《参同契》一书。将以前的炼丹、内养，结合撰者自身体验，予以理论概括。用大易阴阳交合之道，黄老自然养性之道，炉火铅汞炼丹之道，合而为一，即所谓“三道由一”，说明人欲长寿成仙，或服食铅汞所炼“还丹”，或炼养自身阴阳，使得成道。由此而在当时流行众多的神仙术中，单独肯定了炼服还丹及炼养神气两种方术，并以周易的卦爻，对其做了神秘主义的解释，从而使道教走向较为单一定型的道路。

在当时尚黄老、修仙道的社会思潮影响下，东汉末年还出现了主要以修道长生的观点解说《老子》的著作，即《老子河上公注》。在它的解说中，利用了当时哲学、养生学和医学的成就，虽包含有一定成分的统治术，但重点却在长生术。它不同于西汉那种寻找神仙，求不死之药的方士，而是主张怀道抱一，导引行气，在自身修炼上下功夫。这种观念有类似于《参同契》

之处，使道教的方向进一步明确化。它以此而成了早期道教的经典之作。

张陵死后，其子张衡继承父业，宣传五斗米道。但张衡事迹不显，到光和年间（178—184 年），在巴、汉一带活动的张修，却如异军突起，在当地形成一股较大的势力。他的道法是让病人写下自己的名字，说服罪之意，作三通：其中的一张上之于天，置山上；一张埋在地下；一张沉入水中，并让求病者为此出五斗米。张衡死后，其子张鲁又继之，东汉末年，张鲁任益州牧刘焉的督义司马，借助他的势力据守汉中，自号“师君”，用道教管教属民。初入教者称为“鬼卒”，后可升任“祭酒”，各统领部众，利用《老子》五千文教化民众。他采用与张修相同的“三官手书”的道法，又在路旁设置义舍，放置米肉，称“义米肉”，行人据饭量取用，说取过量者会受到鬼的祟害而得病。犯法者先原谅三次，最后才用刑。张鲁以这种方式治汉中，老百姓都乐于服从，以此而雄据巴蜀 30 年。

张鲁还继承了张修宣讲《老子》的做法，撰《老子想尔注》一书。书中将“道”视作是专一、真诚、清静、自然、好生、乐善的，只要人们守道诚，就可以长生不老，去祸得福。注中由此强调仙士和道士与俗人的区别，以为道人“但归志于道，惟愿长生”，仙士“信道守诚”，“不知俗事”。又一再强调仙寿可致，以为善保精气即其途径之一，以此又提出“自守”，即无思、无欲、无名、无为。进而主张帝王也应行道，只有这样，才能达到“道普德溢，太平至矣”。从而将道教扩大为一种政治思想。

灵帝建宁年间（168—172 年），冀州巨鹿（属河北）人张角利用民间对政府的普遍不满，借助以上已流行的道家思想组织太平道，发展势力。当时，青、徐、幽、冀、荆、扬、兖、豫八州的民众闻风响应。约在光和二至四年（179—181 年）间，张角按照军事编制，将道徒分为 36 方，发动了声势浩大的黄巾起义。道教由此而得到更广泛、深入的传播。

佛教的东传

佛教发源于古印度，由迦毗罗卫国的王子悉达多·乔达摩（释迦牟尼）创立后，开始向印度各地和一些亚洲地区传播。汉武帝时，西域的交通得以开辟，西域诸国与汉内地的政治、经济、文化往来日渐频繁，这为佛教的传入提供了条件。

西汉元寿元年（前 2 年），博士弟子景庐接受大月氏国使者尹存口授《浮屠经》，这是佛教传入的最早记载。东汉初年，在统治者上层人士中已出现佛教信奉者。楚王刘英年轻时好游侠，结交宾客，晚年则倾心于黄老与佛教，为王斋戒祭祀。东汉永平八年（65 年），刘英派郎中令奉黄缣白纨三十匹送到国相处，说："我托在蕃辅，过错与罪恶积得很多，感激皇上的大恩，奉送这些缣帛，以便可赎曾有之罪。"明帝知后，下诏令说："楚王诵黄老之微言，尚浮屠之仁词，洁身斋戒三月，与神为誓。有什么可以嫌疑，而有悔过的？还予赎罪之物，以助那些伊蒲塞（即居士）、桑门（沙门）吧！"当时人们是将佛教看作是各种神仙方术的一种，将佛陀依附于黄老进行祭祀的，以求福祥，楚王所聚汇的大批方士中，有的便是信奉佛教的沙门和居士。与此同时，汉明帝也派使者去过西域寻求佛经，并抄回了佛经《四十二章经》，存放在皇室图书档案馆兰台石屋中。此后，外来的僧者也日益增多，佛教流播更广。并在洛阳城西雍门外建起了佛寺，绘千乘万骑壁画绕塔三匝，并于南宫清凉台及开阳城门上绘制佛像。

建和元年（147 年），大月氏僧支谶来到洛阳，建和二年（148 年），原安息国太子安世高，游历传教也至洛阳，两人在那里开始了大规模的译经生涯。先是由安世高译出《安般守意经》《阴持入经》《阿毗昙五法经》等佛经三十四部四十卷，接着由支谶译出《道行品经》、《首楞严经》、《般舟三昧经》等佛经十五部三十卷。安息居士安玄也差不多同时在洛阳经商，他通汉语，常给沙门讲论佛法，并与汉族沙门严佛调一起翻译了《法镜经》。严佛调是汉地第一个出家者，他除与安玄合译佛经外，还著有《沙弥十慧章句》，是第一部汉僧佛教著作。这些活动，大大推动了佛教在内地的深入。受此影响，桓帝本人也尚于佛教，延熹九年（166 年），桓帝在洛阳濯龙宫"设华盖以浮图（浮屠）老子"，将佛老置于一块加以祭祀，以求得延年益寿与长治久安。

中平五年（188 年），青、徐二州爆发黄巾起义，被镇压下去后，朝廷任命陶谦为徐州刺史。此后一短时期内，境内较为安定，北方洛阳、关中一带的流民纷纷逃到此地。丹阳人笮融是马谦同乡，也聚众百人投奔陶谦。陶谦任命他督管广陵（今扬州）、下邳（今江苏宿迁西北）、彭城（今徐州）三郡的粮运。笮融信佛，于是利用职权把三郡的钱粮用来大建佛寺。佛寺十分宏伟豪华，以铜为像，黄金涂身，披上锦采裳，垂铜盘九重，下为重楼阁道，可容纳三千多人，让人在此课读佛经。这是中国正史上首次明确记载兴建佛寺佛像的事。笮融而且下令凡愿信奉佛教的人，都可以免除徭役，以此来吸收百姓。这样招至的民户达到五千多。他还举行盛大的浴佛法会，在八十里的范围内铺席设酒饭招待前来参加法会的人，据说："民人来观及就食者万人，费以巨亿计。”

东汉末年，译经活动也很盛行，佛经中的一些内容开始成为人们著述、说理、言谈中的材料。另外，在桓帝、灵帝时来汉地的译经僧，也在译经的同时配合讲解，如安世高在洛阳“宣敷三宝，光于京师”；“于是俊又归宗，释华崇实者，若禽兽之从麟凤，鳞介之赴蔡矣”。为了传教方便，还从大量佛经中摘出要点，做成“经抄”本。还有的外国沙门按佛经大意撰成“义指”，以此而广视听。这种不同形式的传教方法，最终则使西来的佛教在中国扎下了根，并经由魏晋时期的进一步推波助澜，遂成为影响中国文化的三教之一。

刘邦斩蛇起义

汉高祖刘邦做沛县亭长的时候，为县里押送一批农民去骊山修陵。途中大部分人都逃走了。刘邦自己度量，即使到了骊山也会被按罪被杀。于是走到丰西泽就停下来，饮酒大醉，夜里干脆就把剩下的所有农民都放了。并且对他们说：“你们都走吧，我从此也要逃跑了。”传说这些农民中愿意跟随刘邦的有十多个。刘邦带醉行走在丰西泽中，让一个农民在前面探路。这个人回来说：“前面有一条大蛇挡路，我们还是回去吧。”刘邦趁着酒劲说：“大丈夫独步天下有什么害怕的！”于是走到前面拔剑将蛇斩断。蛇从正中间被分为两段。走了几里地，刘邦醉得倒下睡着了。刘邦队伍中走在后面的人来到斩蛇的地方。看见一个老太太在路边连夜放声啼哭。问她为什么这样伤心，老人说：“我儿子被人杀了，所以痛哭。”问她儿子为什么被杀，说：“我儿子是白帝子，变成蛇横在路上，现在被赤帝子杀了，所以我很伤心。”人们以为她胡说八道、散布谣言，想打她，这个老太太突然不见了。后面的人赶到前面，刘邦才醒过来，人们报告了他这一情况。刘邦心里觉得很高兴，心生自豪，跟随他的人越来越敬畏他。秦始皇曾经说：“东南方向有天子气。”于是亲自东游来验证，刘邦怀疑秦始皇说的就是自己，就躲了起来，藏到荒凉的芒砀山的深山老林中。

汉高祖入关图

吕雉和其他人都寻找他，每次都能在人迹罕至之处找到。刘邦觉得奇怪，就问是怎么回事。吕雉说："你在的地方头上总有云气凝结，所以我们根据这一现象总能找到你。"刘邦听了很高兴，沛县中的人知道后，许多人都来归附刘邦。

刘邦在芒砀山斩蛇起义成功的故事充分说明了水能载舟、亦能覆舟的治国道理。高傲的秦始皇自信的认为有了强大的军队、占尽地利的关中之地，再加上采用"焚书坑儒"这样的政令控制住国家的精神文明传播，就可以自由自在的"执敲扑而鞭笞天下"了。然而给人当长工的陈胜吴广、只会写名字的项羽和大字不识一个的刘邦在轰轰烈烈的反秦斗争中不到三年就推翻了这个空前强盛、烜赫一时的秦帝国。

刘邦的成功不仅着实为当时天下受苦受难的老百姓出了一口恶气，而且推翻了"君权神授"的封建统治思想，使人民开始觉得"皇帝轮流坐，明年到我家"的革命信条并不是不现实的。当然这也给后世的几任汉朝皇帝巩固自己真龙天子的权威制造了不小的麻烦，直到汉武帝"罢黜百家，独尊儒术"，把儒家忠孝仁义的思想确定为国家的教育准则后，汉朝的社会思想才逐步趋于稳定。这也为儒家思想在中国几千年封建社会中地位的确立产生了深远影响。

项羽分封十八王

1. 汉王刘邦，统治巴、蜀、汉中之地，建都南郑；刘邦（前256年—前195年），字季（一说原名季），沛郡丰邑中阳里（今江苏丰县）人，汉族。秦朝时曾担任泗水亭长，起兵于沛（今江苏沛县）。后成为汉朝（西汉）开国皇帝，庙号为太祖（但自司马迁时就称其为高祖，后世多习用之），谥号为高皇帝（谥法无"高"，以为功最高而为汉之太祖，故特起名焉）所以史称太祖高皇帝、汉高祖或汉高帝。出身平民阶级。成为皇帝之前又称沛公、汉中王。他对汉民族的统一、中国的统一强大，汉文化的保护发扬有决定性的贡献。

2. 雍王章邯，统治咸阳以西的地区，建都废丘；章邯（？—公元前205年），字少荣，章愍长子，秦末著名军事家，上将军。秦二世时任少府，为秦朝的军事支柱，秦王朝最后一员大将。秦二世元年（前209）九月，受命率骊山（今陕西临潼东南）刑徒及奴产子（奴婢的子女，身份仍为奴）迎击陈胜起义军周文部，屡战屡胜，使秦廷得以苟延残喘。又陆续攻灭义军田臧等部于荥阳（今河南荥阳东北），直逼陈（今淮阳），迫陈胜遁走。后攻杀反秦武装首领魏咎、田儋、项梁，移师渡河（黄河）攻赵。巨鹿之战中被项羽击败，漳污之战中再次被项羽击败而投降，随项羽入关，封雍王。楚汉战争中，章邯在汉王元年（前 206）八月，与刘邦军屡战不利，退保废丘（今陕西兴平东南）。二年六月，城破自杀。

3. 塞王司马欣，统治咸阳以东到黄河的地区，建都栎阳；司马欣（？—前 204 年），秦朝长史，陈胜起兵后辅佐章邯作战，而后投降楚军，被项羽封为塞王，都栎阳，后来在成皋被汉军击败，与曹咎一同自刭于汜水上。

4. 翟王董翳，统治上郡，建都高奴；董翳（？—前 204 年），秦朝都尉，春秋晋国太史董狐后裔。陈胜起兵后辅佐章邯作战，而后投降楚军，获项羽封为翟王，都高奴（今陕西延安北），后来在成皋被汉军击败，死于汜水之畔。

5. 西魏王魏豹，统治河东，建都平阳；魏豹（？—前 204），秦末人。原战国时魏国贵族。陈胜起义时立其兄咎为魏王。秦将章邯攻魏，咎被迫自杀。他逃亡至楚，向楚怀王借兵数千人，攻下魏地二十余城，自立为魏王。项羽大封诸侯，改封西魏王。继投刘邦，又叛归项羽。后韩信破魏，被虏至荥阳，为汉将周苛所杀。

6. 河南王申阳，统治河南，建都洛阳；申阳是楚汉时期瑕丘人，本来是赵国张耳的宠臣也。项羽率领联军进攻秦朝的时候，首先攻下河南地区（洛阳一带），在黄河迎接项羽南下。项羽入关分封诸侯时，立申阳为河南王，把洛阳作为他的首都。后来，刘邦与项羽开战之后，投降刘邦。

7. 韩王韩成，统治韩地，建都阳翟；

8. 殷王司马昂，统治河内，建都朝歌；

9. 代王赵歇，统治代地；

10. 常山王张耳，统治赵地，建都襄国；

11. 九江王英布，统治淮南，建都六县；

12. 衡山王吴芮，统治长沙，建都郴县；

13. 临江王共敖，统治南郡，建都江陵；

14. 辽东王韩广，统治辽东；

15. 燕王藏荼，统治燕地，建都蓟县；

16. 胶东王田市，统治胶东；

17. 齐王田都，统治齐地，建都临淄；

18. 济北王田安，统治济北，建都博阳。

夜郎自大

汉朝的时候，在西南方有个名叫夜郎的小国家，它虽然是一个独立的国家，可是国土面积很小，百姓也少，物产更是少得可怜。但是由于邻近地区以夜郎这个国家为最大，从没离开过国家的夜郎国国王就以为自己统治的国家是全天下最大的国家。有一天，夜郎国国王与部下巡视国境的时候，他指着前方问："这里哪个国家最大呀？"部下们为了迎合国王的心意，于是就说："当然是夜郎国最大啰！"走着走着，国王又抬起头来、望着前方的高山问："天底下还有比这座山更高的山吗？"部下们回答说："天底下没有比这座山更高的山了。"后来，他们来到河边，国王又问："我认为这可是世界上最长的河川了。"部下们仍然异口同声回答说："大王说得一点都没错。"从此以后，无知的国王就更相信夜郎是天底下最大的国家。有一次，汉朝派使者来到夜郎，途中先经过夜郎的邻国滇国，滇王问使者："汉朝和我的国家比起来哪个大？"使者一听吓了一跳，他没想到这个小国家，竟然无知的自以为能与汉朝相比。却没想到后来使者到了夜郎国，骄傲又无知的国王因为不知道自己统治的国家只和汉朝的一个县差不多大，竟然不知天高地厚也问使者："汉朝和我的国家哪个大？"

五　德

五德，指五行的属性，即土德、木德、金德、水德、火德。五德之说，源于五行理论，五德相克，改朝换代。后世历代帝王革命，皆沿用五德之说。用这个学说来为历史变迁、皇朝兴衰作解释。后来，皇朝的最高统治者常常自称"奉天承运皇帝"，当中所谓"承运"就是意味着五德终始说的"德"运。

周亚夫

周亚夫（前 199—前 143 年），西汉时期的著名将军，汉族，沛郡（今江苏丰县）人。他是名将绛侯周勃的次子，在历史上也是非常有名的军事家，在七国之乱中，他统帅汉军，三个月平定了叛军。后死于狱中。

汉文帝六年（前 158 年），匈奴大举入侵边关，文帝命宗正刘礼为将军，屯军霸上；祝兹侯徐厉为将军，驻军棘门；河内郡守周亚夫为将军，驻守细柳（今陕西咸阳西南）。三军警备，以防匈奴入侵。

文帝亲自去慰劳军队，到了霸上和棘门，军营都可直接驱车而入，将军和他下面的官兵骑马迎进送出。接著去细柳军营，营中将士各个披坚持锐，刀出鞘，弓上弦，拉满弓，持战备状态。文帝的先导驱车门下，不得人。先导说："天子就要到了！"守卫军门的都尉说："将军有令：军中只听将军命令，不听天子的诏令。"等了不一会儿，文帝到了，又不得入营。于是文帝派使者手持符节诏告将军："我要入军营慰劳军队。"周亚夫才传令打开营门。营门的守卫士兵对皇帝随从人员交代说："将军规定：军营中不准车马奔驰。"于是文帝的车便控著缰绳，慢慢走。到了营中，将军周亚夫手持兵器向文帝拱手说："身著铠甲的将士不行拜跪礼，请允许我以军礼参见。"天子深受感动，改换了姿态，靠在车前横木上向军队敬礼。派人称谢说："皇帝郑重的慰劳将军。"劳军仪式结束后，出了营门，群臣都非常惊讶。文帝称赞道："这才是真正的将军呢！以前过的霸上和棘门的军队，好像小孩子做游戏。那里的将军遭袭击就可成为俘虏。至于周亚夫，敌人能有时机冒犯他吗?"文帝对亚夫赞美了很久。一个多月以后，三支部队撤兵，文帝便任命周亚夫做中尉，负责京城的治安。

周亚夫的治军给文帝留下了深刻的印象，文帝临死时告诫太子刘启（后来的景帝）说："国家若有急难，周亚夫真正可以担当带兵的重任。"文帝逝世后，景常即位，任用周亚夫做车骑将军。

景帝三年（前 154 年），吴楚等七国叛乱。周亚夫以中尉代行太尉的职务，领兵向东进击吴、楚。周亚夫对景帝说："吴楚勇猛，行动迅捷，我们很难同他们在面对面的作战中取胜。我想让梁国拖住吴兵，再率兵断绝他们的粮道，这样就可以制服吴楚了。"景帝同意了这个战略建议。

太尉周亚夫调集军队在荥阳会合，这时吴国军队攻打梁国，梁国告急，请求援助。周亚夫却领兵向东北急行至昌邑，深沟高垒进行防御。梁国每日都派使者请求援助，周亚夫却坚守营垒不去救助。梁国向景帝上书，景帝派使臣命令太尉救援梁国。周亚夫却不执行，坚壁不出，而派弓高侯韩颓当等人率领轻骑兵断绝吴、楚后方的粮道。吴兵乏粮，饥饿难当，多次挑战，周亚夫终不出击。夜晚，周亚夫军中突然惊乱，互相攻扰，甚至闹到了太尉周亚夫的营帐之下，周亚夫始终高卧不起，过了一会儿，就恢复安定了。后来吴军扬言要奔袭周亚夫军营的东南，而周亚夫却派人戒备西北。不久吴兵果然以其精锐攻打亚夫营西北，不能打下。吴兵受饥忍饿，战斗力极弱，便引军撤退。周亚夫于是派精兵追击，大破吴军。吴王刘濞丢掉他的大部队和几千名精兵逃跑了，躲在江南的丹徒县（今江苏镇江市东南）。汉兵乘胜追击，俘虏了他们，吴军全部投降。悬赏黄金千两捉拿吴王。一个多月以后，东越人斩下了吴王的头前来报功请赏。这次平定吴、楚之乱，历时三个月，可谓神速。这时将帅们才领略到了太尉周亚夫的计划谋略得当。由于这次平乱，梁孝王刘武因亚夫不救梁，与太尉周亚夫有了矛盾。

周亚夫率军得胜归来，被正式任命为太尉。五年之后，升任丞相，深得汉景帝的器重。

景帝七年（前150年），景帝要废掉栗太子刘荣，丞相周亚夫坚决反对，却没有达到劝阻的目，常和太后说周亚夫的不是。亚夫在朝中处在了孤立的地位。一次窦太后对景帝说："皇后（景帝之妻王夫人）的哥哥王信可以封侯。景帝表示："太后的侄儿南皮侯窦彭祖，太后弟弟章武侯窦广国，先帝（指文帝）都没封他们做侯，到我即位才封他们做侯，王信看来还不能封呢。"窦太后说："人主各以时行法，不必墨守祖法。我兄窦长君在世之时，不得封侯，死后他的儿子窦彭祖反而得到了封爵，我对这事非常悔恨。你赶快封王信爵位吧！"景帝表示要与丞相商议。周亚夫得知此事后说："高祖规定：不是刘姓不能封王，没有立功的人不能封侯。不遵守这条规定的，天下的人可以共同攻击他。王信虽为皇后之兄，却没有战功，现在封他为侯，是背信弃约的事。"景帝沉默不语，放弃了为王信封侯。

后来匈奴王徐卢等五人降汉，景帝想要赐封他们，用来鼓励后面的匈奴人来降汉。丞相亚夫说："他们背叛了他们的君王而来投降汉王，汉王却封他们以侯爵，那么今后用什么责备不忠实的臣子呢？"景帝说："丞相议不可用。"，于是封唯徐卢等人为侯。这一切引起了景帝的不悦，周亚夫因而称病谢罪。景帝三年（前141年）以病免掉丞相职务。

不久景帝在宫中召见周亚夫，赏赐食物与他。可亚夫的席上只有一块大肉，没有切好的碎肉，而且没有放筷子。周亚夫很不高兴，转头叫管酒席的官员取筷子。景帝于是笑著讥刺周亚夫说："这难道还不够您满意吗？"亚夫觉出这顿饭不对头，于是免冠告罪请退，便快步走出去了。景帝目送著他离去，说："瞧这个愤愤不平的人，将来能事奉少主吗？"

周亚夫的儿子给父亲买了五百件皇家殉葬用的铠甲、盾牌，因没有给搬运的人付钱，引起怨恨，于是上书告发亚夫的儿子。这事牵连到周亚夫。有关部门把罪行书之于册，一条条按问，周亚夫拒不答话。景帝听了骂道："我不任用他了。”下诏令把条侯交给廷尉治罪。廷尉责问亚夫为何造反，周亚夫说：“我所买的兵器都是殉葬品，怎么可以说是造反呢？”审问的官吏说：“你即使不在地上造反，也要到地下造反哩！”当初官吏逮捕条侯时，亚夫本想自杀，后因夫人劝阻，因此没死，进了廷尉的监狱后，他因而绝食五天，吐血而死，他的封国被撤除。

周亚夫死后，景帝便封王信做了盖侯。

罢黜百家独尊儒术

秦汉，是中国第一次大一统时期，用什么指导思想来统治庞大的帝国，从秦始皇到汉初的统治者都做了积极的探索。

秦始皇“奉法家之言”，结果二世而亡。汉惠帝四年废除《挟书律》，使遭秦始皇焚书坑儒政策摧残的儒家思想逐渐抬头，也进一步促使诸子学说复苏，其中儒、道两家影响较大。但由于社会经济遭到严重破坏，统治阶级所面临的主要任务是恢复生产，稳定封建统治秩序。因此，清静无为的黄老学说成为这一时期的统治思想。在这一思想的影响下，汉初的统治者们在政治上主张无为而治，经济上实行轻徭薄赋，并起到了一定的作用。

公元前141年，汉武帝即皇帝位，次年改元建元。这时社会经济已得到很大的恢复和发展。武帝依靠文、景两代积累的财富，大事兴作。与此同时，随着地主阶级及其国家力量的强大，对农民的压迫和剥削也逐渐加重，农民和地主阶级之间的矛盾逐渐加剧。因此，从政治上和经济上进一步强化专制主义中央集权制度已成为封建统治者的迫切需要。儒家的春秋大一统思想、仁义思想和君臣伦理观念符合统治者的需要，在这种情况下，主张清静无为的黄老思想已不能满足上述政治需要，更与汉武帝的好大喜功相抵触。

比如说，在无为而治思想统治之下，农业生产虽有一定程度的发展，但因政府对农民控制得较松，许多农民为逃避赋税而脱离户籍，成为“亡人”。政府对部分农民失去控制，这当然不利于中央集权的加强。怎样从思想上把农民控制住，使他们成为国家的顺民呢？

又如，在统治阶级内部，虽然代表地方割据势力的异姓王早已被消灭，同姓诸侯王的势力也已从根本上削弱，但仍有一些皇室贵族、官僚和豪强地主、大商人势力膨胀，这显然是对中央集权的潜在威胁。用什么思想可以规范他们的理念和行为，从而理顺君臣、上下、尊卑的关系呢？再如，在西汉王朝妥协退让政策下，匈奴势力一天天扩大，肆意寇边抢掠，直接关系西汉政权的生死存亡。用什么思想可以让天下臣民能够忠君爱国、同仇敌忾地与入侵者殊死搏杀呢？面对以上种种挑战与问题，汉武帝认为，时代需要一整套的上层建筑，也需要有一套广泛的哲学体系，而儒家思想正是解决这些问题的有力武器。汉武帝建元六年（前135年）发生了一件极其重大的事件，就是黄老派的政治代表人物窦太后逝世，政治形势在瞬间发生逆转，窦太后给汉武帝配备的权力班子被根本改组，议立明堂时被免职的窦婴、田蚡等重新掌权，汉武帝从此才真正大权在握，也才有机会施展自己的抱负。于是历来向儒尊儒的田蚡才敢，也才能提出绌抑黄老、刑名百家之言，并延文学儒者上百人。过去卫绾没敢挑破的主题，现在由田蚡率先挑破了。这是一个标志，标志着转变国家指导思想的斗争已经从政治上取得了完全的胜利。但这一切都是政治上的胜利，并不等于理论上的完成。要巩固政治上的胜利，必须要有足够的理论条件的支持。儒学理论虽然是当时国家所需要的理论，但要把它作为国家的指导思想必须有正当的理由，这就要做出充分的理论论证，而这个工作可不是政治家用权力能够轻易做到的，必须要由思想家来担当。历史在呼唤这样的思想大家。

公元前134年，年轻的汉武帝真正掌握了国家的政权，尽管他聪慧通透、涉猎广泛，但是对于统治臣民却毫无经验，更不知道如何治理天下。于是，一心想有所作为的汉武帝，就再次诏令郡国举孝廉、策贤良，让贤良方正文学之士到长安，亲自策问治国之道，以备朝廷咨询任用。一时间，一百多个读书人聚集到京都长安，都想通过金殿对策，取得皇帝的赏识，得个一官半职。在这一次对策中，一个名叫董仲舒的博学之士，走进了汉武帝的视线，并脱颖而出。董仲舒是公羊派《春秋》学的博士，他自幼学习十分刻苦专心，因发愤钻研儒家经典，三年中连自己家的园圃都没有去过一次，史称“三年不窥园”。他甚至连自己经常骑的马，都没有去分辨雌雄，可见董仲舒为经传所吸引，简直到了如痴若愚的程度。由于他不仅对《春秋》很有研究，而且相当深入地掌握了儒学思想的精髓，所以当时人称他为“汉代孔子”。

当汉武帝看到董仲舒的策文时，被那精辟而又光彩的议论所深深吸引，叹为奇文。随即武帝又接连两次召董仲舒上殿策问。董仲舒也对这位年轻皇帝能提出那么多深刻的社会问题而大为惊讶。好在他多年讲学研究，心中早已形成了一整套儒家治国的理论。于是，董仲舒一一回答了汉武帝提出的问题。由于三次策问基本内容都是关于天人关系问题，所以，后人称之为“天人三策”。

萧规曹随

刚即位的汉惠帝看到曹丞相一天到晚都请人喝酒聊天，好像根本就不用心为他治理国家似的。惠帝感到很纳闷，又想不出个所以然来，只以为是曹相国嫌他太年轻了，看不起他，所以就不愿意尽心尽力来辅佐他。惠帝左想右想总感到心里没底，有些着急。

有一天，惠帝就对在朝廷担任中大夫的曹窋（曹参的儿子）说："你休假回家时，碰到机会就顺便试着问问你父亲，你就说：'高祖刚死不久，现在的皇上又年轻，还没有治理朝政的经验，正要丞相多加辅佐，共同来把国事处理好。可是现在您身为丞相，却整天与人喝酒闲聊，一不向皇上请示报告政务；二不过问朝廷大事，要是这样长此下去，您怎么能治理好国家和安抚百姓呢?'你问完后，看你父亲怎么回答，回来后你告诉我一声。不过你千万别说是我让你去问他的。"曹窋接受了皇帝的旨意，休假日回家，找了个机会，一边侍候他父亲，一边按照汉惠帝的旨意跟他父亲闲谈，并规劝了曹参一番。曹参听了他儿子的话后，大发脾气，大骂曹窋说："你小子懂什么朝政，这些事是该你说的呢？还是该你管的呢？你还不赶快给我回宫去侍候皇上。"一边骂一边拿起板子把儿子狠狠地打了一顿。

曹窋遭了父亲的打骂后，垂头丧气的回到宫中，并向汉惠帝大诉委曲。惠帝听了后就更加感到莫明其妙了，不知道曹参为什么会发那么大的火。

第二天下了朝，汉惠帝把曹参留下，责备他说："你为什么要责打曹窋呢？他说的那些话是我的意思，也是我让他去规劝你的。"曹参听了惠帝的话后，立即摘帽，跪在地下不断叩头谢罪。汉惠帝叫他起来后，又说："你有什么想法，请照直说吧！"曹参想了一下就大胆地回答惠帝说："请陛下好好地想想，您跟先帝相比，谁更贤明英武呢?"惠帝立即说："我怎么敢和先帝相提并论呢?"曹参又问："陛下看我的德才跟萧何相国相比，谁强呢?"汉惠帝笑着说："我看你好像是不如萧相国。"

曹参接过惠帝的话说："陛下说得非常正确。既然您的贤能不如先帝，我的德才又比不上萧相国，那么先帝与萧相国在统一天下以后，陆续制定了许多明确而又完备的法令，在执行中又都是卓有成效的，难道我们还能制定出超过他们的法令规章来吗?"接着他又诚恳地对惠帝说："现在陛下是继承守业，而不是在创业，因此，我们这些做大臣的，就更应该遵照先帝遗愿，谨慎从事，恪守职责。对已经制定并执行过的法令规章，就更不应该乱加改动，而只能是遵照执行。我现在这样照章办事不是很好吗?”汉惠帝听了曹参的解释后说:“我明白了，你不必再说了!”

曹参在朝廷任丞相三年，极力主张清静无为不扰民，遵照萧何制定好的法规治理国家，使西汉政治稳定、经济发展、人民生活日渐提高。他死后，百姓们编了一首歌谣称颂他说:“萧何定法律，明白又整齐；曹参接任后，遵守不偏离。施政贵清静，百姓心欢喜。”史称“萧规曹随”。

《大风歌》

刘邦在战胜项羽后，成了汉朝的开国皇帝。这当然使他兴奋、欢乐、踌躇满志，但在内心深处却隐藏着深刻的恐惧和悲哀。《大风歌》就生动地表现出他的矛盾的心情。

他得以战胜项羽，是依靠许多支部队的协同作战。这些部队，有的是他的盟军，本无统属关系；有的虽然原是他的部属，但由于在战争中实力迅速增强，已成尾大不掉之势。项羽失败后，如果这些部队联合起来反对他，他是无法应付的。因此，在登上帝位的同时，他不得不把几支主要部队的首领封为王，让他们各自统治一片相当大的地区；然后再以各个击破的策略把他们陆续消灭。在这个过程中，不免遇到顽强的抵抗。公元前196年，淮南王英布起兵反汉；由于他英勇善战，军势甚盛，刘邦不得不亲自出征。他很快击败了英布，最后由其部将把英布杀死。在得胜还军途中，刘邦顺路回了一次自己的故乡——沛县（今属江苏省)，把昔日的朋友、尊长、晚辈都召来，共同欢饮十数日。一天酒酣，刘邦一面击筑，一面唱着这一首自己即兴创作的《大风歌》；而且还慷慨起舞，伤怀泣下（见《汉书·高帝纪》)。

假如说项羽的《垓下歌》表现了失败者的悲哀，那么《大风歌》展现了胜利者的悲哀。而作为这两种悲哀的纽带的，则是对于人的渺小的感伤。对第一句“大风起兮云飞扬”，唐代的李善曾解释说:“风起云飞，以喻群雄竞逐，而天下乱也。”(见汲古阁本李善注《文选》卷二十八）这是对的。“群雄竞逐而天下乱”，显然是指秦末群雄纷起、争夺天下的情状。“群雄竞逐”的“雄”,《文选》的有些本子作“凶”。倘原文如此，则当指汉初英布等人的反乱。但一则这些反乱乃是陆续发动的，并非同时并起，不应说“群凶竞逐”；再则那都是局部地区的反乱，并未蔓延到全国，不应说“天下乱”。故当以作“雄”为是。下句的“威加海内兮归故乡”，则是说自己在这样的形势下夺得了帝位，因而能够衣锦荣归。所以，在这两句中，刘邦无异坦率承认：他之得以“威加海内”，首先有赖于“大风起兮云飞扬”的局面。但是，正如风云并非人力所能支配，这种局面也不是刘邦所造成的，他只不过运道好，碰上了这种局面而已。从这一点来说，他之得以登上帝位，实属偶然。尽管他的同时代人在这方面都具有跟他同样的幸运，而他之缍获得成功乃是靠了他的努力与才智；但对于刘邦这样出身于底屋的人来说，若不是碰上如此的时代，他的努力与才智又有多少用处呢？所以，无论怎么说，他之得以当皇帝：首先，是靠机运，其次，才是自己的努力与才智。他以当今的人对之根本无能为力的自然界的风云变化，来比喻把他推上皇帝宝座的客观条件，至少是不自觉地揭示了他的某种心理活动的吧！

姑不论刘邦把他的这种机运看作是上天的安排抑或是一种纯粹的偶然性，但那都不是他自己所能决定的。换言之，最大限度地发挥自己的才智；但这一切到底有多大效果，还得看机运。作为皇帝，要保住天下，必须有猛士为他守卫四方，但世上有没有这样的猛士？如果有，他能否找到他们并使之为自己服务？这并非完全取决于他自己了。所以，第三句的“安得猛士兮守四方”，既是希冀，又是疑问。他是希望做到这一点的“但真的做得到吗？”他自己却无从回答。可以说，他对于是否找得到捍卫四方的猛士，也即自己的天下是否守得住，不但毫无把握，而且深感忧虑和不安。也正因此，这首歌的前二句虽显得踌躇满志，第三句却突然透露出前途未卜的焦灼和恐惧。假如说，作为失败者的项羽曾经悲慨于人定无法胜天，那么，在胜利者刘邦的这首歌中也响彻着类似的悲音，这就难怪他在配合着歌唱而舞蹈时，要“慷慨伤怀，泣数行下”（《汉书·高帝纪》）了。

第八章　三　国

三国时代，指东汉以后魏蜀吴三国鼎立时期。起自曹丕代汉的初黄元年（220 年），止于西晋统一中国的太康元年（280 年）。一般叙史往往起于汉献帝初平元年（190 年）诸侯混战，迄于 280 年西晋灭吴，统一中国。三国鼎立是我国历史上一个特殊的历史发展阶段，三国时期分为“群雄割据”“三国鼎立形成”“三国对峙走向统一”三个阶段。

挟天子以令诸侯

公元 189 年，汉灵帝病死，十常侍趁机杀死外戚大将军何进，另立少帝，企图把持朝政。袁绍诛灭了十常侍，不久后又被以打着勤王的旗号进京的董卓赶走。董卓率兵进入洛阳，废少帝，立陈留王刘协为汉献帝，自任相国，独揽朝政。史称“董卓之乱”。次年，关东诸侯推袁绍为盟主讨伐董卓，董卓战败，挟持汉献帝逃往长安，并驱使洛阳数百万口西迁长安。行前，董卓的士卒大肆烧掠，洛阳周围二百里内尽成瓦砾。

公元 192 年，董卓被王允、吕布所杀，董卓之乱结束。董卓之乱历时三年，在这三年中，西汉社会经历了深刻的变革，基本决定了以后历史的走向，三国群雄在此期间先后登场，这便是三国乱世的开端。董卓之乱结束后，李榷和郭汜占据了长安，汉献帝也处于他们的控制之下。这两人因争权夺利而发生了内讧，汉献帝趁机出逃。时任兖州刺史的曹操迎接汉献帝入驻洛阳，刘协赐曹操节钺，标志着曹操“挟天子以令诸侯”的时代开始了。

曹　操

不久后，曹操胁迫刘协迁都到许，改称许都。但刘协依然是一个没有实权的皇帝。曹操虽然利用刘协来试图实现他统一中国的目的，却不敢直接取代他而自立为皇帝。汉献帝虽然一直受到各方势力的控制，一直是一个傀儡，但他并不甘心受制于人。

公元199年，车骑将军董承受献帝密诏，与刘备一起密谋诛杀曹操。次年春，密谋败露，董承等人均被处斩，灭三族。刘备先前借故出走，得免于难。这是献帝跟曹操一次近乎公开的抗争，事后曹操进而加强了对献帝的控制，京官大多调为曹操的官员，左右侍卫全是曹操之人。曹操深知献帝的价值，对献帝本人始终不敢加害，但献帝的日子过得越发难堪了。大权的旁落使得东汉政府名存实亡，失去实权的东汉政府也没有能力控制地方诸侯的势力发展，军阀混战的时代也就此开始，袁绍、孙坚、刘备等人纷纷登上了历史的舞台。三国时代即将来临。

三顾茅庐

汉灵帝末年爆发了黄巾起义，刘备也率领其属众随校尉邹靖征讨黄巾军，因功而任安喜尉。先投公孙瓒，任别部司马，数有战功，领平原相。又投陶谦，任豫州刺史，屯小沛。陶谦死后，刘备被曹操封为镇东将军，加宜城亭侯。这是在建安元年(196年)。后被吕布打败，又归曹操，曹操以刘备为预州牧。不久与曹操反目，被曹操打败，刘备到青州。曹操在官渡打败袁绍后，南击刘备，刘备投荆州明牧刘表，屯居新野。

诸葛亮像

刘备几易其主，兵寡将少，难以立足。屯居新野，闻得诸葛亮其人，因此才有了三顿茅庐请诸葛亮出山的故事。

诸葛亮字孔明，琅邪阳都人，汉司隶校尉诸葛丰的后代。诸葛亮早丧父母，他的从父诸葛玄为袁术所署的豫章太守，诸葛玄就把诸葛亮及其弟诸葛均带在身边。正好遇汉朝廷更选，朱皓代玄为太守。诸葛玄因平时与荆明牧刘表的交情较厚，遂带诸葛亮等去投奔刘表。诸葛玄死后，诸葛亮就躬身自耕于陇亩。

诸葛亮身长八尺，虽躬耕田亩，而心更怀大志，常以管仲、乐毅自比，但还不为当时一般人所识。只有博陵的崔州平、颍川的徐庶因与诸葛亮交好，所以知道诸葛亮所比并不过分。这时刘备屯新野，徐庶去见刘备，刘备非常器重徐庶。

徐庶又向刘备推荐诸葛亮，徐庶说：“诸葛孔明者，卧龙也，将军难道不愿意见他一见吗?”刘备说：“你可以请他一起来。”徐庶说：“此人只可以上门去求见，而绝不会自己屈尊而主动上门，将军应该枉驾亲自求见。”

因此刘备遂亲自上门拜见诸葛亮，前两次诸葛亮借故不见刘备，到刘备第三次去，诸葛亮感到了刘备的一片诚心才出与之相见。诸葛亮见刘备有枭雄之姿，堪以辅助，遂与刘备推心置腹，运筹帷幄，商定大计。

当时刘备摒退左右而问诸葛亮说："汉室衰微，奸臣当道，皇上受蒙敝。我不度德量力，欲伸大义于天下，但我智术浅短，遂以狼狈不堪以至今日。即使如此，我志仍未已，请问依君之计，我该怎么办呢？"诸葛亮回答："自从董卓以来，豪杰并起，跨州连郡者不可胜数。曹操和袁绍相比，虽然名微而众寡，然而曹操却能打败袁绍，以弱而变强。这并非全靠天时，关键还在人谋。现在曹操已拥有百万之众，且挟天子以令诸侯，依此之势实不可与曹操争锋。孙权据有江东，已有三年多的时间。江东地势险要，而江东之民皆附孙权，孙权任贤用能，各尽其用。对于孙权只可以与之联合以为援助，而江东不可图。荆州之地，北据汉、沔，利尽南海，东连吴会（东吴），西通巴蜀，实在是一军事要地，现在荆州之主又难以守荆州，这是上天提供给将军的一个大好时机，难道将军无意于荆州吗？益州是一险要之地，沃野千里，是天府之国，汉高祖曾因拥有益州而终成帝业。现益州牧刘璋暗弱，又有张鲁在益州北部，这里民殷国富，但并不知爱惜，故智能之士，思得明君。将军既是汉室后裔，信义四海著称，总揽英雄豪杰，思贤若渴，如果将军据有荆、益二州，据险以守，西与诸戎和好，抚慰南方夷越，外联结好孙权，内修好政治。一旦天下有变，则可命一上将督率荆州之军，以向宛、洛，将军可亲自率领益州之兵众出秦川，百姓谁敢不箪食壶浆以迎将军呢？真的这样，那么霸业可成，汉室可兴。"

刘　备

刘备说："太好了。"于是自此之后，刘备与诸葛亮情好日密，关羽、张飞看到这些，很不高兴。刘备向他们解释说："我之有孔明，就像鱼之有水，愿你们别再说什么。"关羽，张飞也就不再说什么。刘备之得诸葛亮，确实如刘备所说"如鱼得水"，使刘备终有蜀汉。

孙氏兴起江东

孙吴是孙坚和孙策、孙权父子兄弟建立的。

孙坚，字文台，吴郡富春县（今浙江富阳）人，自称是春秋兵法家孙武的后代。孙坚起身县吏，曾经历事朱儁、张温、袁术等，渐到长沙太守，封乌程侯。孙坚一生虽一直在别人的号令指挥下，但实际上他已在尽量加强自己的地位和力量，替他的儿子占据江东、建立政权打下了基础。孙坚死后，他的儿子孙策逐步平定了江东六郡。后来孙策遇刺身亡，孙策弟孙权继统江东，当时只有 19 岁。

孙权在其父兄时的老臣周瑜、张昭等及母亲吴氏的辅佐下，把孙策旧部逐渐安抚下来。同时注意多方“招延俊秀，聘求名士”，尤其是对周瑜推荐的对鲁肃等人的任用，对孙吴的建立和巩固，起了重要作用。建安七年（202 年），曹操开始向袁绍残余势力进攻，兵威正盛，写信给孙权要他送亲子弟作“质任”，企图控制并进一步完全征服江东。在曹操强大势力的威胁下，张昭、秦松等老臣也“犹豫不决”，孙权带领周瑜到母亲吴氏那里商议，周瑜认为江东六郡已具备立国之本，不应送质，深得吴氏赏识，孙权坚定了不送人质的决心，保持独立发展势力。建安八年（203 年），按照鲁肃的建议，开始讨伐江夏太守黄祖，到建安十三年（208 年），终于消灭了黄祖势力，孙权势力发展到荆州东部。

孙 权

后联合刘备与欲兼并江东的曹操在赤壁决战。战争的结果，孙、刘、曹三家瓜分荆州，谁也未能独占这一战略要地。战后，由于北方曹操的威胁还在，又不可能立即将刘备赶出荆州，建安十五年（210 年），孙权权衡利弊，同意鲁肃的建议，将荆州要地借给了刘备，以维持联盟，再图发展。

占据荆州毕竟是孙权的既定政策，刘备取得益州的第二年春，孙权即派诸葛瑾去向刘备索要荆州，刘备则以夺得凉州以后再归还为借口拒绝了。孙权派出官吏去强行接管长沙、桂阳、零陵三郡，又被关羽赶走。孙权盛怒之下，臣服曹操与刘备争夺荆州被杀害了刘备的结拜兄弟兼爱将关羽。刘备怒而伐东吴才有了后来诸如火烧连营七百里等故事的发生。对其他事叙述过细冲淡了主题。

官渡之战

东汉末年，各路诸侯割据，孙策占有江东，刘表占有荆州，张鲁占有汉中，韦端占有凉州，马腾、韩遂等人占有关中。诸军阀中，力量最强大的是袁绍，他占有幽州、冀州、并州和青州，地广兵强，实力远在曹操之上。曹操迎汉献帝迁都许昌，控制了汉献帝和朝政后，袁绍后悔没及早把汉献帝抢到手，便以许昌地势偏低、潮湿为借口，要求曹操把汉献帝迁到鄄城（今山东省濮县东），使自己能控制朝廷。曹操识破了袁绍的用心，拒绝了他的要求。建安四年（199 年），袁绍消灭公孙瓒后，自恃兵多粮足，计划挥军南下，消灭曹操。他的部下沮授和田丰建议暂时休兵，稳固后方，培植民力，发展农业，做好长期战争的准备。袁绍不听二人意见，选择精兵十万，战马万匹，定要用速战速决的策略，一举攻取许昌，统一中原。同时派人去联络刘表和占据南阳的张绣，企图形成南北夹击之势。不料张绣投降了曹操，刘表保持中立，夹击计划破产。

早在这之前，曹操就与谋士荀彧、郭嘉分析过敌我形势。荀彧认为，袁绍有外宽内忌，用人而疑，优柔寡断，反应迟钝，御军宽缓，法令不明，注重门第，追求虚名等弱点，曹操有器识远大，不拘小节，任人唯才，能断大事，应变灵活，法令严明，赏罚必行，能以至仁待人，不求虚名等优点，占有度胜、谋胜、武胜、德胜。郭嘉也认为袁绍有十败，曹操有十胜，十胜即道胜、义胜、治胜、度胜、谋胜、仁胜、明胜、文胜、武胜。二人结论相同，尽管袁绍地广军多，外表强大，但如果双方发生战争，袁绍必败无疑。

曹操得知袁绍调集军队，准备来进攻的消息后，也着手布置军队防御，先派军进驻黎阳（今河南省浚县东），后又退到官渡（今河南省中牟县东北），筑垒坚壁，组成阻止袁军南下的正面防线。

次年正月，袁绍发布声讨曹操的檄文。二月，袁绍的军队进据黎阳，准备渡黄河。袁绍先派大将颜良渡河，围攻驻守白马城（今河南省滑县东）的曹操的东郡太守刘延，以在黄河南岸建立据点。四月，曹操率军自官渡去援救白马，他采纳了谋士荀攸声东击西之计，欲救白马，却先进军延津（今河南省延津县北），摆出北渡黄河袭击袁军后方之势。袁绍不知曹军意图，忙分军阻拦。曹操见他中计，率领轻骑，急趋白马解围。当曹军距白马仅有十里时，颜良才发觉，大惊，仓皇应战。曹操令张辽、关羽发起攻击，关羽一马当先，在万军之中斩取颜良首级，袁军顿时溃败。曹操救出白马城军民，带领军民沿黄河向西撤退。双方未正式交战，先损一员大将，袁绍得到报告，十分恼火，下令全军渡河追击曹操。沮授劝袁绍不可轻动大军，说："曹操取胜反而退兵，不可不防，目前应当大军不动，分兵去攻官渡，如攻克，大军再动。大军贸然南渡，万一失利，后果不可设想。"袁绍拒绝此建议，命大军渡河，又派大将文丑与刘备率骑兵先行追击。曹操早已在南坂埋伏，故意将一些辎重散在路中，文丑骑军五六千追到南坂、齐下马去争夺财物，曹操率骑兵六百突然杀出，大破文丑军，当阵斩杀文丑袁军数千人。曹操这才撤军速归官渡，严加防守。颜良、文丑，是袁绍手下的名将，不想交锋两次，先后死于阵上，严重挫伤了袁军士气，但至这时，全局形势仍然是袁强曹弱。

七月，汝南黄巾军将领刘辟等人率部反叛曹操，响应袁绍。袁绍遣刘备带兵去帮助刘辟，扰乱曹操后方，相机袭击许昌，并派人分赴曹操占领区去招降各地郡守，有些郡县守令便起兵叛曹。曹操派曹仁率军击破刘备军，又平息了各地叛乱。刘备败归袁绍，曹操的后方重新安定下来。八月，袁军主力逼进官渡，依沙堆扎下营寨，东西长达数十里，与曹军对峙。九月，曹军与袁军交战一次，不利，又退回营坚守。袁军在曹营外堆起土山，砌起堡楼，弓箭手由堡楼上直射曹操营中，使曹营中人行走不得不顶着盾牌。曹操乃命工匠制造“霹雳车”，每次发射，都将许多大石块准确地抛射到袁军堡楼上，把堡楼全部击毁。

袁绍又命令挖地道通入曹营，曹操则令在营内挖条深沟，使外面的地道无法向营内延伸。曹操军中粮食且尽，士卒疲惫，许多百姓也因征赋繁重而逃到袁绍那边。面对这种情况，曹操深为忧虑，写信与留守许昌的荀彧商议，想退守许昌。荀彧复信说：“袁绍全部兵马聚集官渡，是想与公决一胜负，公以少量兵力抵御他的大军，假如顶不住，袁军必然乘势大入，现在到了决定天下大局的紧要关头。袁绍是个草包英雄，手下人才济济，却不会使用。虽然我军粮食紧张，然比汉高祖与项羽在荥阳、成皋对抗时，又强许多。当年刘邦、项羽谁也不肯先退兵，就是因为先退者必然失势。公今以袁军十分之一之兵，使袁军半年不能前进一步，再坚持下去，局势定将发生变化，这正是施展奇谋之时，万万不可轻易失掉。”曹操又与荀攸、贾诩商议，他们也鼓励曹操坚持下去，寻找机会主动出击，曹操采纳了众人坚守不退的意见。

袁绍的运粮车有数千辆将到达官渡，曹军预先得到情报，荀攸对曹操说：“袁绍的粮草车即日便来，押送粮草的将领韩猛素来轻敌，派军袭击他，他必定败。”曹操于是派遣偏将军徐晃与史涣前往故市（今河南省封丘县西北）伏击韩猛，韩猛大败，徐晃将缴获的粮草全部焚烧。十月，袁绍又派车队回去运粮，令其大将淳于琼等人带军一万护卫。沮授建议另派一支部队挡在淳于琼军前，以防曹军再度攻袭，袁绍不从。许攸也建议，曹操全力以赴与我军对抗，许昌一定空虚，如果再派一支轻骑，星夜兼程，去袭击许昌，定可攻克。攻下许昌，则可迎回天子，以讨伐曹操，那时前后夹击，曹操首尾奔命，必将被擒。袁绍也不听此意见，固执地说：“我一定要先擒曹操。”就在这期间，许攸家属在邺城犯了法，留守邺城的将领审配把许攸的家属抓起来。许攸闻讯，一怒之下，投奔了曹营。

曹操听说许攸来降，喜出望外，来不及穿鞋就跑到门外迎接，搓着双手，高兴地说：“子卿（许攸的字）一来，我的大事即可成功。”许攸向曹操献计说：“现在袁氏有军粮一万余车，屯集在故市和乌巢（今河南省延津县东南），防守并不严备，如果能派一支精悍的队伍去攻击，烧掉袁绍的军粮，不出三天，袁氏定可不战自败。”曹操大喜，乃留下曹洪、荀攸坚守大营，自率步骑5000人，打上袁军旗帜，每人背一捆柴草，悄悄在夜间出发，直扑乌巢，道上偶而碰上袁绍军队，有询问者，便答：“袁公恐曹操抄略后方，特增兵加强防备。”曹军顺利到达乌巢，乘夜幕包围了粮屯，立即聚柴纵火。守备的袁军在营内大乱，不敢出来。黎明，淳于琼发现曹军兵员不多，出营列阵，曹操下令冲锋，淳于琼又忙撤军回营，曹操加紧攻击。

袁绍的大本营距乌巢只有四十里，接到曹操亲自率军袭击乌巢的急报，袁绍对他的儿子袁谭说：“即便曹操击败淳于琼，我攻破他的大营，他还有何处可去。”乃命大将张郃、高览率重兵疾攻曹营。而派一支轻骑去救援淳于琼。张郃建议重兵去救淳于琼，指出：如淳于琼等人被俘，全军便会覆灭。袁绍不听。袁绍派的救兵赶至乌巢，曹操不理，令士卒不须理会后面，只管拼命攻击淳于琼，终于大破淳于琼军，斩淳于琼，把乌巢屯粮全都烧毁，然后大败袁绍派来的救兵。

张郃、高览率袁军主力猛攻官渡曹营，一时不能攻破。这时曹操已破淳于琼的消息传来，袁绍手下力主疾攻官渡的将军郭图，惭愧自己的计策失败，反过来又在袁绍面前诬陷说，张郃对袁军失利非常高兴。张郃又怒又怕，就与高览焚烧掉攻城器具，投降了曹洪。曹操也率军赶回官渡，士气大振。袁军上下一片混乱，人心惶惶，曹操下令全面反攻，袁军无力再战，溃不成军，袁绍和袁谭仅率八百骑兵渡黄河北遁。曹军一路追杀，杀袁军七万余人，缴获袁绍的辎重、图书、珍宝等不可胜计。

官渡之战，曹操由于知人善任，能采取部下的计策和使用了灵活机动的作战方针，终于以数千之众大败了十倍于己的袁军，消灭了袁绍的有生力量，为其后来统一北方奠定了基础。

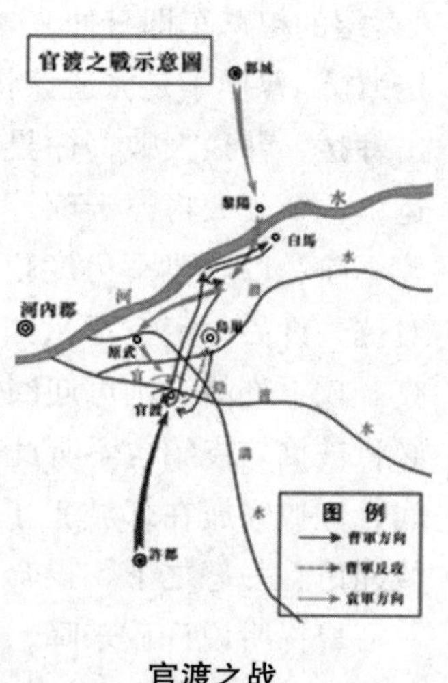

官渡之战

和赤壁之战

曹操灭了袁绍、袁谭、袁尚父子，据有并州、冀州、青州、幽州，基本统一北方后，即把军事重心移向南方，打算再灭掉占据荆州的刘表、西居荆州的刘备以及称霸江东的孙权，逐步统一全国。

东汉建安十三年（208 年）七月，曹操集结大军，南征荆州。八月，刘表病死，次子刘琮代立。

孙权也早想吞并荆州，听说刘表死，便派谋士鲁肃前赴荆州，以吊丧为名，去摸荆州的情况。刘表的死讯传到曹营，曹操大喜，催动大军直趋荆州。刘琮庸劣又懦怯，收到曹军大举进逼的报告，非常恐慌，在荆州一些大地主的怂恿下，遣人前与曹操接洽投降。刘备自袁绍官渡之败后，投奔了刘表，这时率部驻扎在荆州樊城（今湖北省襄樊市），得知刘琮欲降曹，急忙率领所部军民向江陵（今湖北省江陵县北）退却。江陵是荆州的重要军事基地，曹操接受刘琮投降后，恐刘备占领江陵，自率精骑五千追击刘备，一昼夜行军三百多里，在当阳长坂（今湖北省当阳县东北）赶上刘备的队伍，将其击溃，刘备只好转向汉水撤退，曹军占领了江陵。

江东使者鲁肃刚到夏口，已听到曹军向荆州扑来的消息，等他日夜兼程地赶到南郡（今湖北省江陵县），听人说刘琮已向曹军献出荆州，刘备正向南后退。鲁肃直接去寻找刘备，与刘备在当阳相遇。鲁肃通报了他来的使命，然后与刘备讨论天下大势，劝刘备与孙权结盟，共抗曹操。刘备大悦，依照鲁肃的建议，进驻鄂县樊口（今湖北省鄂城县西北）。曹操占领江陵后，筹集船只，欲顺江东下。情况十分危急，刘备的谋士诸葛亮奉刘备之命，随同鲁肃赶至江东，想与孙权结盟。

诸葛亮在柴桑（今江西省九江市西南）见到孙权，经过一番周折，终于说服孙权，共同抗曹。接着二人分析了形势，诸葛亮指出，刘备虽然新败于长坂，但目前战士归还者和关羽统率的水军，仍不下万人。刘表长子刘琦手下的江夏兵，也不下万人。曹操的军队，远道奔袭，已经相当疲乏，如今已是强弩之末。况且曹操带来的北方军队不习惯水战，荆州军民投降曹操，也只是迫于兵势。如果孙权能派猛将带兵数万，与刘备同心协力，必然能败曹军，曹军北退，鼎足而立的局面就会形成。诸葛亮分析指出战胜曹操的有利条件后，孙权大悦，又召集部下共议此事。

这时，曹操遣人送信给孙权，威胁孙权说：“近来奉汉献帝之命讨伐有罪之人，旌旗南指，刘琮束手投降。现在我训练了水军八十万，愿与将军（孙权）在吴地会猎。”孙权让部下传阅来信，部下莫不畏惧失色，长史张昭等人认为：曹操犹如豺虎，挟天子以征讨四方，抗拒他则有抗上不顺之名。再说原先凭借抵抗曹操的，主要是长江天险，如今曹操已得荆州，刘表的水军和千余艘蒙冲斗舰，已为曹操所有，曹操兼有无数步军，水陆俱下，长江已无险可守。敌我实力悬殊，从长远看，不如迎降曹操。鲁肃在座一言不发，孙权起来更衣，鲁肃追到外面，劝孙权不可听从众人之议。孙权叹息说：“众人的意见极使我失望，只有你的与我的想法相同。”

孙权的大将周瑜出使去了番阳，鲁肃劝孙权召回周瑜，周瑜返回，也反对投降，他对孙权说："曹操名义上是汉丞相，实际上是汉贼，将军以神武雄才，兼仗父兄英烈，占有江东数千里之地。兵精将众，正当横行天下，为汉朝除残去秽，何况他自来送死，岂有投降之理！请让我为将军分析目前情况，现在北土未平，马超、朝遂还在关西，是曹操的大患；曹操放弃北军善于陆战的长处，反用水军来与吴越争斗；眼下盛寒，马无藁草；曹操驱赶着中原之兵远来江湖之间，不服南方水土，必然发生疾病。这几种情况，皆是用兵大忌，而曹操全犯了，因此将军破曹操，正适良机。请给我精兵数万人，进驻夏口，一定能为将军击败曹操。"周瑜的一番话，句句在孙权心坎里，孙权挥剑砍去桌案一角，厉声对众人说："有谁还敢主张投降曹操，下场与此桌案相同。"

当天晚上，周瑜又去与孙权商讨破曹之事，进一步向孙权分析曹操情况说："众人见曹操信上声称有水陆军八十万，就心中恐惧，也不考察曹操所言是否属实，便议论投降，真是毫无道理。实际上，曹操带来的北军不过十五六万，早已疲惫不堪。后来得到的刘琮军队，也不过七八万人，而且这批投降的士兵都疑惧不安。曹操拖着疲惫的北军，指挥心有疑惧的降军，人数虽多，却不足畏，我有精兵五万，即足以击败曹军。"孙权听罢非常高兴，抚摸着周瑜的肩背说："公瑾（周瑜字公瑾）所言，甚合我心，张昭、秦松等人，只顾自己的妻子，议论时掺杂有私心，令我 失望，独你和鲁肃与我同。五万精兵一时难以调集，我已选出三万，粮食船舰皆已备足，你可与鲁肃、程普率军先行，我将继续给你补充兵员粮食，做你的后援。你在前方可便宜行事，即便失利，就回军找我，我将与曹操决战。"于是任命周瑜、程普为正、副都督，鲁肃为赞军校尉，率军出发，与刘备并力抗击曹操。刘备在樊口，每日遣士卒在江上迎候孙权军队。周瑜率水军赶来时，他派人前去慰劳，又亲自登船与周瑜商讨军情，然后孙刘联军共同西上迎敌。

同年十月，孙刘联军与曹军在赤壁（今湖北省蒲圻县西北，长江南岸）小战一次，曹军失利，退到长江北岸，欲等来年春季再战。周瑜驻扎在长江南岸，与曹操隔江对峙。

曹操因初战不利，再加上军士多不服水土，军中流行疾疫，采取守势，把船只全用铁链连接起来。周瑜遣将挑战，曹操不予理采。江东老将黄盖向周瑜献计说："如今敌众我寡，不宜长久相持，曹军把船舰首尾相连，用火攻定可大胜。"周瑜大喜，命黄盖派人送密信给曹操，诈称欲降。曹操阅信后半信半疑，先打发送信人回去，许愿黄盖投降后，要重重封赏。与此同时，周瑜令黄盖挑选出十艘蒙冲斗舰，堆满枯柴燥荻，中间烧上油膏，外面裹上红色帷幕，上面插上旌旗，每艘大船后，又系有空舟一只。

十一月十三日夜里，黄盖率领这十艘蒙冲斗舰开向江北，船到江中，升帆疾驰，周瑜率主力船队随后紧跟。曹军吏士听说黄盖来降，不禁跑出营外观看，指指点点，议论纷纷。当黄盖的船只距曹军水寨二里时，黄盖下令一齐点火，火烈风猛，十艘火船箭一般地冲入曹军水寨，顿时曹军水寨成了一片火海，大小船只互相联结，无法移动，皆被烧毁。这时东南风正紧，火顺着风势扑到岸上，把岸上曹军的营寨也全部焚烧，烟火冲天，曹军大乱，人马烧死溺死者无数。周瑜率大军在后乘势冲杀，军鼓震天，曹军又死伤很多，曹操引军从华容道逃窜，道路泥泞，极难行走，曹操命士兵负草铺道，勉强通过。在逃跑过程中，又有许多老弱士兵被挤死踩死。刘备、周瑜各率所部，水陆并进，直追到南郡，才收兵凯旋。这次战役，曹操惨败，几十万人马，连疾疫带被烧杀的，损失大半。曹操留下征南将军曹仁、横野将军徐晃防守江陵，折冲将军乐进防守襄阳，自己率领残军北归邺城。

赤壁古战场现代风貌

赤壁之战是一场极其重要的战役，此役后，曹操放弃了先统一南方的打算，转向关西发展势力。而孙权、刘备却在南方扩大了势力范围。曹操北归后，孙刘联军猛攻江陵，于次年逼着曹仁放弃江陵，孙权占领了江陵以东大片地区。刘备也乘机夺取武陵、长江、桂阳、零陵四郡，得以立足，并逐步由荆州向益州发展势力。这三大军事集团进一步发展，便形成了三国鼎立的局面。

孙刘曹三方较量

刘备西取巴蜀

三国形成时期，刘备于汉献帝建安十六年至十九年（211—214 年）攻取巴蜀为立国之地的作战。

建安十三年（208 年），刘备、孙权联军于赤壁之战大败曹操军，奠定三国鼎立的基础。尔后，孙、刘明争暗斗，均欲抢先取益州（治成都）。刘备取得荆州四郡，控制益州门户后，拒绝共取巴蜀的要求，并阻孙权进驻夏口的水军西进，按诸葛亮《隆中对》早已定下的方略，独自发展，伺机攻取。

建安十六年（211 年），益州牧刘璋惧曹操取汉中威胁巴蜀，曾受曹操冷落的别驾从事张松，乘机劝刘璋请刘备入蜀，借口以讨伐盘据汉中的张鲁，并建议遣军议校尉法正率兵往荆州迎接刘备。刘璋采纳其意见，并令沿途供给刘备军。刘备得此良机，留诸葛亮、关羽、张飞、赵云守荆州，自率军师中郎将庞统和步卒数万自公安（今湖北公安西北）入益州。孙权顾及江淮，无力阻止，遣船接妹（刘备夫人）并欲带走刘备子刘禅，以便将来牵制刘备，但被张飞、赵云夺回。

刘备经江州（今重庆）、垫江（今合川）至涪（今绵阳东），刘璋率步骑 3 万余前来迎接，欢会百余日。刘备先已掌握蜀中情况，并得张松所献地图，但因立脚未稳，未采纳庞统、张松等趁早袭刘璋之策。被刘璋推为行大司马兼司隶校尉，得其增兵，合 3 万余，并督白水军。刘璋又给刘备军资，使其北攻张鲁。刘备率军至葭萌（今广元昭化镇）后停留不进，扩充兵力，整军备战。据守关头（即白水关，今广元东北）的白水军督杨怀、高沛察觉刘备有诈，多次建议刘璋遣其还荆州。

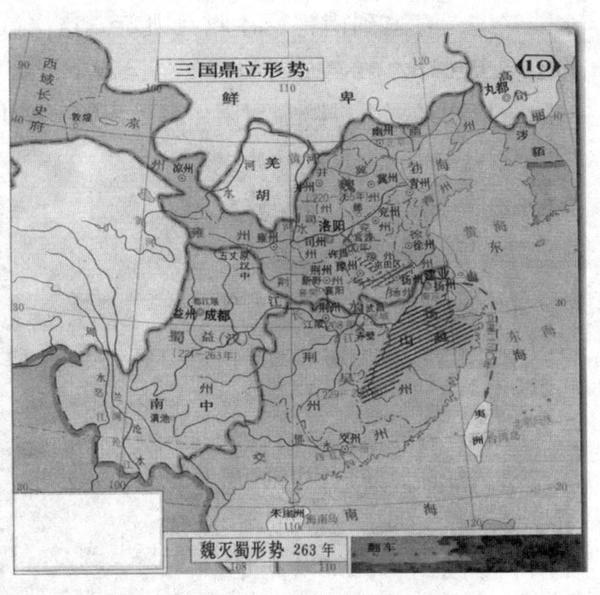

三足鼎立形势图

建安十七年（212 年）十月，孙权为曹操所攻，关羽军在荆州亦与曹军将领乐进相拒青泥（今湖北襄樊西北）。刘备声称救关羽、孙权事急，要求刘璋增兵 1 万、补给军资，以便东行。仅得兵 4 000. 军资一半后，采纳庞统借机发难的建议，以替刘璋征强敌而不得补给激怒部众，准备进攻刘璋。此时张松被告发，刘璋收斩张松，并令诸关戍将断绝与刘备的来往。刘备当机立断，处斩杨怀、高沛。随即留中郎将霍峻守葭萌城，命将军黄忠为先锋领兵南进，自率军至关头，合并白水军，将其将士之妻、子扣为人质，统军南攻刘璋。与黄忠等会师后，进据涪城，决心乘胜前进。同时召诸葛亮入蜀会战。

刘备兴建蜀汉

刘璋为了抵御张鲁，就派法正联合刘备，不久又令法正与孟达送兵数千，帮助刘备进行守御。后刘璋又迎刘备入境，刘备宾至如归。建安十六年（211年）刘璋前往会见刘备，资给刘备军需，让刘备征讨张鲁，然后分手。刘璋此举想借刘备之力抑制蜀中诸将，剿灭张鲁后以刘备屯汉中，而刘璋仍可得益州。刘璋自以为得计，不料却反被人利用。

赤壁之战后，刘备表举刘表之子刘琦任荆州刺史，刘琦病死，众人便推刘备为荆州牧。孙权有些畏惧，就让其妹与刘备联姻。刘备到建业（今江苏南京）会见孙权。孙权后来派人要与刘备共同取蜀，荆州主簿殷观向刘备进言说："如果作为吴的先驱，进不能去克蜀，退为吴所乘，这样我们也就彻底完了。现在我们可以赞成吴去攻蜀，然后又说新据诸郡，有待安抚，不能与他们一道发兵，这样吴也一定不敢越过荆州而单独攻蜀。那么进退之计由我，可以取吴、蜀之利。"刘备采纳了这个建议，孙权果然辍计。因为周瑜已死，没有人能奋身单独取蜀，所以就想利用刘备为前驱，胜败都于己有利，但刘备却不钻这个圈套。

蜀地险要，易守难攻。周瑜之心虽雄，但却没能长寿，即使周瑜不死而能否长驱直入也未可知。

刘备之所以轻易取蜀，则因为刘璋先开门迎之。刘璋暗弱，认为割据汉中的张鲁对益州是一个巨大威胁，便从手下之言，派人请刘备和蜀以助防御张鲁。法正之迎刘备，具陈益州可取之策。刘备留诸葛亮、关羽等据荆州，带步卒数万人入益州，到涪，刘璋亲自迎接，相见甚欢。张松令法正禀刘备，谋臣宠统进言，可在相会之所袭刘璋。刘备说："这是大事，不可鲁莽。"刘璋推刘备行大司马，领司隶校尉。刘备也推刘璋为镇西大将军，领益州牧。刘璋给刘备增兵，让刘备攻击张鲁，又令刘备督白水（今四川昭化县西北）军。刘备并军三万多人，车甲器械资货甚盛。同年，刘璋归还成都。刘备北至葭萌（今四川昭化县东南），不久便讨伐张鲁，厚树恩德，以收买笼络人心。

周 瑜

第二年，曹操征讨孙权，孙权向刘备求援，刘备就向刘璋求兵万余人及许多辎重，打算向东行救孙权。但刘璋只答应给兵四千人，其余的皆给一半。张松给刘备及法正写信说："现在大事之成就在眼前，为何又解兵东去呢？"

张松的哥哥广汉太守张肃害怕祸及自己，就把张松的话报告给刘璋，揭发张松的阴谋。

刘璋于是捕斩张松，与刘备之间有了嫌隙。刘璋敕并诸将：文书不要再通过刘备。庞统又进言刘备说：“暗中挑选精兵，昼夜兼程，直接袭击成都。刘璋既不武，平时又毫无防备，大军突至，一举便可定成都，这是最上策。杨怀、高沛是刘璋的名将，各握强兵，据守关头，听说他们数次劝谏刘璋派你迎荆州。你没到之前，先派人告诉他们，就说荆州有急事，要还兵相救。并作一番装束，装成要归还的样子，这二人既服将军威名，又巴望将军之去，因此听说之后必乘轻骑来相见，将军可乘机捉捕他们，俘获其兵，进军成都，这是中计。退还白帝（今四川奉节县东），连引荆州之兵，有机会再回兵以图成都，这是下计。如果犹豫不速决断，必将陷入困境而不能久存。”

刘备从其中计，捕斩了杨怀、高沛，派黄忠、卓膺陈兵对付刘璋，自己率兵迳至关中，把诸将并士卒的妻子作为人质，引兵与黄忠、卓膺等进军到涪，据其城，刘璋派人在涪抵抗刘备，都被打败，而退保绵竹，刘璋又派李严督绵竹军。李严率众投降刘备。刘备势力日盛，分派各将平定下属的一些县。于是诸葛亮、张飞、赵云等带兵定白帝、江州、江阳（今四川卢县），刘备围雒城，刘璋的儿子刘循守城，围攻一年，建安十九年（214 年）夏攻破雒城，进围成都。数十日，刘璋出城投降，迁于长安，刘备又领益州牧。二十四年（219 年）刘备攻取汉中，章武元年（221 年）刘备在成都即皇帝位，蜀汉正式建立。

三国对峙

公元 200 年，袁绍、曹操双方在官渡决战，只拥有一州之地，但雄才大略，“挟天子以令诸侯”的曹操打败了占有四个州的袁绍，为统一北方打下了基础。此后曹操陆续消灭了一些军阀，基本上统一了北方，而后积极为统一全国作准备。

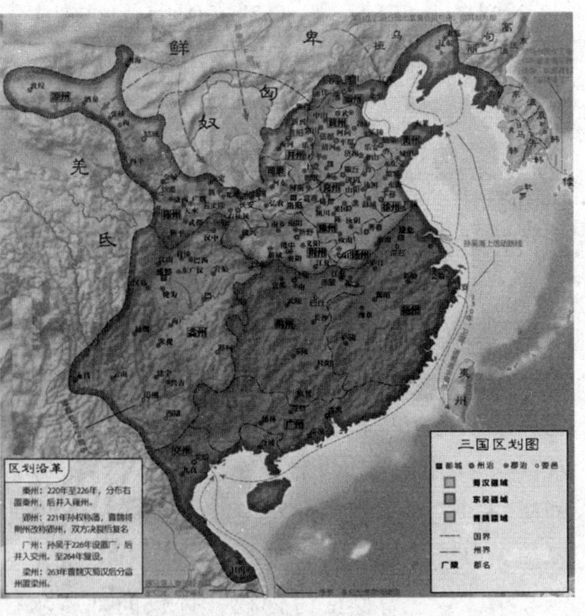

公元 226 年三国疆域图，绿色为曹魏范围，黄色为蜀汉范围，红色为孙吴范围

官渡之战中，刘备投奔荆

州牧刘表，为谋求霸业，他边组建军队，边招揽人才。刘备曾三顾茅庐，从隆中请出了历史上最厉害的农夫——诸葛亮。由此势力迅速壮大，发展成为群雄角逐中的一股重要力量。

东汉末年，孙权继承父兄基业，以江东为根据地，竭力向长江以南扩展，占据今广东、福建及湖南大部地区。

公元208年，曹操南征。一开始他顺利地占领了荆州的一些地方，但在关键性的赤壁之战中，曹操在终场哨音响起之前，被对方灌进一球，以二十万大军，败于不足五万兵力的孙刘联军，退回北方。

赤壁之战是我国历史上以少胜多的著名战例，它促成三国鼎立格局的初步形成。战后十多年间，曹操向西北扩大了统治区域；刘备则出兵入蜀，占领益州，控制了西南的一些地区；孙权占据岭南，在东南扩展了统治范围。

公元220年，曹丕废掉自己的舅子汉献帝，在洛阳称帝建魏，东汉灭亡。此后，刘备、孙权先后称帝做王，魏、蜀、吴三国鼎立局面正式形成。

曹丕废汉建魏

曹魏的建立同曹操的功绩是分不开的。曹操，字孟德，沛国谯县（今安徽省亳县）人，世为官宦家庭。黄巾起义爆发后，曹操被任命为骑都尉，随皇甫嵩、朱俊等人一起镇压起义军。由于屡立战功，他很快由骑都尉升为济南相，随后又提升为西园八校尉之一的典军校尉，成为东汉皇室武装力量的将领。

建安元年（196年），曹操采用谋士荀彧之谋，奉迎饥寒交迫、穷途末路的汉献帝迁定都到许昌，被任为大将军，又转为司空。从此曹操挟天子以令诸侯，外伐群雄、内诛异己，皆声称是奉汉帝号令，成为诸军阀中最有政治权力者。同年，曹操又开始在许下屯田，一年得谷百万斛。随后又将屯田之制推广到占领区各地，解决了当时最难解决的军粮问题，为他争夺天下奠定了经济基础。此外，曹操从争夺天下出发，特别注意广泛招募人才，笼络世家大族，竭力争取地主阶级的支持。自从他任东郡太守起，就将荀彧、李典、典韦、吕虔、于禁、乐进、程昱等名士武将吸引到身边。汉献帝定都许昌后，他又逐渐把许褚、荀攸、戏志才、郭嘉、钟繇、陈群、司马懿、杜畿等人拉入其军事统治集团。这些人在曹操争夺天下，建立曹氏政权的事业中，都起到了极大作用。

这以后，对曹操威胁最大的军阀是西边占据南阳的张绣，东边占据徐州的吕布，南边占据淮南的袁术和北边占据冀州等地的袁绍。在这种四面临敌的情况下，曹操利用与袁绍旧有的联盟关系，采取了北和袁绍而向东、西、南用兵的策略。他委派侍中钟繇兼司隶校尉，督关中诸军，稳住占据关中的马腾、韩遂等人，自己于建安二年（197 年）春季，亲率大军征讨张绣，张绣战败，举众投降，解除了西南的威胁。南方的袁术在汉献帝定都许昌后，在寿春（今安徽省寿县）自立为帝，并拉吕布对付曹操。曹操利用其政治优势，分化了吕布与袁术的关系，挑起吕、袁之战。曹操又乘袁术败于吕布之机，发兵进攻袁术，将袁术生力军消灭殆尽。袁术从此衰落，再也无力与曹操抗争。

建安三年（198 年），曹操又进攻势力越来越大的吕布，先克袁城，后围吕布于下邳（今江苏省睢宁县北），围攻两个多月，攻破下邳，俘杀吕布，收降其将领张辽。这样，曹操便逐步消灭和收降了东、西、南三方的对手。建安五年（200 年），曹操又打败了占据青、幽、并、冀四州的袁绍，后用几年时间，击败了袁绍之子袁谭、袁尚、袁熙和袁尚的外甥高干，占领青、幽、并、冀四州。又远征辽东、辽西、右北平三郡乌桓，杀乌桓王蹋顿和三郡乌桓单于，翦灭了袁氏残余，基本统一北方。建安十三年（208 年），曹操恢复丞相名称，自任丞相，总揽朝政。同年，他又兵锋南指，占据荆州，收编了刘琮的军队。在赤壁之战中，曹操被孙、刘联军击败，打消了短时间内统一全国的计划，开始致力于内部整顿，进一步招揽人才，巩固他在北方的统治。

汉献帝下诏以曹操世子曹丕为五官中郎将，允许他自置属官，实领副丞相之职，同年三月，曹操命司隶校尉钟繇和部将夏侯渊进军关西，马超、韩遂联络关中侯选、程银、杨秋、李堪、张横、梁兴、成宜、马玩等十部将领，集众十万，阻止曹军入关。曹操亲临潼关指挥，令主力与马超等军夹关对峙，密遣徐晃、朱灵率精兵四千，由蒲坂津渡过黄河，紧接着，大军也陆续过河，迫使马超等军放弃潼关，撤到渭南。曹军又巧渡渭水，向十部联军发起攻击，成宜、李堪等人被杀，马超、韩遂等人逃奔凉州。经过四年时间，赶走马超、氏王，杀掉韩遂，招降了河西诸羌，将关西割据势力一一消灭，完全统一了北方。

随着曹操统一战争的逐步胜利，曹操的政治地位也越来越高。建安十七年（212 年）正月，汉献帝下诏，今后曹操赞拜皇帝不称名字，入朝不趋，可佩剑上殿，宛如汉初丞相萧何一样。

建安十八年（213 年）五月，汉献帝以冀州十郡封曹操为魏公，仍旧以丞相兼职冀州牧，加赐九锡等殊礼。不久，曹操开始建造魏社稷、宗庙。十一月，曹操又在自己的封国初置尚书、侍中和六卿等官职，以荀攸为尚书令，凉茂为仆射，毛玠、崔琰、常林、徐弈、何夔为尚书，王粲、杜袭、卫觊、和洽为侍中，钟繇为大理，王修为大司农，袁涣为郎中令，行御史大夫事，陈群为御史中丞，初步建立曹魏政权。次年，汉献帝又下诏：曹操位在诸侯王之上，改授金玺等物。又过了二年，汉献帝下诏，把曹操爵位由魏公升魏王。曹操成为魏王后第二年，汉献帝又下诏，魏王曹操设天子旌旗，出入称警跸。又以曹操世子五官中郎将曹丕立为太子。至此，虽然曹操名为魏王，表面上低于汉帝一级，实际上已是真皇帝，汉献帝徒有虚名，早成为傀儡和曹操的政治工具，国家的政治、军事、经济等权力，全掌握在曹操父子手里。

魏黄初元年（220 年）正月，曹操病死在洛阳，太子曹丕即魏王、丞相、冀州牧之位。这年七月，左中郎将李伏、太史丞许芝上表，奏称“魏当代汉，见于图纬，其事甚众”。群臣也纷纷上表，劝曹丕顺应天人之望，禅代刘氏。十月，汉献帝被迫遣御史大夫张者奉皇帝玺绶诏册，禅位于魏。曹丕假意推让一番，才下令在繁阳筑坛。坛建成后，曹丕登坛，由公卿、列侯、诸将、匈奴单于、四夷使者数万人陪同，接受皇帝玺绶，正式即皇帝位，是为魏文帝，改元黄初。

十一月，魏文帝曹丕下诏，改汉献帝为山阳公，追尊父亲武王曹操为魏武皇帝，正式建立了曹魏政权，中国历史也随之进入三国时期。

魏文帝曹丕像

火烧连营七百里

建安二十四年（219 年），孙权攻杀蜀将关羽，占领荆州，使刘备不仅丢失一个重要的战略地区，又失去了号称“万人之敌”的得力战将关羽，更重要的是使分兵两路北取中原的计划成为泡影，从而限制了蜀汉势力的发展。为了夺回荆州并替关羽报仇，刘备称帝刚两个月，即章武元年（221 年）六月，便准备大举攻吴。虽然有赵云等人的劝阻，刘备仍先派人调驻守在阆中（今四川阆中）的车骑将军张飞，领兵万人到江州（今四川重庆）会合东下。张飞未及出动，被部将暗杀。七月，刘备留诸葛亮在成都辅佐太守刘禅守国，赵云在江州为后军都督，自己统帅诸军东征。

孙权在袭取荆州、击杀关羽之后，常担心刘备报复，也采取了相应的防范措施。将都城从建业迁到长江中游的鄂（今湖北鄂城），更名为武昌，以便据守荆州；又任命陆孙为镇西将军，所部李异、刘阿等进驻巫县（今四川巫山北）、秭归（今湖北秭归），加强西线防务；同时派遣使臣到蜀汉，要求议和，重归于好。吴南郡太守、诸葛亮的哥哥诸葛瑾也写信给刘备，劝他解仇继好，共同对付曹魏，但与求和一样均遭刘备拒绝。于是，孙权任命陆逊为大都督，率领朱然、潘璋、韩当、孙桓诸将及战士 50 000 人，西上抗拒蜀。其余将士多随孙权在武昌，以备向各方支援。

长江三峡是吴、蜀之间的主要通道，为了夺取东部峡口，保障大军顺流东下，刘备先派将军吴班、冯习率兵四万，攻下巫县，然后进占秭归。陆逊率军向东实施退却战略，一直退到夷道（今湖北宜都西北）、猇亭（今宜都北古老背，在长江北岸）一线，才停止。刘备在的东进同时，还派将军、侍中马良自佷山（今湖北长阳西南）到沅水流域“五溪蛮夷”地区活动，抚慰诸蛮，赐以金锦，授以官爵，争取他们出兵支援。武陵郡少数民族首领沙摩柯率众北上，协助刘备攻吴。而孙权恐魏国乘机出兵，自己两面受敌，于黄初二年（221 年）八月派使臣卑辞向魏文帝曹丕上表称臣，曹丕封孙权为吴王，孙权遂集中力量防御刘备的进攻。

黄初三年（222 年）正月，蜀将吴班、陈式的水军占领夷陵（今湖北宜昌东南），屯兵长江两岸，刘备也进驻秭归。二月，刘备准备大举东进时，治中从事黄权建议：吴军战斗力强，蜀军顺流东下，进易退难，愿自为前锋先行试攻，请刘备率主力殿后，伺机而动。刘备却任命黄权为镇北将军，指挥江北诸军以防魏军进击侧翼，自己率主力从南岸翻山越岭继续前进，很快进到猇亭，前锋到达夷道，将孙权侄儿孙桓率领的吴军包围。吴诸将急于迎击蜀军，陆逊却主张先让一步，避锐乘疲，伺机后发制人。他解释说，刘备锐气正盛，且乘高守险，难以一举攻破。即使攻破，也难获全胜。如果出击不利，便将影响大局。当前应奖励将士，多方出谋划策，等待形势的变化。现在蜀军沿山地进军，难以施展兵力，自然会疲惫于崎岖的山林之间，我们可以慢慢抓住其弱点对付它。陆逊命令吴军退出山地，将兵力难以展开的几百里崇山峻岭让给了蜀军，而自己集中力量于猇亭地区，以逸待劳，对陆逊的诱敌深入、后发制人的防御方针，吴军诸将并没有完全理解，以为陆逊怯懦，愤愤不平。孙桓被包围后，一直来要援军，陆逊部将也要求分兵去救助。陆逊为了不分散和过早地消耗兵力，坚持自己的作战方针，他认为孙桓在军中有声望，而且夷道城垣牢固，粮食充足，不必担心。等用计取胜蜀军主力后，孙桓之围不救自解。陆逊又严肃军令，保证了指挥的集中统一。

蜀军在夷陵以西一带被扼阻于沿江山地中，难以东进。在屡攻不下之后，刘备便在巫县至夷陵一线数百里安下了几十个营寨，分散了兵力。当刘备派兵挑战时，陆逊坚守营寨，就是不出战，破坏了刘备恃优势兵力企图速战速决的计划。刘备曾派吴班率数千人在平地立营，另埋伏八千人于山谷，企图引诱吴军出战，结果被陆逊识破，诱击未成。双方自正月到闰六月相持七个月之久。蜀军找不到同吴军决战的机会，而在崇山峻岭中运输困难。入夏以后，天气渐热，士兵斗志越来越低落。刘备被迫舍船上岸，在沿江一带的山林中安营扎寨，处处结营，分散了兵力。陆逊见刘备的攻势被遏止以后，求战不得，兵疲将躁，现在又舍舟就陆，原来担心的水陆并进、夹江直下的形势已转变，认为反攻的时机到了。六月，陆逊上书孙权，指出蜀军部署已不会有变化，目前攻破蜀军已经没有什么困难了。陆逊部将多困惑不解，认为蜀军深入吴境五六百里，又相持七八个月，阵营已固，目前反攻必然失利。陆逊却坚持自己的判断。闰六月，陆逊先试探性地进攻蜀军的一个营寨，果真失利。诸将更认为战机已失，但陆逊却从这次交锋中摸到了蜀军的弱点，气候炎热的夏末，蜀军营寨均以木栅构成，又地处峡谷，草树丛生，于是确定了用火攻打败蜀军的策略。陆逊命令士卒每人都带一把茅草，到达蜀营处，顺风点火，乘势发起猛攻，蜀军顿时大乱。接着，陆逊指挥诸军，用同样的办法，全线出击。朱然率军五千突破蜀军前锋，很快插入蜀军后方，与韩当所部进围蜀军于涿乡（今湖北宜昌西），切断其退路。诸葛瑾、骆统等率部配合陆逊主力在猇亭向蜀军发起反攻。吴军连破蜀营四十余座，并以水军截断了蜀军长江西岸的联系，蜀将冯习、张南战死，一部分蜀投降吴军。包围夷道孙桓的蜀军也溃逃了。马良、沙摩柯也被步骘诛灭于零陵、桂阳地区，马良、沙摩柯被杀。刘备被迫退守马鞍山（今湖北宜昌西北），依险据守。陆逊督诸军四面围攻，蜀军溃败，前后共歼蜀军数万人。蜀军舟船、器械、物资丧失殆尽。刘备带领少数人马，趁黑夜冲出重围，逃至石门山（今湖北巴东东北），孙桓紧追不舍，几乎被擒，靠焚烧溃兵丢弃的装具堵塞山道，才得脱险，退回白帝城（今四川奉节东）。赵云率军由江州到达白帝城，阻住吴军西进。而在江北防御魏军的黄权，因退路被吴军截断，在这年八月率众投降魏国。为防备曹军，陆逊建议孙权下令停止追击蜀军，夷陵之战方告结束。这次战役使蜀汉元气大伤，力量更加衰弱，刘备也一病不起，第二年死于白帝城永安宫。

姜维北伐

姜维字伯约，蜀国大将军，第五代执政大臣。诸葛亮北伐事业的继承者。天水冀县（今甘肃甘谷县东南）人。少孤，好郑氏学，才兼于人。曾为魏天水郡中郎将，后降蜀官至大将军。维忠勤时事、思虑精密、敏于军事，既有胆义，又兼心存汉室深得诸葛亮器重。随诸葛亮出祁山，久经沙场，累立战功。姜维继诸葛亮之略，以攻代守，伺图中原，恢复汉室。又思实际：由是练西方风俗，欲以羌胡为翼，断陇西所属，拓界厉兵。于是伺机十一次兵伐中原，降李简部、斩魏将徐质、破大敌王经，一时挫魏国之威。又段谷胡济失约退败。侯和为艾破。奈先费祎裁制，后宦臣黄皓弄权，互有胜负，悉未成功。及后主降艾，敕维降，维乃佯降于会，策会反，图中原欲以杀会重扶汉室，乃事败，维及妻子皆伏诛。

姜维北伐，建兴十二年（234 年）诸葛亮“出师未捷身先死”死于五丈原后，蜀国后主加封姜维右监军、辅汉将军，统帅诸军，进封平襄侯。随后历任司马、镇西大将军，兼任凉州刺史、卫将军、大将军，朝廷授予符节。据《三国志》记载，西元 238 年—262 年，姜维共进行了十一次北伐。姜维屡次北伐，不但未见成效，反而弄得民困兵疲。于是，不再轻易对外用兵，转过头来，致力于加强汉中的守御。

第一次北伐，后主延熙元年（238 年）姜维和蒋琬率偏师出陇右，在南安与魏军相持不下。

第二次北伐，延熙七年（244 年）姜维和费祎出兵兴势，遣王平袭击魏将曹爽，曹爽大败。

第三次北伐，延熙十年（247 年）出陇西，与魏将郭淮，夏侯霸大战洮西。

第四次北伐，延熙十二年（249 年）姜维派廖化去洮城，此时已是在“蜀中无大将，廖化作先锋”的情况下，姜维独力与魏国众多将领作战，双方互有胜负。

第五次北伐，延熙十三年（250 年）姜维以羌胡为辅，与郭淮战于洮西，双方打成平手。

第六次北伐，延熙十六年（253 年）费祎遇刺被害后，姜维出兵包围南安，魏将陈泰带兵解围，姜维粮尽而退。

第七次北伐，延熙十七年（254 年）出陇西狄道，斩魏将徐质，将河关、狄道、临洮三个县的居民迁往蜀地。

第八次北伐，延熙十八年（255 年）魏国发生政变，曹爽被杀，魏将夏侯霸投降。姜维出兵狄道，于洮西大破王经的兵俊，王经退守狄道城，后陈泰派兵解围，姜维退兵。

第九次北伐，延熙十九年（256 年）姜维再次出兵，蜀将胡济失期不至，为邓艾破于段谷，蜀军死伤惨重，蜀国将士多对姜维有所怨恨，姜维上表自贬为后将军，一样行使军权。

第十次北伐，延熙二十年（257 年）魏国诸葛诞叛乱，姜维趁机出兵秦川，魏军坚守不战对抗。次年（景耀元年，258 年）诸葛诞兵败，姜维退兵，重新升官为大将军。

第十一次北伐，景耀五年（262 年）姜维再次出兵，与邓艾战于侯和，为邓艾所破，然后还住沓中。这是姜维最后 次北伐，此时黄皓欲以阎宇替代姜维，姜维因厌恶黄皓擅权，曾向后主请求诛杀黄皓，但后主没有接受，姜维察觉此举可能惹怒黄皓，为了避祸便避居沓中，屯田避祸。

三国归晋

263 年司马昭为了建立赫赫军功，以做好篡夺准备，命钟会、邓艾及诸葛绪率军伐蜀，蜀汉主将姜维阻敌于剑阁。最后邓艾经阴平直袭涪城，进逼成都。最后刘禅投降，蜀汉灭亡，史称魏灭蜀之战。及后钟会、姜维意图叛变，但被司马昭立即平定。不久司马昭去世，其子司马炎最后于 265 年篡位，曹魏灭亡。司马炎建立晋朝，是为晋武帝，定都洛阳，史称西晋。

当时孙吴局势混乱，吴帝孙皓不修内政又穷极奢侈。270 年河西鲜卑秃发树机能叛乱，直至 279 年方平定。司马炎在此时先做好伐吴准备，他派羊祜守襄阳与孙吴名将陆抗对峙，派王浚于益州大造船舰。274 年陆抗去世，次年羊祜提议伐吴，遭贾充反对而作罢。经过多年准备，279 年王浚、杜预上书司马炎，认为是时候伐吴了，贾充、荀勖等则以“西北未定”的理由反对。

最后司马炎决定于该年 12 月进攻吴国，史称晋灭吴之战。司马炎以贾充为大都督，上游王浚军、中游杜预等军、下游王浑等军共六路并进。最后于 280 年逼近建业，孙皓投降，孙吴灭亡，西晋成功统一天下。

白帝托孤

建安二十四年（219 年），刘备在汉中之战中斩杀曹操名将夏侯渊，击败曹操、占据战略要地汉中。在这样节节胜利的情况下，刘备部将关羽孤军北伐曹魏，虽然水淹七军、擒于禁、斩庞德、威震华夏、围曹仁于襄阳，达到了军事上的最高峰，但是荆州后方空虚，东吴吕蒙以白衣计乘机夺取荆州（主要是江陵和公安），最后关羽被吴军擒获，遭到杀害，“失荆州”使得刘备元气大伤，蜀汉政权也开始走下坡路。刘备闻后尽起全国大兵去讨伐吴国，为关羽报仇，被陆逊击败，刘备兵败退到白帝城。

刘备在白帝城一病不起，召诸葛亮等人托孤，刘备对诸葛亮说：“如果你看阿斗是个当皇帝的料子，你就辅佐他，如果他不是个当皇帝的料子，你就把他废黜了，你自己当皇帝吧。”诸葛亮一听立刻跪下说：“我一定会全心全意辅佐刘禅的，绝不敢有一点自己当皇帝的意思。一定会做到鞠躬尽瘁，死而后已。”

诸葛亮生前最后一个计谋

司马懿夜观天相，预知诸葛亮将不久于人世，诸葛亮临死时设下一计，一面用自己的替身迷惑司马懿让他认为诸葛亮未死而不敢轻举妄动，一面暗令西蜀大军迅速撤退，当司马懿反应过来知道有诈为时已晚，已经追不上他们了。

七步诗

三国时期，魏国曹操去世后，他的长子曹丕即位，而曹丕的弟弟曹植被封为丞相。

曹植很有才华，精通治国理家，说起朝中政事滔滔不绝且管治有方，因此在朝中很有威信，可谓是君子一言，驷马难追。曹丕把这一切都看在眼里，心中的妒火油然而生，对曹植产生了怨恨之心，把他视为眼中钉、肉中刺，处处苦苦相逼。众臣渐也明其中理，阿谀奉承地在皇帝面前说三道四，谣言惑众：朝中一日有曹植，宫内鸡犬不宁，如他日造反，图谋篡位，何不为宫中一大害？不如先下手为强，斩草除根，以免日后夜长梦多。

曹植画像

曹丕正好如偿所愿，借文武百官之口，决意趁早动手。正赶上一桩造反政事，曹丕假控曹植为主谋，正午时分，曹丕传弟弟曹植到池厅边相见。曹植一到，就被早埋伏好的卫队挥刀截下。见到曹丕，曹植道："吾兄传我有何贵干?"曹丕道："弟弟有所不知，据我朝重臣之意，闻今日事件起谋者你也。是与其于你所作为?曹植长叹一声，道："吾兄疑我谋反，谋你河山篡你朝位！如此罪行令吾何以担当?望吾兄明察秋毫!"曹丕不好推辞，只得说："好，看在你我兄弟的情谊，我命你在七步内作出一首咏颂吾与你的情分之词，但诗内不可见兄弟二字。不矣，休怪吾大义灭亲了!""若我不能在七步内作一首，任凭你处置!"曹植胸有成竹地说。"你既言如此，吾们一言为定!"

曹丕说完，曹植便迈出了第一步，突然，他闻到了从远处飘来的阵阵煮豆的香味，灵感突来，借物抒情，在刚走到第六步时就作下了这首脍炙人口的诗："煮豆持作羹，漉菽以为汁。其在釜下燃，豆在釜中泣。本自同根生，相煎何太急?"此诗作完，曹植对曹丕说："我们虽有君臣之分，但毕竟是骨肉相连，何必苦苦相逼?手足相残?我无意与你权利相争，无论谁为君主，我都会忠贞不二地跟随，毫无怨言！明枪易挡，暗箭难防。若你要灭我，轻而易举，何必大费周章，先父在九泉之下也难以瞑目啊!"曹丕听之，被驳得无话可说。

乐不思蜀

蜀后主刘禅投降后，司马昭设宴款待，先以魏乐舞戏于前，蜀官伤感，独有后主有喜色。司马昭令蜀人扮蜀乐于前，蜀官尽皆堕泪，后主嬉笑自若。酒至半酣，司马昭谓贾充曰："人之常情，乃至于此！虽诸葛孔明在，亦不能辅之久全，何况姜维乎?"乃问后主曰："颇思蜀否?"后主曰："此间乐，不思蜀也。"人们常把乐以忘返或乐而忘本，无故国故土之思，称作"乐不思蜀"。这个典故就产生于三国时的洛阳。

当时魏军入川，蜀后主刘禅投降，被送到洛阳。司马昭封他为安乐公，赐住宅，月给用度，僮婢百人。刘禅为表感谢，特意登门致谢，司马昭于是设宴款待，并以歌舞助兴。当演奏到蜀地乐曲时，蜀旧臣们油然涌起国破家亡的伤怀之情，个个泪流满面。而刘禅却麻木不仁嬉笑自若。司马昭见状，便问刘禅；"你思念蜀吗?"刘禅答道："这个地方很快乐，我不思念蜀。"

他的旧臣谷正闻听此言，连忙找个机会悄悄对他说："陛下，等会儿若司马昭再问您，您就哭着回答：'先人坟墓，远在蜀地，我没有一天不想念啊!'这样，司马昭就能让陛下回蜀了。"刘禅听后，牢记在心。酒至半酣，司马昭果然又发问，刘禅赶忙把谷正教他的话学了一遍，只是欲哭无泪。司马昭听了，说“咦，这话怎么像是谷正说的?”刘禅惊奇道:“你说的一点不错呀!”司马昭及左右大臣全笑开了。司马昭见刘禅如此老实，从此就再也不怀疑他。刘禅就这样在洛阳安乐地度过了余生，留下了这令人捧腹的“乐不思蜀”的典故。

郭　嘉

郭嘉（170－207），字奉孝，颍川阳翟（今河南禹州）人。东汉末年曹操帐下谋士，官至军师祭酒，封洧阳亭侯。后于曹操征伐乌丸时病逝，年仅三十八岁。谥曰贞侯。

郭嘉出生于颍川，也就是今天的河南禹州一带。此地是三国时期最大的人才库。当时为各路英豪出谋划策的谋士，十之六七出于此地。少年时代的郭嘉就展露出非凡的智慧，他喜欢与长者交谈，往往有独到的见解，常使长者们自愧不如。光阴往荐，饱读诗书的郭嘉转眼长大成人。他长得清瘦俊朗，又有一双清澈深邃的眼睛。郭嘉自信而清高，喜欢无拘无束，交友非常挑剔，只与心目中的仁人志士来往。但他待朋友非常真诚、热情，喜欢通宵达旦地饮酒畅谈。郭嘉 21 岁的时候，在朋友田丰等人的鼓动下，投奔到袁绍帐下。袁绍当时被称为“天下英雄”。他对郭嘉等人极为敬重，厚礼待之。但数十日一过，郭嘉便看出袁绍不懂得用人之道，非成大事之人。于是，郭嘉毅然离袁而去。郭嘉是在袁绍最风光的时候离开他的，这非但要有极大的勇气，更要有超常的眼光。就这样，郭嘉一直赋闲了 6 年。公元 196 年，曹操颇为器重的一位谋士戏志才去世。伤心之余，曹操写信给荀彧，让他给推荐一位可以接替戏志才的谋士。于是，荀彧就将好友郭嘉推荐给了曹操。曹操大喜，十里相迎将郭嘉接入自己的营帐，共论天下大事。这次会面的重要性绝不亚于后来的“隆中对”。郭嘉比曹操小 15 岁，但对曹操的宏图伟志似乎了如指掌。当曹操就天下形势向郭嘉问计时，郭嘉一语道破要害，提议曹操乘袁绍攻击公孙瓒之时先消灭吕布。这样不仅能使曹军增强实力，又可以避免以后曹袁决战时吕布从侧翼威胁曹军。曹操又询问郭嘉，作为谋士，最关键的素质是什么？郭嘉说战争和下棋一样，没有一场战争是事先部署好的，熟读兵法只是入门，军师的优劣在于临场应变。郭嘉明晰透彻的分析，让曹操一下看到了光明的未来。曹操听完感叹道“使孤成大事者，必此人也。”郭嘉离开营帐后，也大喜过望地说“真吾主也。”从此，郭嘉便当上了曹操参谋军事之官——军师祭酒，为曹操的四方征战出谋献策，忠心效力。

当时，各路诸侯割据一隅，并无鲸吞四海之志。在这种情况下，郭嘉对一个个敌手心理状态的准确判断，便常常成了曹操获胜的关键。公元 197 年，当曹操正担心自己不具备与袁绍抗衡的实力之时，郭嘉提出了著名的“十胜十败”之说。他一连举出十条理由，以证明“公有十胜，绍有十败。”郭嘉的分析很具说服力，不但振作了曹军将士的斗志，更助曹操拟定了远期和近期的作战目标。同时，郭嘉也正式确立了自己在曹操军事智能团中的核心地位。公元 198 年 9 月，曹操采纳郭嘉之谋出兵攻打虎踞徐州的吕布。曹军先破彭城，再败吕布，最后围困下邳。吕布坚守不出。战役持续了大半年，曹操见士兵疲惫，准备放弃。这时，郭嘉却看出了胜机。他以项羽为例劝谏曹操，提出“有勇无谋者若气衰力竭之时，便不久于败亡”的观点，劝曹操急攻。曹操依郭嘉计策而行，一面攻城，一面决堤水掩下邳，果然于同年月攻克下邳，擒杀吕布。

一般情况下，曹操对郭嘉是言听计从的。但只有一次，他没有听从郭嘉的意见，结果犯了一个不可弥补的错误，那就是在公元 199 年放走了刘备。刘备投靠曹操后众人一开始都建议杀掉他，以绝后患。唯有郭嘉同曹操意见一致，认为刘备不能杀。郭嘉的本意是让曹操对刘备实施软禁。因为如果杀了刘备，必然给曹操带来不好的影响，断绝人才之路。虽然不能杀，但也绝不可以放。但曹操对郭嘉的意思理解得一知半解，以致铸成大错。在曹刘煮酒论英雄之后，刘备担心曹操猜忌，便想伺机脱离曹操的控制。刘备假称趁袁术溃败，主动向曹操请求前去截击。这时，恰好郭嘉不在身边，曹操就同意了刘备的请求。待郭嘉回来，得知此事后马上说“ 备不可遗也。”曹操当时也后悔了，立即派人去追，但已来不及。果然，后来刘备踞有徐州，开始对抗曹操。

公元 200 年，曹操大军与袁绍在官渡相持不下。曹操担心刘备突然发难，在背后捅上一刀。正面的强敌已难于应付，曹军还能不能分出兵马迎击刘备呢？郭嘉偏偏说“可以”，而且事不宜迟。郭嘉分析道“袁绍向来优柔寡断，不会迅速做出反应。刘备人心未归，立足未稳，迅速进攻，他必败无疑。然后再回师对付袁绍，这是改变腹背受敌的最好机会，决不能失去。”于是，曹操举师东征，大破刘备，俘虏了刘备的妻子，擒了关羽。情况正如郭嘉所料，袁绍果然还没有做出反应，刘备就已被击败。也是在曹操与袁绍相持官渡之时，又一个令人不安的消息传到曹营：江东豪杰孙策，准备发兵偷袭曹操位于许都的根据地。孙策骁勇善战的名声当时正在中原大地上“当当”作响，这位将门虎子艺高胆大，完全继承了其父孙坚的好斗气质。

此前，他以所向披靡之势，在富饶的江东四面作战，一举奠定了雄厚的基业。与袁绍相持中已经处于劣势的曹操，根本不可能再抽出兵力保卫许都。而一旦许都失守，曹操阵营将立刻分崩离析。这是曹营中人心最为动乱的时期，不少人开始暗中向袁绍献媚，准备为自己留条后路。当时，曹军中与袁绍私下有书信往来者很多，官渡之战后，在袁营中就搜出了不少通敌竹简。在此紧急关头郭嘉居然提出一个令人匪夷所思的见解“明公曹操根本没必要抽出兵力去保卫许都，因为孙策来不了。”郭嘉说“孙策刚刚吞并江东，所杀的都是英雄豪杰。而孙策本人又轻率疏于防备，虽然拥有百万之众，但和孤家寡人无异。我看他必然死于刺客之手。”后来孙策果然因三名刺客为主人报仇，中毒箭而亡。这或许是巧合，但确实为郭嘉的神机妙算添上了一笔。

公元203年，官渡之战大败而归的袁绍病逝，曹操进攻他的两个儿子，连战连捷。曹军诸将都想乘胜攻破二袁，可就在此时，先前力主北进的郭嘉却力排众议，独进奇策，建议退兵。他为曹操分析了袁氏两兄弟之间的矛盾“ 袁绍的两个儿子，袁谭虽是长子，但袁绍更喜欢袁尚。袁绍一直为传位给哪个而犹豫，以至于在撒手人寰之际才草草决定让三子袁尚接位，长子袁谭对此一直心存不满。如果我们攻打，他们一定会联合抗击，如果暂缓用兵，他们一定会爆发内讧。”郭嘉建议曹操装作向南攻击刘表之势，“以待其变”。果然，曹军刚回到许昌，袁军生变的消息就已传来。曹操乘机回军北上，将袁谭、袁尚各个击破，二袁一死一逃。因为郭嘉的妙计，这一仗赢得既轻松又顺利。

公元207年，袁尚逃入乌桓，即现在的辽宁锦州一带。曹军诸将都说“袁尚已如丧家之犬，关外胡人不会支援他们的。如果再做远征，刘备必然会挑拨刘表袭击许昌，万一有什么变数怎么办?”此时的刘备经过数年的休养生息，在荆州刘表的身边又积聚了相当的实力。以曹操对刘备的了解，他有理由担心自己孤军远征之际，刘备会在背后发难。这时，郭嘉又提出不同于他人的见解“明公你尽管放心地去远征，留下一个空空荡荡的许都也无妨，我料定刘备无法给你添麻烦。不是刘备不想添，而是有人会代替您来阻止他，此人就是刘表。”在众人一片哗然声中，郭嘉详细地分析了平乌桓之役的可行性和重大意义“胡人自恃偏远，现在必然没有防备，突然发动攻击，一定能够将他们消灭。袁绍对胡人有恩，如果袁尚还活着，他们一定帮忙，迟早是隐患。现在袁家的影响还很大，这个时候南征，如果胡人有行动，我们的后方就不安稳了。但刘表是个只知坐谈的政客，他自知能力不足以驾驭刘备，所以必然会对刘备有所防备。现在虽然是虚国远征，但一劳永逸，就再也没有后患了。”郭嘉的观点一针见血，曹操听罢茅塞顿开，立刻进兵辽东。曹军在白狼山奇袭乌桓主营，俘虏了20余万人。走投无路的袁尚投奔了襄平公孙康。曹操军到易城，郭嘉觉得推进的速度还是太慢，又进言道：“兵贵神速。现在潜力远征，辎重太多，行进缓慢，被对方有所觉察必然就要做防备。不如留下辎重，轻兵速进，攻其不备。”后来，这一战成为了中国战争史上“兵贵神速、奇兵制胜”的经典战例。曹操在设置了一些撤军假象之后，暗中率领一支轻装精兵，在向导的带领下突然出现在乌桓首领蹋顿王的背后。乌桓军士措手不及，首领蹋顿也被击杀。这次行军路况极端恶劣，沿途有长达二百里的地段干旱无水。当粮食吃光以后，曹军将士又不得不先后杀了几千匹战马充饥，才艰难抵达目的地。同年秋天，辽东太守公孙康带着袁尚的首级前来投降。曹操根据郭嘉的计策终于彻底平定北方，统一了整个黄河流域以北地区。在从柳城回来的途中，因为水土不服，气候恶劣，再加上日夜急行又操劳过度，郭嘉患疾病去世。就这样，一个旷世奇才如流星一般陨落了。

在曹操诸多谋士中，唯独郭嘉最了解曹操，并且两人关系亲密，犹如朋友一般。据载，二人行则同车，坐则同席，其亲密程度可见一斑。在严于治军的操营帐里，郭嘉有很多不拘常理的行为，但在偏爱他的曹操眼里，“此乃非常之人，不宜以常理拘之”。曹操手下有一位纪检官员，叫陈群，曾因郭嘉行为上不够检点奏了他一本。但是，曹操一面表扬陈群检举有功，一面却对郭嘉不闻不问。不仅如此，曹操还暗地里为郭嘉一仍其旧的生活作风喝彩。在长年征战生涯中，曹操总是把郭嘉带在自己身边，以便随时切磋，见机行事。有史学家说，郭嘉是幸运的，只有曹操这种具有雄才大略的人，才敢于使用郭嘉这类藐视礼法的人，并把他引为“知己”。每逢军国大事，郭嘉的计策从无失算。曹操更是对年轻的郭嘉寄予了无限的希望，打算在平定天下之后，把身后的治国大事托付给郭嘉。

郭嘉在曹操集团中的重要地位是无人可以替代的，甚至可以将曹操的戎马生涯按郭嘉之死分为前后两部分。生前郭嘉帮助曹操统一了北方：在曹操先后剿灭吕布、袁绍及其余部的战斗中，郭嘉居功至伟。郭嘉死后，曹操除在西北与马腾、韩遂等草寇型军阀的战争中取得一些战绩外，基本上处于停滞不前的境地。公元208年赤壁之战后，更留下一个天下三分的无奈结局。

对此曹操本人亦深有体会，不然他不会在赤壁战败后的退却路上，发出这样一声孤猿泣血般的哀叹：“郭奉孝（郭嘉）在，不使孤至此。惜哉奉孝！痛哉奉孝！哀哉奉孝！”

观沧海

《观沧海》是曹操的名篇。公元207年，曹操亲率大军北上，追歼袁绍残部，五月誓师北伐，七月出卢龙寨，临碣石山。他跃马扬鞭，登山观海，面对洪波涌起的大海，触景生情，写下了这首壮丽的诗篇。

观沧海

[东汉末年] 曹操

东临碣石，以观沧海。
水何澹澹，山岛竦峙。
树木丛生，百草丰茂。
秋风萧瑟，洪波涌起。
日月之行，若出其中；
星汉灿烂，若出其里。
幸甚至哉，歌以咏志。

第九章　两晋南北朝

西晋的建立和统一

淮南的叛乱平定后，魏景元元年（260 年），司马昭进位相国，封晋公。魏皇帝曹髦见权势日去，迟早要被废掉，召来侍中王沈、尚书王经、散骑常侍王业，对他们说："司马昭之心，路人皆知也，我不能坐受被废的耻辱，现在我应当同你们一齐讨伐司马昭。"王经说："过去鲁昭公不能容忍季氏，结果失败丧国，为天下耻笑，如今权归司马氏已很久了，朝廷以及州郡官员都为他们效力，并且我们掌握的宿卫兵太少，这样做太危险了。"魏帝从怀中拿出诏书扔在地上说："我决心已定，即使死，又有什么可怕？况且也不必就死。"于是入告太后。王沈、王业急忙跑去向司马昭报信，并拉王经一齐去告发，王经不从。曹髦率殿中宿卫、官仆等鼓躁而出，挥剑与贾充在南阙，贾充部下想逃散，太子舍人成济问贾充"事急矣，当云何？"贾充说："司马公蓄养你们，正为今日，今日之事，无可问也。"成济便拔剑刺魏帝，魏帝当即死于车下。

曹髦死后，司马昭又立十四岁的陈留王曹奂为帝。景元三年（263 年），司马昭出兵灭了蜀国，灭蜀后又杀了伐蜀的两员大将邓艾、钟会。

司马氏专权的行为除了受到曹氏武装力量的反对和抵制外，也受到了一部分有影响的名士们的消极抵抗，他们玩世不恭，蔑弃礼法，放纵形遗。司马氏采取分化瓦解的办法，争取了像山涛、向秀、阮籍一些有影响的玄学家，杀害了态度强硬，拒不合作的嵇康。司马氏代魏的障碍全部扫清了。

咸熙元年（264 年），司马昭被封为晋王，增封十郡，以其子司马炎为大将军。次年五月，加司马昭殊礼，进王妃为后，立世子司马炎为太子。八月，司马昭死。十二月，魏帝曹奂禅位于晋，司马炎即帝位。追尊宣王司马懿宣帝，景王司马师为景帝，文王司马昭为文帝。尊王太后为皇太后，以石苞为大司马，郑冲为太傅，王祥为太保，何曾为太尉，贾充为车骑将军，王沈为骠骑将军。西晋建立不久，司马炎又派成隆击败鲜卑树机能，平定凉州。但是江东吴国尚存。

吴国在孙权统治的晚年开始发生内争，在无休止的权力争夺中，国力大衰。孙权先立孙登为太子，孙登早死，又立孙和为太子，但却宠爱孙霸，于是朝内形成了两派，斗争异常激烈，孙权怕引起大乱，便废掉了太子孙和，并令孙霸自杀，又立孙亮为太子，诸葛恪和孙峻辅政。孙亮和孙峻合谋杀害了诸葛恪，由孙峻专制朝政。孙峻死后，弟孙綝掌权，孙綝废掉孙亮，立孙休为帝，孙休与将军张布等设谋杀死孙綝。孙休做了六年皇帝，景元五年（264 年）病死，由乌程侯孙皓继位。孙皓是三国时期有名的暴君，他粗暴骄盈，多忌讳，好酒色，让大臣们非常失望，丞相濮阳兴和张布后悔立他为帝，孙皓知道后就把他俩杀害了。接着又杀死孙休的妻子和孙休的两个儿子，对大臣们更是稍有不如意非杀即罢，还常使用剥面皮和凿眼睛的酷刑。又大兴土木建昭明宫，造苑囿楼观。在他的统治下，“国无一年之储，家无经月之蓄”，国内人民多次举行暴动，同时宗室将领夏口督孙秀、京下督孙楷又先后投降西晋，众叛亲离，国运日衰。当时孙吴都督荆州地区军事的是镇东大将军陆抗，陆抗很有军事才能，负责长江防务，与西晋将领羊祜领兵对峙。孙皓多次派兵进攻西晋，陆抗上书劝孙皓：“要力农富国，审官任能，严明刑赏，安抚百姓，而穷兵黩武，动费万计，士卒劳瘁，这样敌人不会为之衰败，而我们却得了大病，按目前的情况看，大小势异，想入主中原，不是安国之良策。”但孙皓不听。西晋泰始十年（274 年），陆抗病卒，临终前上书劝孙皓加强西陵、建平方面的防务，防止敌人泛舟顺流而下。

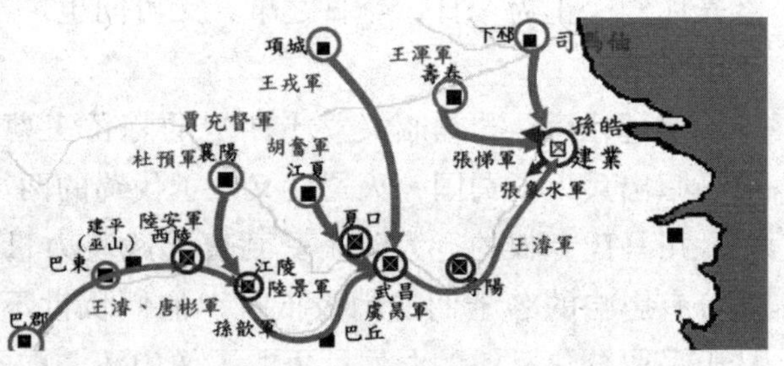

晋灭吴之战形势图

咸宁二年（276 年），西晋征南大将军羊祜上书请求伐吴，羊祜说：“现在东吴江淮险阻不如剑阁，孙皓残暴过于刘禅，吴人困苦甚于巴蜀，而晋朝力量则远盛于往日，是平定东吴、统一海内的好时机，如果我们各路大军齐下，东吴防不胜防，国内必然震动，那时，虽有智能之士，也难以对付我们。而且孙皓众心离叛，将领平时都畏其凶暴，早想离去，我们大军一到，必然响应，用不了多久，我们就能取得胜利。”羊祜的分析，晋武帝司马炎很赞同，但朝议不统一，司马炎没有马上出兵进攻孙吴。

咸宁四年（278 年）十一月，羊祜病逝，西晋以杜预为镇南大将军，都督荆州诸军事。次年，益州刺史王浚、镇南将军仁预又先后上书请求伐吴。十一月，晋武帝司马炎开始大举伐吴，发兵 20 万，大军发为六路，在东西千余里的边境线上，同时出击，以镇东将军琅玡王司马伷出涂中（今安徽全椒县滁河流域），安东将军王浑趋横江（今安徽和县东南横江浦），建威将军王戎趋武昌，平南将军胡奋向夏口，镇南大将军杜预自襄阳向江陵，龙骧将军王浚、广武将军唐彬率巴蜀军队顺流而下。太尉贾充为大都督，节制全军。

王浚所统水军顺江东下，先破丹阳，东吴太守吾彦在长江要害之处，设置铁锁链，横断长江航路；又制作一丈多长的铁锥，暗置江中，阻止船舰通过，王浚率军七万，乘船东下，用预先作好的大筏，缚草为人，被甲持仗，立于筏上，命会水者推筏前进，排除铁锥。又制大火炬，浇以麻油，烧断横江锁链，破除障碍，然后顺流而下，攻克武昌，直逼建业。其时杜预所部也取得了江陵，沅、湘以南到交广，州郡望风而归附。

晋武帝司马炎像

王浑所统陆军在历阳（今安徽和县）大败吴军，接着直奔南方。孙皓派丞相张悌督丹阳太守沈莹、护军孙震、副军师诸葛靓，率军三万渡江阻击。吴军开至牛渚（今安徽当涂西北长江边上）时，沈莹劝张悌不要渡江北上与晋军决战，要积蓄力量，等东下的晋水军到来时再战。张悌不听，渡江包围王浑部将张乔，吴将沈莹率精兵五千，向张乔部发起进攻，晋兵不动，连续三次都攻不破敌营，率兵引退，部众顿时溃散，西晋蒋班与张乔趁势前后夹击，吴军大败，张悌及部将孙震、沈莹战死。孙皓又急忙派陶浚准备领兵迎战，当天晚上，召集起来的兵士就全逃散了。

其时，东路司马伷的军队也逼近建业，孙皓势穷力竭，只得分派使者向王浑、王浚、司马伷处投降。

王浚自武昌扬帆东下，兵甲满江，旌旗遮天，直逼建业。吴水陆军纷纷溃逃，吴主孙皓诣军投降王浚。

孙皓投降后，被迁往洛阳，司马炎封他为归命侯。孙皓登殿叩首，拜见晋武帝，司马炎对孙皓说：“朕设此座以

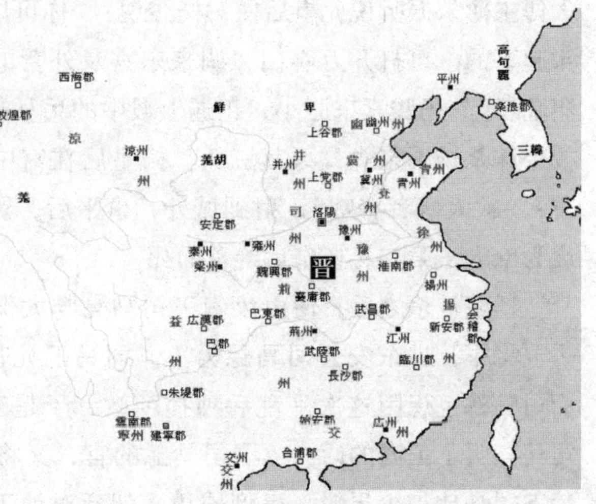

西晋初期疆域图

待卿久矣。”孙皓回答说：“臣于南方亦设此座以待陛下。”司马炎问东吴旧臣有关孙皓灭亡的原因，薛莹回答说：“孙皓君临东吴，亲近小人，刑罚妄加，大臣诸将人不自保，此其所灭亡也。”

西晋灭吴后，结束了三国长期分裂的局面，使国家重新归于统一。

八王之乱

西晋太熙元年（290 年），晋武帝死后，惠帝即位，年 32 岁，天生痴呆，由武帝的杨皇后之父杨骏辅政。武帝因为自太康年后期便不留心政事，宠幸后党，以致使杨骏、杨珧、杨济独揽大权，时号“三杨”。武帝死后，杨骏竭力排斥异党，亲宠左右。

当时汝南王司马亮为大司马，出督豫州，镇守许昌，司空石鉴与中护军张劭监统山陵，有人传告杨骏，说汝南王司马亮到许昌，想举兵讨伐杨氏。杨骏听后十分恐惧，便找杨皇后商量，杨皇后让惠帝写了一封手诏，命令石鉴与张劭去讨伐汝南王司马亮。石鉴认为这样不妥，按兵不动，只是派人秘密窥视情况的发展。见汝南王司马亮并没有什么迹象，于是杨骏也就不再催促。

元康元年（291 年），生性酷毒、与杨氏嫌恨甚深的贾后，不甘杨氏的专政，便带信给汝南王司马亮，让他连夜起兵讨伐杨骏。汝南王司马亮说：“杨骏凶暴，死期不远了，不足为虑。”贾后又带信让楚王司马玮率兵前来。楚王司马玮先入朝，请惠帝废除杨骏，东安公司马繇则率领殿中四百人尾随其后。大傅主簿朱振听说此事后便对杨骏说：“你可以派人烧了云龙门，然后追索带头起事的。再打开万春门，调来东宫及外营的部队，拥翼皇主子，进宫抓起犯乱者。”杨骏素来胆小，正遇上殿中的兵马赶到，杀了杨骏。贾后接着秘密授令诛杀杨氏亲党，灭其三族。杨皇后在宫中发现叛乱已起，便在布帛上写着：“救太傅者有赏”，射到城外，事平后，贾后以杨皇后为杨骏同谋，将她废为庶人，第二年杨皇后绝食而死。

杨骏被杀之后，便由汝南王司马亮与太保卫瓘共同辅政。以楚王司马玮为卫将军，进东安公司马繇为王。司马繇兄长司马澹对司马繇一直很讨厌，而司马繇也想因这次平乱后独揽朝政，于是王澹便到汝南王司马亮处离间。司马亮听了王澹的话，免了司马繇的官，又将他废徙到带方（今朝鲜镜内）。楚王司马玮年少果锐，事刑威厉，朝廷对他不放心，汝南王司马亮与卫瓘商量，让他回自己的藩地。楚王司马玮于是便到贾后处谮言亮与卫瓘。贾后便让惠王下诏废除二公，并命楚王司马玮行事，杀了司马亮与卫瓘。楚王司马玮的亲信这时献计说："你可应趁用兵之时，也杀了贾后的族兄贾模、从舅郭彰等，以此匡正王室，安抚天下。"楚王司马玮犹豫不决。天亮时，贾后则先走一步，以楚王司马玮矫诏专杀之罪，杀了楚王司马玮。此后，贾后专权，以张华为侍中、中书监，裴頠为侍中，与贾模一同辅政。

不久，贾后与太子遹之间矛盾加剧。永康元年（300 年），贾后矫诏废杀太子。赵王司马伦、孙秀趁机命翊军校尉齐王司马冏带兵入宫中，将贾后抓起，废为庶人，旋又杀之，灭贾氏族党，并杀死贾后亲信张华、裴頠等。接着，赵王司马伦自任使持节，督中外诸军事、相国、侍中、以孙秀为中书令，控制了朝廷的大权。

淮南王司马允此进正担任中护军，密养敢死之士，密谋驱逐赵王司马伦。赵王司马伦听说后恐惧，将淮南王司马允转升为大尉，另外多加优厚，想以此夺取他的兵权。淮南王司马允知其阴谋，便假称有病不赴。赵王司马伦派御史逼淮南王司马允前行，并扣留了他的官属，指责他大逆不道。允无奈，就率领国兵及帐下的七百人出讨赵王伦。快到宫前时，尚书左丞王舆见势不好，便关闭了东掖门，不让淮南王允进去，司马允只好不去围攻相府。当时赵王司马伦之子虔正在门下省，便派司马督护伏胤率领四百人从宫中出来，诈称援助，淮南王司马允急需救助，不知是计，就下车接见，被伏胤杀死。孙秀一直与潘岳、石崇有隙，这时就趁机指责他们是淮南王党，也一起捕起杀死。

永康二年（301 年），赵王司马伦专权心切，便将惠帝移到金墉，自立为王，改元建始。不久，齐王司马冏起兵反赵王司马伦，成都王司马颖在邺（今河南临漳），常山王司马冏在其藩地，也一同起兵响应。河间王司马颙在关中，派张方去援助赵王司马伦，但一见齐王司马冏，成都王司马颖势力甚大，便反过来又支持二王。

由于诸王的投入，"八王之乱"开始发展为一场大混战。四月，左卫将军王舆与尚书广陵公漼带兵入宫，杀了孙秀，先逐赵王伦归第，随后一同杀了，将惠帝重新从金墉迎回。齐王冏带兵至洛阳，甲兵十万，旌旗招展，震动京师，惠帝拜为大司马，都督中外军事，加九锡之命，又封成都王司马颖为大将军，录尚书事也加九锡。但卢志却不出来私下劝司马颖推崇齐王冏，以显无私欲之心。成都王司马颖授受了他的建议，以母亲身体不佳为托辞不受九锡，回到邺城。

齐王冏辅政，一开始就大建官邸，沉湎酒色，不入朝见，外事惟亲是宠，选举不均，以至朝廷侧目，海内失望。司马冏兄东莱王司马蕤与王舆一起计谋废除齐王司马冏，但事情泄密，东莱王冏蕤被免为庶人，王舆被杀。

永宁二年（302 年），河间王司马颙起兵反齐王冏，成都王司马颖响应，长沙王也率兵前来协助。长沙王见了成都王司马颖，说："天下之事，应以先帝之业为先，我们应当维护它。"听者对他都有所惧怕。李含这时便对河间王司马颙说："可以放令让长沙王去讨伐齐王冏，同时把这事预先透露给齐王冏，齐王冏一定会起兵灭杀长沙王，然后再将罪归于齐王冏，消灭齐王冏而立成都王司马颖。"河间王司马颙听从了李含的计策。果然，齐王冏派将领董艾去袭击长沙王，双方交战后齐王冏部败阵。长沙王抓住了齐王冏，并将他杀了。河间王司马颙原以为长沙王弱而冏强，可是结局却出乎意料，于是便发布通告，动员诸方力量讨伐长沙王。

太安二年（303 年），成都王司马颖、河间王司马颙起兵攻打长沙王。河间王颙以张方为都督，领精兵七万开赴洛阳，成都王司马颖以陆机为将军，督王粹、牵秀、石超等二十余万人，浩浩荡荡向洛阳逼近。惠帝暂避洛阳西十三里桥，参军皇甫商率兵在宣阳（今属河南）抵抗张方，被张方击败。张方进入洛阳，烧毁清明、开阳二门，死者万计。石超带兵追赶惠帝的随从。攻下缑氏（今河南偃师）后，放火焚烧。不久，王师回旋洛阳，在东阳门击破牵秀，在建春门击破陆机。长沙王奉惠帝之命讨伐张方，在洛阳城中交战，张方部下见惠帝乘舆前来，便往后退去，张方阻止不住，大败而去，退到十三里桥。这时人心沮丧，有人便劝张方趁夜溜之大吉，张方说："兵之胜败是常事，贵在因败而反过来取胜。我们可以出其不意袭击洛城，这才叫作用兵之奇。"于是在夜里偷偷带兵逼进洛城。长沙王刚刚打了胜仗，有些麻痹，这时率兵出战，被张方打败。张方围城多日，但始终不能攻克，想撤回长安。

这时，被张方所围的洛阳缺粮大饥，殿中的一些将领也苦于死守，便密谋趁夜抓住长沙王，逼东海王司马越出来做主，并通知惠帝免除长沙王的职位，将他送到金墉。张方则趁机派部将赶到金墉，杀了长沙王。八王之中，长沙王是最有才略的一个，等到长沙王死，大局便越发不可收拾。永兴元年（304 年），东海王越于是开城迎成都王司马颖，以成都王司马颖为丞相，东海王越为尚书令。成都王司马颖仍率部还邺城，张方也在掠劫奴婢万余人后西还。

该年七月，右卫将军陈眕及长沙王的旧将上官已等人起兵讨伐成都王司马颖，惠帝也亲自北征，聚兵十万以上，逼近邺城。成都王司马颖派石超迎战，结果王师被打败，并抓获了惠帝，侍中嵇绍（嵇康子）保护惠帝，被兵士所杀。河间王司马颙起兵来协助成都王司马颖，命令张方率兵进入洛阳，东海王越逃回东海。

于此同时，王浚在幽州起兵，联合鲜卑、乌桓及并州刺史东嬴公腾，南下讨伐成都王司马颖。成都王司马颖命石超等人抵抗，被击败。邺中大震，人心涣散。卢志劝成都王司马颖将惠帝送回洛阳，五天后至洛城。王浚乘胜追击，攻克邺城，杀烧劫掠，荼毒百姓。张方也趁势逼惠帝走洛阳，行前，军士抢劫后宫、分争府藏，一时魏晋以来的宝藏，一扫而空。十一月，惠帝一行到达长安，立豫章王炽为皇太帝，以河间王司马颙都督中外军务，张方为中领军，录尚书事，领京兆太守。

永兴二年（305 年），东海王司马越起兵征伐河间王司马颙及张方，王浚等推东海王司马越为盟主，东海王司马越于是以刘乔为冀州刺史，以范阳王司马虓领豫州。刘乔与范阳王九虎有隙，河间王司马颙便命其部将配合刘乔一起攻打范阳王司马虓。司马虓失败，派人去幽州求兵，得到突骑八百余人，打败了刘乔。河间王司马颙命令刘弘等去援助刘乔，刘弘认为张方一伙残暴无度，一定会败，便派合得到东海王司马越处求和。成都王司马颖进驻洛阳，与河间王司马颙一同抵御东海王司马越。永兴三年（306 年），范阳王司马虓渡官渡（今河南中牟县北），攻下荥阳，杀死石超，分兵许昌，又破刘乔。河间王司马颙听说刘乔败，大为惊惧，心想罢兵，但又恐怕张方不会答应，正犹豫不定时，有人劝他还是赶紧杀了张方，以此谢罪。于是河间王司马颙派郅辅去杀了张方，将首级示之东军，并要求向东海王司马越求和。

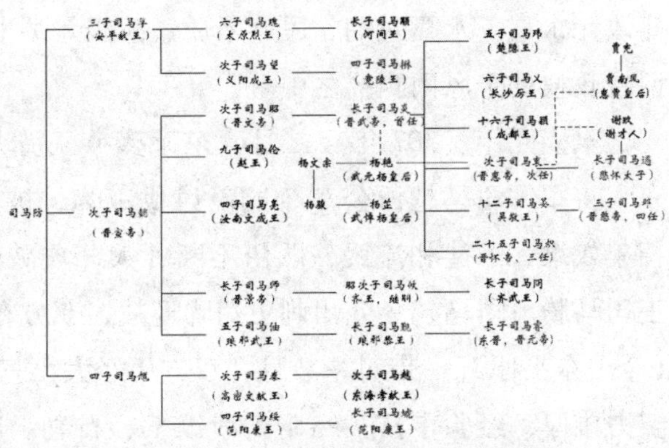

八王之乱——西晋皇亲国戚世系图

东海王司马越不答应，发兵西进。成都王司马颖从洛阳逃至华阳。东海王司马越派其部将祁弘等进兵长安迎惠帝。河间王司马颙知道大势不妙，先派人杀了郅辅，然后派彭随等前去迎战祁弘，但大败而归。河间王司马颙又派马瞻等抵御祁弘部队，也战败而亡。河间王司马颙一人乘马，逃往大臼山。祁弘于是率兵进入长安，所部鲜卑在城中大掠，杀人二万余。不日便奉命护惠帝返回洛阳。惠帝以东海王司马越为太傅，录尚书事。成都王司马颖则从华阳过武关，想回自己藩地，被刘弘中途截住，成都王司马颖丢下母亲、妻子，单车与二子渡河奔朝歌，想搜罗故将残兵，归属公师藩，被冯嵩在中途抓住，送到邺城，不久被杀。河间王司马颙逃到南山后，此时正被麋晃等围在城中，不久诏他为司马，河间王司马颙信以为真，结果在中途为南阳王司马模部将杀死在车中。

永兴三年（306 年）十一日，惠帝中毒而死，传为东海王司马越所害，太帝炽即位，是为怀帝。“八王之乱”自此结束。

八王之乱前后历经十六年，给了建立不久的晋王朝以毁灭性的打击，从内部挫伤了它的元气，并因无暇顾及边防，而使少数民族的贵族能乘机起兵，扶植势力，对此后历史产生了巨大的消极作用。

西晋的灭亡

永兴三年（306 年），西晋“八王之乱”终于落下帷幕。东海王司马越取得最后的胜利。不久，司马越毒死惠帝，另立司马炽为帝。是为怀帝。第二年改元永嘉。永嘉时期，民族矛盾、阶级矛盾非常尖锐，自然灾害十分严重，西晋政权处于风雨飘摇之中。

永嘉元年（307 年）二月，东莱豪族王弥从青、徐起兵反晋，自称为征东大将军。司马越派公车令鞠羡讨伐王弥，被王弥所杀。稍后，汲桑、石勒招集奴隶、囚徒和流民，队伍不断壮大，攻破邺城，杀西晋邺城都督、新蔡王司马腾。司马越令兖州刺史苟晞迎战，双方在阴平（今河北大名东）、平原（今山东平原）一带对垒数月，双方历经大小三十余战，互有胜负。由于苟晞实力雄厚，经验丰富，终于击溃汲桑、石勒。后汲桑战死。石勒投奔匈奴贵族刘渊建立的汉政权。王弥被晋将苟纯击败亦归附于汉。这时，西晋军队比反晋势力略占优势，但当晋军在战场上取得局部胜利后，统治者内部猜嫌又起。司马越因苟晞镇压汲、石有功，升其为抚军将军，都督青、兖二州。于是，司马越拜苟晞征东大将军、开府仪同三司、侍中、假节、都督青州诸军事、青州刺史，又进其爵为东平郡公。苟晞立下大功，反失去兖州地盘，对司马越十分不满。到青州后，苟晞不再服从中央，而擅自置立参佐和守令。

永嘉二三年（308—309 年），北方各族反晋力量都集中到汉王刘渊的旗帜下，反晋浪潮再度高涨，刘聪南据太行，石勒东下赵魏，王弥攻击青、徐、兖、豫等州。永嘉三年（309 年）秋冬，刘渊对洛阳发起两次攻击。九月，刘聪率军长驱至宜阳（今河南宜阳西）。自持兵强，懈怠不设备，遭到西晋弘农太守垣延的夜袭，大败而归。十一月，刘聪、王弥、刘曜等以精骑五万在前，呼延翼部以步卒后继，再次进攻洛阳。由于晋军顽强抵抗，呼延翼兵败，被部下杀死，汉军损失惨重。汉军两次失利，说明晋军尚有一定实力。但是，西晋统治者内部，尤其是司马越与怀帝之间的矛盾日益尖锐。怀帝稍亲政事，司马越立即流露出不悦之色，怀帝有心腹近臣缪播、缪胤、王延数人，司马越被诬犯上作乱，杀之于帝侧，怀帝亦悲亦惧，唏歔嘘叹息而已。后来，司马越悉数驱逐殿中武官，代之以东海国兵。

永嘉四年（310 年）。汉军分兵消灭各地晋军有生力量，积聚粮食，扩大武装。八月，刘渊病死，刘聪篡夺大位。这年冬天，刘聪发起对洛阳的总攻，声势浩大。洛阳危如垒卵。司马越遣使征发各地援军，怀帝悲悲切切嘱咐使者转告各征镇说："现在还有救，晚了就没救了。"可是使者如泥牛入海，杳无消息，始终不见各地都督、刺史发来一兵一卒。其时并州刘琨不能自保，王浚割据幽燕，或派不出兵，或按兵不动，荆湘交广四州都督山简"优游卒岁，惟酒是耽"，他派出的勤王之师在半路上就被打败。荆州刺史王澄也是只知纵酒，不亲庶事，他领着援军出来，听说山简败了，当即散众而还。洛阳文官武吏闻后都惶惶不安，很多人主张迁都避难。而身为宰辅与最高军事统帅的司马越既无退敌良策，又无坚守之志，竟以出讨或石勒借口，把皇帝扔在洛阳，而带领大军和一大批公卿官吏，匆匆出发。

司马越屯兵于项（今河南淮阳），留下潘滔为河南尹，总摄洛阳之事。潘滔不顾大局，再次挑起内部事端，诬害苟晞，苟晞兵力强盛，有恃无恐，岂能善罢甘休，上表强烈要求诛杀潘滔。司马越不许，苟晞更是怒不可遏，公开与司马越决裂，移文诸州郡列举自己的功绩与司马越的罪状。怀帝本来就憎恶司马越擅权，便诏令苟晞为大将军讨伐司马越，在汉军大兵压境的情况下，苟晞、司马越剑拔弩张，自相残杀。司马越心力交瘁，忧愤成疾。永嘉五年（311 年）四月，病死于项。

司马越既死，众人推王衍为元帅，王衍不知所措，推让于襄阳王司马范，司马范也不敢接受，军中无人主事，乱作一团。他们置洛阳安危和怀帝的死活于不顾，扶司马越的灵柩回东海国，一二十万大军跟着向东逃跑。石勒闻报，立刻率轻骑追到苦县（今河南鹿邑东）、大败晋军，然后又指挥骑兵围攻晋军，乱箭齐发，晋军将士相互践踏，尸积如山，几无幸免者。王衍、司马范等王公贵族都束手就擒，石勒令对司马越剖棺焚尸，以示惩罚。又与王衍见面，王衍陈说西晋祸乱的原因，一再诉说自己不预政事，与己无关。为求活命，王衍劝石勒称帝。石勒怒喝道："你名重天下，身居要职，且是少年登朝，直至白首，怎么能说不预政事？破坏天下，正是你的罪恶！"当晚，石勒派人推倒王衍等人住处的墙壁，把他们埋在残垣断壁里。

在洛阳危难中，荀晞曾建议迁都仓垣，又派兵迎接怀帝，由于潘滔阻拦，也由于近臣贪恋洛阳财产，迁都没能实现，只能困守愁城。待到洛阳陷入绝境，宫廷侍卫或死或逃，没剩下几个人，车子也没有一辆。在几十名官吏的陪同下，怀帝步行走出宫门，准备逃离洛阳，一行人刚刚走到铜驼街，突然遇见一群拦路抢劫的饥民，只得退回宫中。七月，汉军呼延晏、刘曜、石勒、王弥等攻陷洛阳，俘获怀帝。汉军大肆烧杀掠夺，官吏、百姓死者三万多人，城内一片大火，宫庙、官舍化为一片废墟。

汉帝被俘虏到平阳（今山西临汾），在他被杀之前，西晋各地的残余势力纷纷建立临时朝廷。司徒傅祗首先在洛阳建立行台，接着司空荀藩也在密县建立行台，奉秦王司马业为主，后徙屯许昌。同时，荀晞拥豫章王司马端为皇太子，而自命都督中外诸军事、录尚书事并在仓垣建行台，稍后，幽州王浚又立一个皇太子，这些临时朝廷的创立者或有复兴晋室的忠心，或有取代晋室的野心，但都维持不长。傅祗征兵四方，久候不至，自己染暴疾而亡。荀藩手下无兵，依赖阎鼎控聚的数千流民，反受阎鼎所制，荀晞骄奢苛暴，部众离叛，加上疫病饥馑，不久被石勒打败，他与司马端都当了俘虏。王浚局促于幽燕，调役繁重，属下不堪其命，鲜卑、乌桓都叛逃而走，兵势不断削弱，他所立的皇太子也莫名其妙地失踪了。

永嘉五年（311 年）九月，刘曜占领长安，杀死守将南阳王司马模，其时关中诸郡，"百姓饥馑，白骨蔽野，百无一存"。晋安定太守贾疋，冯诩太守索琳，安夷护军鞠允，率领州刺史鞠特、扶风太守梁综合兵十五万围攻长安，屡败刘曜，刘曜不得不放弃长安，驱掠关中男女八万口退还平阳。时值阎鼎裹胁秦王司马业入关，贾疋迎之入居长安，立为皇太子。不久，贾疋战死，朝中诸将因争权大动干戈，阎鼎杀死梁综、鞠允、索綝等，又攻阎鼎，阎鼎出奔被杀。永喜七年（313 年）五月，怀帝死讯传到长安，司马业继位为帝，他就是西晋的末代皇帝愍帝。这位 13 岁的皇帝即位时，“长安城中，户不盈百，蒿棘成林，公私有车四乘，百官无章服、印绶，惟桑版署号而已”。

鞠允在关中辅佐愍帝，艰苦地坚持了三年多，经常遭到刘聪、刘曜的攻击。建兴四年（316 年），刘曜又攻入关中，进围长安。长安城中大饥，米一斗值黄金二两，人相食，死者大半。太仓中只余面饼数十个，鞠允磨为粉屑，熬粥以供帝室，很快也吃光了。十一月，愍帝出降刘曜，被送到平阳，次年被杀，西晋灭亡。

刘渊起事

刘渊字元海，匈奴人，居新兴（今山西忻州），南匈奴单于于扶罗之孙、左贤王刘豹之子。刘豹为五部之左部帅，刘豹死后，刘渊代为左部帅。晋太康十年（289 年），晋武帝以刘渊为匈奴北部都尉。刘渊自称是匈奴冒顿之后裔，少年很爱读书，曾以上党名士崔游为师，遍读五经、史书，汉化程度很高。刘渊做了五部帅后，推诚接士，乐善好施，五部俊杰和幽冀名流都纷纷拜访。成都王司马颖镇邺后，又封刘渊为行宁朔将军，监五部军事。

其时，由于中原战乱，并州境内的汉族居民大多流徙江南，胡汉势力发生了重大变化，于是刘渊的从祖父刘宣同宗族策划，举兵反晋，“兴邦复业”。刘宣说：“昔我先人与汉约为兄弟，忧泰同之。自汉以来魏晋代兴，我单于虽有虚号，无复尺土之业，自诸王侯，编同编户。今司马氏骨肉相残，四海鼎沸，兴邦复业，之此其时也。左贤王元海姿器绝人，英武超世，天若不恢崇单于，终不虚生此人也。”当时并州刺史司马腾同安北将军王浚正联兵攻击司马颖，司马颖想请刘渊为外援，于是又拜刘渊为北单于，刘渊假称回并州招募五部匈奴，遂返左国城（今山西离石县），刘渊回到离石后，诸部匈奴共推他为大单于。这时王浚联合鲜卑已攻破

刘 渊

邺城，司马颖挟惠帝逃奔洛阳。永兴元年（304 年），刘渊在离石称汉王，置百官，以刘宣为丞相，崔游为御史大夫，刘宏为太尉。司马腾率军前往镇压，部将聂玄与刘渊战于大陵（今山西文水县），聂玄大败，司马腾大为恐惧，遂率并州三万余户到山东，刘渊乘胜进军，接连攻下泫氏（今山西高平县）、屯留（今山西长子县），中都（今山西太原市）。

永兴二年（305），司马腾再次出兵讨伐刘渊，部将司马瑜、周良等驻军于汾阳，刘渊派武牙将军刘钦等阻击司马瑜，四战四胜，刘钦大胜而还。这年离石发生大饥荒，刘渊派太尉刘宏、护军马景等守离石，自率大军驻上党壶关（今山西壶关县）。

次年，司马越为太傅，上表要求封原并州刺史司马腾为东燕王，以刘琨为并州刺史。当时，并州由于饥荒与战乱，百姓难以生存，吏民万余人由李恽等领，随司马腾流亡冀州，留在并州的居民不足二万。刘琨到并州后，只好到上党组织军队，在那里招募五百人，又遭到刘渊部将刘景的攻击，上党无法立足，遂转战至晋阳（今山西太原市南郊区）。刘渊汉国在并州日益强大，中原起事的汲桑、王弥、石勒以及鲜卑逐延等纷纷归降刘渊，在并州迅速形成了各族人民共同反晋的巨大浪潮。

永嘉二年（308 年），刘渊正式称帝，迁都平阳（今山西临汾市西北），国号汉。刘渊建国后，宗室刘氏以亲疏远近按等级都封郡县王，异姓以谋谟、战功依次分为郡县公侯，以刘宣为丞相，刘聪为大将军，刘宏为太尉，刘和为大司马，刘欢乐为大司徒，呼延翼为大司空，呼延攸为宗正。

永嘉四年（310 年）正月，刘渊立单征女为皇后，梁王刘和为皇太子，封子刘乂为北海王，长乐王刘洋为大司马。同年七月，刘渊病重，又以陈王刘欢乐为太宰，刘洋为太傅，楚王刘聪为大司马、大单于，不久刘渊病死，由太子刘和即位，刘渊第四子刘聪杀刘和自立，改元光兴。刘聪以刘乂为皇太弟，兼大单于、大司徒，立呼延氏为皇后。

皇太后单氏为刘乂之母，刘聪与她私通，刘乂很是不满，单太后郁愤而死，刘乂与刘聪产生矛盾。永嘉五年（311 年）。刘聪派刘曜、王弥、石勒进攻洛阳，石勒先在苦县（今河南鹿邑县）的宁平城（今河南郸城县东北三十五里），将司马越率领的西晋主力部队十万余人全部消灭。接着刘曜、王弥、石勒、呼延晏合兵攻洛阳，迅速攻占洛阳，俘晋怀帝司马炽，迁至平阳。

建兴二年（314 年）正月，刘聪建百官制度，除中央机构沿袭前制外，又制定了一套胡、汉分治的地方行政体制，置左、右司隶，各领民户二十余万，万户置一内史，共设内史四十三人，用以统治汉人。又设大单于，大单于之下设单于左、右辅，各领六夷十万落，一万落置一都尉，以其子刘粲为丞相，兼大将军、封晋王，以中山王刘曜为大司马，不久又以刘粲为相国大单于。

建兴四年（316 年），刘聪又派刘曜攻破长安，俘晋愍帝司马邺，灭西晋。

刘聪靠弑杀太子做了皇帝，并且在灭晋以后，经不起过度富裕的宫廷生活的腐蚀，很快就堕落，过起放纵、酗酒、荒淫的生活了。刘渊刚死，就与太后私通，接着又立太保刘殷二女为左右贵嫔。刘殷本刘聪近亲，刘聪娶刘殷之女，自己也觉得有些不好意思，又怕引起朝廷贵族们的不满，先试探左右大臣，太宰刘延投其所好，替他编了一套谎言说："臣常听太保刘殷说，他是周刘康公之后，与圣上虽为同姓，但源出不同，联姻无妨。"大鸿胪李弘以魏晋时期的大儒王基曾娶太原王沈之女为例，劝刘聪娶刘殷之女，刘聪遂拜刘殷二女为贵嫔，又封刘殷的四个孙女为贵人，于是六刘之宠倾于后宫。此后，刘聪又封中护军靳准二女为左右贵嫔，大的称月光，小的称月华，又立靳氏二女、樊氏、刘氏为上下、左右四皇后，四后之外佩皇后玺绶者又有七人。刘聪沉缅于皇宫之中，不问政事，常常外出打猎、观鱼，或以烛继昼同宫人们游戏于后宫，朝廷有事，由中常侍王沈等纳奏、贵嫔载决，有功之臣不被录用，而奸佞小人数日之间便跃居二千石官，战争连年不断，但对出征将士无钱帛之赏，而对后宫侍僮的赐赏却动辄数千万，中常侍王沈的车服宅居过于诸王，朝廷上下，纲纪败坏，贿赂成风，一发而不可收拾。

当时河东发生蝗灾，平阳饥荒，流叛死亡者十有五六。部民逃奔石勒的有二十多万户，逃奔东晋刘琨的有三万余户，氐、羌少数民族叛离者有十万余落。汉国所面临的形势已十分严竣，而汉国内部的权力争夺又愈演愈烈，刘粲与刘乂争夺权位继承，双方互不相让。建武元年（317 年），刘粲、靳准、王沈在刘聪面前并称刘乂造反，于是刘聪召来氐羌酋长十余人严刑逼供取证，这些人在严刑烤打之下，诬招刘乂谋反，刘聪遂杀刘乂官属十余人，活埋士卒 15 000 人，废杀刘乂，平阳街巷为之一空。

太兴元年（318 年），刘聪终于死于荒淫，由刘粲继位。刘粲之荒淫更过于刘聪，名义上尊靳准之女为皇太后，实则以靳氏为妻，靳准靠靳氏之宠做了大司空、司隶校尉，军国之事，全决于靳准。靳准斥异己，引起朝廷上下的不满，朝内重臣大都投奔刘曜，靳准乘机发动叛乱，将刘粲及刘氏男女无少长皆斩于东市，自称大将军、汉天王，称藩于东晋。接着刘渊族子刘曜从长安起兵同进驻汾阳的石勒进为犄角之势，靳攻平阳，平阳守军及巴、羌、羯十余万落投降石勒，石勒将他们迁往自己的管辖地，靳准被部下靳明所杀。石勒之子石虎帅幽冀之兵合同石勒进攻平阳，靳明率平阳士女 15 000 人奔刘曜，石勒遂占有平阳和洛阳以东之地。刘曜封石勒为赵王。太兴二年（319 年），刘曜被迫迁都于长安，改国号为赵，史称前赵。

慕容氏的兴起

元康四年（294 年），鲜卑慕容廆率部众自徒河（今辽宁锦县西北）徙居大棘城（在今辽宁义县西南）。慕容是鲜卑之一支，曹魏初迁居于辽西，部落首领莫护跋跟随司马懿，征战有功，封率义王，建国于棘城之北。慕容廆祖父慕容梃为左贤王；父慕容涉归，拜鲜卑单于。慕容廆继位初期，每年劫掠西晋边界，后投降，被封为鲜卑都督。

永嘉元年（307 年）十二月，慕容廆自称鲜卑大单于。其后，辽东鲜卑素喜连、木津二部攻掠西晋郡县，劫杀士民，连年为寇。百姓流离失所，很多人投奔慕容廆。慕容廆之子慕容翰建议讨伐二部，以兴复辽东，合并部众，既表明忠义于西晋，又可以得到很大利益，就此建立霸王基业，慕容廆遂率众击杀素喜连、木津，并其部众。至西晋愍帝时，天下大乱，人民流徙，慕容廆居于北方，局部形势稳定，又政事清明，虚心纳谏，注意拉拢世家大族人物，所以，北迁的百姓逐渐都投靠到慕容廆治下，人口因此而剧增十倍。慕容廆因而设置侨郡县，用以安置流民。并任用许多世家大族人物，或为股肱谋主，或者位居权要，或者设教授徙，充分发挥其作用。

建武元年（317 年），慕容廆遣使至江东劝进。次年，晋平州刺史崔毖怨恨流民多归慕容廆，煽动高句丽及鲜卑段氏、宇文氏共击慕容廆。慕容廆用离间计退去高句丽、段氏军队，大败宇文氏，乘胜赶走崔毖，占据辽东（今辽宁襄平）。以后慕容廆屡遣使至建康（今江苏南京），东晋授予其都督幽平二州东夷诸军事、车骑将军、平州牧，拜辽东公。慕容廆又约西晋太尉陶侃，劝其兴兵北伐，清定中原，但没有结果。

咸和八年（333 年）五月，慕容廆死，其子慕容皝继位，用法严明，其兄弟慕容翰、慕容仁等起兵谋反。慕容皝先后平定叛乱。咸康三年（337年），慕容皝称燕王，设置百官，正式建立前燕。因为段氏屡次侵扰后赵，又收容前燕叛臣慕容翰，进攻前燕，慕容皝遂派使者向后赵称臣，约后赵共击段氏。后赵皇帝石虎大悦，约定明年攻段。次年，后赵践约进攻段辽，势如破竹，连下四十余城，段辽不敌而逃。后赵石虎既取得对段辽的胜利，怨恨慕容皝不会合后赵攻段，移师进攻前燕。面对后赵强大的军事攻势，前燕36城一起投降，五月，后赵军队到达棘城，慕容皝率众固守，两军对峙十多天，后赵兵撤退，前燕军队乘势出击，大获全胜后赵，斩获三万余人。十二月，前燕又与段辽设计，伏击后赵军队，大胜，段辽部众也全部归入慕容皝麾下。

咸康七年（341年），前燕使者至建康，为慕容皝请封燕王。东晋遣使封慕容皝为使持节、大将军，都督河北诸军事、幽州牧、大单于、燕王。又封其功臣百余人。次年，慕容皝迁都到龙城（今辽宁省朝阳县），率众分两路攻高句丽，掠夺其男女五万余人而还。此后，慕容皝又进攻鲜卑宇文部，三路并进，取得胜利，宇文部首领逸豆归逃入大漠，宇文部自此灭亡。慕容皝得其牲畜、财宝，迁其部众五万余到昌黎（治龙城），开辟地方一千余里。永和二年（346年），前燕又出兵攻夫余，俘虏夫余王及其众五万余人而归。对外战争取得一些胜利后，慕容皝开始注意治理境内，他下令设置屯田，与农民六四分成，废除园囿，让无地百姓耕种。赤贫无法生存者则赐牛一头。并下令在境内兴修水利，发展农业。又将以前设置的侨郡县部取消，而改为县，广大流民都成为国家的编户。此外，慕容皝很重视教育，在境内设立学校，学生达千余人，慕容皝每月视察，测试优劣，甚至亲自讲授。

永和四年（348年），慕容皝去世，其子慕容儁即位，称燕王。次年，后赵大乱，前燕发兵二十多万，乘机进攻中原。三四年，主要与冉闵相互攻战。永和八年（352年），前燕军队俘斩冉闵，攻克邺城（在今河北省临漳县西南），慕容儁即皇帝位，年号元玺，定都于蓟城（今北京市），后又造都于邺城。前燕进入极盛时期，其疆域南面以淮水为界，北边以昌黎、辽东为根据地，东边直抵渤海，西面以峭山（在今河南省洛宁县北）、渑池（在今河南省）为界，占有今辽宁、河北、山东、山西、河南之全部或大部，以及江苏、安徽的部分地区。

前燕进入中原之后，慕容儁志得意满，企图进一步攻灭东晋和前秦，统一中国。升平二年（358年）十二月，慕容儁下令在境内各州郡查实户口，每户只能留下一名丁壮，其余全部征发为兵，打算凑足 150 万大军，在次年春季汇集洛阳，准备出征。后因臣下进谏，说百姓连年征战，不堪负担沉重的赋设，已经非常疲惫。慕容儁于是改令三五发兵，以来年冬天汇集邺城。升平三年（359 年）十二月，征发的军队已经汇集到邺城，慕容儁却因身患重病于次年正月病死，计划也自然流产。

慕容儁死后，其子慕容暐嗣立，因年纪太小，由其叔父慕容恪辅政。后慕容恪死，慕容廆之子慕容评接替他执掌前燕朝政。太和四年（369 年），东晋大司马桓温率军北伐，一路胜利，直抵枋头（今河南浚县西南）。慕容评惶乱失措，准备逃回龙城。慕容恪之弟慕容垂却力主出战，结果大败晋军，挽回局势。但慕容评妒贤忌能，有功不赏，阴谋害死慕容垂，慕容垂被迫投降前秦。

慕容评统治后期，前燕政治腐败，官吏贪污。慕容评更是拼命搜刮，财物堆积如山。前燕的国力迅速衰退，军队士气大为涣散。太和五年（370 年），前秦苻坚派王猛率六万大军进攻前燕，势如破竹，长驱直入，很快攻克燕都邺城。慕容评出逃，想回到龙城，途中被前秦所俘，前燕亡。

西燕小王朝

太元八年（383 年），前秦苻坚率领百万大军进攻东晋，结果大败，原在前秦统治下的各少数民族贵族遂乘机纷纷起兵，建立政权。次年正月，原前燕鲜卑贵族慕容垂首先在关东称王，建立后燕。三月，原前燕皇帝慕容暐之弟慕容泓听说慕容垂起兵，也逃离前秦，逃亡到关东地区，召集当地牧马的鲜卑族人，兵至数千。慕容泓遂带领这数千人马，返回关西地区，攻占华阴（在今陕西华阴县东南）。前秦苻坚派将军张永率五千军队来攻，被慕容泓击溃。慕容泓声威愈壮，部众日增，于是自称使持节、都督陕西诸军事、大将军、雍州牧、济北王，并封慕容垂为丞相、都督陕东诸军事、领大司马、冀州牧、吴王，正式建立西燕。当时，慕容泓之弟慕容冲担任前秦平阳太守，也于平阳（今山西临汾）起兵，部众二万，进攻蒲坂（今山西永济），与慕容泓遥相呼应。

前秦苻坚分派军队进攻慕容泓、慕容冲。同年四月，慕容泓败秦军于华泽，慕容冲却被前秦军队击败，率八千骑兵来投降慕容泓。慕容泓取得对前秦军队的胜利，又得到慕容冲前来会合的部队，声势大振，人马很快增加到十余万。于是，派使者至长安（今陕西西安）告诉苻坚，说：慕容垂已经平定关东，前秦可迅速以礼送回慕容暐，否则慕容泓将率领部众护卫慕容暐返回原前燕都城邺城（在今河北临漳县西南）。从此，燕与前秦划定虎牢（在今河南荥阳县汜水镇）为界，互不侵犯，永为友邻。苻坚闻言大怒，痛斥留居长安的慕容暐，又令他写信招抚慕容泓等。慕容暐却秘密派人告诉慕容泓，要他全力恢复基业，一旦听到慕容暐的死讯，即称帝复燕。慕容泓于是带领军队向长安进发，并建年号为燕兴。

同年六月，慕容泓因为声望德行都较慕容冲要逊色一些，又执法严厉，引起部下不满。于是高盖等人杀死慕容泓，推举慕容冲为皇太弟，承制行事，建置百官，以高盖为尚书令。七月，西燕大军逼进长安，先后在郑西、灞上（均在陕西西安市附近）大胜前秦军队，占领阿房城（在今陕西西安西），距长安咫尺之遥。九月，慕容冲率众进攻长安，苻坚登城御敌，大叫慕容冲而斥责说：你们这群奴隶，只配去放牧牲畜，何苦前来送死！慕容冲回答说：奴隶厌倦劳苦，想以你们来代替。十二月，慕容暐等人设计想暗杀苻坚，事情不成，苻坚杀死慕容暐，留居长安城内的一千多名鲜卑人，无论男女老少全部被杀。

太元十年（385 年），慕容冲听到慕容暐的死讯，在阿房城即皇帝位，改元更始。其后，西燕与前秦在长安附近多次争战，互有胜负。但总的局势是前秦同时遭到西燕、后燕、后秦的进攻，大势已去。同年五月，苻坚见长安难守，留下太子苻宏守城，自已率数百骑逃到五将山（在今陕西岐山县东北）。不久，苻宏也弃城出逃，西燕军队进入长安，纵兵大抢，城内外死者不可胜计。

太元十一年（386 年）正月，后燕慕容垂称帝，建都中山（今河北定县）。西燕将士多为徒河鲜卑，强烈希望东归故乡，而慕容冲因为后燕占据关东，兵强将勇，阻断道路，不敢东返，而他自已又乐不思蜀，留恋长安。于是在长安附近发展农业，筑造宫室，做长期留守的打算，由此招致其部下强烈不满。二月，西燕左将军韩延利用鲜卑军民的不满情绪，杀死慕容冲，推举鲜卑段随为燕王，改元昌平。三月，西燕左仆射慕容恒、尚书慕容永又击杀段随，立慕容顗为燕王，改元建明，并带领鲜卑部众共四十余万人放弃长安向东进发。半路上行至临晋（今陕西大荔县），慕容恒之弟慕容韬又杀慕容顗，慕容恒遂立慕容冲之子慕容瑶为帝，改元建平。不想部众不附，都去投奔慕容永。慕容永于是杀死慕容瑶，立慕容泓之子慕容忠为帝，改元建武。慕容永任太尉、河东公。慕容永，字叔明，为慕容廆之弟慕容运的孙子。前燕灭亡，随众迁到长安，家境贫困，夫妇依靠制卖皮靴为生。慕容冲称帝后，慕容永为其部下小将，屡立战功，升迁为黄门郎，至此成为西燕握有实权的大臣。

东归的西燕鲜卑在途中频频发生内讧，逡巡而至闻喜（今山西省闻喜县），惧怕后燕之强，停留不进，筑燕熙城（在今山西闻喜县北）自守。同年六月，刁云等人又杀死慕容忠，共同推举慕容永为大都督、大将军、大单于、雍秦梁凉四州牧、河东王，称藩于后燕。十月，慕容永向前秦苻丕借道东归，苻丕不许，西燕、前秦两军会战于襄陵（今山西襄汾）前秦军大败，王公百官都被西燕俘获。慕容永乘胜进据长子（今山西长治），即皇帝位，改元中兴，西燕数十万部众的东归至此而止。以后，西燕割据一方，主要经营境内，未与其他政权发生大的军事冲突。其鼎盛之时的疆域，南到轵关（在今河南济源西北），北至新兴（今山西忻州），东、西则以太行山、黄河为界占有今山西省大部分地区。

太元十八年（393 年）十一月，后燕慕容垂因为西燕也是鲜卑慕容氏立国，一直与后燕争夺正统地位，客观上对民心向背有一定影响，所以决定进击西燕。首先派五万军队由井陉（在今河北获鹿西南）进攻晋阳（在今山西太原西南）。次年二月，慕容垂又亲率大军分三路进攻：一路出滏口（在今河北磁西北）；一路出壶关（在今山西长治东南）；慕容垂自率一路出沙亭（在邺城西南）。慕容永也分遣军队抗守，并在台壁（在今山西黎城县西南）聚集粮草，由小逸豆归率万余人戍守。后燕军队一个多月按兵不动，慕容永怀疑后燕主力将从南路进击，于是将军队都调集到轵关，只留下戍守台壁的一支部队。五月，慕容垂率主力突然由滏口进攻台壁，击溃西燕守军，包围台壁。慕容永急忙召回守卫轵关的军队，自率五万精兵与后燕战于台壁南，中伏大败。慕容永逃回长子，后燕军乘胜攻克晋阳。六月，后燕军队包围长子。八月，慕容永向东晋、北魏求救，救兵未到，其部下开城门投敌，慕容永及其公卿、大将三十余人被后燕杀死，西燕管辖的八郡七万余家百姓都归后燕所有，西燕亡。

后秦的创立

太宁元年（323 年）六月，汉赵皇帝刘曜打败陈安，陇上氐、羌军少数民族都送刃子请降。刘曜以羌酋姚弋仲为平西将军，拜平襄公，使他居于陇上。姚弋仲为南安赤亭（今甘肃陇西）羌族人，其祖先自东汉中叶内迁至赤亭。西晋末年大乱，姚弋仲又率部从内迁至榆眉（在今陕西千阳东）。咸和四年（329 年），后赵灭前赵，姚弋仲投降后赵，被任命为行安西将军，六夷左都督。其后，后赵石虎迁徙关西氐羌及秦陇居民十多万户于关东地区，拜姚弋仲为奋武将军、西羌大都督，命其率部众数万人徙居清河滠头（今河北枣强东北）。姚弋仲为人刚直不阿，对后赵石氏忠诚不渝，多参与朝政大计，后升任持节、十郡六夷大都督、冠军大将军。

永和五年（349 年），后赵梁犊反叛，将士勇悍，兵锋甚锐，接连打败后赵前去镇压的军队。姚弋仲参加对梁犊义军的进攻，取得胜利，因功进封为西平郡公。石虎死后，冉闵诛胡，后赵大乱，姚弋仲本想乘后赵扰乱之际，攻占关西地区，因为与氐族蒲洪发生冲突，大败。石虎之子石祗称帝于襄国（今河北邢台），以姚弋仲为右丞相、亲赵王，礼遇甚厚。永和七年（351 年）八月，姚弋仲因后赵已亡，认为自古以来没有以戎狄身份可以做成皇帝的，于是派使者至东晋请降。东晋即封姚弋仲为使持节、六夷大都督、车骑大将军、大单于，同时拜其子姚襄为持节、平北将军，都督并州诸军事，并州牧。

永和八年（352 年）三月，姚弋仲病死，其子姚襄统帅部众。姚襄字景国，为姚弋仲第五子，为人好学博通，雅善谈论，又雄武冠世。姚襄即位后，任用汉族士人王亮、尹赤等为辅佐，与前秦争战不胜，率部众南下归东晋，驻扎在谯城（今河南夏邑），广兴屯田，训练士卒。后因与东晋扬州刺史殷浩产生矛盾，移兵梁国蠡台（今河南商丘）。次年十月，殷浩率众北伐。姚襄设伏于途中，突袭殷浩，取得大胜，率军渡过淮河，屯驻在盱眙（今江苏淮安市），招兵买马，劝课农桑，部众很快发展到七万多人。但因其部下大多为北方人，不愿在南方居住。永和十一年（355 年）五月，姚襄率众北归，进驻许昌（在今河南）。次年，又带领军队进攻洛阳，数月不克。东晋征西大将军桓温率军队前来讨伐，两军会战于伊水，姚襄大败，逃到襄陵（今山西襄汾县），逐渐向关中发展。升平元年（357 年），前秦军队与姚襄战于三原（在今陕西省），姚襄兵败被杀，其弟姚苌率众投降前秦，被封为扬武将军。姚苌字景茂，为姚弋仲第 24 个儿子，善谋略，多权变，在前秦历任郡太守、州刺史等职，为苻坚麾下大将。

太元八年（383 年），前秦苻坚进攻东晋，封姚苌为龙骧将军、督益梁州诸军事。结果，前秦大败，鲜卑慕容垂、慕容泓等乘机起兵叛秦。次年三月，苻坚命姚苌随苻叡讨伐慕容泓，前秦兵败，苻叡被杀。姚苌派人向苻坚谢罪，苻坚怒杀使者，姚苌畏罪逃走，关陇豪强尹纬、庞德等纠集羌人五万余家，投奔姚苌，推举其为盟主。姚苌于是自称大将军、大单于、万年秦王，年号白雀，建置百官，正式创立后秦政权。当时，关中地区有鲜卑慕容冲与前秦苻坚相攻战，姚苌进攻北地（在今陕西耀县境内），厉兵秣马，静以待变，附近地区的羌胡络绎前来归附，众达十多万，势力渐大，陆续攻战新平（今陕西彬县）、安定（今甘肃省泾川县北）诸城。前秦苻坚因受鲜卑慕容冲围攻，弃长安（今陕西西安）逃至五将山（在今陕西省岐山县东北），被姚苌杀死，长安被西燕慕容冲占领。

太元十一年（386 年）三月，西燕鲜卑数十万人放弃长安东归，卢水胡郝奴乘虚进入长安。四月，姚苌率众至长安。唾手而得，于是在长安称帝，改元建初，国号大秦，史称后秦。以后，后秦对外主要与前秦残余势力作战，对内则注意革除积弊，修举德政，建立太学，选擢贤能，又在各镇设置学官，选拔人才。

太元十八年（393 年）十二月，姚苌病死，其子姚兴继立。次年，前秦苻登乘姚苌新死之机，前来进攻，被姚兴击败，并击杀苻登，解散其部众，全部回家耕田。前秦亡。以后，姚兴在关陇地区扫平小股地方势力，统治日益巩固。太元二十一年（396 年），西燕被后燕攻灭，原西燕河东太守柳恭等人拥兵自守，不降后燕。姚兴派军队攻克蒲坂（今山西永济县），占有了河东地区。隆安三年（399 年）十月，后秦军队攻克洛阳，军威大壮，东晋所辖淮河、汉水以北诸城纷纷投降。元兴二年（403 年）八月，后秦灭亡后凉，迁后凉吕隆及其宗族、臣属与百姓一万户于长安。在此前后，西秦乞伏乾归、南凉秃发利鹿孤、北凉沮渠蒙逊等割据势力都曾一度投降后秦，接受官爵，陇右河西的广大地区，都归入后秦的势力范围。后秦遂成为十六国后期最强大的国家之一，其疆域北边直到阴山，南边达到梁州（今陕西汉中），东面到徐州（今河南商丘市南），西边包括姑臧（今甘肃武威），在北方地区与关东的后燕并立。

姚兴在位，比较留心整顿内政，曾下令解放自卖为奴婢的百姓，注意选拔任用人才，命令各郡国每年都要推举清行孝廉一人。并建立律学，革除刑法之弊，在复兴儒学，重视教育方面也推行过积极的措施。所以，在姚兴统治时期，后秦势力达到全盛。

义熙十二年（416 年），姚兴病死，其子姚泓继位，改元永和。同年八月，东晋太尉刘裕率领大军进攻后秦，一路上节节胜利，攻克许昌、洛阳，直捣长安。后秦内部却发生变乱，姚泓之弟姚懿称帝于蒲坂，姚泓从兄姚恢也率兵进逼长安。姚泓集中兵力平定了内乱，东晋军队同时也乘虚攻破潼关（今陕西省），兵临城下。义熙十三年（417 年）八月，姚泓被迫投降，被送往建康（今江苏南京）处死。后秦亡。

后燕的建立

太和四年（369 年），前燕车骑大将军、吴王慕容垂投奔前秦。慕容垂字道明，是慕容皝第五子。初名霸，字道业，其兄慕容儁即位后，忌妒慕容垂的才能，因其曾因骑马跌落而摔断牙齿，改名为慕容，后又改为垂。慕容垂善谋略，有大志。曾力劝慕容儁乘后赵末年中原地区局势大乱的机会，出兵攻击冉闵，占据黄河流域的广大地区。东晋大司马桓温出兵大举进击前燕，慕容暐等慌乱失守，准备逃回龙城（今辽宁朝阳），以避其锋，独慕容垂力主作战，大败东晋军队于枋头（今河南浚县西南淇门渡），挽救前燕于危难之际。前燕大臣慕容评却妒贤忌能，阴谋害死慕容垂，慕容垂出于无奈，带着儿子慕容全等数人逃亡前秦。前秦苻坚久闻慕容垂之名，因惧其声威，不敢进击前燕。此时见慕容垂主动来投奔，不禁大喜过望，亲自前去迎接，礼遇甚厚，拜慕容垂为冠军将军。

其后一段时期内，前秦先后灭前燕、前凉、代国等，占据益州、襄阳等地，讨平西域，势力达到鼎盛。太元八年（383 年），苻坚调集 100 万大军，大举进攻东晋，企图统一全国。出兵之前，前秦宗室大臣中绝大多数人都反对贸然进攻东晋，只有慕容垂、姚苌等力表赞成，其用心是企图乘乱起事，自立为王。前秦军队最终大败，百万军队一时全部溃散，唯有慕容垂所帅 30 000 人保全下来，苻坚匹马逃命，投奔到慕容垂军中，得以借其兵力收容残兵。慕容垂看到前秦衰败，故借扫墓之名，在苻坚同意后回到邺城（今河北省临漳县西南）。当时，丁零族翟斌在新安（今河南省）起兵反秦，镇守邺城的苻丕分给慕容垂 2 000 士卒，命他前去镇压，并派宗室苻飞龙带领一千氐族骑兵同行，进行监视。慕容垂在途中杀死苻飞龙和其部下 1 000 氐族骑兵，正式起兵反秦。一路上招集部众，兵至 30 000。

太元九年（384 年），慕容垂被丁零翟斌等推举为盟主。因洛阳是四战之地，慕容垂率军东下进攻邺城，一路上鲜卑旧部纷纷前来归附，走到荥阳（在今河南省），慕容垂接受部下推举，称大将军、大都督、燕王，年号为燕元，正式建立后燕。继续进军，率部众二十多万人围攻邺城，苻丕固守不降，关东地区各州郡纷纷投降后燕，也有很多鲜卑、乌桓及州郡百姓据守坞堡而不依附后燕。慕容垂派慕容楷等率军前往，恩威并用，先后招降数十万人。慕容楷挑选其中十多万人为兵，后燕军势大振，加紧围攻邺城，并开渠引漳河水灌城。其时，翟斌想谋取后燕尚书令一职，慕容垂迟迟不给，翟斌大怒，秘密与苻丕通谋，准备决堤放水。慕容垂知道后将翟斌杀死，翟斌的弟弟翟真起兵为兄复仇，慕容垂击走翟真，解除了对邺城的包围。苻丕乘机放弃邺城，逃奔到晋阳（在今山西太原市西南）。整个河北地区，都归入后燕版图。

太元十一年（386 年）正月，慕容垂定都于中山（今河北定县），即皇帝位，改元建兴。当时丁零族翟真被后燕击败，驻兵在行唐（在今河北省），其部下鲜于乞杀死翟真，自立为赵王。其部下又杀死鲜于乞，拥立翟真从弟翟成为王。后燕派军队进攻翟成，部下杀死翟成，投降后燕。翟真的从兄翟辽（一说为翟真之子）又拥兵自立，叛降不定。太元十四年（389 年），翟辽自立为魏天王，年号建光，设置百官，迁都于滑台（今河南滑县东）。翟辽死后，其子翟钊继立，仍与后燕对峙。太元十七年（392 年），慕容垂亲自率大军进攻翟魏，取得胜利，翟钊单骑逃奔西燕，其所率七郡三万余家，尽为后燕所得。

与慕容垂建后燕同时，原前燕皇帝幕容暐之弟慕容泓等也起兵反秦，并于太元九年（384 年）自称都督陕西诸军事、大将军、雍州牧、济北王，建立了西燕。以后，段随、慕容顗、慕容瑶等相继为元，内部互相残杀，最后由慕容永为王，率众迁徙到长子（今山西省长治），建都称帝，占有今山西省大部分地区。太元十九年（394 年），慕容垂为了收拢人心，急欲消灭同为鲜卑慕容氏所建立的西燕，又亲自率大军分路进攻，西燕慕容永分遣军队抗拒，并以台壁（今山西黎城县西南）为粮草聚集地。两军相持一月多，慕容垂按兵不动，慕容永误认为后燕军队主攻方向在南路，于是把大军集中在轵关（今河南济源县西北），慕容垂却突然以优势兵力从滏口（今河北磁县西北）进军，在台壁设伏大败西燕军队，慕容永逃回长子，后燕军队乘胜攻破晋阳，包围长子。慕容永部下开城投降，慕容垂杀死慕容永等，西燕所统八郡七万余户也为后燕所有。

后燕消灭西燕后，又出兵进攻东晋的青州（治今山东益都县）、兖州（治今山东金乡县西北），向东进军直至渤海，占据整个关东地区，是十六国后期中原地区最强盛的政权，与关西的后秦并立。

后燕在慕容垂晚年进入鼎盛时期，但同时北魏鲜卑拓跋氏也在北方迅速崛起。后燕与北魏两国的关系最初尚能融洽，世为婚姻。但后燕恃强扣留北魏使者以求良马，两国继绝外交往来。后燕攻打西燕，北魏又派兵救援，两国关系更加恶化。太元二十年（395 年），慕容垂派太子慕容宝率八万军队进击北魏，军至五原（今内蒙古自治区包头市西北），北魏主力避而不战。十一月，后燕军队出师已久，士气低落，不得已而撤军南返。北魏乘机前后夹击，在参合陂（在今内蒙古自治区凉城县西北），大败后燕军队，后燕士兵溃逃而淹死、踏死者以万计，被俘的四五万人都被北魏坑杀，仅慕容宝等率数千人逃回邺城。这次战役是后燕从兴盛走向衰亡的转折点。此后，北魏铁骑得以长驱而直入中原。

参合陂大败的次年，慕容垂急欲报仇雪恨，再次出兵进攻北魏，攻克平城（在今山西大同市东北），继续进军至参合陂，慕容垂年已老迈，面对昔年后燕大败的战场，悲痛交加，身患重病，只得急忙撤兵，于途中病死。其子慕容宝继位，内政不整，经济问题严重，而北魏大军来攻，很快攻陷后燕都城中山，慕容宝逃往龙城（今辽宁朝阳），后燕辖地仅存辽西一隅。隆安二年（398 年）慕容宝被鲜卑贵族兰汗杀死，不久，兰汗又被慕容盛杀死。慕容盛称帝不满三年，又被部下所杀，慕容垂之子慕容熙继立，政治腐败，沉迷酒色，大兴土木，荒淫无度。义熙三年（407 年），慕容熙被慕容云、冯跋等人杀死，建立北燕。后燕亡。

东晋的建立

西晋惠帝末年，由于中原地区战乱不已，司马氏王室面临严重危机，无论是司马氏内部还是北方的世家大族都感到需要到相对安定的南方找一块立足之地，以便退守自保。

当时，琅邪（今山东临沂）的大族王衍，担任晋朝太尉，便向执掌朝廷大权的东海王司马越建议："中原已乱，需要依靠方伯（各州之长）的支持，应派文武兼备的官员前往任职。"这一想法与司马越的思想正好吻合，于是遣王衍的弟弟王澄任荆州刺史、都督，族弟王敦出任青州刺史。不久，司马越又改王敦为扬州刺史，以此使琅邪王氏家族控制了荆、扬二州，为晋王室南迁做了准备。

此前，琅邪王司马睿因在“八王之乱”中“恭俭退让”，得以与司马越保持较好的关系。居京都洛阳时，也与王衍族弟王导“素相亲善”。王导便常劝司马睿回到自己的琅邪国，并为其治理琅邪国出谋划策。由于当时中原战乱，晋朝王室垂危，王导便想借司马睿复兴王室，对司马睿“倾心推奉”。司马睿也同样对王导“雅相器重，契同友执”。晋永兴元年（304年），司马越收兵下邳（今江苏邳县南）。封司马睿为平东将军，监徐州诸军事，镇守下邳。司马睿即请王导为安东司马，“军谋密策，知无不为”。晋永嘉元年（307年）一月，晋怀帝继惠帝即位，司马越以太傅身份辅政，进一步感到中原难以维持而意迁南方。七月，司马越让司马睿以安东将军身份都督扬州、江南诸军事，渡江移镇建邺，为司马氏退守江南奠定了基础。

由于司马睿才能平庸，在司马氏宗室中名望不高，初到建邺时，江南世家大族对他都较为冷淡，一个多月过去，还没有一位有名望的士族前去拜见。王导很担心，便与从兄王敦商量：“琅邪王仁德虽厚，但名望尚轻，兄长威风已振，应帮助他复兴晋室。”王敦也表示支持。于是，在三月三日当地人们的修禊日，王导请司马睿乘坐华丽的轿子，排出威严的仪仗队列，由王导、王敦和一批北方名士骑马跟从。南方士族顾荣等在门隙中窥看，大为惊讶，赶快相继到路旁拜见。王导接着向司马睿献计说：“古代的帝王，无不宾礼故老，存问风俗，虚己倾心，招揽俊杰。况且当今天下大乱，九州分裂，我们大业初创，急于用人。顾荣、贺循是南方士族的首领，招他们来任职，以收揽人心。其他的士人自然就会前来。”司马睿便让王导亲自登门去招顾、贺。顾循、贺循曾在洛阳晋朝做过官，中原大乱后回江南。顾荣还认为“中国丧乱，胡夷内侮，观太傅司马越今日不能复振华夏”，只有江南如孙权之类的人物才可能独立称雄。这时见司马睿前来招抚，便欣然而至。顾荣出任军司马后，还向司马睿推荐了不少名士，以致出现了吴越国人心所向的局面。

当时，南北士族间的隔阂仍然很深。王导为联络南方士族，常常学说吴语。北方士族骄傲自大，他们讽刺王导没什么特长，只会说说吴语。王导向南方士族陆玩求婚。陆玩推辞说，小山上长不了大树，香草臭草不能放在一起，我不能开乱伦之先。义兴郡（今江苏宜兴）强族周玘因被北士轻侮，准备起兵杀北方士族，败兵后忧愤而死，并嘱咐儿子周勰要报仇雪恨。周勰纠集了一些怨恨北方士族的豪强束谋攻王导、刁协等人。事败后，王导并不追究。为争取南北士族间的平衡，王导采取了十分忍让的态度。

王导除了争取南方世族支持司马睿中兴晋室之外，还鼓励北方南下的大族坚定信心，合力协助司马睿定安南方。北方战乱以来，避乱南渡的北方世族很多。琅邪国随司马睿一起南渡的就有近千户，中原士族南下的也有十分之六七。王导建议司马睿要同时安抚好南、北两方的士族们，以获得他们的支持。司马睿听取了王导的意见，选用了一百多名北方名士担任官职，如汝南人周顗、渤海人刁协、颍川人庾亮等。王导还制定了侨寄法，在南方士族势力较弱的地区设立侨州、侨郡、侨县，安置北方而来的士族与民众。这种侨州郡县大都在丹阳、晋陵、广陵等郡境内，形势上可护卫建康，又可使北力流亡士族仍在寄居地管辖逃来的民众，使流民得以安置。

北方官僚士族初到南方时，对司马睿振兴晋室表示怀疑。谯国（今安徽亳县）人桓彝，原为西晋骑都尉，初来时见司马睿势单力薄，对周顗说："因为中原战乱，我才来到这里避难。不料如此不济，看来前途不佳。"以致忧心忡忡，和王导谈话后，知道他有些办法，才安心任职。一次，名士们到江边的"新亭游宴，周顗目睹了长江美景之后，叹息说："风景没有变，只是黄河边成了长江边！"在座的北方人士都哭了起来。王导也在座，他正色道："大家应当共同努力辅佐王室，克复神州，何至于像楚囚一样那样对泣呢！"名士们听了都停哭认错。心里逐渐踏实下来。于是，人们就把王导称为管仲式的人物，心里逐渐踏实下来。

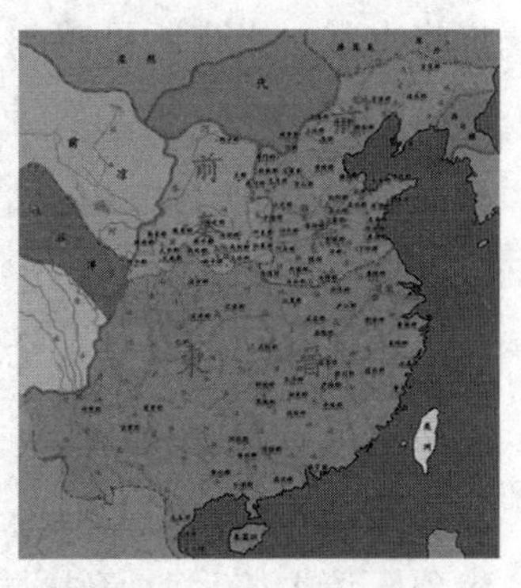
红色为东晋领土范围

由于王导、王敦等的辅佐，司马睿在南北世家大族中的威望剧增。西晋之前，司马睿虽名为琅邪王，但已控制了长江流域的荆、扬二州，成为司马氏中唯一强盛的诸侯王。西晋亡后，司马睿政权中的官僚纷纷上书拥立司马睿为皇帝，在北方忠于晋室的汉族官僚刘琨，及乌丸、鲜卑族贵族一百八十人也上书劝解。

晋大兴元年（318年），司马睿称帝。登基之日，司马睿登上御床，并叫王导与他一起就坐，共受百官朝拜。王导再三推辞，司马睿才独自坐到皇帝座上。

新建的东晋王朝，是在王氏家族的一手扶持，和在南北世族大家的支持下建立起来的。王导身历元、明、成三帝，辅政执权，推行政务求清的政策，相对保证了东晋的稳定发展。

祖逖闻鸡起舞

从永康二年（301 年），司马伦篡位以后，中原战火连绵，西晋国无宁日。八王之乱方止，永嘉之乱又起，“雍州以东，人多饥乏，更相鬻卖，奔迸流移，不可胜数”。永嘉五年（311 年）六月，刘曜、石勒等率军攻下洛阳，无数中原百姓流离失所，被迫流亡扬州、荆州等地。此时，祖逖也正率领着几百家亲党宗族南下避难。

祖逖出身北方大族，性格十分豪爽，才能出众。他任司州主薄时，深忧世将大乱，半夜听见鸡鸣，拔剑舞于庭院中，留下了一段“闻鸡起舞”的佳话。南下途中，他与大家同甘共苦，让出车马给老弱病残乘坐，又把食物、药品、衣被等日用品分给众人。大家对他既感激又敬佩，一致推举他担任流人队伍的“行主”。祖逖一行到达泗口，镇守建业（今南京）的琅邪王司马睿以东晋朝廷的名义任命祖逖为徐州刺史，继而又征召他为军谘祭酒，使他屯居京口（今江苏镇江）。

建兴元年（313 年），祖逖目睹中原遭受蹂躏，百姓处于水深火热之中的惨象，请求统兵收复中原，解民倒悬，雪洗国耻。而司马睿此时正热衷于建立江东小朝廷，本无北伐之志，但为敷衍天下人的耳目，只得任命祖逖为奋威将军、豫州刺史，供给千人粮饷、三千匹布，让祖逖自行招募士兵北伐。司马睿的冷漠态度并没有动摇祖逖的决心，他率领流人队伍百余家，毅然渡江北上。船到江中，他眺望浩浩荡荡的长江，感慨万千，用力拍击船楫发誓说：“祖逖如果不能清定中原凯旋归来，就如这滚滚长江有去无回了！”他辞色壮烈，众人皆慨叹不已。

北伐的形势十分严峻，祖逖面临的对手不仅是割据冀、豫一带拥兵十多万的羯族以石勒为首的集团，当时河南地区还盘踞着许多汉族地主豪强武装。祖逖最初屯兵淮阴，一面招募士卒，训练军队；一面设冶开炉，铸造兵器。建武元年（317 年）年初，他率领一支二千多人的军队北上芦洲。北伐军首先遭到豪强地主张平、樊雅的阻击。张平自命为豫州刺史，樊雅自命为谯郡太守，名义上臣属于东晋，实际上割据一方，不受约束。祖逖使用离间计，分化张平部下谢浮，使谢浮杀死张平。祖逖进据太丘，因军中缺乏粮食，处境十分困难。一天夜里，樊雅派兵偷袭，攻入壁垒，直逼祖逖营帐，军中一片混乱。祖逖临危不惧，沉着指挥，终于打退了樊雅的进攻。经过一年多的苦战，祖逖才降伏了樊雅，占领了谯城，在豫州站住了脚跟，并且打通了北伐的通道。

正当祖逖以谯城为根据地，一边作战一边务农，以解决粮饷问题，逐步扩大战果的时候，蓬陂流民武装首领陈川叛归石勒。陈川率领号称“乞活”的流民武装，割据了浚仪、蓬陂，他曾经投降过石勒，后来接授晋朝官号。陈川部将李头援助祖逖攻打谯成有功，祖逖遇之十分丰厚，赏赐他一匹骏马，李头感激不尽，常感叹说：“如果能够有祖将军作首领，虽死无憾！”陈川听了大怒，于是杀死李头。李头的亲信冯宠率领所属的四百多人投奔祖逖，陈川更是怒不可遏，派兵大掠豫州诸郡，抢劫百姓、子女、车马。祖逖派兵截击，夺回陈川所掠，归还给百姓。陈川十分害怕，又投降石勒。太兴二年（319 年）四月，祖逖进兵蓬陂进攻陈川，石勒派石虎领兵五万援救陈川，祖逖兵败，撤到梁国，后来又退至淮南。石虎也带着陈川部众回师襄国，留下将领桃豹戍守蓬陂坞。十月，祖逖派遣督护陈超攻桃豹未果，后又派将领韩潜进击，占领蓬陂坞东台，而桃豹退据西台，双方相持了四十多天。祖逖决定设计智取。当时，双方粮草都很紧张，祖逖下令用布袋装土，派千余士兵像运送粮食一样把这些布袋送上东台，又故意让几个人真的挑着米，走在最后，假装劳累不堪地在路边休息。桃豹的士兵见有机可乘，便跑过来抢粮，那几个人扔下担子假装仓皇而逃。桃豹的士兵抢了几担大米，便以为晋军粮食充足，反而更加惶惶不安，丧失斗志。不久，祖逖得到情报，获悉石勒用千头驴给桃豹运来粮食，他派兵在汴水堵截，悉数缴获了这批粮食。桃豹闻讯大恐，连夜退兵至东燕城，祖逖一边遣将进屯封丘，进逼桃豹，一边亲自领兵夺取雍丘。接着，他多次派兵进攻石勒的屯戍，石勒在河南的地盘日益缩小，太兴三年（320 年）七月，石勒派遣一万多精锐骑兵反扑，但被严阵以待的祖逖北伐军所大败。

祖逖在北伐中不仅善于分化瓦解敌军，而且善于团结可以团结的地主武装势力。当时河南境内还有赵固、上官巳、李矩、郭默等武装割据势力，他们各占一地，经常以兵戎相见，互相攻伐。祖逖多次派人居间调停，晓以大义，消除矛盾，使他们都能服从自己的统一指挥，共同抗击石勒。此外，黄河沿岸还有一些小坞壁主，他们迫于石勒强大的势力，不得不送子弟到襄国作人质。祖逖理解他们的处境，一概不加追究。有时，他有意派出小股巡逻队，伪装抄略这些小坞壁，给石勒造成假象。这些小坞壁主对祖逖感恩戴德，经常主动为北伐军刺探情报，使北伐军打下了不少胜仗。

祖逖既擅长于御军，又善于体恤民情。将士“其有微功，赏不踰日”；军队纪律十分严明，秋毫无犯。在统治区内，他劝督农桑，恢复农业生产；在军队中一直实行耕战结合，以耕养战，用来减轻百姓的负担。他自己生活十分俭朴不畜私产，其子弟和战士一样参加耕耘、背柴负薪。因此，北伐军内部亲睦，并得到河南当地人民群众的拥护。有一次，祖逖摆下酒宴，款待当地父老乡亲，一些老人热泪纵横，把他比作再生父母，歌中唱到：“幸哉遗黎免俘虏，三辰既朗遇慈父。玄酒忘劳甘瓠脯，何以咏恩歌且舞。”在极端困难的条件下，祖逖领导的北伐军同在各方面均占绝对优势的敌人苦战了四年多，终于收复黄河以南的大片失土；北伐军也由小到大，越战越强，发展成为一支使“石勒不敢窥兵河南”的劲旅。

石勒慑于北伐军的威力，转而采取守势。他下令修葺祖氏坟墓，又写信提出与祖逖通使与开放贸易的要求。祖逖派参军王愉出使，并“听互市，收利十倍，于是公私丰赡，士马日滋”。祖逖的目标是清定中原，因此他不敢稍有懈怠，抓紧练兵积谷，准备“推锋越河，扫清冀、朔”。但是，太兴四年（321 年）七月，朝廷却任命戴渊为征西将军、都督司兖豫并冀雍六州诸军事，出兵合肥。祖逖非常失望，他感到自己长年累月在疆场上与敌人周旋，朝廷却并不信任自己，竟用徒有虚名的戴渊来牵制自己。这时又传来王敦跋扈嚣张，朝廷内部矛盾日益尖锐的消息，眼看内乱将起，北伐还能有什么希望！祖逖心力交瘁，猝然发病。即使在这种情况下，他仍然“图进取不辍”，抱病弘营修缮虎牢城。虎牢城北临黄河，西接成皋，地理位置十分重要，他担心城南易被敌人攻破，特派从子祖济率众筑垒。不幸祖逖病情急剧恶化，壁垒还未修成，他就病逝于雍丘。祖逖死后，王敦之乱随即爆发，东晋北伐不仅因此中止，而且祖逖收复的失土自淮、汉以北再次沦陷。

王敦之乱

东晋初年，皇权衰微，皇室凋零。元帝司马睿倚赖王导、王敦两兄弟的扶持，君临江南，但中央和地方的大权主要控制在王氏家族的手中。王导居中为相，身兼都督中外诸军事、领中书监、录尚书事、散骑常侍和扬州刺史多数职。王敦则统领东晋当时实有的江、扬、荆、湘、交、广六州，任都督六州诸军事、江荆二州刺史。王氏群从兄弟如王廙、王舒、王彬等人，无不担任内外要职。王敦最初还极力矫饰，雅好清谈，不言财色，装出一副君子面孔，等镇压荆州流民起义之后，便原形毕露。他自恃身居强藩，手控强兵，又有大功，再不把晋元帝放在眼里，擅自委任将军，甚至“欲专制朝廷，有问鼎之心”。

元帝不甘心充当傀儡，对王敦的专横跋扈，已渐渐不能容忍，对王导也有意疏远。他重用亲信刁协为尚书令、刘隗为侍中掌握朝政，从而加强皇权，奉行“以法御下”、排抑豪强大族势力的政策。王敦见此，十分不满，愤恨之情惭惭暴露出来，于是上书元帝，为王导鸣不平，指责元帝背弃“管鲍之交”。又每每酒后歌咏曹操乐府诗云：“老骥伏枥，志在千里，烈士暮年，壮心不已。”一边歌咏，一边用手中的玉如意打击唾壶为节拍，壶沿被打得尽是缺口。太兴三年（320 年），湘州刺史甘卓调任梁州，王敦提出由他的部属陈颁为湘州刺史，元帝不听；王敦又建议由宣城内史沈充出任，元帝知沈充是王敦一党，仍然不从，而任命宗室谯王司马承出任湘州刺使，矛盾由是加深。王敦上表议论古今忠臣受到君主的猜疑，都是因为有小人如苍蝇从中般弄是非。元帝读了王敦奏表，内心更加疑忌不安。太兴四年（321 年）七月，元帝任命戴渊为征西将军，都督司兖豫并冀雍六州诸军事、司州刺史、镇合肥；任命刘隗为镇北将军、都督青徐幽平四州诸军事、青州刺史，镇淮阳，征发扬州百姓的奴、客当兵和承担转输之役。这一措置对外声称北伐，实际上用以防备王敦。这时，王敦遣使邀甘卓一起举兵，令沈充还乡里纠集部众，正在加紧进行起兵的准备。

永昌元年（322 年）一月，王敦以诛刘隗为名，从武昌起兵，矛头直指建康。沈充立刻从吴兴起兵响应。王敦叛逆的消息传到建康，朝野的反应不一。晋元帝大怒，下召招回戴渊、刘隗护卫京师。刘隗、刁协主张尽诛王氏，元帝却不许。王导诚惶诚恐，每天早上率领宗族二十余人到台城待罪，担心里却默许王敦之举。大多数士族官僚因征发奴客以充兵吏等“刻碎之政”损害了自身的利益，所以反对刘、刁，而同情王导，对王敦进逼建康持观望态度。三月，元帝任命王导为前锋大都督，派王廙去劝王敦罢兵，王敦不听，扣住王廙不让他回去。于是，元帝令刁协督率中军，令刘隗守金城、征虏将军周札守石头城，又派太子右卫率周莚统兵讨伐沈充。王敦率军到达石头城，周札开门接纳。戴渊、刘隗、刁协、周顗等领兵反攻，都被王敦打得大败。元帝见败局已定，给刁、刘人马，让他们各自避难，刁协逃至江乘被杀，刘隗向北投奔石勒。

王敦控制建康后，杀死戴渊、周顗以竖立威名。元帝授予王敦丞相、都督中外诸军事、录尚书事、江牧等职，封为武昌郡公。王敦有篡权之意，但是，即使是赞同王敦举兵的士族官僚如谢鲲、王峤、温峤及王敦的从弟王彬等，都反对王敦篡夺东晋政权。王敦只得暂时返回武昌，以待时机，而设丞相留府于建康，以遥制朝政。是时，王敦暴虐恣睢，作威作福，四方上贡多入其府，将相方镇等重要官员皆出其门，以沈充、钱凤为谋主，大兴土木，营造府第，夺人田宅，肆意掳掠。这年，元帝忧愤而死，太子司马绍继位，是为明帝。

太宁元年（323 年），王敦移镇姑熟（今安徽当涂），自任扬州牧。为加强王氏集团的军事实力，削弱帝室，他又任王含为征东将军，都督扬州江西诸军事；王舒为荆州刺史，监荆州沔南诸军事；王彬为江州刺史。当明帝用郗鉴为兖州刺史，都督扬州江西诸军事时，王敦另授以尚书令，郗鉴还京途经姑熟，王敦却非留郗鉴。次年，王敦因为周氏宗族强盛，恐为后患，听从钱凤之计，杀周嵩、周莚，又进兵会稽袭杀周札，周氏宗族死亡殆尽。五月，王敦病重，矫诏拜其子王应为武卫将军、其兄王含为骠骑大将军。钱凤问对策，王敦说："我死之后，归身朝廷，保全门户，是上策；退还武昌，收兵自守，不废贡献，是中策；乘我还活着起兵，万一侥幸而胜是下策。"钱凤认为王敦所说的下策才是上策，积极准备叛乱。

明帝聪明而有谋略，能断大事。各方面的消息证明王敦必然再次叛乱，于是下决心要讨伐王敦。六月，明帝亲自到于湖（今当涂县南）侦察王敦营垒，然后进行周密的布置；任命王导为大都督，领扬州刺史；温峤为都督东安北部诸军事，与右将军卞敦守石头城；应詹为护军将军，都督前锋及朱雀桥南诸军事；郗鉴为行卫将军，都督从驾诸军事；庾亮为左卫将军，卞壶为行中军将军，又征召兖州刺史刘遐、临淮太守苏峻、徐州刺史王邃、豫州刺史祖约等入卫京师。这时，司徒王导听说王敦病危，于是率子弟发哀，大家以为王敦已死，斗志更加旺盛。尚书省转发诏书至王敦府，历数王敦之罪。

王敦见了诏书非常生气，但病重已不能亲自率兵，于是以王含为元帅，令钱凤、邓岳、周抚等率众进攻建康。七月，王含等率水陆兵众五万，进至秦淮河南岸。温峤退屯北岸，烧朱雀桥阻断敌军前进道路。明帝亲募壮士千人，由将军段秀等带领，乘夜渡河，大破叛军。王敦听到战败的消息，又气又急而死。这时，沈充带领万余人与王含会合，而刘遐、苏峻带领的援军也到达建康。刘遐、苏峻的精兵万人从南塘出击，大破沈充、钱凤军，落水而死的有三千人。接着，刘遐又在青溪大败沈充。第二天，王含等火烧大营趁夜而逃。明帝命诸军乘胜追击，沈充、钱凤均被追斩，王含父子逃奔荆州，荆州刺史王舒使人沉之于江。王敦之乱终告平息。

苏峻之乱

咸和二年（327 年），东晋统治阶级内部继王敦之乱之后又发生了苏峻之乱。

苏峻，西晋末被举为孝廉，北方大乱之后纠集数千家，建立豪强地主武装，周围的豪强武装又推他为首领。当时，青州刺史曹嶷想收苏峻为部属，任之为掖县（今山东掖县）县令，但遭到拒绝。曹嶷准备讨伐苏峻，苏峻率领所部数百家从海路向南北奔逃，投奔东晋。

苏峻历任淮陵内史、兰陵相。永昌元年（322 年），王敦首次进逼建康，元帝召苏峻进讨王敦，而他观望形势，迟迟不予进行。太宁二年（324 年），王敦再次作乱，所遣王含、钱凤又进逼建康城下，京城危急。明帝召苏峻、刘遐等流民入京护场，苏、刘率精卒万人驰援。当时沈充、钱凤夜渡秦淮河、从竹格渚上岸，护军将军应詹领兵拒战失利，叛军已到宣阳门外。这时，苏峻、刘遐率领军队从南塘横击，大破敌军，敌军落水淹死者三千人。接着，苏峻又随从庾亮追击沈充至于吴兴。平叛后，苏峻因功进位为冠军将军、历阳内史、加散骑常侍，封邵陵公，食邑一千八百户。从此，苏峻威望逐渐提高，手中精兵已达万人，装备优良，实力雄厚，被朝廷委以捍卫江北的重任。但是，苏峻自恃兵强，日益骄横，藐视执政，招纳亡命。朝廷运送给养去历阳的船只首尾相属，而稍不如意，他动不动就破口大骂。

明帝死后，成帝继位。成帝年幼，外戚庾亮摄政。为加强中央集权，庾亮对内压制宗室，对外削夺强藩。咸和元年（326 年），庾亮诛杀南顿王司马宗，司马宗亲信卞阐逃窜到历阳投奔苏峻，庾亮令苏峻交人，而苏峻将阐茂匿，拒不交人。庾亮觉得苏峻在历阳终究是一个祸患，主张把他征调进京，剥夺他的兵权。此议一出，举朝皆认为不可，但大多不敢吭声，唯有王导、卞壶等人表示反对。卞壶说："苏峻拥有强兵，逼近京城，从历阳至建康，不到一日的路程，一旦发生变乱，后果十分严重，此事应慎重考虑。"庾亮不从。苏峻闻讯，遣司马何仍到京，对庾亮说："只要是外任，无论远近，我惟命是听；至于内任，实非我能干的。"庾亮仍然不从。咸和二年（327年）十月，庾亮用诏书命征苏峻为大司农、加散骑常侍。苏峻上表声称："昔日明皇帝亲执臣手，委臣北讨胡寇之重任。今日中原尚未平定，臣何敢自安！请求补青州界一荒郡给我，使臣以展鹰犬之用。"但朝廷还是不许。苏峻无奈，整装待发，但心中却又犹豫不决，参军任让对他说："将军求补荒郡尚且不许，事到如此，恐无生路，不如拥兵自守。"于是，苏峻遂不奉诏，暗中遣使与镇西将军、豫州刺史祖约联络，祖约因所赐官位不满足他的愿望，颇为怨恨朝廷，所以一拍即合，约定以讨庾亮为名，一同起兵。

于是一场动乱爆发了。十二月，苏峻派部将韩晃、张健袭取了东晋屯积食盐、大米的姑熟，直捣慈湖。苏峻起兵之前，江州刺史温峤奏请率军下援建康，三吴也请求发兵，庾亮都加以制止，特别写信给温峤说："吾忧西陲（指陶侃），过于历阳，足下不可越过雷池（水名）一步。"苏峻起兵后，徐州刺史郗鉴又请求统兵御敌，同样被制止。然而，作为都督征讨诸军事的庾亮并没有很好地部署兵力，抵制敌人。咸和三年（328年）正月，韩晃歼灭慈湖守军。苏峻率领苏、祖联军二万余人从横江渡口抢渡长江，抵队陵口。晋中军抵挡不住，连战连败。二月，苏峻占领蒋陵、覆舟山，建康已经近在咫尺，城内惶惶不安。有人建议在小丹杨打伏击战，庾亮不予采纳，而苏峻果真绕道小丹杨，因夜里行军竟然迷路。这样一个歼灭敌人、扭转战局的大好机会又被庾亮贻误了。没几天，苏峻击败建康城外守军，突破青溪栅。庾亮率领诸将在宣阳门内抵抗，而队伍尚未成形，士众皆弃甲而逃。庾亮与诸弟也匆匆乘船逃往寻阳，把成帝和皇太后都扔在建康。苏峻攻陷宫城后，遂"纵兵大掠，侵逼六宫，穷凶极暴，残酷无道"，又"裸剥士女，皆以坏席苫草自鄣，无草者坐地以土自覆，哀号之声震动内外"。他自任骠骑、领军将军，录尚书事，以祖约为太尉、尚书令，又改换百官，树置亲党，除庾亮兄弟矫诏大赦，同时，他分兵攻略义兴、晋陵各地。

庾亮既至寻阳，与温峤共同推举荆州刺史陶侃为盟主，兴兵讨伐苏峻。

“戎卒四万、旌旗七百里，钲鼓之声，震于远近”，浩浩荡荡地开往建康。不久，三吴也兴兵讨伐苏峻，会稽内史王舒以庾冰为行奋武将军，令其他领兵一万，西渡浙江。吴兴、吴国、义兴等诸郡纷纷起兵响应。五月，陶侃、温峤会师茄子浦，陶侃推举王舒监浙东军事，虞潭监浙西军事，郗鉴都督扬州八郡。郗鉴率众渡江，与陶侃会师。接着，各路大军进据蔡洲；直逼石头城。苏峻率主力屯守石头城，并把成帝迁入石头城中。双方相持数月，陶侃因敌军兵势甚盛，难与争锋，所以在石头城西筑白石垒，又在京口一带筑大业等三垒，坚守不战。苏峻攻所白石垒，乃分遣诸将东西抄掠，多所擒获，兵威更盛。从建康逃出来的官吏都说：“苏峻狡黠多智，其徒党极其骁勇，所向无敌。如果上天惩罚罪人，苏峻终当灭亡；如果依靠人力，则难以取胜。”温峤听了很生气，但累战不胜，也深为恐惧。

苏峻遣将张健、韩晃急攻大业垒，垒中缺水，士卒渴极，只好喝粪汁解渴。守将郭默突围求援，陶侃准备派兵救援。长史殷羡说：“我军不习陆战，如救大业不能取胜，则全盘皆输。不如急攻石头城，大业之围自解。”陶侃听从。于是，陶侃督水军驶向石城，而庾亮、温峤、赵胤等率步兵万人从白石垒南上地战。苏峻统领八千人迎战，其子苏硕与将领匡孝分兵冲击赵胤军，将赵胤打败。苏峻见赵胤军溃逃，大叫：“匡孝能破贼，我还不如他吗?”只带领数骑急急追赶，没有赶上。在回业途经白木陂时，他的马突然被踩倒，又被陶侃部牙门将彭世、李千投过的长矛击中。苏峻坠落下马，立刻被斩首、割肉、焚骨。三军齐呼万岁。苏峻余众退据石头城。任让等立苏第五苏峻弟苏逸为主，闭城自守。次年春天，诸军攻破石头城，斩杀苏逸等。祖约败后，率左右数百人向北逃到后赵，被石勒杀死。

苏峻之乱平定后，东晋进入相对安定的时期，以后 70 年无内战乱，社会经济逐渐得到恢复。

淝水之战

前秦消灭前燕以后，把矛头指向东晋，南北关系日趋紧张。前秦建元八年（即东晋咸安二年，372 年）冬，苻坚派遣将领率军攻占东晋梁、益二州。建元十二年（376 年），前秦又先后消灭前凉与代国，统一了北方。建元十四年（378 年），前秦分兵两路，同时开辟了东西两个战场，从而揭开了秦晋之间大规模战争的序幕。

在西部战场上，苻坚之子苻丕负责指挥各项军事行动，率领步、骑兵七万人进攻襄阳。与此同时征虏将军石越、京兆尹慕容垂、领军将军苟池等共同率领步骑兵十万从三个方向同苻丕会合。秦兵进抵汉水北岸，东晋梁州刺史朱序认为秦兵没有舟楫，难以过江，便不加防备。当听说石越已率领五千骑兵浮渡汉水时，他才慌忙地命令放弃外城，退守中城。秦军十倍于晋军，但由于苻丕不进行强攻，也由于襄阳军民顽强抵抗，直到次年二月，秦军才攻克襄阳，俘虏了朱序。在东部战场，前秦后将军俱难、右禁将军毛盛等率领步骑兵七万进攻淮阴（今江苏清江西南）、盱眙，扬武将军彭超率军进攻彭城（今江苏徐州），并负责指挥东部各项军事行动。襄阳陷落后，东晋兖州刺史谢玄出兵救援彭城，但只是救出彭城的兵众，彭城、淮阴、盱眙随即相继失守。建元十五年（379 年）五月，秦兵六万包围三阿（今江苏宝应县），三阿距离广陵不过百里，建康受到危胁。

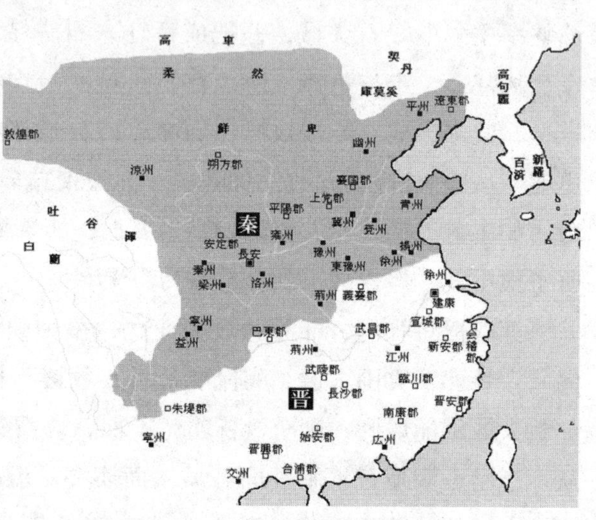

淝水之战前夕，前秦东晋对峙图

东晋执政谢安命令谢石带领水军驻防涂中（今安徽滁县、全椒一带），又派谢玄援救三阿。谢玄战胜俱难、彭超，收复了盱眙、淮阴，秦军退守彭城。此后，西部战场两军又起战事。建元十七年（381 年）十一月，秦荆州刺史都贵派兵 20 000 进攻竟陵（今湖北潜江），结果被晋荆州刺史桓冲部下打败，死了 7 000，被俘万人。次年九月，桓冲派兵攻打襄阳，焚烧践踏了沔水以北的屯田稻谷，掠取六百多民户而去。

太元七年（382 年）十月，苻坚召集大臣举行开会，讨论大举进攻东晋之事。苻坚踌躇满志地说：“我承继大业将近 30 年，四方大体平定，惟有东南一隅不投降，我准备率领 97 万大军亲征，你们以为如何？”秘书监朱肜立即随声附和说：“陛下应天顺时，恭敬地执行天的惩罚，率领百万之众，必然有征而无战，马到成功！”但是左仆射权翼却反对说：“如今晋朝王室君臣和睦，上下同心，执政谢安、桓冲皆是杰出人才，所以不要轻举妄动。”太子右帅石越也说：“东晋既有长江之险，又无君昏臣叛之象，暂时还不适宜出兵。”

苻坚虽然扬言“吾之众旅，投鞭于江，足断其流”，但见群臣意见不一，只好暂不论。退朝后，苻坚留其弟阳平公苻融继续商议。苻融也劝谏苻坚，苻坚发怒说：“你也如此，我还能和谁商量？我有强兵百万，粮食、器仗如山，虽不敢自称为明君，但也决非是庸主，而今乘屡胜之威，攻击垂亡之国，岂有不克之理！”苻融哭泣说：“晋不可伐，理由很充足。臣不但忧虑伐晋劳而无功，更忧虑国内发生变故。陛下宠待鲜卑、羌、羯、使布满京畿，如果倾国南下，一旦京畿风云变幻，将追悔莫及。臣见识肤浅，诚然不足采纳，但王猛是一时奇士，他临终之言不能不重视。”苻坚仍然不从。后来，朝臣进谏的人很多，苻坚的太子苻宏、宠幸的张夫人、幼子苻诜和苻坚尊重的僧人释道安都来劝阻，但苻坚主意已定，谁的话也听不进。这时，京兆尹慕容垂装出一副忠心耿耿的样子对苻坚说：“弱并于强，小并于大，是势所必然。陛下圣武，有强兵百万，猛将满朝，而江南蕞尔之虏，岂可留给子孙。陛下圣心独断，何必广询朝臣以乱圣虑！”苻坚十分高兴地说：“能与朕共定天下的只有你一人而已！”

谢 安

建元十九年（383 年）五月，桓冲发兵十万进攻襄阳和蜀，苻坚派其子苻叡等率兵抵御，桓冲畏惧秦兵，便退回上明（今湖北松兹西北）。这年七月，苻坚下达大举进攻东晋的诏令，规定民户十丁抽一，富家子弟年 20 以下身强力壮者均授予羽林郎，同时征用州郡公私马匹。诏令中又说：“其以司马昌明（即东晋孝武帝）为尚书左仆射，射安为吏部尚书，桓冲为侍中，势还不远，可先为修曼府第。”这就是说，秦军尚未出发，苻坚就认为必胜，准备俘虏东晋君臣，预先为他们修建府第。八月，苻坚以苻融督张蚝、慕容垂等步骑 25 万为前锋，以姚苌督梁、益诸军事，苻坚随后从长安出发。当他到达项城（今河南项城）时，凉州兵才抵达咸阳，蜀、汉兵才从长江顺流东下。幽、冀兵进至彭城，只有苻融等所领的 30 万军队进至颍口（今河南颍上），前秦全军有步兵 60 万、骑兵 27 万，前后相望，绵延千里，东西万里，水陆并进。

大敌当前，东晋急命谢石为征讨大都督、谢玄率领北府兵为前锋都督，与谢琰、桓伊等共率领八万之众抵抗秦军。又另派将领胡彬率领五千水军增援寿阳（今安徽寿县）。这时，建康城中人心惶惶。谢玄也不放心，出兵前又问计于谢安，见状谢安却显示出若无其事，悠然出游山中的别墅，与谢玄下起围棋，大家见状，才宽下心来。十月，苻融指挥秦军攻下寿阳，擒获晋将徐元喜等人。晋将胡彬听说寿阳陷落，于是退据硖石（今安徽寿县西北）。苻融一面进攻硖石；一面派将军梁成率领五万军队屯守洛涧（今安徽淮南市东淮河支流洛河），截断胡彬的退路，也遏制在东面的援军。谢石、谢玄率领的大军果然忌惮秦军，在距离洛涧 25 里处停了下来。胡彬困守峡石，粮食已经吃光，派人送信向谢石告急求援，送信人被秦军捉住，押送苻融。苻融见信上写道："今贼（指秦兵）盛粮尽，恐怕不能再见到大军"，不禁大喜，派使者驰报苻坚说："贼军（指晋军）弱，容易擒获，但恐以后逃逸而去，应该迅速进攻。"苻坚闻报，便把大军留在项城，只带领轻骑八千，急忙赶赴寿阳。苻坚到达寿阳，并没有立刻发动进攻，而是派东晋降将朱序到谢石军中劝降。朱序却为晋军献策说："如果百万秦军都开到前线，势难为敌，而现在全部军队尚未集结，应该快速出击了，只要打败其前锋，挫折其锐气，就可以击溃秦兵。"谢石开始因为听说苻坚在寿阳，非常害怕，本来已经决定不主动出击，这时接受了朱序的建议。十一月，谢玄命部将刘牢之率北府精兵五千人急行军到洛涧，秦将梁成严阵以待。刘牢之乘夜挥军抢渡洛水，夜袭梁成军营，临阵斩梁成等十员将领，又分兵截断退路的渡口，秦兵步骑一时崩溃，落水而死者有一万五千多人。刘牢之继而纵兵追击，俘虏秦将王显等人，缴获了大量秦军丢弃的军资器仗。洛涧之捷后，晋军水陆并进，声势大振。苻坚在寿阳城上亲见晋军部阵严整，又远眺八公山（今寿县城北四里）上影影绰绰的草木，以为都是晋兵，不觉面现惧色，回头对苻融说："这也是一支劲敌，怎么能说是弱旅呢！"

秦、晋两军夹淝水布阵。晋军意在速战，谢玄派遣使者向苻融提议说："将军领兵远道而来，却在岸边列阵，这是作持久战之计，并非作速战打算。如若将军能够稍稍往后移动阵地，使我军渡淝水，以决胜负，不更好吗？"秦军诸将认为，我众敌寡，不如遏制不使其过河，是万全之策。苻坚却说："只要引兵稍退，乘晋兵才到河中间，我则以铁骑突然出击，没有不获胜的道理。"苻融也以为正确，便指挥军队退却。秦军一退而不能复止，被迫当兵的汉族和各少数民族人民乘机逃跑。这时，朱序在阵后大喊："秦兵败了！秦兵败了！"不明真相的兵众大乱，更加狂奔起来。谢玄、谢琰、桓伊等率领晋军渡河猛攻，苻融飞骑驰入溃退的队伍中，想阻止秦兵溃退，结果坐骑被乱兵冲倒，摔下马来，被追赶的晋兵杀死。晋军一鼓作气，追击秦军至寿阳三十里外的青冈。秦兵大败，自相蹈藉而死者，蔽野塞川。逃跑的人风声鹤唳，都以为是晋兵追来了，昼夜不敢休息，草行露宿，加以饥冻，死去的人有十七八。苻坚在逃路中身中流箭，挣扎着回到淮北，见到所宠幸的张夫人，潸然泪下说：“我今日还有何面目治天下呵!”

苻坚有志于统一全国，但时机尚未成熟，前秦国内民族矛盾仍然比较尖锐，统治秩序尚未稳定，近百万的军队其实是一群乌合之众。淝水之战失败后，鲜卑贵族慕容垂、慕容暐和羌族贵族姚苌等纷纷摆脱苻坚的控制，貌似强大的前秦王朝顷刻陷于瓦解。

孙恩、卢循起义

东晋会稽、吴郡等滨海等地流行道教，信奉的既有士族官僚，也有平民百姓。钱塘杜子恭是当时著名的五斗米道师，出身琅邪道教世家的孙泰以杜子恭为师，并继之为道师。孙泰有许多道徒，所以他被“敬之如神”。因“诳诱百姓”的罪名被东晋政府流放到广州，而广州刺史王怀之用他为代理郁林太守。晋孝武帝末年，孙泰回到建康（今江苏南京），执政司马道子任其为徐州主薄，司马元显跟跟从他学道教“秘术”。他利用传道的影响纠集兵众数千人，参与讨伐王恭，后又“扇动百姓，私集徒众，三吴士庶多从之”。朝廷唯恐孙泰聚众为乱，杀了孙泰及其六个儿子。他的侄子孙恩逃亡于海岛，有徒众百余人，决心报仇，大陆的信徒常常给孙恩等送去粮食衣物。

隆安三年（399 年）十月，司马元显下令征发三吴地区的免除了奴隶身份成为佃客的人当兵，号称“乐属”，送往京都。于是，东土嚣然，民心骚动，不仅引起“乐属”及其家人的愤怒，也引起“乐属”主人的不满。孙恩乘机率领徒众从海岛登陆，进攻上虞（今浙江上虞），杀死县令，接着进攻会稽郡，杀内史王凝之，起义队伍很快发展到数万人。旬日之中，会稽、吴郡、吴兴、义兴、临海、永嘉、东阳、新安等八郡都起来响应，纷纷杀死地方官吏，人数达到数十万。孙恩的队伍很复杂，既有狂热的道教信徒，也有一般民众；既有地主，也有农民，而就其大多数说，是三吴地区深受压迫剥削的自耕农和佃户，这场斗争的本质是广大农民群众反抗东晋地主阶级残暴统治的阶级斗争，是东晋历史上声势浩大的农民起义。东晋地方官吏如吴兴太守谢邈、永嘉太守谢逸、乌程令夏侯愔等相继被杀，吴国内史桓谦、临海太守新蔡王司马崇、义兴太守魏隐等仓促弃郡逃亡，而居住在这儿的士族官僚顾胤、谢明慧、谢冲、张琨、孔道等虽然有不少人信奉道教，但也都被杀死。孙恩占据会稽城，自称征东将军，其徒属号为“长生人”。孙思任命许允之为义兴太守、丘尪为吴兴太守、陆瑰为吴郡太守。

为了镇压孙恩起义，东晋朝廷任命徐州刺史谢琰兼督吴兴、义兴军事，讨伐孙恩。都督兖、青、冀、幽、并、徐及扬州之晋陵军事的刘牢之也率领北府兵出发。起义初起、八郡响应时，孙恩便被胜利冲昏了头脑，对部属说："天下无事了，我和诸君将要穿着朝服到建康（今江苏南京）。"因此义军既没有进攻的部署，也没有做御敌的准备。十二月，谢琰击斩义兴许允之，又进击吴兴，大破丘尪。谢琰驻扎在乌程，派司马高素配合刘牢之，进逼浙江（今富春江）。孙恩企图割据浙江以南，见刘牢之率北府精锐部队渡江。孙恩便带领男女二十余万口东撤，丘尪、陆瑰、沈穆之等都被官军所杀。孙恩率众退回了海岛。由于刘牢之等纵容官军暴掠，东土郡县城中百姓逃遁一空。

隆安四年（400 年）五月，孙恩从浃口（今浙江镇海东南）登陆，攻破余姚、上虞，在进攻邢浦（今浙江绍兴北）时失利，不久再战邢浦，径直攻取会稽，会稽太守谢琰战败，与其二子被部下杀死。朝廷大震，派高雅之等将领抵御孙恩，又被孙恩所败，死者十分之七八。朝廷急忙以刘牢之都督会稽等五郡军事，进击孙恩，孙恩再次退回海岛。次年二三月，孙恩又两次登陆进攻句章（今浙江宁波南）和海盐，都被北府将领刘裕击败。五月，孙恩改变进攻路线。此次，由海道北上，攻扈渎（今上海青浦），在吴国杀死内史袁山松。接着，他又从海道突然进至丹徒，战士十余万，楼船千余艘，消息震动了建康。刘牢之急调刘裕等部北上，兵不满千人，倍道兼行，与孙恩义军战于京口西面蒜山。义军战败，从悬崖投水而死的人很多。孙恩整顿余部，直趋建康，因楼船高大，又逆风逆流，速度很慢，数日才到白石，这时建康已经有所准备。遂渡海至郁洲（今连云港，当时为海岛），以偏师攻陷广陵，杀敌三千人。后刘裕追至郁洲，多次击败起义军。义军损失万余人，加上饥饿疾病，死者过半，力量日益衰弱，南退浃口入海。元兴元年（402 年），孙恩进攻临海之举又一次失败，义军剩下一千余人，孙恩害怕为官军所俘，投海自杀。

孙恩死后，余众推孙恩妹夫卢循为首领。此时，桓玄从荆州起兵攻入建康，控制了东晋朝廷，北府都督刘牢之被贬为会稽内史，自缢而死。桓玄为稳定三吴地区，授卢循为永嘉太守。卢循虽接受任命，仍继续进攻东阳郡，但屡战屡败，于是泛海南下。元兴三年（404 年），卢循攻打番禺（今广州市番禺区）百余日，终擒广州刺史吴隐之。于是自称平南将军、摄广州刺史事，又派姐夫徐道覆率众攻下始兴（今广东韶关）。此时，刘裕刚刚推翻桓玄的统治，正在清除桓玄残余势力，无暇南顾。义熙元年（405 年）四月，朝廷正式任命卢循为广州刺史，徐道覆为始兴相。卢循据广州五年多，当刘裕北伐南燕时，徐道覆建议袭取建康，他说："刘裕已出，屯兵坚城之下，不知何时回师，乘此进击易如反掌，如果攻克建康，刘裕即使回来，也已晚了。"卢循起初不从，后来才勉强答应。义熙六年（401 年）二月，卢循与徐道覆分兵北上。徐道覆从东路迅速克南康、庐陵。攻打豫章（今江西南昌）时与东晋江州刺史何无忌战于赣水之上，大败官军，杀死何无忌。卢循从西路攻湘中诸军，在长沙大败东晋荆州刺史刘道规所派的军队，推进至巴陵（今湖南岳阳），准备进军江陵。此时，刘裕闻讯后慌忙南归，只带数十人日夜兼程回到建康，布置京师防卫。东晋豫州刺史刘毅准备出兵迎击卢循。刘裕写信劝止，刘毅不听，率领 20 000 水军从姑熟出发。徐道覆得知刘毅军即至，便驰告卢循率军东下，合军共击刘毅。五月，义军与官军大战桑落洲（今江西九江东北长江中）。官军大败，悉数丢弃船舰、辎重，刘毅只带数百人逃走，余众均被俘虏。在义军处于优势时，卢循却动摇了，得到刘裕回到建康的消息，十分害怕，企图撤兵西行，占领江陵，割据荆、江二州。在徐道覆的坚持下，义军才继续东进，“战士十余万，舟车百里不绝，楼船高十二丈，败还者争言其强盛”。

刘裕北伐始归，建康将士多有伤病，人数不过数千，人心不安。尚书左仆射孟昶等主张迁都江北，刘裕不允，认为“一旦迁动，便自土崩瓦解”，孟昶惧而自杀。由于卢循的犹豫，刘裕赢得了喘息的时间，他招募士兵，修葺石头城，亲自领兵屯守。义军进至淮口（秦淮河入长江处，今南京西北）时，徐道覆建议在新亭与白石间分几路上岸，同时发动进攻。而卢循多疑少决，命令停泊蔡洲，寄希望于官军“自溃”，贻误了战机。直到刘裕树栅淮口，又修治越城，筑查浦、药园、廷尉三垒后，卢循才以十余舰攻击淮口栅，久攻不下，船舰反被风暴淹没。后转攻南岸，进击京口等地，均无所获。义军从五月至七月屯兵建康城下，此时已是师劳兵疲，粮食给养也发生困难，只得南撤寻阳。刘裕一面派部将王仲德、刘仲、蒯恩等追击卢循；一面整治水军，派部将孙处、沈田子率众 3 000，从海道奔袭番禺。接着，刘裕又亲自率领兖州刺史刘藩及将军檀韶、刘敬宣等从建康出发，企图一举消灭义军。十月，徐道覆再次领兵 30 000 突袭破家（今湖北江陵东南），准备攻打江陵，遭到荆州刺史刘道规拦腰阻击，死万余人，“赴水死者殆尽，道覆单舸走还湓口（今江西九江西）”。十一月，留守于南陵（今安徽宣城西）的义军被王仲德率领的官军打败。十二月，卢循、徐道覆重整队伍，“率众数万塞江而下，而后莫见舳舻之际”，可见义军仍具有相当实力。而刘裕进军大雷（今安徽望江），派出轻舰，以强弩逼义军船舰泊西岸，由预先埋伏在西岸的步骑军纵火焚烧义军船舰，一时烟炎障天，义军大败。卢循指挥余部向豫章撤退，树栅于左里，阻断官军。刘裕率军攻栅，义军虽作殊死战，但未能抵抗，死者万余人。卢循收集散卒数千人，向广州撤退，徐道覆也退回根据地始兴。义熙七年（411 年）二月，晋军攻破始兴，斩徐道覆。三月，卢循率军至番禺城外，番禺早已被晋军占领。卢循围攻二十余日不能下，晋军派出援军，卢循败走交州，最终在龙编（今越南河内东天德江北岸）遭到惨败，投水自杀。

这次起义沉重地打击了东晋的腐朽统治，特别是摧毁了门阀士族制度在三吴地区的统治基础。但由于孙恩、卢循、徐道覆等人起义的目的只是为提高自身的社会地位和政治地位，经常表现出次等士族的动摇与妥协，使这次有数十万农民群众参加的起义，具有很强的局限性。

桓玄篡晋

自桓温出任荆州刺史以后，桓氏家族在荆州的统治持续了半个世纪。太元十四年（389 年），桓温之侄、荆州刺史桓石民死，东晋朝廷以王忱继任。尽管如此，桓氏在荆州经营日久，根深叶茂，仍然拥有很大的实力。

桓温少子桓玄袭其爵位为南郡公，长大后相貌瑰奇，神情疏朗，且多才多艺，善于写文章，但自诩才学、门第冠世，待人十分傲慢，引起众人的不满，朝廷也疑而不用。直到 23 岁，桓玄才被任为太子洗马，后迁义兴太守。甚郁郁不得志，愤懑叹道：“父为九州伯，儿为五湖长！”遂拂袖弃官，返回荆州南郡（治今湖北省荆州市江陵县）的封地闲居。然而荆州刺史王忱与桓氏有隙，又常常压制桓玄。不久，王忱死，孝武帝任命殷仲堪为荆州刺史，都督荆、益、宁三州诸军事，于是，桓氏的势力再度崛起。殷仲堪是一个玄学名士，原任黄门郎，资望并不深，虽任荆州刺史，但却甚敬畏桓玄。有一次，桓玄去拜会殷仲堪，与仲堪在大厅前驰马舞矟（矛长丈八称矟），竟以矟尖对准仲堪。都督府参军事刘迈讥讽桓玄说：“马、矟之技有余，而精通义理则不足。”桓玄很恼火，殷仲堪大惊失色。桓玄走后，殷仲堪斥责刘迈说：“你太放肆了，桓玄今夜派人来杀你，我岂能救你！”他让刘迈赶紧离开荆州回建康去。当夜，桓玄竟然真派人杀刘迈，由于追赶不及才作罢。征虏将军胡藩路过江陵时，对殷仲堪说：“桓玄志趣不同于常人，一副快快不得志的样子，将军过份优崇他，恐怕于将来不利。”殷仲堪听了很不高兴。

隆安元年（397 年），录尚书事司马道子专权，尚书左仆射王国宝与其从弟王绪用事，图谋削弱两藩，夺取北府王恭和荆州殷仲堪的兵权。桓玄乘机教唆殷仲堪说：“王国宝一向与你对立，惟恐不能尽早置府君于死地。如今他手握大权，与王绪共相表里，想撤谁换谁，无不如意，王恭贵为皇上大舅，他们才不敢轻动，而府君是先帝拔擢，破格居藩，大家认为府君思想意趣高超，但非藩镇之才，如果他们发诏征府君为中书令，以殷觊代为荆州，府君将如何？”殷仲堪说：“我正因此而忧心如焚，你有何计策？”桓玄说：“王国宝乃当今奸凶，天下共知，王恭恨之入骨。君宜秘密与王恭约定，起兵以清君侧，然后率荆楚之众顺流而下，推举他为盟主，我等愿追随于后，此事乃是齐桓、晋文之举”。这时，恰好王恭遣使与殷仲堪商议讨伐王国宝，殷仲堪表示赞同，于是王恭上表朝廷，兴兵讨伐。殷仲堪虽然与王恭结盟，但却不敢出兵，后听说朝廷已杀王国宝等，才派遣杨佺期进军巴陵（今湖南岳阳）。

隆安二年（398 年），桓玄请求出任广州刺史，司马道子甚忌桓玄，惟恐他在荆州闹事，遂顺其请求，任命他为广州刺史，督交、广二州，桓玄受命却不出发，仍滞留荆州。七月，北府王恭再次与殷仲堪结盟，以讨伐王愉，司马尚之兄弟为名，相约同时举兵。殷仲堪任命南郡相杨佺期为先锋，桓玄次之，而亲自领兵二万相继而下。八月，杨、桓进抵达湓口（今江西九江），江州刺史王愉仓惶出逃临川，被桓玄的偏军追获。接着，桓玄又在白石大破中央军，与杨佺期进军横江。这时，由于北府将领刘牢之倒戈，王恭兵败被杀。刘牢之率领北府兵抵抗荆州军，桓玄、杨佺期只得回军蔡洲，为了分裂荆州军，司马道子采观念左卫将军桓修的建议，任命桓玄为江州刺史，杨佺期为雍州刺史，贬黜殷仲堪为广州刺史，改派桓修出任荆州刺史。诏命颁下，殷仲堪大怒，于是催促桓、杨向建康进军，桓、杨对朝廷的新任命感到很满意，不想出兵。殷仲堪一气之下遽然返回荆州，遣使告谕蔡洲兵众说：“你们如果不各自散归，我一到江陵便杀尽你们的家人。于是，部将刘系立刻率领二千人西上，桓玄等大惧，纷纷撤退，至寻阳（今江西南昌）才赶上了殷仲堪。三人由于利害息息相关，虽互相猜忌，但不得不重新在寻阳结盟。联名上书不受诏命。朝廷又只好让步，仍以殷仲堪担任荆州刺史，并加以抚慰，三人才受诏罢兵。这次起兵，桓玄取得江州，得到了很大的实惠。寻阳之盟，桓玄被推为盟主，更加骄横，藐视杨佺期为寒士。杨佺期是南下较晚的流民，所以自以为出身北方高门的弘农杨氏，最恨别人瞧不起，在盟誓坛上就想发难袭击桓玄，殷仲堪担心杨佺期杀死桓玄之后再把矛头指向自己，所以坚决制止。而桓玄也察觉出杨佺期的阴谋，暗中有吞并他的打算。

三人的矛盾冲突逐渐白热化。隆安三年（399 年），殷仲堪与杨佺期连姻，以对抗日益跋扈的桓玄，杨佺期屡次提议进攻桓玄，但殷仲堪却不敢，桓玄恐怕被殷、杨所灭，请求朝廷扩大他的部督区，朝廷企图激起他们的内讧，便命桓玄兼督荆州的长沙、衡阳、湘东、零陵四郡，又以桓玄兄桓伟代杨佺期兄杨广为南蛮校尉。杨佺期又气又急，于是借口后秦进攻洛阳，准备与殷仲堪举兵偷袭桓玄。但殷仲堪怀疑杨佺期别有用心，极力阻止。杨广则准备抗拒桓伟，殷仲堪也不从。于是，调杨广出任宜都、建平二郡太守。当时，荆州发生水灾，平地水深三尺。桓玄乘机发兵西上，声称援助洛阳，袭取巴陵，占据谷仓。殷仲堪于是扣押桓伟为质，让他给桓玄写信，措辞哀哀可怜，桓玄却说："殷仲堪为人无决断，我兄必无忧。"桓玄连打胜仗，进军至零口，距江陵二十里。江陵城中没有粮食，情况十分危急。殷仲堪急召襄阳杨佺期赴援，杨佺期说："江陵没有粮食，如何御敌，可带兵来共守襄阳。"而殷仲堪不愿放弃荆州，竟骗他说："近来收集一些粮食，已经有了储备。"杨佺期就领步骑入迁到江陵，但殷仲堪无粮供应，杨佺期大怒，叹道："今天只有失败了！"他也不拜见殷仲堪，与其兄弟杨广进攻桓玄，结果大败，单骑逃奔襄阳，终于与杨广被俘，桓玄杀之。殷仲堪听说杨佺期已死，带着数百人逃窜，也被桓玄部将追获，被迫自杀。隆安四年（400 年）三月，桓玄占领荆、雍二州，上表要求自己镇守荆、江二州，朝廷授任都督荆、司、雍、秦、梁、益、宁七州诸军事，兼荆州刺史，以桓修为江州刺史。桓玄不从，再上疏要求领江州，朝廷不得已派他督八州，并兼江州刺史。他还以兄桓伟为雍州刺史，其侄子桓振为淮南太守，朝廷都不敢不从。

控制了中、上游后，桓玄以为已经握有东晋三分之二的天下，具备了问鼎的实力。隆安五年（401 年）年末，桓玄写信指斥执政者说："今日朝廷显贵心腹，谁是时流清望？岂能说没有人才，只是你们不信任罢了。因为往昔朝廷失误，才酿成今日之祸。"司马元显见后大为恐慌，决定起兵讨伐桓玄。次年年初，司马元显派北府都督刘牢之为前锋，但在桓玄扇动下，刘牢之再次倒戈，桓玄势如破竹，顺利地攻入建康，捕杀司马元显等人。从此，桓玄布置亲信、心腹占据要职，一步步向最高权力逼近。他自命为总百揆、都督中外诸军事、丞相、录尚书事、扬州牧、假黄钺，领徐、荆、江三州刺史，继而任命桓伟为荆州刺史，桓谦为尚书左仆射，桓修为徐、兖二州刺史，桓石生为江州刺史，卞范之为丹杨尹。接着任命刘牢之为会稽内史，夺其北府兵权，刘牢之才觉得上当，集合僚佐商议占领江北与桓玄对抗。参军事刘袭说道："事不可为者莫大于反，而将军往年反王于兖州，近日反司马郎君，今日复反桓公，一人三反，何以自立？"众佐吏一哄而散。刘牢之甚惧，派儿子刘敬宣到京口接引家人，而久久不见归来，以为已经出事，便带着部曲北逃，到新洲自缢而死。

桓玄执政之初，罢黜作奸犯科的人，拔擢贤俊。东晋"治纲大驰，权门并兼，强弱相凌，百姓流离，不得保其产业，桓玄颇欲改革，竟不能行"。不久，奢豪之态复萌，政令无常，朋党并起。这时三吴发生大饥馑，饿殍遍地，户口减半，会稽郡人口只剩三四成，临海、永嘉郡的人口死亡殆尽，殷实人家也只有穿罗纨，怀抱金玉，闭门相守而饿死。在这种情况下，桓玄加紧了篡位的步伐。元兴二年（403 年）二月，他为提高威望，上表请率领诸军扫平河、洛，而后，指使朝廷下诏制止，便称“奉诏故止”；九月，使朝廷拜己为相国，封为楚王。十月，又上表请求返回藩镇，逼晋守帝出手诏挽留。至十一月，桓玄终于赶晋安帝出宫而自己登上皇帝宝座，建国号楚，改元永始。桓玄篡位后，更加骄奢淫逸，游猎无度，大兴土木，修缮宫室，朝野为之哗然，百姓不堪其苦。桓玄篡晋，是东晋门阀统治的尾声，元兴三年（404 年）五月，这个短命政权被刘裕推翻了，桓玄在逃跑途中被杀于江陵县南长江的枚回洲。

晋代的书法艺术

魏晋南北朝时期，是书法艺术开始大放光采的时期。由于文字书写方法的演变，这一时期出现了更便于书写和进行艺术创作的字体，东汉以后纸的普遍应用，为书法练习和传播提供了便利条件，以及玄、道、佛思想的流行，为艺术创作提供了多样化的文化背景，使得当时出现了许多有名的书法家。他们的书法，为历代学书者所推崇，对书法的发展具有巨大的推动作用。

汉字的字体，商周时有甲骨文、大篆（金文），秦时有小篆。汉人则用隶书。东汉时期又从隶体中脱化出楷和草体。汉末三国时期，这些书体皆有一些著名书法家。名学者蔡邕善长篆、隶。汉嘉平年间（172—178 年）他以隶书所写《论语》等儒家经典刻石碑立于太学，“其观视及摹写者，填塞街陌”。宏农人张芝善的草书，据说他“临池学书，池水尽墨”，因他创立今草（东汉盛行章草，书写时各字独立，今草前后字相连），时人称他为“草圣”。他的书法对魏晋书法影响很大。魏初钟繇工书，由于其魏官至太傅，人称钟太傅。钟繇兼善各体，尤精于楷书。唐人评钟繇“真书绝世，刚柔备焉”，“秦汉以来，一人而已”。近人研究书法发展史，认为钟繇创秦汉以来所未有的楷法，对于汉字的定型有很大贡献。与钟繇同时的胡昭，书法亦精。西晋时曾立书博士，“置弟子教习，以钟、胡为法”。东吴有皇象，最工章草，曾被称为一代绝手。

西晋书法家有敦煌人索靖，为张芝的姐姐之孙，尤善草书。卫瓘，仕晋为司空，亦善草书。索、卫被称为“二妙”。

西晋灭亡后，北方士族源源到南方。中原流行的书法也被带过江，并在南方的社会环境下得到发展。东晋南朝士族文人工于书法的人非常多。而以王羲之、王献之父子成就为最大。琅邪临沂人，琅邪王氏是东晋最有权势的士族之一。其叔父王导，行草兼妙，其楷法师钟繇、卫瓘。北方大乱时，王氏仓促南行，仍将钟繇《宣示表》随身携带过江。王导弟王廙，亦工书。王羲之自幼受这种环境熏陶，自然对他掌书有很大的影响。王羲之少年时跟随卫夫人学笔法。卫夫人名铄，是卫瓘的族孙女，工书，尤善钟繇笔法。相传他学得此法后，又精研李斯《峰山碑》、蔡邕《石经》、张昶（张芝弟）《华岳碑》以及其叔父王导珍藏钟繇《宣示表》，遂改变初学，创造出风格独特的新字体名曰行书。行书介乎楷书、草书之间，是形体灵活多变的字体，最有发挥和创造的余地。曾传汉末刘德升创行书，但其墨迹未见。王羲之《兰亭序》是我们所能见到的最早、最典型的行书。此序书于东晋永和九年（353年）。当时王羲之与谢安等风流名士在山阴兰亭盛会。诸人流觞饮酒，赋诗唱和成诗集。王羲之为诗集书序——《兰亭序》。今观此《序》之书法，只见笔到之处起伏流走，畅快淋漓，如游龙带云，气贯神通。因笔法极为完美，所以被誉为“天下第一行书”。唐初太宗李世民得《兰亭序》，非常喜爱，临终竟下令将此书放入陵墓作为陪葬品，故世上只有摹刻本《兰亭序》流传。除行书之外，王羲之还精于隶书、楷书、草书各种字体。他的书法为历代学者所尊崇，对后世影响极大，故有“书圣”之称。王羲之诸子亦工书法，尤以献之最为出名。献之后又师法张芝，兼精诸体，尤工行、草和隶书。他的字虽骨力不如父，而且颇媚趣。后世称献之为“小圣”，与其父并称“二王”。

南朝时也涌现出了许多书法家。但多受二王影响。刘宋时的羊欣，据称最得王体。羊欣少年时王献之曾在他的绢裙上书字，他便以此为法贴，朝夕临摹，书法大进。被时人称为“子敬（献之字）之后，可以独步”。梁代肖子云，年轻时摹王献之的字，后又全学钟繇，其笔力雄骏，号称可与钟繇并驾齐驱。肖子云书名远播海外。一次百济国使臣来建康求书，恰逢子云将出仕东阳太守。使臣追至江边，子云“乃为停船三日，书三十纸与之”。陈、隋之际的僧人智永，是王羲之的七世孙。据称“学书用秃笔有几十瓮，每瓮百枝，终于有成。”每日求书题字的人如市，竟将门槛踏坏。

南朝的书法受二王影响，而北朝的书法则是沿袭钟繇、卫瓘的书体。西晋末年，北方士族范阳卢谌效法钟繇，清河崔悦师卫瓘，皆为当时的书法名家。崔、卢子孙世传其法，北魏初年，工书者称崔、卢二门。他们的书法在北方影响最大。由于北魏时期佛教流行，一时宙宇、造像、摩崖、碑版、墓志、幢柱刻经处处皆有，而多用一种楷体书写。这种楷体继承汉魏隶书笔法，而构字紧密厚重，端庄中不失峻逸。因多见于石刻，故称魏碑体。北魏书家知道的并不多，如崔浩，清河人。曾为太武诸帝所亲任。后因国史之案被杀。其父崔宏善草、隶，曾为一时三楷模。浩工书，体势及其先人。郑道昭，荥阳人。其为光州刺史时在云峰山摩崖刻石，字体为魏碑之代表作。研究北朝书法，更多的还是要靠地下出土的墓志碑刻等。著名的有《张猛友碑》《张黑女碑》《冯迎男碑》《元珍碑》，等等。魏碑体便于大字的书写。现存的一些北魏摩崖刻石及泰山经石峪的《金刚经》，都是字大盈尺。而榜书之始，应在北魏时候。北朝末年，南朝书法风格深深影响到北方。西魏时平江陵，江陵人口被掳入关，其中有不少南方文士。王褒书法"得羲之之体"，在南方"见重于世"。他入关中后，"贵游等翕然并学褒书"，一时成为风气。只有在这种南北不同风格的书法交融下，才能有隋唐时期书法的风格的创新与发展。

拓跋部的兴起

拓跋部是北方游牧民族鲜卑族的一支，兴起于大兴安岭北段东麓，嫩江西岸支流甘河的上游，今属内蒙古自治区呼伦贝尔盟鄂伦春自治旗阿里河镇。考古工作者于1980年在这里发现了拓跋部的发祥地——嘎仙洞，洞中石壁上刻有北魏于北魏太平真君四年（443年）的祝文，这是北魏太武帝拓跋焘遣中书侍郎李敞等人前往石室祭告其先祖时所刻的。洞中文化层很厚，包括打制石器和新石器两个时代，包括大量的陶片、骨镞和石镞等遗物。从遗物和这一带群山林海的地理环境考察，说明生活在此地的拓跋部人尚处于"射猎为业"、没有文字、刻木纪事的原始社会的早期阶段。

拓跋部在此地集体群居了很久后，于东汉前期，在酋长推寅的带领下，走出了群山林海，逐渐向南方的草原地带迁徙，在迁徙过程中，其生产方式也逐渐由狩猎向畜牧过渡。这次迁徙的时间和路程很长，最终到达了今内蒙古呼伦湖附近。今在呼伦湖北面的扎赍诺尔发现了三百余座古墓群，所出土器物与嘎仙洞的有相承关系，证明了呼伦湖就是史书所记载的拓跋部南迁到达的"大泽"。拓跋部在这里共居住了七世，至酋长邻时，传位给其子诘汾，命其率部继续南迁。诘汾领导的这次南迁极为艰辛，经历了"山高谷深，九难八阻"，才到达匈奴族故地，即匈奴冒顿单于发迹的阻山地区。这次迁徙的时间，大约在东汉灵帝时期。

诘汾的儿子力微，就是北魏立国后追认的始祖神元皇帝。在力微当酋长时，拓跋部得到了极大的发展。他善于统治，不滥用暴力，很得人心，鲜卑诸部慕名来归附者很多，拓跋部的力量空前强大起来，仅骑兵就达到二十余万。拓跋部此时尚无法律和监狱，表明国家还没有形成，只处于原始的部落联盟阶段。

三国魏甘露三年（258年），力微居大酋长之位已经39年之久，这年他又率部迁徙至定襄盛乐（今内蒙古和林格尔）。在这年春天，力微举行了"祭天"大典，各部落酋长都赶来，唯独白部首领推辞不到。力微大怒，派人把他召来杀死，从而进一步加强了他在部落联盟中的权力和地位。三国魏景元二年（261 年），力微开始与曹魏通好，遣长子沙漠汗前往洛阳作人质，考察中原风土人情，曹魏赠给拓跋部大批金、帛、缯、絮等物，数以万计。从此，双方联系频繁，经常互派使者通信，或开展贸易活动。晋代魏之后，西晋仍和拓跋部保持着良好关系。西晋泰始三年（267 年），沙漠汗以父亲年迈为由，请求归还。晋武帝司马炎同意，临行时送他很多珍宝。几年后，沙漠汗再次访晋，此时西晋已为拓跋部的日益强大而担忧，当两年后沙漠汗返回拓跋部时，西晋用重金贿赂一批部落大人，离间沙漠汗同部落大人的关系。沙漠汗回去后，诸部大人因他“风彩被服，同于南夏”，害怕他会变易旧俗，于是挑唆力微，把沙漠汗杀害。同年，力微死，他的另一个儿子悉鹿继位，因难以服众，出现了“诸部离叛，国内纷扰”的长期动荡局面。

西晋元康四年（294 年），力微的另一个儿子禄官即位。他在位期间，拓跋部再次强大，活动范围也扩展到西晋的北边。于是他分国为三部：一部居于上谷之北，濡源之西，由他直接统领；一部居于代郡参合陂之北，由长兄沙漠汗的儿子猗㐌领导；一部居于定襄盛乐故城，由猗㐌的弟弟猗卢统帅。猗卢因善于用兵，西击匈奴、乌桓，皆大胜而归。晋朝失意士人卫操和他的儿子卫雄及箕澹等人，见拓跋部日益兴盛，前往投靠，劝他们招纳晋人，猗㐌纳了此建议，并且重用卫操等人，“任以国事”。晋人听说后，纷纷来投奔猗卢。猗㐌又率部向西扩展土地，五年之间，投降依附的国家就有三十多个。同时拓跋部与西晋的关系也进一步密切起来，当时西晋经过八王之乱，内部分裂，国力受到削弱，匈奴首领刘渊率众反叛后，并州刺史司马腾曾请拓跋部出兵；帮助西晋政府攻打刘渊。禄官派猗㐌率军入晋境，在西河、上党大破匈奴军，猗㐌与司马腾还在汾东订立盟约，然后才回师。

西晋永嘉二年（308 年），禄官死，猗卢统一三部，力量更加强大，有控弦骑士四十多万。这时正值西晋末年，中原已经大乱，刘渊称帝，国号改为汉，由离石迁都平阳，发兵进攻西晋都城洛阳。西晋统治者无力平定，并州刺史刘琨派使者给猗卢送上厚礼，让儿子刘遵作为人质，请猗卢出兵相助。猗卢派郁律率骑 20 000，大破占据新兴、雁门二郡的白部和铁弗刘虎部。晋怀帝任命猗卢为大单于，封为代公。猗卢以封地过远，于是请求勾注、陉北之地，刘琨将楼烦、马邑、阴馆、繁畤、崞五县划给猗卢。其后，猗卢又曾数次应邀派兵助晋。永嘉六年（312 年），刘聪派其子刘粲袭击晋阳，杀害了刘琨的父母，占了晋阳城。猗卢又应刘琨之请，统军二十多万进攻晋阳，杀刘粲将军刘儒、刘丰、简令、张平、邢延等人，但刘粲突围而走。几年后，晋愍帝进封猗卢为代王，食代郡和常山郡。拓跋部在此时期又进一步向南发展，并以盛乐为北都，目的是以平城为南都，又在水之阳建造了新平城。这时拓跋部也有了“明刑峻法”，诸部民常以违反法律而被诛，可见拓跋部已初步形成国家。猗卢末年，宠爱少子比延，欲传位给他，引发长子六修的愤怨，演变为一场内战，六修杀猗卢，普根又杀六修，登上代王位，仅一月多便死，于是拓跋部陷入又一次的内乱之中。

东晋咸康四年（338 年），猗卢的侄孙什翼犍即代王位于繁畤北，立年号为建国。同时什翼犍首次在拓跋部署百军，分掌众务。并且任命汉族士人燕凤为长史，以许谦 为郎中令。又首次详细制定了反逆、杀人、奸盗诸法律，正式形成了国家。拓跋部也再度兴起，“国人附之”“百姓安之”，于是东自貊，西至破落那，南到阴山，北尽沙漠，离散诸部先后又归服，有众数十万人，什翼犍又迁都于云中的盛乐宫。又与高车、没歌部、卫辰等部发生过多次战争，掳获大量的奴隶和牛羊马匹。建国十二年（376 年），由于卫辰部因屡败于拓跋部，遣使向前秦求救，苻坚派大司马苻洛率军二十余万进攻代，拓跋部数战不利，什翼犍正患病，被迫逃避漠北，待前秦兵退，才又回到漠南。不久之后，什翼犍被其子寔君谋害，国中又大乱，前秦乘机灭代，将拓跋部分为两部，皆附吏属于前秦。尽管如此，拓跋部已经成为一支不可忽视的力量，依然在塞北积极扩展势力，兼并弱小部落，等待着机会重新崛起。

刘裕建宋

晋元熙二年（420 年）六月，刘裕称帝，改国号为宋。

刘裕（363—422 年），字德舆，小名寄奴，原籍彭城（今江苏徐州）。其曾祖刘混，永嘉之乱时渡江居于丹徒的京口（今江苏镇江），至刘裕时家境已衰败。刘裕起初投奔北府军，靠平定桓玄之乱而官至侍中、车骑将军，逐渐掌握了东晋王朝的军权。东晋义熙六年（410 年），刘裕率军北伐平定南燕，受封为太尉、中书监，执掌朝权。此后四五年间，刘裕相继除掉刘毅、诸葛长民、司马休之等政敌，然后，他第二次北伐，克复关中，以功于义熙十四年（418 年）受封为相国、宋公。至此，刘裕取代东晋的条件已经成熟。晋元熙二年（420 年），刘裕拿着自己手下拟好的禅位诏，让晋恭帝抄录，“恭帝欣然操笔，书赤纸为诏”。刘裕筑坛于南部，登上皇位，国号宋，是为宋武帝。宋武帝改元永初，定都建康（今江苏南京），改《泰始历》为《永初历》，废晋恭帝为零陵王。次年六月，刘裕派人将他毒死，开了杀“禅让”退

刘 裕

位者的先例。至此，历时 104 年、共 11 帝的东晋王朝结束了，南北朝时期开始。

北魏入主中原

淝水之战后，强大的前秦土崩瓦解了，拓跋部便乘机复国。北魏登国元年（386 年），拓跋珪被诸部推戴，即位代王，并任命张兖为长史，许廉为右司马。同年，改国号为魏，表示已不愿再受晋朝的封号。

拓跋珪称帝后施行的重要措施就是务农息兵，并首先取得后燕（慕容垂）的援助，借以抵御内部诸部酋长的不稳定性。拓跋部属游牧民族，那些酋长往往叛服无常，不懂得要在一个固定的国家内服从一个国王对自己有什么益处。因此，在登国二年（387 年），拓跋珪制定了一条措施，即在每次战争胜利后，按战功分赏给群臣将士应得的战利品。这使得诸部酋长和鲜卑兵可凭战功得利，由此而大大增加了他们的好战心理，不致随时叛逃。在取得内部的团结之后，登国三年（388 年），魏便开始攻打库莫奚（东胡），并获大胜。登国四年（389 年）破解如部与高车诸部。次年，又大破高车袁纥（回纥）部，并再于次年打败了拓跋部的世仇刘卫辰部（南匈奴的别支），缴获马三十余万匹，牛羊四百余万头。魏开始占据黄河以南（今河套）的广大牧地，由于国力剧增，便开始窥视中原。

当时，占据北方广大地区的后燕国前来向拓跋部索取马匹，并扣留了拓跋部派往后燕的使臣，拓跋珪便决定断绝与之友好的关系。北魏登国十年（395 年），后燕皇帝慕容垂下令太子慕容宝统兵 8 万，进攻北魏。张兖建议可暂退避其锋芒，拓跋珪率领部众退到河套一带。后燕出兵三个月，却未找到北魏主力。九月，传来慕容垂病逝的消息，慕容宝便烧毁准备渡河的船只，准备退兵。拓跋珪带领两万兵马，迅速渡过黄河，日夜追赶，到达参合陂（今山西大同东）西，截断后燕的退路，将后燕军队团团围住。慕容宝见势不妙，抛弃大军，轻骑出逃。北魏兵乘机攻击。后燕大败，俘获的四五万人全被活埋杀死。后燕由此开始衰落。

魏皇始元年（396 年），拓跋珪率大军四十余万攻打后燕，夺得并州（今山西省大同西南），同年，从林阱（今属河北）进入河北，围攻后燕都城中山（今河北定县）。一年后，中山被攻陷，后燕的残部退到龙城（今辽宁朝阳）等。大河以北诸州全被北魏占有。北魏天兴元年（398 年），拓跋部定都平城

(今山西省大同)。次年，改称魏道武帝，至此，南北朝对峙的局面基本形成。

灭后燕之后，北魏迁徙原后燕境内的吏、民及鲜卑等杂夷36万，百工伎巧十余万人到魏京，给内徙的新民耕牛，计口授田，以此发展农业。平城附近，被划为“王畿”。王畿之外，又设“方”“维”，由皇帝直接派官管理。四“方”、四“维”合称“八国”，管理这些地方的官员称为“八部大夫”或“八部帅”。原来以游牧为业的鲜卑族人，便在此“八国”中定居下来，而原来的“部大人”（酋长）被皇帝任命的官员所替代。官员的主要职责变为监督和劝课农耕。朝廷按各地收入的多少，来考核官员的政绩。这种新的行政法令，使得北魏的政府结构得以转变，并使落后的游牧业过渡到了先进的封建式农业生产方式中，使新兴的北魏有了强大的物质力量为作为后盾。

天兴二年（399年），拓跋珪于京城设置太学，置五经博士，增生员三千。拓跋珪格外重视寻找汉族士大夫对他的支持，以利用汉族文化改造处于原始状态的鲜卑民族。崔宏归附北魏之后，把拓跋部的历史与汉族的历史联系起来，说黄帝最小的儿子昌意“受封北土”，是拓跋部的祖先，拓跋珪对此深表赞同。一次，拓跋珪问博士李先生：“世界上什么东西最好，可以增长见识与智慧?”李先生回答说：“书籍。”于是拓跋珪就命郡县在民间搜罗书籍，送到京都。另一位博士公孙表，则把韩非的著作介绍给拓跋珪，告诉他如何做一个封建专制国家的皇帝。天兴四年（401年），拓跋珪亲祭先圣周公、先师孔子，并任用大量汉族士人做文官，依靠这些汉族文官的支持来建立封建政治制度的专治机构。

与此同时，北魏政府中的鲜卑贵族与皇帝之间的矛盾仍一直继续。鲜卑旧贵族在过去已不能容忍一个国王，在此时则更不能容忍一种新的体制下的皇帝，一有机会，便窥觎这一宝座。天赐三年（406年），拓跋珪下诏称：“人们认为汉高祖以布衣而得天下，这是错误的。汉高祖有天下是因为有天命。无天命而妄图非分，便会遭殃。”因而劝臣下安分知足，以“保荣禄于天气，流余庆于后世”。接着又下诏书，劝臣下不要争名夺利，要讲道义。此后，贵族有反对皇帝的许多都被处死，其中最著名者是拓跋珪的堂兄拓跋遵和拓跋仪。但同时，他自己也常常心怀疑虑，烦闷不安，或几天不吃饭，或通宵不眠，自言自语，疑神疑鬼。朝臣见他时，不小心说错一句话，或表情失常，便怀疑其心怀恶意，被当场处死。拓跋珪终精神失常，北魏永兴元年(409年)，被其子拓跋绍杀死。年仅39岁。同年，拓跋珪太子拓跋嗣回平城，再杀拓跋绍，即帝位，是为魏明元帝。

魏明元帝称帝后，便采取拓跋部四部大人与大酋长共同管事的惯例，命长孙嵩、安同、崔宏等八大臣共听朝政，号称八公。又让燕凤、封懿等共议政事。鲜卑贵族和汉族士人都可参与朝政，使得北魏的紧张局面得以缓和。神端二年（415 年），魏国已连年霜旱，平城附近不少民众被饿死。有人主张迁都到邺城（今河南安阳北）去，崔浩、周澹反对，认为山东人现不知鲜卑虚实，还认为人畜众多，如现在迁去，一旦见鲜卑人数有限，定会生轻侮之心。不如等明春草生，取马牛乳和蔬菜充饥，挨到秋熟，就可渡过难关。魏明元帝赞同他们的主张，但仍怕无法挨到来秋，便选穷困的本族人到山东定、相、冀三州，下令汉民每户出租米五十石来养活这些穷困人。

当时，北方鲜卑的又一支柔然开始强大起来，又有匈奴族铁弗部所建立的夏国在关中一带自称一霸，对北魏具有一定的威胁性。柔然还常常侵犯北魏的边境。泰常二年（417 年），刘裕打后秦，后秦向北魏求救，拓跋嗣本想派一支精锐骑兵直逼彭城（今江苏徐州）和寿春（今安徽寿县），便向崔浩问计。崔浩以为现在“西有屈丐（夏），北有柔然”，出师对北魏不利。同年，宋武帝灭后秦，取得黄河以南州郡，魏则守黄河北岸，无力渡河相争，魏用兵机会大减，穷人增多，遇天灾就要饿死。秦常七年（422 年），宋武帝死，魏明元帝立即大举渡河攻宋，崔浩极力谏阻未成。次年，魏夺得司州（治洛阳）全部，兖州、豫州大部。北魏在黄河以南也取得了许多州镇后，重新确立了南北两朝对立的形势。

泰常八年（423 年），魏明元帝拓跋嗣死，其子拓跋焘继帝位，是为魏太武帝。魏太武帝是北魏历史上一位杰出的君主，其在位期间，北魏的社会极为繁盛，他依靠崔浩的谋略和鲜卑人的慓悍，几乎战无不胜。始光元年（424 年）始，北魏开始大举进攻柔然，迫使它逃奔漠北，暂时不敢南犯。始光三年（426 年），又分兵两路攻夏：一路攻长安；一路攻统万（夏都城，今陕西榆林西南），当年即克长安，次年又攻下了统万。神麝元年（428 年），俘获了夏国君主赫连昌。神麝二年（429 年），魏太武帝又一次进攻柔然。柔然大败，原来臣服于它的那些高车等小部落乘机摆脱羁绊，被北魏降服的柔然达三十多万家，掳获马牛羊达几百万头，敕勒也有几十万人向北魏投降。另一部分柔然人向漠北逃亡。两年后，又攻取夏最后的都城平凉，夏亡，魏取关中。太延二年（436 年），灭后燕国，取辽河流域。太延五年（439 年），灭北凉国，取凉州。至此，自晋永安元年（304 年）开始的十六国大乱已经结束，黄河流域得到了统一。

平定北方之后，太平真君十一年（450 年），魏太武帝认为进攻南方的时机已经成熟，便率大军南下攻宋。当时正是宋文帝在位，国力极强。魏宋大战，魏军无法攻克宋的重要城镇，便在城外大肆杀掠，尽量破坏。宋军民痛击魏军，魏死伤大半。次年，魏太武帝只得退兵平城。这次战败，大伤魏国元气，又遭国人怨恨，北魏从此害怕再与南朝交战。正平元年（451 年），魏太武帝被宦官宗爱杀死。从此，魏始由盛转衰。

孝文帝的改革

北魏太和十四年（490 年），冯太后病死，24 岁的魏孝文帝元宏终于独自执掌了朝政。把冯太后丧事处理完毕，他思谋行的第一件大事，就是迁都洛阳。从道武帝定都平城已来，近百年间，形势发生了极大变化，北魏王朝早已成为北方唯一的最高的统一的政权。而平城偏居北边，不便于控御中原地区和向江南用兵，也不便于深入汉化和实行文治，还不免遭受北方柔然与荒年饥馑的威胁，故迁都之事，作为最高统治者，实在是不能不考虑的问题。

太和十七年（493 年），孝文帝经过深思熟虑之后，开始着手安排迁都之事，他知“北人恋本”，直接提出迁都，肯定会遭到众人反对，于是采取了“外示南讨，意在谋迁”的办法，这年五月，他在明堂召集群臣，商讨南伐，试图采用占筮之卦的方法来统一意见，由于占筮得出的《革》卦内容与南作不符，未能达到预期效果。以尚书令、任成王拓跖澄为首的一批大臣认为《革》卦不吉利，反对南伐，孝文帝一时理穷。众人散后，孝文帝派人单独召见拓跋澄，屏退左右，对拓跋澄合盘托出他的计划，分析指出，自拓跋部定都平城已来，虽然完全占据北方，富有四海，然而平城“乃用武之地，非可文治”，如果进一步移风易俗，势将更难，因此打算借南伐之名，迁都中原。拓跋澄表示完全拥护，二人商定，仍然照孝文帝既定计划行事，借南伐之名，行迁都之实。

随后的几个月，孝文帝积极布置南伐。六月，他下令在黄河上架桥，以便让大军通过。七月，他又下令实行中外戒严，宣布南伐。八月，他命太尉拓跋丕、广陵王拓跋羽留守平城，亲自统帅大军 30 万南下。九月，孝文帝抵达洛阳，命大军短暂休息，自己则到西晋太学遗址参观《石经》。洛阳是汉、魏、西晋的故都，虽遭到战争的严重破坏，但仍然是中原政治与文化的中心地区，对决意深入汉化的孝文帝来说，此时更坚定了迁都洛阳的信念。从南伐大军离开平城，一直淋雨不止，使南伐将领更加丧失信心。这次南伐并没做长期准备，南齐政权也并非不堪一击，随军将领、大臣均知前景凶多吉少，因此当孝文帝又命令大军继续南进时，众人齐跪在孝文帝马前，请求停止南伐，大司马、安定公拓跋休等人甚至哭泣并以死相谏。这正是孝文帝所预计的，他乘机说："大军出动一次不易，既出军不可无功，若不南伐，就得迁都洛阳。两者必须择一，要大臣立刻做出决定。拓跋部人多恋北土，不愿迁都，但因南伐极为凶险，毫无胜算，无人敢坚持南伐者，于是都选择迁都。全军齐呼万岁，迁都洛阳之事便这样决定了。孝文帝也知大臣内心实属勉强，事后他曾就此事征询卫尉卿、镇南将军于烈的意见，得到的答案是一半乐迁，一半恋旧。

洛阳城早已破败，迁都洛阳之议决定后，大军就停止前进。孝文帝遣任城王拓跋澄还归平城，向留守官员宣布迁都之事。又命司空穆亮、尚书李冲与将作大匠董尔留守营建洛阳，又派于烈回去镇守平城。一切布置停当，孝文帝便离开洛阳，到河北等地去巡视郡县。直到次年十月，洛阳大体营建完毕，北魏才正式迁都。

迁都洛阳后，汉化的条件更为成熟，孝文帝接着又对鲜卑族风俗文化制度诸方面进行了一系列改革。

太和十八年（494年）十二月，也就是迁都后的两个月，为减少民族隔阂，孝文帝下令禁止鲜卑族人再穿鲜卑服装，一律改穿汉族服装。诏令宣布后，"国人多不悦"，只是害怕禁令，绝大多数鲜卑族才换上汉装。也有少数鲜卑族人仍留恋鲜卑服装。有一次，孝文帝从前方回来，仍见京城鲜卑妇女有"冠帽而著小襦袄者"，或"仍为夹领小袖"的人还穿着鲜卑旧服。于是把留守京城的拓跋澄及其他官员训斥一顿，认为是他们知而不问，督察不严而引起的。老贵族拓跋丕不乐意变易旧俗，当朝廷大臣皆穿汉族衣冠议政时，唯独他一人身穿鲜卑服夹在中间，因他年老功高，孝文帝才不勉强。不过后来拓跋丕也"稍加冠带"，朝廷内外，汉族服装便逐渐取代了鲜卑服。

次年，孝文帝又下令禁止在朝廷说鲜卑语，也就是他对他弟弟咸阳王元禧说的"自上古以来及诸经籍，焉有不先正名而得行礼乎，今欲断北语，一从正音"。具体规定：朝官年三十以上者，习性已久，允许逐渐改变。三十以下者，如在朝廷不说汉语，仍旧说鲜卑语，就要被降爵或罢职、免职。北魏初进中原时，“军容号令，皆以夷语”。迁都后，孝文帝禁止朝官讲鲜卑语，时间长了，下层的鲜卑人也很少有人讲鲜卑语了。那些迁到洛阳来的“代北户”，有的后来甚至已听不懂鲜卑语了。有些怀旧的人，还专门在拓部部人中教授鲜卑语，“谓之国语”。可见孝文帝的语言改革是十分成功的。语言和服装的改革，大大加快了北魏汉族与少数民族之间民族融合的步伐。同年，孝文帝又下诏规定，南迁洛阳的鲜卑人，死后只能葬在当地，不得送回代北。此令一下，那些南迁的代人，便都成为地道的河南洛阳人了。孝文帝此规定，显然是要割断“代北户”与故土的联系，断绝其客居洛阳的念头，使他们能长久定居中原。

转年，孝文帝又下诏改族的姓。在此之前，鲜卑人的姓氏多是由两个或三个字组成的复姓，如拓跋、尉迟、独孤、勿忸于、步六孤等。姓氏上的强烈差别，影响着鲜卑族与汉族的进一步融合。因此他命令把鲜卑复姓改为汉姓。诏令说：“北人谓土为拓，后为跋，魏之先出于黄帝，以土德王，故为拓跋氏。夫土者，黄中之色，万物之元也；宜改姓元氏。诸功臣旧族自代来者，姓或重复，皆改之。”太祖以来的八大著姓也由此改为汉姓，如丘穆陵氏改为穆氏，步六孤氏改为陆氏，贺赖氏改为贺氏，独孤氏改为刘氏，贺楼氏改为楼氏，勿忸于氏改为于氏，纥奚氏改为嵇氏，尉迟氏改为尉氏。“其余所改，不可胜纪”。

紧接着，孝文帝又下诏命定族姓。孝文帝一向羡慕汉族的门阀制度，在中原地区，士族公认清河崔氏、范阳卢氏、荥阳郑氏、太原王氏为士族之首，号称“四姓”，孝文帝在承认四姓为汉族士族之首的基础上，又下令规定鲜卑拓跋的族姓，改变代人“虽功贤之胤，无异寒贱”的状况，把道武帝以来“勋著当世，位尽王公”的鲜卑贵族穆、陆、贺、刘、楼、于、嵇、尉八姓定为国姓，“勿充猥官，一同四姓”，记他们的地位与汉族崔、卢、郑、王四姓地位相当，享受同等的政治待遇。同时依据父祖官爵高低，对鲜卑族其他人也划分了姓族等级，在鲜卑族内首次建立了本族的门阀世袭等级制度。

为使鲜卑贵族与汉族进一步融合，形成联合统治的局面，孝文帝又利用皇帝的权威强令两族贵族联姻。他自己先取“衣冠所推”的范阳卢敏，清河崔宗伯、荥阳郑羲、太原王琼四姓之女充入后宫。另外陇西李冲家族虽非魏晋以来的显族，但也多是当朝权贵，孝文帝也破格把李冲之女纳为夫人。陇西李氏也因此而上升为一流士族，与崔、卢、郑、王并列，“故世言高华者，以五姓为首”。他又特地为五个弟弟与汉族大姓联姻。下令：咸阳王元禧，聘陇西李辅女；广陵王元羽，聘荥阳郑平城女；颍川王元雍，聘范阳卢神宝女；始平王元勰，聘陇西李冲女；北海王元详，聘荥阳郑懿女。在这之前，咸阳王元禧，曾娶一个隶户之女为妻，因此受到孝文帝的严厉责备。由此孝文帝命令诸王，把以前所娶的妻子，皆降为妾媵。鲜汉两族联姻之风兴起后，汉族大姓也多有娶鲜卑贵族之女为妻的，最典型的是范阳卢氏，一门就娶了北魏三位公主，为当时士族称羡。通过这种两族大姓频繁的政治联姻，两族大姓之间的矛盾逐渐淡化，政治利益日趋相同，共同构成了北魏王朝的阶级基础与社会基础。

孝文帝的上述改革是成功的，但并非都一帆风顺。上述改革初始，就遭到了部分鲜卑贵族的抵制和反对，甚或演化为武装反抗。迁都之初，拓跋部人就是“多所不愿”，迁都之后，还有相当大的保守势力反对汉化，对孝文帝的改革多次加以阻挠和破坏，这派以北魏鲜卑的元老穆泰、陆叡等人为代表。后来太子元恂也加入这一派。元恂在迁居洛阳后，总报怨河洛暑热，“常思北归”。孝文帝赐给他的衣冠，他不愿穿，“常私著胡服”。太和二十年（496年），乘孝文帝去嵩岳之机，他与左右密谋，“欲召牧马，轻骑奔代”，被人报告给其父，孝文帝将他囚禁，召见群臣说：“此小儿今日不灭，乃是国家之大祸”，毅然废掉其太子称号。同年冬，鲜卑贵族穆泰、陆叡与宗室元隆、元业、元超等人勾结，阴谋在平城起兵叛乱，另立新帝。孝文帝得讯，马上派任城王元澄率人速往平城，平定了这次叛乱。诛杀穆泰、元隆、元乙升、元超、陆叡等人。新兴公元丕知情不报，本也当死，孝文帝念他昔日功高，曾进他不死之诏，免其死罪，贬为庶民。其后，元恂又企图谋乱，孝文帝逼令他自杀。

孝文帝的改革过程充满了斗争，然而经过他的多项改革措施后，促进了北方地区社会经济的发展，拓跋部人也基本完成了封建化的艰难进程。从此之后，北方的民族大融合也上升到了一个新的水平。

佛教石窟的开凿

佛教产生于印度。大约在公元前3世纪，印度的佛教徒为纪念释迦牟尼和学习释迦苦修，开凿了石窟寺。经过不断发展，佛徒修建石窟寺，用雕刻、泥塑、绘画等艺术手法宣传教义，成了佛教传播的一个重要手段。在东汉时佛教传入中国。东汉以后，特别是十六国南北朝时期，中原地区战乱不止，人民备受煎熬，统治者也朝不保夕，为佛教的传播提供了极为有利的条件。佛教在北方得到迅速发展，在南方也日益兴盛。受传入的印度石窟艺术影响，开凿石窟寺在北方甚为流行。据调查，今新疆、甘肃、陕西、山西、辽宁、河北、河南、山东等省都有这一时期开凿的石窟。这些石窟寺由于是用于佛徒修炼和礼拜之用，故大都开在悬崖绝壁，人迹罕至的地方，而窟内一般有佛像或舍利塔，以及以佛经为题材的雕刻或壁画，构成了风格独特的石窟艺术。这一石窟艺术，是在吸收外来佛教文化、结合本民族形式的窟洞、崖墓而创造出来的。

新疆地区南邻北印度。在古“丝绸之路”沿线，发现了多处石窟群。其中位于拜城东约 50 公里的克孜尔石窟，现有洞窟 235 个。其中一些洞开凿时间，大致在东汉末年。说明印度石窟艺术约在二世纪末三世纪初即已传入我国新疆地区，然后再向东传播，流行于内地的。十六国时期，新疆、甘肃地区开凿了多处石窟，其中以敦煌莫高窟最为著名。

莫高窟是我国三大石窟之一。位于敦煌东南 22 公里的鸣沙山下。据碑刻载，它始建于秦建元二年（366 年）。此后，北魏、西魏、北周、隋、唐、宋、西夏、元各代均有大规模的营建和修缮之举。这里凿窟的崖面属砾岩层，故雕像困难，彩塑和壁画成了这里石窟艺术的特色。莫高窟繁盛时有千余窟，现存 492 窟，分布在长达 1 000 米的崖上。窟内计有壁画 45 000 多平方米，彩塑像 2 100 余尊。壁画内容，历代各有不同。北朝时期多为说法图和佛本生故事。说法图一般是佛在中间宣讲佛法，两菩萨侍立左右。所谓佛本生故事，即释迦牟尼的前身行菩萨道，利生受苦之事，如舍身饲饿虎、割自己身上肉喂鹰救鸽，等等。但画师们在画这类题材时，却将社会生活中如耕作、收获、射猎、饲养、游乐、宴会、战争等等内容融合在画面当中，从各种不同的角度反映了当时各阶层的社会生活。其彩塑的佛、菩萨、飞天等，又都是参考了现实世界的人物，使塑造的这些上天世界形象，又带有典型的现实世界的人物形象和性格。莫高窟以其营造延续千年、历史文物和艺术珍品极为丰富而享誉世界。这是我国一座巨大的石窟艺术宝库。但是在新中国成立前，大量珍贵文物被帝国主义分子所盗窃，许多洞窟受到严重破坏。新中国成立后，这里得到了保护和修复。

北魏时期，石窟的开凿更为普遍。与新疆、甘肃地方有所不同，各地的石窟均开凿在花岗岩一类坚硬的山崖上，洞窟内造像及装饰，全部雕刻而成。云岗石窟，是我国三大石窟之一。它位于山西大同市西16公里处。现存洞窟53个，延绵一公里，有各类佛像10万余尊。大同旧称平城，时为北魏都城；这里的石窟又是在北魏皇帝批准下兴建的，规模特别巨大。北魏兴安二年（453年），在沙门统昙曜主持下初凿五窟。每窟依山雕佛像各一，“高者七十尺，次六十尺，雕饰奇伟，冠於一时”。参与石窟开凿的有四方名门与工匠，尤以河西凉州工匠为多。云岗石窟是吸收了凉州石窟的一些特征，并兼收其他各地石窟艺术的优点而进行的新的创作。所以，云岗石窟不仅以其大佛“雕饰奇伟，完於一时”，而且他的艺术风格还引起了各地的仿效。著名的龙门石窟，甚至石窟出现较早的河西地区，都可以看到像云岗那样笔直而高，唇薄肩阔，衣服短瘦，凸起式衣纹的佛像。

北魏迁都洛阳后，又开凿了龙门石窟。龙门石窟在今洛阳城南20公里处的伊阙山上，故又称伊阙石窟，也是我国三大石窟之一。龙门石窟开凿于孝文帝造都洛阳前五年，即太和十二年（488年）。北魏迁洛后，在此大规模营建，后又经唐代大力开凿，现在伊水两岸的东西崖壁，有石窟和壁龛几千个。远看如同蜂巢一般。在这些洞窟中，北朝开凿的约占三成。古阳洞是龙门石窟开凿最早的一个洞窟。洞内主佛像释迦牟尼端坐，面颊较丰满，略带微笑；二菩萨两侧侍立，仪态庄严、文静。洞壁列龛密布，雕刻华丽精巧。造像题记端正大方，刚健质朴，许多是魏碑体的精华。宾阳洞是北魏宣武帝时开始开凿的。窟内壁面全部为雕刻品所占满，雕作完整；窟内地面饰以莲花图案，更显富丽堂皇。窟口内壁崖面上雕有各高二米、宽四米的帝后礼佛图。分别反映孝文帝、文昭皇太后参加拜佛仪式的隆重与肃穆。这两部浮雕，是精美绝伦的艺术瑰宝，但在中华人民共和国成立前却被奸商勾结帝国主义分子所盗凿。宾阳洞的主佛像面部秀润，嘴角上翘，呈微笑状。躯体魁梧，著褒衣博带式服装。这种形象已不再如云岗昙曜五窟佛像那样威严肃穆。如果说云岗石窟佛像还带有很浓的印度佛教艺术的烙印，而龙门石窟造像这种风格和服饰上的变化则更显得中国化了。这种变化正是孝文帝改制、拓跋汉族化的结果。

除以上这些石窟外，这一时期还开凿了许多著名的石窟，如甘肃靖县炳灵寺石窟（凿于西秦）、天水的麦积崖石窟（始凿于西秦）及河南巩县石窟

（始凿于北魏）、河北磁县响堂山石窟（始凿于北齐），等等。这些石窟中的许多洞窟，都十分明显地受到云岗、龙门石窟艺术风格的影响。魏晋南北朝时开凿的众多石窟，与历代各朝开凿的石窟一起构成了我国最重要的文化遗产。

北周的建立

北魏永熙三年（534 年），北魏分裂为东魏和西魏，西魏丞相宇文泰一直牢牢控制着西魏政权。西奔关中的孝武帝元修因想得到最高权力，很快与丞相宇文泰产生了矛盾。这年冬季闰十二月，宇文泰鸩杀元修，改立南阳王元宝炬为帝，是为文帝。最高决策及指挥权仍在相府里。

宇文泰在积极与东魏进行战争的同时，逐渐把汉族世家大族也拉入他的统治集团，扩大了他的统治基础。他又依靠汉族大地主和士人在各个领域实行了一系列的改革，把一个比较落后的军事集团逐渐改造为了一个富有朝气的封建政权。西魏大统元年（535 年），宇文泰便命一批汉族士人斟酌今古，参考变通，以“益国、利民、便时、适治”为准则，制定出“二十四条新制”，然后奏请文帝推行。这就是西魏最基本的制度。初期在制度建设上最有贡献的人是汉族士人周惠达。宇文泰忙于前方军务，后方的营造戎仗，储积粮食，检阅士马等事，都委托周惠达办理。仪礼制度也是在周惠达领导下创制的，当时关右政权草创，礼乐制度残缺，周惠达与礼官对北魏旧制进行了一番改革，才使得“仪轨稍备”。大统七年（541 年），宇文泰在大统元年（535 年）“二十四条新制”的基础上，又令人制定出“十二条制”，奏请施行，从而进一步完善了西魏制度。这时周惠达将著名士人苏绰推荐给宇文泰，宇文泰问苏绰治天下之道，苏绰为他陈述了帝王之道和申不害、韩非的法治之术，使宇文泰不禁“整衣危坐”，从天黑听到次日清晨而不觉厌倦，从此对汉族士人更为重视。宇文泰极想改革时政，寻求强国富民之道，苏绰也有了施展才能的机会，先后制定了文案程式，朱出墨入，计账、户籍等法，及其裁减冗官、设立闾正、保长二长，实行屯田以资军国等措施。大统十年（544 年），西魏文帝把宇文泰前后所呈的“二十四条”和“十二条新制”，规定为“中兴永式”，命苏绰重加修订，合为五卷，颁行天下。苏绰又根据汉族统治者的经验，结合实际情况，概括为六条：一是治心身；二是敦教化；三是尽地利；四是擢贤良；五是卹狱讼，六是均赋役。这六条，史称“六条诏书”，是西魏和北周总的施政纲领。宇文泰对此六条极为重视，把它作为自己的座右铭，并命令百官都必须认真学习。同时规定，牧守令长等地方官，不精通“六条诏书”内容和计账的人，不得为官。此外，宇文泰又继续推行均田制度，创建了府兵制度，通过各项制度的创建、改革和实行，西魏政权逐步得到了巩固和发展。随着西魏政权的发展和军事斗争的不断胜利，宇文泰在西魏的势力也自然就越来越大。

大统十七年（551 年），西魏文帝元宝炬病死，宇文泰立太子元钦为帝，是为废帝。废帝二年（553 年）十一月，西魏尚书元烈谋杀宇文泰，但事情败露，元烈被诛。元钦对宇文泰杀元烈极为不满，于是召集宗室诸王商议夺权，淮安王元育、广平王元赞等人都认为不可，垂泣劝谏，但元钦不听。当时宇文泰诸婿李基、李晖、于翼等人均是武卫将军，分掌禁旅，元钦与宗室诸王的密谋被李基等人侦知，宇文泰任命心腹尉迟纲为大将军，兼领军将军，总典禁旅，密做防备。次年正月，宇文泰召集群臣商议，废掉了元钦，改立文帝元宝炬第四子齐王元廓为帝，是为恭帝。信以尉迟纲为中领军，总领宿卫军，以监视元廓。这时，宇文泰诸子或幼或弱，不能堪当大任，故宇文泰对几个女婿寄以厚望，引为心腹。宇文泰还有两个侄儿，章武公宇文导和中山公宇文护，宇文导任陇右大都督、秦南等十五州刺史，宇文护任大将军，行六官之制后，又拜为小司空。另外军队大将和朝廷重臣，也皆是早日随他起兵的六镇军官和心腹，因此西魏政权的核心人物，就是宇文泰集团的核心人物。

西魏恭帝三年（556 年）四月，宇文泰巡狩北方，在途中染病。九月，宇文泰回到云阳，病势转重，他遣人召来侄子宇文护，令他接替自己掌握西魏军政大权。宇文泰死后，世子宇文觉继位太师、大冢宰，年仅 15 岁。宇文护虽受宇文泰重托，但因他的名声和地位都不是很高，那些元老不肯服他，于是他向大司寇于谨求教。第二日，召开元老会议时，于谨正色严厉地对大家说：“中山公乃安定公（宇文爵号）亲兄弟的儿子，兼受顾托，军国之事，理所应当归他总管，我们都应服从他。”说罢，带头下拜，那些高级将领和大臣也被迫随着于谨下拜，于是他的地位才得以保住。宇文护也尽力抚循文武，重新稳定了人心。

西魏早在元宝炬即帝位时，就已经是“权归周室”，从文帝、废帝，直至恭帝，实际上都是受宇文泰摆弄的傀儡而已，一切政令全是出于宇文泰一人之口，皇位的取代早已只是时间上的问题了。宇文泰安葬后，宇文护便开始着手安排禅代之事。这年十二月，他奏请西魏恭帝以岐阳之地封宇文觉为周公。到同月庚子这一天，恭帝元廓正式下诏让位于周公宇文觉，西魏由此而亡，共历三世，二十四年。次年正月辛丑，宇文觉即皇帝位，就是北周孝闵帝。北周建立。孝闵帝以大司徒、赵郡公李弼为太师，大宗伯、南阳公赵贵为太傅、大冢宰，大司马、河内公独孤信为太保、大宗伯，柱国、中山公宇文护为大司马。大司马掌军事，宇文护居之，把兵权掌握在自己手里。

北周建立以后，因孝闵帝宇文觉年幼，实际上仍然只是个傀儡，军政大事均由宇文护统掌。宇文护专政，又引起了一系列争权的斗争。先是赵贵自以为是北周元勋，常怏怏不乐，联合独孤信密谋杀宇文护，有人密报了宇文护，宇文护捕杀了赵贵，并逼独孤信自尽。孝闵帝对宇文护擅权也十分不满，密令司会李植、军司马孙恒等人杀宇文护。宇文护得悉后，把李植、孙恒遣离京城，然后把其在京党羽捕杀，逼宇文觉逊位，然后改立宇文泰庶长子宇文毓为帝，是为北周明帝。明帝在位四年，又被宇文护派人毒杀，又改立宇文泰第四子鲁公宇文邕为帝，是为北周武帝。周武帝即位后，不动声色地诛杀了宇文护，北周皇帝才真正掌握了最高的统治权。

北周灭北齐

从西魏宇文泰到北周武帝宇文邕，宇文氏政权经过宇文泰等几十年的苦心经营和不断改革，国势日渐昌盛。在政治方面，遵循“六条诏书”中“擢贤良”的精神，吸纳许多贤才。在军事方面，创建了府兵制度，加强了武装力量。在经济方面，释放奴婢、杂户，禁断佛、道二教，大大增加了国家的均田农民的数量和经济实力。通过这些改革，到北周武帝后期，不仅中央集权制得到加强，而且国家实力与东方的北齐相比，也是由弱变强，蒸蒸日上。与此相对应的是，军事局势也发生了变化，由对北齐的积极防御转变为主动出击，全面进攻。

与北周相反，北齐的政治和社会状况却是每况愈下，帝王贵族荒淫腐败，倾轧不已，国内各种矛盾日趋激化，齐后主高纬上台后，政治更为混乱。他厌倦政事，整日怀抱琵琶弹唱《无愁之曲》，和唱者数百人，被人称之为“无愁天子”。而且又宠幸一奸佞之人，委宦官重任，让他们参预朝政，允许他们卖官鬻爵。此外州县之官多来自富商大贾，这些人得官后不顾百姓死活，贪赃枉法，税括百姓，大发横财，造成了"官由财进，政以贿成"民不聊生的政治局面。他又胡乱封官拜爵，庶姓封王者以百数，开府一千多人，仪同无数。他豢养的跑马、斗鸡、鹰、犬等，竟也被授予仪同、郡居、开府等官爵，与大臣一样享有同等俸禄。后宫婢女也皆封为郡君，宫女中宝衣玉食者达五百余人，宫女一裙值万匹，一个镜台值千金。又大征徭役，盛修宫苑，极为壮丽，建成后稍不如意，则折毁重建，至使百工匠人，连休息的时间都没有，"劳费亿计，人牛死者不可胜纪"。北周武帝和北齐的政治，形成极为鲜明的对比。

周武帝即位以后，北周就不断进攻北齐，北周保定三年（北齐河清二年，563年），北周大将杨忠、达奚武与突厥曾联合分路讨伐北齐，一度兵临晋阳城下，后被北齐军中的精锐部队击退。北齐名将斛律光还乘势反攻入北周境内，俘掠三千余人。此后北周军队又数次东进，由于北齐有斛律光、段韶等名将名臣，政治虽然败坏，而军事上却还保持有一定实力，故北周军队收获并不大。

周武帝杀宇文护后，亲自掌握了最高军权，他一面与北齐通商和好，使对方麻痹松懈；一面却加紧练兵，积极准备，伺机灭齐。周武帝杀宇文护后三个月，齐后主诬蔑斛律光谋反，将其诛杀，尽灭其族。周武帝听到此讯大喜，为之大赦。北周建德四年（北齐武平六年，575年），周武帝与诸将伐齐。大将韦孝宽献计三策：一为联合陈朝、稽胡等军队，数道并进，可一举而成；二为广事屯田，招募强悍之士，严加训练，与陈朝军队互相配合，使其疲于奔命。一二年后，待其内部离叛，然后乘机一举攻下；三为做长期打算，签订盟约，安民和众，蓄锐养威，观衅而动。周武帝又与齐王宇文宪，内史王谊、安州总管于翼长计议，于这年七月下诏伐齐。出兵十八万，命宇文纯、司马消难、达奚震为前三军总管，宇文盛、侯莫陈崇、宇文招为后三军总文宪，于谨、李穆等将所向披靡，连取北齐三十余城。周武帝大军在金墉城下遭到北齐洛州刺史独孤永业的顽强抵抗，数攻未克。这时，周武帝忽然患病，又逢北齐右丞相高阿那肱率援军自晋阳赶至河阳，故周军不得不弃城撤军。

次年，北周再次大举攻齐，周武帝认为前一年未能灭齐，原因主要在于"直为拊背，未扼其喉"。这次应直攻高欢发迹之地晋州，争得此地，北齐必派重兵援救，我军可严军以待，击之必胜，然后乘破竹之势，挥军东进，定可“穷其巢穴”，灭亡高齐。十月，周武帝再次亲征，以宇文盛、宇文亮、杨坚为右三军，宇文俭、窦泰、丘崇为左三军，宇文宪、宇文纯为前军，亲率中军，开入齐境，并驻军于晋州汾曲（今山西临汾市南）。然后分别派遣宇文宪率精骑二万驻守雀鼠谷，宇文纯率步骑二万驻守千里径，达奚震率步骑一万守统军川，韩明率步骑五千守齐子岭，尹升率步骑五千守鼓钟镇，辛韶率步骑一万驻守汾水关。又遣王谊监诸军进攻平阳城（今山西临汾市），但是北齐海昌王尉相贵据城坚守。周武帝宇文邕赶赴平阳城下督战，城中情况紧急，北齐诸将纷纷投降，北周军队占领了平阳，生擒尉相贵及其部下八千余人。宇文宪率领的另一路军也攻克洪洞、永安二城。本计划乘胜前进，但由于北齐军焚桥守险，军不得进，只好屯守永安。

齐后主此时正带着冯淑妃与右丞相高阿那肱在天池（今山西宁武县西）围猎。晋州告急的信使，从清晨至中午，连来三批。高阿那肱却拦住信使，不准报告，说：“皇帝正围猎高兴，何必急着报告。”到了黄昏，又一信使赶到，报告“平阳已陷”，高阿那肱乃转报齐后主。齐后主闻讯准备立即返回晋阳，但冯淑妃此时正在兴头上，请再围猎一次，齐后主便又留下继续围猎。猎毕，齐后主才携带冯淑妃回晋阳，调兵遣将，分军向千里径、汾水关发动反攻。齐后主自率主力开上鸡栖原。驻守汾水关的宇文盛派人告急，宇文宪马上率兵来援，大破这一路齐军。齐后主率大军到达平阳城下，周武帝见齐军声势颇盛，周军疲惫，让留下一些将士镇守平阳，自率主力军西退。

齐军包围了平阳，昼夜攻城。城已残破不堪但仍不能攻克。北周守将梁士彦慨慨激昂，身先士卒，激励了士卒。守城军民士气大振，无不是以一当百。齐军再次挖地道攻城，城墙塌陷十余步，齐军将士呼喊着要冲进去，被齐后主下令阻止。齐后主派人召冯淑妃来观看，冯淑妃正在化妆，等她化妆完毕，周军已用木棍塞住缺口，齐军再次进攻，已经冲不进去了。

周武帝本已引兵西归，闻平阳危急，又率军赶至平阳，会集诸军，向齐军发起猛烈攻击。齐后主与冯淑妃在阵后并骑观战，东边稍退，齐后主便与冯淑妃率先逃走，齐军见皇帝先跑了，随之全线溃败。齐后主逃回晋阳不久，周军又尾追而来。齐后主便任命安德王高延宗为相国、并州刺史，总领山西兵，自己却不顾群臣劝阻，在夜里砍杀守城门的士兵，率少数侍卫逃出晋阳城。他想投奔突厥，侍官多所不愿，许多人半路悄悄溜走。领军梅胜郎也百般谏阻，他这才带着剩下的数十人逃到邺城。穆提婆见大势已去，不得已投降了周军。

周军包围了晋阳，高延宗在北齐留守将帅的坚决要求下，即皇帝位。周军四面攻城，终于攻破东门，周武帝率数千人冲进去，在城内展开巷战，周武帝几乎被困在城内，好不容易才突围出城。直到二次组织攻城，才占领了晋阳，俘虏了高延宗。谁知齐后主在邺城，听望气的人说，当有革易，遂禅位于太子高恒。次年正月，高恒即位，是为幼主。改元承光，尊齐后主高纬为太上皇，朝政大权却仍掌握在高阿那肱手里。高阿那肱对主战将领颇为猜忌，于是齐军士气聚而复散，更加离心离德。周军进兵邺城，齐军出击，大败而归，高纬只得带上高恒东逃。周军攻入城内，俘获百官。高纬逃至济州，留下高阿那肱守济州关，又与穆后、冯淑妃、高恒、韩凤等数十人逃至青州、准备投奔江南的陈朝。不料高阿那肱表面上虽劝高纬先居住青州，暗地里却勾结周军速至青州，将高纬、高恒等人全部俘虏。北齐灭亡。北齐自显祖文宣帝高洋至幼主高恒，凡 6 帝，28 年（550—557 年）。

北方自东西魏分裂以来，已近半个世纪，至此终于统一。周武帝准备乘势“平突厥，定江南”，统一全国，可是不久他便病死在征讨突厥的途中，统一全国的事业未能由他完成。但是他为统一所做的一切准备并没有白费，为后来隋文帝杨坚统一全国奠定了坚实的基础。

刘裕篡晋

晋元兴元年（402 年），门阀士族谯郡桓玄代晋建楚，自立为帝。次年三月，出身寒门士族的北府旧将刘裕、何无忌占据京口（今江苏镇江），刘毅、孟昶等盘据广陵（今江苏扬州）起兵，打着恢复晋室的旗号，讨伐桓玄。刘毅等率兵到京口与刘裕会师。然后，合兵进攻建康。讨伐军迅速击败桓玄的抵抗，进而占领建康。此后又派刘毅等率军西上追击桓玄，陆续镇压了桓玄势力的反抗，迎回被废的晋安帝重登皇位，重建东晋。刘裕起兵成功，任使持节、都督扬、徐、兖等八州诸军事、领军将军、徐州刺史、从而掌握了军权，尤其是掌握了北府兵这支最精锐的军队。义熙四年（408 年），刘裕又升任扬州刺史、录尚书事的要职，他实际掌握了东晋军政大权。

南燕慕容超认为南方软弱可欺，屡次派骑兵侵入东晋边境骚扰和劫掠人口。刘裕于义熙五年（409 年）出兵，北伐南燕，出兵两月后就已包围了南燕首都广固（今山东省益都北），南燕惊慌失措，向后秦求救，秦却未派兵。

晋义熙六年（410 年）三月，刘裕大军攻陷广固，生擒慕容超，灭掉南燕，收复了青兖广大地区。刘裕声威大震，时人无可匹敌。在刘裕北伐之时，盘踞广州的卢循、徐道覆率部北上，图谋争夺政权。他们在豫章（今江西省南昌）大败东晋江州刺史何无忌，声威大振，兵锋直指建康。刘裕闻讯，急忙班师回朝，亲率数十人匆忙赶回建康。当时地位和实力仅次于刘裕的豫州刺史刘毅为壮大声势，不听刘裕指挥，率军二万从姑熟溯江而上，以阻击卢循军队。六月，双方战于桑落洲（今江西省九江东北），刘毅大败，狼狈逃走，至使声望一落千丈，这时建康城内，人心惶惶，很多人提议迁都江北，遭到刘裕坚决反对，宣布内外戒严。同时，征发居民修筑防御工事，此时大批援军陆续赶到。卢循闻知刘裕还都，就很想退兵，经徐道覆力争，犹豫多日才继续进兵。刘裕也有了周密部署的时间，坚壁不战。卢循因帅老兵疲、给养困难，被迫退回寻阳。试图西取荆州，徐道覆部却遭到失败。卢循、徐道覆又率部东下，与刘裕军激战，又遭惨败，遂率部南逃，不久全被晋军歼灭。

卢循的起义被平定后，刘裕与刘毅的矛盾已日趋激化。晋义熙八年（412年），江州刺史刘毅移镇荆州，力图割据，于是取江州兵和豫州西府文武万余西上。由于刘毅温文尔雅，颇得徒有虚名的名士如谢混等人的欢心，而刘裕气质不文，在结交高级士族方面处于刘毅的下风，心中十分不满。这时，刘毅又要求允许起用从弟刘藩做他的副手，因党徒郗僧施担任南蛮校尉的要职。刘裕感到分裂在即，决意先发制人，先收杀刘藩、谢混等人，他命王镇恶为前锋，自己亲率大兵征讨刘毅，不久就攻克了江陵，刘毅逃走，后不得不在牛牧佛寺（今湖北江陵）自杀。刘裕随之又潜回建康，诱杀了心怀狐疑，欲谋叛乱的豫州刺史诸葛长民兄弟。刘裕在寒门士族中确立起独一无二的统帅地位。军权的高度集中，使寒门士族得以有效地利用武力谋取更大的利益，为王权的恢复奠定了基础。

在此之前，谯纵乘东晋衰乱，占据四川称王。后谯纵常与醒玄从兄桓廉连兵侵扰东晋，威胁荆楚。义熙九年（413 年）一月，刘裕命大将朱龄石率众二万攻蜀谯纵，力克平模（今属四川省），谯纵部将相继奔溃，谯纵弃成都出逃，尚书令马耽在成都投降，益州就这样被东晋收复。

刘裕讨伐刘毅时曾任命宗室司马休之为荆州刺史。几年后，刘裕忌司马休之在江陵深得人心，以休之子文思犯法而休之不肯严惩反而心存怨气为借口，下令讨伐休之。东晋雍州刺史鲁宗之及其子鲁轨担心不为刘裕所容，和司马休之连兵抵抗刘裕。休之等兵败后投后秦。义熙十二年（416 年），后秦派遣鲁宗之子鲁轨率兵进犯襄阳，骚扰荆楚。这时，后秦皇帝姚兴突然病故，其子姚泓继位，后秦王室内部不和，发生内讧。是时，北魏拓拔氏跨有并冀，大夏赫连氏虎据朔方，都牵制了后秦相当一部分兵力。刘裕在义熙十二年（416 年）九月，亲统大军，北伐后秦。北伐大军兵分四路，水陆并进，浩浩荡荡。檀道济、王镇恶所属二部进展十分迅速，所至望风归降，十一月就占领了洛阳。前锋随之进抵潼关。刘裕主力部队也击败了北魏的骚扰，顺利抵达洛阳。然后又兵分两路，继续向长安进军。义熙十三年（417 年）九月，刘裕军攻入平朔门（即长安北门），姚泓出降，后秦灭亡。十二月，刘裕留守建康的心腹、尚书左仆射刘穆之病死，使本来想留在长安经略西北的刘裕担心后方发生变化，于是决定返回江南，而留其次子义真镇守长安。刘裕此次北伐，收复了大片国土，并牢固地占有了潼关以东，黄河以南的广大地区，威望更高了。

刘裕平定桓玄掌权到即位以后，对政治、经济进行了不少改革，除去了东晋许多弊政，使政权显得虎虎而有生气。首先，在政权组织上，既提升寒门士族，又不排斥吸收高级士族。他杀了一批顽固抵制寒门士族参与政权、拒绝与其合作的高门士族，如杀太原王愉、王绥、陈郡、殷仲文、殷叔文等人。拉拢了许多愿意合作的高门士族结成联盟，如琅邪王谧、王弘、陈郡、谢裕、谢晦、会稽孔安国等人，依然给其高官要职，加紧利用他们的经验和智慧帮助巩固政权，高门士族在经济上也获得了优厚待遇。刘裕等人还主动与高门士族联姻 ，如为次子刘义真娶谢裕女，招褚秀之为婿，使以刘裕为核心的寒门家族的地位提高了，甚至具有超越门阀士族地位的趋势。

东晋末年的统治过于宽松，朝廷没有威信，官员不喜欢管理事务，致使豪族十分猖狂，经常欺凌人民。刘裕就部属刘穆之斟酌时宜以采取切实可行的措施，刘裕本人以身作则，威禁内外，百官都肃然奉职，没有多长时间就改变了弊政。他关心贫民，先后把京口的渤海刁氏万余顷土地及晋安帝王皇后的土地分赐贫民。当时江南的山湖川泽，多被豪强所侵占，而小民砍柴、钓鱼都要向其交钱、交物。为此刘裕颁布了禁止占固山泽的法令。刘裕还采取了一系列措施，取制高门士族抢占国家的劳动人口，起兵之初就将役使官人的褚粲等免官。义熙九年（413 年）严格土断。会稽大士族虞亮因藏匿了亡命千余人被刘裕下令处死，并免会稽内史司马休之官职。刘裕一方面尽量减轻编户农民的赋役负担，防止其破产；一方面又通过土断将侨人中的大批小农变为编户农民，以增加国家的赋税收入，加强了国家对自耕农的控制以充实国家的经济力量，为强大的王权奠定了坚实的基础。对于州郡所送秀才、孝廉进行考试，决不允许滥竽充数。在平定刘毅之后，在荆州“宽租省调、节役原刑”，赢得了荆州人士称赞。在驱走司马休之以后，又对荆雍二州“老稚服戎，空户从役”的现象加以改变，规定两州军人和吏年纪在 12 岁以下、60 岁以上者全都遣散。称帝后，除去一些杂税，因军事而调发的奴僮送还本主。过去，州、府置将、吏长漫无限制，刘裕规定荆州府置将不能超过 2 000 人，吏不能超过 10 000 人。其他州置将不能超过 500 人，吏不能超过 5 000 人，以加强中央对地方的控制，力图避免东晋镇割据的重现。

刘裕北伐回到建康后，于义熙十四年（418 年）受封为相国、宋公、并受九锡之命。次年一月，刘裕因谶讳说“昌明之后尚有二帝”，就派王韶之与安帝的左右把安帝勒死。刘裕称遗诏奉司马德文即皇帝位，是为晋恭帝。八月，刘裕接受宋王爵位。元熙二年（420 年）一月，晋恭帝给刘裕加殊礼。七月，傅亮劝晋恭帝禅位给宋王刘裕，把草拟好的诏书进呈给晋恭帝，让其重抄。晋恭帝竟欣然提笔，对左右人说：“桓玄篡逆，晋氏已失天下。又为刘裕延长了将近二十年，今天的事，本来也就心甘情愿。”就亲笔在红纸上写诏宣布禅位，至此，东晋灭亡。宋王刘裕即皇帝位，改国号为宋，宋朝建立。

刘劭政变

刘劭，字休远，是文帝的嫡长子。6 岁时，被立为皇太子。12 岁出居东宫，并娶殷淳之女为妃。13 岁加元服。刘劭好读史书，喜欢武事。他亲自管理东宫，喜欢接待宾客，想干什么，文帝就让他干。宋文帝与执政的彭城王刘义康矛盾很深，因担心刘劭的安全，就大大增加了东宫卫戍部队，和卫戍皇宫的羽林一样多。

文帝末年重视农业，劝课耕桑，还让宫内人带头做榜样。有个女道士叫严道育，本为吴兴人，自吹通灵，可以役使鬼神，因丈夫劫人财物而被没入宫。因刘劭妹妹东阳公主的奴婢王鹦鹉得以出入公主家，道育便自吹能辟谷服食，赢得公主、刘劭、刘濬等人的信赖。刘濬是文帝宠妃潘氏生的儿子，因刘劭母袁皇后性妒而含恨死去，所以刘劭很恨潘妃和刘濬，刘濬害怕将来刘劭当皇帝他会受罪，就特别讨好刘劭，两人关系十分亲密。刘劭、刘濬一起犯过许多过失，文帝训斥了他们好几次。现在他们想让严道育便祈请上天，想不再让文帝知道他们的过失，严道育满口答应，刘劭等对她十分尊敬，称为“天师”。后来，刘劭、刘濬就和严道育、王鹦鹉、东阳的主奴陈天兴、黄门陈庆国共为巫蛊，他们在玉石上雕刻文帝像，把他埋到含章殿前，妄图用这种宗教法术来让文帝早死，刘劭提升陈天兴任队主。东阳公主死后，王鹦鹉本应出嫁，但刘劭兄弟担心密谋外泄，将其嫁给刘濬的心腹吴兴沈怀远为妾，文帝后来听说陈天兴是奴而得领队之职，训斥刘劭，刘劭把这事告诉了刘濬，濬回信说不行就干掉陈。鹦鹉原曾与陈天兴私通，既嫁怀远，害怕内情外露，就让刘劭秘密杀掉了天兴。与此同时，同党陈庆国害怕遭受同样的命运，就把巫蛊的事报告给文帝。文帝大惊，派人逮捕王鹦鹉，抄家时得到刘劭兄弟来往书信，都是诅咒巫蛊的话，又掘出所埋玉像，文帝严厉责备刘劭兄弟，刘劭兄弟也只有谢罪。严道育逃跑未被抓获，文帝很生气，派了很多人到处搜捕。道育已换上尼姑衣，先藏东宫，又跟随刘濬到京口（今江苏镇江），住在百姓张旿家。刘濬改镇壮江陵（今湖北江陵），带道育到东宫，还想带她到江陵。这时有人报告严道育在京口张旿家，文帝本来派人抓捕，只抓到她的两个奴婢，供出严道育已随刘濬还都，文帝认为刘劭、刘濬已和严道育断绝来往，这时才知他俩还与其来往，既震惊又痛心，下令让京口把严道育押解回京，然后审断，治刘劭、刘濬的罪。刘濬闻讯大惊，赶快告诉刘劭。文帝想废掉太子刘劭，赐刘濬死。先和侍中王僧绰商量，让他寻找汉魏以后废太子诸王典故，并送给宰相徐湛之和吏部尚书江湛参阅。然后与王僧绰、徐湛之和江湛共商另立太子事宜，第三子刘骏不被文帝所喜爱，文帝一直让他在外地为官，不能留在建康。四子刘铄，七子刘宏同被文帝喜爱，但铄妃是江湛之妹，江湛劝帝立刘铄。宰相徐湛之之女是文帝第六子刘诞的妃子，所以徐湛之劝帝立刘诞，王僧绰则认为无论立谁都只能速速决断，不然的话，像刘劭、刘濬当初一样，不再疑惑，否则将后悔无及，贻笑千载。文帝却仍犹犹豫豫，想立七子刘宏又嫌他排行不好，他每夜都与湛之谈话，还常让徐湛之端着蜡烛，在房间周围检查巡视，以防有人偷听。君臣很长时间也确定不了立谁为太子，文帝却把商议的内情又告诉给潘妃，潘妃告诉刘濬，刘濬又赶快告诉刘劭，刘劭就秘密与其心腹队主陈叙儿、詹叔儿、斋帅张超之等人商量发动政变之事。

刘劭性格狡黠而刚猛，文帝也很依赖他。作乱前，刘劭每天晚上慰劳将士，有时还亲自行酒。王僧绰已密告文帝戒备。元喜三十年（453 年）三月十五日夜，刘劭谎称帝诏令其在天明时分率部守卫宫城，又令其私养勇士二千多人全副武装准备战斗。并召集萧斌、袁淑、殷仲素、王正见等人，刘劭哭着对他们说，他被父皇冤枉，行将被废，已决定于次日起事，希望大家齐心协力。然后个个拜求，大家都大吃一惊，袁淑极力反对，但在刘劭胁迫下众人纷纷表示同意。次日凌晨，刘劭外穿朝服内着军装，和萧斌同车，侍从像往常入朝礼仪的样子，呼喊袁淑，袁淑不服被杀。刘劭等进入万春门。按照旧例，东宫部队不准入城，刘劭骗门卫说奉皇帝的命令讨逆贼，命令后队跟上，张超之等率先冲入云龙门和斋阁，直接登上合殿。文帝晚上一直与徐湛之密谋，这时蜡烛还未灭。卫兵们晚上睡觉还没醒。文帝见超之进来，立刻举起茶几抵挡，五指被砍掉，并遇害身亡。徐湛之、江湛等人相继被叛兵杀害。经过短暂交锋，刘劭部队迅速击败了文帝卫队的抵抗，又杀了潘妃和太祖亲信数十人。召刘濬命他率众屯驻中堂，刘劭以太祖名义召大将军刘义恭、尚书令何尚之及其他百官，然后即皇帝位，下诏称徐湛之、江湛等人弑逆被平定，但由于文帝身亡，大赦，改元太初。署置百官，并杀掉一些异己分子和不为刘劭喜欢的宗室如长沙王刘瑾，临川王刘烨等人。收回原给诸王和各处的武器，并封赏有功人员，刘劭还博访公卿，询问治国之道，开放可以开放的田苑山绎，贷给贫民，政变获得了成功。

太子刘劭弑逆的消息传开后，普天同愤。文帝第三子武陵王、江州刺史刘骏王正带领江、豫、荆、雍四州军队讨伐西阳（今湖北黄冈）的蛮族，听到消息后，他与沈庆之议定举兵，只花了几天时间，就内外整肃。荆州刺史南郡王刘义宣与司州刺史鲁爽等人也举兵响应。讨伐军东下，传檄四方，使共讨刘劭，州郡纷纷响应。刘劭闻知四方起兵，立刻宣布戒严，并把诸王和大臣移到城内以便于监视。元嘉三十年（453 年）四月底，讨伐军大将柳元景，率军从湓口出发，刘骏、沈庆之等率大军随后东下讨伐，刘劭拒绝了萧斌率水军西上决战或保据梁山的正确建议，反而采纳刘义恭固守京城的错误提议。讨伐军已抵南洲，出降者接连不断，讨伐军进至新亭，刘劭下令萧斌率步兵、褚湛之率水军、与鲁秀、王罗汉等率兵共万人，围新亭，刘劭将士都受到重赏，士气很高，拼死战斗，讨伐军虽然水陆受敌，士气却更旺。刘劭部队快要攻克新亭垒时，鲁秀却击鼓退兵，讨伐军乘机反攻，大败刘劭兵，死伤很多。刘劭亲自带领部队来攻新亭，讨伐军又一次大败之。刘劭退还朱雀门，胆颤心惊，逃回台城，其部属如鲁秀、刘义恭也投降讨伐军。刘劭迎接蒋侯神像、苏侯神像到宫内，乞求保佑，并让刘铄写祝文。诅骂刘骏。五月，刘骏即皇帝位于新亭，给文武加官晋爵。讨伐军随即攻下建康，活捉刘劭、刘濬，获得了彻底的胜利。

刘劭杀父自立，后又杀宗室长沙王瑾、临川王烨，及刘楷、刘颢、刘玠等，还遣使安成郡杀刘义康六子，又因刘义恭出逃投奔刘骏，杀其十二子。刘骏胜利后又杀刘劭及四子、刘濬及三子，又因刘铄素不相下，以毒杀之。从此，刘宋宗室自相残杀愈演愈烈，宋王朝也因此灭亡。

南齐的建立

刘宋明帝为加强控制，大肆任用亲信寒人阮佃夫、王道隆、杨远长等签典掌机要，掌握大权。明帝因儿子幼小，非常猜忌诸弟，相继杀害了刘休祐、刘休仁，刘休若等，只留下一个貌似无能的刘休範。明帝还把他认为可能危及幼主的大臣也尽数杀掉，如大将吴喜、大臣王景文等。泰豫元年（472年），明帝死，刘昱即皇帝位，褚渊、袁粲、蔡兴宗、沈攸之、萧道成并受顾命辅政。

萧道成，南兰陵人，其家族是宋武帝刘裕的继母孝懿萧皇后的远宗。其父萧承之，在宋代立功。萧道成初隶于萧后内侄萧思话。后来，明帝仲令萧道成镇淮阴，萧道成开始收养豪俊。继而升为南兖州刺史。泰始七年（471年）萧道成入朝，任为散骑常侍，太子左卫率。明帝临死时，因大臣褚渊与道成关系很好，引荐道成同掌机密，遂升为右卫将军。萧道成由此进入统治中枢。

后废即位，因其年幼不能主政，由大臣执政，而皇帝身边的宠臣专权。江州刺史刘休范认为与皇帝关系最近，应当宰相。即不如意，十分怨恨。其典签许公舆为其谋划，让刘休范折节下士，厚相资给，远近数万有雄心的人，都投奔到刘休范旗下。刘休范还准备兵器，朝廷也知道刘休范有野心，也在暗暗防备。元徽二年（474 年）六月，桂阳王刘休范据江州起事，率众20000. 马 500 匹从寻阳出发，日夜兼程直奔建康，萧道成、张永率兵抵御。双方激战于新亭（今江苏南京南）。萧道成军不利，使用诈降计杀休范。但刘休范所遣进攻台城的军队大败朝廷军队，杀刘勔和王道隆，当时都传言台城已陷。白下、石头的朝廷军队也纷纷溃散，张永逃回宫中说新亭也沦陷于敌。吓得太后握着小皇帝的手哭着说完了。萧道成暗自遣军入卫宫省，随后大败叛军。朝廷任命萧道成为中领军。南徐州刺史、建平王刘景素素有贤能之名。这时后废凶狂失德，朝野对景素颇为信赖，认为应由他当皇帝。后废帝外家陈氏很憎恶他，而杨运长、阮佃夫等人想长期禀权，不愿立年长之君，也想除掉景素。景素自己也在倾财招接勇士，朝廷勇将黄回等人暗中与其通谋，杨远长等人派周天赐假装投奔景素，并劝其举兵。刘景素却杀天赐送首级给朝廷。元徽四年（476 年）八月，刘景素因误信桓祖所报京师溃乱的消息，据京口起兵，成千的人都争着归顺景素，但景素不熟悉军旅，不善长武略，很快被朝廷军队击败，并加以杀害。

后废帝在东宫时就喜怒无常，刚当皇帝时，还害怕太后、太妃、大臣，还不敢怎样胡作非为。后来，经常出宫游玩，有时竟夜宿旅馆，对统治国家毫不经心。景素败后，更加骄横，没有一天不出宫胡作非为的，随从们都拿着武器，无论男女老少还是犬马牛驴只要碰上就杀。一天不杀，就不高兴。老百姓都十分害怕，白天都关着门，商贩停业，路上几无行人。统治阶层的人士也担忧惶恐。阮佃夫与制局监朱幼等人想废帝另立，商议趁帝出城射雉之时，称太后命令，命其护卫还诚，然后关闭城门，派人抓帝，然后废掉立安成王刘准，然而谋泄被杀。不久，后废亲率卫士诛夷大臣沈幼文等三家。太后几次教训后废，后废很不高兴。曾想毒死太后，为左右诡言所劝止。后废曾入萧道成官府。当时天热，萧道成白天没穿什么衣服，后废在他肚子上画个靶，引满弓想射死道成，为左右劝止，去掉箭头，射了一下，正中肚脐，拔弓大笑。后废猜忌萧道成威名，必欲杀之而后快，被陈太妃制止。

在这种情况下，萧道成十分害怕，密谋与袁粲、褚渊谋废帝另立。袁粲不同意，褚渊却不表态。其下属纪僧真力劝萧道成果断从事。有人劝萧道成出奔广陵（今江苏扬州）然后起兵。萧道成则想让其子萧赜率郢州兵东下京口（今江苏镇江）。又派人让青冀二州刺史刘善明引北魏南下，刘善明劝其以静制动，见机行事，不再离开建康。桓荣祖也劝萧道成留在建康。纪僧真、萧顺之、萧嶷等都认为应在建康见机行事，萧道成停止外逃之想。命令越骑校尉王敬则暗中交接废帝身边人杨玉夫、杨万年等二十五人在宫中伺机行事。元徽五年（477 年）八月，后废帝忽然憎恶杨玉夫，咬牙切齿，声言要第二天杀他。这时废帝出入宫殿无规律，省内诸阁夜不关门。宿卫都纷纷逃避值班，上下无人管事，杨玉夫等帝睡熟后，和杨万年一起偷后废防身刀杀死后废帝。然后把后废帝首级交给王敬则，由他转交萧道成。萧道成闻讯入宫，召请诸大臣议事，下令迎立安成王刘准，是为宋顺帝。由此萧道成就掌握了宋朝内外大权。

司徒袁粲、尚书令刘秉、荆州刺史沈攸之见萧道成权势渐大，而且有取代刘宋当皇帝的野心，都暗中策划反对萧道成。这年年底，沈攸之在荆州起兵，东下讨伐萧道成。湘州刺史王蕴因丧还都，与袁粲、刘秉等密谋诛杀萧道成，将帅黄回等人与其联谋。由于刘秉胆小害怕，提前携家属逃奔袁粲所据石头城，暴露了起事秘密，使萧道成做了充分的准备，双方经过短暂而激烈的战斗，袁粲父子俱死，起事也失败。沈攸之东下讨伐的军队受阻于郢州，后败归荆州。萧道成亲信、雍州刺史张敬儿偷袭并攻占了荆州江陵，沈攸之闻讯不得以自杀。

萧道成平定沈攸之之后，就消除了代宋建齐的最后一个障碍。经过一系列传统的所谓禅代方式，由宋顺帝下令进萧道成为相国，封齐公，加九锡。然后进爵封王，形式上由宋顺帝下诏禅位，萧道成假装再三辞让，群臣再三吁请，萧道成终于在升明三年（479 年）五月登上皇位，是为高帝，建国号曰齐。至此南齐建立，以建康为都。

萧道成即位前后，杀尽刘宋皇族，以绝后患。萧道成曾为了缓和国内的阶级矛盾，巩固政权，针对宋末情况，曾减免一些百姓逋租宿债，减轻市税。也曾下令禁断召募部曲，安抚流民还乡等措施。并检定黄籍，整顿户口。对于从军征战、未被录用和乡土沦陷的士庶，下令量才予以任用。曾下令修建学校。这一切对当时的政治、经济、文化的发展都具有积极作用，从而给南方带来一段稳定的时期。

侯景之乱

侯景，字万景，北魏的怀朔镇（今河北张北）人。自少放荡不羁，为本镇的功曹吏。魏末北方大乱，他便效力于边将尔朱荣，很受器重。他开始向尔朱荣的部将慕容绍宗学习兵法，没有多久，慕容绍宗就要反过来请教他了。后来他以军功为定州刺史。早先，东魏丞相高欢微贱时，与侯景非常要好，及至高欢诛灭尔朱氏，侯景率众投降，仍然为高欢重用。稍后升为吏部尚书，但这不合他的愿望，他常常独自说：“为什么离开这里而返回到故纸堆里呢!”不久被封为濮阳郡公。

侯景后来又担任河南道大行台，位及司徒。他又对高欢说：“我只恨不能捉住宇文泰。请给我三万兵，我可以横行天下。一定要渡过长江捆来萧衍老翁（梁武帝名），让他当太平寺的寺主。”高欢认为他说的有气魄，就让他拥兵十万，专门节制河南，对他的信赖，好像自己的身体一半。

等到高欢病危，他的世子高澄假托高欢写信召侯景回朝。侯景知道这是假的，害怕大祸临头，便用王伟的主意，于梁武帝太清元年（547 年）二月，派遣他的行台郎中丁和，上表给梁武帝，请求投降。梁武帝召集群臣商议，尚书仆射谢举等人都认为接纳侯景有所不便，武帝不听从。开初，武帝在这年正月乙卯日于善言殿读佛经，当时对左右黄慧弼说：“我昨天梦见天下太平，你要记住。”等到丁和来到，核对侯景正好在正月乙卯日定计投降，所以武帝就同意接纳侯景了。于是封侯景为河南王、大将军、使持节、总督河南南北诸军事、大行台，承受制书如汉时邓禹故事。

高澄嗣位为渤海王，派遣他的部将慕容绍宗包围侯景于长社（今河南长葛东）。侯景危急，便请求割让鲁阳、长社、东荆、北兖，以请救于西魏。西魏派遣五城王元庆等率兵援救，慕容绍宗才退兵。侯景又向梁朝的司州刺史羊鸦仁请求救兵，羊鸦仁派遣长史邓鸿率兵进至汝水，元庆军乘夜逃遁，羊鸦仁便占据了悬瓠（今河南汝南）。

当时侯景的部将蔡道遵又返回东魏，说侯景有悔过的意思。高澄信以为然，便写信告诉侯景：如果回来，答应给他豫州刺史以终身，所属的文武将吏不再追回，全家平安无恙，并归还他的宠妻爱子。侯景回信不听从。高澄知道侯景没有回来的打算，就派遣军队相继讨伐侯景。

梁武帝听说羊鸦仁已经占据了悬瓠，便命令群帅布置战略，大举进攻东魏，以贞阳侯萧明为都督。萧明军败被俘。慕容绍宗进攻潼州，刺史郭凤弃城而逃。侯景便派遣他的行台左丞王伟、左户郎中王则，前往梁朝都城献策，建议立元氏子弟为魏主。梁武帝就封太子舍人元贞（投奔梁朝的魏宗室）为咸阳王，等到渡江答应让他即位，把备用的乘舆送给了他。

高澄又派遣慕容绍宗追击侯景，侯景退保涡阳（今安徽怀远），派人对慕容绍宗说："你是想送客呢，还是想定雌雄？"慕容绍宗答道："准备决战。"于是就顺风摆下战阵。侯景紧闭营垒，过了一会儿才出来。慕容绍宗说："侯景多有诡计，好从背后偷袭。"派兵防备，果然如他所说。侯景命令战士都披短甲，持短刀，只管低头砍人腿马足，于是击败了慕容绍宗。裨将斛律光责怪他，慕容绍宗说："我打的仗多了，还没有见过这么难以对付的贼呢！你去对付他吧。"斛律光披甲准备出去，慕容绍宗告诫说："不要渡过涡水！"接着，斛律光又被侯景打败了。慕容绍宗对他说："到底怎么样？"相持数月，侯景的粮食吃尽了，就诳骗他的部下，说他们的家属都被高澄杀死了。众人都相信了他。慕容绍宗远远地对他们说："你们的家属都安然无恙。"便披发面向北斗发誓。侯景的部卒都是北方人，不愿意南渡，他的部将暴显等各率部下投降慕容绍宗。侯景的军队溃散，丧失甲士4万人，马4 000匹，辎重车一万多辆。侯景派遣于子悦驰往朝廷报告打了败仗，自己要求贬官削爵。武帝优诏不许。侯景又请求救济，便授任南豫州刺史，本官如故。

梁武帝因为侯景的军队刚刚被击破，不忍把他调动，所以就派鄱阳王萧范为合州刺史，镇守合肥。东魏攻打悬瓠，悬瓠粮食用尽，羊鸦仁离开悬瓠回到义阳。

东魏人进入悬瓠，再次请求和亲，梁武帝召集公卿商议。张绾、朱异都建议答应东魏。侯景听说了还不大相信，便伪造了邺都人的书信，要求用俘虏的贞阳侯萧明交换侯景。梁武帝准备应许。舍人傅岐说："侯景因为徒穷归顺朝廷，抛弃他不吉利。而且他身经百战，岂肯束手就擒！”谢举、朱异说：“侯景是个败逃之将，要捉他只用一个使者就够了。”梁武帝应许了，回信道：“贞阳侯早晨送到，侯景晚上就交回。”侯景得到回信，对左右说：“我知道这吴儿老翁没有好心肠。”他又请求娶王、谢豪族的女儿为妻，梁武帝说：“王、谢门第很高，你配不上，可在朱、张以下各家求婚。”侯景怒道：“我一定要把吴人的儿女配给奴婢！”王伟说：“如今坐等也是死，举大事也不过是一死，请大王决定。”于是侯景就怀下造反的念头。他把属内的居民全部强制募为军士，停止征收市税和田租，把老百姓的子女全都配给了将士。他又要求朝廷给他锦缎万匹做军人的衣袍，中领军朱异提议说：御库中的锦缎只做颁赏用，不供边塞使用，建议送给侯景青布。侯景又说朝廷发给的兵杖都不精好，奏请用东冶的铁匠重新锻造，武帝都同意满足他。侯景自从在涡阳失败以后，多次向朝廷提出索求，朝廷含忍，从未拒绝。

当时贞阳侯萧明打发使者回梁朝，陈述东魏人希望接续以前的友好关系，把他放还南方的意愿。武帝看信流下了眼泪，便回信给萧明说准备另外派遣使者去东魏。武帝也想停止征战，就给东魏通知。侯景听说了非常恐惧，驰奏谏阻，武帝不听从。此后侯景的表疏跋扈，言词不逊。他又听说朝廷派遣伏挺、徐陵出使东魏，便惶惑不知所为了。

侯景又知道临贺王萧正德愿亡朝廷，秘密地与他勾结。萧正德答应做他的内线。

太清二年（548年）八月，侯景便发兵造反，在豫州城内召集他的将帅，登坛歃血为盟。这天地大震。于是以诛锄中领军朱一、少府卿徐驎、太子左率陆验、制局监周石珍为理由，认为奸臣扰乱朝政，请求带兵入朝。他首先攻打马头、木栅，捉住太守刘神茂、戍主曹璆王等。梁武帝听说了，笑道：“他能成什么事，让我用马鞭子抽他！”便敕令：能斩侯景者，不论南北方人，都赏封二千户的爵位，兼授一州刺史；那人的主帅想回北方而不须要做州刺史的，赏以绢布二万，以礼遣还。于是诏命合州刺史鄱阳王萧范为南道都督，北徐州刺史封山侯萧正表为北道都督，司州刺史柳仲礼为西道都督，通直散骑常侍裴之高为东道都督，一同讨伐侯景，由历阳渡江。又命令侍中、开府仪同三司邵陵王萧纶持节，督率诸军。

侯景听说之后，与王伟谋划。王伟说：“不如径直掩袭扬都（即建邺），临贺王反于内，大王攻其外，天下不足以安定了。兵法中只听说可以计划不周但行军迅速，没听说应该计划周密却动作迟缓的。今天我们就要出发，否则邵陵王就赶到了。”九月，侯景自寿春（今安徽寿春）出发，声言要去游猎，人们毫无知觉。他留下伪中军大都督王贵显驻守寿春城，自己假装出军合肥，却袭击谯州。谯州助防董绍先投降，捉住刺史丰城侯萧泰。梁武帝听说，派太子家令王质率兵3 000巡守长江防遏。侯景进攻历阳太守庄铁，庄铁派遣自己的弟弟庄均夜袭侯景军营，战斗结束。庄铁的母亲疼爱儿子，劝庄铁投降。侯景拜见庄铁的母亲，庄铁便劝侯景说："事急就应该随机应变，行动迟缓必然要导致祸害。"侯景就派庄铁为先导。

当时各驻军戍相次奏闻，朱异还说："侯景一定没有渡江的意图。"萧正德提前派遣数十艘大船假称装载芦苇，其实是准备接应侯景。侯景到江边准备渡过，担心王质作梗。但不久王质就被任命为丹阳尹，平白无故地撤走了。侯景听说了还不敢相信，便秘密派人侦察，他对使者说："如果王质真的撤走，你就折下江东的树枝为凭证。"侦察的人如言而返。侯景大喜道："我的事成功了！"就由采石渡江，马数百匹，兵8 000人，都城一带毫无知觉。

侯景出兵，分袭姑孰（今江苏苏州），捉住淮南太守文成侯萧宁，于是抵达慈湖。南津校尉江子一逃回建邺。皇太子见事情紧急，入宫面奏武帝，说："请把这事交给我，不必让圣心操劳。"武帝说："这本来就是你的事，何必再问！"太子就留在中书省指挥，但城内外扰乱劫抢，已经不能传通信息了。于是诏以扬州刺史宣城王萧大器为都督内外诸军事，都官尚书羊侃为军事将军做他的副手。派遣南浦侯萧推守卫东府城（建邺的东南部），西丰公萧大春守卫石头城（建邺的西部），轻车长史谢禧守卫白下（建邺的北部）。

接着侯景进至朱雀航，派遣徐思玉入城启奏，请求带兵入朝，铲除君侧的恶人，要求朝廷派个能办事的舍人出来引领，他的意图是观察城内的虚实。武帝派遣中书舍人贺季、主书郭宝亮跟随徐思玉前往，慰劳侯景于板桥。侯景面北接受诏敕，贺季说："今日之举，以何为名？"侯景说："我要当皇帝！"王伟进前说："朱异、徐驎渎乱国政，我们不过要铲除奸臣。"但侯景已经说出了恶言，就扣留下贺季不让回去，只准郭宝亮回宫。

先是，在大同年间有童谣说："青丝白马寿阳来。"侯景在涡阳战败，请求给他锦缎，朝廷给了青布，到此时都用来做了战袍，颜色还青。侯景乘坐上一匹白马，用青丝做马辔，想以此与童谣相应合。萧正德开始屯驻丹阳郡，到这时率领所部与侯景会合。建康令庾信率兵千余人屯驻朱雀航之北，及至侯景来到，他要撤去浮桥，刚刚拆下一只船，见贼军都戴着铁面具，便丢下军队逃跑了。南塘的游军又把浮桥连接上，让侯景渡过。皇太子把自己所乘的马交给王质，配以精兵3 000，让他援助庾信。王质走到领军府就遇见了敌军，还没有列阵就逃跑了。侯景乘胜进至宫阙之下。西丰公萧大春丢下石头城逃走，侯景派他的仪同于子悦占据。谢禧也抛弃白下城逃了。

侯景派兵百道攻城，纵火焚烧大司马、东华、西华诸城门。城中仓促间没有任何准备，便拆毁门楼，泼水浇火，很久才扑灭。贼军又砍东掖门，即将冲入，羊侃命人凿破门扇，刺杀数人，贼兵才退却。贼兵又登上东宫的墙向城内射箭。到了夜里，太子萧纲（即后来的简文帝）招募人出城焚烧东宫的台阁宫殿，几乎烧尽，所收集的图书典籍数百厨，全部化为灰烬。此前太子曾梦见有人把他画成秦始皇，说“这人要再次焚书”，到此时应验了。侯景又烧城西的马厩、士林馆、太府寺。第二天，侯景又制造木驴数百，用以攻城，城上掷下石头，把木驴全都砸碎。贼兵又制造尖顶木驴，形状如彗星，石头砸不破。城上便造了雉尾炬，灌上膏油和蜡，纷纷抛下，把尖顶木驴烧毁了。

贼兵不能攻克，士卒死了很多，就停止攻城，建筑长围以封锁内外。侯景又上启事，要求诛杀牛异、陆验、徐驎、周石珍等。城内也用箭射出赏格：有能斩侯景之首者，授以侯景的官位，并赏钱十万万，布、绢各一万匹，女乐两部。庄铁便奔回历阳，谎言侯景已经被枭首。侯景的守将郭骆恐惧，弃城逃往寿阳。庄铁得以入城，于是奔往寻阳。

十一月，侯景立萧正德为帝，即伪皇帝位，居住于仪贤堂，改年号为正平。开初童谣有“正平”的话，所以立年号以应验。而有识者认为“正平”预兆着“正德终究要平灭”。侯景自己担任相国、天柱将军，萧正德把女儿嫁给了他。侯景又攻打东府城，设下百尺楼车，把城堞全部钩掉。东府城陷落，侯景派他的仪同卢晖略，率领数千人，手持长刀，夹城门而立，然后把城中的文武官员裸着身体驱逐出城，让城门两侧的贼兵杀死他们，死者3 000人。南浦侯萧推于这天遇害。侯景让萧正德的儿子萧见理和卢晖略守护东府城。

开初，侯景一至都城，便呼叫“武帝已经晏驾”，就是城里的人也相信了。太子担心人情有变，就请梁武帝乘车巡城。武帝将要巡城，陆验谏说：“陛下万乘之重，岂能轻率。”说着就哭起来。武帝为他的话所感动，就只临幸司马门。城上听见警跸声，都鼓噪起来，军民无不落泪，百姓这才安定下来。

侯景又在城的东西两面各垒土山以临城，城内也垒起两座土山以应付，太子以下的人都亲持畚锸劳动。开初，侯景到后以为很快就会攻克建邺，所以号令严明，不触犯百姓。等到攻打不下，人心涣散，又恐怕援军汇集后自己的军队溃散，便纵兵杀掠，横尸塞路。对富室豪家，恣意剥夺，将他们的子女妻妾，全部掠入兵营。他又招募北方人早先做奴仆的，让他们都自行逃出，给以超常的赏赐。朱异家的一个黥面的奴隶和他的同伴翻城投奔贼兵，侯景竟然封以仪同之官，让他到城下引诱城内的人，披着锦袍诟骂道：“朱异当了五十年官，才得个中领军。我刚刚归顺侯王，就已经当了仪同。”于是奴仆们竞相出城，全都得志了。

侯景把石头城常平仓的粮食快吃光了，就开始掠夺居民，后来一升米卖到七八万钱，居民饿得人吃人，还有吃自己孩子的。侯景又为了筑土山，不论身分贵贱，昼夜不息，乱加鞭打，体弱疲惫的就杀了填进土山中，号哭之声，惊天动地。百姓不敢隐藏，都出来跟随他们，十多天的时间，众至数万人。

侯景的仪同范桃棒暗自贪图重赏，要求以甲士2 000人来降，用侯景的人头应购，他派萧文德主帅前白马游军主陈昕乘夜翻城进入，秘密启奏情况。太子报告给武帝，武帝非常高兴，派人回报范桃棒，答应事成之后封他为河南王，刻银券交给了他。太子恐怕有诈，犹豫不决。武帝怒道："受降是常理，为什么突然怀疑起来！"朱异、傅岐也都建议纳降。太子说："我就只管坚城自守，所依赖的就是外援，外援如果赶到，贼兵何足平定。现在如果开门接纳范桃棒，范桃棒的意图尚且难以料知，一旦倾危，后悔也无及了。"范桃棒又派人来说："如今我只率领所部五百馀人，如果到了城门，就自动脱去衣甲。请朝廷收容。事成之时，保证活捉侯景。"太子听了这话，更加起疑。朱异用手捶胸说："今年社稷完了！"不久，范桃棒的军士鲁伯和报告给侯景，侯景把他们全都烹了。

到这时，邵陵王萧纶率领西丰公萧大春、新淦公萧大成、永安侯萧确、前谯州刺史赵伯超、武州刺史萧弄璋、步兵校尉尹思和等马步兵3万，自京口出发，直据钟山。侯景一伙大为惊骇，都想逃散。一万多人拒战，萧纶在爱敬寺下把他们打得大败。

侯景开始听说萧纶来到，恐惧见于形色，等到败军逃回，张扬对方的强盛，他就越发恐慌，便命人在石头城预备舟船打算北渡。任约说："离开家乡万里，逃往何处？这仗要是打不赢，我们君臣一起死，要是草间偷活，我是不屑为此的。"侯景便留下宋子仙留守壁垒，自己亲率精兵拒战，列阵于覆舟山北，与萧纶相持。正值日暮，侯景退军。南安侯萧骏率领数十骑挑战，侯景回军，萧骏撤退。当时赵伯超列阵于玄武湖北，见萧骏撤退，就率领军队带头逃跑。众军因此大乱，于是败了。萧纶逃回京口。贼兵生擒西丰公萧大春、萧纶的司马庄丘慧达、直阁将军胡子约、广陵令霍隽等，送到城下，逼着让他们对城上说："已经捉住了邵陵王。"只有霍自己说："邵陵王小有失利，已经全军返还京口。城中只管坚守，援军很快就会来到。"话未说完，贼兵就用刀刺伤他的嘴。侯景钦佩，把他释放了。但萧正德竟逮捕并杀害了他。这一天，鄱阳王世子萧嗣、裴之高抵达后渚，结营于蔡洲。侯景分兵屯守南岸。

邵陵王萧纶又与临城公萧大连等从东道汇集于长江南岸。荆州刺史、湘东王萧绎派遣世子萧方等、兼司马吴晔、天门太守樊文皎赴援，扎营于湘子岸前。高州刺史李迁仕、前司州刺史羊鸦仁又率领军队相继到来。接着鄱阳王世子萧嗣、永安侯萧确、羊鸦仁、李迁仕、樊文皎率众渡过淮水，攻破贼兵在东府城前的营栅，于是扎营于青溪水之东。侯景派遣他的仪同宋子仙沿着淮水的西岸建立营栅以相拒。侯景的食粮快要吃完，人吃人的十有五六。

当时侯景的军队也很饥饿，不能再作战了。东城有积蓄的粮食，但路径被援军所截断，而且听说湘东王萧绎的荆州军队已经顺流而下了。彭城人刘邈向侯景建议说："我军顿兵已久，攻城不能拔取，如今众援军云集于此，更是难于攻破。听说我们的军粮不够支撑一月了，漕运的路已经断绝，田野中无粮可掠，我们此时的处境，确实如婴儿在人家的手掌之上一样。不如向他们求和，还可以全师而返。"侯景就与王伟商议，派任约到城北拜上表章，假装投降，以河南自效赎罪。武帝说："我有一死而已，岂能有讲和之议。而且这贼凶逆多诈，他的话有什么可信的！"接着城中日益危困，太子便向武帝请示说："侯景围逼，而我们也没有勤王的援军，我想先答应他们的求和，再考虑以后的打算。"武帝大怒，说："和不如死瑳！"太子说："城下之盟，确是很深的耻辱，可是白刃在前，也就顾不得流矢了。"武帝犹豫了很久，说："你自己决定吧，不要给千载以下留下笑柄。"这样就同意了和谈。

侯景要求割让江右四州之地，并要求宣城王萧大器出来相送，然后解围渡江。同时答应派遣他分仪同于子悦、左丞王伟入城做人质。中领军傅岐提议，说宣城王以嫡嗣之重，不应为人质，再有敢随意提起此事者，请以剑斩之。便建议用石城公萧大款为人质送出，武帝同意了。于是在西华门外设坛，派遣尚书仆射王克、兼侍中上甲乡侯萧韶、兼散骑常侍萧瑳和于子悦、王伟等一起登坛盟誓。右卫将军柳津出立于西华门下，侯景也出立其营栅门外，与柳津遥遥相对，宰杀牺牲，歃血为盟。

侯景既已知道援军号令不一，到底也不会有勤王的功效，又听说城中死病的人越来越多，一定会有为自己做内应的。他既已哄退了湘东王的军队，又得到了东府城的粮米，王伟就说服侯景道："大王以人臣举兵背叛，围攻宫阙，已经超过百日，逼辱王妃、公主，侵凌宗庙，如今带着这些罪过，何处可以容身？希望先观察一下事态的变化再说。"侯景觉得有理，便上表陈述梁武帝的十条过失。太清三年（549 年）三月丙辰朔，城内在太极殿前设坛，派兼太宰、尚书仆射王克等启告天地神祇，因为侯景背叛盟誓，点燃烽火，擂鼓呐喊。开初，台城被围的时候，有男女人口十多万，披甲之士有 3 万，到这时因疾病都快死光了，守城的只有二三千人，还都是病弱无力的人。城中横尸满路，没有人掩埋，臭气熏腾数里，腐烂的尸水流满了沟洫。于是羊鸦仁、柳仲礼、鄱阳王世子萧嗣进军于东府城北，营垒还未及建立，就被侯景的部将宋子仙击败，送首级于宫阙之下。侯景又派遣于子悦求和，城内派遣御史中丞沈浚到侯景处。侯景没有撤走的意思，沈浚于是指责他，侯景大怒，就决开石阙前的水，百道攻城，昼夜不息。

接着侯景屯兵于西州，派伪仪同陈庆以甲士防卫太极殿，把乘舆服玩和后宫的嫔妃全部掠走，逮捕王侯朝臣送交永福省，撤去两宫（指武帝和太子）的侍卫。派王伟把守武德殿，于子悦屯驻太极东堂。矫诏大赦，自封为大都督、都督中外诸军事、隶尚书事，其侍中、使持节、大丞相、王如故。

先是城中累积的尸首没有时间葬埋，还有已经死了没有入殓，或者将死还没有断气的，侯景命令全部敛聚起来焚烧掉，臭气远闻十余里外。尚书外兵郎鲍正病重，贼兵曳出去焚烧，宛转于火中，很久才断气。侯景又矫诏令各勤王兵镇郡守都撤回原位，于是所有的援军全都解散了。把萧正德降位为侍中、大司马，百官都各复原职。

武帝虽然表面上不屈，但心里很是愤懑。侯景想以宋子仙为司空，武帝说："调和阴阳，岂能由这种东西！"侯景又建议用萧文德的主帅邓仲为城门校尉，武帝说："我不设置这官。"太子重新入奏，武帝怒道："谁让你来的！"侯景听说了也不敢强逼。后来武帝每有需求，大多不能满足，甚至御膳也被裁减。于是武帝心怀忧愤，到五月，他得了疾病，逝世于文德殿。侯景隐秘起来不发丧，暂且殡殓于昭阳殿，外面的文武官员都不知道。过了二十多天以后，才把棺木抬到太极前殿，迎太子即位（即梁简文帝）。等到葬于修陵时，侯景让卫士把要害的地方都用大钉子钉上，想让他后嗣灭绝。矫诏赦免北方人当奴婢者为自由人，希冀能利用他们。当时东扬州刺史临城公萧大连占据本州，吴兴太守张嵊据有本郡，从南陵以西都各据所守。侯景命令所行只是吴郡以西、南陵以北而已。

六月，侯景便杀死萧正德于永福省，封元罗为西秦王，元景袭为陈留王，元氏子弟封王的有十几个人。以柳仲礼为使持节、大都督，隶属大丞相，参戎事。

十一月，百济使者来到，见城邑化为一片废墟，在端门外号哭，看到的行路之人无不落泪。侯景听说了，大怒，把使者逮捕关押在小庄严寺，禁闭不许出入。

大宝元年（550 年）正月，侯景矫诏给自己增加班剑四十人，前后部羽葆、鼓吹，设置左右长史、从事中郎四人。三月甲申，侯景请简文帝参加在乐游苑的禊宴（古代于三月三日饮宴于野外水边，称禊饮或禊宴），设帐蓬饮宴三日。这天，侯景的党羽都带着妻子儿子，让皇太子以下都骑马射箭，射中者赏以金钱。第二天早晨，简文帝就要回宫。侯景拜伏在地上，苦请他留下，简文帝不答应。等到简文帝出发，侯景就和溧阳公主（简文帝之女，为侯景所娶）并排朝南坐在御床上，文武群臣列坐侍宴。

七月，侯景又矫诏把自己进位为相国，封泰山等二十郡，为汉王。入朝时不趋步，赞拜时不呼名字，佩剑着履上殿，依照汉时萧何的故事。十月，侯景又矫诏给自己加号为宇宙大将军、都督六合诸军事。他把诏文呈送给简文帝过目，简文帝大惊，说："将军竟有宇宙的称号嘛！"侯景开始疑惧，认为简文帝想图谋自己。王伟乘机煽动，于是侯景心怀弑逆之谋了。

大宝二年（551 年）正月，侯景以王克为太宰，宋子仙为太保，元罗为太傅，郭元建为太尉，张化仁为司徒，任约为司空，于庆为太师，纥奚斤为太子太傅，时灵护为太子太保，王伟为尚书左仆射，索超世为右仆射。于大航跨水筑城，起名叫"捍国"。

四月，侯景派遣宋子仙袭取郢州刺史方诸。侯景乘胜西上，号称二十万众，旗帜相连千里，江南从来没有过如此盛大的水军。梁元帝（即湘东王萧绎，次年十一月方即位，为孝元帝）闻讯，对御史中丞宗懔说："贼兵如果分兵镇守巴陵，然后主力鼓行西上，荆、郢二州就危殆了，这是他们的上策。如果他们把主力停顿在长沙，分兵徇略零陵、桂阳，运粮到洞庭，则湘、郢二州非我所有，这是他们的中策。如果拥众于汉江口，连兵攻打巴陵，则锐气耗尽于坚城之下，士卒饥困于半饱之中，这是他们的下策，我们就可以高枕而卧，没有多少忧虑了。"及至侯景进军巴陵，王僧辩把船沉没，鼓声销歇，好像已经逃遁了。侯景便包围了巴陵。元帝派遣平北将军胡僧祐与居士陆法和大破侯景，生擒其将任约，侯景便乘夜逃回都城。左右有哭泣的，侯景就命人斩杀。王僧辩率兵东下，从此诸军所向则胜。此前，侯景每次出兵，都告诫诸将说："如果攻破城池，就把人都杀死，让天下知道我的威名。"所以诸将把杀人当成儿戏，百姓宁死也不肯归顺他们。

这个月，侯景便废黜了简文帝，把他幽禁在永福省，迎立豫章王萧栋即皇帝位，登上太极前殿，大赦，改年号为天正元年。有旋风起于永福省，把仪仗礼器都吹得或倒或折，见到的无不惊骇。开初，侯景攻破建邺之后，就有篡夺皇位的打算，因为四方尚须平定，所以才没有自立为帝。接着巴陵败，江、郢丧师，猛将被歼于外，雄心受挫于内，就想赶快僭称帝号。又有王伟进言说："自古夺取江山，必须先行废立。"所以侯景照着做了。他的太尉郭元建闻讯，立即由秦郡驰马回朝，谏道："皇上宽仁明达，为什么废黜了他？"侯景说："是王伟劝我这样做的。"郭元建极力陈述不可，侯景便改了主意，想恢复简文帝的帝位，以萧栋为太孙。王伟坚持认为不行，便让简文帝禅位于萧栋。侯景把哀太子（即宣城王萧大器，简文帝立为皇太子，不久被侯景杀死）的妃子赐给郭元建，郭元建说："哪里有皇太子的妃子降为别人姬妾的！"始终不与她相见。侯景的司空刘神茂、仪同尹思和、刘归义、王晔、桑干、王元等据东阳郡投降了梁元帝。

十一月，侯景矫萧栋之诏，为自己加九锡，汉国置丞相以下百官，陈设礼器于庭中。

十二月，侯景部将谢答仁、李庆等军抵达建德，攻打元頵、李占的营栅，大破之。生擒元頵、李占，送往京口，截断他们的手足示众，过了一天才死。

侯景二年（552 年），谢答仁攻打东阳，刘神茂投降，送往建康。侯景用大锉碓，先进其脚，一寸一寸地碓斩，到头方止。让众人观看以示威。

王僧辩的军队进至芜湖，守城官员趁夜逃遁。侯景部将侯子鉴率领步骑一万余人经过此州，并引领水军并进。王僧辩迎击，大破之。侯景闻讯，大为惊惧，流下了眼泪，拉过被子蒙头而卧，很久才起来，叹道："咄！咄！你算把我给耽误了！"

开初，侯景担任丞相，居住在西州，他的将帅谋士，早晨必须集合排列在门外，称为牙门。他按次序把他们召进，赏给酒食，说笑谈论，对什么事的态度都完全一样。等到他篡位以后，常常坐在里面不出来，旧时的部属很少能见面的，就都产生了怨恨之心。到此时，登上烽火楼向西望去，见一个敌兵就以为十个，大为恐惧。王僧辩和诸将便在石头城西步上，连营扎寨，一直到落星墩。侯景害怕极了，派人挖掘王僧辩父亲的坟墓，打开棺材，焚烧了尸首。王僧辩等进扎于石头城北，侯景列阵挑战，王僧辩将他打得大败。

侯景败退之后，不敢进入宫殿，收聚其散兵屯驻阙下，准备逃跑。王伟按剑拉住他的马辔说："自古哪里有叛逃的天子！如今宫中的卫士还足可一战，哪能就逃！"侯景说："我在北方打贺拔胜，击败葛荣，扬名于河北，与高王爷是一类人。来到南方，直渡长江，取台城易如反掌。打邵陵王于北山，破柳仲礼于南岸，都是你亲眼所见。今天的事，恐怕是天意要灭亡我。你好好守城，当再决一战。"他仰观石阙，徘徊叹息了很久。便用皮囊装上他的两个儿子挂到马鞍上，和他的仪同田迁、范希荣等百余骑向东奔逃，后来被部下杀死。

书圣王羲之

王羲之（公元 303—361 年，一作 321—379 年），东晋书法家，字逸少。原籍琅琊人（今属山东临沂）。官至右军将军，会稽内史，人称"王右军"。

他出身于两晋的名门望族。王羲之12岁时，经父亲传授笔法论，少时师从著名女书法家卫夫人学习书法。以后他渡江北游名山，博采众长，草书师法张芝，正书得力于钟繇。观摩学习“兼撮众法，备成一家”，达到了“贵越群品，古今莫二”的高度。

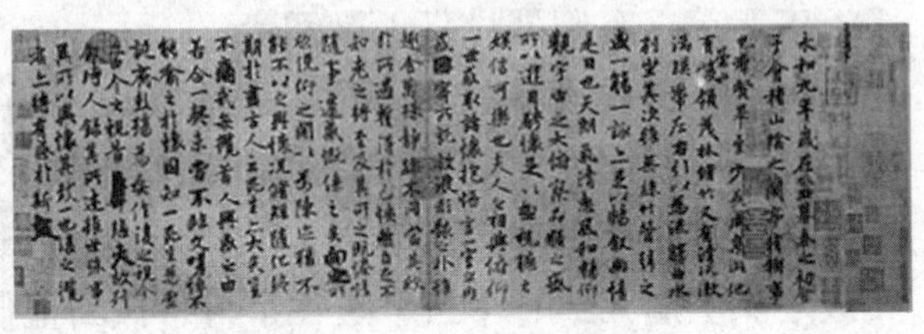
王羲之书法作品《兰亭集序》

与两汉、西晋相比，王羲之书风最明显的特征是：用笔细腻，结构多变。王羲之最大的成就在于增损古法，变汉魏质朴书风为笔法精致、美轮美奂的书体。草书浓纤折中，正书势巧形密，行书遒劲自然。总之，他把汉字书写从实用引入一种注重技法，讲究情趣的境界。实际上，这是书法艺术的觉醒。标志着书法家不仅发现了书法美，而且能表现书法美。后来的书家几乎没有有不临摹过王羲之法帖的，因而有“书圣”美誉。他的楷书如《乐毅论》《黄庭经》《东方朔画赞》等“在南朝即脍炙人口”，曾留下形形色色的传说，有的甚至成为绘画的题材。他的行草书又被世人尊为“草之圣”。王羲之没有原迹存世，法书刻本甚多，有《十七帖》《小楷乐毅论》《黄庭经》等。摹本墨迹廓填本有《孔侍中帖》《兰亭序》（冯承素摹本）《快雪时晴帖》《频有哀帖》《丧乱帖》《远宦帖》《姨母帖》以及唐僧怀仁集书《圣教序》等。其中《兰亭序》被誉之为“天下第一行书”，唐太宗李世民视《兰亭序》为至宝。

“卿卿我我”一词的由来

在魏晋“竹林七贤”中，王戎被世人所不齿，认为他是滥竽充数。他和统治者积极合作，位至高官，辱没了“贤”名。最遭人讥诟的是他的吝啬。《世说新语》里谈吝啬的共有九条，王戎一人独占四条，比如家中有棵很好的李子树，王戎想卖李子，又怕别人得到种子，竟事先把李子的果核钻破，使之不能再种。侄子结婚时，王戎仅送了一件单衣给他穿，过后还又改变主意，将衣服要了回来。女儿出嫁，王戎借给女儿一些钱，女儿每次回娘家，王戎的脸拉得比驴脸还长，等女儿还清了钱，他才给出好脸色。

不过，就是这样一个将小气之事做绝的王戎，却是“卿卿我我”这一成语的始作俑者。

王戎的夫人总是叫王戎为“卿”，要知道，在那个时代，“卿”是用来称呼比自己地位低的人的。夫为妇纲，只有丈夫才可以称妻子为“卿”。被夫人称“卿”，传出去了，名士的面子还往哪里搁？王戎于是说：“你这样叫我，显得礼数不周，以后不要再这样叫了啊！”

王戎可能也只是抱着商量的态度，不过他这么一说，夫人不高兴了：“我爱你疼你，才叫你卿卿的，我不叫你卿卿，谁又叫你卿卿呢！”（“亲卿爱卿，是以卿卿，我不卿卿，谁当卿卿”）。

王夫人娇嗔埋怨的模样估计让王戎十分受用，不过王戎也很有雅量，“遂恒之”。以后就听任王夫人这么叫下去了，也不怕人听见，也不怕人笑话了。

从卿卿我我这个表现男女十分亲昵的典故中，我们可以看到王夫人嫁给为人诟病的王戎，但至少，他们的家庭生活是十分和谐和幸福的。王戎很尊重妇女，老婆在家也是很有地位的。

王戎不仅尊重老婆，还很有头脑，他“性好利”，广置田产，富甲京城。经常与夫人手执象牙筹计算财产，日夜不辍。在温柔的月光下，和老公大把大把地数钞票，哪个女人不是心旷神怡呀？

作为名士，王戎睿智且能清谈。他幼年看到路边树上结满李子，就知道这李子必定是苦的，不然早就被人摘光了。后来，王戎与其父王浑之友、年长其二十四岁的阮籍交好。阮籍造访王浑时，便说：“与卿语，不如与阿戎语。”而“情之所钟，正在我辈”这样的言论也是王戎发出来的。与这个能说会道，有情有义，又会赚钱的人生活在一起，王夫人偷偷乐吧。管别人怎么评价。要不涉及大是大非，大善大恶，日子怎么好过就怎么过，娶妻嫁人也是同理。周遭朋友，也不必过于“古道热肠”了。

丑女也能当皇后

贾南风，生于三国魏高贵乡公甘露元年（256 年）。卒于晋惠帝永康元年（300 年），平阳襄陵（今山西襄汾）人。

贾南风，其貌不扬，晋武帝称她“丑而短黑”，不宜做太子妃。然而，她却成为太子司马衷的妃子，继而成为皇后。贾南风之父是西晋的开国元勋贾充，这是她能够与皇太子联姻的主要原因。作太子妃，贾南风过于残酷，曾亲手杀过人。对此，晋武帝十分愤慨，一度曾想将她废掉，但因外戚杨珧提醒他：“陛下忘贾公闾耶？”遂使废妃之事不了了之。可见，贾充在西晋政权中地位牢固，权势显赫。贾南风本人虽是女流，但她善于钻营，精于权术，史称“妒忌多权诈”，使得司马衷既害怕她，又受她的诱惑，喜欢她。晋武帝和朝臣们对太子司马衷的才识和能力，是很了解的，认为他“纯质”，“不能亲政事”。晋武帝与大臣们曾一起“密封疑事，使太子决之”。贾南风怕暴露出丈夫的无能，即想出一条让外人替太子做答案的诡计，才算蒙混过关，使皇太子得以保存太子位，并顺利取得皇位。

太熙元年（290 年）四月，晋武帝去世，太子司马衷即皇帝位，是为晋惠帝，贾南风被册立为皇后。惠帝黯弱无能，国家政事，皆由贾南风干预。故西晋政权，从贾南风立为皇后之日起，政局便处于动荡不安中。

贾南风为了掌握朝政大权，采取滥杀无辜，诛灭异己的办法，巩固惠帝的统治地位。晋惠帝的辅政大臣、太傅杨骏随惨死在贾南风之手。

杨骏是晋武帝的皇后杨氏之父。晋武帝自太康灭吴之后，天下无事，遂不再留心朝政，整日沉浸在酒色之中，朝中事务依赖后党杨氏。此时杨骏、杨珧、杨济位居三公，时号称“三杨”，可谓权倾一时。对杨骏其人，尚书褚契、郭奕曾上书晋武帝，说：“（杨）骏小器，不可以任社稷之重。”武帝不以为然。司马衷即帝位，任杨骏为太傅，做辅政大臣。凡朝中之事，杨骏必亲自过问，“百官总己”；由于害怕“左右间已，乃以其甥段广、张劭为近侍之职”“又多树余党，皆领禁兵”；然而杨骏在处理一些重要事情上，“谙古义，动违旧典”，于是出现了“公室怨望，天下愤然矣”的局面。在对待贾南风的问题上，“骏知贾后情性难制，甚畏惮之”，而“贾后欲预政事，而惮骏未得逞其所欲，又不肯以妇道事太后”。一味专权的杨骏与权力欲熏心的贾南风之间形成了不可调合的矛盾。经过激烈的明争暗斗，贾南风终于在永平元年（291 年）三月借汝南王司马亮和楚王司马玮之手，诛杀了太傅杨骏及卫将军杨珧、太子太保杨济、中护军张劭、散骑常侍段广、杨邈、左将军刘预、河南尹李斌、中书分蒋陵、东夷校尉文淑、尚书武茂等，“皆夷三族”。之后，贾南风又矫设废皇太后杨氏为庶人，徒于金墉城，第二年迫害至死。

韩寿偷香

西晋初年，晋惠帝的老丈人贾充征召了韩寿做了他的雇员，这个韩寿长得相当帅气潇洒。贾充每次召集手下的官员议事，贾充的小女儿贾午都要从窗户偷看，一眼看到了韩寿，立刻被他的帅气征服了，过后就天天想念韩寿，以至于口中不停地吟诵韩寿的名字。贾午的一个婢女到韩寿家里，把贾午的情况讲给韩寿听，还说贾午长得很漂亮。韩寿听后也动了心，就请婢女暗中致意贾午，并且约好前往相会的时间。韩寿身手敏捷，到约定的当日夜里，翻墙跳入贾府与贾午幽会，贾府之中无人知晓，从此韩寿与贾午经常私会。过了段时间，贾充觉得贾午开始喜欢打扮。后来他召集手下官员相会时，闻到韩寿身上有一种奇异的香气，而发出这种香气的香料是外国进贡的，一沾到身上，就会几个月不消失。贾充暗想，晋武帝只把这种香料赐给了自己和陈骞，其他人家是不会有的，因而怀疑韩寿与自己女儿私通。但是府中院墙高大，门户重重，怎么会发生这种事呢？于是就假装府中失窃，派人检查院墙。负责检查院墙的人回来道："其他地方没有发现异常情况，只有东北角的院墙好像有人爬过的痕迹，但是院墙很高，人是不能够爬进来的。"于是贾充喊来女儿身边的侍女审问，侍女就把实情说了。贾充只好顺水推舟，把女儿贾午许配给了韩寿。

这件事非常富有传奇色彩，简直就是书生和千金小姐私定终身的原版。因此韩寿偷香就成了偷情的代名词，和相如窃玉、张敞画眉、沈约瘦腰合称古代四大风流韵事。